Einführung in die slavischen Sprachen

Einführung in die slavischen Sprachen

(mit einer Einführung in die Balkanphilologie)

Herausgegeben
von
Peter Rehder

6. Auflage

Einbandgestaltung: Neil McBeath, Stuttgart

1. Auflage 1986
5., durchgesehene Auflage 2006

Die Deutsche Nationalbibliothek verzeichnet diese Publikation
in der Deutschen Nationalbibliografie;
detaillierte bibliografische Daten sind im Internet über
http://dnb.d-nb.de abrufbar

Das Werk ist in allen seinen Teilen urheberrechtlich geschützt.
Jede Verwertung ist ohne Zustimmung des Verlags unzulässig.
Das gilt insbesondere für Vervielfältigungen,
Übersetzungen, Mikroverfilmungen und die Einspeicherung in
und Verarbeitung durch elektronische Systeme.

6. Auflage 2009
© 2006 by WBG (Wissenschaftliche Buchgesellschaft), Darmstadt
Die Herausgabe des Werkes wurde durch
die Vereinsmitglieder der WBG ermöglicht.
Gedruckt auf säurefreiem und alterungsbeständigem Papier
Übersetzungen, Redaktion, Druckvorlage: Peter Rehder
Printed in Germany

Besuchen Sie uns im Internet: www.wbg-darmstadt.de

ISBN 978-3-534-22794-5

Inhalt

Vorwort 9-16

[Urslavisch und Altkirchenslavisch]

Das Urslavische, *von Wolfgang Hock* 17-34
1. Das Urslavische 17 – 1.1. Das Urslavische als erschlossene Sprache 18 – 2. Die vorurslavische Periode 21 – 3. Die nachurslavische vorschriftliche Periode: das Gemeinslavische 27 – 4. Die Urheimat 29 – 5. Die Gliederung der slavischen Sprachen 31 – 6. Das Einsetzen der schriftlichen Überlieferung 31 – 7. Literaturangaben 32

Das Altkirchenslavische, *von Wolfgang Hock* 35-48
1. Einführung 35 – 1.1. Die altkirchenslavischen Sprachdenkmäler 35 – 1.2. Die Slavenmission 36 – 2. Die Alphabete 36 – 3. Das Lautsystem 37 – 4. Flexionsmorphologie 39 – 4.1. Das Nomen 39 – 4.1.1. Das Substantiv 39 – 4.1.2. Das Adjektiv 40 – 4.1.3. Das Pronomen 41 – 4.1.4. Das Numerale 41 – 4.2. Das Verbum 41 – 5. Zur Wortbildungslehre 43 – 6. Syntax 43 – 7. Wortschatz 44 – 8. Das Kirchenslavische 45 – 9. Literaturangaben 46

[Die ostslavischen Sprachen]

Das Russische, *von Tilman Berger* 49-93
1. Einführung 49 – 2. Alphabet, Orthographie, Aussprache 50 – 3. Das Lautsystem 54 – 3.1. Phonetik 54 – 3.2. Phonologie 59 – 3.3. Akzent und Intonation 62 – 3.4. Zur historischen Entwicklung des russischen Lautsystems 63 – 4. Wortstruktur und Wortklassen 65 – 5. Flexionsmorphologie 67 – 5.1. Das Substantiv 67 – 5.2. Das Adjektiv 71 – 5.3. Die Pronomina 72 – 5.4. Die Zahlwörter 73 – 5.5. Das Verbum 74 – 5.6. Unflektierbare Wortarten 78 – 6. Derivationsmorphologie 80 – 7. Syntax 81 – 8. Wortschatz 84 – 9. Zur funktionalen, sozialen und territorialen Schichtung des Russischen 86 – 10. Zur Geschichte des Russischen 87 – 11. Literaturangaben 90

Das Ukrainische, *von Ulrich Schweier* 94-109
1. Einführung 94 – 2. Alphabet, Orthographie, Aussprache 95 – 3. Das Lautsystem (Phonetik, Phonologie, Akzent) 96 – 4. Flexionsmorphologie 98 – 4.1. Das Substantiv 99 – 4.2. Das Adjektiv 101 – 4.3. Pronomina und Zahlwörter 102 – 4.4. Das Verbum 103 – 5. Zur Derivationsmorphologie 104 – 6. Zur Syntax 105 – 7. Zum Wortschatz 105 – 8. Zu den Dialekten 106 – 9. Zur Geschichte der ukrainischen Sprache 107 – 10. Literaturangaben 108

Das Weißrussische, *von Hermann Bieder* 110-125
1. Einführung 110 – 2. Alphabet und Orthographie 110 – 3. Lautsystem 111 – 3.1. Phonetik 111 – 3.2. Phonologie 113 – 3.3. Akzent 114 – 4. Flexionsmorphologie 114 – 4.1. Das Substantiv 114 – 4.2. Das Adjektiv 116 – 4.3. Das Verbum 117 – 4.4. Das Adverb 118 – 5. Derivationsmorphologie 119 – 6. Syntax 119 – 7. Lexik 121 – 8. Zur Dialektgliederung 122 – 9. Zur Geschichte der Schriftsprachen in Weißrußland 122 – 10. Literaturangaben 125

Das Russinische, *von Aleksandr D. Duličenko* 126-140
I. Das Russinische in der Vojvodina (Jugoslavo-Russinisch) 126 – 1. Einführung

126 – 2. Alphabet, Phonetik, Phonologie, Akzent 127 – 3. Besonderheiten der gegenwärtigen Morphologie 128 – 4. Zur Syntax 131 – 5. Zum Wortschatz 131 – 6. Dialektunterschiede 132 – 7. Zur Geschichte der Schriftsprache 132 – 8. Textbeispiel 134 – 9. Literaturangaben 134 – II. Zu den Varietäten des Karpato-Russinischen (Karpato-Ruthenischen) 135 – 2. Textbeispiele 139 – 3. Literaturangaben 140

Das Westpolessische, *von Andrea Luft* 141-144
1. Einführung 141 – 2. Alphabet, Orthographie 142 – 3. Zur Phonetik 142 – 4. Zur Morphologie 143 – 5. Zur Lexik 144 – 6. Literaturangaben 144

[Die westslavischen Sprachen]

Das Polnische, *von Henrik Birnbaum und Jerzy Molas* 145-164
1. Einführung 145 – 2. Alphabet, Orthographie, Aussprache 145 – 3. Das Lautsystem 147 – 4. Flexionsmorphologie 150 – 4.1. Das Substantiv 151 – 4.2. Das Adjektiv 153 – 4.3. Die Pronomina 154 – 4.4. Das Verbum 156 – 5. Zur Derivationsmorphologie 157 – 6. Syntax 158 – 7. Zum Wortschatz 160 – 8. Zu den Dialekten 160 – 9. Zur Geschichte des Polnischen 161 – 10. Literaturangaben 162

Das Elb- und Ostseeslavische, *von Ewa Rzetelska-Feleszko* 165-170
1. Einführung 165 – 2.1. Das Elbslavische 165 – 2.2. Literaturangaben 167 – 3.1. Die ostseeslavischen Dialekte 167 – 3.2. Literaturangaben 169 – 4.1. Das Slovinzische 169 – 4.2. Literaturangaben 170

Das Kaschubische, *von Edward Breza* 171-177
1. Einführung 171 – 2. Alphabet, Orthographie, Lautsystem 171 – 3. Zur Morphologie 172 – 4. Zur Syntax und Phraseologie 175 – 5. Zum Wortschatz 175 – 6. Zur Sprachgeschichte 175 – 7. Literaturangaben 176

Das Obersorbische, *von Gerald Stone* 178-187
1. Einführung 178 – 2. Alphabet 178 – 3. Das Lautsystem (Phonetik, Phonologie, Akzent) 179 – 4. Flexionsmorphologie 180 – 4.1. Das Substantiv 180 – 4.2. Das Adjektiv 181 – 4.3. Personalpronomen 182 – 4.4. Das Verbum 182 – 5. Zur Derivationsmorphologie 184 – 6. Zur Syntax 184 – 7. Zum Wortschatz 185 – 8. Zu den Dialekten 185 – 9. Zur Geschichte der obersorbischen Schriftsprache 186 – 10. Literaturangaben 187

Das Niedersorbische, *von Gerald Stone* 188-193
1. Einführung 188 – 2. Alphabet und Orthographie 188 – 3. Das Lautsystem (Phonetik, Phonologie, Akzent) 188 – 4. Flexionsmorphologie 189 – 4.1. Das Substantiv 189 – 4.2. Das Adjektiv 190 – 4.3. Das Verbum 190 – 5. Zur Derivationsmorphologie 191 – 6. Zur Syntax 191 – 7. Zum Wortschatz 191 – 8. Zu den Dialekten 192 – 9. Zur Geschichte der niedersorbischen Schriftsprache 192 – 10. Literaturangaben 193

Das Tschechische, *von Josef Vintr* 194-213
1. Einführung 194 – 2. Alphabet, Orthographie, Aussprache 194 – 3. Das Lautsystem (Phonologie, Morphonologie, Akzent) 196 – 4. Flexionsmorphologie 199 – 4.1. Das Substantiv 200 – 4.2. Das Adjektiv 202 – 4.3. Das Pronomen 203 – 4.4. Das Zahlwort 204 – 4.5. Das Verbum 204 – 5. Derivationsmorphologie 206

– 6. Zur Syntax 207 – 7. Zum Wortschatz 208 – 8. Die Existenzformen des Tschechischen (Funktionalstile, Gemeintschechisch, Dialekte, Slangs) 209 – 9. Zur Geschichte des Tschechischen 210 – 10. Literaturangaben 212

Das Slovakische, *von Josef Vintr* 214-229
1. Einführung 214 – 2. Alphabet, Orthographie, Aussprache 214 – 3. Das Lautsystem (Phonologie, Morphonologie, Akzent) 215 – 4. Flexionsmorphologie 218 – 4.1. Das Substantiv 218 – 4.2. Das Adjektiv 219 – 4.3. Das Pronomen 220 – 4.4. Das Zahlwort 221 – 4.5. Das Verbum 221 – 5. Zur Derivationsmorphologie 223 – 6. Zur Syntax 223 – 7. Zum Wortschatz 224 – 8. Zu den Dialekten 224 – 9. Zur Geschichte des Slovakischen 225 – 10. Literaturangaben 228

[Die südslavischen Sprachen]

Das Slovenische, *von Peter Rehder* 230-245
1. Einführung 230 – 2. Alphabet, Orthographie, Aussprache 230 – 3. Das Lautsystem (Phonetik, Phonologie, Akzent) 231 – 4. Flexionsmorphologie 235 – 4.1. Das Substantiv 235 – 4.2. Das Adjektiv 236 – 4.3. Pronomina und Numeralia 237 – 4.4. Das Verbum 238 – 5. Zur Derivationsmorphologie 239 – 6. Zur Syntax 240 – 7. Zum Wortschatz 241 – 8. Zu den Dialekten 242 – 9. Zur Geschichte des Slovenischen 242 – 10. Literaturangaben 244

Das Resianische, *von Aleksandr D. Duličenko* 246-249
1. Einführung 246 – 2. Die Dialekte 246 – 3. Die Entwicklung der Schriftsprache 247 – 4. Literaturangaben 249

Das Kroatische, *von Peter Rehder* 250-267
1. Einführung 250 – 2. Alphabet, Aussprache, Orthographie 250 – 3. Das Lautsystem 252 – 4. Flexionsmorphologie 254 – 4.1. Das Substantiv 254 – 4.2. Das Adjektiv 256 – 4.3. Pronomina und Numeralia 257 – 4.4. Das Verbum 258 – 5. Zur Derivationsmorphologie 261 – 6. Zur Syntax 261 – 7. Zur Lexik 263 – 8. Dialekte 263 – 9. Zur Geschichte des Kroatischen 265 – 10. Literaturangaben 266

Das Burgenländisch-Kroatische, *von Gerhard Neweklowsky* 268-273
1. Einführung 268 – 2. Alphabet, Aussprache, Orthographie 268 – 3. Das Lautsystem 269 – 4. Flexionsmorphologie 269 – 4.1. Das Substantiv 269 – 4.2. Das Adjektiv 270 – 4.3. Pronomina 270 – 4.4. Zahlwörter 270 – 4.5. Das Verbum 270 – 5. Zur Syntax 271 – 6. Zum Wortschatz 271 – 7. Zu den Dialekten 272 – 8. Zur Geschichte der Schriftsprache 272 – 9. Literaturangaben 273

Das Moliseslavische, *von Walter Breu* 274-278
1. Einführung 274 – 2. Verschriftung 275 – 3. Das Lautsystem 275 – 4. Flexionsmorphologie 276 – 5. Wortschatz und Phraseologie 277 – 6. Literaturangaben 278

Das Serbische, *von Peter Rehder* 279-295
1. Einführung 279 – 2. Alphabete, Orthographie, Aussprache 279 – 3. Das Lautsystem 281 – 4. Flexionsmorphologie 284 – 4.1. Das Substantiv 284 – 4.2. Das Adjektiv 285 – 4.3. Pronomina 286 – 4.4. Das Verbum 287 – 5. Zur Derivationsmorphologie 288 – 6. Zur Syntax 289 – 7. Zur Lexik 291 – 8. Zu den Dialekten 291 – 9. Zur Geschichte des Serbischen 293 – 10. Literaturangaben 294

Das Bosnische, *von Peter Rehder* 296-299
1. Einführung 296 – 2. Zur soziolinguistischen Situation 297 – 3. Einige sprachliche Besonderheiten 298 – 4. Literaturangaben 299

Das Serbokroatische, *von Peter Rehder* 300-309
1. Einführung 300 – 2. Zu Alphabeten und Orthographie des Serbokroatischen 301 – 3. Zu den Dialekten des Serbokroatischen 302 – 4. Zur Geschichte des Serbokroatischen 303 – 5. Literaturangaben 307

Das Bulgarische, *von Peter Hill* 310-325
1. Einführung 310 – 2. Alphabet und Orthographie 310 – 3. Das Lautsystem (Phonetik, Phonologie, Akzent) 311 – 4. Flexionsmorphologie 313 – 4.1. Das Substantiv 313 – 4.2. Der Artikel 314 – 4.3. Das Pronomen 314 – 4.4. Das Adjektiv 315 – 4.5. Das Verbum 316 – 5. Zur Derivationsmorphologie 318 – 6. Zur Syntax 319 – 7. Zum Wortschatz 320 – 8. Zu den Dialekten 321 – 8. Zur Geschichte des Bulgarischen 322 – 9. Literaturangaben 323

Das Banater Bulgarische, *von Aleksandr D. Duličenko* 326-330
1. Einführung 326 – 2. Sprachliche Besonderheiten 326 – 3. Zur Schriftsprache 327 – 4. Literaturangaben 330

Das Makedonische, *von Peter Rehder* 331-346
1. Einführung 331 – 2. Alphabet, Orthographie, Aussprache 332 – 3. Das Lautsystem 333 – 4. Flexionsmorphologie 335 – 4.1. Das Substantiv 335 – 4.2. Das Adjektiv 336 – 4.3. Die Artikel 337 – 4.4. Die Pronomina 337 – 4.5. Das Verbum 338 – 5. Zur Derivationsmorphologie 341 – 6. Zur Syntax 342 – 7. Zum Wortschatz 343 – 8. Zu den Dialekten 343 – 9. Zur Geschichte des Makedonischen 344 – 10. Literaturangaben 345

Anhang

Einführung in die Balkanphilologie, *von Wilfried Fiedler* 347-364
1. Einleitung 347 – 2. Wortschatz und Phraseologie 350 – 3. Phonetik und Phonologie 352 – 4. Morphologie und Morphosyntax 353 – 4.1. Synthetische Formen 354 – 4.1.1. Nomen 354 – 4.1.2. Verbum 357 – 4.2. Analytische Formen 358 – 4.2.1. Nomen 358 – 4.2.2. Verbum 358 – 5. Literaturangaben 363

Sachregister 365-367

Abkürzungen 368

Vorwort

Eine Einführung in die slavischen Sprachen zu versuchen, ist heutzutage – wie jeder Slavist weiß – ein riskantes Unterfangen, und zwar aus mehreren Gründen: Einmal ist es durch die fortgeschrittene Spezialisierung einem Einzelnen kaum mehr möglich, auf allen betroffenen slavistischen Arbeitsgebieten gleichermaßen kompetent zu sein, zum anderen dürfte unter Slavisten eine Einigung darüber schwer zu erreichen sein, was in eine solche Einführung notwendigerweise gehörte und wie es darzustellen sei, und schließlich ist der Begriff 'slavische Sprachen' zumindest an den Rändern unscharf [...] von vorwiegend politisch bestimmten Argumentationen der Gegenwart um den sprachlichen Status des Makedonischen oder von Bestrebungen einiger, Kroatisch und Serbisch als zwei eigenständige Literatursprachen zu reklamieren, einmal abgesehen. Trotz dieser vielfältigen und komplizierten Fragen ist dennoch [...] aus der Praxis slavistischer Lehre unübersehbar, daß eine solche überblickartige, erste Einführung für Slavistik-Studenten im Grundstudium und auch für im weiteren Sinn an den slavischen Sprachen Interessierte zumindest im deutschsprachigen Raum seit längerem ein Desiderat ist. [...]

Diese Überlegungen vom Herbst 1983, die als Vorwort für die 1986 erschienene 1. Auflage geschrieben wurden, gelten wohl grundsätzlich weiter, sie zeigen heute aber auch, daß sich auf dem Gebiet der slavischen Sprachen – natürlich unter weitgehender Bewahrung grundlegender Bereiche – in den letzten Jahren einiges nun definitiv geändert hat, das sich damals bereits deutlich abzeichnete. Die grundlegenden Umwälzungen und Zerfallsprozesse in den Staaten des ehemaligen Ostblocks und des ehemaligen Zweiten oder Tito-Jugoslavien sowie in der sich in zwei Staaten auflösenden Tschechoslovakei haben in einigen Bereichen nicht nur die politische Konsolidierung und nationale Pflege ihrer slavischen Sprachen verändert, sondern auch ihre nationale und internationale Gewichtung verschoben und ihr Prestige beeinflußt, wobei nun keineswegs alle strittigen und ungelösten Fragen der Vergangenheit einvernehmlich gelöst sind; im Gegenteil, manche Konflikte sind deutlicher geworden.

Auch sind in den letzten Jahren einige wichtige, zum Teil sehr umfangreiche Publikationen erschienen, die eine neue, zusammenfassende Darstellung der slavischen Sprachen bieten[1], sich in ihrer Konzeption und Auswahl der slavischen Sprachen von dieser Einführung aber deutlich unterscheiden. Darüber hinaus rechtfertigen auch die wissen-

---

[1] Dies sind vor allem: Comrie, B., G.G. Corbett (Hrsg.). 1993. *The Slavonic languages*. London, New York. – *Slavjanski ezici. Gramatični očerci*. Sofia 1994. – Panzer, B. ²1996. *Die slavischen Sprachen in Gegenwart und Geschichte: Sprachstrukturen und Verwandtschaft*. Frankfurt a.M. ¹1991.

schaftlichen Fortschritte in der slavistischen sprachwissenschaftlichen Forschung[2] und die Veränderung der Slavistik bzw. Slavischen Philologie selbst, die ihre Aufgaben und Funktionen in unserer Gesellschaft neu zu überdenken beginnt und erneut um ihre gesellschaftliche Berechtigung kämpfen muß, die verbesserte und erweiterte Neuauflage dieser erstaunlich weit rezipierten, auch in der zweiten Auflage von 1991 seit Jahren vergriffenen Einführung in die slavischen Sprachen.

Neu ist nun insbesondere die Anordnung der slavischen Sprachen, die jetzt nach dem Ur- und Altkirchenslavischen mit dem exemplarisch auch terminologische und methodologische Erklärungen bietenden und daher besonders umfangreichen Beitrag zum Russischen beginnt; neu ist auch die Erfassung weiterer sog. slavischer Kleinschriftsprachen; hinzugekommen ist ferner ein kompakter Überblick über die wesentlichen Fragestellungen der Balkanphilologie, der auch für das Bulgarische und Makedonische hilfreich sein kann. Der Plan, einen anspruchsvollen deutschen Text in möglichst viele Slavinen zu übersetzen, um dem interessierten Leser erste Vergleiche zu ermöglichen, mußte aus Platzgründen wieder aufgegeben werden.

Waren in den ersten beiden Auflagen neben dem Elb- und Ostseeslavischen und dem Ur- und Altkirchenslavischen ausschließlich slavische Schriftsprachen im damaligen Sinne von 'Literatursprache' beschrieben, so ist nun der Begriff Literatursprache, der immer unter dem Mißverständnis litt, zuerst nicht nur, aber dann als Funktionalstil letztlich doch auch die Sprache der schönen Literatur zu erfassen, durch den Begriff Standardsprache ersetzt. Mit Hilfe des dreistufigen Standardsprachen-Modells[3], das zu der soziolinguistischen auch die soziokulturelle Ebene und schließlich die staatlich-politische Entscheidungsebene berücksichtigt, ist klarer zu differenzieren, welche slavischen Sprachen der Gegenwart voll ausgestattete Standardsprachen sind und welche diesen Status (noch) nicht erreicht bzw. fast oder schon gänzlich verloren haben. Slavische Standardsprachen nach diesem Modell sind heute demnach das Russische, Ukrainische, Polnische, Tschechische, Slovakische, Slovenische, Kroatische, Serbische, Bulgarische und Makedonische. Obwohl diese zehn standardsprachlichen Slavinen verschieden alt und geschichtsbeladen sind, unterschiedliche Sprecherzahlen und Vitalität aufweisen und in ihren Außenbeziehungen und -geltungen teilweise recht unterschiedlich aufgefaßt werden (man vergleiche z.B. das international als Kommunikationsmittel verwendete Russische mit dem von seinen Nachbarn mehr oder weniger abgelehnten Makedonischen), sind sie doch in ihrer Standard-

---

[2] Zusammenfassend einführend: Lehfeldt, W. ²1996. *Einführung in die Sprachwissenschaft für Slavisten*. München ¹1995.
[3] Rehder, P. 1995. Standardsprache. Versuch eines dreistufigen Modells. *Die Welt der Slaven* 40, 352-366.

sprachlichkeit eindeutig definiert und funktionieren auf diese Weise in ihren Staaten unangefochten. Daß hier nun auch das Kroatische und Serbische als eigene Standardsprachen auftauchen, die in den vorangehenden Auflagen als Serbokroatisch (mit den beiden Varianten Kroatisch und Serbisch) beschrieben wurden, ergibt sich aus den politischen Entwicklungen der letzten Jahre und zeigt sich sehr klar in ihren vollständig autonomen und sehr vitalen Normierungen (besonders des Kroatischen). Daß Kroatisch und Serbisch dennoch linguistisch (grammatisch) sehr ähnlich – ja die ähnlichsten zwei slavischen Standardsprachen überhaupt – sind, erklärt sich durch die gemeinsame štokavische Dialektgrundlage. Dies zeigt sich nach wie vor in ihren gesprochenen Varianten, während sich die geschriebenen zumindest teilweise bereits sehr deutlich unterscheiden (man vergleiche einen kroatischen und einen serbischen Leitartikel im Zagreber „Večernji List" und in den Belgrader „Večernje Novosti"). Wo aber bleibt dann das Serbokroatische? Einmal abgesehen davon, daß manche es am liebsten ganz und auch rückwirkend leugneten, muß der vergangene und heutige Geltungsbereich dieses Begriffs und der mit ihm bezeichneten soziolinguistischen Verhältnisse geklärt werden, was im Beitrag „Das Serbokroatische" versucht wird.

Im Südslavischen sind also heute das Kroatische und das Serbische soziolinguistisch unbestreitbar zwei selbständige Standardsprachen. Wie aber sind das Bosnische und auch das Montenegrinische, die im Zweiten Jugoslavien von einigen Linguisten als „schriftsprachliche Ausdrücke" des Serbokroatischen bezeichnet wurden, einzuschätzen? Dem Bosnischen im Sinne eines Bosniakisch-Bosnischen, also als Sprache der muslimischen Bosniaken in Bosnien, ist ein kurzer Beitrag gewidmet. Ob und wie es sich tatsächlich als dritte Nachfolgesprache des Serbokroatischen zu einer modernen slavischen Standardsprache entwickeln wird, ist trotz einiger in diese Richtung zielender Publikationen auch Mitte 1998 noch unklar. Die von außen den drei ethnischen Gruppen der Muslime, Serben und Kroaten in Bosnien und der Hercegovina oktroyierten politischen Lösungen scheinen zumindest kaum zu greifen. – Nach herkömmlicher Auffassung wird in Montenegro als einer der beiden Republiken des nun Dritten Jugoslavien („Bundesrepublik Jugoslavien") ein serbischer Dialekt (der Zeta-Lovćen-Dialekt) gesprochen, vergleichbar den weiteren serbischen Dialekten in der Republik Serbien; als Standardsprache dient laut Republiksverfassung von 1992 das Serbische in seiner ijekavischen Form. Aber auch hier gibt es erste Stimmen, die das Montenegrinische zu einer Standardsprache als dann vierter Nachfolgesprache des Serbokroatischen ausbauen wollen[4].

---

[4] Vgl. Nikčević, V. 1993. *Crnogorski jezik. Geneza, tipologija, razvoj, strukturne odlike, funkcije*. Cetinje. – Nikčević, V. 1993. *Piši kao što zboriš. Glavna pravila cr-*

Für den ostslavischen Sprachraum ergibt sich die wohl zumindest in Teilbereichen schwierige Frage, inwieweit das Ukrainische heute in allen Regionen der Ukraine als polyvalente und obligatorische Standardsprache gelten kann: Ethnische und sprachliche Identität sind nicht immer deckungsgleich, und zumindest in einigen Regionen (Ostukraine, Krim) macht das Russische – die russische Minderheit beträgt ca. 22 % der Gesamtbevölkerung – dem Ukrainischen diesen Status streitig. Abgesehen von diesen regionalen Einschränkungen und der Tatsache, daß es sich auch im sekundären und tertiären Bildungsbereich erst noch vollständig durchsetzen muß, ist es jedoch sicherlich eine Standardsprache (vgl. „Das Ukrainische").

Erheblich schwieriger ist die Situation im Weißrussischen, dessen Status als Standardsprache heute bezweifelt werden muß. In nahezu allen gesellschaftlichen Bereichen ist es vom Russischen verdrängt worden bzw. wird von ihm erheblich bedrängt. Und dies ist nur in zweiter Linie eine politische Entscheidung von oben, primär sind Wahl und Wille breiter Bevölkerungsschichten in Weißrußland, wo sich fast 20 % definitiv für das Russische als Muttersprache (bei einer russischen Minderheit von nur ca. 12 %) entschieden haben (vgl. „Das Weißrussische"). – Aber auch das Russische hat Einbußen in bezug auf seinen einst in der Sowjetunion so überaus privilegierten Status als internationales Kommunikationsmittel und nun wohl auch in seinem Prestige erlitten.

Unter den westslavischen Sprachen sind auch die beiden traditionsreichen und nach der deutschen Wiedervereinigung weiterhin, allerdings mit abnehmender Tendenz, geförderten sorbischen Schriftsprachen keine Standardsprachen. Dies ist weder für das stark gefährdete Niedersorbische zu bestreiten, noch – aufgrund seiner restringierten Geltung und Verwendung – für das deutlich vitalere Obersorbische. Letzteres ist jedoch unter den slavischen Kleinschriftsprachen zusammen mit dem vojvodianischen Russinischen die am weitesten in Richtung Standardsprache ausgebaute slavische Schriftsprache (s. „Das Obersorbische" und „Das Niedersorbische"). – Das Kaschubische als genetischer Rest des untergegangenen Elb- und Ostseeslavischen ist synchron heute fast schon ein polnischer Dialekt.

Die slavischen Nicht-Standardsprachen, die auch als „slavische Mikro-Literatursprachen" bzw. genauer als „slavische Kleinschriftsprachen"[5] bezeichnet werden, sind in den letzten Jahren stärker ins Blickfeld der (slavistischen) Öffentlichkeit getreten, manche haben sich

---

nogorskoga standardnoga jezika. Podgorica. Siehe zu beiden Publikationen die Rez. von M. Wingender in *Zeitschrift für Balkanologie* 33, 1997, 241-250, die von der „Unausgereiftheit dieses Projekts" (S. 249) spricht.

[5] Duličenko, A.D. 1981. *Slavjanskie literaturnye mikrojazyki. (Voprosy formirovanija i razvitija.)* Tallin. – Duličenko, A.D. 1994. Kleinschriftsprachen in der slavischen Sprachenwelt. *Zeitschrift für Slawistik* 39, 560-567.

Vorwort

auch weiter entwickelt bzw. ihre soziolinguistischen Ansprüche deutlicher artikuliert. Hier werden sie – zusätzlich zu den bereits in den vorangehenden Auflagen behandelten westslavischen Kleinschriftsprachen Kaschubisch, Obersorbisch, Niedersorbisch – fast vollständig, allerdings in kürzeren Beiträgen dargestellt: das genetisch aus dem ost-westslavischen Grenzgebiet stammende und heute in allen drei slavischen Sprachgruppen vertretene Russinische, das ostslavische Westpolessische sowie die südslavischen Kleinschriftsprachen Resianisch, Burgenländisch-Kroatisch, Moliseslavisch und Banater Bulgarisch. Nicht als selbständige Kleinschriftsprachen sind hier das Čakavische und Kajkavische dargestellt. Sie werden trotz ihrer literarisch ausgeprägten alten Schriftsprachlichkeit im Rahmen des Kroatischen beschrieben, zumal klare soziolinguistische Bestrebungen, sich aus dem Verbund der kroatischen Standardsprache zu lösen, nicht feststellbar sind. Zwei von Duličenko noch Kleinschriftsprachen genannte (1981, 10f.), aber als solche nun aufgegebene werden hier nicht behandelt, es sind dies das Prekmurische als nordostslovenischer Dialekt und das Lachische als schlesischer Dialekt in Polen und Tschechien. Das bessarabische Bulgarisch in Südbessarabien (Budžak) wurde hier mangels genauerer neuer Informationen nicht erfaßt, ebensowenig das russische Lipovenisch im Donaudelta.

Ein besonderes Problem stellen die slavischen Sprachen in der Emigration dar – und zwar in anderen slavischen und vor allem in nichtslavischen Ländern. Migrationen sind in der fast eineinhalbtausendjährigen Geschichte der Slavia zwar immer wieder zu beobachten gewesen, haben aber im 19. und besonders im 20. Jh. aus politischen und wirtschaftlichen Gründen ein ungeheures Ausmaß erreicht. Sussex[6] gibt für die 1970er Jahre nur für Australien, Kanada und USA folgende Zahlen (gerundet): 3,4 Mio Polen, 0,6 Mio Ukrainer, 0,5 Mio Russen, 0,5 Mio Jugoslaven (Kroaten, Serben, Slovenen, Makedonen) und 0,5 Mio Tschechen und Slovaken, insgesamt also nur für diese drei Staaten 5,5 Mio Menschen; dazu kommen in Westeuropa und Israel sicherlich noch einmal mindestens 5 Mio (andere Schätzungen s. u. „Das Russische" und „Das Polnische"). Wie konsequent und wie lange diese Sprecher bei ihren slavischen Dialekten oder slavischen Standardsprachen bleiben, hängt von den verschiedensten Faktoren ab, vor allem vom konfessionellen und kulturellen Zusammengehörigkeitsgefühl und von Institutionen zu seiner Pflege sowie einem nicht unterbrochenen Migrationskontakt zur Heimat, aber eben auch von den Bildungsangeboten, der Lebensqualität und dem Prestige der aufnehmen-

---

[6] Sussex, R. 1993. Slavonic languages in emigration. In: Comrie, B., G.G. Corbett (Hrsg.). 1993. *The Slavonic languages*. London, New York, 999-1036. Zu Minderheitenfragen in Südosteuropa nun umfassend: Seewann, G., P. Dippold (Hrsg.). 1997. *Bibliographisches Handbuch der ethnischen Gruppen Südosteuropas*. Bd. 1-2. München.

Vorwort

den Sprachgesellschaft. Oft treten schon früh Interferenzen auf, und in der Regel beherrscht spätestens die dritte Emigranten-Generation ihre slavische Muttersprache nicht mehr, es gibt aber Ausnahmen wie z.B. die Polen in Panna Maria, Texas.

Die Hypothese, das Jiddische als slavische Sprache zu betrachten, ist nach der neuesten Darstellung[7] wohl aufzugeben, obwohl slavische Adstratwirkung nicht bestritten werden kann.

So reicht die weite Welt der slavischen Sprachen von den großen und bedeutenden Standardsprachen bis zu den Kleinschrift- und Emigrantensprachen, ein sprachliches Kontinuum in soziolinguistisch ununterbrochener Entwicklung.

***

Für Inhalt und Methode der einzelnen Darstellungen und auch für die Literaturverzeichnisse sind die jeweiligen Autoren verantwortlich. Redaktionelle Eingriffe betreffen vor allem technische Details. – Die modernen Schreibtechniken erlauben es problemlos, die neuen und alten slavischen Schriften zu setzen, dennoch sind die kyrillischen Alphabete bisweilen transliteriert (Transliteration als buchstabengetreue, im Anspruch eineindeutige Umschrift von einem Alphabet in ein anderes, hier: vom kyrillischen ins lateinische), dabei wird dann die in der deutschsprachigen Slavistik übliche wissenschaftliche Transliteration, die sich stark an der tschechischen Orthographie orientiert, verwendet:

Russisch:
Аа = a   Жж = ž   Мм = m   Тт = t   Шш = š   Юю = ju
Бб = b   Зз = z   Нн = n   Уу = u   Щщ = šč Яя = ja
Вв = v   Ии = i   Оо = o   Фф = f   Ъъ = -
Гг = g   Йй = j   Пп = p   Хх = ch Ыы = y   (Ёё = ë)
Дд = d   Кк = k   Рр = r   Цц = c   Ьь = '
Ее = e   Лл = l   Сс = s   Чч = č   Ээ = ė

Bis 1918:   i = i   ѣ = ě   ѳ = f˙   v = ẏ

Achtung beim mjagkij znak [ь], welcher immer als Apostroph ['] transliteriert wird. Spezielle amerikanische Transliterationsabweichungen sind: x = x, ъ = " und э = è.

Abweichungen für die übrigen slavischen kyrillischen Alphabete:

Ukrainisch:
Гг = h   Ґґ = g   Єє = je   Ии = y   Її = ï   Іі = i
' = -

Weißrussisch:
Гг = h   Іі = i   Ўў = ŭ

---

[7] Eggers, E. 1998. *Sprachwandel und Sprachmischung im Jiddischen*. Frankfurt a.M.

Bulgarisch:
Щщ = št   Ъъ = ă (früher ŭ)

Makedonisch:
Ѓѓ = ǵ   Ќќ = ḱ   Ss = dz   Jj = j   Xx = h
Љљ = lj   Њњ = nj   Џџ = dž

Serbisch:
Ђђ = Đd   Jj = j   Њњ = nj   Ћћ = ć
Xx = h   Џџ = dž

Die lateinischen Transliterations-Digraphen sind genau genommen ein Notbehelf; so wäre für kyrillisch x statt ch eine Transliteration durch x (Serb. und Mak. evtl. weiterhin h) vorzuziehen, und für kyrill. щ wäre statt šč bzw. št wohl einfacher einheitlich ĉ zu verwenden. Die obige Transliteration entspricht mit geringfügigen Ausnahmen (x = x, ъ = ", э = è) der in der angloamerikanischen Slavistik verwendeten und auch der an den ISO-Normen orientierten Duden-Transliteration[8] (Ausnahmen x = h, ъ = "). In populärer Darstellung wird im deutschen, angloamerikanischen und französischen Sprachbereich zwar aus pragmatischen, am Benutzer orientierten Gründen je eine den eigenen Buchstabe-Aussprache-Regelungen entsprechende Umschrift (die weniger Transliterations- als Transkriptionscharakter hat) verwendet (z.B. russ.-kyrill. Пушкин wissenschaftlich transliteriert Puškin, aber dt. Puschkin, engl. Pushkin, frz. Pouchkine). Im vorliegenden Buch wird jedoch – falls nicht das originale Kyrillische geschrieben wird – konsequent die wissenschaftliche Transliteration benutzt. Von der reinen (Buchstaben-)Transliteration ist die (Laut-)Transkription streng zu unterscheiden, die eine (enge bzw. weite) Umschrift der phonetischen Verhältnisse bietet. Da sich das von der IPA bzw. API[9] vorgeschlagene Transkriptionssystem (Lautschrift) in der Slavistik nicht durchgesetzt hat, wird es hier nur in Ausnahmefällen verwendet. Die in der deutschen Slavistik übliche (weite) Lautschrift orientiert sich an der wissenschaftlichen Transliteration des Kyrillischen (z.B. [š] statt [ʃ], [c] statt [ts], [y] statt [ɨ]), sie bedarf einzelsprachlich jeweils genauerer Definition. Transliterationen erhalten in diesem Buch keine Klammern, phonetische Transkriptionen stehen gewöhnlich in eckigen Klammern [ ], phonologische Schreibweise in Schrägstrichen / /, Gra-

---

[8] Vgl. Duden. Rechtschreibung. Mannheim [17]1973, 791-792 für Russisch und Bulgarisch; dazu: Duden. Satzanweisungen und Korrekturvorschriften (Duden Taschenbücher 5/5a.), Mannheim 1969, 152-157 für Bulgarisch, Makedonisch, Russisch, Serbisch, Ukrainisch, Weißrussisch.
[9] International Phonetic Association bzw. Association Phonétique Internationale, abgedruckt z.B. teilweise in: Duden. Aussprachewörterbuch. Mannheim 1962, 11-12; ausführlich: The principles of the International Phonetic Association being a description of the International Phonetic Alphabet and the manner of using it, illutrated by texts in 51 languages, London 1949, 53 S.

pheme werden nicht eigens ausgezeichnet. Slavische Sprachbeispiele sind meist akzentuiert (außer in Sprachen mit fester Betonung), als objektsprachliche Beispiele erscheinen sie kursiv. Die Verwendung von Abkürzungen war erneut unumgänglich, wurde aber erheblich reduziert, vgl. das Abkürzungsverzeichnis auf der letzten Seite.

Auch der Mitarbeiterkreis hat sich ein wenig verändert. Dietrich Gerhardt, Josef Schrenk, George Y. Shevelov und Paul Wexler waren freundlicherweise damit einverstanden, daß jüngere Kollegen an ihre Stelle traten, einige weitere Kollegen sind hinzugekommen. Allen Autoren danke ich für ihre intensive Mitarbeit an dieser Neuauflage und besonders auch für das wiederholte Korrekturlesen dieser satztechnisch komplizierten Texte. Es bleibt zu hoffen, daß der geneigte Leser nicht mehr allzu viele Errata finden muß.

František Václav Mareš (1922–1994), der begeisterte wie begeisternde Slavist und liebenswerte, aufrichtige Mensch, wird unvergessen bleiben, auch wenn sein damaliger Beitrag nun von einem jüngeren Kollegen völlig neu geschrieben wurde.

Besonders zu danken habe ich Petra Rehder und Ulrich Schweier für ihre kritische Mithilfe beim Korrekturlesen und Barbara Sonnenhauser für die Anlage des Registers.

München, Ende Juli 1998 P. Rehder

Die 4., durchgesehene Auflage korrigiert lediglich einige wenige Druckfehler, eine Aktualisierung der einzelnen Texte und insbesondere der Literaturangaben war noch nicht möglich; als eine neue slavische Klein(schrift)sprache könnte nun das Pomakische im griechischen West-Thrakien ergänzt werden (vgl. Ch. Voß, Kodifizierungsversuche des Pomakischen und ihre ethnopolitische Dimension. *Die Welt der Slaven* 46, 2001, 233-250).

München, Ende Dezember 2002 P. Rehder

Die 5. Auflage ist erneut durchgesehen, einige wenige Druckfehler wurden korrigiert. Leider muß die notwendige Aktualisierung besonders der Literaturangaben wieder verschoben werden. – Zur Situation der slavischen 'Idiome' in Deutschland siehe nun J. Achterberg, *Zur Vitalität slavischer Idiome in Deutschland*. München: Sagner 2005.

München, Ende November 2005 P. R.

Das Urslavische

von
Wolfgang Hock

1. Das Urslavische

Wer Kenntnisse in mehr als einer slavischen Sprache besitzt, dem werden noch mehr als die selbstverständlichen Unterschiede dieser Sprachen vor allem ihre großen Ähnlichkeiten ins Auge fallen. Ähnlich sind nicht nur einzelne Lexeme, wie z.b. das Wort für 'Wunde' (*rana* im Aksl., Bulg., Osorb., Poln., Wruss. usw.), sondern auch Regeln zur Bildung von Ableitungs- und Flexionsformen, z.b. die Verwendung des adjektivbildenden Possessivsuffixes -*ov*- (maked. *sin-ov* 'des Sohnes', russ. *ded-ov* 'des Großvaters', serb./kroat. *brat-ov* 'des Bruders', slovak. *otc-ov* 'des Vaters' usw.) oder die Endung -*o* zur Kennzeichnung des Nom.Akk.Sg. der Neutra (čech. *čísl-o* 'Zahl', nsorb. *měst-o* 'Stadt', sloven. *srebr-o* 'Silber', ukrain. *vikn-o* 'Fenster' usw.). Sprachen mit solch systematischen und zahlreichen, in ihrer Gesamtheit sicher nicht durch Zufall oder Entlehnung zu erklärenden Entsprechungen sowohl im Sprachmaterial (Wortschatz) als auch im Sprachbau (Grammatik) werden, nach einer Metapher aus der Biologie, als genetisch verwandt bezeichnet. Das Konzept der genetischen Verwandtschaft impliziert, daß die betreffenden Sprachen auf eine ihnen gemeinsame Vorform zurückgehen, im Falle der slavischen Sprachen unmittelbar auf das Urslavische. Das Urslavische ist nach diesem Verständnis eine vorhistorische Sprachstufe, die aus den belegten slavischen Einzelsprachen durch vergleichende Rekonstruktion bis zu einem gewissen Grad erschlossen und synchron beschrieben werden kann (1.1.). Diese rein linguistische Rekonstruktionsmethode kann aber keine Aussagen über Ort, Datierung oder gar zeitliche Tiefe des Rekonstrukts liefern; dies müssen andere Methoden leisten (4.). Das so gewonnene Urslavische ist eine einheitliche, räumlich und absolut chronologisch nicht festgelegte rekonstruierte Sprache; alle sprachlichen Erscheinungen, die vor diesem Punkt liegen, heißen vorurslavisch (2.), alle späteren Merkmale und Entwicklungen nachurslavisch (3.).

Diese Auffassung des Urslav. entspricht dem in der histor.-vergleichenden Sprachwissenschaft üblichen Sprachgebrauch und wurde für das Slav. zuletzt von Andersen (1985: 76) festgestellt. Eine Vorstufe dieses manchmal mit 'Späturslav.' bezeichneten Zustandes läßt sich nur durch interne Rekonstruktion oder durch Einbeziehung eines Rekonstrukts höherer Ordnung ('Urbaltoslavisch' oder 'Urindogermanisch', s. 2.) und Feststellung der ersten spezifisch slavischen Entwicklungen erreichen (Panzer 1996: 253f.). Ein solches 'Frühurslavisch' ist naturgemäß viel hypothetischer und subjektiver, da die Beurteilung der relativen Chronologie sowie der Art und Anzahl der für nötig befundenen Neuerungen nicht einhellig ist. Problematisch ist, unter 'Urslavisch' gleichzeitig eine synchron darstellbare Sprachstufe und eine diachron aufzufassende Periode zu verstehen, die von der Ausgliederung des Slav. aus der indogermanischen (idg.) Grundsprache (bzw. dem Baltoslavischen) bis zu ersten Differenzierungstendenzen innerhalb des Sprachzweiges reicht und in mehrere Subperioden unterteilt werden kann (Schenker 1993: 61, 1995: 69f.). Zur Erklärungskraft des genetischen Verwandtschaftsmodells angesichts von Sprachkontakt und Sprachmischung, zu Sinn und Zweck des Ansatzes von Ursprachen und zur Frage der Realität rekonstruierter Sprachen s. Thomason, Kaufman 1988: 7ff.; Panzer 1980: 194f.; Hock 1998.

1.1. Das Urslavische als erschlossene Sprache

Die Lautrekonstruktion ist Ausgangspunkt jeder vergleichenden Rekonstruktion und gleichzeitig Voraussetzung für die Ermittlung der übrigen Subsysteme der zu erschließenden Sprache. Sie erfolgt in zwei Schritten (Schlerath 1982/83: 60f.): 1. Aufstellung etymologischer Entsprechungen und Ermittlung der Entsprechungsregeln (grundlegend hierzu Meillet 1937, einführend Fox 1995; zum Entsprechungsbegriff s. Katičić 1966); 2. Lautliche Interpretation der Entsprechungsregeln nach den Gesichtspunkten der phonetischen und der typologischen Wahrscheinlichkeit, wobei im Falle des Urslav. auch die verwandten nichtslav. idg. Sprachen und ihre rekonstruierten Vorstufen Interpretationshilfen geben können. In der Praxis fallen die beiden Schritte meist zusammen: So dürfte bei der eingangs gegebenen Entsprechungsreihe des Wortes für 'Wunde' kaum ein Zweifel daran bestehen, daß auch das urslav. Rekonstrukt *rana lautet, das Possessivsuffix ist als *-ov- und die Neutralendung als *-o anzusetzen.

Das auf diese Weise ermittelte phonologische Paradigma (Phonemsystem) umfaßt die folgenden Konsonanten (stl.-sth.): Okklusive *p-*b (lab.), *t-*d (dent.), *t̑-*d̑- (pal.), *k-*g (vel.); Frikative *s-*z (dent.), *š-*ž (pal.), *x (stl.vel.); (sth.) Nasale *m (lab.), *n (dent.), *ń(pal.); (sth.) Laterale *l (dent.), *l̑(pal.); (sth.) Vibranten *r (dent.), *ȓ(pal.) und die Affrikaten *c-*ʒ (dent.) sowie *č (stl. pal.); hier können auch die Approximanten (Halbvokale) *v (lab.) und *j (pal.) eingeordnet werden. Eine Palatalisierungskorrelation gibt es im Urslav. nicht. Das Vokalsystem bilden 9 Oral- und 2 Nasalvokale: Vordervokale *i (hoch), *ь (mittelhoch), *e (mitteltief), *ě (tief); Hintervokale *y (hoch, nichtrund), *u (hoch, rund), *ъ (mittelhoch), *o (mitteltief), *a (tief); vorderer Nasalvokal *ę; hinterer *ǫ.

Nicht in allen Fällen ist die Lautinterpretation der sich entsprechenden Segmente eindeutig wie bei den obigen Beispielen: Für die Entsprechungsreihen č, c, ć, št, k̑ bzw. (d)ž, (d)z, žd, d̑, g̑, j werden oft *tj bzw. *dj rekonstruiert. Der Ansatz der j-Verbindungen beruht aber eher auf dem Wissen um die vorurslav. Ausgangsformen als auf phonet.-phonolog. begründeter Notwendigkeit. Der hier vertretene monophonematische Ausgangspunkt gründet sich, ohne letztlich bewiesen werden zu können, auf 1. monophonemat. einzelsprachliche Lautentsprechungen (außer bulg. št, žd; im Aksl. ist biphonemat. Wertung zwar nicht zwingend, ließe sich aber phonetisch unschwer aus einem einzigen Ausgangslaut erklären, vgl. Aitzetmüller 1991: 48f.; Carlton 1991: 114), 2. Systemüberlegungen (alle anderen Fortsetzungen vorurslav. Jot-

Verbindungen sind sicher Einzellaute). Zur Möglichkeit des Ansatzes eines *x́ oder *ś s. 2. (8). Die Auffassung von *j und *v als urslav. Phoneme läßt sich phonolog. im strengen Sinne nicht beweisen, wird aber durch morphonolog. Gesichtspunkte nahegelegt (Shevelov 1964: 292f.; Schenker 1995: 101f.); phonemat. *j erübrigt den manchmal anzutreffenden Ansatz der Vokalphoneme *ü (dafür anlautend *ju, sonst *u) und *ö̧ (dafür anlaut. *jǫ, sonst *ǫ). Für die Rekonstruktion silb. Liquiden (*r̥, *r̥̂, *l̥, *l̥̂) mag es diachrone Anhaltspunkte geben (Panzer 1996: 296ff., Schenker 1995: 94f.), synchron phonolog. scheint ihr Status eher fraglich (Lunt 1997: 21 Anm. 46). Die phonet. Realisierung der urslav. Laute läßt sich, wie bei jedem Rekonstrukt, natürlich nicht genau bestimmen: der hier wie traditionell mit *v notierte Laut war wohl eher ein labial-velarer ([w]) als ein bilabialer ([β]) bzw. labiodent. ([ʋ]) Halbvokal oder gar Frikativ ([v]), die 'Palatalen' wurden möglicherweise palatoalveolar artikuliert (*t̂ und *d̂ vielleicht schon affriziert; doch vgl. Zalizniak 1991: 221 zu Formen wie russ. dial. *primekat'* und Krys'ko 1994b: 37, Zalizniak 1995: 45 zum slav. LW *kaatio* 'Hosen' im Finn.). Bei den Vokalen bestand eine Rundungskorrelation nur für *y-*u; (phonet.) Rundung des mit *o bezeichneten Lauts ist wahrscheinlich. Die Nasalvokale werden hier als echte vok. Monophthonge ([ã:], [ẽ:]) angesehen.

Unter den syntagmatischen Beziehungen der Phoneme (Phonotaktik) ist hervorzuheben, daß urslav. Silben nur auf Vokal, inlautend auch auf Liquida (*r,*l) enden können (zum 'Gesetz der offenen Silben' s. 2.). Gruppen aus zwei oder mehr Okklusivlauten sind nicht zugelassen, die Möglichkeit zur Bildung von zwei- und dreigliedrigen Konsonantengruppen ist stark eingeschränkt (eine Übersicht über Distributionsbeschränkungen gibt Schenker 1995: 103).

Neben den eben besprochenen Segmenten umfaßt das Lautsystem des Urslavischen auch suprasegmentale (oder 'prosodische') Eigenschaften. In den heutigen slav. Sprachen begegnen die Merkmale Intensität (Wortakzent, engl. *stress*), Silbenintonation (Tonhöhenverlauf, engl. *pitch*) und Quantität (Länge), von denen aber meist nur eines phonologisch distinktiv ist; lediglich im Sloven. und Kroat./Serb. gelten alle drei Eigenschaften als phonematisch (doch vgl. Ivić 1974/75: 206f., Lehiste, Ivić 1986: 238-258). Die Aufstellung von Entsprechungsregeln für diese drei eng miteinander verflochtenen und auf Segmente unterschiedlicher Größe (Vokal, Silbe, Wort) fokussierten Merkmale ist daher ungleich schwieriger als auf der segmentalen Ebene und läßt nur bei ursprünglichen Zweisilbern unmittelbar eindeutige Rückschlüsse zu. So kontrastiert die Entsprechungsreihe russ. *goróch* (Akzent), kroat./serb. *gràh* und sloven. *gràh* (Inton.), čech. *hráh* (Quant.) usw. 'Erbsen' mit russ. *górod* (Akzent), kroat./serb., sloven. *grâd* (Inton.), čech. *hrad* (Quant.) usw. 'Stadt'. Der Gegensatz wird als ursprünglicher Intonationsunterschied (steigend vs. fallend) interpretiert und im Rekonstrukt meist mit Akut (*górxъ*) vs. Zirkumflex (*gôrdъ*) bezeichnet; eine zweite steigende Intonation ist der sog. Neoakut. Die vergleichende Rekonstruktion weist auch auf distinktiven, freien Wortakzent und – bei primärer phonolog. Vokalqualität – eine zumindest marginale, auf Vokale bzw. Silben fokussierte Quantitäts-

opposition. In akzentuierten Silben lassen sich drei, kombiniert mit Quantität fünf Intonationen unterscheiden: bei Länge Akut (s.o.), Zirkumflex (s.o.) und Neoakut (z.B. *stórža 'Wache'), bei Kürze eine steigende (z.T. ebenfalls 'Neoakut' genannt, z.B. *kòža 'Haut') und eine fallende (z.T. auch 'Zirkumflex' genannt, z.B. *nȍsъ 'Nase').
Verwirrend ist, abgesehen von der Materie selbst, die graphische Bezeichnung der Intonationen. Hier unterscheiden sich nicht nur einzelsprachliche und für das Urslav. verwendete Akzent- und Intonationszeichen, sondern auch Notationsweisen einzelner Autoren. Für das Urslav. wurde hier das von Stang (1957: 23) und in Osnovy (1990: 12f., mit tabellarischer Übersicht) verwendete System übernommen. Die so bezeichneten Silben gelten als gleichzeitig akzentuiert und intoniert. Eine weitestgehend synchrone Beschreibung des rekonstruierten urslav. Akzent- und Intonationssystems und seiner Rolle in der Morphologie bietet Dybo (1981); einführend hierzu Lehfeldt (1993; mit Literatur).

Die Rekonstruktion ursprachlicher Morpheme erfolgt in gleicher Weise wie die Lautrekonstruktion durch Aufstellung einzelsprachlicher Entsprechungsreihen. Die Formentsprechung setzt dabei die Lautentsprechung voraus und „kann vielleicht am besten als Lautentsprechung von Wortformteilen bestimmt werden" (Katičić 1966: 216), jedoch nicht beliebiger, sondern solcher, die in den einzelsprachlichen Wortformen die gleiche Stelle einnehmen: In den eingangs gegebenen Entsprechungsreihen ist -ov- immer Bestandteil des Stamms und steht zwischen Wurzel (bzw. Basis) und Endung (sofern vorhanden), -o ist immer der letzte Wortformbestandteil. Durch die Erschließung einzelner Morpheme ist aber nur der erste Schritt getan. Die Rekonstruktion der Grammatik erfordert die Ermittlung der Regeln, nach denen diese kleinsten Bedeutungseinheiten geordnet sind und zueinander in Beziehung stehen. Erst dann lassen sich Aussagen über Flexion und Derivation, grammatische Kategorien und Wortarten der rekonstruierten Sprache machen.

Eine auch nur skizzenhafte Darstellung der urslav. Wortbildung würde den Rahmen dieser Einführung sprengen (Vaillant 1974; Schenker 1995: 107-123). Aber auch auf Flexionsparadigmen kann hier aus praktischen Gründen verzichtet werden, da die vgl. Rekonstruktion, abgesehen von rein lautlichen Unterschieden, nur in Einzelpunkten mit Sicherheit über das aksl. System hinausweist (vgl. die Paradigmen bei Schenker 1995: 123-149; s.u. „Das Altkirchenslavische"): So hat, um nur zwei Beispiele zu nennen, das Material der Novgoroder Birkenrindentexte wahrscheinlich gemacht, daß Nom.Sg. und Akk.Sg. der etymologischen *o-Stämme im Urslavischen noch nicht zusammengefallen waren (mit Nom.Sg. *-ə oder *-o, vgl. Zaliznjak 1995: 128-130 mit Lit.); schon länger bekannt ist, daß die im Aksl. beinahe alleinherrschende Personalendung der 3.Sg.Präs. -tъ kaum schon urslav. war, vgl. aruss. -tь (Arumaa 1985: 273-276).

Die Rekonstruktion der Syntax auf vergleichender Basis ist im allgemeinen viel schwieriger und umstrittener als jene des Laut- und Formensystems, da das Prinzip der regelmäßigen Lautentsprechung auf Konstruktionsmuster von Sätzen nicht mehr anwendbar ist (vgl. Fox 1995: 105); sie ist aber auch speziell auf der Grundlage der slav. Sprachen nicht einfach, da deren teils sehr komplexe und differenzierte Morphologie einen recht freien Satzbau auch des Rekonstrukts vermuten läßt. So beschränken sich Untersuchungen zur (ur)slav. Syntax auf recht allgemein gehaltene Feststellungen bestimmter Strukturmerkmale (Schenker 1995: 149-155) oder auf geordnete Beispielsammlungen aus älteren slav. Sprachdenkmälern (Vondrák 1928: 418-575, Vaillant 1977). Der große Anteil slav. Übersetzungsliteratur tut dabei das Problem der Entlehnung auf, das bei der Erschließung der Syntax und, in noch höherem Maße, bei der Rekonstruktion des Lexikons (umfassendste Arbeit hierzu ÈSSJ; vgl. auch Schenker 1995: 155-160) zu berücksichtigen ist.

2. Die vorurslavische Periode

Wie aus den slav. Sprachen das Urslav. rekonstruiert werden kann, so erlaubt die Gesamtheit der idg. Sprachen die Rekonstruktion des Urindogermanischen. Der Vergleich der beiden Rekonstrukte zeigt eine Reihe von Unterschieden, die sich als Sprachveränderungen vom Urindogerm. zum Urslav. beschreiben lassen.

Für die Entstehung des urslav. Phonemsystems sind v.a. die folgenden Entwicklungen wichtig, deren Reihung hier nicht eine relative Chronologie im strengen Sinn wiedergibt, da jeweils komplexe und z.T. einander überlappende Erscheinungen zusammengefaßt werden (v.a. bei (6)-(9); zu den uridg. Ansätzen mit $*h_{1-3}$ und $*H$ vgl. unten bei Entstehung der Intonationen).

(1) Verlust der Labialisierung bei den labiovelaren Verschlußlauten ($*k^u$, $*g^u$, $*g^{uh}$) und Zusammenfall mit den Reinvelaren ($*k$, $*g$, $*g^h$).
Beispiel: urslav. $*k$ < uridg. $*k^u$ in urslav. $*kolo(s)$- (aksl. kolo 'Rad') zur Wurzel uridg. $*k^uelh_1$- 'drehen' wie urslav. $*k$ < uridg. $*k$ in urslav. $*kol$- (aksl. kolъ 'Pflock') zur Wurzel uridg. $*kelh_2$- 'stechen; schlagen'. Die dritte, palatale Verschlußlautreihe des Uridg. ($*\hat{k}$, $*\hat{g}$, $*\hat{g}^h$), blieb erhalten bzw. wurde zu Sibilanten weiterentwickelt (s. 4). Das Slavische gehört damit zu den sog. 'Satemsprachen' (nach der Entwicklung des Zahlworts 'hundert' uridg. $*\hat{k}\mathring{m}tom > sat\partial m$ im Avestischen benannt), die einer zweiten Gruppe idg. Sprachen, den 'Kentumsprachen' (nach uridg. $*\hat{k}\mathring{m}tom$ > lat. centum) mit Zusammenfall der Reinvelare und Palatale und Erhalt der Labiovelare gegenübersteht (zur Geschichte der Kentum-Satem-Unterscheidung vgl. Tischler 1990).

(2) Verlust der Aspiration bei $*b^h$, $*d^h$, $*g^h$, $*\hat{g}^h$ (MA: Mediae aspiratae) und Zusammenfall mit den nichtaspirierten Verschlußlauten (M: Mediae).
Beispiel: urslav. $*d$ < uridg. $*d^h$ in urslav. $*d\check{e}$- (aksl. -děti 'stellen, setzen, legen') zur Wurzel uridg. $*d^h\bar{e}$- ($*d^heh_1$-) 'ds.' und urslav. $*d$ < uridg. $*d$ in urslav. $*da$- (aksl. dati 'geben') zur Wurzel uridg. $*d\bar{o}$- ($*deh_3$-) 'ds.'. Der Zusammenfall wurde durch eine Untersuchung Winters (1978) zumindest als früher, für benachbarte Laute folgenloser und mit Entwicklungen in anderen idg. Sprachen (z.B. Iranisch, Albanisch) vergleichbarer Wandel in Frage gestellt. Winter konnte in einer beträchtlichen Anzahl von Fällen eine Korrelation von baltoslav. (akutiertem) $\acute{V} + M$ vs. $\check{V} + M$ als Fortsetzung von uridg. $\acute{V} + M$ vs. $\check{V} + MA$ aufzeigen und somit eine baltoslav. Vo-

kaldehnung vor noch erhaltener Media postulieren. Trotz der frühen Kanonisierung dieser „tentative rule" (Winter 1978: 439) als Gesetz (s. Collinge 1985: 225-227) und phonet. Plausibilisierung einer solchen Lautentwicklung durch Kortlandt (1978b: 447) im Rahmen der 'Glottaltheorie' (Uminterpretation der Mediae in glottalisierte Verschlußlaute, deren Glottalkennzeichen die Dehnung bzw. Akutierung bewirkt habe) lassen unbefriedigend erklärte Gegenbeispiele und fallweise naheliegende morpholog. Erklärungen an einem reinen Lautgesetz zweifeln.

(3) Entstehung von *x aus *s nach *$\bar{i}$ (und *$i̯$), *$\bar{u}$ (und *$u̯$), *r, *k ('Ruki'-Regel).

Beispiele: urslav. *x < uridg. *s nach *i in urslav. Lok.Pl. *-ěxъ (aksl. -ěchъ) < uridg. *-oi̯su; nach *u in urslav. *uxo- (aksl. ucho 'Ohr') zur Wurzel uridg. *ous- (*$h_2$ous-) 'ds.'; nach *r in urslav. *vьrxъ (aksl. vrьchъ 'Gipfel, oberer Teil') zu idg. *ur̥s-u-; nach *k in urslav. Aor. *těx- (aksl. těchъ 'ich lief') < uridg. *tēk$^u̯$-s- (Wurzel *tek$^u̯$- 'laufen').

(4) Verlust der palatalen Verschlußlaute und Entstehung von *z: uridg. *$\hat{k}$ > urslav. *s und uridg. *$\hat{g}^{(h)}$ > urslav. *z (zur Aspiration vgl. oben 2).

Beispiele: urslav. *s < uridg. *$\hat{k}$ in urslav. *slovos- (aksl. slovo 'Wort') zur uridg. Wurzel *$\hat{k}$leu̯- 'hören'; urslav. *z < uridg. *$\hat{g}$ in urslav. *zna- (aksl. znati 'wissen, kennen') zur uridg. Wurzel *$\hat{g}$nō- (*$\hat{g}$neh$_3$-) 'erkennen'.

(5) Zusammenfall von uridg. a- und o-Vokalismus sowohl bei Kürze (uridg. *a, *o > vorurslav. *ă > urslav. *o) als auch bei Länge (uridg. *ā, *ō > vorurslav. *ā > urslav. *a).

Beispiele: urslav. *o < uridg. *a in urslav. *solь (aksl. solь 'Salz') zur uridg. Wurzel *sal- 'ds.' und urslav. *o < uridg. *o in urslav. *oko (aksl. oko 'Auge') zur uridg. Wurzel *ok$^u̯$- (*$h_3$ok$^u̯$-). Diese Entwicklung ist mit Mareš (1969) wahrscheinlich als die früheste exklusiv slav. lautliche Neuerung anzusehen und führt mit (phonet.) Entlabialisierung auch von uridg. *ŭ > vorurslav. *ў > urslav. *ъ und uridg. *$\bar{u}$ > vorurslav. *ȳ > urslav. *y zunächst zu einem vorurslav. zweistufigen (hoch – tief), zweiklassigen (vorn – hinten) Vokalviereck mit Quantitätsopposition kurz – lang: *ĭ – *ī (hoch, vorn), *ě – *ē (tief, vorn), *ă – *ā (tief, hinten), *ў – *ȳ (hoch, hinten). Das Konsonantensystem ist zu dieser Zeit noch ohne Palatale und Affrikaten und besitzt nur die Frikativen *s, *z und *x; die Halbvokale *i̯ (> *j) und *u̯ (> *v) haben wohl noch keinen Phonemstatus.

(6) Die Jot-Palatalisierung: (a) vorurslav. *k, *g, *x + *i̯ > urslav. *č, *ž (über *ǯ [dž]), *š, (b) vorurslav. *s, *z + *i̯ > urslav. *š, *ž, (c) vorurslav. *t₂, *d + *i̯ > urslav. *$\hat{t}$, *$\hat{d}$, (d) vorurslav. *n, *l, *r + *i̯ > urslav. *ń, *ĺ, *ŕ, (e) vorurslav. *p, *b, *u̯, *m + *i̯ > urslav. *pĺ, *bĺ, *vĺ, *mĺ.

Beispiele: (a) urslav. *ovьcь (aksl. ovьcь 'Schafs-') < vorurslav. *ău̯k-i̯ăs zu uridg. *oui̯- (*$h_2$oui̯- oder *$h_3$eui̯-) 'Schaf', urslav. *lože (aksl. lože 'Bett') < vorurslav. *lăg-i̯ă- zu uridg. *leg^h- '(sich) legen', urslav. *suša (aksl. suša 'Trockenheit, Festland') < vorurslav. *săux-i̯ā zu uridg. *saus- 'trocken', (b) urslav. Präs. *piše/o- (aksl. pišǫ 'ich schreibe') < vorurslav. *pěi̯s-i̯ě/ă- zu uridg. *pei̯$\hat{k}$- 'bunt (machen)', urslav. Präs. *liže/o- (aksl. ližǫ 'ich lecke') < vorurslav. *lěi̯z-i̯ě/ă- zu uridg. *lei̯$\hat{g}^h$- 'lecken'‚ (c) urslav. *svě$\hat{t}$a (aksl. svěšta 'Licht, Kerze') < vorurslav. *su̯āi̯t-i̯ā zu uridg. *k̯u̯oi̯t- (Wz. *k̯u̯ei̯t- 'leuchten'); urslav. *me$\hat{d}$a (aksl. mežda 'Grenze, Rain') < vorurslav. *měd-i̯ā zu uridg. *medh-i̯o- 'mittlerer', (d) urslav. 1.Sg.Präs. *mьńǫ (aksl. mьńǫ 'ich glaube, meine') < vorurslav. *mĭn-i̯ām zu uridg. *mn̥-i̯e/o- (Wz. *men- 'denken'), urslav. 1.Sg.Präs. *tvoŕǫ (aksl. tvoŕǫ 'ich schaffe, mache') < vor-

Das Urslavische 23

urslav. *tu̯ăr-i̯ām zu uridg. *tu̯erH- 'fassen', urslav. *volă (aksl. volă 'Wille') < vorurslav. *u̯ăl-i̯ā zu uridg. *u̯olh₁- (Wz. *u̯elh₁- 'wählen'), (e) urslav. 1.Sg.Präs. *sъplǫ̑ (aksl. sъplǫ̑ 'ich schlafe') < vorurslav. *sŭp-i̯ām zu uridg. *su̯ep- 'schlafen', urslav. Präs. *bl̑ude/o- (aksl. bl̑udǫ 'ich wahre, hüte') < vorurslav. *bi̯ūd- (nach 9, s.u.) zu uridg. *bʰeu̯dʰ- 'wach sein', urslav. 1.Sg.Präs. *živl̑ǫ (aksl. živl̑ǫ 'ich mache lebendig') < vorurslav. *gī̯u-i̯ām zu uridg. *gᵘ̯ī-u̯o- (*gᵘ̯ih₃-u̯o- 'lebendig'), urslav. *zeml̑ā (aksl. zeml̑a 'Erde') < vorurslav. *zem-i̯ā zu uridg. *dʰǵʰem- 'Erde'.

(7) Die 1. Palatalisierung der Velare (I): vorurslav. *k, *g, *x + Vordervokal > urslav. *č, *ž (über *ǯ [dž]), *š.

Beispiele: urslav. Nom.Akk.Du. *oči (aksl. oči zu Sg. oko 'Auge') < vorurslav. *ăk-ī zu uridg. *okᵘ̯- (*h₃okᵘ̯-) 'Auge', urslav. *živ- (aksl. živъ 'lebend, lebendig') < vorurslav. *gī̯u- zu uridg. *gᵘ̯ī-u̯o- (*gᵘ̯ih₃-u̯o-) 'ds.', urslav. Nom.Akk.Du. *uši (aksl. uši zu Sg. ucho 'Ohr') < vorurslav. *ău̯x-ī zu uridg. *ou̯s- (*h₂ou̯s-) 'ds.'.

(8) Die sog. '3. Palatalisierung' der Velare (III): vorurslav. *ĭ, *ī, *ĭN + *k, *g > urslav. *ь, *i, *ę + *c, *ʒ vor (vorurslav.) *ă.

Beispiele: urslav. *ovьca (aksl. ovьca 'Schaf') < vorurslav. *ău̯ĭkā < uridg. *ou̯i-kā (*h₂ou̯i-/h₃eu̯i-k-eh₂) 'ds.', urslav. *stьʒa (aksl. stьʒa 'Pfad') < vorurslav. *stīgā zu uridg. *stigʰ- (Wz. *stei̯gʰ- 'steigen'), urslav. *kъnęʒь (aksl. kъnęʒь 'Fürst') < vorurslav. *kÿningă(s), entlehnt aus germ. *kuningaz. Die '3. Palatalisierung' ist bezüglich (a) der relativen chronologischen Einordnung gegenüber den anderen slav. Palatalisierungen (Reihung I-II-III, I-II/III, I-III-II oder III-I-II, Übersicht bei Schenker 1995: 90-92), (b) der beteiligten Velare (*k, *g, *x oder nur *k, *g) und (c) der Bedingungen (lautliche Natur der vorangehenden bzw. folgenden Vokale, Akzentverhältnisse?) umstritten. Die hier getroffene Entscheidung stützt sich auf folgende Überlegungen: (a) III nach I v.a. aufgrund absolut-chronologischer Erwägungen (auch späte german. Lehnwörter wie *pěnęʒь, wohl < ahd. *pfenning*, werden erfaßt, vgl. Shevelov 1964: 349f.); die Annahme einer früh einsetzenden (vor I, s. Lunt 1981, 1987) und entsprechend langen Wirkung III scheint unwahrscheinlich, ist andererseits aber kaum zu widerlegen; III vor II wegen gesamtslav. Reflexe *c*, *ʒ/z* nur bei III (zu II s.u. 3.(11)) und wohl noch bestehender Diphthonge (III ist nach urslav. *i < vorurslav. *ei̯ (9) und insbesondere nach urslav. *ę < *eN (10) ohne sichere Beispiele, dagegen nach urslav. *i < vorurslav. *ī und urslav. *ę < vorurslav. *ĭN unstrittig); eine Versetzung von III in nachurslav. Zeit erforderte demnach die Annahme eines neben *ę (< *ěN) weiteren Nasalvokals *i̯ (aus *ĭN;) (b) Beschränkung auf *k, *g wegen Fehlens der Entwicklung *x > s in Novgoroder Birkenrindentexten und (alt)russ. dialektal (durchgängig 'harter' Stamm vъch- 'ganz' statt zu erwartendem ostslav. vьs'-); eine Sonderentwicklung von *x - so auch Lunt (1987: 255 Anm. 9) oder Zaliznjak (1991: 232) – verletzt zwar das Systemprinzip von *k, *g, *x als homogener Velarreihe, kann aber lautl. plausibel gemacht werden: möglicherweise hat die Frikative phonet. [x'] ihren Allophoncharakter zu [x] länger bewahrt, während die Okklusiven [k'], [g'] zu [ts'], [dz'] affriziert, damit ihren Ursprungslauten [k], [g] phonet. unähnlicher und leichter phonematisiert wurden; [x'] dagegen blieb im Nordruss. Allophon zu /x/ und entwickelte sich sonst (evtl. über *x́ oder *ś) zu š (westslav.) bzw. s (ostslav., südslav.); (c) Die Beschränkung auf die o.g. Nachbarvokale spiegelt die *communis opinio* wider (z.B. Mareš 1969: 57f., Arumaa 1976: 38f., Lunt 1987: 258). Die '3. Palatalisierung' wurde konsequent durchgeführt; da in fast allen Fällen der Stammausgang betroffen ist, lassen sich viele Abweichungen und Doppelformen unschwer durch späteren morphologischen Ausgleich erklären.

(9) Monophthongierung der *i*- und *u*-Diphthonge: vorurslav. *ěi̯ > urslav. *i, vorurslav. *ăi̯ > urslav. *ě (*i), vorurslav. *ěu̯ > urslav. *u (über *i̯u, vgl. Jot-Palatalisierung in 6e), vorurslav. *ău̯ > urslav. *u.

Beispiele: urslav. *ji- (aksl. *idǫ iti* 'gehen') < vorurslav. *ěi̯- zu uridg. *ei̯- (*h₁ei̯-) 'ds.', urslav. *věd- (aksl. *vědě/věmь věděti* 'wissen') < vorurslav. *u̯ăi̯d- zu uridg. *u̯oi̯d- (Wurzel *u̯ei̯d- 'sehen'), urslav. 2.Sg.Impv. *beri (aksl. *beri* 'nimm') < vorurslav. *běrăi̯ aus uridg. Optativ *bʰer-o-i̯-s (*bʰer-o-ih₁-s; Wurzel *bʰer- 'tragen'), urslav. Präs. *bl̄ude/o- zu uridg. *bʰeu̯dʰ- (s.o. 6e), urslav. *sux- zu uridg. *sau̯s- (s.o. 6b). Die Erklärung der auf den Auslaut beschränkten Variante *i (< vorurslav. *ăi̯) ist strittig: lautgesetzlich aus akutiertem vorurslav. *ăi̯ (inlautend und zirkumflektiert auslautend zu *ě?) oder durch morphologische Analogie. Die Resultate der Monophthongierung von vorurslav. *ăi̯ werden oft durch *ě₂, *i₂ bezeichnet. Die diachron durchaus hilfreiche Indexziffer (da später entstanden als *ě₁, *i₁ < *ē, *ī und für die sog. 2. Palatalisation verantwortlich) ist für die synchrone Beschreibung der urslav. Laute nicht gerechtfertigt, da es keine Position gibt, in der *ě₁ und *ě₂ bzw. *i₁ und *i₂ kontrastieren.

(10) Entstehung der Nasalvokale: vorurslav. Vordervokal + Nasal > urslav. *ę, vorurslav. Hintervokal + Nasal > urslav. *ǫ.

Beispiele: urslav. *desętь (aksl. *desętь* 'zehn') < vorurslav. *děsĭmtĭ- zu uridg. *dekm̥-t- 'ds.', urslav. *pętь (aksl. *pętь* 'fünf') < vorurslav. *pěn(k)tĭ zu uridg. *pěnku̯e 'ds.', urslav. *dǫti (poln. *dąć* 'blasen') < vorurslav. *dȳmtēi̯ zur uridg. Wurzel *dʰmeH- 'blasen', urslav. *rǫka (aksl. *rǫka* 'Hand') < vorurslav. *rănkā zu uridg. *ronk-, Wurzel *renk- 'sammeln'. Die Nasalvokalbildung erfolgte nur, wenn beide Nasaldiphthongkomponenten zu einer Silbe gehörten (in 'tautosyllabischer' Stellung); in nichtletzter Silbe konnte die vokalische Komponente vorurslav. *ī, *ě, *ȳ, *ă sein (die meisten inlautenden Langdiphthonge waren zu dieser Zeit schon gekürzt und nur intonatorisch von uridg. Kurzdiphthongen unterschieden), in letzter Silbe nur vorurslav. *ā und *ē (Akk.Sg.fem., 1.Sg.Präs. urslav. *-ǫ < vorurslav. *-ām, urslav. *jьmę 'Name', *mę 'mich' < vorurslav. *ī(n)mēn, *mēm) bzw. vorurslav. *ī, *ě, *ă vor *-nt und *ī, *ě vor *-n(t)s (z.B. 3.Pl. urslav. *-ę und *-ǫ < vorurslav. *-ěnt bzw. *-ănt).

Die syntagmatischen Beziehungen der Phoneme werden durch Tendenzen verändert, die noch über das rekonstruierte Urslavisch hinaus weiterwirken: die **Silbenharmonie** und das **Gesetz der offenen Silben**. Die Silbenharmonie beschreibt das Streben nach harmonischen Lautfolgen aus Palatal (zunächst nur *i̯, später die gesamte Palatalreihe) + vorderer ('palat.') Vokal bzw. Velar + hinterer ('velarer') Vokal. Störungen dieser Harmonie werden zugunsten des palat. Gliedes beseitigt durch Palatalisierung der Velare (s.o. 6-8) oder der hinteren Vokale, die zu Vordervokalen gleicher Höhe werden. Das Gesetz der offenen Silben ist Ausdruck einer zunehmenden Sonorität, die durch generelle Vereinfachung von Konsonantengruppen und Öffnung geschlossener Silben einer Silbenstruktur des Typs CVCVCV... zustrebte. Die Silbenöffnung wurde für alle auf Obstruent, Halbvokal und Nasalkonsonant endenden Silben durch Schwund des Konsonanten, Verschiebung der Silbengrenze oder Monophthongierung (s.o. 9,10) bereits im Urslavischen erreicht, für Liquidaverbindungen erst nachurslavisch.

Die Silbenharmonie konnte zur Neutralisierung der vok. Opposition 'hinten'- 'vorn' in dieser Stellung führen (Zusammenfall der Phoneme *ȳ/*ī > *ь, *ȳ/*ī > *i, *ă/*ě > *e, *ā/*ē > *ě, z.B. vorurslav. *i̯ăgă 'seiner' wie *i̯ěsti 'ist' zu urslav. *jego und *jestь gegenüber bewahrtem Hintervokal bei *tăgă 'dessen' > *togo), zur Entstehung von Allophonen (z.B. vorurslav. *i̯ău̯ > urslav. *ju [jü], vorurslav. *kăi̯ > urslav. *kě [k'ě]) oder, durch weitere Entwicklungen begünstigt, zur Herausbildung neuer Phoneme (z.B. *š durch vorurslav. *xe > urslav. *še, da auch *si̯ă > *še). Silbenöffnung durch bloßen Konsonantenschwund galt im Auslaut generell für Obstruenten und für Nasale nach Kurzvokal (z.B. vorurslav. *tăd 'das' > urslav. *to, Akk.Sg. *-ăm > urslav. *-ъ), im Inlaut für Obstruenten in bestimmten Konsonantengruppen (z.B. vorurslav. s-Aor. *u̯ēd‖săm 'ich führte' > urslav. *věl‖sъ), z.T. mit Verschiebung der Silbengrenze (z.B. vorurslav. *ăb‖u̯ei̯dā 'Kränkung' > urslav. *ol‖bida); zur Monophthongierung s.o. (9), (10). Eine schon urslav. Öffnung der Liquidaverbindungen wäre nur durch Annahme der Entwicklung eines phonet. Sproßvokals (*Terᵉ T, *Tъrᵇ T usw., vgl. Mareš 1969: 41) zu postulieren.

Die wichtigste Erscheinung im suprasegmentalen Bereich ist die Herausbildung der Silbenintonationen. Dabei spielen die sog. 'Laryngale' (*h_1, *h_2, *h_3; *H für Laryngal unbestimmter Qualität) eine wichtige Rolle, die nach der *communis opinio* im uridg. Phonemsystem Obstruenten ('Engelaute' bei Mayrhofer 1986: 121-150; Lindeman 1997: 19), nach abweichender Meinung Resonanten (z.B. Kortlandt 1994: 93) sind. Die in diesem Zusammenhang wesentliche Laryngalwirkung ist die Dehnung vorausgehender Vokale (uridg. *i, *e, *a, *o, *u), Resonanten (uridg. *r, *l, *m, *n), Diphthonge und diphthongischer Verbindungen (uridg. *ei̯, *eu̯, *er, *el etc.) in tautosyllabischer Stellung unter Schwund der Laryngale: *V̆H > *V̄, *R̥H > *R̥̄, *ei̯H > *ēi̯ usw. Die so entstandenen Längen sowie, nach traditioneller Ansicht, auch ablautbedingte Langvokale und -diphthonge werden im Balto-Slavischen akutiert (steigend), die entsprechenden laryngallosen Verbindungen nicht-akutiert (fallend: Kurzdiphthonge und Kontraktionslängen zirkumflektiert, Kurzvokale kurz fallend): *ēi̯ > *ḗi̯, aber *ei̯ > *êi̯. Phonologisch relevant werden die Intonationen erst nach der Kürzung der Langdiphthonge im Baltischen und Slavischen: *ḗi̯ vs. *êi̯ > *éi̯ vs. *êi̯. Der slav. Neoakut entsteht durch Akzentzurückziehung von einem auslaut. Jer oder einem kurzen, fallend intonierten Binnenvokal auf die vorausgehende Silbe ('Stangs Gesetz', vgl. Stang 1957: 13, 179). Der freie Wortakzent des Uridg. bleibt als phonolog. Merkmal erhalten, seine Position im Wort wird jedoch unter z.T. heftig umstrittenen lautlichen und morphologischen Bedingungen vielfach verändert. Die uridg. Quantitäten werden zugunsten neuer Vokalqualitäten mit ererbter, nur noch phonetischer Quantität aufgegeben, doch ist bereits im Urslavischen mit positionellen Dehnungen bzw. Kürzungen mit gleichbleibender Qualität zu rechnen (d.h. sekundär gekürztes urslav. *a [a:] < vorurslav. *ā fällt nicht mehr mit urslav. *o < vorurslav. *ă zusammen, sondern behält seine *a*-Qualität [a]), die marginal auch phonologischen Status erreicht haben dürften.

Zur phonet. Interpretation der Laryngale vgl. die 'Round table discussion' in Rasmussen 1994: 417-466. Nach Kortlandt (1978a, 1994) wurden nur 'laryngalisierte' Vokale akutiert, und das Laryngalmerkmal blieb im Slav. und Balt. noch lange erhalten; für Akut auch auf ursprünglichen Langvokalen plädiert dagegen mit guten

Gründen Rasmussen (1989: 161). Zu den umstrittenen balt.-slav. und slav. Akzentgesetzen (Hirts Gesetz, de Saussures Gesetz, Illič-Svityčs Gesetz usw.) s. die Einführung Lehfeldts (1993) und die reichhaltige Sammlung Kortlandts (1994), zu deren Diskussion auch Collinge (1985) heranzuziehen ist. Zur Frage urslav. Kürzen und Längen, v.a. in Endsilben, vgl. die Diskussion bei Stang (1957: 35ff.) und in Osnovy (1990: 32ff.); allgemein dazu Schenker (1995: 100f.).

Die Flexionsmorphologie des Nomens ist durch den Umbau des uridg. Stammklassensystems in ein System mit konsonantisch auslautenden Stämmen und vokalisch anlautenden Endungen gekennzeichnet, die sich in verschiedene Endungssätze gruppieren lassen und nur dadurch Deklinationsklassen konstituieren (uridg. Akk.Sg. *ulk^uo-m > urslav. *$vьlk$-$ъ$ 'Wolf', uridg. Nom.Sg. *$suHnu$-s > urslav. *syn-$ъ$); dabei kommt es zu einem fast vollständigen Zusammenfall der uridg. *i-Stämme und der Konsonantenstämme (wohl über vorurslav. *$\overset{\circ}{\iota}N$ < uridg. *iN und *$\overset{\circ}{N}$, z.B. Akk.Sg. uridg. *g^host-i-m > urslav. *$gost$-$ь$ 'Gast' wie uridg. *$\hat{g}^h\underset{\circ}{u}er$-$\underset{\circ}{m}$ > urslav. *$zvěr$-$ь$ 'Tier', mit *$ě$ statt *e aus Nom.Sg.). Die nominalen Kategorien Kasus (8 uridg. Kasus), Genus (mask.,fem.,neutr.) und Numerus (Sg.,Du.,Pl.) bleiben als solche im Urslav. fast unverändert erhalten, lediglich die im Uridg. ohnehin nur bei den *o-Stämmen und beim Pronomen distinktiven Singularformen des Gen. und Ablativ fallen funktional im urslav. Gen. zusammen, der formal den Abl. fortsetzt: uridg. Abl.Sg. *d^huHmo-ad > urslav. Gen. Sg. *dym-a 'des Rauchs'. – Das Adjektiv entwickelt neben der ererbten, nominalen Flexion eine mit dem anaphorischen Pronomen urslav. *$jь$ zusammengesetzte Form (zur Herleitung s. Koch 1992), die dem Ausdruck der Bestimmtheit dient; die ursprüngl. Verbindung von nominal flektiertem Adjektiv und pronominal flektiertem *$jь$ in der gleichen Kasus/Numerus-Form (z.B. *$novъ$ + *$jь$ > *$novъjь$ 'der neue') wird schon urslav. durch Haplologie bzw. analogische Verallgemeinerung eines Stammes auf *-y z.T. vereinfacht (z.B. *$novomь$ + *$jimь$ > *$novyjimь$ 'mit dem neuen', vgl. dazu Schenker 1995: 128f.). – Für das Verbalsystem ist Dreistämmigkeit von Präsens-, Infinitiv- und Imperfektstamm als Grundlage des Flexionsparadigmas charakteristisch. Das slav. Imperfekt ist eine exklusiv slavische Neuerung, die auch in den baltischen Sprachen keine unmittelbare Parallele findet, während Formen des uridg. Imperfekts z.T. im slav. Aoristparadigma fortgesetzt werden. Der Ausdruck des Verbalaspekts wird urslav. möglicherweise allein durch die Gegenüberstellung von Imperfekt- (ipf.) und Aoristformen (pf.) geleistet, während die später dafür vorherrschenden Mittel der Prä- und Suffigierung noch auf die Wortbildung beschränkt sind. Der uridg. Optativ der thematischen Verben mit Formans *-$o\underset{\circ}{i}$- (Themavokal *-o- + Suffix *-$ī$-, d.h. *-ih_1-) wird zum Imperativ mit *-$ě$- ~ *-i-, das uridg. Perfekt ist bis auf Reliktformen (aksl. $věd\check{e}$ 'ich weiß', vgl. gr. οἶδα) geschwunden, vom uridg. Konjunktiv ist im Slav. keine Spur zu finden; neue, periphrastische Verbalformen übernehmen den Ausdruck weiterer Tempora (z.B. Perfekt, vgl. aksl. *pisalъ jesmь* 'ich habe geschrieben'), Modi (Konditional, vgl. aksl. *pisalъ bimь* 'ich schriebe/hätte geschrieben') sowie der Diathese Passiv (vgl. aksl. *pisano jestь* 'es ist geschrieben'). – Der Grundstock des urslav. Lexikons, der aus idg. Erbwortschatz und mit ererbten Mitteln geschaffenen Neubildungen besteht, wird durch mehrere Lehnwortschichten iranischer, keltischer, germanischer (v.a. gotischer), griechischer und lateinischer sowie turksprachiger Herkunft bereichert.

3. Die nachurslavische vorschriftliche Periode: das Gemeinslavische

Kaum ein Begriff in der historischen slav. Sprachwissenschaft ist so umstritten und wird so verschiedenartig verwendet wie 'Gemeinslavisch' (gmslav., franz. *slave commun*, engl. *Common Slavic*). Der Terminus ist – v.a. in englisch- und französischsprachiger Fachliteratur – Synonym zu Urslavisch als rekonstruierter Sprache oder als gesamter vorhistorischer slav. Sprachperiode, er wird aber auch in eher sprachtypologischem oder soziolinguistischem Sinn verwendet (vgl. Andersen 1985, Birnbaum 1979, 1987). Daneben ist es üblich, die sich an das Urslavische im obigen Verständnis (1.) anschließende, noch vorschriftliche Periode 'gemeinslavisch' zu nennen. Obwohl hier, in Anlehnung an Weiher (1967: 85), inhaltlich zutreffender und zur Vermeidung von Mehrdeutigkeiten besser von 'nachurslavisch-vorschriftlich' gesprochen werden sollte, hat die Bezeichnung 'gemeinslavisch' für diese Periode doch eine gewisse Berechtigung wegen des „verhältnismäßig gleichartigen Entwicklungsverlaufs und vieler erst in ihr ausgebildeter, allen späteren Einzelsprachen zukommender Merkmale trotz geographischer Ausdehnung und Aufspaltung" (Bräuer 1969: 27; zur Gliederung s. 5.).

Zunächst werden zwei Tendenzen der slav. Sprachentwicklung mit nicht mehr ganz einheitlichen gesamtslavischen Resultaten fortgesetzt: Die Silbenharmonie durch die sog. '2. Palatalisierung', das Gesetz der offenen Silben durch die Umgestaltung der Liquidaverbindungen.

(11) Die sog. '2. Palatalisierung' der Velare (II): urslav. *k, *g, *x + Vordervokal > c, $\jmath$ (> z), s (ost- u. südslav.) / $š$ (westslav.).

Die einzig möglichen Vordervokale nach Velar waren *$ě$ (= *$ě_2$) und *i (= *i_2) diphthongischen Ursprungs, s.o. (9). Beispiele: urslav. *$kělъ$ (uridg. Wz. *$kai̯l$-) > aksl. *cělъ* 'ganz', aber: aruss. (Novg.) *kěle* 'ds.'; urslav. *$gělo$ (uridg. *$g^ho_i lo$-) > aksl. *ʒělo* 'sehr' (Beispiele für den Erhalt von *g im Novg. Aruss. bislang nur stammauslautend: Novg. aruss. *drugii* vs. aksl. Nom.Pl.mask. *druʒii* 'die anderen'; daneben Erhalt von *g westslav. und russ. dialektal vor *$vě$, z.B. poln. *gwiazda* 'Stern', russ. dial. *gvezda/gvjazda* vs. aksl. *ʒvězda*); urslav. *$xědъ$, *$xěrъ$ (letzteres aus germ. *$haira$-) > aksl. *sědъ* 'grau', russ.-ksl. *sědъ, sěrъ* 'ds.', čech.. *šedý* 'ds.', *šerý* 'dunkel, düster', aber: aruss. (Novg.) *chěrъ* 'graues Tuch' (Zaliznjak 1995: 37f.). Außer bei *g kann das Fehlen der Palatalisationsergebnisse, im Gegensatz zu Ausnahmen bei III (s.o. (8)), nicht analogisch erklärt werden; auch Sonderentwicklungen scheiden wegen der Häufigkeit und Regelmäßigkeit der Fälle mit bewahrtem Velar aus; eine Rückentwicklung (*k' > *t' > *k') ist nur eine theoretische Möglichkeit, die sich empirisch nicht stützen läßt (Zaliznjak 1991: 222ff.).

(12) Liquidametathese und Vollaut ('Pleophonie', 'Polnoglasie'): urslav. *ToRT > westslav. TRoT, südslav. (mit čech., slovak.) gedehnt TRaT, ostslav. ToRoT.

Dabei stehen T für beliebige Konsonanten (außer *j), R für r/l, o für o/e, a für a/ě; mit Differenzierung der Liquiden und Vokale sind die vier Fälle *TorT, *TolT, *TerT, *TelT zu unterscheiden. Beispiele: urslav. *gordъ 'Stadt, Burg', *golva 'Kopf', *bergъ 'Ufer', *melko 'Milch' > aksl. gradъ, glava, brěgъ, mlěko – poln. gród (Gen. grodu), głowa, brzeg, mleko – russ. gorod, golova, bereg, moloko (im Ostslav. Zusammenfall von *TolT und *TelT). Die Gruppe *TorT blieb aber im Elb- und Ostseeslav. z.T. erhalten, z.B. polab. gord, slovinz. u. kasch. gard.

(13) Kurz nach der Öffnung von Silben jeglicher Struktur fast auf dem gesamten slav. Sprachgebiet entstehen durch den Jerwandel neue geschlossene Silben und Konsonantenverbindungen. Dem eigentlichen Jerwandel geht eine Zentrierung ('Reduzierung') der aus kurzem *ĭ und *ŭ entstandenen Vokale *ь und *ъ voraus, die sich dadurch dem Zentralvokal [ə] annähern. Diese 'reduzierten' Vokale können nach einem sich auf phonetische Wörter (Taktgruppen, Betonungseinheiten) erstreckenden rhythmischen Prinzip in schwacher oder starker Position stehen. Schwach ist die Stellung im Wortauslaut (a) und vor einer Silbe mit nicht-Jer-Vokal (b); in aufeinanderfolgenden Jersilben (c) sind die Positionen in letzter, drittletzter, fünftletzter etc., d.h. jeder zweiten vorausgehenden Silbe schwach, in den übrigen stark. Schwache Jers schwinden, starke fallen – einzelsprachlich unterschiedlich – mit einem anderen Vokal zusammen oder ergeben [ə].

Beispiele: (a) urslav. *domъ > nachurslav. *domᵇ (russ., bulg., poln. etc. dom 'Haus'); (b) urslav. *sъto > nachurslav. *sᵇto (kroat./serb., čech., wruss. etc. sto 'hundert'), (c) urslav. *dьnь sь > nachurslav. *dᵇnьsᵇ (sloven., slovak. etc. dnes, ukr. dnes' 'heute'). Diese Gesetzmäßigkeiten ('Havlíksche Regeln') wurden 1889 vom tschechischen Philologen A. Havlík (allerdings nur für das Tschechische) entdeckt und bald darauf von anderen Philologen für alle slav. Sprachen nachgewiesen. Abweichungen können plausibel durch morphologische Analogie erklärt werden (für das letzte Beispiel etwa kroat./serb. danas, osorb. dźens wegen kroat./serb. dan, osorb. dźeń 'Tag'), doch wurde auch versucht, das Auftreten solcher den Havlíkschen Regeln zuwiderlaufender Jervertretungen in einzelsprachliche morphonologische Regeln zu fassen (z.B. Issatschenko 1980: 137-176). Zur jeweiligen Vokalfärbung der nicht geschwundenen Jerlaute vgl. die Reflexe von urslav. *sъnъ 'Schlaf' und *dьnь 'Tag': russ., ukr. son/den', wruss. son/dzen', bulg. săn/den, maked. son/ den, kroat./serb. san/dan, sloven. sen [sən]/dan, čech. sen/den, slovak. sen/deň, osorb. son/dźeń, nsorb. soń/ źeń, poln. sen/dzień.

Charakteristische unterschiedliche Resultate in den Einzelsprachen zeigen auch die folgenden zwei Lautwandel:

(14) Entwicklung von urslav. *t̂/*d̂ (< vorurslav. *tj̣/*dj̣).

Beispiele: urslav. *svět̂a 'Kerze', *med̂a 'Rain' > russ., wruss. sveča/meža, ukr. sviča/meža, bulg. svešt/mežda, maked. sveḱa/meǵa, kroat./serb. sv(ij)eća/međa, sloven. sveča/meja, čech. svíce/meze, slovak. svieca/medza, osorb. swěca/mjeza, nsorb. swěca/mjaza, poln. świeca/miedza.

Das Urslavische 29

(15) Entwicklung der urslav. Nasalvokale *ę und *ǫ.
Beispiele: urslav. *pętь 'fünf', *rǫka 'Hand' > russ. *pjat'/ruka*, wruss. *pjac'/ruka*, ukr. *p'jat'/ruka*, bulg. *pet/răka*, maked. *pet/raka*, kroat./serb. *pet/ruka*, sloven. *pet/ roka*, čech. *pět/ruka*, slovak. *pät'/ruka*, osorb. *pjeć/ruka*, nsorb. *pěś/ruka*, poln. *pięć/ ręka* (im Poln. zunächst qualitativer Zusammenfall mit quantitativer Unterscheidung, ab 2. Hälfte des 15. Jh. neue qualitative Differenzierung). Dies ist genaugenommen kein 'vorschriftlicher' Lautwandel mehr, da *ę und *ǫ im Aksl. noch etymologisch richtig vertreten sind: *pętь, rǫka*.

In der Flexionsmorphologie des Nomens strebt das durch verschiedene Endungssätze gekennzeichnete urslav. Deklinationsklassensystem einzelsprachlichen Genusdeklinationen zu. Unter den nominalen Kategorien wird der Dual weitgehend (bis auf Sloven. und Sorb.) abgebaut. In allen slav. Sprachen wird für eine im grammatischen Sinn als Lebewesen angesehene Klasse von Substantiven eine Belebtheits- oder Beseeltheitskategorie aufgebaut, die ihren formalen Ausdruck in der Verwendung der Genetivform für einen syntaktisch geforderten Akkusativ findet (zur Entwicklung Krys'ko 1994b). Bei den Fortsetzungen der etym. *o-Stämme übernehmen die west- und ostslav. Sprachen die Endung -ъmь der etym. *u-Stämme, und im Akk. Pl. der etym. *jo-Stämme sowie im Gen.Sg., Nom./Akk.Pl. der etym. *jā-Stämme stehen südslavischem -ę (und seinen Weiterentwicklungen) west- und ostslav. -ě gegenüber (sog. 3. Jat', dessen Entstehung wohl morphologisch begründet ist, vgl. Shevelov 1964: 335). Die durch zusammengesetzte Adjektivflexion ausgedrückte und im Aksl. noch faßbare Kategorie der Bestimmtheit wird teils mit anderen Mitteln fortgesetzt (postponierter Artikel im Bulg. und Maked., z.T. nur noch intonatorische Unterschiede im Kroat./Serb. u. Sloven.), ansonsten aufgegeben; die Sprachen mit einer einzigen Flexion setzen dabei weitgehend die Langform fort. Die noch für das Aksl. festgestellte Dreistämmigkeit des slav. Verbs macht durch Aufgabe zumeist des Imperfektstamms einer Gegenüberstellung zweier Flexionsstämme, des Präsens und des Infinitivs, Platz. Die Mittel der Prä- und Suffigierung zum Ausdruck des Verbalaspekts werden in allen slav. Sprachen ausgebaut. Neue Futurbildungen entstehen mit Hilfe periphrastischer Ausdrücke (Auxiliarverb + *l*-Form/Infinitiv/Konjunktion mit finiter Form). Die ursprünglich auf die Fortsetzer athematischer Verben beschränkte Endung *-mь der 1.Sg.Präs. findet als *-m* im Süd- und Westslav. weite Verbreitung. Im Lexikon sind Entlehnungen v.a. aus dem Althochdt., Griech., Lat. sowie Roman. zu verzeichnen.

4. Die Urheimat

Die Urheimat der Slaven ist das Siedlungsgebiet der Sprecher des Urslavischen. Je nachdem, ob dieses Urslavisch als aus den Einzelsprachen rekonstruierte Sprache, als ein schon mit slav. zu bezeichnendes Idiom kurz nach der Ausgliederung aus der idg. Grundsprache oder als

Epoche zwischen diesen beiden Bezugspunkten gesehen wird (vgl. oben 1.), ist *a priori* von verschiedenen zeitlichen und sicher auch räumlichen Vorannahmen auszugehen. Absolut chronologisch und geographisch ist eine Festlegung nur dann möglich, wenn in historischen Quellen genau lokalisierbare Ethnien genannt werden, denen unzweifelhaft eine bestimmte Sprache zugewiesen werden kann. Eine solche Situation tritt für das Slavische frühestens ab dem 6. Jh.n.Chr. ein, insbesondere durch den Bericht des Historikers Jordanes, der in seiner Geschichte der Goten („De origine actibusque Getarum", ca. 550) vom volkreichen Stamm der Veneter („Venetharum natio populosa", Jordanes 34) spricht, der sich nordöstlich von Dakien (dies mit Kern im Karpatenbogen), beginnend mit der Weichselquelle über ein weites Gebiet erstrecke. Obgleich ihre Bezeichnungen von Sippe zu Sippe und von Ort zu Ort wechselten, würden sie doch hauptsächlich Sclavenen (*sic*) und Anten genannt („principaliter tamen Sclaveni et Antes nominantur", ebda). Die Sclavenen siedelten vom Donaudelta bis zum Dnjestr und im Norden bis zur Weichsel, die Anten nördlich des Schwarzen Meeres zwischen Dnjestr und Dnjepr. Die drei Stammesbezeichnungen werden mit einer frühen Dialektgliederung in West- (Veneter), Süd- (Sclavenen) und Ostslavisch (Anten) in Verbindung gebracht und lassen vermuten, daß bereits im 6. Jh. die Migrationen der Slaven in ihre heutigen Wohngebiete eingesetzt und erste sprachliche Differenzierungen des Urslavischen nach sich gezogen hatten. Das ursprüngliche Siedlungsgebiet oder gar Raum und Zeitpunkt der Ethnogenese der Slaven lassen sich nicht auch nur annähernd so exakt bestimmen wie das erste Auftreten der historischen Slaven. Die Ergebnisse der hierfür anteilig in verschiedenem Maße herangezogenen Disziplinen der Hydro-, Topo- und Ethnonymie, der Paläobotanik, Archäologie und Anthropologie sowie historische Berichte werden z.T. sehr kontrovers beurteilt. Nach der in der traditionellen Forschung am weitesten verbreiteten, bisher im strengen Sinn nicht widerlegten Ansicht siedelten die Slaven in der letzten Phase ihrer sprachlichen Einheit (ca. 5. Jh.n.Chr.) in einem Gebiet, als dessen Kern Wolhynien angesehen werden kann: Im Norden waren sie durch die Pripjet-Sümpfe von baltischen Stämmen, im Süden durch nichtslav. Völkerschaften (iranische Stämme, Goten, Hunnen) vom Schwarzen Meer getrennt; im Westen reichte ihr Gebiet bis zu den Karpaten und dem Oberlauf der Weichsel, im Osten bis zum Mittellauf des Dnjepr.

In neueren Untersuchungen wird das Zentrum der Urheimat v.a. aufgrund hydronymischer Forschungen etwas weiter im Westen (Nordhang der Karpaten, Udolph 1979) bzw. im Osten (beiderseits des mittleren Dnjepr, Gołąb 1992) gesehen. Sehr skeptisch gegenüber all diesen Versuchen einer vorhistorischen Einordnung gibt sich aus guten Gründen Popowska-Taborska (1991): Sie zeigt deutlich die Grenzen der o.g. Disziplinen auf und relativiert die Aussagekraft früher historischer Nachrichten wie Herodots Bericht (5. Jh.v.Chr.) über die Νευροί und Βουδῖνοι oder Plinius' d.Ä. und Tacitus' (beide 1. Jh.n.Chr.) sowie Ptolemaios' (2. Jh.n.Chr.) frühe Erwähnung der Veneter, deren Name wohl erst später auf die Slaven übertragen wurde (vgl. auch Schenker 1995: 3ff.). Sämtliche Quellentexte zu mutmaßlichen und tatsächlichen Slaven finden sich jetzt gesammelt bei Gindin, Litavrin ([2]1994, 1995).

5. Die Gliederung der slavischen Sprachen

In der Sprachwissenschaft dienen Zusammenfassungen von Sprachen oder Dialekten zu größeren Gruppen dem Zweck, allgemeinere und ihre engere Zusammengehörigkeit unterstreichende Aussagen zu machen. In der Praxis spielen dabei oft nicht nur linguistische, sondern auch politische, ethnische und kulturhistorische Gesichtspunkte eine Rolle. Aber auch bei Beschränkung auf die rein sprachliche Ebene bieten sich mehrere Möglichkeiten der Einteilung an: nach synchronen (typologischen) oder diachronen (genetischen) Kriterien; mit Beschränkung auf exklusive oder unter Einbeziehung jeweils unterschiedlich überlappender Merkmale; durch Berücksichtigung aller Ebenen der Sprachbeschreibung oder Auswahl nur einiger Teilaspekte; durch gleichberechtigtes Nebeneinander oder unterschiedliche Wertung der betrachteten Charakteristika etc. Natürlich kann kein Ergebnis dieser verschiedenen Kombinationsmöglichkeiten ungeteilte Anerkennung finden, keines sollte aber auch von vornherein als überholt oder inadäquat bezeichnet werden. Die heute übliche Einteilung der slav. Sprachen in Ostslavisch (Russisch, Ukrainisch, Weißrussisch), Südslavisch (Bulgarisch, Makedonisch, Serbisch/Kroatisch, Slovenisch) und Westslavisch (Tschechisch, Slovakisch, Ober- und Niedersorbisch, Polnisch, Elb- und Ostseeslavisch) erwog als erster Vostokov 1820 als Reaktion auf die vorher (1806) von Dobrovský aufgestellte Zweiteilung, indem er vorsichtig vorschlug, das Ostslav. ('Russische') aus dessen östl. Gruppe herauszulösen (vgl. Mareš 1980); wissenschaftlich mit bis heute angeführten Merkmalen begründet wurde die Dreiteilung nur wenig später (1823) durch Jacob Grimm (vgl. Lötzsch 1984: 291 ff.), der u.a. als erster den ostslav. Vollaut als eines der Gliederungskriterien einführte. Spätere Einteilungen, wie die von Mareš mit typologischen und genetischen Argumenten begründete Tetrachotomie der slavischen Sprachen (Mareš 1980, mit kurzem forschungsgeschichtlichen Überblick), haben sich nicht durchgesetzt.

6. Das Einsetzen der schriftlichen Überlieferung

Die Anfänge des slavischen Schrifttums sind untrennbar verbunden mit der Slavenmission der sog. Slavenapostel Kyrill und Method im 9. Jh., zu deren Vorbereitung und Durchführung eigens ein Alphabet (die Glagolica) geschaffen und die wichtigsten kirchlichen Bücher ins Slavische übersetzt wurden. Die in Manuskripten meist maked.-bulg. Provenienz erst im 10./11. Jh. überlieferten glagolitischen und kyrillischen Abschriften einiger weniger dieser Texte bilden das altkirchenslavische Textkorpus. Zur Zeit des Einsetzens der aksl. Überlieferung erscheinen aber auch bereits auf anderen Gebieten der Slavia und z.T. mit der kyrillomethodianischen Tradition nicht unmittelbar verbundene literarische und inschriftliche Sprachdenkmäler: Die in lat. Alphabet und in altsloven. Sprache verfaßten Freisinger Denkmäler etwa aus dem Jahr 1000 n.Chr. (Ausgabe Faganel et al. 1993); auf russischem Boden das Ostromir-Evangelium, ein Aprakosevangelium aus dem Jahr 1056/57 (Ausgabe Vostokov 1843, ND 1964), sowie die Novgoroder Birkenrindentexte, deren älteste bis ins 11. Jh. zurückreichen (Zaliznjak 1995); schließlich stammen einige der bislang bekannten 96 bulg. Inschriften in kyrill. Alphabet bereits aus dem 10. Jh. (Forschungsberichte von Gălăbov 1975 und Popkonstantinov 1984).

7. Literaturangaben

Aitzetmüller, R. ²1991. *Altbulgarische Grammatik als Einführung in die slavische Sprachwissenschaft.* Freiburg i.Br. 1978.
Andersen, H. 1985. Protoslavic and Common Slavic – questions of periodization and terminology. *International journal of Slavic linguistics and poetics* 31-32, 67-82.
Arumaa, P. 1964, 1976, 1985. *Urslavische Grammatik. Einführung in das vergleichende Studium der slavischen Sprachen.* Heidelberg. I. Band *Einleitung, Lautlehre.* II. Band *Konsonantismus.* III. Band *Formenlehre.*
Birnbaum, H. 1979. *Common Slavic. Progress and problems in its reconstruction.* Columbus (Ohio) (Reprint).
— 1987. Some terminological and substantive issues in Slavic historical linguistics. *International journal of Slavic linguistics and poetics* 35-36, 299-332.
Bräuer, H. 1961, 1969a, 1969b. *Slavische Sprachwissenschaft.* Berlin. Bd. I. *Einleitung, Lautlehre.* Bd. II. *Formenlehre 1. Teil.* Bd. III. *Formenlehre 2. Teil.*
Carlton, T.R. 1991. *Introduction to the phonological history of the Slavic languages.* Columbus (Ohio).
Collinge, N.E. 1985. *The laws of Indo-European.* Amsterdam, Philadelphia.
Dybo, V.A. 1981. *Slavjanskaja akcentologija.* Moskva.
ĖSSJ. 1974ff.: *Ėtimologičeskij slovar' slavjanskich jazykov. Praslavjanskij leksičeskij fond.* Pod red. O.N. Trubačeva. Vyp. 1-24 (**a - *nerodimъ(jь)*). Moskva 1974-1997.
Fanagel, J. et al. (Hrsg.). 1993. *Brižinski spomeniki: Znanstvenokritična izdaja.* Ljubljana.
Fox, A. 1995. *Linguistic reconstruction.* Oxford.
Gălăbov, I. 1975. Srednovekovnata bălgarska kirilska epigrafika prez poslednite 30 godini. *Archeologija* 17, 4, 13-25.
Gindin, L.A., G.G. Litavrin (Hrsg.). ²1994, 1995. *Svod drevnejšich pis'mennych izvestij o slavjanach.* Moskva. Tom 1 (I-VI vv.). Tom 2 (VII-IX vv.).
Gołąb, Z. 1992. *The origins of the Slavs.* Columbus (Ohio).
Havlík, A. 1889. K otázce jerové v staré češtině. *Listy filologické* 16, 45-51, 106-116, 248-258, 342-353, 436-445.
Hock, W. 1998. Balto-Slavisch, Indo-Iranisch, Italo-Keltisch. Kriterien für die Annahme von Sprachgemeinschaften in der Indogermania. *Schriften des Instituts für Baltistik der Universität Greifswald,* Bd. 1. Essen (im Druck).

Huntley, D. 1993. Old Church Slavonic. In: Comrie, B., G.G. Corbett (Hrsg.): *The Slavonic languages*. London, New York, 125-187.
Issatschenko, A. 1980. *Geschichte der russischen Sprache*. 1. Band. Heidelberg.
Ivić, P. 1974/75. Die prosodischen Typen in den serbokroatischen Dialekten. *Die Welt der Slaven* 19/20, 199-209.
Jordanes. 1882. *De summa temporum vel origine actibusque gentis Romanorum. De origine actibusque Getarum. Jordanis Romana et Getica*. Recensuit Th. Mommsen. Berolini (Monumenta Germaniae historica. B. Auctores antiquissimi. 5,1).
Katičić, R. 1966. Der Entsprechungsbegriff in der vergleichenden Laut- und Formenlehre. *Indogermanische Forschungen* 71, 203-220.
Koch, Ch. 1992. Zur Vorgeschichte des relativen Attributivkonnexes im Baltischen und Slavischen. In: Barschel, B. et al. (Hrsg.): *Indogermanisch, Slawisch und Baltisch. Materialien des vom 21.-22. Sept. 1989 in Jena in Zusammenarbeit mit der Idg. Gesellschaft durchgeführten Kolloquiums*. München, 45-88.
Kortlandt, F.H.H. 1978a. On the history of Slavic accentuation. *Zeitschrift für vergleichende Sprachforschung* 92, 269-281.
— 1978b. Comments on W. Winter's paper. In: Fisiak, J. (Hrsg.): *Recent developments in historical phonology*. The Hague, Paris, New York, 447.
— 1994. From Proto-Indo-European to Slavic. *Journal of Indo-European studies* 22, 1-2, 91-112.
Krys'ko, V.B. 1994a. *Razvitie kategorii oduševlennosti v istorii russkogo jazyka*. Moskva.
— 1994b. Zametki o drevnenovgorodskom dialekte. *Voprosy jazykoznanija* 5, 28-45.
Lehfeldt, W. 1993. *Einführung in die morphologische Konzeption der slavischen Akzentologie*. München.
Lehiste, I., P. Ivić. 1986. *Word and sentence prosody in Serbocroatian*. Cambridge (Mass.), London.
Lindeman, F.O. 1997. *Introduction to the 'Laryngeal Theory'*. Innsbruck.
Lötzsch, R. 1984. Jacob Grimm und die Klassifizierung der slawischen Sprachen. *Zeitschrift für Phonetik, Sprachwissenschaft und Kommunikationsforschung* 37, 3, 283-294.
Lunt, H.G. [6]1974. *Old Church Slavonic grammar*. The Hague, Paris.
— 1981. *The progressive palatalization of Common Slavic*. Skopje.
— 1987. The progressive palatalization of Early Slavic: opinions, facts, methods. *Folia linguistica historica* 7, 2, 251-290.
— 1997. Common Slavic, Proto-Slavic, Pan-Slavic: What are we talking about? *International journal of Slavic linguistics and poetics* 41, 7-67.
Mareš, F.V. 1969. *Diachronische Phonologie des Ur- und Frühslavischen*. München.
— 1980. Die Tetrachotomie und doppelte Dichotomie der slavischen Sprachen. *Wiener Slavistisches Jahrbuch* 26, 33-45.
Mayrhofer, M. 1986. *Indogermanische Grammatik*. Band I, 2. Halbband: *Lautlehre*. Heidelberg.
Meillet, A. [8]1937. *Introduction à l'étude comparée des langues indo-européennes*. Paris.
Osnovy 1990. *Osnovy slavjanskoj akcentologii*. Otv. Red. R.V. Bulatova. Moskva.
Panzer, B. 1980. Genetischer Aufbau und Historische Grammatik, Sprachverwandtschaft und Sprachentwicklung. *Klagenfurter Beiträge zur Sprachwissenschaft* 6, 191-204.
— [2]1996. *Die slavischen Sprachen in Gegenwart und Geschichte*. Zweite, erw. u. verbess. Aufl. Frankfurt a.M. u.a.

Popkonstantinov, K. 1984. Starobălgarskata epigrafika prez poslednite 10 godini (1974-1984). *Archeologija* 26, 4, 33-46.

Popowska-Taborska, H. 1991. *Wczesne dzieje słowian w świetle ich języka*. Wrocław, Warszawa, Kraków.

Rasmussen, J.E. 1989. Die Tenues Aspiratae: Dreiteilung oder Vierteilung des indogermanischen Plosivsystems und die Konsequenzen dieser Frage für die Chronologie einer Glottalreihe. In: Vennemann, Th. (Hrsg.): *The new sound of Indo-European*. Berlin, New York, 153-176.

— (Hrsg.). 1994. *In honorem Holger Pedersen. Kolloquium der Idg. Ges. v. 25. bis 28. März 1993 in Kopenhagen*. Wiesbaden.

Schenker, A.M. 1993. Proto-Slavonic. In: Comrie, B., G.G. Corbett (Hrsg.): *The Slavonic languages*. London, New York 60-121.

— 1995. *The dawn of Slavic. An introduction to Slavic philology*. New Haven, London.

Schlerath, B. 1982/83. Sprachvergleich und Rekonstruktion: Methoden und Möglichkeiten. *Incontri linguistici* 8, 53-69.

Shevelov, G.Y. 1964. *A prehistory of Slavic*. Heidelberg.

Stang, Chr.S. 1957. *Slavonic accentuation*. Oslo (ND 1965).

Thomason, S.G., T. Kaufman. 1988. *Language contact, creolization and genetic linguistics*. Berkeley u.a.

Tischler, J. 1990. Hundert Jahre kentum-satem Theorie. *Indogermanische Forschungen* 95, 63-98.

Townsend, Ch.E., L.A. Janda. 1996. *Common and comparative Slavic: phonology and inflection*. Columbus, Ohio.

Udolph, J. 1979. *Studien zu slavischen Gewässernamen und Gewässerbezeichnungen*. Heidelberg.

Vaillant, A. 1950, 1958a, 1958b, 1966, 1974, 1977. *Grammaire comparée des langues slaves*. Paris. Tome I *Phonétique*. Tome II.1 *Flexion nominale*. Tome II.2 *Flexion pronominale*. Tome III *Le verbe*. Tome IV *La formation des noms*. Tome V *La syntaxe*.

Vondrák, W. ^{2}1924, ^{2}1928. *Vergleichende slavische Grammatik*. Göttingen. I. Band. *Lautlehre und Stammbildungslehre*. II. Band. *Formenlehre und Syntax*.

Vostokov, A. 1843. *Ostromirovo evangelie 1056/57 goda*. St. Peterburg (ND Wiesbaden 1964.).

Weiher, E. 1967. Urslavisch-Gemeinslavisch-Dialekte des Gemeinslavischen (?). *Anzeiger für slavische Philologie* 2, 82-100.

Winter, W. 1978. The distribution of short and long vowels in stems of the type Lith. *ésti : vèsti : mèsti* and OCS *jasti : vesti : mesti* in Baltic and Slavic languages. In: Fisiak, J. (Hrsg.): *Recent developments in historical phonology*. The Hague, Paris, New York, 431-446.

Zaliznjak, A.A. 1991. Berestjanye gramoty pered licom tradicionnych postulatov slavistiki i vice versa. *Russian Linguistics* 15, 3, 217-245.

— 1995. *Drevne-novgorodskij dialekt*. Moskva.

Das Altkirchenslavische

von

Wolfgang Hock

1. Einführung

Das Altkirchenslavische ist die Sprache einer Gruppe von Texten (1.1.), die auf die Übersetzertätigkeit der Slavenlehrer Konstantin (Kyrill) und Method im Rahmen der Slavenmission (1.2.) zurückgehen, in zwei Alphabeten (glagolitisch oder kyrillisch) vorliegen (2.), auf dem slav. Lokaldialekt von Thessaloniki beruhen und sich sprachlich von späteren Redaktionen des Kirchenslavischen (8.) am deutlichsten durch die Bewahrung und etymologisch richtige Verteilung der urslav. Nasalvokale *ę und *ǫ abheben.

1.1. Die altkirchenslavischen Sprachdenkmäler

Texte, die unter die gegebene Definition fallen, heißen auch 'kanonische' aksl. Sprachdenkmäler. Dieser 'Kanon' umfaßt jedoch nicht Originalwerke aus der Zeit der kyrillomethodianischen Mission (9. Jh.), sondern spätere, wohl durch mehrere Zwischenstufen von den Originalübersetzungen getrennte Abschriften aus dem 10./11. Jh., die bereits unterschiedliche lokale – meist bulg.-maked., in geringerem Maße westslav. – sprachliche Merkmale zeigen, die der von Kyrill und Method verwendeten Sprache, einem hypothetischen 'Urkirchenslavisch' (Trubetzkoy 1954: 23), noch nicht zuzurechnen sind. Den Grundstock des überlieferten Schrifttums bilden vier umfangreiche Evangelientexte (a-d) und eine Psalterübersetzung (e) sowie vier nichtbiblische liturgische (f, g) und homiletische (h) bzw. neben Homilien (feierlichen Predigten) auch Viten (Heiligenleben) umfassende (i) Texte: (a) Codex Zographensis und (b) Codex Marianus sind glagolit. Tetraevangelien mit dem mehr oder weniger vollständigen Text der vier (gr. τετρα-) Evangelien; (c) Codex Assemanianus (glagolit.) und (d) Savvina Kniga (kyrill.) sind Aprakosevangelien mit nach den Sonntagen (*Aprakos* wohl aus gr. ἄ-πρακτος, dies verkürzt aus ἄπρακτος ἡμέρα, eigtl. 'geschäftsfreier Tag', vgl. aksl. *ne-dělja* 'Sonntag') des Kirchenjahres geordneten Evangelienlesungen; (e) Psalterium Sinaiticum (glagolit.); (f) Kiever Blätter (glagolit., westslav. Züge); (g) Euchologium Sinaiticum (glagolit.); (h) Glagolita Clozianus (glagolit.) und (i) Codex Supraslensis (kyrill.).

<small>Dieser klassische Kanon von seit dem 19. Jh. bekannten Texten, zu dem noch einige kleinere Fragmente gehören (glagolit.: Ochrider glagolit. Blätter, glagolit. Blätter von Rila; kyrill.: Blätter von Chilandar, Blätter aus dem Zographoskloster, Maked. kyrill. Blatt, s. Koch 1990: 27f.) wurde durch Neufunde des 20. Jh. ergänzt (weitere Teile des Psalt.Sin. (e) und des Euch.Sin. (g) unter den Sinai-Funden von 1975, s. Tarnanidis 1988) bzw., sofern sich der aksl. Charakter der Texte erweisen</small>

läßt, erweitert (vgl. Birnbaum, Schaeken 1997: 139-150 mit einer allerdings etwas zu weit reichenden, kaum scharf abgrenzbaren Auffassung vom aksl. Textkorpus). Nicht als aksl. können nach obiger Definition etwa die Freisinger Denkmäler oder abulg. Inschriften angesehen werden.

1.2. Die Slavenmission

Unter der Slavenmission versteht man das Wirken der aus Thessaloniki (slav. *Solunь*) stammenden Brüder Konstantin und Method und ihrer Schüler als christliche Lehrer im Reich des mährischen Fürsten Rastislav. Dieser hatte auf dem Höhepunkt seiner politischen Macht um 862 in einem Sendschreiben den byzantinischen Kaiser Michael III. gebeten, ihm einen Bischof und Lehrer zu schicken, der das mährische Volk in slavischer Sprache im christlichen Glauben unterrichten könne. Mit dieser Aufgabe wurde Konstantin, der sich als Gelehrter an der Universität des byz. Kaiserhofs bereits in jungen Jahren den Ehrentitel 'Philosoph' erworben hatte, betraut. Mit seinem älteren Bruder Method, einem rechtskundigen hohen Verwaltungsbeamten, der zuletzt als Abt im olympischen Kloster Polychron gewirkt hatte, und weiteren Mitarbeitern schuf er das slavische (glagolitische) Alphabet, übersetzte die Evangelien und wichtigsten liturgischen Bücher ins Slavische und brach 863 an der Spitze einer Gesandtschaft nach Mähren auf, wo nicht nur eine erfolgreiche und sich bald (866/67) auf Pannonien ausdehnende Missionstätigkeit eingeleitet, sondern auch die Übersetzungsarbeit fortgesetzt wurde. Weitere Verbreitung fanden das aksl. Schrifttum und die slav. Liturgie schließlich nach dem Tode Methods (885) – Konstantin war bereits 869 auf einer Romreise, wo er auch den Mönchsnamen Kyrill angenommen hatte, gestorben –, als seine Schüler vom gewaltsam an die Macht gelangten Neffen Rastislavs, dem politisch am Fränkischen Reich orientierten Sventopulk, aus Mähren vertrieben wurden.

Über Hintergründe, Begleitumstände und weiteren Verlauf der Mission unterrichtet knapp fast jedes Handbuch zum Aksl., zuletzt z.B. Trunte 1997 (passim); zur weiteren Lektüre ist immer noch Grivec 1960 zu empfehlen. Ausgaben der wichtigsten slav. Quellentexte, der Vita Constantini und Vita Methodii, gibt es mehrere (s. Trunte 1997: 29f.); eine deutsche Übersetzung der Viten nach der kritischen Ausgabe von Grivec, Tomšič (1960) bietet Randow (1972). Zum ersten Schrifttum s. Mareš 1975. Die traditionelle Lokalisierung der Kerngebiete des Großmährischen Reichs in Mähren und der Slowakei wurde in der jüngeren Vergangenheit in Frage gestellt (Boba 1971, Eggers 1995, 1996); die Ansichten beider Autoren riefen allerdings von historischer wie linguistisch-philologischer Seite harsche Kritik hervor (Birkfellner 1993, Reinhart 1996, mit weiterer kritischer Literatur).

2. Die Alphabete

Die von Konstantin-Kyrill geschaffene slavische (glagolitische) Schrift ist, auch wenn einzelne Buchstaben Vorbilder in der griechischen Minuskel oder orientalischen Alphabeten haben, eine Originalschöpfung.

Ihre heutige, etymologisch durchsichtige Bezeichnung 'Glagolica' (zu aksl. *glagolati* 'sprechen') ist wohl erst später in Verbindung mit der Tradition dieser Schrift in Kroatien entstanden (*scriptura glagolitica* etc. in lat. Dokumenten des 16. Jh.), so daß nicht ausgeschlossen werden kann, daß die Schöpfung Konstantin-Kyrills zunächst, frühestens natürlich nach Annahme des Mönchsnamens Kyrill, zu seinen Ehren den Namen 'Kyrillica' trug (Ilčev 1985b: 491; Schenker 1995: 177). Nach der Vertreibung der Methodschüler aus Mähren lebte die Glagolica in ihrer runden Variante in Westbulgarien (Zentrum Ohrid) weiter, eine eckige Schriftform entwickelte sich in Kroatien (erste Texte in dieser Schriftform gegen Ende des 12. Jh.; zu Entwicklung und Zwischenformen vgl. Jagić 1911: 121-150; s. auch unten 8.); eine glagolit. Kontinuität in Böhmen ist umstritten. In Ostbulgarien (Zentrum Preslav) war die auf der griech. Majuskelschrift basierende Kyrillica in Gebrauch, die ihren Namen möglicherweise einer späteren Übertragung der Bezeichnung des von Konstantin-Kyrill geschaffenen Alphabets verdankt oder unmittelbar ihm zu Ehren so genannt wurde; von ihr wurde die runde Glagolica spätestens im 11. Jh. verdrängt. Am Primat der Glagolica als genuin slav. Alphabet gegenüber der Kyrillica kann aus linguistischen, paläographischen und historischen Gründen nicht mehr gezweifelt werden (Eckhardt 1989: 30, Schenker 1995: 179). – Schrifttafel s. folgende Seite.

3. Das Lautsystem

Das Vokalsystem des Altkirchenslavischen besteht aus 9 Oral- und 2 Nasalvokalen: Vordervokale /i, ь, e, ě/ (oral) und /ę/ (nasal), Hintervokale /y, ъ, a/ (oral, ungerundet), /u, o/ (oral, gerundet) und /ǫ/ (nasal, gerundet). Das Konsonantensystem umfaßt 22 Phoneme (stl.-sth.): Okklusive /p-b/ (lab.), /t-d/ (dent.), /k-g/ (vel.); Affrikaten /c-ʒ/ (dent.), /č/ (stl.pal.); Frikative /v/ (sth.lab.), /s-z/ (dent.), /š-ž/ (pal.), /x/ (stl.vel.); (sth.) Nasale /m/ (lab.), /n/ (dent.), /ñ/ (pal.); (sth.) Laterale /l/ (dent.), /l̂/ (pal.); (sth.) Vibranten /r/ (dent.), /r̂/ (pal.); der Phonemstatus von [j] ist umstritten (s.u.).

Dies ist das minimale Phonemsystem, das sich in fast allen aksl. Sprachdenkmälern so wiederfinden läßt. Daneben gibt es Anzeichen – vor allem der im Grunde phonologische Charakter der glagolitischen Schrift – dafür, daß der von Konstantin-Kyrill zugrunde gelegte slav. Dialekt (das 'Urksl.' Trubetzkoys) auch die Vordervokalphoneme /ü/ (oral) und /ö/ (nasal) kannte (vgl. Lunt 1974: 25; mit weiterer Zerlegung der Nasalvokale in ein orales und nasales Element Trubetzkoy 1954: 60f.). Die lautliche Entsprechung des mit *št* transliterierten einbuchstabigen glagolit. Zeichens ⱋ wird meist biphonematisch gewertet (pal. Frikativ + pal. Okklusiv), war aber möglicherweise im 'Urksl.' ein Einzelphonem (Lunt 1974: 21); als ursprüngliche sth. Entsprechung sah Trubetzkoy den durch das glagol. Zeichen ⰶ bezeichneten Laut an (1954: 28, 80f.), das sth. Pendant im Aksl. ist jedoch der durch *žd* bezeichnete Lautkomplex. Ein Phonem /j/ läßt sich synchron phonologisch zwar nicht zwingend nachweisen, morphologische Alternationen wie Wort- und Formenbildung legen

Das Altkirchenslavische
Schrifttafel

Kolumnen: 1. runde und 2. eckige Glagolica mit 3. Zahlwert, 4. Kyrillica mit 5. Zahlwert, 6. Buchstabenname, 7. Lautwert:

1.	2.	3.	4.	5.	6.	7.	1.	2.	3.	4.	5.	6.	7.
ⰀⰀ	ⰀⰀ	1	а	1	azъ	a	Ⱇ	Ⱇ	500	ф	500	frьtъ	f?
Ⰱ	Ⰱ	2	б	–	buky	b	ⰘⰘ	ⰘⰘ	600	х	600	chěrъ	ch
Ⰲ	Ⰲ	3	в	2	vědě	v	Ⱉ	Ⱉ	700	w	800	otъ	o
Ⰳ	Ⰳ	4	г	3	glagoli	g	Ⱋ	Ⱋ	800	щ	–	šta	št
Ⰴ	Ⰴ	5	д	4	dobro	d	Ⱌ	Ⱌ	900	ц	900	ci	c
Ⰵ	Ⰵ	6	є	5	jestъ	(j)e	Ⱍ	Ⱍ	1000	ч	90	črьvь	č
Ⰶ	Ⰶ	7	ж	–	živěte	ž	Ⱎ	Ⱎ	–	ш	–	ša	š
Ⰷ	Ⰷ	8	s/ꙃ	6	ʒělo	ʒ	Ⱏ	Ⱏ	–	ъ	–	jerъ	ъ
Ⰸ	Ⰸ	9	з	7	zemlja	z	ⰟⰟ	–	–	ъı	–	jery	y
Ⱐ/Ⱑ	Ⱐ	10	ı/і	10	i	i	Ⱐ	Ⱐ	–	ь	–	jerь	ь
Ⰹ	Ⰹ	20	и	8	iže	i	Ⱑ	Ⱑ	–	ѣ	–	jatь	ě,ja
Ⰺ	ⰒⰓ	30	(ћ)	–	g'ervъ	g'	Ⱓ	Ⱓ	–	ю	–	ju(sъ)	ju
Ⰻ	Ⰼ	40	к	20	kako	k	–	–	–	ꙗ	–	ja	ja
Ⰽ	ⰟⰟ	50	л	30	ljudьje	l	–	–	–	ѥ	–	je	je
Ⰾ	Ⰿ	60	м	40	myslite	m	Ⱔ	–	–	ѧ	900	ę(sъ)	ę
Ⱀ	Ⱀ	70	н	50	našь	n	Ⱘ	–	–	ѫ	–	ǫ(sъ)	ǫ
Ⱁ	Ⱁ	80	о	70	onъ	o	Ⱗ	Ⱗ	–	ѩ	–	ję(sъ)	ję
Ⱂ	Ⱂ	90	п	80	pokojь	p	Ⱙ	–	–	ѭ	–	jǫ(sъ)	jǫ
Ⱃ	Ⱃ	100	р	100	rьci	r	–	–	–	ѯ	60	ksi	ks
Ⱄ	Ⱄ	200	с	200	slovo	s	–	–	–	ѱ	700	psi	ps
Ⱅ	Ⱅ	300	т	300	tvrьdo	t	Ѳ	Ѳ	–	ѳ	9	fita	t?
Ⱆ	Ⱆ	400	оу	400	ukъ	u	Ѵ	–	–	ѵ	400	ižica	i

Kommentar: Die ursprüngliche Anordnung der Buchstaben läßt sich, abgesehen vom Zeugnis der modernen Kontinuanten v.a. der Kyrillica, z.T. aus den Zahlwerten ersehen, wertvolle Hinweise liefern aber auch nachaksl. akrostichische Alphabet-Gedichte, grammat. Traktate und natürlich die in verschiedenen Quellen ab dem 11. Jh. überlieferten Alphabete selbst. Etwa die Hälfte der Buchstaben besitzt Namen, die für slav. Nomina, Pronomina, Verbalformen etc. stehen: *azъ* 'ich', *buky* wohl für *bukъvi* 'Buchstaben', *vědě* '(ich) weiß' usw. Die Herkunft einiger Buchstabennamen ist dunkel, z.B. *chěrъ* (auch *cherъ*; evtl. aus *cheruvimъ* oder χαῖρε?). Eine verbindliche, eineindeutige Transliteration der Glagolica durch die Kyrillica – dies meist nach Jagić (1879: XXXVII) – oder beider durch die Lateinschrift (einen Vorschlag bietet Koch 1990: 101) gibt es bislang nicht. So finden sich in Ergänzung zur Schrifttafel in der wiss. Literatur die folgenden Entsprechungen (jeweils Lautwert: Glagolica – Kyrillica – Lateinschrift): ʒ: Ⰷ – s/ꙃ – ʒ/dz; z: Ⰸ – з/ꙁ – z; i: Ⱐ – ı – i, Ⰹ – ï/(і) – i, Ⰺ – и – i, Ⰻ – v – y; o: Ⱁ – о – o; Ⱉ – w – o; u: Ⱆ – оу/8 – u; ch: Ⰱ – х – ch(x); št: Ⱋ/шт – щ/шт – št; y: ⰟⰟ/ⰟⰟ – ъı/(ꙑ)/ъи/ьи (vgl. Diels 1963: 40) – y; ę: ѥ/є – ѧ/ѧ – ę; ję: Ⱗ – ѩ – ję. Eine auf der rein graphischen Ebene wirkende, eineindeutige Transliteration müßte diese Fälle auseinanderhalten, dürfte aber andererseits z.B. keinen Unterschied machen zwischen einem ъı, das /y/ bezeichnet (vereinzelt auch im Aksl., s. Diels, ebda) und einem ъı, das für /ьјь/ steht (z.B. Variante Gen.Pl. людъı 'der Menschen', vgl. Diels 1963: 161).

Das Altkirchenslavische 39

den Ansatz eines /j/ nahe (Lunt 1974: 26, Panzer 1971: 555). Zum möglichen Fremdphonem /f/ (Aussprache [f] oder [p]?) s. Lunt 1974: 20.
Unter den syntagmatischen Beziehungen der Phoneme ist zu vermerken, daß bereits im aksl. Korpus Fälle des Jerwandels auftreten (s.o. 'Das Urslavische', Punkt 3). Jerlaute können ferner der sog. 'Vokalharmonie' (auch 'Jerumlaut') unterliegen (/ъ/ > /ь/ vor Silbe mit Vordervokal, z.B. *bьděti* 'wachen', wo /ь/ etymologisch und synchron morphonologisch wegen *vъzbuditi* 'erwecken' zu erwarten ist; /ь/ > /ъ/ vor Silbe mit Hintervokal, z.B. *zъdati* 'bauen', wo /ь/ etym. u. synchr. morphonolog. wegen 1.Sg.Präs. *ziždǫ* zu erwarten ist) und vor /j/ in 'gespannter Stellung' stehen, die sich in der graphischen Wiedergabe von /ъ/ als *y* und von /ь/ als *i* äußert, z.B. /novъjь/ als *novyi* 'der neue' und /ništьjь/ als *ništii* 'der arme' (zu allen drei Punkten vgl. Diels 1963: 64-69, 101-106, 108-112).

Die wichtigsten phonologisch konditionierten Alternationen im Vokalsystem sind mit dem Gegensatz Nichtpalatal (C⁰) – Palatal (C', wozu auch /c, ʒ/) verbunden, jene im Konsonantensystem mit dem Kontrast Hintervokal (hV) – Vordervokal (vV). Vokalische Alternationen: (A1) /o, ъ, y/ nach C⁰ ~ /e, ь, i/ nach C', (A2) /y/ nach C⁰ ~ /ę/ nach C', (A3) /ě/ nach C⁰ ~ /i/ nach C'; konsonantische Alternationen: (A4) /g, k, x/ vor hV und /l/ ~ /ž, č, š/ vor /e, ę/, (A5) /g, k, x/ vor hV und /l/ ~ /ʒ, c, s/ vor /i, ě/ (Beispiele s.u. Morphologie; eine Übersicht der aksl. Alternationen bei Koch 1990: 228f.; zu den Palatalisierungen als sprachhistorische Grundlagen s. 'Das Urslavische' 2).

4. Flexionsmorphologie
4.1. Das Nomen

Für die Morphologie des aksl. Nomens ist die Gegenüberstellung von Stamm und Endung wesentlich: Im aksl. Nominalsystem ist der Stamm immer der Träger nur der lexikalischen, die Endung Träger der grammatischen Bedeutung einer Wortform. Die Beschreibung der internen Struktur des Nominalstamms ist Aufgabe der Wortbildungslehre (s. 5.), die Endungen sind Gegenstand der Flexionslehre. Die urslav. Nominalendungen dienen dem Ausdruck der grammatischen Kategorien des Kasus (Nom., Akk., Gen., Lok., Dat., Instr., Vok.) und gleichzeitig des Numerus (Sg., Du., Pl.), z.T. des Genus (mask.,fem., neutr.), beim Adjektiv zudem der Bestimmtheit (best., nicht best.).

4.1.1. Das Substantiv
Die Substantivflexion kann nach dem Kriterium des Genus oder – synchron im Aksl. adäquater – nach den jeweiligen Endungssätzen in Deklinationsklassen unterteilt werden. Als repräsentative Kasus-/Numerusform steht hier der Gen.Sg. am deutlichsten für innerparadigmatische Geschlossenheit und interparadigmatische Differenzierung (so auch Huntley 1993: 139-143): 1. Dekl. *-a* (*dym-a* mask. 'des Rauches',

sel-a neutr. 'des Dorfes'), 2. Dekl. *-y ~ -ę* (A2, *žen-y* fem. 'der Frau', *duš-ę* fem. 'der Seele'), 3. Dekl. *-i* (*gost-i* mask. 'des Gastes', *kost-i* fem. 'des Knochens'), 4. Dekl. *-u* (*syn-u* mask. 'des Sohnes'), 5. Dekl. *-e* (*kamen-e* mask. 'des Steines', *svekrъv-e* fem. 'der Schwiegermutter', *sloves-e* neutr. 'des Wortes'). Interferenzen, insbesondere zwischen Maskulina der 1. und 4. Dekl., sind nicht selten, z.B. *syn-a* neben etym. zu erwartendem *syn-u* 'des Sohnes', umgekehrt *dar-u* neben etym. zu erwartendem *dar-a* 'des Geschenks'. Tendenzen zu einer genusorientierten Flexion sowie der Herausbildung einer Personenklasse (Dat.Sg. bei männlichen Personen oft auf *-ovi*, bei Dingen fast nie) und der Belebtheitskategorie (Genetivform für Akk.) deuten sich an.

In den ersten beiden Deklinationen kommt es zu Alternationen sowohl einiger Endungen (1. Dekl.: A1 im Nom.Akk.Sg. *-ъ ~ -ь* mask., *-o ~ -e* neutr., Instr.Sg. *-omь ~ -emь*, Dat.Instr.Du. *-oma ~ -ema*, Gen.Pl. *-ъ ~ -ь*, Dat.Pl. *-omъ ~ -emъ*, Instr.Pl. *-y ~ -i*, A2 im Akk.Pl. *-y ~ -ę* mask., A3 im Lok.Sg. *-ě ~ -i*, Nom.Akk.Du. *-ě ~ -i* neutr., Lok.Pl. *-ěchъ ~ -ichъ*; 2. Dekl. A1 im Vok.Sg. *-o ~ -e*, Instr.Sg. *-ojǫ ~ -ejǫ*, Gen.Pl. *-ъ ~ -ь*, A2 im Gen.Sg. und Nom.Akk.Pl. *-y ~ -ę*, A3 im Dat.Lok.Sg. und Nom. Akk.Du. *-ě ~ -i*) als auch des velaren Stammauslauts (1. Dekl.: Nom.Sg. *člověk-ъ* 'Mensch', *bog-ъ* 'Gott', *duch-ъ* 'Geist' mit A4 im Vok.Sg. *člověč-e, bož-e, duš-e*, A5 im Lok.Sg./ Nom.Pl./Lok.Pl. *člověc-ě/-i/-ěchъ, boʒ-ě/-i/-ěchъ, dus-ě/-i/-ěchъ*; im Neutrum nur A5 im Lok.Sg./Pl. sowie im Nom.Akk.Du., z.B. *věc-ě* zu *věk-o* 'Lid'; 2. Dekl.: Nom.Sg. *rǫk-a* 'Hand', *nog-a* 'Bein', *pasuch-a* 'Achselhöhle, Arm' mit A5 im Dat.Lok.Sg. und Nom.Akk.Du. *rǫc-ě, noʒ-ě, pasus-ě*).

4.1.2. Das Adjektiv

Das Adjektiv kennt zwei verschiedene Flexionsweisen, eine 'einfache' oder 'nominale', die mit der 1. (mask., neutr.) und 2. (fem.) Substantivdeklination identisch ist und eine 'zusammengesetzte' oder 'pronominale', die dem Ausdruck der Bestimmtheit dient. Diese ist in einigen Formen deutlich als Zusammensetzung des nominal flektierten Adjektivs mit der entsprechenden Flexionsform des anaphorischen Pronomens (Stamm /j-/, s. auch 4.1.3.) zu erkennen (z.B. Gen.Sg. mask.neutr. *nova + jego > novajego* 'des neuen'), doch treten bereits hier Fälle von Assimilation (*novajego > novaago*) und Kontraktion (*novaago > novago*) auf. In einigen Formen liegt dagegen Haplologie (z.B. Lok.Sg.fem. *novĕ + jeji > novĕji*) oder die Verallgemeinerung eines Adjektivstamms auf *-y ~ -i* (A1) vor (z.B. Dat.Pl.mask. *novomъ + jimъ > novyjimъ*, vgl. Vaillant 1964: 120, Schenker 1995: 128f.). Im Grunde adjektivisch – einfach oder zusammengesetzt mit wechselnder Stammgestalt im Nom.Sg.mask.neutr. – flektieren auch die Komparationsformen der Adjektive (Stamm *boĺš-* /boĺьš-/ 'größer, mehr': Nom.Sg.mask. *boĺii* /boĺьji/, Gen. *boĺš-a* /boĺьš-a/; Stamm der längeren Form mit *-ě- starěiš-* /starějьš-/ 'älter': Nom.Sg.mask. *starěi* /starějь/, Gen. *starěiš-a* /starějьš-a/) sowie die Aktivpartizipien (Stamm Präs. *nesǫšt-* 'tragend': Nom.Sg.mask. *nesy*, Gen. *nesǫšt-a*; Stamm Prät. *nesъš-* 'getragen habend': Nom.Sg.m. *nesъ*, Gen. *nesъš-a*).

4.1.3. Das Pronomen

Bei den Pronomina läßt sich das Personalpronomen der 1. u. 2. Person sowie das Reflexivum, die nur nach Kasus/Numerus (*azъ* 'ich', *ty* 'du') bzw. Kasus (Refl. Gen. *sebe*) flektieren, allen übrigen Pronomina gegenüberstellen, deren Flexion die eigentlich pronominale ist und bis auf *kъ-to* 'wer', *čь-to* 'was' (mit Ableitungen) die Unterscheidung aller drei Genera kennt. Einige wenige Pronomina, oft auch Pronominaladjektive genannt, zeigen gemischte Flexion (adj. und pron., z.B. *mъnogъ* 'viel' mit Instr.Sg. *mъnog-omь, mъnog-yimь, mъnoz-ěmь*) oder flektieren rein adjektivisch (einfach und zusammengesetzt, z.B. *takovъ* 'solch' mit Gen.Sg.fem. *takov-y* oder Dat.Pl.mask. *takov-omъ*).

Auch hier treten, bedingt durch nichtpal. vs. pal. Stammauslaut bzw. vorder- vs. hintervokalische Endungen, regelmäßig Alternationen auf (z.B. A1 Nom.Sg.mask. *onъ* 'jener' vs. *naš-ь* 'unser', A2 Nom.Pl.fem. *on-y* vs. *naš-ę*, A3 Instr.Sg.mask. *on-ěmь* vs. *naš-imь*, A5 Nom.Sg.mask. *tak-ъ* 'so beschaffen' vs. Nom.Pl.mask. *tac-i*); abweichend zeigen *vьs-* 'ganz, all' und *sic-* 'solch' in einigen Kasusformen Endungsvarianten nach Palatal (z.B. Nom.Sg.mask. *vьs-ь, sic-ь*), in anderen nach Nichtpalatal (z.B. Instr.Sg.mask. *vьs-ěmь, sic-ěmь*). Das anaphorische, historisch auf das Relativum zurückgehende Pronomen /j-/ kann im Aksl. u. Ksl. nicht nur an Adjektive (s. 4.1.2.), sondern vereinzelt auch an adverbiale Mitkonstituenten und Präpositionalphrasen treten, z.B. aksl. *utrěi* 'morgig' aus Lok.Sg. *utrě* zu *utro* 'Morgen' + *-i* /-jь/, ksl. *vъněi* 'der äußere' aus Adv. *vъně* + *-i* /-jь/, aksl. *bezumai* 'unverständig' aus *bez uma* 'ohne Verstand' + *-i* /-jь/ u.a. (Koch 1992: 63f.).

4.1.4. Das Numerale

Die Kardinalzahlen bilden kein gesondertes Deklinationssystem, sondern folgen der Flexion der Substantive (z.B. *sъto* 'hundert' 1. Dekl., *tъma* 'zehntausend' 2.Dekl., *pętь* 'fünf' 3. Dekl., *desętь* 'zehn' mit Resten der 5. Dekl.) oder der Pronomina (nur *edinъ* 'einer' im Sg./Pl., *dъva* 'zwei' und *oba* 'beide' im Du.), die Ordinalzahlen flektieren wie zusammengesetzte Adjektive (z.B. *pъrvyi* 'der erste').

4.2. Das Verbum

Im Gegensatz zum Nomen, dessen Flexion ein im gesamten Paradigma morphologisch einheitlicher Stamm zugrunde liegt, sind in der Verbalflexion mehrere Stämme zu unterscheiden. Der Träger der rein lexikalischen Bedeutung ist der Verbalstamm, die Beschreibung seiner internen Struktur ist, wie beim Nomen, Aufgabe der Wortbildungslehre (s. 5.). Zum Ausdruck der grammatischen Kategorien Aspekt (pf., ipf.), Tempus (Präs./Fut., Aor., Impf. in einfachen, Perf., Plqpf., Fut.ex. in periphrastischen Verbalformen; ipf. Fut. nur bei *esmь byti* 'sein'), Modus (Indik., Imperativ, Kondit.) und Diathese (Akt., Pass.) dienen in einfachen Formen an den Verbalstamm tretende Affixe (Präfixe nur als Perfektivmorpheme, sonst Suffixe), in zusammengesetzten Formen zusätzlich Formativstämme (z.B. Konditionalformativ *bi-* in *ty bi prosila* 'du bätest') bzw. die Reflexivpartikel *sę* (z.B. *roditъ sę* 'er wird geboren'), zum Ausdruck von Person (1.,2.,3.) und Numerus (Sg., Du.,Pl.) die Verbalendungen; nominale Formen des Verbalparadigmas (Partizipien, Verbalsubstantiv) besitzen die entsprechenden nominalen grammat. Kategorien (s.o.). Nichtfinite Formen des Verbums sind außer den genannten nominalen noch Infinitiv, Supinum (z.B. *lovitъ* 'um zu fangen') und das seltene Verbaladverb (Aktivpartizipialstamm + -e, z.B. *vъlězъše ... moli* Lk 5,3 Zogr. 'hineingestiegen ... bat er'). Die Gliederung der aksl. Verbalparadigmen beruht traditionell auf der Gegenüberstellung von Präsens- und Infinitivstamm, die sich, gegebenenfalls unter Berücksichtigung lautlicher Alternationen, jeweils durch Abtrennung der Personalendung der 1.Sg. (z.B. *kupuj-* aus *kupuj-ǫ* 'ich kaufe') bzw. der Infinitivendung (z.B. *kupova-* aus *kupova-ti* 'kaufen') ermitteln lassen. Die auf Dobrovský zurückgehende Klassifizierung nach dem Infinitivstamm führt zu 7 Klassen (Diels 1963: 222), die heute weiter verbreitete Einteilung Leskiens nach dem Präsensstamm, zu dessen Formantien er auch den Themavokal -e/ozählt, ergibt 5 Klassen (Leskien [10]1990: 121ff.). Beide Gliederungen jedoch lösen nicht den Widerspruch, daß das Impf. als einzige Kategorie bald vom Präsens-, bald vom Infinitivstamm gebildet wird, z.B. Präs. *sъchn-ǫ* 'ich verdorre', Inf. *sъchnǫ-ti*, Ipf. *sъchn-ěachъ* gegenüber Präs. *kupuj-ǫ*, Inf. *kupova-ti*, Ipf. *kupova-achъ* (vgl. Leskien [10]1990: 134). Synchron adäquater ist die Annahme dreier Flexionsstämme, deren dritter allein dem Impf. zugrunde liegt. Erstes Gliederungskriterium des Verbalparadigmas ist auch hier, ähnlich wie bei Leskien, die Präsensflexion, die thematisch, halbthematisch oder athematisch sein kann. Thematische Paradigmen (Leskiens I.-III. Klasse) zeigen vor der Endung der 2.3.Sg., 1.-3.Du. und 1.2.Pl. den Themavokal -e- und haben die Endungen 1.Sg. -ǫ, 2.Sg. -ši, 3.Pl. -ǫtъ (z.B. 1.Sg. *kradǫ* 'ich stehle', 2.Sg. *kradeši*, 3.Pl. *kradǫtъ*), athematische Paradigmen (Leskiens V. Klasse) sind dagegen ohne Themavokal -eund haben die Endungen 1.Sg. -mь, 2.Sg. -si/-ši, 3.Pl. -ętъ/-ǫtъ (z.B. 1.Sg. *damь* 'ich werde geben' / *imamь* 'ich habe', 2.Sg. *dasi/imaši*, 3.Pl. *dadętъ/imǫtъ*); halbthematische Paradigmen (Leskiens IV. Klasse) zeigen them. Bildung der 1.Sg. und athem. Bildung der übrigen Personen (z.B. 1.Sg. *chvaljǫ* 'ich lobe', 2.Sg. *chvališi*, 3.Pl. *chvalętъ*) oder athem. Bildung der 3.Pl. und them. Bildung der übrigen Personen (z.B. 1.Sg. *choštǫ* 'ich will', 2.Sg. *chošteši*, 3.Pl. *chotętъ*); s. dazu Koch 1990 (Übersichtstabelle S. 241f.).

Vom ersten Flexionsstamm sind gebildet: Präs. (1.Sg. *kradǫ*), Imperativ (2.Sg. *kradi*), Part.Präs.Akt. (Nom.Sg.mask. *krady*, Stamm *kradǫšt-*), Part.Präs.Pass. (Nom.Sg.mask. *kradomъ*), Verbaladv.Präs. (*kradǫšte*) und die mit Part.Präs.Pass. gebildeten periphrast. Formen, z.B. Präs.Pass.I (1.Sg. *kradomъ esmь*); vom zweiten Flexionsstamm sind gebildet: einfacher oder asigmat. Aor. (1.Sg. *kradъ*), erster sigmat. Aor. (1.Sg. *věsъ* 'ich führte'), zweiter sigmat. Aor. (1.Sg. *kradochъ*), Part. Prät. Akt. (Nom.Sg.mask *kradъ*, Stamm *kradъš-*), Part.Prät.Pass. (Nom.Sg.mask. *kradenъ*), Verbaladv.Prät. (*kradъše*), Verbalsubstantiv (Nom.Sg. *kradenьje*), Inf. (*kras-*

Das Altkirchenslavische 43

ti), Supinum (*krastъ*) und die mit der *l*-Form oder dem Part.Prät.Pass. gebildeten periphrast. Formen, z.B. Perf. (1.Sg.mask. *kralъ esmь*) oder Präs.Pass.II (1.Sg. mask. *kradenъ esmь*); vom dritten Flexionsstamm gebildet ist nur das Impf. (1.Sg. *kradĕachъ*). Die oben erwähnten Alternationen gelten natürlich auch im Verbalsystem, z.B. A1 im Nom.Sg.mask. Part. Prät.Akt. *krad-ъ* vs. *chvaĺ-ь*, A2 im Nom.Sg. mask.Part.Präs.Akt. *krad-y* vs. *glagoĺ-ę* 'sprechend', A3 in der 2.Pl.Imperativ *krad--ĕte* vs. *glagoĺ-ite*, A4 im Präsensparadigma und sigmat. Aoristparadigma 1.Sg. Präs. *rek-ǫ* 'ich sage', *mog-ǫ* 'ich kann', 1.Sg. Aor. *rĕch-ъ* 'ich sagte' vs. 2.Sg.Präs. *reč-e-ši*, *mož-e-ši*, 3.Pl.Aor. *rĕš-ę*, A5 im Imperativparadigma 2.Sg. *rьc-i*, *moʒ-i* (/x/ ~ /s/ im aksl. Verbum nicht bezeugt, doch wegen serb.-ksl. *vrьchǫ* und russ.-ksl. *vьrchǫ* 'ich dresche' vorauszusetzen).

5. Zur Wortbildungslehre

Wortbildung erfolgt im Aksl. vor allem durch Derivation mithilfe von Prä- und Suffixen. Komposition, besonders im Bereich des Nomens, ist zwar durchaus nicht selten, folgt aber zumeist griechischen Vorbildern (z.B. *zakono-učiteĺь* 'Gesetzeslehrer' nach gr. νομο-διδάσκαλος, *bogo-mǫdrъ* 'göttlich weise' nach gr. θεό-σοφος, *plodo-nosьstvovati* 'Frucht bringen' nach gr. καρπο-φορέω). Die meisten Präfixe wie *do-* 'bis, zu', *na-* 'auf', *vъ-* 'in, hinein' dienen der nominalen wie der verbalen Wortbildung; nur nominal sind z.B. *pra-* (*pradĕdъ* 'Urahn') oder *sǫ-* (*sǫsĕdъ* 'Nachbar'). Beim Verbum erfüllt Präfigierung neben der reinen Wortbildungsfunktion (z.B. *dati* pf. 'geben', *vъz-dati* pf. 'zurückgeben') auch die grammat. Aufgabe der Perfektivierung bei imperfektivem Basisverb (z.B. *krasti* ipf. 'stehlen', *u-krasti* pf. 'ds.', vgl. Dostál 1954: 255); letzteres gilt jedoch nicht für Zusammenrückungen mit ursprünglich selbständigen Adverbien (z.B. *tešti* ipf. 'laufen, fließen', *mimotešti* ipf. 'vorbeifließen', vgl. ebda: 469ff.). Die produktivsten Suffixe der (denominalen, z.T. auch deverbalen) Substantivderivation sind *-ьj-*, *-ik-*, *-ic-*, *-ьc-*, *-ьstv-*, bei den Adjektiven *-ьn-* und *-ьsk-*. Suffigierung in der Verbalderivation ist selten auf die (lexikal.) Wortbildung beschränkt (wie bei denominalem *bogat-ĕ-ti* 'reich sein' zu *bogatъ* 'reich'), sondern dient durch Bildung von Aspekt- oder Flexionsstämmen oft dem Ausdruck grammatischer Funktionen (z.B. ipf. *pad-a-ti* 'fallen' zu pf. *pasti* 'fallen', vgl. zur Stammbildung 4.2.). Eine kurze kommentierte Übersicht über die aksl. Wortbildung bieten jetzt Birnbaum, Schaeken 1997.

6. Syntax

Die Wortstellung im Aksl. folgt keinem bestimmten Typus konsequent. Trotz der unbestrittenen Abhängigkeit vom Griechischen kann das Aksl. von der gr. Wortfolge durchaus abweichen, z.B. im Rahmen der von Večerka (1989: 89) beschriebenen Tendenz zur Kontaktstellung syntaktisch zusammengehöriger Glieder in *i azъ jesmъ vašego plemene* Supr. 28,2 'auch ich bin von eurem Stamm' mit *i azъ jesmъ* gegenüber Distanzstellung in gr. *κἀγώ ... εἰμί.* Eines der auffälligsten Merkmale der aksl. Syntax ist der Dativus absolutus, der in der Regel bei Subjektverschiedenheit von Haupt- und Partizipialhandlung steht, z.B. *i vъlězъšema ima vъ korabь prěsta větrъ* Mt 14,32 Zogr. 'und als sie ins Boot gestiegen waren, legte sich der Wind'; er gibt zwar meist den gr. Genetivus absolutus wieder, kann aber durchaus eigenständig gebraucht werden (Večerka 1996: 188). Genuin slavisch bzw. baltoslav. schließlich ist die Verwendung des Genetivs für die Bezeichnung des Objekts transitiver Verben beim Supinum, z.B. *pride [...] vidětъ groba* (Gen.) Mt 28,1 Mar. '(sie) kam [...], das Grab zu sehen' oder *izide sějęi sěatъ sěmene svoego* (Gen.) Lk 8,5 Mar. 'es ging ein Sämann aus, zu säen seinen Samen' (vgl. Večerka 1993: 254ff.).

Alle zum Griechischen gezogenen syntaktischen Vergleiche gelten natürlich nur unter Vorbehalt, da die unmittelbaren Vorlagen der aksl. ('urksl.') Originalübersetzungen nicht bekannt sind. Die umfangreichste Abhandlung zur aksl. Syntax ist das auf fünf Bände angelegte Werk Večerkas (erschienen 1.-3. Bd.), in aksl. Grammatiken hat die Syntax meist keinen Platz (Ausnahmen z.B. Lehr-Spławiński, Bartula [7]1976, Lunt [6]1974, Vondrák [2]1912).

7. Wortschatz

Der Grundwortschatz des Aksl. (Verwandtschaftsnamen, Körperteilbezeichnungen etc., allgemein die Alltagslexik) war sicher schon seiner sprachlichen Grundlage, dem Lokaldialekt von Thessaloniki, zu eigen und unterscheidet sich kaum vom Lexikon der anderen slav. Sprachen. Im Unterschied zu den vorhandenen morphologischen Möglichkeiten verfügte der gesprochene, volkstümliche Dialekt jedoch nicht über die lexikalischen (sowie syntaktischen) Mittel, um das gesamte christliche Ideengut wiederzugeben und als Kirchensprache zu fungieren. Es kam daher in erster Linie unter dem Einfluß des Griechischen nicht nur zu zahlreichen Bedeutungsverschiebungen slav. Wörter (z.B. *duchъ* 'Hauch, Atem' zu '(göttl.) Geist' wie gr. *πνεῦμα, troica* 'Dreizahl' zu 'Dreifaltigkeit' wie gr. *τριάς*), sondern auch zu Lehnprägungen (s. 5.) oder Entlehnungen, vor allem aus dem Bereich der christlichen Terminologie (z.B. *diavolъ* 'Teufel' aus gr. *διάβολος, ierei* 'Priester' aus gr. *ἱερεύς*), aber auch aus der Sphäre des Alltags (z.B. *katapetazma* 'Vorhang' aus gr. *καταπέτασμα, tektonъ* 'Zimmermann' aus gr. *τέκτων*). Das Griechische diente auch der Vermittlung von Wörtern hebräischer (z.B. *aminъ* 'Amen' aus gr. *ἀμήν*, hebr. אָמֵן) oder lat. Herkunft (z.B. *kustodija* 'Wache' aus gr. *κουστωδία*, lat. *custodia*). Weniger ins Gewicht fallen direkte Entlehnungen aus dem Romanischen, Althochdeutschen, aus Turk- und anderen orientalischen Sprachen.

Abgesehen von diesen Fremdeinflüssen ist aufgrund der wechselvollen Geschichte des (A)ksl. natürlich auch das rein slav. Element des Wortschatzes nicht völlig einheitlich. Die Lexik des Aksl. (und z.T. des Ksl.) ist erfaßt bei Sadnik, Aitzetmüller, im Slovník jazyka staroslověnského und Staroslavjanskij slovar', monographisch behandelt bei Cejtlin 1977, 1986 (dort auch zur Wortbildung); zur Etymologie ist, abge-

Das Altkirchenslavische   45

sehen von einzelsprachlichen etymologischen Wörterbüchern, neben den knappen Angaben bei Sadnik, Aitzetmüller jetzt das Etymologický slovník jazyka staroslověnského heranzuziehen; zu Lehnbeziehungen vgl. Schumann 1958, Molnár 1985 und die bei Birnbaum, Schaeken 1997: 56 genannte Literatur.

8. Das Kirchenslavische

Erste Veränderungen erfuhr das Aksl. bereits durch die geographische Verlagerung aus dem Umkreis seiner Dialektgrundlage nach Großmähren. Während diese mährischen Einflüsse noch das Aksl. im Ganzen betrafen, führte bereits die Ausdehnung der Mission auf Pannonien (866/67), die Vertreibung der Methodschüler (nach 885, s. 1.2.) nach Dalmatien, Makedonien, Bulgarien, Serbien und schließlich die Bekehrung der Ostslaven (seit dem 10. Jh.) zu diachron und diatopisch bedingten, jeweils unterschiedlichen Modifikationen des gesamten aksl. Sprachsystems, vor allem der Phonologie und Morphologie, durch die bereits die aksl. Sprachdenkmäler zu einem gewissen Teil charakterisiert sind (s. 1.1.). Bedingt durch diese geographische Ausdehnung und gleichzeitige eigenständige Weiterentwicklungen der slav. Sprachen vergrößerten sich in nachaksl. Zeit die Unterschiede der neu entstehenden Texte sowohl zum Aksl. als auch untereinander. Es bildeten sich, deutlich erkennbar schon in Texten des 11. Jh.s (z.B. Ostromir-Evangelium 1056/57), lokale Varianten dieser nun als 'Kirchenslavisch' bezeichneten Sprachform heraus, die mit einem philologischen Terminus 'Redaktionen' genannt werden. Auf slav. Boden lassen sich fünf Hauptredaktionen des Ksl. unterscheiden: 1. das Bulg.-Ksl. (auch 'mittelbulg.'), 2. das Russ.-Ksl., 3. das Serb.-Ksl., 4. das Kroat.-Ksl. (glagolitisch), 5. das Čech.-Ksl. (Mareš 1979: 12, differenzierter Mathiesen 1984: 46f.). Eine bis in die Gegenwart reichende ungebrochene Kontinuität in der Verwendung des Kirchenslavischen als Liturgiesprache besteht nur in der *Slavia orthodoxa*; das Čech.-Ksl. ist mit der Aufhebung der slav. Liturgie (1097) im Kloster Sázava und der Einstellung der damit verbundenen Schreibtätigkeit zu Ende gegangen, das Kroat.-Ksl. hat sich – als Liturgiesprache vom Papst verboten – nach Entstehung einer starken Schrifttradition im 14.-16. Jh. nur vereinzelt in liturgischen Büchern bis ins 20. Jh. gehalten. In der Ostkirche setzte sich nach wechselvollen Beziehungen zwischen Bulgarien, Serbien und Rußland schließlich das Russ.-Ksl. als Kirchensprache aller orthodoxen Slaven durch. Einen wesentlichen Anteil an dieser Entwicklung hatten die im 16./17. Jh. erschienenen grammatischen und lexikographischen Druckwerke, allen voran die ksl. Grammatik des Meletij Smotric'kij (Wilna 1619), die zum Standardwerk bei den orthodoxen Ostslaven (veränderte u. ergänzte Neuauflagen 1648, 1721) und in der Ausgabe des Erzbischofs von Karlovci (1755) auch zum maßgebenden Werk der Südslaven wurde. Durch die Reformen des Patriarchen Nikon (seit 1652), die außer philologischen Maßnahmen (Revision der Übersetzungen liturgischer Bücher) auch den kirchlichen Ritus sowie die Orthographie und Orthoepie der kirchlichen Texte betrafen – und zur Abspaltung der 'Altgläubigen' führten –, wurde schließlich die im wesentlichen bis heute gültige Norm des 'Neu- oder Synodalkirchenslavischen' festgelegt.

Eine Geschichte des Kirchenslavischen steht noch aus; die Artikel von Večerka (1976), Picchio (1980) und Mathiesen (1984; weit ausführlicher 1972) geben einen ersten Einblick. Eine Darstellung des heutigen Kirchenslavisch findet sich z.B. in der Grammatik des Ieromonach Alipij (Gamanovič) (1991) und im Lehrbuch von Pletneva, Kraveckij (1996), Kommentare zur Lautgestalt bei Mareš 1992.

9. Literaturangaben

Aitzetmüller, R. ²1991. *Altbulgarische Grammatik als Einführung in die slavische Sprachwissenschaft*. Freiburg i.Br. 1978.

Birkfellner, G. 1993. Methodius archiepiscopus Superioris (Magnae) Moraviae. In: Gutschmidt, K., H. Keipert, H. Rothe (Hrsg.): *Slavistische Studien zum XI. internationalen Slavistenkongreß in Preßburg/Bratislava*. Köln, Weimar, Wien, 29-55.

Birnbaum, H. 1985. Zur Problematik des Westkirchenslavischen. In: Reinhart, J. (Hrsg.): *Litterae slavicae medii aevi Francisco Venceslao Mareš sexagenario oblatae*. München 1985, 53-65.

—, J. Schaeken. 1997. *Das altkirchenslavische Wort. Bildung – Bedeutung – Herleitung. Altkirchenslavische Studien I*. München.

Boba, I. 1971. *Moravia's history reconsidered. A reinterpretation of Medieval sources*. The Hague.

Bunina, I.K. 1959. *Sistema vremen staroslavjanskogo glagola*. Moskva.

Cejtlin, R.M. 1977. *Leksika staroslavjanskogo jazyka*. Moskva.

— 1986. *Leksika drevnebolgarskich rukopisej X-XI vv*. Sofija.

Daničić, Đ. 1863-64. *Rječnik iz književnih starina srpskih*. Bd. 1-3, Beograd (ND Beograd 1975).

Diels, P. ²1963. *Altkirchenslavische Grammatik. I. Teil: Grammatik*. Heidelberg.

Đorđić, P. 1975. *Staroslovenski jezik*. Novi Sad.

Dostál, A. 1954. *Studie o vidovém systému v staroslověnštině*. Praha.

Eckhardt, Th. 1989. *Azbuka. Versuch einer Einführung in das Studium der slavischen Paläographie*. Wien, Köln.

Eggers, M. 1995. *Das 'Großmährische Reich': Realität oder Fiktion? Eine Neuinterpretation der Quellen zur Geschichte des mittleren Donauraumes im 9. Jahrhundert*. Stuttgart.

— 1996. *Das Erzbistum des Method. Lage, Wirkung und Nachleben der kyrillomethodianischen Mission*. München.

Etymologický slovník jazyka staroslověnského.1989ff.: Lfg. 1-7 (*a-luna*). Praha 1989-1997.

Gramatika na starobălgarski ezik. Fonetika, Morfologija, Sintaksis. 1991. Sofija.

Grivec, F. 1960. *Konstantin und Method. Lehrer der Slaven*. Wiesbaden.

—, F. Tomšič. 1960. *Constantinus et Methodius Thessalonicenses. Fontes*. Zagreb.

Hamm, J. ³1970. *Staroslavenska gramatika*. Zagreb 1958.

Huntley, D. 1993. Old Church Slavonic. In: Comrie, B., G.G. Corbett (Hrsg.): *The Slavonic languages*. London, New York, 125-187.

Ieromonach Alipij (Gamanovič). 1991. *Grammatika cerkovno-slavjanskogo jazyka*. Moskva. (ND der Ausgabe von 1964).

Ilčev, P. 1985a. Azbuki. *Kirilo-Metodievska enciklopedija*. Tom I. Sofija, 34-49.
— 1985b. Glagolica. *Kirilo-Metodievska enciklopedija*. Tom I. Sofija, 491-509.
Jagić, V. 1879. *Quattuor evangeliorum codex glagoliticus olim Zographensis nunc Petropolitanus* ... Berolini (ND Graz 1954).
— 1911. Glagoličeskoe pis'mo. In: Jagič, I.V. (Hrsg.): *Ėnciklopedija slavjanskoj filologii*. St. Peterburg, 51-230 (ND Leipzig 1972).
— ²1913. *Entstehungsgeschichte der kirchenslavischen Sprache*. Berlin.
Koch, Ch. 1990. *Das morphologische System des altkirchenslavischen Verbums*. I: *Text*, II: *Anmerkungen*. München.
— 1992. Zur Vorgeschichte des relativen Attributivkonnexes im Baltischen und Slavischen. In: Barschel, B.†, M. Kozianka, K. Weber (Hrsg.): *Indogermanisch, Slawisch und Baltisch. Materialien des vom 21.-22. Sept. 1989 in Jena in Zusammenarbeit mit d. Idg. Ges. durchgeführten Kolloquiums*. München, 45-88.
Kuev, K.M. 1967. *Černorizec Chrabăr*. Sofija.
— 1974. *Azbučnata molitva v slavjanskite literaturi*. Sofija.
— 1985. Azbučna molitva. *Kirilo-Metodievska enciklopedija*. Tom I, Sofija, 49-54.
— ²1986. *Sădbata na starobălgarskite răkopisi prez vekovete*. Sofija.
Kurz, J. 1969. *Učebnice jazyka staroslověnského*. Praha.
— (Hrsg.) 1963. *Issledovanija po sintaksisu staroslavjanskogo jazyka*. Praga.
Lehr-Spławiński, T., Cz. Bartula. ⁷1976. *Zarys gramatyki języka staro-cierkowno-słowiańskiego na tle porównawczym*. Wrocław.
Leskien, A. ²1919. *Grammatik der altbulgarischen (altkirchenslavischen) Sprache*. Heidelberg 1909.
— ¹⁰1990. *Handbuch der altbulgarischen (altkirchenslavischen) Sprache*. Heidelberg (Weimar ¹1871).
Lunt, H.G. ⁶1974. *Old Church Slavonic Grammar*. The Hague, Paris.
Mareš, F.W. 1975. Die Anfänge des slavischen Schrifttums und die byzantinisch-griechische Literatur. *Cyrillomethodianum* 3. Thessalonique, 1-12.
— 1979. *An anthology of Church Slavonic texts of Western (Czech) origin*. München.
— 1992. The new Russian Church Slavonic and its relation to Greek. In: Tachiaos, A.-E.N. (Hrsg.): *The legacy of Saints Cyril and Methodius to Kiev and Moscow. Proceedings of the Int. Congress on the millenium of the conversion of Rus' to christianity, Thessaloniki 26-28 november 1988*. Thessaloniki, 33-37.
Mathiesen, R. 1972. *The inflectional morphology of the Synodal Church Slavic verb*. Columbia Univ.
— 1984. The Church Slavonic language question: An overview (IX-XX centuries). In: Picchio, R., H. Goldblatt (Hrsg.): *Aspects of the Slavic language question*. New Haven, 45-65.
Meillet, A. 1902. 1905 (²1961). *Études sur l'étymologie et le vocabulaire du vieux slave*. Paris.
Miklosich, F. 1862-65. *Lexicon palaeoslovenico-graeco-latinum*. Vindobonae (ND Aalen 1963, 1977).
Molnár, N. 1985. *The calques of Greek origin in the most ancient Old Slavic Gospel texts*. Budapest u. Köln, Wien.
Panzer, B. 1971. Zum Problem des [j] im Altkirchenslavischen in Phonologie und Morphologie. *Serta Slavica in memoriam Aloisii Schmaus*. München, 549-556.
Picchio, R. 1980. Church Slavonic. In: Schenker, A.M., E. Stankiewicz (Hrsg.): *The Slavic literary languages: formation and development*. New Haven, 1-33.
Pletneva, A.A., A.G. Kraveckij. 1996. *Cerkovno-slavjanskij jazyk*. Moskva.
Pohl, H.D. 1977. *Die Nominalkomposition im Alt- und Gemeinslavischen*. Klagenfurt.

Randow, N. (Hrsg.) 1972. *Die Pannonischen Legenden*. Berlin.
Reinhart, J. 1996. (Rez.) Eggers 1996. *Wiener Slavistisches Jahrbuch* 42, 292-300.
Rječnik crkvenoslavenskoga jezika hrvatske redakcije. Heft 1-, Zagreb 1991ff.
Sadnik, L., R. Aitzetmüller. 1955. *Handwörterbuch zu den altkirchenslavischen Texten*. Heidelberg, 's-Gravenhage. (ND 1989).
Schenker, A.M. 1995. *The dawn of Slavic. An introduction to Slavic philology*. New Haven, London.
Schumann, K. 1958. *Die griechischen Lehnbildungen und Lehnbedeutungen im Altbulgarischen*. Berlin.
Slovník jazyka staroslověnského. Bd. 1-4. Praha 1966-1997.
Sreznevskij, I.I. 1893-1912. *Materialy dlja slovarja drevnerusskogo jazyka po pis'mennym pamjatnikam*. Bd. 1-3. St. Petersburg. (ND Moskva 1958.) (Dazu: *Indeks a tergo*. Warszawa 1968.)
Stanislav, J. 1978, 1987. *Starosloviensky jazyk*. Bd. 1: *Veľká Morava a Panónia. Kultúrny jazyk a písomníctvo. Konštantín Filozof, Metod a Kliment sloviensky. Fonetika*. Bd. 2: *Morfológia*. Bratislava.
Staroslavjanskij slovar' (po rukopisjam X-XI vekov). Moskva 1994.
Tarnanidis, I.C. 1988. *The Slavonic manuscripts discovered in 1975 at St Catherine's Monastery on Mount Sinai*. Thessaloniki.
Trubetzkoy, N.S. 1954. *Altkirchenslavische Grammatik*. Wien.
Trunte, N.H. [4]1997. *Slověnьskъi językъ*. Band I. *Altkirchenslavisch*. München.
Vaillant, A. 1964. *Manuel du Vieux Slave*. Tome I. *Grammaire*. Paris.
Večerka, R. 1976. Zur Periodisierung des Altkirchenslavischen. *Methodiana. Beiträge zur Zeit und Persönlichkeit, sowie zum Schicksal und Werk des hl. Method*. Wien, Köln, Graz, 92-121 (Annales Instituti Slavici 9).
— 1984. *Staroslověnština*. Praha.
— 1989. 1993. 1996. *Altkirchenslavische (altbulgarische) Syntax*. Bd. I. *Die lineare Satzorganisation*. Bd. II. *Die innere Satzstruktur*. Bd. III. *Die Satztypen: Der einfache Satz*. Freiburg i.Br.
Velčeva, B. 1985. Abecedar. *Kirilo-Metodievska enciklopedija*. Tom I. Sofija, 20-26.
Vondrák, W. [2]1912. *Altkirchenslavische Grammatik*. Berlin.
Wijk, N. van. 1931. *Geschichte der altkirchenslavischen Sprache*. Band 1. Berlin, Leipzig.

Das Russische

von

Tilman Berger

1. Einführung

Das Russische spielt in der Slavistik traditionell eine wichtige Rolle, die vor allem dadurch bedingt ist, daß es unter den slavischen Sprachen bei weitem die größte Anzahl von Sprechern aufweist. Aus diesem Grunde sind sowohl die heutigen Varianten des Russ. als auch ältere Sprachstufen gut erforscht, und es liegt eine große Anzahl von edierten Texten und von wissenschaftlichen Untersuchungen vor. Innerhalb der slav. Sprachen bildet das Russische, zusammen mit dem Ukrain. und dem Weißruss. die Gruppe der ostslavischen Sprachen; da die Ausdifferenzierung dieser drei heutigen Standardsprachen relativ spät erfolgt ist, weisen sie untereinander weniger Unterschiede auf als etwa die süd- oder westslavischen Sprachen.

Unter den Sprachen der Welt steht das Russ. an zehnter Stelle. Die Angaben über die Gesamtsprecherzahl schwanken, da sowjetische Quellen auch Sprecher mit Russ. als Zweitsprache einrechnen (vgl. hierzu Décsy 1986), sie dürfte sich aber in der Größenordnung von 150 Mio. bewegen. Bis zum Zerfall der Sowjetunion im Jahre 1991 lebte die überwiegende Anzahl der Russen in diesem Staat (nach der Volkszählung von 1989 137,4 Mio. bei einer Gesamtbevölkerung von 286,7 Mio.); die Auslandsrussen waren vor allem Emigranten (in den USA, Westeuropa und Israel, Schätzungen bewegen sich zwischen 2 und 9,5 Mio.), einige kleinere Sprachinseln im europäischen Ausland (Bulgarien, heute polnischer Teil von Ostpreußen u.a.) waren im wesentlichen bereits assimiliert. Nach heutigem Stand ist die Russische Föderation national homogener als die frühere Sowjetunion (ca. 120 Mio. von insgesamt 148 Mio. Einwohnern), aber immer noch durch eine Vielzahl nichtrussischer Völker geprägt, während es in den Nachbarländern große russ. Minderheiten gibt (Kasachstan 36,5%, Lettland 33,5%, Estland 29,0%, Ukraine 22,1%, Kirgistan 18,8%, Moldawien 13,0%, Weißrußland 13,2%, in den übrigen ehemaligen Sowjetrepubliken unter 10%).

Innerhalb der Russischen Föderation decken sich die Grenzen des historischen russischen Siedlungsgebiets im Westen und Süden etwa mit der Staatsgrenze, im Norden reichte es ungefähr bis zum 62. Breitengrad, im Osten ungefähr bis zum 45. Längengrad. Die Expansion dieses Gebiets erfolgte zunächst nach Norden und Nordosten (ab dem 15. Jh.), dann nach Südosten und Osten (ab dem 16. Jh.). Entsprechend ist die dialektale Untergliederung des Russ. im historischen Siedlungsgebiet am ausgeprägtesten.

In der heutigen Sprachsituation spielen die Dialekte kaum noch eine Rolle. Als Ausprägungen der gesprochenen Sprache konkurrieren heute in den Städten, aber zunehmend auch auf dem Land die sog. literatursprachliche 'Umgangssprache' (разговóрная речь) der Träger der Standardsprache und das sog. простречие (im Westen manchmal als 'Substandard' bezeichnet), die Umgangssprache von Bevölkerungsschichten, die der Normen der russ. Standardsprache nicht hinreichend mächtig sind. Trotz ihrer Zugehörigkeit zur russ. Standardsprache der Gegenwart (совремéнный рýсский литератýрный язы́к) weist die разговóрная речь eine Reihe von markanten Unterschieden zur geschriebenen Sprache auf, vor allem in der Syntax.

2. Alphabet, Orthographie, Aussprache

Das Russ. wird seit Anfang der schriftsprachlichen Überlieferung mit kyrillischen Buchstaben geschrieben. Das Alphabet umfaßt 33 Zeichen, davon 21 für Konsonanten und 10 für Vokale; die restlichen zwei Zeichen, das sog. 'weiche' Zeichen (ь) und das sog. harte' Zeichen (ъ), haben keinen eigenen Lautwert und markieren in bestimmten Fällen Eigenschaften des vorhergehenden Konsonanten.

Bei der Umsetzung in die lateinische Schrift ist zwischen der Transkription, die sich bemüht, den Lautwert mit deutschen Äquivalenten wiederzugeben, und der Transliteration, in der jedem kyrillischen Buchstaben eindeutig ein lateinischer Buchstabe oder eine Buchstabenverbindung zugeordnet ist, zu unterscheiden. Die Tabelle auf der folgenden Seite umfaßt die im deutschen Sprachraum übliche wissenschaftliche Transliteration, die international vor allem für bibliothekarische Zwecke übliche ISO-Transliteration und die populäre Transkription, die in ihrer Komplexität einige Erläuterungen erfordert. In anderen Ländern sind nicht nur andere Transkriptionssysteme üblich (vgl. Достоéвский, dt. *Dostojewski*, engl. *Dostoyevsky*, franz. *Dostoïevski*), sondern zum Teil auch andere Verfahren der Transliteration (im englischen Sprachraum steht zumeist *x* für russ. *x*, im französischen *h*). – Die im folgenden zur Wiedergabe der Aussprache einzelner Wörter verwendete, traditionell durch eckige Klammern markierte phonetische Transkription bedient sich zahlreicher Sonderzeichen (die z.T. im folgenden Abschnitt erklärt werden).

Angaben zur Aussprache können hier nur in allgemeiner Form gemacht werden. Der Lautwert der einzelnen Buchstaben ergibt sich in erster Annäherung aus der (populären) Transkription, wobei auf die folgenden Buchstaben besonders hingewiesen werden soll: *ж* ist das stimmhafte Gegenstück zu *ш* und wird etwa wie das zweite *g* in *Garage* gesprochen. Analog ist *з* das stimmhafte Gegenstück zu *с*, in der

Das Russische 51

Transliteration und Transkription des russischen Alphabets

russischer Buchstabe	dt. wiss. Transliteration	ISO-Transliteration	(populäre) Transkription	Erläuterungen zur Transkription
Аа	a	a	a	
Бб	b	b	b	
Вв	v	v	w	
Гг	g	g	g	in den Endungen -*ogo* und -*ego*: w
Дд	d	d	d	
Ее	e	e	e	am Wortanfang, nach Vokal und nach ь und ъ: *je*
Ёё	ë	ë	jo	am Wortanfang, nach Vokal und nach ь und ъ: *jo*
Жж	ž	ž	sch	auch: *sh*
Зз	z	z	s	
Ии	i	i	i	
Йй	j	j	i	vor Vokal: *j*; am Wortende nach *i* und *y* nicht transkribiert
Кк	k	k	k	
Лл	l	l	l	
Мм	m	m	m	
Нн	n	n	n	
Оо	o	o	o	
Пп	p	p	p	
Рр	r	r	r	
Сс	s	s	s	zwischen Vokalen: *ss*
Тт	t	t	t	
Уу	u	u	u	
Фф	f	f	f	
Хх	ch	h	ch	
Цц	c	c	z	
Чч	č	č	tsch	
Шш	š	š	sch	
Щщ	šč	ŝ	schtsch	auch: *stsch*
Ъъ	–	"		wird nicht transk.
Ыы	y	y	y	
Ьь	'	'	j	nur vor *o*; sonst nicht transkribiert
Ээ	ė	ė	e	
Юю	ju	û	ju	
Яя	ja	â	ja	

traditionellen Transkription werden sie jedoch nur zwischen Vokalen unterschieden. Das mit 'šč' transliterierte щ wird heute zumeist als langes weiches š gesprochen (seltener einer älteren Norm folgend als šč). Der Buchstabe y bezeichnet einen engen hinteren Vokal, der etwas an dt. ü erinnert, aber nicht mit gerundeten Lippen gesprochen wird. Der mit 'r' transliterierte Konsonant p ist nach der Norm nur als Zungen-r zulässig.

Des weiteren ist zu beachten, daß die russ. Orthographie nicht jedem Buchstaben einen einheitlichen Lautwert zuordnet. Sie ist aber sehr ökonomisch bei der Wiedergabe zweier Besonderheiten des russ. Lautsystems, nämlich einerseits der 'Palatalisierung' von Konsonanten und andererseits der 'Reduktion' unbetonter Vokale.

Die meisten russischen Konsonanten kommen außer in ihrer normalen Gestalt auch 'palatalisiert' – d.h. mit einer begleitenden Anhebung der Mittelzunge gegen den harten Gaumen – vor, was akustisch einen 'höheren' oder 'weicheren' Klang erzeugt. Diese Unterscheidung wird nicht am Konsonantenbuchstaben, sondern am folgenden Vokalbuchstaben bezeichnet: Nach nichtpalatalisierten Konsonanten stehen die Vokalzeichen а, э, ы, о, у, nach palatalisierten die Vokalzeichen я, е, и, ё, ю bzw. am Wortende oder vor Konsonant das 'weiche Zeichen' ь. Außerhalb dieses Gegensatzes stehen nur j und die Zischlaute (ч und щ werden stets palatalisiert gesprochen, ц, ш und ж nichtpalatalisiert) – für die Schreibung der Vokale nach ihnen gelten besondere Konventionen. Zur Aussprache sei noch angemerkt, daß in Einzelfällen der Unterschied zwischen einem palatalisierten Konsonanten und seinem nichtpalatalisierten Gegenstück deutlicher werden kann. So wird das nichtpalatalisierte л mit deutlich gesenkter Zunge gesprochen und entspricht dem 'harten' l in engl. *well,* und der Konsonant x entspricht nichtpalatalisiert dem deutschen *ach*-Laut und palatalisiert dem deutschen *ich*-Laut. Anders als im Deutschen ist aber nicht der vorhergehende, sondern der folgende Vokal ausschlaggebend, vgl. *Михаил* [m'ɪxʌ'iɫ] 'Michael' mit *ach*-Laut und *вздохи* [vzdóx'ɪ] 'die Seufzer' mit *ich*-Laut.

Die Verwendung von sieben zusätzlichen Buchstaben (fünf Vokalzeichen und das 'weiche' bzw. 'harte' Zeichen) ist ökonomischer, als es etwa die Einführung eigener Buchstaben für die palatalisierten Konsonanten wäre (in diesem Fall würden mindestens 12 zusätzliche Buchstaben benötigt). Ein gewisser Nachteil ist hingegen, daß die Vokalzeichen *я, е, ё* und *ю* auch für die Verbindung von *j* mit folgendem Vokal verwendet werden (deshalb werden sie auch als 'jotierte' Vokalbuchstaben bezeichnet). Im Wortanlaut ist dies unproblematisch, weil keine Verwechslung mit der palatalisierenden Funktion möglich ist (vgl. Wörter wie *якорь* 'Anker', *ехать* 'fahren', *ёж* 'Igel', *юг* 'Süden'), nach Konsonanten gibt das 'weiche' Zeichen an, daß ihm der Laut *j* folgt (vgl. *пьяный* [p'j'anəj] 'betrunken', *бьёт* [b'j'ot] 'er schlägt'). Das sog. 'harte Zeichen' steht in den seltenen Fällen, in denen ein nichtpalatalisierter Konsonant vor *j* geschrieben werden soll, vgl. *съезд* 'Kongreß' mit der Aussprache [sjest]. – Der als *j* transliterierte Buchstabe *й* wird nur nach Vokalen verwendet (vgl. *мой* 'mein', *майóр* 'Major').

In unbetonter Stellung unterscheidet das Russ. weniger Vokale als in betonter. So kommen die Vok. *e* und *o* nur in betonten Silben vor. In unbetonter Silbe fällt *o* mit *a* und *e* mit *i* zusammen, nach palatalisierten Kons. auch *a* mit *i* (vgl. die Details im Abschnitt Phonetik). Die Orthographie gibt den Zusammenfall nicht wieder und sichert damit die Zusammengehörigkeit verschiedener Formen eines Wortes, vgl. etwa *окнó* [akn'o] 'das Fenster' und *óкна* ['oknə] 'die Fenster' oder *делю́* [d'ıl''u] 'ich teile' und *дéлишь* [d''êl'ıš] 'du teilst'. – In ähnlicher Weise spiegelt die Orthographie auch die Angleichung von Kons. in den meisten Fällen nicht wider, so daß beispielsweise das Präfix *в-* '(hin)ein-' auch dann geschrieben wird, wenn es als [f] ausgesprochen wird, vgl. *внестú* [vn'ıs't''i] 'hineintragen' und *вступúть* [fstup''it'] 'einsteigen'.

Über das Gesagte hinaus weist das Russ. eine geringe Anzahl historischer Schreibungen auf, die nicht aus dem heutigen Lautsystem erklärt werden können, so etwa die Verwendung des 'weichen' Zeichens nach dem nichtpalatalisierten Kons. *ш* in der 2. Pers. Sg. (z.B. *несёшь* [n'ıs''oš] 'du trägst'), die Verwendung von *г* für gesprochenes [v] in bestimmten Genitivendungen (z.B. *тогó* [tʌv'o] 'dessen') und einige andere Fälle (z.B. *сóлнце* [s'oncə] 'Sonne').

Exkurs zur historischen Entwicklung: Das kyrillische Alphabet wurde im 10. Jh. bei der Christianisierung Kievs aus dem südslavischen Bereich übernommen und ist seither (von gewissen Veränderungen abgesehen) das alleinige in Rußland gebräuchliche Schriftsystem geblieben. Es wurde bald den russ. Aussprachegewohnheiten angepaßt, so daß etwa der Buchstabe *ѫ*, der ursprünglich einen Nasalvokal wie in frz. *bon* bezeichnete, der im Russ. aber zu *u* geworden war (aksl. *бѫдѫ* 'ich werde sein', russ. *бýду*), bald außer Gebrauch kam, ähnlich der Buchstabe *ѕ*, der die im Russ. fehlende Verbindung *dz* bezeichnete usw. Andere kirchenslavische Buchstaben blieben als Varianten erhalten, so beispielsweise *ѧ* (ursprünglich ebenfalls ein Nasalvokal) neben *ꙗ*, obwohl beide schon früh den gleichen Lautwert *ja* hatten. In vielen Einzelheiten (Art der Abkürzung von Wörtern, Akzentzeichen u.a.) folgte die Orthographie dem Vorbild des Griechischen.

Im 15. Jh. kam es kurzzeitig wieder zu einer stärkeren Anpassung an südslavische orthographische Gewohnheiten, d.h. es setzte sich im wesentlichen wieder das ältere System durch. Dieses wurde durch die Schriftreform Peters I. 1708-10 an den westeuropäischen Duktus angepaßt und vereinheitlicht. In der граждáнская áзбука ('bürgerliches Alphabet') gibt es kaum noch Varianten (an die Stelle von *ѧ* und *ꙗ* tritt beispielsweise der aus der Schreibschrift entlehnte Buchstabe *я*), die Akzentzeichen werden abgeschafft usw. Die Diskussion über mögliche Reformen wird jedoch fortgesetzt, vor allem über die Bezeichnung der Lautverbindung *jo*, für die der Schriftsteller N.M. Karamzin schließlich Anfang des 19. Jahrhunderts den Buchstaben *ë* vorschlägt.

Nach der Revolution wurde 1918 eine weitere Reform durchgeführt, deren Grundzüge von einer Kommission der Kaiserlichen Akademie der Wissenschaften entworfen worden waren. Bei dieser Gelegenheit wurden die Buchstaben *ѣ, i, ѳ* und *ѵ* abgeschafft (*ѣ* wurde durch *e* ersetzt, *i* und *ѵ* durch *и*, *ѳ* durch *ф* bzw. *в*). Das 'harte' Zeichen, das bis dahin am Ende jedes auf einen nichtpalatalisierten Konsonanten endenden Worts geschrieben worden war, wurde zunächst ganz gestrichen (und in den übrigen Verwendungen durch einen Bindestrich ersetzt, also z.B. *с-езд*), dann aber Ende der zwanziger Jahre wieder im heutigen Umfang eingeführt. Weitere Änderungen betrafen Endungen, deren Schreibung der Aussprache angepaßt wurde.

Das kyrillische Alphabet in seiner russ. Variante wurde bereits vor der Revolution auch für einige nichtruss. Sprachen des Zarenreichs verwendet. In den zwanziger Jahren führten die meisten dieser Sprachen sowie diejenigen, die sich vorher der arabischen Schrift bedient hatten, modifizierte lateinische Alphabete ein, gingen aber Ende der dreißiger Jahre fast gänzlich zur kyrillischen Schrift über, die 1941 auch in der mit der Sowjetunion verbündeten Mongolei eingeführt wurde. Seit dem Zerfall der Sowjetunion sind bei den Völkern, die außerhalb der Russischen Föderation leben, Bestrebungen im Gange, wieder zur Lateinschrift bzw. zu anderen Schriften (Arabisch) zurückzukehren. Entsprechende Projekte wurden aber vor allem aus finanziellen Gründen bisher nicht konsequent realisiert.

3. Das Lautsystem
3.1. Phonetik

Mit der lautlichen Seite der Sprache beschäftigen sich zwei Disziplinen der Linguistik, die Phonetik, die die Laute einer Sprache bezüglich ihrer Hervorbringung und ihres Klangs beschreibt, und die Phonologie, die die Funktion der Sprachlaute in den Vordergrund stellt. Innerhalb der Phonetik hat die artikulatorische Phonetik, die sich mit der Hervorbringung von Lauten beschäftigt, die größte Bedeutung, sie wird aber ergänzt durch die akustische Phonetik, die die Beschaffenheit von Lauten anhand akustischer (häufig auch experimenteller) Methoden untersucht. In diesem Sinne geht beispielsweise der Begriff des 'palatalisierten' Konsonanten auf die artikulatorische Phonetik zurück (die Zunge wird zum harten Gaumen, lat. *palatum*, angehoben). Teilweise wird auch noch zwischen der eher technisch ausgerichteten akustischen und einer auditiven Phonetik (zu lat. *audire* 'hören') unterschieden; in diese auditive Phonetik gehört dann die den Gehöreindruck wiedergebende Bezeichnung 'weich' für die artikulatorisch gesehen palatalisierten Konsonanten.

Im Bereich der Vokale unterscheidet man bezüglich der horizontalen Zungenbewegung Vokale der vorderen, mittleren und hinteren Reihe, bezüglich der vertikalen Zungenbewegung hohe, mittlere und tiefe Vokale. Das in den Sprachen der Welt häufigste Vokalsystem läßt sich anhand dieser Merkmale im sog. 'Vokaldreieck' folgendermaßen darstellen:

vertikale Zungenbewegung	horizontale Zungenbewegung		
	vordere	mittlere	hintere
hoch	i		u
mittel	e		o
tief		a	

Wie sich zeigen wird, reichen diese Merkmale im großen Ganzen auch für die Beschreibung des russ. Vokalsystems aus. Zusätzliche Merkmale wie die Rundung der Lippen, die Mundöffnungsgrade oder die Nasalisierung werden nicht benötigt, da im Russ. genau die hinteren Vokale auch die gerundeten sind, die Mundöffnung parallel zur vertikalen Zungenbewegung erfolgt und keine Nasalvokale vorkommen.

Wie im vorangehenden Abschnitt bereits gesagt, sind für das Russ. eine starke Reduktion der unbetonten Vokale und die Palatalitätskorrelation charakteristisch. Beide Phänomene sind für die Beschreibung des Vokalsystems wichtig, denn es ist einerseits klar zwischen betonten und unbetonten Vokalen zu unterscheiden, andererseits beeinflußt die konsonantische Umgebung die Realisierung von Vokalen stark.

Nach den gängigen Beschreibungen der russ. Phonetik können wir in b e t o n t e r Position insgesamt zwanzig vokalische Laute unterscheiden (vgl. Akišina/Baranovskaja 1980, 93). Sie lassen sich recht übersichtlich einteilen, da jeweils vier Laute einem der genannten fünf Vokale zugeordnet werden können. Die vier Varianten ergeben sich jeweils danach, ob ein palatalisierter oder ein nichtpalatalisierter Konsonant vorangeht oder folgt. Die Anwesenheit eines palatalisierten Konsonanten ruft jeweils eine Zungenhebung hervor, die als Anpassung an diesen Konsonanten interpretiert werden kann (in der Phonetik als 'Akkommodation' bezeichnet). In der in Rußland eingebürgerten phonetischen Transkription wird die Zungenhebung durch einen Punkt bezeichnet. Vgl. etwa die vier Wörter *мат* [mat] '(schach)matt', *мать* [ma't'] 'Mutter', *мят* [m˙at] 'geknetet', *мять* [m˙ät'] 'kneten'. In ähnlicher Weise weisen neben *a* auch die Vokale *o* und *u* entsprechende Varianten auf.

Im Falle von *e* führt die Zungenhebung zu einer höheren, 'geschlosseneren' Aussprache, so daß sich Wörter wie *лес* 'Wald' und *о лесе* 'vom Wald' in ähnlicher Weise unterscheiden wie etwa dt. *wenn* und *wen* (von der Länge und der Qualität des folgenden Konsonanten einmal abgesehen). In der russ. Tradition transkribiert man auch hier mit Hilfe von Punkten (bzw. um die Verwechslung mit dem Buchstaben *ë* zu vermeiden, mit einem Dach): [l'es] vs. [v l'ês'ь], in der westlichen ist hier der Buchstabe *e* der geschlossenen Variante vorbehalten, während die offene mit *ε* bezeichnet wird: [l'ɛs] vs. [ʌ l'es'ɪ].

Im Falle von *i* beeinflußt die Umgebung die Artikulationsstelle so sehr, daß nach nichtpalatalisierten Konsonanten statt des vorderen hohen Vokals *i* der mittlere hohe Vokal *y* steht, der in der Regel mit dem Buchstaben *ɨ* transkribiert wird. Vgl. etwa die Wörter бит [b'it] 'geschlagen', бить [b'i·t'] 'schlagen', быт [bɨt] 'Lebensweise' und быть [bɨ·t'] 'sein'. Es wäre also möglich, in der obigen Tabelle für das Russ. den mittleren hohen Vokal *y* als eigene Einheit einzutragen. In der folgenden Tabelle steht das Symbol V für einen Vokal, C für einen nichtpalatalisierten und C' für einen palatalisierten Konsonanten:

Umgebung:→ Vokal:↓	(C)V(C)	(C)VC'	C'V(C)	C'VC'
a	мат [mat]	мать [ma·t']	мят [m'·at]	мять [m'ät']
e	темп [tɛmp]	отéль [ʌt'ɛ·l']	тéло [t''·elə]	о тéле [ʌt''êl'ı]
i	быт [bɨt]	быть [bɨ·t']	бит [b'it]	бить [b'ît']
o	мол [mol]	моль [mo·l']	мёл [m'·ol]	о мёде [ʌm''öd'ı]
u	лук [luk]	о лýке [ʌl'u·k'ı]	люк [l'·uk]	о лю́ке [ʌl''ük'ı]

In **unbetonter** Position werden die russ. Vokale, wie bereits erwähnt, nicht nur kürzer gesprochen (sog. quantitative Reduktion), sondern auch qualitativ verändert (sog. qualitative Reduktion). Diese Veränderung ist unmittelbar vor der Tonsilbe geringer als in den übrigen Positionen, man spricht entsprechend von der 1. und der 2. Reduktionsstufe. Am deutlichsten ist diese Reduktion bei den Vokalen *o* und *a* nach nichtpalatalisierten Konsonanten, die in der 1. Reduktionsstufe zu einem mit [ʌ] bezeichneten kurzen *a* und in der 2. Reduktionsstufe zu einem noch schwächeren [ə] zusammenfallen. Vgl. die Beispiele головá [gəlʌv'a] 'Kopf' und карандашá [kərəndʌš'a] 'des Bleistifts'. Im absoluten Anlaut steht immer [ʌ], auch in größerer Entfernung zur Tonsilbe (vgl. обоснóвано [ʌbʌsn'ovənə] 'begründet'). Obwohl streng genommen hier *a* und *o* beide zu einem anderen Laut werden, heißt das hier behandelte Phänomen traditionell 'akan'e' ('a-Sprechen').

Bei den Vokalen *i*, (*y*) und *u* äußert sich die Reduktion nur in einer Verkürzung, die in der phonetischen Transkription bei *u* gar nicht, bei den beiden anderen durch eigene Zeichen [ɪ] bzw. [ɨ] wiedergegeben wird. In der russ. Tradition werden die beiden Reduktionsstufen getrennt (für die 2. steht dann [ь], hier als Lautzeichen verwendet!), in der westlichen wird hierauf meist verzichtet, da der Unterschied weniger ausgeprägt ist als bei [ʌ] und [ə].

Der Vokal *e* und ebenso *a* nach palatalisierten Konsonanten und Zischlauten fallen nach der heutigen Aussprachenorm mit *i* (bzw. in Einzelfällen *y*) zusammen (sog. 'ikan'e' 'i-Sprechen'). Auch hier weichen die Transkriptionen voneinander ab, je nachdem ob sie beide Reduktionsstufen unterscheiden. Vgl. die Beispiele (hier mit der einfacheren Transkription): *ремéнь* [r'ım"'ên'] 'Riemen', *человéк* [č'ılʌv"'ek], *пятá* [p'ıt'a] 'Ferse', *часовóй* [č'ısʌv'oj] 'Posten', *женúх* [žin"'ix] 'Bräutigam', aber *царя́* [cʌr"'a] 'des Zaren'. – Für Flexionsendungen gelten zum Teil eigene Regeln, auf die hier nicht eingegangen werden kann.

Die russ. Konsonanten lassen sich nach verschiedenen Kriterien einteilen. Am wichtigsten sind der Artikulationsmodus (Verschlußlaute, Engelaute usw.) und die Artikulationsstelle, die in der Regel als Kombination zweier artikulierender Organe (Lippen, Zähne, Zunge usw.) beschrieben werden kann. Damit kombiniert wird die Beteiligung bzw. Nichtbeteiligung der Stimmbänder, die zu einer stimmhaften bzw. stimmlosen Aussprache führt, und natürlich auch die für das Russ. so typische Palatalisierung, die sich durch eine begleitende Anhebung der Mittelzunge ergibt (s.o.). In der folgenden Tabelle steht '–p' für nichtpalatalisiert und '+p' für palatalisiert, der stimmhafte steht jeweils unter dem stimmlosen Konsonanten (die Nasale, Laterale und Vibranten kommen nur stimmhaft vor):

	Prädorsale переднеязы́чные				Mediodorsale среднеязы́чные				Postdorsale заднеязы́чные		
	labial/ labial		dental/ labial		dental/ prädorsal		alveolar/ prädorsal		mediopal./ mediodors.	velar/ postdors.	
	–p	+p	–p	+p	–p	+p	–p	+p	+p	–p	+p
Plosive смы́чные	p b	p' b'			t d	t' d'				k g	k' g'
Affrikaten аффрика́ты					c ʒ	č' ǯ'					
Frikative щелевы́е			f v	f' v'	s z	s' z'	š ž	š': ž':	j	x (γ)	x'
Nasale носовы́е	m	m'			n	n'					
Laterale боковы́е					ł	l'					
Vibranten дрожа́щие					r	r'					

Zu den in der Tabelle aufgeführten Lauten seien noch folgende Hinweise gegeben: Den Lauten [ʒ] und [ǯ'] entsprechen keine eigenen Buchstaben; es handelt sich hier um die stimmhaften Gegenstücke zu ц und ч, die im Russ. in der Regel durch Angleichung dieser Konsonanten an einen folgenden stimmhaften Konsonanten entstehen (vgl. *отéц бы* [ʌt"'eʒ bɨ] 'der Vater würde' und *врач бы* [vraǯ' bɨ] 'der Arzt würde'). Der lange stimmhafte palatalisierte Konsonant [ž:] ist hingegen nicht nur das stimmhafte Gegenstück zu щ, sondern kommt in der Aussprache vieler Sprecher auch für die Buchstabenverbindung *зж* und *жж* vor, vgl. *дрóжжи* [dr'ož':ı] 'Hefe' (bei anderen Sprechern dagegen [dr'ož:ɨ]) und *приезжáть* [pr'ıjıž':'at'] 'ankommen' (daneben [pr'ıjıž:'at']). Der Laut [γ] kommt in einigen wenigen Wörtern als

Realisierung des Buchstaben г vor (vgl. *господи* [ɣ'ospəd'ɪ] 'Herr', *богáтый* [bʌɣ'atəj] 'reich'), viele Sprecher verwenden aber statt dessen den Laut [g].

Unmittelbar aufeinanderfolgende Konsonanten werden häufig in der Aussprache einander angepaßt oder assimiliert. Im Russ. kommt vor allem die regressive Assimilation vor, d.h. der folgende Konsonant beeinflußt den vorangehenden. Bei der Stimmhaftigkeit und Stimmlosigkeit ist die Assimilation obligatorisch: Stimmlose Geräuschkonsonanten (das sind Verschlußlaute [Plosive], Affrikaten und Frikative) werden vor stimmhaften, außer vor [v] und [v'], stimmhaft, während stimmhafte vor stimmlosen stimmlos werden; vgl. Beispiele wie *прóсьба* [pr'oˑz'bə] 'Bitte', *свой* [sv'oˑj] 'sein, ihr', *книжка* [kn'ʲiškə] 'kleines Buch', *всё* [f's'ˑo] 'ganz, all'. Mit der Assimilation verwandt ist das Phänomen der Auslautverhärtung, d.h. stimmhafte Geräuschkonsonanten verlieren ihre Stimmhaftigkeit im Wortauslaut vor einer Sprechpause – dies gilt auch für [v] und [v']. Vgl. die Beispiele: *хлеб* [xl'ʲep] 'Brot', *молодёжь* [məlʌd'ʲoš] 'Jugend', *кровь* [kroˑf'] 'Blut'.

Bezüglich der Palatalität kommt es ebenfalls zu Assimilationserscheinungen wie etwa in *лезть* [l'ʲês't'] 'klettern', *везде* [v'ɪz'd'ʲe] 'überall', *введение* [v'ːɪd'ʲên'ɪjə] 'Einführung'. Diese Erscheinungen kommen heute aber nur in einigen der theoretisch möglichen Fälle vor und sind deutlich im Rückgang begriffen.

Nicht als Angleichung an den folgenden Konsonanten, sondern als Verstärkung des Unterschieds (sog. Dissimilation) sind einige weitere lautliche Erscheinungen, die auf einzelne Wörter beschränkt sind, zu werten. Vgl. etwa Fälle wie *мягкий* [m'ʲaxk'ɪj] 'weich' (Dissimilation zweier Verschlußlaute) oder *конечно* [kʌn'ʲešnə] 'natürlich' (Verlust des Verschlusses der Affrikate vor einem anderen Konsonanten).

Exkurs zur Variation der Aussprache: Die Aussprachenorm des Russ. hat sich im Laufe der historischen Entwicklung häufig verändert, dies gilt insbesondere auch für das 20. Jh. (vgl. die ausführliche Darstellung durch Panov 1990). So wichen in der vorrevolutionären Norm, die in der Bühnensprache noch lange gültig blieb, in deutlich mehr Fällen als heute Aussprache und Schreibung voneinander ab: So palatalisierte in Endungen und Suffixen geschriebenes и oft nicht den vorhergehenden Guttural (vgl. *тихий* [t'ʲixəj] 'still', heute meist [t'ʲix'ɪj], *выскакивать* [vɪsk'akəvət'] 'aufspringen', heute [vɪsk'ak'ɪvət'] usw.), das Reflexivitätszeichen -ся/-сь wurde immer nichtpalatalisiert ausgesprochen (vgl. *учимся* ['uˑč'msə] 'wir lernen', heute ['uˑč'ms'ə]), und in den Präsensendungen der 3. Pers. Pl. wurde unbetontes -ят mit dem Vokal [u] gesprochen (vgl. *ходят* [x'oˑd'ut] 'sie gehen', heute [x'oˑd'ət]).

Die ursprünglich zahlreichen Unterschiede zwischen der Moskauer und der Petersburger (bzw. Leningrader) Norm sind allmählich abgebaut worden. Generell kann gesagt werden, daß sich die Petersburger Norm stärker an der Schrift orientierte; ihr wichtigstes Merkmal war die durchgehende Aussprache von ч als [č'] auch in Positionen, in denen die Moskauer Norm [š] vorschreibt, wie etwa *булочная* [b'uloˑč'nəjə] 'Bäckerei' (nach Moskauer Norm [b'ulošnəjə]).

Für die – als Teil der Standardsprache anerkannte – Umgangssprache (разговóрная речь) sind weitere Reduktionen typisch, die bis zum Ausfall von Vokalen und Konsonanten führen können. Dabei entstehen silbische Konsonanten (z.B. *обязáтельно* [ʌb'ɪz'aˑt'l̥'nə] 'unbedingt'), Doppelkonsonanten (z.B. *нóвого* [n'ov:ə] 'des neuen') und Vokalverbindungen (z.B. *конéчно* [kʌ'ešnə]). Häufig gebrauchte Wörter werden weiter verkürzt, vgl. etwa *здрáвствуйте* [zdr'aˑs't'ɪ] 'guten Tag' oder *сейчас* [š'ːˑas] 'jetzt'. Zur Wiedergabe gesprochener Sprache finden sich manchmal Schreibungen wie *щас* für *сейчас* und *тыща* 'tausend' (für *тысяча*).

3.2. Phonologie

Gegenstand der Phonologie ist die Untersuchung der **Funktionen** der Sprachlaute. Wie aus der Darstellung des russ. Lautsystems im vorangehenden Abschnitt ersichtlich ist, gibt es in dieser Sprache eine Vielzahl von lautlichen Differenzierungen. In vielen, wenn nicht den meisten Fällen haben solche Differenzierungen die Funktion, verschiedene sprachliche Einheiten voneinander zu unterscheiden (und damit letztlich zu deren Bedeutung beizutragen), dies gilt aber nicht grundsätzlich. Eher selten ist der Fall der **freien Variation** (er liegt beispielsweise im Falle des Buchstaben *щ* vor, der als [š'ː] oder als [š'č'] realisiert werden kann), sehr häufig hingegen der einer distributionellen Variante: Wie erwähnt, wird der Buchstabe *a* vor palatalisierten Konsonanten als [aˑ] realisiert, so daß sich Wörter wie *мять* [m'ˑat'] 'kneten' und *мял* [m'ˑał] 'er knetete' nicht nur durch den auslautenden Konsonanten, sondern auch durch die Qualität des ihm vorangehenden Vokals unterscheiden. Mit der Unterscheidung der beiden Vokale ist aber keine funktionelle Unterscheidung verbunden, da sie nie in der gleichen Umgebung in Opposition treten ([aˑ] kommt ausschließlich vor palatalisierten Konsonanten vor, [a] nie). In diesem Falle spricht man von einer **komplementären Distribution**.

Als grundlegende Einheit der Phonologie bezeichnet man das **Phonem**, die kleinste nicht weiter zerlegbare, linear abgrenzbare Spracheinheit. Phoneme haben in der Regel keine eigene Bedeutung, sie dienen aber zur Unterscheidung höherer Einheiten und haben somit **bedeutungsunterscheidende** Funktion. Zur Unterscheidung von den Lauten werden sie in der Transkription durch den Gebrauch von Schrägstrichen bezeichnet. Verschiedene freie oder komplementär verteilte Varianten eines Phonems bezeichnet man als **Allophone**.

Die Ermittlung der Phoneme einer Sprache kann mit mehreren Verfahren erfolgen. Besonders anschaulich erscheint die von G. Hammarström vorgeschlagene sukzessive Zusammenfassung von Lauten zu **Phonen**, den kleinsten bedeutungsunterscheidenden Einheiten, und erst in einem weiteren Schritt von Phonen zu Phonemen. Sinnvoll erscheint hier die aus dem amerikanischen Strukturalismus stammende Verwendung von **Minimalpaaren**, die sich nur jeweils in einem Phon unterscheiden. Es geht um Wortpaare wie russ. *дом* [d'om]

'Haus' – *том* [t'om] 'Band' oder *жить* [ž'ɨt'] 'leben' – *шить* [š'ɨt']
'nähen', die zur Veranschaulichung der Tatsache dienen können, daß
[d] und [t] bzw. [š] und [ž] unterschiedliche Phone sind. Etwas verallgemeinert untersucht die **Substitutionsmethode**, inwieweit die
Ersetzung eines Lautes durch einen anderen in einer bestimmten Position zu einer Veränderung der Bedeutung führt. Ist dies der Fall, so
handelt es sich offenbar um zwei verschiedene Phone.

Nachdem die Menge aller Phone einer Sprache festgestellt ist, können in einem weiteren Schritt solche Phone, die lautlich ähnlich sind
und nie in derselben Umgebung vorkommen (also in komplementärer
Distribution stehen), als die Allophone eines einzigen Phonems zusammengefaßt werden. In diesem Sinne würden etwa die beiden Phone
[a˙] und [a], die in Abhängigkeit von den Eigenschaften des folgenden
Konsonanten verteilt sind, beide dem Phonem /a/ zugeordnet und als
dessen Allophone aufgefaßt. Alle Phone also, die ein Phonem bilden,
sind dessen Allophone. Allophone sind real aussprechbar, während
Phoneme theoretische Abstraktionen ('Konstrukte') darstellen.

Wenn wir das beschriebene Verfahren auf das russ. Vokalsystem anwenden, so erhalten wir für die betonten Vokale insgesamt fünf Phoneme, nämlich /a/, /e/, /i/, /o/ und /u/. Trotz des größeren Unterschieds
der beiden Laute [i] und [ɨ] (bzw. entsprechend [ˈi/ˈi˙] und [ɨ/ɨ˙]) folgen die Varianten nämlich analogen Regeln wie etwa die Varianten
des Phonems /a/. Der phonetische Unterschied hat demgegenüber die
sog. 'Leningrader' phonologische Schule zu der Überzeugung geführt,
daß hier zwei Phoneme vorlägen, die übrigen Schulen (vor allem die
sog. 'Moskauer' Schule) lehnen dies aber ab und transkribieren beispielsweise *быть* [bɨˈt'] 'sein' und *бить* [b'ɨt'] phonologisch als
/bit'/ bzw. /b'it'/.

Im Bereich der unbetonten Vokale ist das Vokalsystem noch kleiner,
da nach nichtpalatalisierten Konsonanten nur drei Vokale (/a/, /i/, /u/)
und nach palatalisierten nur zwei (/i/, /u/) unterschieden werden. Da
etwa die Opposition zwischen den Phonemen /a/ und /o/ in unbetonter
Position nicht vorkommt, spricht man in der Phonologie von der
Aufhebung bzw. **Neutralisierung** dieser Opposition. Die Frage, mit welchem Zeichen man das entsprechende Phonem wiedergeben
soll, wird traditionell zumeist so beantwortet, daß man dasjenige Vokalphonem auswählt, das in anderen Formen desselben Worts betont
vorkommt. So wird etwa *головá* [gəlʌˈva] 'der Kopf' phonologisch als
/golov'a/ transkribiert, da es weitere Formen dieses Wortes gibt, in
denen jeweils in den betreffenden Silben ein betontes [o] steht: vgl.
гóлову [gˈoləvu] 'den Kopf' oder *голóв* [gʌˈłof] 'der Köpfe'. Die klassische Phonologie der 'Prager Schule' und vor allem ihr Begründer
N.S. Trubetzkoy vertraten demgegenüber die Ansicht, daß für jede
Neutralisierungsposition ein eigenes Zeichen einzuführen sei, da ein
Laut wie [ʌ], in dem der Gegensatz zwischen /a/ und /o/ aufgehoben

Das Russische 61

ist, weder mit dem einen noch mit dem anderen Vokal identifiziert werden könne. Das von Trubetzkoy (1934) vorgeschlagene System ist allerdings genau wegen dieser Unterscheidung sehr kompliziert und nur mit Mühe zu handhaben. Im Bereich der Konsonanten entsprechen die Phoneme etwa den in der obigen Tabelle aufgeführten Lauten. [ʒ] ist als Allophon des Phonems /c/ anzusehen, [ǯ] entsprechend als Allophon von /č/. Der Status der palatalisierten Postdorsale [k'], [g'] und [x'] ist strittig, da diese in heimischen Wörtern fast nur vor /e/ und /i/ vorkommen, eine Position, in der nichtpalatalisierte [k], [g] und [x] ausgeschlossen sind. Russische Minimalpaare für die phonologischen Oppositionen /k–k'/, /g–g'/ und /x–x'/ sind sehr selten, z.B. *садко́м* (Instr.Sg. zu *садо́к* 'Käfig') – *сотке́м* (1. Pers.Pl.Präs. zu *сотка́ть* 'zusammenweben') bzw. *берега́* (Nom.Pl. zu *бе́рег* 'Ufer') – *береги́* (Gerund zu *бере́чь* 'aufbewahren'). Auch gibt es Fremdwörter wie *ликёр* [l'ɪk"˙or] 'Likör', die dieser Regel widersprechen. Der Laut [γ] gilt schließlich als eine freie Variante von /g/, wobei die Variation allerdings auf einige Wörter beschränkt bleibt. – Die Auslautverhärtung und die regressive Assimilation (sowohl der Stimmhaftigkeit/Stimmlosigkeit als auch der Palatalisierung) sind als Phänomene der Neutralisierung aufzufassen. Nach dieser Interpretation richtet sich auch die übliche Transkription, so beispielsweise von *голо́в* [gʌɫ'of] 'der Köpfe' als /gol'ov/ oder von *про́сьба* [pr'o˙z'bə] 'Bitte' als /pr'os'ba/.

Die lautlichen Unterschiede zwischen den verschiedenen Formen eines Wortes können allerdings nicht alle auf Neutralisierungen zurückgeführt werden. Dies sei hier am Beispiel des Verbs *проси́ть* 'bitten' erläutert. Wenn wir die zugehörige 3. Pers.Sg. *про́сит* 'er bittet' betrachten, so sind die beiden Varianten [prʌs'-] und [pr'os'-] durch den Akzent bedingt und lassen sich in der Schreibung /pros'-/ zusammenfassen. Zu demselben Verb gehört freilich auch die Form der 1. Pers.Sg. *прошу́* 'ich bitte', in der das Auftreten des Konsonanten [š] nicht allein auf den Kontext zurückzuführen ist. Dies ist daraus zu ersehen, daß in anderen Wörtern vor /u/ durchaus auch ein palatalisiertes /s'/ stehen kann (vgl. etwa *сюда́* 'hierher'). Die Ersetzung oder, wie in der Phonologie üblich, Alternation von /s'/ durch /š/ ist also zwar regulär (denn sie kommt bei allen Verben auf *-сить* vor), aber nicht phonologisch erklärbar. Da sie an den Kontext einer bestimmten Endung bzw. eines Morphems (s. den folgenden Abschnitt) gebunden ist, bezeichnet man solche Alternationen als morphologisch bedingt oder morphonologisch. Für das Russ. sind mehrere solche Alternationsreihen typisch: In der sog. Transitivitätsalternation (die u.a. für die 1. Pers.Sg. der Verben auf *-ить* charakteristisch ist) wechseln verschiedene Konsonanten mit Zischlauten (/t/ ~ /č'/, /d/ ~ /ž/, /s/ ~ /š/, /z/ ~ /ž/, /st/ ~ /š':/, /zd/ ~ /ž':/), und die Labiale werden um ein /l'/ erweitert (/b'/ ~ /bl'/, /p'/ ~ /pl' usw.). Als Palatalitätsalternation bezeichnet man den Wechsel zwischen nichtpalatalisiertem und palatalisiertem Konsonanten in einer Position, in der keine Neutralisierung vorliegt (vgl. etwa die 1. Pers.Sg. *несу́* /n'os'u/ 'ich trage' mit der 2. Pers.Sg. *несёшь* /n'os''oš/: das Auftreten eines palatalisierten /s'/ ist hier nicht durch die Umgebung zu erklären). Neben einigen weiteren konsonantischen Alternationen, die nur in wenigen Wörtern vorkommen, gibt es auch vokalische. Genannt sei hier die Erscheinung der sog. flüchtigen Vokale /e/ und /o/, d.h. der Wechsel von Formen mit oder ohne Vokal im Stamm; vgl. die Beispiele *лоб* 'Stirn', Gen.Sg. *лб-а* (/lob/ – /lb-a/), *боец* 'Kämpfer', Gen.Sg. *бойца́* (/boj'ec/ – /bojc-'a/), *сестра́* 'Schwester', Gen.Pl. *сестёр* (/s'ostr'-a/ – /s'ost''or/). Ferner gehört hierher der Wechsel von /o/ und /a/ (vgl. *выпра́шивать* 'erbitten', in dem ebenfalls der Stamm /pros'-/ 'bitten' steckt). Daß es sich hier nicht um eine Erscheinung des 'akan'e' handelt, ist daraus ersichtlich, daß /a/ fast immer in betonter Position steht und sich die Alternation auch in der geschriebenen Form niederschlägt.

E x k u r s zur Rolle der distinktiven Merkmale: Da die Phonologie nach den Funktionen von Sprachlauten fragt, sind bei der Beschreibung des Phonemsystems einer Sprache vor allem diejenigen Eigenschaften interessant, durch die sich Phoneme voneinander unterscheiden. Die Art und Weise, in der ein Phonem zu einem anderen in O p p o s i t i o n tritt, wurde bereits von Trubetzkoy (1939) untersucht und klassifiziert. U.a. unterscheidet er p r i v a t i v e Oppositionen, bei denen ein Oppositionsglied durch die Anwesenheit eines Merkmals, das andere durch dessen Abwesenheit gekennzeichnet ist (vgl. etwa stimmhaft – stimmlos, palatalisiert – nichtpalatalisiert), von ä q u i p o l l e n t e n Oppositionen, bei denen beide Glieder logisch gleichberechtigt sind (vgl. etwa /p/ – /k/ oder /t/ – /k/). Einen besonderen Stellenwert nimmt in seiner Konzeption der Begriff der sog. K o r r e l a t i o n ein. Hierunter ist eine Gruppe von privativen (und sog. eindimensionalen) Oppositionen zu verstehen, die in paralleler (proportionaler) Weise bei mehreren Oppositionspaaren vorkommen und sich so durch das gesamte Phonemsystem ziehen (etwa die Stimmtonkorrelation oder die für das Russ. so typische Palatalitätskorrelation).

R. Jakobson u.a. sind dann einen Schritt weitergegangen und haben statt der Phoneme die d i s t i n k t i v e n M e r k m a l e zur zentralen Einheit des Phonemsystems erhoben. Das Phonem ist dann nicht mehr die kleinste Einheit, sondern kann als 'Bündel' von binären Merkmalen aufgefaßt werden. Diese Art der Beschreibung erscheint auf den ersten Blick ökonomischer (die Anzahl der benötigten Merkmale liegt deutlich unter der der Phoneme), stößt aber auf eine Reihe neuer Schwierigkeiten, vor allem bei der Behandlung der äquipollenten und der graduellen Oppositionen, die sich nicht einfach ein binäres Schema bringen lassen.

3.3. Akzent und Intonation

Die Reduktion der unbetonten Vokale, die im Russ. phonetisch und phonologisch von Bedeutung ist, macht deutlich, daß es für die Beschreibung der lautlichen Seite der Sprache nicht ausreicht, die jeweils aufeinander folgenden Laute bzw. Phoneme zu beschreiben. Es gibt vielmehr auch Merkmale, die höheren Einheiten zuzuordnen sind, wie

Das Russische 63

beispielsweise die Akzentstelle, die angibt, welche Silbe eines Wortes besonders hervorgehoben wird. Man spricht hier von **suprasegmentalen** oder **prosodischen** Merkmalen. Das Russ. hat einen **dynamischen** Akzent, d.h. die Tonsilbe wird durch Intensität und (begleitend) Dauer markiert, in anderen Sprachen (wie etwa dem Serbischen) sind der Tonverlauf (steigend vs. fallend) und auch die Vokallänge relevant (das Phänomen des Tonverlaufs wird auch als **musikalischer** Akzent bezeichnet). Zu den suprasegmentalen Phänomenen zählt ferner die Satzintonation.

Der Wortakzent ist im Russ. **frei** und **beweglich**. Als **frei** wird er bezeichnet, weil er auf jede Silbe des Wortes fallen kann (vgl. etwa die viersilbigen Wörter *вы́говорить* 'aussprechen', *выбра́сывать* 'hinauswerfen', *выпуска́ю* 'ich entlasse' und *выпускники́* 'die Absolventen') und keine Regel angegeben werden kann, mit deren Hilfe die Akzentstelle aus der phonologischen Gestalt des Wortes abzuleiten ist (vgl. dagegen Sprachen, in denen immer die erste oder die vorletzte Silbe betont wird). Als **beweglich** wird der Wortakzent bezeichnet, weil er in verschiedenen Formen desselben Wortes auf verschiedene Silben fallen kann, vgl. etwa *голова́* 'der Kopf' (Nom. Sg.), *го́лову* 'den Kopf' (Akk.Sg.) und *голо́в* 'der Köpfe' (Gen.Pl.) oder *поня́ть* 'verstehen', *по́нял* 'er verstand' und *поняла́* 'sie verstand'. In langen (zumeist zusammengesetzten) Wörtern gibt es häufig auch einen Nebenakzent, vgl. *во̀дохрани́лище* 'Stausee' oder *мѐдсестра́* 'Krankenschwester'.

Die Beweglichkeit des Akzents ist von der morphologischen Struktur des Wortes abhängig (vgl. den folgenden Abschnitt) und erfolgt nach festen Regeln. U.a. weisen fast nur unabgeleitete Wörter einen beweglichen Akzent auf. In einzelnen Fällen ist die Akzentstelle bedeutungsunterscheidend, so zwischen zwei Formen eines Wortes (vgl. *окна́* 'des Fensters' und *о́кна* 'die Fenster') oder zwischen verschiedenen Wörtern (*мука́* 'Mehl' und *му́ка* 'Qual').

Auch die Satzintonation gehört zu den prosodischen Merkmalen. Traditionell unterscheidet man in der russ. Phonetik sieben **Intonationskonstruktionen** (интонацио́нные констру́кции, abgekürzt IK), von denen vor allem die dritte mit jäh ansteigendem und dann wieder leicht fallendem Ton für das Russ. charakteristisch ist (sie wird in Entscheidungsfragen und zur Hervorhebung von Satzgliedern verwendet).

3.4. Zur historischen Entwicklung des russischen Lautsystems

Im Laufe der Entwicklung vom Urslavischen über das sog. Altrussische bzw. Altostslavische zum heutigen Russ. haben sich einige lautliche Merkmale herausgebildet, die für das Russ. charakteristisch sind. Dabei geht es entweder um Züge, die das Russ. mit den beiden anderen ostslavischen Sprachen Ukrainisch und Weißrussisch teilt, oder um solche, die ausschließlich im Russ. vorkommen. Die wichtigsten lautgeschichtlichen Entwicklungen sollen im folgenden kurz zusammengefaßt werden (vgl. zu ausführlicheren Informationen die russ. historischen Grammatiken, etwa Kiparsky 1963-75, Černych ³1962, Uspenskij 1987).

Im Bereich des Vokalismus ist allen ostslavischen Sprachen gemeinsam, daß sich die ursprünglichen Nasalvokale *ę und *ǫ zu *a* (mit Palatalisierung des vorhergehenden Konsonanten) bzw. zu *u* entwickelt haben (vgl. *пять* 'fünf' gegenüber urslav. *pętь und *рука* 'Hand' gegenüber urslav. *rǫka). In geschlossenen Silben, die im Urslavischen auf -r- und -l- endeten, wurde nach der Liquide ein Vokal eingeschoben (vgl. *город* 'Stadt' gegenüber urslav. *gordъ und *голос* 'Stimme' gegenüber urslav. *golsъ). Traditionell wird dieses Phänomen als Vollaut (russ. полногласие) bezeichnet, in Abgrenzung von der vor allem für das Südslavische typischen Entwicklung mit Umstellung und Dehnung der Lautverbindung, die auch im Russ. in kirchenslavischen Lehnwörtern präsent ist (vgl. etwa russ.-ksl. *град* 'Stadt' in Ortsnamen wie *Ленинград* oder *глас* als Bezeichnung für die Stimme im Kirchengesang).

Nur für das Russ. und Weißruss. charakteristisch ist der Zusammenfall des urslavischen Vokals *ě mit *e* (vgl. russ. *лес* aus ursl. *lěsъ gegenüber ukr. *ліс*). Ebenfalls nur in diesen beiden Sprachen ist altes *e* vor nichtpalatalen Konsonanten zu *o* geworden, das allerdings in der Orthographie meist noch mit dem Buchstaben *e* (seltener *ё*) bezeichnet wird (vgl. *идём* 'er geht' aus altruss. *idetъ).

Sowohl den Vokalismus wie den Konsonantismus betrifft die Entwicklung der sog. 'reduzierten Vokale' *ь und *ъ, die in allen slavischen Sprachen in bestimmten Positionen geschwunden und in anderen Positionen zu Vollvokalen geworden sind. Entsprechend den kirchenslavischen Buchstabennamen werden diese Vokale auch als 'Jers' bezeichnet (ь als *ерь* und ъ als *ёр*). Im Ostslavischen wurde der vordere reduzierte Vokal *ь dann, wenn er vokalisiert wurde, zu *e* (vgl. *день* 'Tag' aus ursl. *dьnь), der hintere reduzierte Vokal *ъ wurde entsprechend zu *o* (vgl. *сон* 'Schlaf, Traum' aus ursl. *sъnъ). Der vordere reduzierte Vokal hat aber auch da, wo er geschwunden ist, eine Spur hinterlassen, da die Palatalität des vorhergehenden Konsonanten oft ausgebaut wurde. Der Ausfall bzw. die Vokalisierung der reduzierten Vokale (oft als 'Jerwandel' bezeichnet) hat auf diese Weise tiefgreifende Auswirkungen auf das Konsonantensystem gehabt: War die Palatalisierung vor diesem Prozeß noch eine auf den vorangehenden Konsonanten rückwirkende Begleiterscheinung des folgenden Vokals, so wurde sie nun zu einem relevanten Merkmal, das zwei Klassen von Konsonanten unterscheidet.

Zu den anderen wichtigen Erscheinungen des russ. Konsonantismus gehört die (für alle ostslavischen Sprachen charakteristische) Veränderung des urslavischen *tj bzw. *dj zu č bzw. ž (vgl. russ. *свéча* aus ursl. *světja* und *межá* 'Rain' aus ursl. *medja*). Daneben stehen allerdings die kirchenslavischen Reflexe *šč* und *žd* (vgl. etwa das mit *межá* verwandte *мéжду* 'zwischen'). – Die Zischlaute *š, č, ž, šč* und *c* sowie die Gutturale *k, g* und *ch* nehmen im Konsonantensystem insofern eine besondere Stellung ein, als sie nicht (oder fast nicht) an der Palatalitätsopposition teilnehmen. Im Laufe der historischen Entwicklung sind im Russ. *š, ž* und *c* entpalatalisiert worden, während *č* und *šč* palatalisiert blieben (im Ukrainischen blieb hingegen *c* palatalisiert, im Weißrussischen wurden alle Zischlaute entpalatalisiert). Die Gutturale *k, g* und *ch* wurden vor vorderen Vokalen palatalisiert (vgl. *Кúев* gegenüber altruss. *Кыевъ* und *гúнуть* 'zugrunde gehen' gegenüber altruss. *гынути*).

4. Wortstruktur und Wortklassen

Das Russ. gehört zu den Sprachen mit einer reichen Formenlehre und vielfältigen Möglichkeiten der Wortbildung. Bei der Untersuchung der Wortstruktur muß zunächst auf die Mehrdeutigkeit des Begriffs W o r t hingewiesen werden, der sowohl für die einzelnen Einheiten eines Paradigmas (*дом* 'das Haus', *дóма* 'des Hauses', *дóму* 'dem Haus' usw.) als auch für die dem Paradigma zugrunde liegende Einheit des Lexikons (*дом* 'Haus') verwendet wird. Für die erste Bedeutung wird meist der Terminus W o r t f o r m (словофóрма), für die zweite häufig der Terminus L e x e m (лексéма) verwendet.

Die Entscheidung darüber, welche Wortformen zu einem Paradigma zusammengefaßt werden, orientiert sich an der Art der Bedeutungen, durch die sich die betreffenden Wortformen unterscheiden. Die Wortformen eines Lexems weisen alle dieselbe l e x i k a l i s c h e Bedeutung auf, während sie bezüglich der g r a m m a t i s c h e n Bedeutungen variieren können. Unter grammatischen Bedeutungen verstehen wir hier Bedeutungselemente, die für eine bestimmte Klasse von Wortformen obligatorisch sind und gleichzeitig einen regulären Ausdruck haben (Beispiele sind etwa Singular, Plural, Dativ usw. für Substantive, 1. und 2. Pers., Präsens usw. für Verben). Solche grammatischen Bedeutungen lassen sich jeweils in g r a m m a t i s c h e K a t e g o r i e n gruppieren, die gleichartige grammatische Bedeutungen zusammenfassen. In diesem Sinne bilden Singular und Plural die grammatische Kategorie 'Numerus', Präsens, Präteritum und Futur die grammatische Kategorie 'Tempus' usw.

Sowohl die grammatischen Kategorien selbst wie auch ihre Elemente, die grammatischen Bedeutungen, sind sprachspezifisch. So verfügt etwa das Russ. über die dem Deutschen fremde grammatische Kategorie 'Aspekt' (s.u. 5.3.), und die im Deutschen ebenfalls vorhandene grammatische Kategorie 'Kasus' umfaßt zusätzliche Elemente (nämlich Präpositiv und Instrumental).

Die Lexeme einer Sprache lassen sich anhand der für sie jeweils charakteristischen grammatischen Kategorien (sowie anderer Kriterien) in Klassen einteilen, die sog. Wortarten (russ. части речи). Als die wichtigsten Wortarten werden herkömmlich die Substantive (Abwandlung nach Numerus und Kasus), die Adjektive (Abwandlung nach Genus, Numerus und Kasus) und die Verben (Abwandlung nach Person, Numerus, Genus, Tempus und Modus) angesehen, weitere flektierbare Wortarten sind die Pronomina und die Zahlwörter. Die unflektierbaren Wortarten lassen sich nach anderen Kriterien einteilen, zu ihnen zählen u.a. die Adverbien, Präpositionen, Konjunktionen, Interjektionen, Partikeln und die für das Russ. spezifische Gruppe der 'Prädikativa".

Die Morphologie bzw. die Lehre von der internen Struktur von Wortformen zerfällt in zwei Teile, je nachdem, ob sie sich mit der Bildung verschiedener Wortformen eines Lexems beschäftigt (sog. Flexion) oder mit der Bildung von Lexemen aus anderen Lexemen (sog. Wortbildung bzw. Derivation). Ein gemeinsames Analyseverfahren, das zur Beschreibung beider Ebenen geeignet ist, ist die sog. Morphemanalyse, die weitgehend parallel der oben beschriebenen Phonemanalyse verläuft.

Mittels verschiedener Analyseverfahren können russ. Wortformen in kleinere bedeutungstragende Einheiten aufgeteilt werden. Die minimale Einheit, die sich im Laufe der Analyse ergibt, bezeichnet man als Morph. In diesem Sinne kann etwa eine Wortform wie *учительница* bzw. /uč'it'el'n'ica/ 'Lehrerin' in fünf Morphe zerlegt werden, die jeweils auch in Wortformen anderer Wörter belegt sind: /uč'-/ 'lehren' (vgl. *учёба* 'Studium'), /-i-/ stammbildende Einheit (vgl. zahlreiche Verben auf *-и-ть*), /-t'el'-/ Einheit zur Bildung einer Berufsbezeichnung (vgl. *преподаватель* 'Dozent'), /-n'ic-/ Einheit zur Bildung weiblicher Äquivalente zu Maskulina (fast ausschließlich von Wörtern auf *-тель*) und /-a/ Endung des Nom.Sg. von Feminina (vgl. zahlreiche Substantive auf *-а*). Verschiedene Morphe, die dieselbe Bedeutung aufweisen, komplementär verteilt sind und sich nur durch phonologische Alternationen voneinander unterscheiden, können dann zu einem Morphem zusammengefaßt werden. In diesem Sinne bilden beispielsweise die Morphe /kn'ig-/ und /kn'iž-/, die sich nur durch eine Alternation des auslautenden Konsonanten unterscheiden und dieselbe Bedeutung haben (vgl. *книга* 'Buch' und *книжка* 'Büchlein'), ein Morphem. Anders als die westliche (vor allem amerikanische) Tradition ordnet die russ. Sprachwissenschaft Morphe mit derselben Bedeutung, aber sehr abweichender Form unterschiedlichen Morphemen zu: Die Morphe /-t'el'-/, /-č'ik-/ und /-ec/ werden also nicht zusammengefaßt, obwohl sie alle Berufsbezeichnungen bilden, vgl. *учи-*

тель 'Lehrer', *переводчик* 'Übersetzer', *продавец* 'Verkäufer' (hingegen wird /-š':ik-/ mit /-č'ik-/ zusammengefaßt, vgl. *угольщик* 'Grubenarbeiter' und *переводчик* 'Übersetzer', und /-ec-/ mit /-c-/, weil der Genitiv zu *продавец* *продавца* lautet). – Ein spezielles Problem für die Morphemanalyse stellen Fälle dar, in denen eine Bedeutung offenbar nicht durch ein Morphem, sondern gerade durch das Fehlen eines solchen ausgedrückt wird. In diesem Fall spricht man traditionell von einem Nullmorphem, das mit 'ø' bezeichnet wird. Beispiele für Nullmorpheme sind die Endung des Nom.Sg. der Maskulina (/kon'-ø/ 'das Pferd' neben /kon'-'a/ 'des Pferdes'), die Endung des Gen.Pl. der Neutra (l''et-o/ 'der Sommer', Gen.Pl. /l''et-ø/) u.a.

Während die Morphemanalyse die lineare Abfolge von Einheiten beschreibt, versucht die Wortbildungsanalyse die interne Struktur von Lexemen hierarchisch darzustellen, indem sie Ableitungsbeziehungen zwischen Lexemen beschreibt. In diesem Sinne wird etwa *учительница* 'Lehrerin' als Ableitung von *учитель* 'Lehrer' beschrieben, dieses wiederum als Ableitung von *учить* 'lehren'. Die Wortbildungsanalyse ist der Morphemanalyse vorzuziehen, wenn es um die Beschreibung komplexerer Wörter geht, aber auch bei spezifischen Ableitungsverfahren wie Abkürzungen (vgl. unten 6.).

5. Flexionsmorphologie
5.1. Das Substantiv

Die Wortart der Substantive weist im Russ. die grammatischen Kategorien Numerus und Kasus auf, die in der Flexion variabel sind. Ferner nehmen die Subst. an der grammatischen Kategorie des Genus teil, das als inhärente grammatische Kategorie bezeichnet wird, weil jedes singularische Subst. einem Genus zugeordnet werden kann, das Genus selbst aber nicht variiert wird. Ebenfalls eine inhärente grammatische Kategorie ist die der sog. Belebtheit (s.u.).

Das heutige Russ. hat zwei Numeri, nämlich Singular und Plural. Besonderheiten ergeben sich bei der Verbindung von Substantiven und Zahlwörtern: Von 5 aufwärts verbinden sich Subst. mit dem Gen.Pl. des Subst., die Zahlwörter 2 bis 4 stehen hingegen mit einer nur äußerlich dem Gen.Sing. ähnlichen speziellen Zählform (счётная фо́рма), vgl. *один стол* 'ein Tisch', *два стола́* 'zwei Tische', *пять столо́в* 'fünf Tische'.

Wie oben erwähnt, gibt es im Russ. sechs Kasus, zusätzlich zu den aus dem Deutschen bekannten noch Instrumental (твори́тельный паде́ж) und Präpositiv (предло́жный паде́ж). Der Instrumental kommt in verschiedenen Verwendungen mit und ohne Präposition vor (vgl. *днём* 'tags', *лесом* 'durch den Wald', *ножо́м* 'mit dem Messer'), der Präpositiv steht heute nur noch mit Präposition, vorwiegend zum Ausdruck lokaler Beziehungen. Der in den meisten anderen slavischen

Sprachen noch vorhandene Vokativ ist nur in Resten erhalten (vgl. *бóже* 'Gott!'), in der Umgangssprache hat sich aber ein neuer, endungsloser Vokativ von Substantiven auf -*a* herausgebildet (vgl. *Тань!* zu *Táня*).

Das System der drei Genera Maskulinum, Femininum und Neutrum wird im Russ. durch verschiedene Faktoren kompliziert: Zunächst ist zu beachten, daß die Deklinationsklassen (s.u.) und die Genera einander nicht eindeutig zugeordnet sind, weshalb es sich empfiehlt, das Genus eines Subst. mit Hilfe seines Kongruenzverhaltens (d.h. der Kombination mit Adjektiven usw.) zu definieren. Ferner lassen sich die Maskulina im Singular in 'belebte' (одушевлённые) und 'unbelebte' (неодушевлённые) Maskulina aufteilen (zu den 'belebten' zählen Menschen und Tiere, in Einzelfällen auch andere Wörter). Diese Unterscheidung betrifft zwar nur einen Kasus (der Akkusativ der 'belebten' Maskulina ist gleich dem Genitiv, der der 'unbelebten' gleich dem Nom.), er erfaßt aber auch die abhängigen Adjektive und Pronomina. Im Plural betrifft die Kategorie der Belebtheit hingegen alle drei Genera (also ist beispielsweise der Akkusativ Plural *жéнщин* 'die Frauen' identisch mit dem Genitiv Plural).

Zusätzliche Informationen zu Kasus und Genus: Bei den unbelebten Maskulina gibt es noch zwei weitere Kasus, die allerdings nicht von allen Substantiven gebildet werden können. Es handelt sich zunächst um einen zweiten Genitiv auf -*y* (statt auf -*a*), der zur Bezeichnung kleiner Mengen stehen kann (Genitivus partitivus), und um einen zweiten Präpositiv auf betontes -*ý*, der bei bestimmten Ortsbezeichnungen mit den Präpositionen *в* und *на* verbunden wird (bei anderen Präpositionen steht die normale Endung -*e*). Vgl. die Beispiele: *придáть сáхару* '(etwas) Zucker hinzugeben', *немнóго чáю* 'ein wenig Tee', *на берегý* 'auf dem Ufer', aber *о бéреге* 'über das Ufer'. Der Status des 2. Genitivs ist umstritten, weil sein Gebrauch überall fakultativ ist, der 2. Präpositiv kann hingegen als fester Bestandteil des Kasussystems angesehen werden.

Das Verhältnis zwischen den Genera Maskulinum und Femininum hat sich in neuerer Zeit deutlich verändert. So gibt es auf der einen Seite zahlreiche Subst., die ihrer Form nach ursprünglich Feminina sind, aber – unter unterschiedlichsten Bedingungen – für Personen beider Geschlechter gebraucht werden können. Zu diesen sog. 'Ambigenen' (russ. существительные общего рóда) zählen beispielsweise *сиротá* 'der/die Waise', *сóня* 'der/die Schlafmütze' u.a. Auf der anderen Seite gibt es zu vielen männlichen Berufsbezeichnungen keine oder nur umgangssprachliche weibliche Äquivalente, so etwa zu *товáрищ* 'Genosse', *врач* 'Arzt' u.a. In diesem Falle werden oft die maskulinen Subst. verwendet, gehorchen aber zahlreichen Restriktionen (beispielsweise läßt die Norm die Verbindung *нáша врач* 'unsere Ärztin' mit femininem Possessivpronomen und maskulinem Subst. bisher nur im Nom. zu).

Die russ. Familiennamen auf -*ов* und -*ин* bilden jeweils eine feminine Form auf -*a*, vgl. etwa *Ахмáтова, Ахмадýлина* usw., ebenso werden substantivierte Adjektive behandelt (also z.B. *Толстáя* zu *Толстóй*). Alle übrigen Familiennamen werden nicht dekliniert, wenn sie Frauen bezeichnen, vgl. *сочинéния Óльги Берггóльц* 'die Werke von Olga Berggolz'.

Man unterscheidet im Russ. drei Klassen regelmäßiger Deklinationen. Zur ersten gehören die Maskulina (stets auf Konsonant endend) und die Neutra (auf *-o* oder *-e*), zur zweiten die Feminina auf *-а/-я* und zur dritten die Feminina auf palatalisierten Konsonanten oder Zischlaut (in der Schrift durch 'weiches Zeichen' ь gekennzeichnet). Die ersten beiden Klassen werden traditionell in 'harte' und 'weiche' Stämme unterteilt, doch geht es hier zum großen Teil um eine orthographische Unterscheidung (phonologisch sind die Endungen in fast allen Kasus gleich und unterscheiden sich allenfalls im Nominativ oder im Genitiv Plural). Zusätzlich gibt es noch orthographische Regeln für Stämme, die auf Zischlaut ausgehen (sie verhalten sich großenteils, aber nicht immer wie 'weiche' Stämme), und für Stämme, die auf Velare ausgehen. – In allen Deklinationsklassen gibt es sowohl Subst. mit festem Akzent als auch verschiedene Typen von Wechselakzent.

Die folgenden Beispiele für die maskuline Deklination sind (ebenso die folgenden) so ausgewählt, daß sie alle wichtigen Klassen illustrieren, aber auch die häufigsten Akzentparadigmen vertreten sind.

	'harte' Stämme				'weiche' Stämme			
	belebt		unbelebt		belebt		unbelebt	
	Sing.	Plural	Sing.	Plural	Sing.	Plural	Sing.	Plural
N.	бык	бык-и́	сад	сад-ы́	конь	кóн-и	ноль	нол-и́
G.	бык-á	бык-óв	сáд-а	сад-óв	кон-я́	кон-éй	нол-я́	нол-éй
D.	бык-ý	бык-áм	сáд-у	сад-áм	кон-ю́	кон-я́м	нол-ю́	нол-я́м
A.	= Gen.	= Gen.	= Nom.	= Nom.	= Gen.	= Gen.	= Nom.	= Nom.
I.	бык-óм	бык-áми	сáд-ом	сад-áми	кон-ём	кон-я́ми	нол-ём	нол-я́ми
P.	о бык-é	о бык-áх	о сáд-е	о сад-áх	о кон-é	о кон-я́х	о нол-é	о нол-я́х
P. II			в сад-ý					
	'Stier'		'Garten'		'Pferd'		'Null'	

Neben der regelmäßigen Deklination gibt es noch eine Reihe von Sonderfällen, beginnend mit einer Anzahl von Maskulina, die im Nom. Pl. die betonte Endung *-á* haben, die sich in den letzten Jahrzehnten ausgebreitet hat (vgl. *дом-á* 'die Häuser', *доктор-á* 'die Doktoren', *учител-я́* 'die Lehrer'), bis hin zu diversen Stammerweiterungen im Plural, die nur wenige Substantive erfassen (vgl. *лист* 'Blatt', *лúстья* /l"ist'-j-a/ 'Blätter', *сын* 'Sohn', *сын-овь-я́* 'Söhne' usw.).

Die Neutra werden ebenfalls zur I. Deklination gerechnet, da sie bis auf den Nom. (und Akk.) dieselben Endungen aufweisen wie die Maskulina. Der Fall der 'belebten' Neutra kann nahezu vernachlässigt werden, dafür sind die Neutra auf *-ие* als eigene Klasse zu nennen, weil sie z.T. besondere Endungen aufweisen:

	'harte' Stämme		'weiche' Stämme			
	Singular	Plural	Singular	Plural	Singular	Plural
Nom.	окн-о́	о́кн-а	по́л-е	пол-я́	зда́ни-е	зда́ни-я
Gen.	окн-а́	о́кон	по́л-я	пол-е́й	зда́ни-я	зда́ний
Dat.	окн-у́	о́кн-ам	по́л-ю	пол-я́м	зда́ни-ю	зда́ни-ям
Akk.	= Nom.	= Nom.	= Nom.	= Nom.	= Nom.	= Nom.
Instr.	окн-о́м	о́кн-ами	по́л-ем	пол-я́ми	зда́ни-ем	зда́ни-ями
Präp.	об окн-е́	об о́кн-ах	о по́л-е	о пол-я́х	о зда́ни-и	о зда́ни-ях
	'Fenster'		'Feld'		'Gebäude'	

Auch bei den Neutra gibt es gewisse Ausnahmen, so etwa Substantive, die den Nominativ Plural auf *-и* bilden (vgl. etwa *коле́н-и* 'die Knie'), und eine zusätzliche Deklinationsklasse von Neutra auf *-мя*, zu der nur noch zehn Substantive gehören (z.B. *вре́мя*, *вре́мени* 'Zeit'). – Fremdwörter auf *-о* nehmen zwar das Genus Neutrum an, werden aber nicht dekliniert. Der Plural von *пальто́* 'Mantel' heißt also ebenfalls *пальто́*.

Die II. Deklination umfaßt die Feminina auf *-а* und *-я* sowie Substantive, die wie Feminina dekliniert werden. Die Kategorie der Belebtheit wird hier nur im Plural relevant, während im Singular 'belebte' und 'unbelebte' Feminina die gemeinsame Akkusativendung *-у/-ю* aufweisen. Vgl. die Beispiele:

	'harte' Stämme				'weiche' Stämme			
	belebt		unbelebt		belebt		unbelebt	
	Sing.	Plural	Sing.	Plural	Sing.	Plural	Sing.	Plural
N.	жен-а́	жён-ы	ду́м-а	ду́м-ы	судь-я́	су́дь-и	земл-я́	зе́мл-и
G.	жен-ы́	жён	ду́м-ы	дум	судь-и́	суде́й	земл-и́	земе́ль
D.	жен-е́	жён-ам	ду́м-е	ду́м-ам	судь-е́	су́дь-ям	земл-е́	зе́мл-ям
A.	жен-у́	= Gen.	ду́м-у	= Nom.	судь-ю́	= Gen.	земл-ю	= Nom.
I.	жен-о́й	жён-ами	ду́м-ой	ду́м-ами	судь-ёй	су́дь-ями	земл-ёй	зе́мл-ями
P.	о жен-е́	о жён-ах	о ду́м-е	о ду́м-ах	о судь-е́	о су́дь-ях	о земл-е́	о зе́мл-ях
	'Ehefrau'		'Gedanke'		'Richter'		'Land'	

Auch zu dieser Deklination gibt es einige Sonderfälle, so beispielsweise die Feminina auf *-ия* (wie *а́рмия* 'die Armee'), die – ähnlich den Neutra auf *-ие* – teilweise andere Endungen aufweisen.

Die III. Deklinationsklasse umfaßt die Feminina auf weichen Konsonanten bzw. Zischlaut. Im Prinzip gilt auch hier die Gesetzmäßigkeit, daß im Plural zwischen 'belebten' und 'unbelebten' Subst. unterschieden wird, doch bezeichnet die überwiegende Mehrzahl der Subst. dieser Klasse Abstrakta (häufig mit dem Suffix *-ость*). Als Beispiel für ein 'belebtes' Femininum ist hier *мать* 'Mutter' gewählt, das einen unregelmäßigen Nom. (und Akk.) aufweist, ansonsten aber dem üblichen Muster folgt:

	'weiche' Stämme				auf Zischlaut	
	belebt		unbelebt		belebt	
	Sing.	Plural	Sing.	Plural	Sing.	Plural
N.	мать	ма́тер-и	кость	ко́ст-и	мышь	мы́ш-и
G.	ма́тер-и	матер-е́й	ко́ст-и	кост-е́й	мы́ш-и	мыш-е́й
D.	ма́тер-и	матер-я́м	ко́ст-и	кост-я́м	мы́ш-и	мыш-а́м
A.	= Nom.	= Gen.	= Nom.	= Nom.	= Nom.	= Nom.
I.	ма́тер-ью	матер-я́ми	ко́ст-ью	кост-я́ми	мы́ш-ью	мыш-а́ми
P.	о ма́тер-и	о матер-я́х	о ко́ст-и	о кост-я́х	о мы́ш-и	о мыш-а́х
	'Mutter'		'Knochen'		'Maus'	

Auch in dieser Deklinationsklasse gibt es einige Besonderheiten und 'Ausnahmen', so z.B. Fälle von 'flüchtigem' -o- (vgl. *вошь* 'Laus', Gen.Sg. *вш-и*), und ein einziges maskulines Subst. mit einem abweichenden Instrumental Singular (*путь* 'Weg', Instr.Sg. *путём*).

5.2. Das Adjektiv

Die Wortart der Adjektive weist im Russ. im Prinzip dieselben grammatischen Kategorien auf wie das Subst., wobei allerdings auch die im Falle des Subst. inhärenten Kategorien Genus und Belebtheit variieren können. Die Gesamtzahl der von einem Adj. zu bildenden Formen erhöht sich dadurch aber nicht, es gibt zahlreiche Zusammenfälle im Paradigma.

Eine spezifische grammatische Unterscheidung, die nur bei Adj. vorkommt, ist die Differenzierung zwischen attributiven (auch 'Langformen' genannt, LF) und prädikativen Formen ('Kurzformen', KF). Im heutigen Russ. betrifft diese Unterscheidung nur noch den Nom., in den übrigen Kasus existiert nur die 'Langform'. Die 'Kurzform', die deutlich seltener als die 'Langform' verwendet wird, steht nur als Prädikatsnomen und kann nicht von allen Adj. gebildet werden (typisch ist sie für Qualitätsadjektive). Für die Verwendung bestehen zahlreiche Restriktionen und Sonderregelungen, so gibt es beispielsweise auch Fälle, in denen eine Bedeutungsdifferenzierung der beiden Formen eingetreten ist (vgl. *сапоги́ у́зкие* 'die Stiefel sind eng' und *сапоги́ узки́* 'die Stiefel sind zu eng'). In der Umgangssprache beschränkt sich die Verwendung der Kurzformen auf einige wenige Fälle (u.a. auf *рад* 'gern', das einzige Adjektiv, zu dem es nur die Kurzform, aber keine Langform gibt).

Die Steigerung von Adj. ist im Russ. nicht besonders fest in der Grammatik verankert. So kann man zu den meisten, aber bei weitem nicht allen Adj. einen Komparativ auf *-ее, -е* oder *-ше* bilden, der undeklinierbar ist (vgl. *прия́тный* 'angenehm' – *прия́тнее*, *ста́рый* 'alt', *ста́рше* usw.), der Komparativ kann aber auch mit dem Wort *бо́лее* 'mehr' umschrieben werden (*бо́лее прия́тный*). Der Superlativ wird entweder mit Hilfe des Komparativs (*он ста́рше всех* 'er ist älter als alle' = 'er ist der älteste') oder des Adj. *са́мый* 'selbst' umschrieben (*са́мый прия́тный* 'der angenehmste'). Eine abgeleitete Form auf *-ейший/-айший* dient zusätzlich zur Bezeichnung eines hohen Grades (*прия́тнейший* 'sehr angenehm').

Zu den Possessivadjektiven: Die in anderen slavischen Sprachen häufigen Possessivadjektive auf *-ов* und *-ин* bleiben im Russ. im wesentlichen auf feststehende Verbindungen beschränkt (vgl. *Да́моклов меч* 'Damoklesschwert'). Lediglich in der Umgangssprache können Adjektive auf *-ин* neugebildet werden (aber nicht solche auf *-ов*), vgl. *Са́шина маши́на* 'Saschas Auto'. – Etwas produktiver ist hingegen bis heute die Bildung von Adjektiven zu Tieren mit Hilfe des Suffixes *-j-* und häufigem Konsonantenwechsel, vgl. *волк* 'Wolf', *во́лчий* 'wölfisch'.

Die Flexion der Adj. ist relativ einfach. Es gibt eine 'harte' und eine 'weiche' Klasse, die sich wieder im wesentlichen orthographisch unterscheiden. Zur zweiten Gruppe gehört im übrigen nur eine kleine Zahl von Adj., häufig mit den Suffixen *-ний* und *-шний*. Das Akzentverhalten ist ebenfalls einfach, Adj. sind entweder durchgehend stammbetont oder durchgehend endungsbetont (dies gilt nicht für die Kurzformen, bei denen es zu zahlreichen weiteren Komplikationen kommt). Das Paradigma läßt sich so wiedergeben:

'harte' Stämme:

	maskulin		neutral	feminin	Plural	
	belebt	unbelebt			belebt	unbelebt
Nom. LF	чи́ст-ый		чи́ст-ое	чи́ст-ая	чи́ст-ые	
Nom. KF	чист		чи́ст-о	чист-а́	чист-ы́	
Gen.	чи́ст-ого			чи́ст-ой	чи́ст-ых	
Dat.	чи́ст-ому			чи́ст-ой	чи́ст-ым	
Akk.	= Gen.	= Nom.	=Nom.	чи́ст-ую	= Gen.	= Nom.
Instr.	чи́ст-ым			чи́ст-ой	чи́ст-ыми	
Präp.	о чи́ст-ом			о чи́ст-ой	о чи́ст-ых	

'weiche' Stämme:

	maskulin		neutral	feminin	Plural	
	belebt	unbelebt			belebt	unbelebt
Nom. LF	си́н-ий		си́н-ее	си́н-яя	си́н-ие	
Gen.	си́н-его			си́н-ей	си́н-их	
Dat.	си́н-ему			си́н-ей	си́н-им	
Akk.	= Gen.	= Nom.	=Nom.	си́н-юю	= Gen.	= Nom.
Instr.	си́н-им			си́н-ей	си́н-ими	
Präp.	о си́н-ем			о си́н-ей	о си́н-их	

5.3. Die Pronomina

Unter den Pronomina sind zunächst die **Personalpronomina** zu nennen, die wie in vielen anderen Sprachen unregelmäßig dekliniert werden (z.B. *ты* 'du', Gen. *тебя́*, Dat. *тебе́*, Instr. *тобо́й*). Als Mittel des anaphorischen Bezugs auf das Subjekt des Satzes dient das reflexive Pronomen *себя́* ('sich' Gen., *себе́* Dat. usw., ohne Nom.). Die Possessivpronomina der 1. und 2. Person werden dekliniert (*мой* 'mein', *твой* 'dein', *наш* 'unser', *ваш* 'euer'), ebenso das reflexive Possessivpronomen *свой*, das sich wiederum auf das Subjekt des Satzes bezieht. Die nichtreflexiven Possessivpronomina der 3. Pers. (*его́* 'sein', *её* 'ihr', *их* 'ihr' Pl.) sind hingegen indeklinabel.

Bei den Demonstrativpronomina stehen sich Nah- und Ferndeixis gegenüber (*э́тот* 'dieser', *тот* 'jener'), ähnliche Paare gibt es auch bei den Pronominaladverbien wie *сюда́* 'hierher' gegenüber *туда́* 'dorthin'. Bemerkenswert ist allerdings die Existenz zweier Äquivalente für 'hier' (*здесь* und *тут*) und für 'jetzt' (*тепе́рь* und *сейча́с*). Die Interrogativpronomina (u.a. *кто* 'wer', *что* 'was', *кото́рый* 'welcher', *како́й* 'was für ein' usw.) und zugehörige Adverbien (*где* 'wo', *когда́* 'wann', *куда́* 'wohin' usw.) dienen teilweise auch als Relativpronomina.

Besonders reich ist das System der russ. Indefinitpronomina: Am gebräuchlichsten sind Formen wie *кто́-то* 'jemand' (eine bestimmte, aber nicht bekannte Person) und *кто́-нибудь* 'irgend jemand', daneben gibt es auch noch weitere Pronomina wie *кто́-либо*, *не́кто*, *ко́е-кто*, jeweils mit besonderen Bedeutungsnuancen. Zu den entsprechenden Reihen gehören neben Pronomina auch indefinite Adverbien (vgl. etwa temporal *когда́-то*, *когда́-нибудь*, *когда́-либо*, *не́когда*). Die negativen Pronomina und Adverbien werden mit dem Präfix *ни-* gebildet, vgl. *никто́* 'niemand', *никогда́* 'nie' usw. Spezielle negative Pronomina, die den Kern eines Satzes bilden können, werden mit dem betonten Präfix *не́-* abgeleitet, vgl. *не́где* 'es gibt keinen Ort, wo', *не́кого* 'es gibt niemanden, den' usw. (Beispiele: *Не́где спать* 'es gibt keinen Ort zum Schlafen' oder *Не́кого спроси́ть* 'es gibt niemanden, den man fragen könnte').

5.4. Die Zahlwörter

Das Russ. verfügt über ein dezimales Zahlensystem. Die Zahlen von 11 bis 19 werden mit der Präposition *на* 'auf' gebildet (*оди́ннадцать* 'elf' heißt also wörtlich 'eins auf zehn'), ab 21 durch Aneinanderreihung der Zehner- und Einerzahlen (also etwa *два́дцать четы́ре* 'vierundzwanzig', wörtlich 'zwanzig vier'). Innerhalb der Zehnerzahlen fallen die unregelmäßig gebildeten Bezeichnungen für 'vierzig' (*со́рок*, ohne Zusammenhang mit *четы́ре* 'vier') und 'neunzig' (*девяно́сто*, unklare Ableitung von *де́вять* 'neun') auf. Auch in längeren Zahlverbindungen werden immer alle Bestandteile dekliniert (die gesprochene Sprache weicht von dieser Regel allerdings häufig ab).

Die Syntax der Zahlen ist relativ kompliziert. Nur das Zahlwort *один* 'eins' stimmt in Genus und Kasus immer mit dem zugehörigen Substantiv überein (*один дом* 'ein Haus', *в одном доме* 'in einem Haus' usw.). Nach den Zahlwörtern 2 bis 4 steht, wenn das Zahlwort im Nom. oder Akk. gebraucht wird, das Subst. im Genitiv Singular (*два дома* 'zwei Häuser', *три сестры* 'drei Schwestern' usw.), für eventuelle adjektivische Attribute gelten besondere Regeln. Nach höheren Zahlwörtern (also ab 5) steht in entsprechenden Fällen der Genitiv Plural (*пять домов* 'fünf Häuser').

Die Ordinalzahlen sind faktisch Adjektive, die – zum Teil unregelmäßig – von den Kardinalzahlen abgeleitet werden, z.B. *первый* 'der erste', *девятый* 'der neunte' usw. Bei komplexen Zahlen wird jeweils nur zum letzten Glied eine Ordinalzahl gebildet (vgl. *триста сорок шестой* 'der dreihundertsechsundvierzigste'). Andere Arten von Zahlwörtern können heute nur noch von niedrigen Zahlen gebildet werden (etwa die Sammelzahlwörter *двое, трое* oder Adverbien wie *однажды* 'einmal', *дважды* 'zweimal'). Weitere Klassen von Zahlen werden umschrieben, z.B. mit der Präposition *по* 'je' (z.B. *по пять часов* 'je fünf Stunden').

5.5. Das Verbum

Die finiten Formen des russ. Verbs sind durch die grammatischen Kategorien Tempus, Modus, Diathese, Numerus sowie Person und Genus charakterisiert, außerdem gibt es als infinite Formen einen Infinitiv und verschiedene Partizipien und Adverbialpartizipien. Von einer besonderen Bedeutung für das russ. (bzw. slavische) Verb ist die Kategorie des Aspekts, bei der zwar umstritten ist, ob es sich um eine grammatische Kategorie im engen Sinne handelt, die aber dennoch für das russ. (und allgemeiner das slavische) Verb von entscheidender Bedeutung ist, da sie in verschiedener Hinsicht die Ausprägungen anderer Kategorien beeinflußt.

Die Kategorie 'Aspekt' (russ. вид) weist zwei Ausprägungen auf, den 'perfektiven' (pf.) und den 'imperfektiven' (ipf.) Aspekt (russ. совершенный bzw. несовершенный вид). Den meisten deutschen Verben entspricht nun im Russ. ein Verbpaar: dt. 'geben' stehen die russ. Verben *дать* (pf.) und *давать* (ipf.) gegenüber, dt. 'winken' die Verben *махнуть* (pf.) und *махать* (ipf.), dt. 'lesen' die Verben *прочитать* (pf.) und *читать* (ipf.), dt. 'nehmen' die Verben *взять* (pf.) und *брать* (ipf.) usw. In den meisten Fällen wird der imperfektive Aspektpartner mit Hilfe eines Suffixes (*-ать/-ять, -вать, -ывать/-ивать*) von seinem perfektiven Äquivalent abgeleitet, seltener wird das perfektive Verb durch das Suffix *-нуть* vom imperfektiven abgeleitet. Wenig zahlreich und umstritten sind die Beispiele, in denen sich das perfektive Verb vom imperfektiven durch Hinzutreten eines Präfixes unterscheidet (vgl. *про-читáть – читáть*), denn die im Russ. häufigen Präfixe verändern ansonsten meist auch die lexikalische Bedeutung (vgl. vom selben Verb *читáть* die Ableitungen *за-читáть* 'verlesen', *на-читáть* 'viel lesen', *пере-читáть* 'nochmals lesen' usw.). Nur in Einzelfällen wird der Aspektpartner wie im Falle *взять/брать* von einem anderen Stamm gebildet (man spricht von einer suppletiven Bildung).

Die traditionelle Auffassung, die sich noch in den Namen der beiden Aspekte widerspiegelt, ging davon aus, daß der perfektive Aspekt in sich abgeschlossene Handlungen bezeichne, während der imperfektive Aspekt einen Verlauf wiedergebe. Hiermit sind die Verhältnisse allerdings nur unzureichend erfaßt, da perfektive Verben oft Verläufe ohne klaren Abschluß bezeichnen (vgl. *Он там постоя́л де́сять мину́т* 'Er stand dort zehn Minuten') und imperfektive Verben u.a. wiederholte abgeschlossene Handlungen bezeichnen (vgl. *По́езд прихо́дит в семь часо́в* 'Der Zug kommt (gewöhnlich) um sieben Uhr an'). Deshalb wurde die ältere Auffassung durch die Ansicht abgelöst, nach der der imperfektive Aspekt die unmarkierte Form sei, während im markierten perfektiven Aspekt zur Verbbedeutung das Erreichen einer Grenze hinzukommt (entsprechend wird auch der Begriff der 'Terminativität', russ. преде́льность, verwendet). In diesem Sinn wird der Aspekt vor allem in der russ. Forschung betrachtet, allerdings mit deutlich unterschiedlichen Akzenten in der Frage, inwieweit der Aspekt morphologisiert ist. Manche Autoren erkennen nur die sog. 'sekundäre' Imperfektivierung mit Suffixen an (*да-ть/да-вá-ть* 'geben' oder *заво-евá-ть/заво-ёв-ыва-ть* 'erobern'), da nur hier eine reine Aspektbedeutung vorliege, andere gehen davon aus, daß zumindest in manchen Fällen das perfektivierende Präfix seine ursprüngliche Bedeutung verloren habe und nur noch den Aspekt bezeichne (etwa in *де́лать/с-де́лать* 'machen' oder *писáть /на-писáть* 'schreiben'). – In neuerer Zeit gewinnen Theorien an Einfluß, die jedem der beiden Aspekte eine spezifische Bedeutung zuordnen (vgl. Lehmann 1993, 1995). Der imperfektive Aspekt hat nach diesen Theorien die Aufgabe, nichtaktuelle Ereignisse auszudrücken.

Exkurs zum Aspekt und verwandten Erscheinungen: In der Praxis ist der zu wählende Aspekt häufig durch den Kontext vorgegeben. Beispielsweise steht nach Phasenverben, die den Beginn oder das Ende einer Handlung bezeichnen, immer der imperfektive Aspekt. Nur da, wo tatsächlich eine Wahlmöglichkeit vorliegt, spricht man von Aspektkonkurrenz. Im Russ. hat der Aspekt allerdings häufig zusätzliche Funktionen (die teilweise in anderen slavischen Sprachen fehlen). So kann der imperfektive Aspekt im Imperativ eine höfliche Aufforderung markieren (*Сади́тесь!* 'Setzen Sie sich doch!' zu ipf. *сади́ться*) gegenüber nachdrücklicherem *Ся́дьте* zu pf. *сесть*). In modalen Konstruktionen unterscheidet der Aspekt häufig zwischen Bedeutungsnuancen (so heißt etwa *Нельзя́ откры́ть* mit perfektivem Verb 'man kann nicht öffnen' und *Нельзя́ открывáть* mit imperfektivem Verb 'man darf nicht öffnen').

Von den Aspekten des russ. Verbs zu trennen sind die Aktionsarten (russ. способы действия). Während die beiden Aspekte eine unterschiedliche Betrachtung derselben Vorgänge signalisieren, geht es bei den Aktionsarten um unterschiedliche Sachverhalte, etwa bei der delimitativen Aktionsart (etwas eine Zeit lang tun, vgl. *поиграть* 'eine Zeit lang spielen') oder der ingressiven Aktionsart (Beginn einer Handlung, vgl. *заиграть* 'zu spielen anfangen').

Bei den Verben der Bewegung unterscheidet man innerhalb des imperfektiven Aspekts auch noch determinierte und indeterminierte Verben. Beispielsweise bezeichnet *идти* 'gehen' die gerichtete, determinierte Handlung, während das indeterminierte Gegenstück *ходить* sowohl die Wiederholung als auch das nichtgerichtete Gehen bezeichnet.

Das russ. Tempussystem ist eng mit dem Aspekt verwoben. Nur das Präteritum (durch das Suffix -*l*- markiert) kann von beiden Aspekten gleichermaßen gebildet werden. Das perfektive Präsens hat hingegen fast immer futurische Bedeutung, entsprechend bilden nur imperfektive Verben das umschriebene Futur mit dem Hilfsverb *буду* 'ich werde sein' und dem Infinitiv, vgl. *буду читать* 'ich werde lesen'.

Das russ. Verb weist drei Modi auf, neben dem Indikativ den Konditional, der durch Hinzufügung von *бы* zum Präteritum gebildet wird (*он пришёл бы* 'er käme'), und den Imperativ, der allerdings nur für die 2. Pers. Sing. und Plural eine eigene Form aufweist. Die 1. Pers. Plural wird aus dem Präsens übernommen (*пойдём* 'laßt uns gehen'), teilweise aber durch ein Suffix erweitert (*пойдёмте*).

Auch das System der Diathese (Aktiv vs. Passiv, russ. залог) steht in engem Zusammenhang mit dem Aspekt: Die perfektiven Verben bilden das Passiv mit Hilfe eines Partizips (*дом был построен* 'das Haus wurde gebaut' – *построить*, pf.), während bei imperfektiven Verben das mit dem Postfix -*ся* gebildete Reflexivum das Passiv ersetzt (*дом строится* 'das Haus wird gebaut' – *строиться*, ipf.). Wegen möglicher Kollisionen mit der reflexiven Bedeutung ist die Bildung des Passivs häufig blockiert (vgl. etwa *ребёнок моется* 'das Kind wäscht sich', nicht 'das Kind wird gewaschen'). An seine Stelle treten dann oft unpersönliche Konstruktionen (s.u.).

Das Russ. besitzt insgesamt vier Partizipien (russ. *причастие*), die aber nicht frei von allen Verben gebildet werden können (auch hier spielt der Aspekt eine wichtige Rolle). Das Partizip Präteritum Passiv, das, wie erwähnt, zur Bildung des Passivs perfektiver Verben verwendet wird, kann im Prinzip von allen perfektiven Verben abgeleitet werden (z.B. *прочитанный* 'gelesen', zu *прочитать*) und kommt auch in der gesprochenen Sprache vor. Auf die geschriebene Sprache beschränkt sind das Partizip Präsens Aktiv (nur von imperfektiven Verben: *читающий* 'lesend') und das Partizip Präteritum Aktiv (vorwiegend von perfektiven Verben: *прочитавший* 'gelesen habend'). Nur eingeschränkt gebildet wird das Partizip Präsens Passiv (nur von imperfektiven Verben: *читаемый* 'gelesen werdend'). Alle Partizipien werden wie Adjektive dekliniert.

Den Gerundien westlicher Sprachen entsprechen die Formen, die in der russ. Tradition **Adverbialpartizipien** (russ. деепричáстие) genannt werden. Diese unveränderlichen Formen dienen zur Verkürzung eines Nebensatzes mit gleichem Subjekt (*Прочитáв газéту, он вернýлся домóй* 'Die Zeitung durchgelesen habend, kehrte er nach Hause zurück' oder *Шел размáхивая рукáми* 'Er ging, mit den Armen gestikulierend'). Sie sind vor allem für die geschriebene Sprache typisch und drücken Gleichzeitigkeit (Adverbialpartizip des Präsens) bzw. Vorzeitigkeit (Adverbialpartizip des Präteritum) aus.

In formaler Hinsicht ist das russ. Verb durch das Nebeneinander zweier Stämme, des Präsens- und des Infinitivstammes, gekennzeichnet. Vom Präsensstamm werden das Präsens, der Imperativ, das Partizip Präsens Aktiv und Passiv sowie das Adverbialpartizip des Präsens gebildet, vom Infinitivstamm alle übrigen Formen. Die Formen des Präsens und des Imperativs werden dabei nach Person und Numerus unterschieden, die des Präteritums nach Genus und Numerus (hier ist erkennbar, daß das heutige Präteritum historisch auf ein Partizip mit adjektivischen Eigenschaften zurückgeht).

In der russ. Tradition unterscheidet man zwei Konjugationen, je nachdem ob im Präsens zwischen Stamm und Endung der Themavokal *-e-* oder *-i-* tritt. Je nach der Beschaffenheit des Infinitivstamms unterscheidet man innerhalb der beiden Konjugationen noch eine größere Anzahl von Verbklassen, sowie einige wenige unregelmäßige Verben, die außerhalb der Klassen stehen, u.a. *дать* 'geben' (pf.), *есть* 'essen' und *быть* 'sein' (vgl. auch den Abschnitt über Syntax zu den Besonderheiten dieses Verbs, das u.a. kein Präsensparadigma aufweist). Wie viele Klassen konkret angesetzt werden, ist theorieabhängig – die Akademiegrammatik von 1980 unterscheidet beispielsweise zehn Klassen (davon gehören neun zur I., der *e*-Konjugation, und eine zur II., der *i*-Konjugation).

Es folgen die Konjugation von *читáть* ('lesen': Infinitivstamm /č'it'a-/, Präsensstamm /č'itáj-/, *e*-Konjugation) und *стрóить* ('bauen': Infinitivst. /str'oi-/, Präsensst. /str'oj-/, *i*-Konjugation) und ihrer perfekt. Aspektpartner *прочитáть* und *пострóить* :

Präsensstamm:

	imperfektiv			
	Präsens	Imperativ	Futur	
1. Sg.	читáю		бýду читáть	Part.Präs.Aktiv
2. Sg.	читáешь	читáй	бýдешь читáть	читáющий
3. Sg.	читáет		бýдет читáть	Part.Präs.Pass.
1. Pl.	читáем		бýдем читáть	читáемый
2. Pl.	читáете	читáйте	бýдете читáть	Adv.part. Präs.
3. Pl.	читáют		бýдут читáть	читáя

78   Das Russische

	perfektiv	
	Futur	Imperativ
1. Sg.	прочита́ю	
2. Sg.	прочита́ешь	прочита́й
3. Sg.	прочита́ет	
1. Pl.	прочита́ем	
2. Pl.	прочита́ете	прочита́йте
3. Pl.	прочита́ют	

Infinitivstamm:

	imperfektiv		perfektiv		
	Präteritum		Präteritum		
Sg.m.	чита́л	Adv.part.Prät.	прочита́л	Part.Prät.Aktiv	Adv.part. Prät.
Sg.f.	чита́ла	чита́в	прочита́ла	прочита́вший	прочита́в
Sg.n.	чита́ло	Infinitiv	прочита́ло	Part.Prät.Pass.	Infinitiv
Pl.	чита́ли	чита́ть	прочита́ли	прочи́танный	прочита́ть

Präsensstamm:

	imperfektiv			
	Präsens	Imperativ	Futur	
1. Sg.	стро́ю		бу́ду стро́ить	Part.Präs.Aktiv
2. Sg.	стро́ишь	строй	бу́дешь стро́ить	стро́ящий
3. Sg.	стро́ит		бу́дет стро́ить	Part.Präs.Pass.
1. Pl.	стро́им		бу́дем стро́ить	стро́имый
2. Pl.	стро́ите	стро́йте	бу́дете стро́ить	Adv.part. Prs.
3. Pl.	стро́ят		бу́дут стро́ить	стро́я

	perfektiv	
	Futur	Imperativ
1. Sg.	постро́ю	
2. Sg.	постро́ишь	постро́й
3. Sg.	постро́ит	
1. Pl.	постро́им	
2. Pl.	постро́ите	постро́йте
3. Pl.	постро́ят	

Infinitivstamm:

	imperfektiv		perfektiv		
	Präteritum		Präteritum		
Sg.m.	стро́ил	Adv.part.Prät.	постро́ил	Part.Prät.Aktiv	Adv.part. Prät.
Sg.f.	стро́ила	стро́ив	постро́ила	постро́ивший	постро́ив
Sg.n.	стро́ило	Infinitiv	постро́ило	Part.Prät.Pass.	Infinitiv
Pl.	стро́или	стро́ить	постро́или	постро́енный	постро́ить

5.6. Unflektierbare Wortarten

Unter den unflektierbaren Wortarten sind zunächst die **Adverbien** zu nennen. Neben den bereits erwähnten Pronominaladverbien und

Adverbien, die von Zahlwörtern abgeleitet sind, gibt es denominale Adverbien wie *вéчером* 'abends' (entstanden aus dem Instr.Sg. von *вéчер* 'Abend'). Die größte Gruppe bilden die von Adjektiven abgeleiteten Adverbien; in der Regel dient die neutrale Kurzform als Adverb (z.B. *мéдленно* 'langsam'), es gibt aber auch Bildungen wie *по-рýсски* 'auf Russisch'. Die unveränderliche Form des Komparativs dient ebenfalls als Adverb (z.B. *мéдленнее* 'langsamer').

Spezifisch für das Russ. ist die Gruppe der sog. Prädikativa (russ. категóрия состоя́ния), unveränderliche Ausdrücke, die die Funktion eines Prädikats übernehmen können (vgl. die Beispiele *нельзя́* 'man kann/darf nicht', *жаль* 'es tut leid' usw.). Mit Hilfe des Verbs *быть* 'sein' können auch die grammatischen Kategorien des Tempus und Modus ausgedrückt werden: *бы́ло жаль* 'es tat leid', *бýдет жаль* 'es wird leid tun', *бы́ло бы жаль* 'es würde leid tun'.

Neben einer größeren Anzahl ursprünglicher Präpositionen (russ. предлóги) wie etwa *в* 'in', *на* 'an, auf', *пéред* 'vor', *над* 'über', *чéрез* 'über, durch' usw. gibt es auch eine Reihe neugebildeter, die aus Adverbialpartizipien (z.B. *благодаря́* 'dank') oder aus festen Verbindungen (z.B. *в течéние* 'im Verlauf von, während') entstanden sind. Noch charakteristischer ist diese Erscheinung für die Konjunktionen (russ. сою́зы): Bei den meisten von ihnen ist noch erkennbar, wie sie aus pronominalen Elementen oder anderen Wortarten entstanden sind, vgl. *потомý что* 'weil' (wörtlich 'deswegen daß') oder *хотя́* 'obwohl' (ursprünglich Adverbialpartizip zu *хотéть* 'wollen'). Ursprüngliche Konjunktionen sind vor allem parataktische (beiordnende) Konjunktionen wie *и* 'und', *а* bzw. *но* 'aber', *или* 'oder', aber auch einige hypotaktische (unterordnende) wie *ли* 'ob', *что* 'daß', *чтóбы* 'damit', *прéжде чем* 'bevor'.

Das Russ. ist sehr reich an Partikeln (russ. части́цы). Nach einer gängigen, wenn auch nicht unumstrittenen Definition handelt es sich hier um Wörter, die die Haltung des Sprechers zu dem in einem Satz wiedergegebenen Sachverhalt beschreiben, ohne den Sachverhalt selbst zu verändern. Vgl. Fälle wie *Ведь ты знáешь егó* 'du kennst ihn doch' und *Ты знáешь егó* 'du kennst ihn'. Beispiele für andere Partikeln sind Frageparktikeln wie *рáзве* 'wohl', *что ли* 'etwa', oder die 'erinnernde' Partikel *-то*. Von den Partikeln zu unterscheiden sind Modalwörter (russ. модáльные словá), die als Einschub fungieren, wie etwa *несомнéнно* 'zweifellos', und Satzwörter, die als unabhängige Äußerungen verwendet werden können, wie etwa *спаси́бо* 'danke' oder *да* 'ja'.

Wie in anderen Sprachen gibt es im Russ. schließlich auch noch eine Reihe von Interjektionen (russ. междомéтия) wie *увы́* 'oh weh', *агá* 'aha' u.a. Sie enthalten zum Teil Laute, die sonst im Russ. nicht belegt sind, wie etwa die meist als *угу* wiedergegebene deutsche Lautfolge [*mhm*].

6. Derivationsmorphologie

Die Ableitung von Lexemen kann im Russ. durch eine Vielzahl von Verfahren erfolgen. Wie oben bereits ausgeführt, kann die Struktur komplexer Lexeme mit Hilfe der Morphemanalyse oder aber durch die Darstellung von Ableitungsbeziehungen untersucht werden. Im weiteren soll hier das zweite Verfahren gewählt werden, weil es eine umfassendere Charakterisierung aller Phänomene ermöglicht.

Am stärksten vertreten ist die Ableitung mit Hilfe von Affixen, d.h. Morphemen, die an die Wurzel bzw. den aus der Wurzel und einem stammbildenden Element bestehenden Stamm treten. Für Substantive und Adjektive ist vor allem die Ableitung mit Suffixen, die Wurzel bzw. Stamm folgen, charakteristisch, vgl. etwa die Bildung von Diminutiva wie *сын-о́к* 'Söhnchen' zu *сын* 'Sohn' oder von Substantiven, die eine handelnde Person bezeichnen, wie *учи́-тель* 'Lehrer' zu *учи́ть* 'lehren'. Beispiele für suffigierte Adjektive sind u.a. Beziehungsadjektive wie *кни́ж-н-ый* 'Buch-' zu *кни́га* 'Buch' oder *выход-н-о́й* 'Ausgangs-' zu *выходи́ть* 'hinausgehen'. Seltener vertreten ist die Bildung mit Präfixen, die vor die Wurzel treten, wie in *пра́-родина* 'Urheimat' oder *раз-весёлый* 'sehr lustig' oder mit sog. Zirkumfixen wie in *без-во́д-ь-е* 'Wasserlosigkeit' (zu *вода́* 'Wasser'). Die Affigierung kann von konsonantischen oder vokalischen Alternationen begleitet sein (wie in *кни́ж-н-ый*). Durch Amalgamierung mehrerer Affixe entstehen oft Komplexe, deren Aufgliederung umstritten ist, vgl. etwa das Suffix *-ниц-а* in *учи́тель-ниц-а* 'Lehrerin', das offenkundig aus *-н-иц-а* entstanden ist, aber synchron wohl als Einheit angesehen werden muß.

Die Bildung von Verben erfolgt demgegenüber vor allem durch Präfigierung (vgl. etwa *в-нести́* 'hineintragen' und *при-нести́* 'bringen' zu *нести́* 'tragen') und nur in bestimmten Fällen durch Suffigierung. Das zweite Verfahren ist vor allem der Imperfektivierung vorbehalten (vgl. die Angaben über den Aspekt in Abschnitt 5.5.), es gibt aber auch andere Fälle wie das (perfektivierende) Suffix *-нуть* (vgl. *крик-ну-ть* 'einmal schreien' zu *крича́ть* 'schreien') oder das denominale Suffix *-ствовать* (vgl. *филосо́ф-ствовать* 'philosophieren').

In manchen Fällen spricht man traditionell von einem Nullsuffix, nämlich dann, wenn ein Wort die Wortart wechselt, ohne daß ein Affix angefügt wird, vgl. *синь* 'Bläue' zu *си́н-ий* 'blau'. In solchen Beispielen kann auch allein eine Alternation zum Ausdruck der Ableitungsbeziehung dienen, wie etwa in *жёлчь* 'Galle' (zu *жёлтый* 'gelb').

Die im Deutschen so häufige Komposition, d.h. die Zusammensetzung zweier (durch ein 'Interfix' getrennter) Wörter, ist im Russischen belegt, wenn auch nicht ganz so häufig, vgl. Wörter wie *пар-о-хо́д* 'Dampfer' (aus *па́р* 'Dampf' und *ходи́ть* 'gehen'), *земл-е-тря-*

сéние 'Erdbeben' (zu *земля́* 'Erde' und *трясéние* 'Erschütterung'). Im Russ. fällt dabei auf, daß Komposita vor allem für die Fachsprache typisch sind (oft Lehnübersetzungen oder Entlehnungen aus dem Kirchenslavischen) und daß manche Typen fast gänzlich fehlen. Unter anderem gibt es kaum Zusammensetzungen zweier Substantive (eines der wenigen Beispiele ist *лес-о-стéпь* 'Waldsteppe').

Eine ähnliche Rolle wie die Komposition bildet das Verfahren der Abkürzung, das sich vor allem dadurch unterscheidet, daß die Ausgangswörter nicht mehr klar erkennbar sind. Vor allem nach der Revolution von 1917 sind zahlreiche Abkürzungen im Russ. gebildet worden. Man unterscheidet hier zwischen Akronymen, die aus den Anfangsbuchstaben einer Wortgruppe gebildet sind (z.B. *МГУ* = *Моско́вский госуда́рственный университе́т* 'Moskauer Staatsuniversität'), den Silbenabkürzungen (z.B. *ком-со-мо́л* = *Коммунисти́ческий сою́з молодёжи* 'Kommunistischer Jugendverband') und den Stummelkomposita, in denen nur das Vorderglied abgekürzt ist (z. B. *зав-ка́федрой* = *заве́дующий ка́федрой* 'Leiter des Lehrstuhls'). Gerade die Stummelkomposita füllen häufig die Lücke, die dadurch entsteht, daß nur schwer zwei Substantive kombiniert werden können (vgl. deshalb Bildung wie *мед-сестра́* 'Krankenschwester', *стен-газе́та* 'Wandzeitung', *сбер-кни́жка* 'Sparbuch' usw.).

Ebenfalls die Rolle von Komposita kann die Zusammenrückung von Substantiven übernehmen. Hierzu gehören Bildungen wie *студе́нт-иностра́нец* 'ausländischer Student' oder *го́род-геро́й* 'Heldenstadt'. In der Regel werden beide Bestandteile dekliniert, nur bei verschiedenem Genus besteht in der Umgangssprache eine Tendenz, den ersten Bestandteil undekliniert zu lassen (dies gilt etwa für *плащ-пала́тка* 'Zeltbahn, die als Umhang und als Einmannzelt verwendet wird', bestehend aus dem Maskulinum *плащ* 'Mantel' und dem Femininum *пала́тка* 'Zelt').

An letzter Stelle seien noch syntaktische und semantische Verfahren der Wortbildung erwähnt. Zu den syntaktischen Verfahren zählt die Substantivierung wie in *столо́вая* 'Mensa' zum Adjektiv *столо́вый* 'Tisch-' oder *контро́льная* 'Klausur', verkürzt aus *контро́льная рабо́та* 'Kontrollarbeit'. Semantische Verfahren umfassen u.a. metaphorische Bildungen wie *ру́чка* 'Füller' (abgeleitet von *ру́чка* 'kleine Hand'), denen ein Vergleich zugrunde liegt, und metonymische Bildungen wie *стака́н* 'Glas (als Maß)' (von *стака́н* 'Glas (als Gefäß)'), bei denen ein sachlicher Zusammenhang zwischen dem Ausgangswort und dem von ihm abgeleiteten besteht.

7. Syntax

Die Untersuchung der russ. Syntax hat eine lange Tradition. Zur Beschreibung einfacher und komplexer Sätze, aber auch von Wortfügungen (словосочетáния), denen die russ. Forschung eine besondere Bedeutung beimißt, wurden zahlreiche eigene Modelle entwickelt, andere nahmen auch Ansätze aus der westlichen Forschung auf. Neben der Konzeption der Akademiegrammatik von 1980, in dem den Wortfügungen und den Satzmodellen eine große Bedeutung zukommt, dominieren in der Russistik vor allem die Konzeptionen einer Dependenzsyntax (Apresjan, Mel'čuk) und der 'funktionalen Syntax' (Zolotova). Die generative Transformationsgrammatik hat in Rußland wenige Anhänger gefunden, wird aber von einer Reihe ausländischer Forscher auf das Russ. angewandt (Adamec, Růžička). Im folgenden soll versucht werden, einige für das Russ. charakteristische syntaktische Phänomene darzustellen, ohne detailliert auf einzelne syntaktische Theorien einzugehen.

Im Bereich des **einfachen Satzes** ist vor allem zu vermerken, daß im Russ. eine größere Zahl von Satzmodellen nebeneinander steht, unter denen das Modell von Subjekt im Nominativ und Prädikat mit finitem Verb (sowie gegebenenfalls Erweiterungen) nur eine Möglichkeit neben anderen darstellt. 'Subjektlose' Sätze, in denen kein Substantiv im Nominativ und eine eventuell beteiligte Person im Dativ steht, sind relativ häufig: Vgl. etwa Fälle wie *Мне не спи́тся* 'Ich kann nicht schlafen', wörtl. 'Es schläft sich mir nicht', *Мне на́до уйти́* 'Ich muß weggehen', wörtl. 'Es ist mir nötig wegzugehen' und *Мне не́где спать* 'Ich habe keinen Ort zum Schlafen', wörtl. 'Mir ist nirgendwo zum Schlafen'. Die Position des Prädikats können nicht nur Verben ausfüllen, sondern auch Prädikativa (vgl. dazu Abschnitt 5.6), aber auch Substantive, vgl. etwa *Тишина́* 'Es ist still', wörtl. 'Stille'. In den beiden letztgenannten Fällen tritt im Präteritum und Futur ein Form des Verbs *быть* 'sein' hinzu, also etwa *Была́ тишина́* 'Es war still' und *Бу́дет тишина́* 'Es wird still sein'.

Sätze, die im Deutschen mit den Verben 'sein' und 'haben' konstruiert werden, werden im Russ. in besonderer Weise konstruiert. Das Verb *быть* 'sein' fällt im Präsens gänzlich weg, so daß Sätze entstehen, die scheinbar kein Verb enthalten. Vgl. etwa *Я – студе́нт* 'Ich bin Student', wörtl. 'Ich – Student' oder *Ребёнок послу́шен* 'Das Kind ist brav', wörtl. 'Das Kind – brav'. Wo der Kontext dies erforderlich macht, können andere Verben an die Stelle von *быть* treten, vor allem das schriftsprachliche *явля́ться* 'erscheinen als, sein'. Im Präteritum und Futur stehen die normalen Formen von *быть*, also z.B. *Я был студе́нтом* 'Ich war Student' (hier mit der Ergänzung im Instrumental), *Ребёнок бу́дет послу́шен* 'Das Kind wird brav sein'. – In Existenzsätzen entspricht dem deutschen 'es gibt' im Präsens meist wiederum kein Verb, vgl. *В Москве́ мно́го музе́ев* 'In Moskau gibt es viele Museen', wenn die Existenz betont werden soll, wird jedoch *есть*, eine spezielle Form von *быть*, verwendet, z.B. in dem Satz *Де́ньги есть!* 'Es ist Geld da!' Wird die Existenz verneint, so steht die spezielle Form *нет*, bei der das Subjekt in den Genitiv tritt, also z.B. *В этом городе нет музея* 'In dieser Stadt gibt es kein Museum' oder *Нет денег* 'Es gibt kein Geld'. In anderen Tempora stehen wieder Formen von *быть* (z.B. *Не было денег* 'Es gab kein Geld'). Das deutsche Verb 'haben' wird im Russ. fast immer durch eine spezielle Konstruktion umschrieben, die man ungefähr mit 'bei X ist Y' umschreiben kann. 'Ich habe ein Haus' heißt dementsprechend *У меня дом* (wörtl. 'Bei mir ein Haus'), analog dem oben Gesagten heißt dann *У меня нет дома* 'Ich habe kein Haus' usw. Das Verb *иметь* 'haben' wird nur in wenigen, speziellen Kontexten verwendet, vor allem in phraseologischen Verbindungen. Vgl. *Это не имеет значения* 'Das hat keine Bedeutung'.

Zum Gebrauch der einzelnen Kasus sei noch darauf hingewiesen, daß der Genitiv im Russ. wesentlich mehr Funktionen hat als etwa im Deutschen. Eine Reihe von Verben regiert den Gen. (z.B. *бояться* 'sich fürchten'), in verneinten Sätzen steht unter bestimmten Bedingungen statt des Akk. ebenfalls der Gen. (z.B. *Он не понимает этой проблемы* 'Er versteht dieses Problem nicht'). Wenn in einem verneinten Satz die Existenz des Subjekts bestritten werden soll, kann auch dieses in den Gen. gesetzt werden (wie in den bereits erwähnten negativen Existenzsätzen, vgl. *Птиц не прилетело* 'Es kamen keine Vögel geflogen').

Im Bereich des komplexen Satzes weist das Russ. keine Besonderheiten auf, von der bereits erwähnten Tatsache abgesehen, daß viele Konjunktionen relativ jung sind und noch ihre etymologische Herkunft verraten. Bemerkenswert erscheint allerdings, daß vor allem die geschriebenen Formen des Russ. in viel stärkerem Umfang als etwa das Deutsche zu Konstruktionen der Satzverkürzung neigen. Hierzu zählen Infinitivkonstruktionen, Partizipialkonstruktionen, die sog. Adverbialpartizipien (die den Gerundien westlicher Sprachen entsprechen) und eine starke Tendenz zum Nominalstil. So werden beispielsweise deutsche Finalsätze bei Subjektsgleichheit von Haupt- und Nebensatz mit *чтобы* + Infinitiv übersetzt (vgl. *Тороплюсь, чтобы успеть на поезд* 'Ich beeile mich, um rechtzeitig an den Zug zu kommen'), ebenfalls bei Subjektsgleichheit können Gerundialkonstruktionen viele Typen von Nebensätzen ersetzen (vgl. z.B. *Окончив университет, он уехал за границу* 'Nachdem er die Universität beendet hatte, fuhr er ins Ausland', *Он вошёл в комнату, не замечая меня* 'Er kam ins Zimmer, ohne mich zu bemerken' usw.).

Die Wortstellung ist im Russ. freier als im Deutschen oder Englischen. In der Regel richtet sie sich aber nach den Prinzipien der sog. Thema-Rhema-Gliederung, was bedeutet, daß dasjenige, worüber etwas ausgesagt wird (sog. Thema), vor dem steht, was darüber ausgesagt wird (sog. Rhema). Teilweise können durch die Wortstellung auch Bedeutungen unterschieden werden, etwa solche, die im Deutschen durch den (im Russ. nicht vorhandenen) Artikel ausgedrückt werden. So unterscheiden sich beispielsweise Sätze wie *Вошла́ де́вочка* 'Ein Mädchen kam herein' und *Де́вочка вошла́* 'Das Mädchen kam herein'.

Für das Russ. ist charakteristisch, daß sprachliche Bedeutungen häufig durch das Fehlen einer Einheit bezeichnet werden. Man spricht hier von Nullen bzw. Ellipsen (der zweite Terminus ist für Fälle reserviert, in denen das fehlende Element rekonstruiert werden kann). Oben wurde bereits auf die Weglassung des Verbs *быть* 'sein' im Präsens verwiesen, weitere bedeutungstragende Weglassungen sind etwa die 3. Pers. Pl. ohne Pronomen für dt. 'man' (z.B. *говоря́т* 'man sagt') oder die 3. Pers. Sg. ohne Pronomen für Natureignisse (z.B. *Занесло́ доро́гу*, wörtl. 'Es hat den Weg verweht'). Auch andere Verben als *быть* können in einigen Kontexten getilgt werden, vgl. z.B. *Что вы об э́том?* 'Was [sagen] Sie dazu?'

In der gesprochenen Sprache und – daraus übernommen – in manchen geschriebenen Texten (vor allem literarischen) kommt es zu weiteren Ellipsen. So kann das (in der geschriebenen Sprache fast obligatorische) Personalpronomen als Subjekt oder auch als Objekt getilgt werden. Vgl. etwa folgendes Beispiel aus einem Roman: *На сле́дующее у́тро её разбуди́л телефо́нный звоно́к Архите́ктора. Сего́дня закры́тый просмо́тр, пусть не приезжа́ет, а ждёт его́ звонка́.* 'Am folgenden Morgen weckte sie ein Anruf des Architekten. Heute [ist] eine geschlossene Besichtigung, [sie] soll nicht kommen, sondern [sie] soll auf seinen Anruf warten.'

Für die gesprochene Sprache sind schließlich eine Reihe von Konstruktionen typisch, die von vertrauten Mustern noch weiter abweichen. Erwähnt sei die Voranziehung eines betonten Subst. im Nom. (der sog. Nominativ des Themas), unabhängig davon, welche Position es im Satz besetzt (vgl. etwa *Гла́вный вокза́л – как пройти́?* 'Wie kommt man zum Hauptbahnhof?', wörtl. 'Hauptbahnhof – wie hinkommen?'), und die Integrierung einer prädikativen Einheit in eine andere in Beispielen wie *Му́сор убира́ет не приходи́ла?* ('Ist die, die den Abfall wegbringt, nicht gekommen?', wörtl. 'Sie bringt den Abfall weg, ist nicht gekommen?'). Viele Abweichungen gibt es auch in der Wortstellung, bis hin zur Nachstellung der Konjunktion. Vgl. *Что, хо́лодно ста́ло? – Да, ве́тер потому́ что.* 'Was, ist es kalt geworden? – Ja, weil Wind ist', wörtl. 'Ja, Wind weil'.

8. Wortschatz

Der russ. Wortschatz ist in erster Linie durch einheimische ostslavische Lexeme gekennzeichnet, entlehnte Wörter spielen aber durchaus eine wichtige Rolle, vor allem weil es im russ. Sprachraum nur wenige puristische, gegen Fremdwörter gerichtete Bewegungen gegeben hat.

Eine zentrale Rolle spielen die sog. Kirchenslavismen, d.h. Elemente, die ursprünglich aus dem im südslavischen Bereich beheimateten Altkirchenslavischen stammen, dann aber in der sog. russischen Redaktion des Kirchenslavischen an das russ. Lautsystem angepaßt wurden. Trotz dieser Anpassung unterscheiden sich die Kirchenslavismen in mancherlei Hinsicht von echt russ. Wörtern. Erwähnt seien hier nur folgende Merkmale: Verwendung der Lautverbindungen *жд* und *щ* (vgl. *надéжда* 'Hoffnung', aber echt russ. *надёжный* 'zuverlässig'), Aussprache des betonten *e* als *e* und nicht als *o* (vgl. *нéбо* 'Himmel', aber echt russ. *нёбо* 'Gaumen'), Ersetzung der Lautverbindungen *-оло-* durch *-ла-*, *-ере-* durch *-ре-* usw. (vgl. echt russ. *гóлос* 'Stimme', aber ksl. *глас* 'Kirchengesang', echt russ. *бéрег* 'Ufer', aber *безбрéжный* 'uferlos'). – Aus historischen Gründen (vgl. Abschnitt 10) sind solche Kirchenslavismen für den religiösen und allgemeiner den abstrakten Wortschatz charakteristisch, z.T. gibt es auch Dubletten (z.B. ksl. *одéжда* 'Kleidung', umgangssprachlich *одёжа*).

Zum russ. Grundwortschatz gehört eine Reihe recht alter Entlehnungen aus dem Germanischen (z.B. *князь* 'Fürst' zu germ. **kuningaz*, *цéрковь* 'Kirche' zu germ. **kirkūn*) und Skandinavischen, eine relativ große Anzahl von Turzismen, d.h. Entlehnungen aus Turksprachen (vgl. *арбýз* 'Melone', *чемодáн* 'Koffer', *карандáш* 'Bleistift'), und eine Reihe von Entlehnungen aus dem Griechischen (so z.B. die Monatsnamen). Die Entlehnungen aus den finno-ugrischen und baltischen Sprachen sind demgegenüber erstaunlich gering. Das Polnische ist vor allem als Vermittler deutscher Lehnwörter relevant (z.B. *рыцарь* 'Ritter' über poln. *rycerz*, *прóтивень* 'Bratpfanne' über poln. *brytwana*).

In neuerer Zeit, d.h. ab der Westöffnung Peters des Großen, sind verschiedene Wellen von Fremdwörtern aufeinander gefolgt. Für das erste Viertel des 18. Jh. sind viele Entlehnungen aus dem Holländischen charakteristisch, vor allem im Bereich der Seefahrt (vgl. *шлю́пка* 'Schaluppe', *кок* 'Schiffskoch', *штýрман* 'Steuermann'), aber auch darüber hinaus (z.B. *апельсúн* 'Orange'). Im 18. und 19. Jh. sind ferner zahlreiche deutsche Wörter in das Russ. entlehnt worden (vgl. *абзáц* 'Absatz', *бутербрóд* 'belegtes Brot', *гáубица* 'Haubitze'), ab dem 19. Jh. viele französische (vgl. *багáж* 'Gepäck', *райóн* 'Verwaltungsbezirk', *пальтó* 'Mantel'). Das Englische hat – von einigen Ausnahmen wie *бульдóг* 'Buldogge' abgesehen – erst im 20. Jh. an Bedeutung gewonnen, ist aber vor allem seit den gesellschaftlichen Veränderungen der achtziger Jahre heute die Hauptquelle von Fremdwörtern (vgl. neue Entlehnungen wie *брóкер*, *мáркетинг*, *аутсáйдер*, *бúзнес*).

9. Zur funktionalen, sozialen und territorialen Schichtung des Russischen

Die russ. Forschung unterscheidet mehrere **Funktionalstile**, darunter den wissenschaftlichen Stil (научный стиль), den künstlerischen Stil (художественный стиль), den Sachstil (деловой стиль) u.a. Gewöhnlich wird auch die literatursprachliche 'Umgangssprache' (разговорная речь) als ein solcher Funktionalstil angesehen, den die Träger der Standardsprache im informellen mündlichen Gebrauch verwenden. Für jeden dieser Funktionalstile sind gewisse Ausdrucksmittel typisch, andere werden vermieden. Die Umgangssprache im hier beschriebenen Sinne ist vor allem durch phonetische und syntaktische Züge sowie das seltene Auftreten bestimmter grammatischer Kategorien (u.a. Partizipien, Passiv, Kurzformen der Adjektive) charakterisiert, weniger im Bereich der Wortbildung und des Wortschatzes und nur vereinzelt im Flexionssystem. Seit den sechziger Jahren ist die разговорная речь intensiv erforscht worden, eine Reihe von Darstellungen befaßt sich mit ihren Charakteristika (Zemskaja et al., Lehfeldt 1991).

Wie in der Einleitung erwähnt, wird die Sprache derjenigen städtischen Bevölkerungsschichten, die die russ. Standardsprache nicht hinreichend beherrschen, als просторечие bezeichnet. Das просторечие ist nach gängiger Auffassung – anders als die разговорная речь – kein geschlossenes System, sondern durch ein Nebeneinander verschiedener, meist aus Dialekten stammender Elemente gekennzeichnet. Der Forschungsstand ist bei weitem nicht so gut wie bei der разговорная речь, ja es besteht zum Teil auch noch Uneinigkeit, was genau als просторечие aufzufassen sei.

Neben dem просторечие zählen zum Substandard auch noch zahlreiche Sondersprachen, die in der russ. Tradition häufig als **soziale Dialekte** bezeichnet werden. Hierher zählen Berufssprachen und insbesondere auch die Geheimsprachen von Kriminellen (воровской жаргон, auch unter der Bezeichnung блатная музыка 'Gaunersprache' bekannt). Ein sowjetisches Spezifikum ist die Sondersprache der Insassen von Straflagern (лагерный жаргон), aus der viele Elemente in die allgemeine Umgangssprache eingegangen sind. Die früher weitverbreiteten Geheimsprachen von Händlern wie die sog. феня (auch офенский язык) spielen heute kaum noch eine Rolle. Ebenfalls zu den sozialen Dialekten gehören Gruppensprachen wie der Jugendslang, der jedoch wegen seines spielerischen Charakters stärkeren Veränderungen unterworfen ist als die Berufssprachen. Weit verbreitet ist der sog. мат, eine Obszönsprache, die mit sehr wenigen Wörtern auskommt.

Die klassischen Dialekte, oft als **territoriale Dialekte** bezeichnet, spielen in Rußland heute eine eher untergeordnete Rolle. Traditionell unterscheidet man eine nordruss. und eine südruss. Dialektgruppe mit einem Übergangsgebiet, in dem u.a. Moskau liegt. Die nordruss. Dialekte sind sprachlich eher konservativ; u.a. herrscht in ihnen das 'okan'e' vor (d.h. *a* und *o* werden in unbetonten Silben unterschieden), Endvokale, die ansonsten ausgefallen sind, sind z.T. erhalten (z.B. Infinitiv auf -*mu*), und das morphologische System enthält einige Archaismen. Zu den wenigen Neuerungen gehört der Zusammenfall von Dativ und Instrumental im Plural. Die südruss. Dialekte sind hingegen durch zahlreiche Neuerungen charakterisiert: wir finden hier verschiedenste Typen von 'akan'e' und 'jakan'e' (Aussprache des unbetonten *e* wie *ja,* gegenüber dem beispielsweise für die Standardsprache typischen 'ikan'e'), die Aussprache von *г* als Reibelaut und Ausgleichserscheinungen in der Morphologie. Die Übergangszone, die traditionell als 'Mittelruss.' bezeichnet wird, hat nur wenige gemeinsame Merkmale. Manches weist darauf hin, daß sie ursprünglich zum Nordruss. gehört hat, aber von südlichen Merkmalen überlagert wurde. Vom Norden Rußlands aus wurde auch Sibirien besiedelt, weshalb die dortigen Mundarten zum großen Teil nordruss. Merkmale aufweisen.

Neben der Einteilung in Nord-, Mittel- und Südruss. gibt es eine nicht ganz so ausgeprägte Ost-West-Gliederung. Vor allem die westliche 'Zone' weist eine Reihe von Gemeinsamkeiten auf, die zum Teil Übergangserscheinungen zum Weißruss. darstellen; bemerkenswert ist die Entwicklung eines neuen Vergangenheitstempus aus dem Partizip Prät. Akt. (*он ушóдши* 'er ist weggegangen'). Am weitesten geht die Umgestaltung des Verbalsystems im Nordwesten des russ. Sprachgebiets, das schon in älterer Zeit ein Sonderleben geführt hat (u.a. gehört hierzu der Dialekt von Novgorod, der seit dem 11. Jh. in den sog. Birkenrindeninschriften belegt ist).

10. Zur Geschichte des Russischen

Die ältesten im ostslavischen Gebiet entstandenen Texte stammen aus dem 11. Jh. (beginnend mit dem Ostromir-Evangelium von 1056/57). Dabei handelt es sich um Abschriften altkirchenslavischer Originale, die allerdings von Anbeginn an Einflüsse der ostslavischen Lautung zeigen. Schon bald entwickelte sich hier eine spezifische Sprachform, die als 'russ.-kirchenslavisch' oder 'russ. Redaktion des Kirchenslavischen' bezeichnet wird. Sie ist vor allem in Aussprache und Orthographie (z.T. auch Morphologie) an das Ostslavische angepaßt, deutlich weniger im Bereich der Syntax und des Wortschatzes.

Etwa ab dem 12. Jh. gibt es daneben Texte, die wenig bis gar keine kirchenslavischen Elemente enthalten und herkömmlich als 'echt' altruss. bzw. ostslavisch angesehen werden (vor allem Urkunden und Rechtstexte). Von besonderer Wichtigkeit sind hier die in Novgorod und anderen nordwestruss. Städten bei Ausgrabungen entdeckten 'Birkenrindenurkunden' (russ. берестяны́е гра́моты), die auch einen Einblick in die private Korrespondenz des 12.–15. Jh. erlauben (Zaliznjak 1995).

In der älteren Forschung ist umstritten, ob die russ. Standardsprache ihrer Herkunft nach eigentlich kirchenslavisch ist (so Šachmatov) oder ob es eine einheimische Tradition gibt, die sich allmählich mit der kirchenslavischen vereinigt hat (Obnorskij). Heute ist unbestritten, daß es in der altruss. Literatur eine ganze Skala von Texten gibt, von fast rein kirchenslavischen religiösen Texten über die Chroniken, die auf kirchenslavischer Basis eine Reihe ostslavischer Einflüsse zeigen, bis hin zu den weitgehend ostslavischen Gebrauchstexten. Breit diskutiert wird die Theorie Uspenskijs, im alten Rußland habe ein Zustand der 'Diglossie' geherrscht, d.h. zwei Sprachformen (Kirchenslavisch und Altruss.) seien je nach Funktion komplementär verteilt gewesen.

Im 14./15. Jh. wurde das Russ.-Kirchenslavische (vor allem, aber nicht nur in der Orthographie) wieder stärker an eigene ältere und – wie manche meinen – an südslavische Vorbilder angeglichen (sog. 'Zweiter südslavischer Einfluß'). Im Laufe des 17. Jh., in dem sich der Moskauer Staat allmählich westlichen Einflüssen öffnete, verschieben sich die Gewichte zwischen dem Kirchenslavischen und der eher ostslavischen Sprache der Gebrauchstexte. Von großer Bedeutung ist hier die Eingliederung des heutigen ukrainischen Sprachgebiets (traditionell als 'Südwestrußland' bzw. Юго-За́падная Русь bezeichnet), in dem sich unter polnischem Einfluß ein anderes Verhältnis zwischen der Kirchensprache und der Verwaltungssprache herausgebildet hatte (sog. проста́ мо́ва). Das Kirchenslavische wird zunächst noch einmal reformiert (manche Autoren sprechen hier vom 'Dritten südslavischen Einfluß') und verliert dann allmählich seine Funktion als Schriftsprache. Auf der anderen Seite spielt die Verwaltungssprache (russ. делово́й bzw. приказно́й язы́к) eine zunehmende Rolle und beeinflußt die Herausbildung einer neutralen Sprachform.

Im Zuge der politischen und gesellschaftlichen Reformen Peters I. strömt eine Vielzahl westeuropäischer Wörter ins Russ. Der Schwerpunkt des Schrifttums verlagert sich auf den säkularen Bereich. Die Herausbildung einer neuen, nun deutlich vom Kirchenslavischen getrennten Standardsprache erfolgt aber erst allmählich. Die 'Dreistillehre' Lomonosovs, der für unterschiedliche Bereiche einen 'hohen' (durch Kirchenslavismen gekennzeichneten), einen 'mittleren' und einen 'niederen' (weitgehend an der Volkssprache orientierten) Stil empfiehlt, kann sich nur für eine kurze Zeit durchsetzen und wird dann vom 'neuen Stil' (но́вый слог) Karamzins und seiner Anhänger abgelöst. Dieser 'neue Stil' folgt im klaren Satzbau und der Vermeidung von Archaismen dem Französischen und bedeutet eine so deutliche Abkehr von der bisherigen schriftsprachlichen Praxis, daß Isačenko sogar die umstrittene These aufgestellt hat, das Russische weise hier in seiner Entwicklung einen radikalen Bruch auf und die moderne russ. Standardsprache könne deshalb nicht als Fortsetzung des Altruss. angesehen werden.

Der 'neue Stil' ist schließlich auch für Puškin richtungsweisend, dessen 'einfacher Stil' (простóй слог) von vielen Autoren als der eigentliche Beginn der modernen Standardsprache angesehen wird. An ihm orientiert sich weitgehend die Standardsprache des 19. Jh., in dem sich das Russ. immer neue Funktionsbereiche eroberte und allmählich auch die für verschiedene Bereiche verwendeten Fremdsprachen verdrängte.

Nach der Oktoberrevolution von 1917 drangen zwar viele neue Begriffe in das Russ. ein, inwieweit sich aber tatsächlich das Sprachsystem verändert hat, bleibt strittig (das einzig klare Beispiel sind die von der Politsprache ausgehenden Abkürzungen). Die soziale Basis der Standardsprache verbreiterte sich nach der großen Alphabetisierungskampagne der zwanziger Jahre deutlich. Da die führenden Kulturpolitiker – trotz teilweise abweichender Tendenzen – an der bisherigen Standardsprache festhielten, wirkte sich dies kaum auf die Sprache selbst aus – lediglich die Aussprache paßte sich stärker der Orthographie an, als dies vorher der Fall gewesen war. Charakteristisch für die Sowjetzeit war ferner die Herausbildung einer speziellen Politsprache, die ihrerseits den offiziellen Sprachgebrauch der anderen osteuropäischen Länder beeinflußte (Comrie, Stone, Polinsky ²1996).

Es ist sicherlich zu früh, die Entwicklungen zu charakterisieren, die im Russ. seit dem Ende der Sowjetunion vorgehen. Doch kann jetzt schon gesagt werden, daß neben dem vielfach beklagten Eindringen von Anglizismen und anderen Fremdwörtern eine Erschütterung der bisherigen Normen zu beobachten ist, die sich u.a. in der zunehmenden Verwendung von Wörtern des Substandards (просторéчие), aber auch von Archaismen bemerkbar macht (Duličenko 1995, Zybatow 1996).

Am Beginn der russ. Grammatiktradition stehen kirchenslavische Grammatiken, die zunächst aus der Ukraine bzw. aus Südwestrußland übernommen wurden. Am bekanntesten unter ihnen ist die Grammatik des Meletij Smotrickij (1619), die 1648 in Moskau nachgedruckt wurde. Im eigentlichen Sinne russ. Grammatiken wurden zunächst nur von Ausländern für Ausländer geschrieben, so etwa die lateinisch geschriebene Grammatik von Ludolph (Oxford 1696). Nach einer Reihe nur in Form von Handschriften verbreiteter Vorläufer erschien 1755 die „Россйская граммáтика" ('Russische Grammatik') M.V. Lomonosovs, die lange Zeit die autoritative Darstellung der russ. Orthographie, Laut- und Formenlehre blieb. Eine ähnliche Rolle spielte im 19. Jh. die „Рýсская граммáтика" von A.Ch. Vostokov (1831). Im 20. Jh. übernahmen Einzeldarstellungen zu verschiedenen Gebieten die

Aufgabe der normativen Grammatiken, umfassende Darstellungen erschienen zunächst nur als Schulgrammatiken oder Hochschullehrbücher. Eine neue Tradition begann dann mit den drei Akademiegrammatiken („Грамма́тика ру́сского языка́" 1952–54, „Грамма́тика совреме́нного ру́сского литерату́рного языка́" 1970 (herausgegeben von N.Ju. Švedova) und „Ру́сская грамма́тика" 1980), die jeweils eine umfassende deskriptive Darstellung des Russ. bieten. In deutscher Sprache werden neben der älteren von Unbegaun 1969 im Schul- und Universitätsunterricht besonders die Grammatiken von Isačenko 1962 ([4]1995) und Tauscher/Kirschbaum 1958 ([18]1989) verwendet.

11. Literaturangaben

Akišina, A.A., S.A. Baranovskaja [2]1990. *Russkaja fonetika*. Moskva [1]1980.
Apresjan, Ju.D. et al. 1997. *Novyj ob-jasnitel'nyj slovar' sinonimov russkogo jazyka. Pervyj vypusk.* Moskva.
Avanesov, R.I. 1956. *Fonetika sovremennogo russkogo literaturnogo jazyka*. Moskva.
— [6]1984. *Russkoe literaturnoe proiznošenie*. Moskva [1]1950.
—, V.G. Orlova (Hrsg.) [2]1965. *Russkaja dialektologija*. Moskva 1964.
Belošapkova, V.A. 1977. *Sovremennyj russkij jazyk: sintaksis*. Moskva.
Bielfeldt, H.H. (Hrsg.) [14]1982. *Russisch-deutsches Wörterbuch*. Berlin [1]1958.
—, R. Lötzsch (Hrsg.) 1983-84. *Deutsch-Russisches Wörterbuch*. Bd. 1-3. Berlin.
—, — (Hrsg.) 1997. *Langenscheidts Großwörterbuch Deutsch-Russisch*. Bd. 1-2. Berlin.
Boeck, W., Ch. Fleckenstein, D. Freydank 1974. *Geschichte der russischen Literatursprache*. Leipzig.
Bogusławski, A. 1998. Nochmals zu Genitiv und Akkusativ in russischen verneinten Verbalphrasen. *Die Welt der Slaven* 43, 1-32.
Bondarko, A.V. 1971. *Vid i vremja russkogo glagola. Značenie i upotreblenie*. Moskva.
Borkovskij, V.I., P.S. Kuznecov 1963. *Istoričeskaja grammatika russkogo jazyka*. Moskva.
Borunova, S.N., V.L. Voroncova, N.A. Es'kova [5]1989. *Orfoėpičeskij slovar' russkogo jazyka: proiznošenie, udarenie, grammatičeskie formy*. Moskva [1]1983.
Černych, P.Ja. [3]1962. *Istoričeskaja grammatika russkogo jazyka*. Moskva [1]1952. (Übs.: Tschernych, P.Ja.: *Historische Grammatik der russischen Sprache*. Halle [Saale] 1957, ND Berlin 1977.)
Comrie, B., G. Stone, M. Polinsky [2]1996. *The Russian language in the XXth century*. Oxford. ([1]1978 von B. Comrie, G. Stone u.d.T. *The Russian language since the Revolution*.)
Dal', V.: *Tolkovyj slovar' živago velikorusskago jazyka*. Bd. 1-4, St. Peterburg 1863–66, [2]1880-82 (ND Moskva 1956), [3]1903-09 (ND Tokio 1934, Paris 1954, Moskva 1994), [4]1912-14 (ND Rom 1977).
Daum, E., W. Schenk [18]1996. *Die russischen Verben*. Leipzig [1]1954.
Décsy, G. 1986ff. *Statistical report on the languages of the world as of 1985*. Bloomington (Indiana).

Denisov, P.N. et al. (Hrsg.) ²1983. *Slovar' sočetaemosti russkogo jazyka.* Moskva ¹1978.
Duličenko, A.D. 1994. *Russkij jazyk konca XX stoletija.* München.
Eckert, R., E. Crome, Ch. Fleckenstein 1983. *Geschichte der russischen Sprache.* Leipzig.
Efimov, A.I. ²1967. *Istorija russkogo literaturnogo jazyka.* Moskva ¹1955.
Filin, F.P. (Hrsg.) 1979. *Russkij jazyk. Ènciklopedija.* Moskva.
Frazeologičeskij slovar' russkogo jazyka. Moskva 1978, St. Peterburg ⁵1994.
Gabka, K. (Hrsg.) 1975-78. *Die russische Sprache der Gegenwart.* Bd. 1-4. Düsseldorf. (Überarbeitete Neuauflage Bd. 1-3. 1987-89.)
Garde, P. 1980. *Grammaire russe.* Bd. 1: *Phonologie, Morphologie.* Paris.
Gorškov, A.I. 1965. *Istorija russkogo literaturnogo jazyka.* Moskva.
Grammatika russkogo jazyka ²1960. Bd. 1: *Fonetika i morfologija,* Bd. 2, Teil 1-2: *Sintaksis.* Moskva 1952-54.
Halle, M. ²1971. *The sound pattern of Russian.* The Hague, Paris ¹1959.
Hammarström, G. 1966. *Linguistische Einheiten im Rahmen der modernen Sprachwissenschaft.* Berlin, Heidelberg, New York.
Hüttl-Worth, G. 1963. *Foreign words in Russian. A historical sketch 1550 to 1800.* Berkeley, Los Angeles.
Isačenko, A.V. 1954-60. *Grammatičeskij stroj russkogo jazyka v sopostavlenii s slovackim. Morfologija.* Bd. 1-2. Bratislava.
— (Issatschenko) 1975. *Mythen und Tatsachen über die Entstehung der russischen Literatursprache,* Wien.
— (Issatschenko) 1980-83. *Geschichte der russischen Sprache.* Bd. 1: *Von den Anfängen bis zum Ende des 17. Jahrhunderts.* Bd. 2: *Das 17. und 18. Jahrhundert.* Heidelberg.
— ⁴1995. *Die russische Sprache der Gegenwart.* Teil 1: *Formenlehre.* Halle (Saale) ¹1962.
Ivanov, V.V. 1964. *Istoričeskaja grammatika russkogo jazyka.* Moskva.
Jachnow, H. (Hrsg.) 1984. *Handbuch des Russisten. Sprachwissenschaft und angrenzende Disziplinen.* Wiesbaden. (Überarbeitete und erweiterte Fassung für 1998 als *Handbuch der sprachwissenschaftlichen Russistik* angekündigt.)
Jakobson, R. 1936. Beitrag zur allgemeinen Kasuslehre (Gesamtbedeutung der russischen Kasus). *Travaux du Cercle linguistique de Prague* 6, 240-288. (ND Jakobson, R. 1971. *Selected Writings* II, The Hague, Paris, 23-71.)
Keipert, H. 1984. Geschichte der russischen Literatursprache. In: Jachnow, H. (Hrsg.): *Handbuch des Russisten. Sprachwissenschaft und angrenzende Disziplinen.* Wiesbaden, 444-481.
Kempgen, S. 1989. *Grammatik der russischen Verben.* Wiesbaden.
Kiparsky, V. 1962. *Der Wortakzent der russischen Schriftsprache.* Heidelberg.
— 1963-75. *Russische historische Grammatik.* Bd. 1-3. Heidelberg.
Kolstoe, P. 1995. *Russian in the former Soviet Republics.* Bloomington: Indiana University Press 1995.
Krylova, O.A., S.A. Chavronina 1976. *Porjadok slov v russkom jazyke.* Moskva.
Kuznecov, P.S. 1951. *Russkaja dialektologija.* Moskva 1973.
Lehfeldt, W. (Hrsg.) 1991. Das Verhältnis von Literatursprache (Standardsprache) und nichtstandardsprachlichen Varietäten in der russischen Gegenwartssprache. *Die Welt der Slaven* 36, 1-71 (mit ausführlicher Bibliographie).
— ²1996. *Einführung in die Sprachwissenschaft für Slavisten.* München ¹1995.
Lehmann, V. 1981. *Sprachwissenschaftliche Grundbegriffe für Russisten.* München ³1985.

— 1993. Die russischen Aspekte als gestufte Kategorien. *Die Welt der Slaven* 38, 265–297.
— 1995. Al'ternacii akcional'nych funkcij russkogo glagola, In: Karolak, S. (Hrsg.): *Semantika i struktura slavjanskogo vida I.* Kraków, 113-130.
Leping, A.A., N.P. Strachova (Hrsg.) [7]1976. *Nemecko-russkij slovar'*. Moskva [1]1958.
Obratnyj slovar' russkogo jazyka. Moskva 1974.
Osnovy postroenija opisatel'noj grammatiki sovremennogo russkogo literaturnogo jazyka. Moskva 1966.
Ožegov, S.I. [23]1991. *Slovar' russkogo jazyka.* Moskva [1]1949.
Padučeva, E.V. 1996. *Semantičeskie issledovanija: semantika vremeni i vida v russkom jazyke; semantika narrativa.* Moskva.
Panov, M.V. 1990. *Istorija russkogo literaturnogo proiznošenija XVII-XX v.* Moskva.
Panzer, B. [2]1995. *Das Russische im Lichte linguistischer Forschung.* München. (Entspricht i.w. *Strukturen des Russischen.* München 1975.)
Pavlovskij, I.Ja. [3]1911. *Russko-nemeckij slovar'.* St. Peterburg (ND Leipzig 1960).
Pravila russkoj orfografii i punktuacii. Moskva 1994.
Rathmayr, R. 1985. *Die russischen Partikeln als Pragmalexeme.* München.
Russkaja grammatika. 1979. Bd. 1-2. Praha.
Russkaja grammatika. 1980. Bd. 1: *Fonetika, fonologija, udarenie, intonacija, slovoobrazovanie, morfologija*, Bd. 2: *Sintaksis.* Moskva.
Russkij jazyk i sovetskoe obščestvo. Bd. 4. *Sociolingvističeskoe issledovanie. Fonetika sovremennogo russkogo literaturnogo jazyka. Narodnye govory.* Moskva 1968.
Russkoe literaturnoe proiznošenie i udarenie. Slovar'-spravočnik. Moskva 1960.
Růžička, R. 1966. *Studien zur Theorie der russischen Syntax.* Berlin.
— 1980. *Studien zum Verhältnis von Syntax und Semantik im modernen Russischen.* Berlin.
Schlegel, H. (Hrsg.) 1992. *Kompendium lingvističeskich znanij dlja praktičeskich zanjatij po russkomu jazyku.* Berlin.
Slovar' russkich narodnych govorov. Bd. 1ff. Moskva, Leningrad 1965ff.
Slovar' russkogo jazyka XI-XVII vv. Bd. 1ff. Moskva 1975ff.
Slovar' russkogo jazyka v četyrech tomach. Bd. 1-4. Moskva [2]1981-84.
Slovar' sovremennogo russkogo literaturnogo jazyka. Bd. 1-17. Moskva, Leningrad 1950-65. (Moskva [2]1991ff.)
Sreznevskij, I.I. 1893-1912. *Materialy dlja slovarja drevnerusskogo jazyka po pis'mennym pamjatnikam.* Bd. 1-3. St. Peterburg. (ND Moskva 1958.) (Dazu: *Indeks a tergo.* Warszawa 1968.)
Steinitz, W. [6]1970. *Russische Lautlehre.* Berlin [1]1953.
Šachmatov, A.A. [2]1941. *Sintaksis russkogo jazyka.* Leningrad [1]1925-27. (ND von [2]1941 The Hague 1963.)
Šanskij, N.M. 1963ff. *Ėtimologičeskij slovar' russkogo jazyka.* Bd. 1ff. Moskva.
Ščerba, L.V. 1952. *Grammatika russkogo jazyka.* Bd. 1-2. Moskva.
Švedova, N.Ju. (Hrsg.) 1970. *Grammatika sovremennogo russkogo literaturnogo jazyka.* Moskva.
— 1989. *Kratkaja russkaja grammatika.* Moskva.
Tauscher, E., E.-G. Kirschbaum [18]1989. *Grammatik der russischen Sprache.* Düsseldorf [1]1958.
Timberlake, A. 1993. Russian. In: Comrie, B., G.G. Corbett (Hrsg.): *The Slavonic languages*, 827–886.

Trubetzkoy, N.S.: 1934. *Das morphonologische System der russischen Sprache.* Prag (ND 1968).
Unbegaun, B.O. 1969. *Russische Grammatik.* Göttingen. (Ursprünglich *Russian grammar.* Oxford 1962.)
Uspenskij, B.A. 1987. *Istorija russkogo literaturnogo jazyka (XI–XVII vv.).* München.
Valgina, N.S. [2]1978. *Sintaksis sovremennogo russkogo jazyka.* Moskva [1]1973.
Vasmer, M. 1953-58. *Russisches etymologisches Wörterbuch.* Bd. 1-3. Heidelberg. (Übs.: Fasmer, M. 1964-73. *Ètimologičeskij slovar' russkogo jazyka.* Bd. 1-4. Moskva. ND 1986-87.)
Vinogradov, V.V. [3]1986. *Russkij jazyk. (Grammatičeskoe učenie o slove.)* Moskva, Leningrad [1]1947.
Weiss, D. 1993. Die Faszination der Leere. Die russische Umgangssprache und ihre Liebe zur Null. *Zeitschrift für slavische Philologie* 53, 48-82.
Zacharova, K.F., V.G. Orlova 1970. *Dialektnoe členenie russkogo jazyka.* Moskva.
Zaliznjak, A.A. 1967. *Russkoe imennoe slovoizmenenie.* Moskva.
— 1977. *Grammatičeskij slovar' russkogo jazyka. Slovoizmenenie.* Moskva.
— 1995. *Drevnenovgorodskij dialekt.* Moskva.
Zaliznjak, A.A., A.D. Šmelev. 1997. *Lekcii po russkoj aspektologii.* München.
Zasorina, L. N. (Hrsg.) 1977. *Častotnyj slovar' russkogo jazyka.* Moskva.
Zemskaja, E.A., M.V. Kitajgorodskaja, E.N. Širjaev 1973-83. *Russkaja razgovornaja reč'.* Bd. 1-4. Moskva.
— (Hrsg.) 1996. *Russkij jazyk konca XX stoletija.* Moskva.
Zolotova, G.A. 1973. *Očerk funkcional'nogo sintaksisa russkogo jazyka.* Moskva.
Zybatow, L. 1995. *Russisch im Wandel: die russische Sprache seit der Perestrojka.* Wiesbaden.

Das Ukrainische

von
Ulrich Schweier

1. Einführung

Die ukrainische Standardsprache (українська літературна мóва) ist die Staatssprache der seit 1991 unabhängigen Republik Ukraine. Auf deren Territorium wird die Titularnation der Ukrainer, die rund 73% (ca. 37,5 Mio.) der insgesamt 52,1 Mio. zählenden Bevölkerung stellt (1994), von immerhin 22% (11,4 Mio.) Russen gefolgt, die besonders im Osten des Landes sowie auf der Krim stark vertreten sind[1]. Die Rolle der russ. Sprache bei der Entwicklung des Ukrain. (vgl. dazu 9.) zeigt sich derzeit u.a. darin, daß die ethnische Identität als Ukrainer noch nicht mit der Beherrschung des Ukrain. als Muttersprache gleichgesetzt werden kann[2].

Die aktuelle Zahl der Sprecher des Ukrain. außerhalb des autonomen Staatsgebiets (z.B. in Polen, Tschechien, der Slovakei, Rumänien, Ungarn, der Vojvodina; im übrigen Europa sowie in Kanada, USA, Australien, Südamerika, Israel etc., vgl. Sussex, 1993) kann nur Gegenstand grober Schätzungen sein; entsprechende Angaben bewegen sich – die Nachfolgestaaten der ehemaligen Sowjet-Republiken einmal nicht eingerechnet – bei gut 2 Mio. Insgesamt darf das Ukrain. nach der Anzahl seiner Sprecher als die zweitgrößte slav. Sprache angesehen werden. Es rangiert damit nach dem Russ., mit dem es – ergänzt durch das Weißruss. – die Gruppe der ostslav. Sprachen bildet.

Früher wurde das Ukrain. (von україна 'Grenzland') auch mit den Bezeichnungen 'kleinrussisch' bzw. 'ruthenisch' belegt, die beide auf byzantinische (im letzten Fall auch auf lateinische) Urkunden zurückgehen[3]. 'Kleinruss.' ist allerdings seit 1863 mit den Repressionen der russ. Regierung gegen die Verwendung der ukrain. Sprache in der Literatur, im Schulunterricht sowie im öffentlichen Leben verbunden[4].

---

[1] Zu neueren Zahlen und Informationen über die ethnischen Minderheiten, deren national-kulturelle und sprachliche Identität auch unter dem Schutz der neuesten Verfassung der Ukraine von 1996 steht, vgl. Jevtuch (1994).

[2] Vgl. die Volkszählung von 1989, bei der sich in den östlichen, ethnisch stark russifizierten Gebieten Donec'k und Luhans'k zwar 51% der Bevölkerung als Ukrainer bezeichneten; dennoch gaben nur 32% davon das Ukrain. auch als ihre Muttersprache an, 66% das Russ.

[3] Zur Frage der Benennungen zusammenfassend Dzjuba (1993); Kappeler (1994).

[4] In einem Zirkular des russ. Innenministers Valuev von 1863 wurde die Existenz einer 'sogenannten ukrain. Sprache' bestritten. Der 'kleinruss. Dialekt' (малорусское наречие) sei lediglich ein durch das Poln. verdorbenes Russ. Der 'Emser Ukaz' (1876 von Zar Alexander II. während einer Kur in Bad Ems unterzeichnet) bestätigte bzw. verschärfte die Verbote von 1863.

2. Alphabet, Orthographie, Aussprache

Das Ukrain. wird mit einer Variante des kyrillischen Alphabets mit folgendem Inventar an einzelnen[5] Zeichen geschrieben (in Klammern die wissenschaftliche Transliteration):

Аа [a], Бб [b], Вв [v], Гг [h], Ґґ [g], Дд [d], Ее [e], Єє [je], Жж [ž], Зз [z], Ии [y], Іі [i], Її [ï], Йй [j], Кк [k], Лл [l], Мм [m], Нн [n], Оо [o], Пп [p], Рр [r], Сс [s], Тт [t], Уу [u], Фф [f], Хх [ch], Цц [c], Чч [č], Шш [š], Щщ [šč], Юю [ju], Яя [ja], ь ['].

Im Vergleich zum Russ. sind die Buchstaben ы, э, (ё) und ъ nicht enthalten; zusätzlich vertreten sind і (für den Laut [i]), ї (für [ji]), є.

Das Zeichen є gibt, ebenso wie die anderen '(prä-)jotierten' Buchstaben ю und я, dann die Folge j + Vok. ([je], [ju], [ja]) wieder, wenn es im Anlaut eines Wortes bzw. einer Silbe steht; unmittelbar nach einem Kons. (K) signalisieren diese Buchstaben dessen Palatalität. Entsprechend wird j + o durch den Digraph йо bezeichnet (vgl. *його/йому* Gen.,Akk./Dat.Sg. zu *він/воно* 'er/es'), /K'o/ durch ьо (vgl. *льон* 'Flachs').

Der Apostroph zwischen Konsonant und Vokal zeigt die nicht-palatalisierte Aussprache jenes Kons. sowie die Kombination *j* + Vok. an. Er kann nach den Labialen stehen, nach *r* oder nach auslautenden Kons. von Präfixen (vgl. *б'є* 3.Pers.Sg.Präs. 'schlagen' [bje], *м'ясо* 'Fleisch' [mjáso]; *бур'ян* 'Unkraut' [burján]; *від'їзд* 'Abreise' [v'idjízd]).

Neben dem Buchstaben г (translit.: h), dessen lautliche Wiedergabe sich im Ukrain. mit dem 13. Jh. zu einem sth. laryngalen Reibelaut entwickelt hat, existiert seit dem frühen 17. Jh. das Zeichen ґ (г mit Aufstrich rechts) für den velaren Verschlußlaut [g], wie er insbesondere in westlichen Lehnwörtern repräsentiert war. Nach den kontroversen Orthographiedebatten Ende der 20er Jahre dieses Jh., in denen es u.a. um einen Kompromiß zwischen west- und zentralukrain. Schreib- und Aussprachegewohnheiten ging, wurde ґ 1933 in der Ukraine aufgegeben und durch г ersetzt. Es fand jedoch speziell in Publikationen aus der Emigration bis heute Verwendung, und gegenwärtig erlebt die Diskussion um seine Rehabilitation bzw. um seinen Gebrauch einen neuen Aufschwung.

Der Buchstabe в gibt vor Kons. (Wortanfang und -mitte) sowie im Wortauslaut nach Vok. einen bilabialen Laut [ṷ] wieder (vgl. *вовк* 'Wolf', *лев* 'Löwe'), sonst den Reibelaut [v] (bzw. palatalisiertes [v'])[6]. Das Zeichen щ repräsentiert die Lautkombination [šč] bzw. die Phonemfolge /š/+/č/ (wie in *щур* 'Ratte').

---

[5] Zu kombinierten Zeichen vgl. den folgenden Kommentar sowie Abschn. 3.
[6] Zu Aussprachevarianten, die auch sprachgeographisch motiviert sein können, vgl. Shevelov (1991, 125; 1993, 951).

Insgesamt folgt die ukrain. Orthographie dem morphonologischen Prinzip, wobei im Vergleich zum Russ. eine höhere phonetische Zuverlässigkeit zu beobachten ist (vgl. dazu sowie zu weiteren Besonderheiten im Verhältnis Schrift – Laut den folgenden Abschnitt).

3. Das Lautsystem
(Phonetik, Phonologie und Akzent)

Die Beantwortung der Frage, welche bzw. wie viele Phoneme man der Beschreibung der ukrain. Standardsprache zugrunde legen soll, macht deutlich, daß der phonolog. Systemgedanke Raum für verschiedene 'Baupläne' solcher Systeme läßt. So kann man sich im Ukrain. für eines von mehreren, in sich gleichermaßen konsistenten Phonemsystemen entscheiden (vgl. Chopyk, 1973). Betont man u.a. das Kriterium der Ökonomie, bietet sich das folgende System aus 6 vokalischen und 32 konsonantischen Phonemen an.

Das Teilsystem der Vok. umfaßt die Phoneme /i, y, e, a, o, u/. Nicht allgemein akzeptiert ist dabei der phonemat. Status von /y/[7] ([y], wiedergegeben durch den kyrill. Buchstaben и), das im Unterschied zu dem russ. mittleren Laut hoher Zungenhebung [y] (wie in *сын* 'Sohn') in betonter Stellung als mittel-vorderer Vokal (mittel-)hoher Zungenhebung ausgesprochen wird. Seine Realisierung in der ukrain. Standardsprache liegt gleichsam 'zwischen' vorderem hohen [i] (/i/; bezeichnet durch den kyrillischen Buchstaben i) und dem vorderen mittleren [e] (/e/)[8].

Die Vok. sind die Träger des dynamischen Wortakzents, der im Ukrain. frei, d.h. nicht an eine bestimmte Silbe gebunden, ist und der u.a. innerhalb eines Flexionsparadigmas beweglich sein kann. Quantitätsunterschiede sind phonematisch nicht relevant – die Dehnung eines Vok. tritt also automatisch dann ein, wenn auf ihm der Wortakzent ruht.

Die qualitative Reduktion von Vok. in unbetonter Stellung spielt in der ukrain. Standardsprache – verglichen mit den ostslav. Partnern – eine untergeordnete Rolle. Auffällig ist, daß das Eintreten bzw. das Resultat einer Reduktion stark von der Position eines unbetonten Vok. im Wort und/oder von der vokal. Besetzung der betonten Folgesilbe abhängt. So fallen die Realisationen von /y/ und /e/ in unbetonter Stellung dann zusammen, wenn sie nicht im Wortauslaut stehen (vgl. *мене́*

---

[7] Reduziert man jedoch die Zahl der Vokalphoneme auf 5, so nötigt dies im Gegenzug zu einer beträchtlichen Erhöhung der Zahl palataler kons. Phoneme außerhalb des Bereichs der Dentale (zu Einzelheiten vgl. exemplarisch Chopyk 1973).

[8] Die phonet. Realisierung des betonten /y/, von Shevelov (1993, 949) „in the zone of *e*" lokalisiert, variiert in einem gewissen Rahmen auch bei muttersprachlichen Sprechern des Ukrain. – In Lehrbüchern für deutschsprachige Lernende werden als Äquivalente in der Regel lange deutsche *e*-Laute angegeben mit dem Zusatz, sie kürzer und enger zu artikulieren, teilweise auch kurze *i*-Laute.

Gen./Akk.Sg. zu я 'ich' – *мине́* 3.Pers.Sg.Präs. 'vorübergehen, vergehen'). Das Resultat der Neutralisierung – [e], [y] oder ein Übergangslaut zwischen beiden – wird von dem folgenden betonten Vok. beeinflußt, unterliegt aber auch einem sprachgeograph. variablen Faktor. Das Phonem /o/ (unter Betonung als offenes [ɔ] ausgesprochen) kann in unbetonter Position durch die assimilierten Allophone (enges) [o] bzw. (seltener) durch [u] repräsentiert sein; Bedingung dafür ist allerdings, daß in der Folgesilbe ein betonter hoher Vok. (/i/, /u/) steht (vgl. *порі́г* 'Schwelle'; *голу́бка* '[weibl.] Taube').

Das konsonant. Teilsystem des Ukrain. umfaßt die Labiale /b, p, f, v, m/, die Dentale /d, t, ʒ, c, z, s, n, l, r/, die Postdentale /ǯ, č, ž, š, j/, die Velare /g, k, ch/ und den sth. Laryngal /h/. Die Gesamtzahl von 32 Kons.-Phonemen ergibt sich dadurch, daß jedem der nicht-palatalen Dentale ein Korrelationspartner mit dem Merkmal '+pal.' gegenübersteht – also /d', t', ʒ', c', z', s', n', l', r'/ (vgl. Chopyk, 1973, Žovtobrjuch, 1984, 36ff., Shevelov, 1993, 950ff.). Der Umstand, daß auch die nicht-dentalen Kons. vor /i/ palatalisiert ausgesprochen werden, ist automatisch geregelt und somit phonologisch nicht relevant.

Lang ausgesprochene Kons., deren Kernbestand die langen palatalen Dentale und Postdentale ausmachen, treten im Ukrain. vergleichsweise häufig auf (z.B. langes [n':] in *знання́* 'Wissen', langes [d:] in *віддáти* 'zurückgeben'). Sie sind für die Forschung u.a. aufgrund der Fragestellung interessant, ob sie als eigene Phoneme zu werten sind. Da Kons.-Dehnung in aller Regel an Morphemgrenzen vorkommt, kann sie beispielsweise als Kons.-Doppelung interpretiert werden[9].

Durch einige Besonderheiten zeichnen sich die dentalen bzw. postdentalen Affrikaten /ʒ, ʒ', ǯ/[10] aus. Orthographisch werden sie durch die Digraphen дз (/ʒ, ʒ'/, phonet. [dz], [dz']) bzw. дж (phonet. [dž]) vertreten (vgl. *дзéркало* 'Spiegel', *ґедзь* 'Bremse [Insekt]', *джерелó* 'Quelle'). Zudem gehören /ʒ/ und /ʒ'/, mit Abstrichen auch /ǯ/, zu den Phonemen mit der geringsten Frequenz (gleiches gilt für /g/ und /f/). Sie treten bevorzugt in onomatopoetischen bzw. in Fremd- und Lehnwörtern auf (vgl. *дзвін* 'Glocke; Läuten', *джем* 'Marmelade').

Was Assimilations- bzw. Neutralisierungsvorgänge im Ukrain. angeht, ist die Stabilität bzw. die Dominanz der Stimmhaftigkeit von Kons. hervorzuheben. Sie bleibt im absoluten Wortauslaut ebenso erhalten wie vor einem stl. Kons. (vgl. *хліб* [-b] 'Brot'; *кни́жка* [-žk-] 'Büchlein'); ein stl. Kons. übernimmt aber das Merkmal '+sth.', wenn der folgende Kons. dieses besitzt (vgl. *боротьбá* [-d'b-] 'Kampf').

---

[9] Wertet man jedoch die gedehnten Kons. als eigenständige Phoneme, so führt dies wiederum zu einer beträchtlichen Erweiterung des kons. Phoneminventars.
[10] U.a. von Panzer (1996, 53) werden Zweifel daran angemeldet, ob diese Affrikaten überhaupt „einphonematisch gewertet werden können".

Zur historischen Lautlehre des Ukrain. (umfassend hierzu Shevelov, 1979) gehören u.a. einige wesentliche Veränderungen, die vom Späturslav. an alle ostslav. Sprachen erfaßt haben. Charakteristisch dafür sind der Wandel von *tj/kt > č; *dj > ž, der Verlust der Nasalvokale (ǫ > u; ę > 'a) und der Jer-Wandel, also der Ausfall der Jervokale ъ, ь in schwacher Position bzw. ihre Vollvokalisierung in starker Position (ъ > o; ь > e). Mit dem Russ. und dem Weißruss. hat das Ukrain. u.a. auch den Vollaut gemein, also den Wandel der urslav. Gruppen *tărt/tĕrt/tălt/tĕlt zu -oro-/-ere-/-olo- (vgl. *моро́з* 'Frost', *бе́рег* 'Ufer', *молоко́* 'Milch').

Daneben gibt es einige Lautwandelscheinungen, die das heutige Ukrain. nur mit èinem seiner ostslav. Partner teilt (etwa bei den Kons.-Alternationen, vgl. die folgenden Abschnitte) bzw. solche, die es mit einzelnen süd- oder westslav. Sprachen verbinden (kurzer Überblick bei Gutschmidt, 1972).

Der Bereich des Vokalismus ist typisch für Veränderungen, die das Ukrain. von beiden ostslav. bzw. von allen slav. Sprachen unterscheiden. So kam es ab dem 13./14. Jh. zu einem Zusammenfall von [i] und (altem) [y] (ы) in dem spezifisch ukrain. Laut [y] (Shevelov, 1979; 1993, sowie Abschn. 3). Der Artikulationsbereich des hohen vorderen Vok. [i] blieb jedoch besetzt:

Altes Jat' ([ĕ], ѣ) wurde im Ukrain. zu [i] (vgl. *хліб* 'Brot', *сліпи́й* 'blind'), während im Russ. und im Weißruss. [e] auftritt.

Zu [i] (/i/) wandelten sich auch die alten mittleren Vok. /o/ und /e/, wenn auf sie ein Kons. und ein in schwacher Position ausfallender Jervokal folgte[11]. Synchron bzw. vom Resultat her geht es also um die Position von /o/ und /e/ in geschlossener Silbe (vgl. die vokal. Alternationen im folgenden Abschnitt).

Die Wandelprozesse begannen im 12./13. Jh., endeten im 15. Jh. – bei altem /o/ im 17. Jh. – und verliefen jeweils über verschiedene Stationen, die in den historischen Texten z.T. durch unterschiedliche Schreibungen dokumentiert sind: *котъ* > *кіт* 'Kater' (über o > ô [geschloss. o] > u > ü > i) bzw. *печь* > *піч* 'Ofen' (e > ĕ [neues Jat'] > i).

4. Flexionsmorphologie

Zum Ausdruck (bzw. zur Unterscheidung) grammatischer Bedeutungen können im Ukrain. – wie etwa im Russ. – neben den entsprechenden Paradigmen von Flexionsendungen auch morphonologische Alternationen sowie inner-paradigmatische Akzentbewegungen dienen[12].

---

[11] Der Wandel *e* > *i* vor dem hinteren Jervok. ъ in schwacher Position ist dialektal begrenzt bzw. hing von einer Akzentverlagerung ab, vgl. Shevelov (1993, 950).
[12] In den folgenden Darstellungen werden die entsprechenden Akzentparadigmen meist nicht speziell erläutert. Ein anschauliches Beispiel für die Rolle des beweglichen Akzents in der Verbalflexion liefert Lehfeldt (1985).

4.1. Das Substantiv

Die wichtigsten Flexionstypen gliedern sich im Ukrain. zunächst gemäß den drei Genera; innerhalb der Fem. ist überdies eine Klasse mit der Endung -*a* und eine Klasse mit Nullendung bei der Form des Nom.Sg. (auch als Fem. auf Kons. bezeichnet) zu unterscheiden. Mit Ausnahme der Fem. mit Nullendung verfügen die Flexionstypen dabei jeweils über eine nicht-palatale sowie über eine palatale Variante.

Im folgenden werden nur Beispiele für die nicht-palatalen Varianten angegeben, da viele phonologisch relevante Abweichungen bei palatalen Varianten nach folgender Regel abgeleitet werden können: Der Vok. -*o* in einer Endung der nicht-palatalen Variante 'alterniert' mit -*e* in seinem palatalen Gegenstück, ebenso alternieren -*u* mit -*i* (vgl. Instr.Sg.neutr. *молок-óм* 'Milch' ~ *пóл-ем* 'Feld', fem. *жíнк-ою* 'Frau' ~ *земл-éю* 'Feld'; Nom.Pl. *нóс-и* 'Nase' ~ *нож-í* 'Messer').

Für das Ukrain. ist von einem 7-Kasus-System auszugehen, das auch die grammatische Bedeutung 'Vokativ' umfaßt. Zu deren Ausdruck verfügen Mask. und Fem. im Sg. über eigene Endungen; im Pl. fallen die Formen des Vok. mit jenen des Nom. zusammen[13].

	Maskulina 'Nase'	Neutra 'Dorf'	Feminina 'Frau'	'Nacht'
Sg.Nom.	ніс	село́	жі́нка	ніч
Gen.	но́са	села́	жі́нки	но́чі
Dat.	но́сові, -у	селу́	жі́нці	но́чі
Akk.	ніс	село́	жі́нку	ніч
Instr.	но́сом	село́м	жі́нкою	ні́ччю
Lok.	но́сі	селі́	жі́нці	но́чі
Vok.	но́се	село́	жі́нко	но́че
Pl. N.(V.)	но́си	се́ла	жінки́	но́чі
Gen.	но́сів	сіл	жіно́к	ноче́й
Dat.	но́сам	се́лам	жінка́м	ноча́м
Akk.	но́си	се́ла	жіно́к	но́чі
Instr.	но́сами	се́лами	жінка́ми	ноча́ми
Lok.	но́сах	се́ла	жінка́х	ноча́х

Die Tabelle zeigt u.a., welche Rolle die für das Ukrain. typischen Vok.-Alternationen innerhalb substantivischer Paradigmen spielen: Das *i* in geschlossener Stammsilbe leistet bei Mask. einen Beitrag zur Unterscheidung des Nom.(Akk.)Sg. von den restlichen Formen (mit *o* in offener Silbe), bei Fem. auf Kons. zur Unterscheidung des Nom., Akk. und Instr.Sg.[14] (dazu die Alternation *i* ~ *e* bei *село*, Gen.Pl. *сіл*).

Die Formen des Dat. und Lok.Sg. *жінці* (mit Stammauslaut auf -*ц*- gegenüber -*к*-) verweisen auf einen wichtigen Bereich der Alterna-

---

[13] Ausnahme bei *пан* 'Herr': Nom.Pl. *пани́*, Vok.Pl. *пано́ве*.
[14] In der Form *ні́ччю* liegt, wie dies im Ukrain. vor der Instr.Sg.-Endung der Fem. auf Kons. (außer bei Labialen und /r/) die Regel ist, eine Dehnung bzw. eine Verdoppelung des Kons. vor (vgl. dazu Abschn. 3).

tionen von Kons., der auf die urslav. Palatalisierungen der Velare /g, k, ch/ zurückgeht. Im Ukrain. wurden daraus die folgenden Typen morphonolog. Alternat.: /h/, /g/ ~ /z'/ bzw. /ž/, /k/ ~ /c'/ bzw. /č/, /ch/ ~ /s'/ bzw. /š/. Die Alternation 'Velar ~ pal. Dental' beschränkt sich fast nur auf die Position des Stammauslauts vor /i/ (in Formen des Dat. und/oder des Lok.Sg.). Der Typ 'Velar ~ Postdental' ist weiter verbreitet (besonders bei den Verben); bei mask. Subst. kennzeichnet er Formen des Vok.Sg. (vgl. *чоловіче* 'Mann').

Für belebte Mask. – zur Bezeichnung von Menschen und Tieren – gilt wie im Russ. die Regel, daß die Form des Akk. gleich jener des Gen. ist; nur für Tierbezeichnungen kann aber im Ukrain. auch eine Akk.Pl.-Form gewählt werden, die gleich der Form des Nom.Pl. ist.

Auffällig ist, daß das Ukrain. gerade für mask. Sg.-Formen, aber auch darüber hinaus, über eine Reihe von Endungsdubletten verfügt. Teilweise kann zwischen den Varianten frei gewählt werden, in anderen Fällen sind damit jedoch semantische Unterschiede (bzw. stilistische u.a.) verbunden, so daß eine genauere Kenntnis der Regeln erforderlich ist. Zu den wichtigsten Dubletten gehören:
• Gen.Sg.mask.: Zur Auswahl bzw. in Konkurrenz stehen die Endungen *-у* und *-a* (*-a* wie im Russ.). Abgesehen von Mask., die sowohl die eine als auch die andere Endung tragen können (z.B. *двора́/дво́ру* von *двір* 'Hof')[15], ist deutlich eine Verteilung nach semantischen Kriterien festzustellen: Die Endung *-a/-я* wird mit mask. Subst. verwendet, die klar abgegrenzte und konturierte Objekte oder aber Personen bezeichnen (z.B. *но́са* 'Nase', *бра́та* 'Bruder', *хлі́ба* 'Brot', *Ки́єва* 'Kiev'); ansonsten tritt bevorzugt die Endung *-у/-ю* auf (z.B. *колекти́ву* 'Kollektiv', *клу́бу* 'Klub', *ро́зуму* 'Verstand', *ві́тру* 'Wind').
• Dat.Sg.mask.: Erneut geht es um die Auswahl zwischen Endungen, von denen èine auch im Russ. vorkommt, und zwar zwischen *-ові* und *-у*. Ihre Verteilung[16] ist im wesentlichen eine Frage der Frequenz (u.a. bei Personenbezeichnungen wird die Endung *-ові* [*-еві*] bevorzugt), daneben spielen bei der Auswahl auch stilistische Kriterien eine Rolle sowie der Umstand, daß im Falle von *-у* eine Kasushomonymie mit der Gen.Sg.-Endung *-у* eintritt.

Abschließend sei vermerkt, daß bei Mask. und Neutra im Lok.Sg. ebenfalls die Endungen *-ові* und *-у* möglich sind, zu denen noch die

---

[15] Vgl. zu dieser, auch unter dem Aspekt der sprachlichen Norm nicht unumstrittenen Frage exemplarisch Žovtobrjuch (1984, 134), Vychovanec, Karpilovskaja, Klimenko (1993, 35) oder Shevelov (1993, 958); neben dem semantischen Prinzip können auch andere Faktoren (Stammauslaut, Akzent, Silbenzahl etc.) eine Rolle spielen. Für Lernende des Ukrain. ist ein Blick in ein geeignetes Wörterbuch zu empfehlen, um bei einem einzelnen Subst. herauszufinden, welche Endungsvariante zulässig ist.

[16] Shevelov (1993, 958) bemerkt dazu lapidar: „In the dative singular masculine nouns have *-ovi* alongside *-u*."

Endung -i tritt. Die Auswahl richtet sich u.a. nach semantischen Kriterien bzw. nach dem Stammauslaut (Shevelov, 1993, 958ff.; Žovtobrjuch, Vychovanec', Hryščenko, 1975, 83ff.; Žovtobrjuch, 1984, 135).

4.2. Das Adjektiv

Im modernen Standard-Ukrain. hat sich bei den Adjektiven das folgende, vergleichsweise einfache Flexionssystem entwickelt (zu Besonderheiten vgl. unten), das durch attributiv wie prädikativ gebrauchte Langformen mit unbeweglicher, d.h. durchgehender Stamm- oder Endungsbetonung geprägt ist (*добр-ий* 'gut'):

	Singular			Plural
	Mask.	Neutr.	Fem.	
Nom.	добр-ий	добр-е	добр-а	добр-і
Gen.	добр-ого		добр-ої	добр-их
Dat.	добр-ому		добр-ій	добр-им
Akk.	= N./G.	добр-е	добр-у	= N./G.
Instr.	добр-им		добр-ою	добр-ими
Lok.	добр-ому, -ім		добр-ій	добр-их

In vier Fällen scheinen kurze Adj.-Formen vorzuliegen, nämlich bei den Sg.-Formen des Nom./Akk.neutr. *-e*, Nom.fem. *-a*, Akk.fem. *-y* und bei den Pl.-Formen auf *-i*. Tatsächlich geht es jedoch um die Reflexe einer Wandelerscheinung, bei der die ehemals vorhandenen Langformen (auf *-eje, -aja, -uju* bzw. *-iji*) nach pronominalem Vorbild verkürzt wurden; erstarrte Langformen sind im poetischen Sprachgebrauch noch anzutreffen.

Als echte Kurzform tritt die des Nom.Sg.mask. (mit Nullendung /-ø/) auf. Sie gilt als Standard bei den Poss.-Adj. (vgl. *бáтьків* 'väterlich/des Vaters', *сестрúн* 'schwesterlich')[17]. Bei einigen wenigen Adj. kann – in der Regel nur in prädikativer Funktion – neben der Langform des Nom.Sg.mask. auch die kurze Form benützt werden (vgl. *вúнний/вúнен* 'schuldig', *пéвний/пéвен* 'überzeugt, sicher').

Wie die Tabelle zeigt, stehen im Lok.Sg.mask./neutr. die Endungen *-im* und *-omu* (wie Dat.Sg.) zur Wahl. Bei einer kleinen Gruppe von Adj. (überwiegend mit Stammauslaut auf /-n'-/) wird eine palatale Flexionsvariante verwendet. Sie ist phonologisch dadurch geprägt, daß im Anlaut von Flexionsendungen anstelle des Vok. *-u-* (wie in der Tabelle oben) ein *-i-* erscheint (vgl. als Beispiele folgende Formen von *добр-ий* und *сúн-ій* 'blau' [pal. Variante]: Instr.Sg.mask./neutr. *добр--им – сúн-ім*, Instr.Pl. *добр-ими – сúн-іми* etc.)[18].

---

[17] Shevelov (1993, 962) weist darauf hin, daß sich auch hier in letzter Zeit die Langformen ausbreiten.
[18] Orthographisch treten die Unterschiede allerdings auch bei den übrigen Formen in Erscheinung, vgl. als Beispiel Rudnyc'kyj (1992, 127).

Komparativ und Superlativ werden synthetisch, seltener analytisch[19] gebildet. Die wichtigsten Komp.-Suffixe sind das produktive *-iš-* (vgl. *тéпл-ий* 'warm' – Komp. *тепл-íш-ий*, *пíзн-ій* 'spät' – Komp. *пізн-íш-ий*), daneben das nicht mehr produktive *-š-*. Letzteres ist an eine kleine Zahl von Adj. gebunden, die allerdings relativ häufig sind. Synchron tritt *-š-* nicht selten in dem Sinne 'maskiert' auf, daß es sich nach bestimmten stammauslautenden Kons. bzw. mit diesen gemeinsam verändert (vgl. *h+š* ~ *žč* in *дорог-úй* 'teuer' – Komp. *дорóж-ч-ий*; *ž+š* ~ *žč* in *дýж-ий* 'stark, kräftig' – Komp. *дýж-ч-ий*). Superlativ-Formen entstehen durch Präfigierung der Komp.-Formen mit *naj-* (vgl. *теплíший* – Superlativ *най-теплíший*).

4.3. Pronomina und Zahlwörter

Verallgemeinernd kann man über die Flexionstypen ukrain. Pronomina sagen, daß sie sich mit mehr oder weniger zahlreichen Abweichungen an ein substantivisches oder an ein adjektivisches Grundmuster anlehnen, vgl. dazu die Formen der Personalpronomina:

	Substantivisches Muster (1., 2.Pers.Sg. u. Pl.)			Adjektivisches Muster (3.Pers.Sg.m., n., f. u. 3.Pers.Pl.)		
	я 'ich'	ти 'du'	ми 'wir'/ви 'ihr'	він 'er'/воно́ 'es'	вона́ 'sie'	вони́ 'sie'
N.	я	ти	ми/ви	він/воно́	вона́	вони́
G.	мене́	тебе́	нас/вас	його́	її	їх
D.	мені́	тобі́	нам/вам	йому́	їй	їм
A.	мене́	тебе́	нас/вас	його́	її	їх
I.	мно́ю	тобо́ю	на́ми/ва́ми	ним	не́ю	ни́ми
L.	мені́	тобі́	нас/вас	ньо́му, нім	ній	(в) них

Dem adjekt. Muster folgen grundsätzlich auch die Possessiv-Pron. (vgl. mask./neutr./fem. *мій/моє́/моя́* 'mein'; *твій/твоє́/твоя́* 'dein'), die Demonstrativ-Pron. (vgl. *той/те/та* 'jener'; *цей/це/ця* 'dieser') sowie die Interrogativ-Pron. (vgl. *чий/чиє́/чия́* 'wessen'; *хто* 'wer'; *що* 'was'). Auf der Basis von *хто* bzw. *що* werden auch einige Indefinit- bzw. Negativ-Pron. gebildet (z.B. *ніхто́/ніщо́* 'niemand/nichts', *де́хто/де́що* 'mancher/manches').

Die Formen der Pers.-Pron. mit stammanlaut. *j-* zeigen nach Präpositionen ein prothetisches *n-* (vgl. *до ньо́го/не́ї* 'zu ihm/ihr'). Aus den Beispielen wird eine weitere Besonderheit des Ukrain. ersichtlich: Bei zweisilbigen Pron.-Formen verlagert sich der Akzent nach einer Präposition (falls diese nicht noch ein folgendes Subst. regiert) um eine Silbe nach links (vgl. überdies *до ко́го, до ме́не*).

Die N u m e r a l i a von 2 bis 99 flektieren im Ukrain. recht einheitlich nach folgendem Schema: Gen. /-och/, Dat. /-om/, Akk.= Nom./

---

[19] Die analytische Bildung erfolgt nach dem Muster *бі́льш(е)* + Adj. (Komparativ) bzw. *найбі́льш(е)* + Adj. (Superlativ).

Gen., Instr. /-oma/, Lok. /-och/ (vgl. Nom.mask./neutr. *два*, f. *дві* '2', Gen. *двох*, Dat. *двом*, Instr. *двома́*, Lok. *двох*; *сім* '7', *сімо́х*, *сімо́м*, *сімома́*, *сімо́х* etc.). *Со́рок* '40', *дев'яно́сто* '90' und *сто* '100' haben (außer im Nom. und Akk.) die Endung *-а*, *оди́н* '1' folgt der Adj.-Flexion. Anders als etwa im Russ., stehen nach den Zahlen 2, 3, 4 Formen des Nom.Pl. (Varianten und syntaktische Besonderheiten vgl. Shevelov, 1993, 964 u. 988-989).

4.4. Das Verbum

Die für die Infinitiv-Formen der ukrain. Verben typische Endung lautet *-ти* (vgl. *зна́ти* 'wissen', *нести́* 'tragen', *купува́ти* 'kaufen'); Infinitiv, Partizipien und (nicht-flektierte) Gerundien bilden den Bestand an infiniten Verbalformen.

Bei den finiten Formen des Verbs können die unterschiedlichen grammatischen Bedeutungen der Kategorien Person, Numerus, Tempus, Diathese und Modus ausgedrückt werden. Alle Formen eines Verbs sind zudem hinsichtlich ihrer Aspektbedeutung entweder pf. oder ipf. Im Präs. verfügt das Ukrain. über zwei Haupt-Konjugationsklassen, die man als *e*- bzw. als *y*-Konjugation bezeichnen kann[20].

	e-Konjugation *нести́* 'tragen'	*y*-Konjugation *люби́ти* 'lieben'
Sg.1.Pers.	несу́	люблю́
2.Pers.	несе́ш	лю́биш
3.Pers.	несе́	лю́бить
Pl.1.Pers.	несемо́	лю́бимо
2.Pers.	несете́	лю́бите
3.Pers.	несу́ть	лю́блять

Die Tabelle zeigt, daß bei der Form der 3.Pers.Sg. der *e*-Konjug. im Vergleich zu dem Pendant der *y*-Konjug. auslautendes *-ть* fehlt[21]; wie in südslav. Sprachen lauten die Endungen der 1.Pers.Pl. auf *-о* aus.

An dem Beispiel *люби́ти* wird (neben beweglichem Akzent) erkennbar, daß im Ukrain. epenthetisches *-л-* (nach Labialen) sowohl die Form der 1.Pers.Sg. als auch jene der 3.Pers.Pl. von den übrigen Präs.-Formen unterscheidet. Morphonologische Kons.-Alternationen (/t/ ~ /č/, /s/ ~ /š/, /z/ ~ /ž/ etc.) können innerhalb des Präs. bei den Formen der 1.Pers.Sg. der *y*-Konj. eintreten (vgl. *лети́ти* 'fliegen': 1.Pers. *лечу́* – ab 2.Pers. *лет-*).

---

[20] Hier ist allerdings darauf hinzuweisen, daß es eine weitere Konjugations-Klasse gibt, nämlich jene mit dem Themavokal /i/ (vgl. etwa *пої́ти* 'zu trinken geben, tränken' – 2.Pers.Sg.Präs. *по́їш*, phonol. /po-j-iš/ etc.). Der Einschub von /-j-/, wie er u.a. bei der *e*-Konjugation vorkommt (vgl. *чу́ти* 'hören' – 2.Pers.Sg.Präs. *чу́єш*, phonol. /-j-eš/), kann als ein Typ einer morphonologischen Alternation gewertet werden (vgl. dazu genauer Lehfeldt, 1985; Schweier, 1996).

[21] Außer vor dem Reflexiv-Suffix *-ся*.

Zur Bildung der Imperativ-Formen (2.Pers.Sg., 1.,2.Pers.Pl.) stehen drei Reihen von Endungen zur Verfügung: *-й, -ймо, -йте* bei vokal. Präs.-Stammauslaut (*знáти* 'wissen': *знай, знáймо, знáйте*); *-и, -ím(о), -íть/-íте* bei konsonant. Auslaut mit unbetontem Stamm (*нестú* 'tragen': *несú, несíм, несíть*), bei Stammbetonung *-ø/-ь, -(ь)мо, -(ь)те* (z.B. *вíрити* 'glauben': *вíр, вíрмо, вíрте*).

Das Fut. ipf. Verben kann zum einen analytisch ausgedrückt werden (vgl. Russ.), d.h. mit einer Form des Hilfsverbs *бýти* + Inf. (z.B. *бýд-у, -еш, -е, -емо, -ете, -уть* + *читáти* 'lesen'); alternativ gibt es im Ukrain. die synthetische Variante des Typs *читáтиму, читáтимеш, -ме, -мемо, -мете, читáтимуть*.

Bei den Formen des Prät. werden drei Flexionsendungen unterschieden (vgl. Russ.): Sg.mask. *-в*, fem. *-ла*, neutr. *-ло*, Pl. *-ли* (vgl. *читáв, читáла, читáло, читáли*); endet der Infinitiv-Stamm auf Kons. (außer /t, d/), erscheint im Sg.mask. /-ø/ (vgl. *[він] ніс* zu *нестú* 'tragen'). Auf den Prät.-Formen basieren der Konditional (mit der Partikel *б[и]*, vgl. *знав би, знáла б*) und das (fakultative) Plusquamperfekt (mit einer Prät.-Form von *бýти*, vgl. *будувáв* 'bauen' *був, будувáла булá* etc.).

Das Gerundium tritt in Gestalt der beiden nicht-flektierten Formen des Präs. (vgl. *читáючи*) sowie des Prät. auf (vgl. *читáвши*). Das Gerund.Präs. und das Gerund.Prät. ipf. Verben drücken die relative Gleichzeitigkeit von Handlungen aus, das Gerund.Prät. pf. Verben Vorzeitigkeit. Die Formen des Part.Prät.Pass. (vgl. *чúтаний*) und des (seltenen) Part.Präs.Akt. (vgl. *читáючий*) folgen der Adj.-Flexion.

5. Zur Derivationsmorphologie

Das Ukrain. ist (wie einige andere Slavinen) eine Sprache, bei der im Bereich der Wortbildung die Derivation dominiert – bei Subst. und Adj. vor allem mit Hilfe von Suffixen, bei den Verben durch Präfixe.

Beim Subst. zählen zu den produktivsten bzw. charakteristischen Suffixen *-ак* (*співáк* 'Sänger'), *-ач* (*читáч* 'Leser', *телеглядáч* 'Fernsehzuschauer'), *-ець* (*нíмець* 'Deutscher', *покупéць* 'Käufer'), *-ник* (*рáдник* 'Berater'), bei den Neutra die Suffixe des Typs *-(-КК)я* (vgl. *телебáчення* 'Fernsehen', *життя́* 'Leben'). Häufig vertretene Adj.-Suffixe sind u.a. *-n-* (*молóчний* 'Milch-, milchig', *розýмний* 'klug'), *-ськ-* (*людськúй* 'menschlich') und deverbal *-(а/я)льн-* (*відповідáльний* 'verantwortlich', *порівня́льний* 'vergleichend').

Die für die Verbderivation typischen (und auch aus anderen slav. Sprachen bekannten) Präfixe basieren auf einer räumlich zu fassenden Grundbedeutung, die durch zusätzliche Merkmale modifiziert sein kann (etwa temporal). Die Zahl der produktiven Präfixe (z.B. *від-, до-, перед-, пíд-, по-, роз-* etc.) liegt unter 20. Die wenigen Verbalsuffixe dienen im wesentlichen der Aspektunterscheidung (vgl. ipf.

кінч-á-ти – pf. *кінч-ú-ти* 'beenden') bzw. der Ableitung eines Verbs von einem Subst. oder Adj. (vgl. *крúк-ну-ти* 'schreien', *сліп-ну-ти* 'blind werden', *буд-увá-ти* 'bauen').

6. Zur Syntax

Die neutrale Wortfolge im ukrain. Deklarativsatz, die allerdings häufig aus Gründen einer logischen bzw. funktionalen Gliederung, der Emphase etc. aufgegeben ist, entspricht der bekannten Subj.-Präd.-Obj.-Stellung.

Wie im Russ. trifft man auf verschiedene Modelle unpersönl. Sätze (vgl. *світáє* 'es dämmert, wird Tag'). Abweichend vom Russ. kann im Präs. die Kopula є gesetzt werden (z.B. *ми [є] вдóма* 'wir sind zuhause'). Obligatorisch ist є in Poss.-Konstruktionen des Typs *у мéне є (син)* 'ich habe (einen Sohn)', wobei der Besitz im Ukrain. auch mit einer Form des Verbs *мáти* 'haben' + Akk. ausgedrückt werden kann (vgl. *брат мáє сúна* 'der Bruder hat einen Sohn').

In Kopula-Sätzen des Prät. muß eine Form von *бýти* 'sein' (*був, бу-лá, -ló, -лú*) verwendet werden. Charakteristisch für das Ukrain. ist, daß die Nominalphrase dann nicht nur im Instr. oder (seltener) im Nom. stehen kann (vgl. *він був студéнтом/студéнт* 'er war Student'), sondern daß auch die Konstruktion *за* + Akk. verfügbar ist (vgl. *вонá булá нам за сестрý* 'sie war uns [wie] eine Schwester')[22].

Einfache Fragesätze können mit der Partikel *чи* eingeleitet werden (vgl. *[чи] воná [є] украïнка?* 'ist sie Ukrainerin?'); obligatorisch ist *чи* 'ob' bei indirekten Fragesätzen bzw. als Konjunktion 'oder' im Satzinnern.

Der Gebrauch von Pass.- und insbesondere von Partizipialkonstruktionen ist im Ukrain. – verglichen etwa mit dem Russ. – deutlich eingeschränkt; nur die Part.Prät.Pass. kommen häufiger vor.

7. Zum Wortschatz

Auf der Basis eines urslav., gemeinostslav. bzw. spezifisch ukrain. Grundbestandes spiegelt die Lexik des modernen Ukrain. auch die wechselvolle Geschichte des Landes bzw. der Sprecher wider; dabei fällt die Mittlerposition zwischen West und Ost ins Gewicht, die die Ukraine in konfessioneller, kultureller und damit in sprachlicher Hinsicht geprägt hat. Besonders im Vergleich zum Russ. zeigt sich dies u.a. in einem schwächeren Einfluß des Kirchenslav., andererseits in dem markanten Einfluß des Poln. (im Hinblick auf Entlehnung wie Vermittlung).

---

[22] Mit leichter semantischer 'Abtönung' als 'nicht dauerhaft/charakteristisch', 'Ersatz'.

Während kirchenslav. Entlehnungen (und damit viele griech.) häufig in die Periode der Kiever Rus' zu datieren sind, erreichte der Einfluß des Poln. (z.B. ґу́дзик 'Knopf', пра́ця 'Arbeit', ціка́вий 'interessant') im 16./17. Jh. seinen Höhepunkt; durch poln. Vermittlung drangen zudem viele westliche Lehnwörter (bzw. Internationalismen) ein – u.a. aus dem Lat., Franz., Ital. und Dtsch. (vgl. zu letzterem *ма́йстер* 'Meister', *шта́нга* 'Stange', *фах* 'Fach, Beruf' etc.). Das Russ. bildet (ab der 2. Hälfte des 17. Jh., zuletzt verstärkt ab den 1930er Jahren) gleichsam ein Gegengewicht zum Poln. U.a. aufgrund des verbreiteten ukrain.-russ. Bilingualismus kam es zu zahlreichen Entlehnungen und Lehnprägungen, zudem zu Dubletten (vgl. *бруна́тний, кори́чневий* – russ. *кори́чневый* 'braun', *годува́ти[ся]*, *корми́ти[ся]* – russ. *корми́ть[ся]* 'füttern, sich ernähren'), die heute z.T. zur Diskussion stehen[23].

8. Zu den Dialekten

Die besonders reichhaltige dialektale Gliederung des Ukrain. übte seit jeher auch einen maßgeblichen Einfluß auf die Entwicklung der ukrain. Schriftsprache aus. Man unterscheidet heute drei umfassendere Dialektzonen[24] – eine nördliche (mit einer groben Trennungslinie Luc'k-Žytomyr-Kyïv-Sumy, ca. 20% des Staatsgebiets), eine südwestliche (ca. 30%) und eine größere südöstliche (ca. 50%).

Die SO-Gruppe, die am jüngsten und am einheitlichsten ist, kann als die Basis der ukrain. Standardsprache bezeichnet werden; vielfach nimmt sie eine vermittelnde Stellung zwischen N und SW ein. Ein Beispiel dafür ist der Gebrauch der Dat.Sg.mask.-Endung *-y* neben *-oвi* im SO, während im N *-y*, im SW *-oвu* charakteristisch ist.

Die N-Zone umfaßt die west-, mittel- und ostpolessische Gruppe bzw. Übergangsdialekte (N-S-ukrain.; ukrain.-weißruss., -russ.). Das wichtigste Unterscheidungsmerkmal zwischen N und S liegt in der Entwicklung von altem *o* und *e/ě*[25], die im N von der Betonung abhing und zu (variierenden) Diphthongen führte.

Innerhalb der (archaischen) SW-Zone muß eine Vielzahl von Teildialekten unterschieden werden (z.B. podolisch, wolhynisch, lemkisch, huzulisch, bukowinisch, trans-karpatisch u.v.m.). Charakteristisch (jedoch unterschiedlich verbreitet) sind u.a.: Dat./Lok.Sg. auf *-u* (statt *-i*) bei der palatalen Subst.-Flexion (vgl. *на земли́* 'auf der Erde'), enklitische Formen von Pers.-Pron., nicht-palatal auslautendes [-c] sowie die Unterscheidung von altem /i/ und /y/.

---

[23] An sonstigen Entlehnungen sind vor allem Turzismen hervorzuheben (vgl. *база́р* 'Markt', *ка́рий* '[kastanien-]braun', *каба́н* 'Eber, Keiler'); sie spielten auch eine besondere Rolle in der Sprache der Kosaken.
[24] Im wesentlichen angelehnt an die klassische Arbeit von Hancov (1923).
[25] Vgl. dazu die Anmerkungen zur historischen Lautlehre in Abschn. 3.

9. Zur Geschichte der ukrainischen Sprache

Mit dem endgültigen Zerfall der Kiever Rus' (1240) darf auch von der Auflösung der (alt-)ostslav. Spracheinheit ausgegangen werden. Zum wichtigsten Nachfolger Kievs wurde das Großfürstentum Litauen, zu dem der größte Teil der ukrain. Gebiete im 14.-16. Jh. gehörte; fast alle davon unterstanden nach der Realunion von Polen-Litauen (Lublin 1569) unmittelbar poln. Herrschaft. Gerade die ukrain. Adligen wurden zunehmend polonisiert und traten zum Katholizismus über; dies bedeutete eine Abspaltung von der orthodoxen, vorwiegend ländlich geprägten Volksmehrheit, der als Bewahrerin der gesprochenen Volkssprache eine besondere Rolle zukam.

Die schriftlichen Texte des 14.-15. Jh. belegen eine Zweiteilung: Kirchenslav. ukrain. Redaktion (auch *slověnskij/slověnorusskij jazyk*) ist Sprache des religiösen Schrifttums – Texte weltlichen Inhalts (z.B. Geschäftstexte, Urkunden) sind in einer Kanzleisprache (*rus'ka moval russkij jazyk*) abgefaßt, die ein Kiever Erbe darstellt. Die Kanzleisprache trägt deutliche Züge der weißruss. und der ukrain. Volkssprache und ist zudem vom Poln. beeinflußt. Komplizierter wurde die Situation ab Mitte des 16. Jh., als die jesuitische Mission für Texte religiösen Inhalts auch die *rus'ka mova* benutzte. Als orthodoxe Reaktion entstand eine weitere schriftsprachliche Variante – die sog. *prostá móva*, die als Synthese aus Elementen des Kirchenslav., der Kanzleisprache sowie der ukrain. Volkssprache gelten darf[26].

Wegen ihrer Verständlichkeit war die *prosta mova* primär die Sprache der Auslegung (und der orthodoxen Polemik). Da sie auch für die Übersetzung von Bibeltexten verwendet wurde (etwa im Evangelium von Peresopnycja 1556-61), war die traditionelle Diglossie-Situation zerstört; diese Entwicklung in der südwestlichen Rus' hatte maßgeblichen Einfluß auf das Schicksal der Diglossie im Moskauer Staat.

Mit der Teilung der Ukraine 1667 beginnt in den östlichen Gebieten (die westlichen blieben zunächst bei Polen) der russ. Einfluß auf die ukrain. Sprache, Ende 18. Jh. hatte er nahezu das gesamte ukrain. Gebiet mit Ausnahme Galiziens erfaßt. Zeitgleich damit (als markanter Punkt gilt das Erscheinen der Verssatire *Eneïda* [1798] von I. Kotljarevs'kyj) ist der Beginn der neueren ukrain. Literatursprache anzusetzen. Sie baute auf der Volkssprache bzw. der Folklore auf und entwickelte sich unter dem Einfluß verschiedener ukrain. Dialektgruppen (Kotljarevs'kyj wie T. Ševčenko waren Vertreter der südöstlichen bzw. zentralukrain. Variante, die auch der Grammatik A. Pavlovskijs

---

[26] Terminologie wie Abgrenzung sind sehr uneinheitlich, vgl. Moser (1995), Trunte (1985, 229ff.), Gröschel (1972, 7ff.), Pljušč (1958; 1971), Stang (1935). – Die Grammatik von I. Uževyč (1643/45; vgl. die Ausgabe von Bilodid, Kudryc'kyj, 1970) darf als Annäherung an die *prosta mova* gelten; letztere verschwand gleichsam mit dem Einfluß des Russ. im 17. und 18. Jh. wieder.

[1818] zugrunde liegt). Besondere Bedeutung erlangte der Einfluß Galiziens ab der Mitte des 19. Jh.; dort propagierte auch die sog. *rus'- ka trijcja* (M. Šaškevyč, I. Vahylevyč, Ja. Holovac'kyj) die Volkssprache als Basis einer ukrain. Literatursprache, schuf und verbreitete Werke in ukrain. Sprache. Eine wichtige Rolle bei der Sprachdiskussion spielte der berühmte westukrain. Dichter (Wissenschaftler, Übersetzer) I. Franko (1856-1916).

Wie in der Einleitung erwähnt, führten die diskriminierenden Erlasse der russ. Regierung von 1863/1876 zu drastischen Einschränkungen im Gebrauch der ukrain. Sprache (außerhalb Galiziens). Ab 1905 konnte das Ukrain. nach und nach die Funktionen einer Standardsprache übernehmen. Unter den neuen Bedingungen der staatlichen Unabhängigkeit ist gegenwärtig eine interessante Diskussion über eine einheitliche Normierung der modernen ukrain. Standardsprache im Gange.

10. Literaturangaben

Bilodid, I. (Hrsg.) 1969-1973. *Sučasna ukraïns'ka literaturna mova. Vstup, fonetika* (1969); *Morfolohija* (1969); *Syntaksys* (1972); *Leksyka i frazeolohija* (1973); *Stylistyka* (1973). Kyïv.
—, Je.M. Kudryc'kyj (Hrsg.) 1970. *Ivan Uževyč. Hramatyka slovjans'ka.* Kyïv.
Chopyk, D.B. 1973. Variant phonemic systems of contemporary standard Ukrainian. *Linguistics. An international review* 98, 5-19.
Dzjuba, I. 1993. Ukraine und Rußland. *Studien zu Nationalitätenfragen* 9, 103-114.
Golczewski, F. (Hrsg.) 1993. *Geschichte der Ukraine*. Göttingen.
Gröschel, B. 1972. *Die Sprache Ivan Vyšens'kyjs. Untersuchungen und Materialien zur historischen Grammatik des Ukrainischen*. Köln, Wien.
Gutschmidt, K. 1972. Zur Frage der Stellung der ostslawischen Sprachen unter diachronischem und synchronischem Aspekt. In: Spitzbardt, H. (Hrsg.): *Synchronischer und diachronischer Sprachvergleich. Bericht über die wissenschaftliche Arbeitstagung zu Ehren des 150. Geburtstages von A. Schleicher*. Jena, 177-182.
Hancov, V. 1923. *Dijalektolohična klasyfikacija ukraïns'kych hovoriv*. Kyïv (ND Köln 1974).
Horbatsch, O. 1968. Polnische Lehnwörter in den ukrainischen Mundarten. In: Koschmieder, E., M. Braun (Hrsg.): *Slavistische Studien zum VI. Internationalen Slavistenkongreß in Prag 1968*. München, 3-34.
— 1987. Die neueren Entwicklungstendenzen in der ukrainischen Schriftsprache. *Jahrbuch der Ukrainekunde 1987*, 211-224.
Jevtuch, V. 1994. Die gegenwärtige ethnopolitische Situation in der Ukraine. *Der Donauraum* 34, H. 1/2, 60-67.
Kappeler, A. 1994. *Kleine Geschichte der Ukraine*. München.
Kubijovyč, V. (Hrsg.) 1963; 1971. *Ukraine. A Concise Encyclopedia*. Toronto.
— 1993 ff. *Encyklopedija ukraïnoznavstva v 11 t. Reprint vidtvorennja vyd. 1955-1984 rokiv*. L'viv.
Kubijovyč, V., D.H. Struk (Hrsg.) 1993. *Encyclopedia of Ukraine. (Vol. I-V)*. Toronto, Buffalo, London.
Lehfeldt, W. 1985. *Sprjaženie ukrainskogo glagola. Analitiko-sintetičeski-funkcional'nyj analiz obrazovanija slovoform nastojaščego vremeni, povelitel'nogo na-*

klonenija i prošedšego vremeni v sovremennom ukrainskom literaturnom jazyke (= Specimina Philologiae Slavicae, Supplementbd. 9). München.
Leonova, M.V. 1983. *Sučasna ukraïns'ka literaturna mova. Morfolohija*. Kyïv.
Lüdemann, E. 1995. *Ukraine*. München.
Lysenko, E.I. 1994. *Nimec'ko-ukraïns'kyj ukraïns'ko-nimec'kyj slovnyk*. Kyïv.
Mirtschuk, I. 1994. *Geschichte der ukrainischen Kultur*. München.
Moser, M. 1995. Anmerkungen zur Prosta Mova. *Slavia* 64, 1-2, 117-123.
Nimčuk, V.V. 1978. *Istorija ukraïns'koï movy. Morfolohija*. Kyïv.
— 1979. *Istorija ukraïns'koï movy. Fonetyka*. Kyïv.
Panzer, B. ²1996. *Die slavischen Sprachen in Gegenwart und Geschichte. Sprachstrukturen und Verwandtschaft*. Frankfurt etc.
Pavlovskij, A. 1818. *Grammatika malorossijskogo narečija*. St. Peterburg.
Pljušč, P.P. 1958. *Narysy z istoriï ukraïns'koï literaturnoï movy*. Kyïv.
— 1971. *Istorija ukraïns'koï literaturnoï movy*. Kyïv.
Richardt, R. 1957. *Polnische Lehnwörter im Ukrainischen*. Berlin.
Robel, G. 1996. *Ukraine. Partner Bayerns. Eine kleine Landeskunde*. München.
Rudnyc'kyj, Ja.B. ⁵1992. *Lehrbuch der ukrainischen Sprache*. Wiesbaden.
Schweier, U. 1996. Analytisch-synthetisch-funktionell: Überlegungen zu einer Beschreibungsmethode (am Beispiel der verbalen Formenbildung des Čechischen sowie des Russischen und des Ukrainischen). *Die Welt der Slaven* 41, 104-125.
Shevelov, G.Y. 1966. *Die ukrainische Schriftsprache 1798–1965. Ihre Entwicklung unter dem Einfluß der Dialekte*. Wiesbaden.
— 1979. *A historical phonology of the Ukrainian language*. Heidelberg.
— 1989. *The Ukrainian language in the first half of the twentieth century (1900–1941), its state and status*. Cambridge (Mass.).
— ²1991. Das Ukrainische. In: Rehder, P. (Hrsg.): *Einführung in die slavischen Sprachen*. Darmstadt, 123-133.
— 1993. Ukrainian. In: Comrie, B., G.G. Corbett (Hrsg.): *The Slavonic languages*. London, New York, 947-998.
Simovyč, V. ²1921. *Hramatyka ukraïns'koï movy*. Kyïv (ND München 1986).
Smal-Stockyj, St. v. 1913. *Ruthenische Grammatik*. Berlin, Leipzig.
Stang, Ch.S. 1935. *Die westrussische Kanzleisprache des Grossfürstentums Litauen*. Oslo.
Stechishin, J.W. 1977. *Ukrainian grammar*. Winnipeg.
Sussex, R. 1993. Slavonic languages in emigration. In: Comrie, B., G.G. Corbett (Hrsg.): *The Slavonic languages*. London, New York, 999-1036.
Trunte, H. (Hrsg.) 1985. *Cyrillus Tranquillus Stavroveckij „Perlo Mnohocěnnoje" (Černěhov 1646). Bd. II: Literarischer und theologischer Kommentar auf dem Hintergrund der Geschichte des 16. und 17. Jahrhunderts*. Köln, Wien.
Vychovanec', I.R. 1993. *Hramatyka ukraïns'koï movy. Syntaksys*. Kyïv.
—, E.A. Karpilovskaja, N.F. Klimenko 1993. *Izučaem ukrainskij jazyk. Rasširennyj kurs*. Kyïv.
Zilyns'kyj, I. 1979. *A phonetic description of the Ukrainian language*. Cambridge (Mass.).
Žylko, F.T. 1958. *Hovory ukraïns'koï movy*. Kyïv.
— ²1966. *Narysy z dialektolohiï ukraïns'koï movy*. Kyïv.
Žovtobrjuch, M.A. 1984. *Ukraïns'ka literaturna mova*. Kyïv.
—, I.R. Vychovanec', A.P. Hryščenko (Hrsg.) 1975. *Morfolohična budova sučasnoï ukraïns'koï movy*. Kyïv.

Das Weißrussische

von

Hermann Bieder

1. Einführung

Die weißruss. Sprache (*беларуская мова*, bis 1945 im deutschen Sprachraum vorwiegend Weißruthenisch und hierauf in der DDR Belorussisch genannt) ist hinsichtlich der Sprecherzahl die kleinste ostslav. Sprache. Sie ist die Ethnosprache von 7,9 Mio. Weißrussen (1989) in der seit Juli 1991 unabhängigen Republik Weißrußland sowie von weißruss. Minderheiten in der Russ. Föderation (1,21 Mio.), in Polen (0,4 Mio.), Litauen, Lettland, aber auch in der Diaspora, in Kanada, USA, Brasilien. Von den 7,9 Mio. Weißrussen Weißrußlands bekannten sich 1989 nur mehr 6,34 Mio. (80,25%) zu ihrer Ethnosprache, dagegen gaben bereits 1,56 Mio. (19,75%) das Russ. als ihre Muttersprache an; weiterhin hatten von diesen 7,9 Mio. Weißrussen 1989 nur 3,58 Mio. Sprecher eine aktive oder passive Kompetenz in ihrer Ethnosprache. Die weißruss.-russ. Zweisprachigkeit ist völlig disharmonisch, weil der Großteil der Weißrussen das Russ. beherrscht, die russ. Minderheit Weißrußlands jedoch kaum über Weißrussischkenntnisse verfügt. Vom Beginn der 1930er bis Ende der 1980er Jahre war das Weißruss. durch gezielte sprachpolitische Maßnahmen einer starken Russifizierung ausgesetzt, der 1990-1994 eine Periode nationalkultureller Wiederbelebung (*адраджэнне* 'Wiedergeburt') folgte, die 1995 von einer neuerlichen intensiven Russifizierung und Diskriminierung des Weißruss. in allen öffentlichen Funktionsbereichen abgelöst wurde. Im Januar 1990 erklärte zwar der Oberste Sowjet Weißrußlands das Weißruss. zur Staatssprache, im Mai 1995 wurde aber durch eine Volksabstimmung auch das Russ. als Staatssprache anerkannt. In den Städten wird die weißruss. Standardsprache von einer dünnen nationalbewußten Intelligenzschicht getragen, während die weniger gebildeten sozialen Schichten eine weißruss.-russ. Mischsprache, die sog. *трасянка* (wörtlich: 'Viehfutter') benutzen. Die weißruss. Landbevölkerung spricht dagegen überwiegend Dialekte, die aber in lexikalischer Hinsicht auch stark russifiziert sind. Durch den politischen Russifizierungsdruck, die allgegenwärtige weißruss.-russ. Zweisprachigkeit und die Überfremdung aller Teilsysteme der weißruss. Sprache ist deren weitere Existenz und Eigenständigkeit gefährdet.

2. Alphabet und Orthographie

Das Weißruss. wurde vom Beginn der schriftlichen Überlieferung im Kiever Reich bis zum Ende des 17. Jh. hauptsächlich kyrillisch geschrieben. Vom Ende des 16. Jh. bis zum Beginn des Zweiten Weltkriegs wurden weißruss. Texte sowohl in der Kyrillica als auch in der Latinica (insbesondere in Westweißrußland unter dem Einfluß der polnischen Schrifttradition) geschrieben. In Zentral- und Ostweißrußland wurde die Lateinschrift 1912 und im poln. Westweißrußland 1939 durch die Kyrillica ersetzt. Vom 16.-19. Jh. schrieben überdies die in Weißrußland ansässigen Tataren weißruss. Texte mit arabischer Schrift (sogenannte кітáбы).

Das kyrillische Alphabet der modernen weißruss. Standardsprache besteht aus folgenden 32 Buchstaben (hiervon 10 für Vokale, 21 für Konsonanten und ein weiches Zeichen):

Аа, Бб, Вв, Гг, Дд, Ее, Ёё, Жж, Зз, Іі, Йй, Кк, Лл, Мм, Нн, Оо, Пп, Рр, Сс, Тт, Уу, Ўў, Фф, Хх, Цц, Чч, Шш, Ыы, Ьь, Ээ, Юю, Яя.

Der Apostroph ' wird (wie das russ. ъ) als Trennzeichen verwendet.

Die wissenschaftliche Transliteration des weißruss. Alphabets unterscheidet sich nur geringfügig von jener des russ. Alphabets: kyrill. *ў*, *г* und ' sind mit lateinschriftlichem *ŭ*, *h* oder *g* (je nach Lautwert) und dem Zeichen '-' zu transliterieren: *быў* 'war', *гóрад* 'Stadt', *гýзік* 'Knopf', *аб'ём* 'Umfang' = *byŭ*, *horad*, *guzik*, *ab-ëm*.

Nur vier weißruss. Schriftzeichen, nämlich *ё*, lateinschriftliches *і*, nichtsilbisches *ў* und das Trennungszeichen ' unterscheiden sich vom russ. Alphabet: *цётка* 'Tante', *мíлы* 'nett', *воўк* 'Wolf', *сям'я* 'Familie'. Andererseits existiert im weißruss. Alphabet nicht das russ. Zeichen *щ*, dessen Entsprechung durch die weißruss. Buchstabenverbindung *шч* wiedergegeben wird: *шчылíна* 'Spalt'.

Die 32 Buchstaben bezeichnen 43 Phoneme, und zwar 5 Vokalphoneme und 38 Konsonantenphoneme.

3. Lautsystem
3.1. Phonetik

Der Wortakzent bestimmt wie im Russ. die Qualität und Dauer der weißruss. Vokale. In betonter Position werden wie im Russ. die 6 Vokale [a], [o], [u], [ė], [y], [i] unterschieden, deren Artikulation der der entsprechenden russ. gleicht. Unter poln. Spracheinfluß wird aber im Weißruss. häufig э nach harten Konsonanten verwendet: *сэрца* 'Herz'. Für das Weißruss. ist auch die Aussprache von ы nach den harten [d], [t] in Lehnwörtern typisch: *дыскýсія* 'Diskussion', *артыкул* 'Artikel'. Zu den wichtigsten phonetischen Besonderheiten des Weißruss. gehören: – Á k a n n e: In unbetonter Position treten durch die Wirkung des Akanne nur die Vokale [a], [y], [u] nach harten Konsonanten auf. Infolge des Akanne werden unbetontes [o] und [ė] nach harten Konsonanten als [a] gesprochen: *нóгі* 'Beine' – *нагá* 'Bein', *цэгла* 'Ziegel' – *цагляны* 'Ziegel-'. Das Akanne wird auf alle unbetonten vor- und nachtonigen Silben ausgedehnt und in der Schrift berücksichtigt. Bei unbetontem [o] wird das Akanne aber konsequenter in der Schrift ausgedrückt als bei unbetontem [e], da ersteres Erb- und Lehnwörter einbezieht (*вадá* 'Wasser', *Гамéр* 'Homer'), letzteres aber meistens nur Wörter slav. Herkunft (*рэкí* 'Flüsse' – *раká* 'Fluß', aber: *эпóха* 'Epoche'). – Jákanne: Der lautliche Zusammenfall der Vokale [o], [e] mit dem Vokal [a] in unbetonter Position nach weichen Konsonanten wird als Jakanne bezeichnet. Der orthographischen und orthoepischen Norm liegt ein bestimmter Jakanne-Typ zugrunde, der für die mittelweißruss. Dialekte charakteristisch ist. In slav. Erbwörtern wandeln sich [o], [e] in der ersten vortonigen Position nach weichen Konsonanten zu [a] (in der Schrift я): *вéцер* 'Wind' – *вятры́* 'Winde'. In Lehnwörtern wird dagegen [e] in der ersten vortonigen Silbe meistens bewahrt: *сезóн* 'Saison'. In den übrigen vortonigen sowie in den nachtonigen Silben wird jedoch in der Regel [e] bewahrt: *веснавы́* 'Frühlings-'. – Prothetische Konsonanten und Vokale: Viele weißruss. Wörter unterscheiden sich von den äquivalenten russ. Wörtern durch prothetische Konsonanten und Vokale. Die prothetischen Konsonanten [v], [j], [γ] treten am Wortanfang oder nach Präfixen vor (meist) betonten Vokalen hauptsächlich in slav. Erbwörtern auf: *вóстры* 'scharf', *ён* 'er', *гэ́ты* 'dieser'. Bei Betonungsverschiebung verschwindet prothetisches [v] vor [o], nicht aber vor [u] im Rahmen eines Flexionsparadigmas: *вóзера* 'See' – *азёры* 'Seen', aber *вýха* 'Ohr', *вушэ́й* 'Ohren' Gen.Pl. Die meisten Lehnwörter weisen dagegen keine prothetischen Konsonanten auf: *óрдэн* 'Orden', *ýнія* 'Union'. Die prothetischen Vokale [i] und [a] entstehen vor Konsonantenverbindungen, die mit [r], [l], [m], [ŭ] beginnen und denen Geräuschkonsonanten oder [v] folgen: *аржаны́* 'Roggen-', *ірвáць* 'reißen'. Im Redekontinuum entstehen prothetische Vokale nur dann, wenn das vorhergehende Wort auf einen Konsonanten endet: *Пёк аржаны́ хлеб* '(er) buk Roggenbrot'. Wenn aber das vorhergehende Wort auf einen Vokal endet, verschwindet die Vokalprothese: *Пяклá ржаны́ хлеб* '(sie) buk Roggenbrot'. Die prothetischen Vokale verschwinden auch nach einem Präfix, das auf einen Vokal endet: *імглá* 'Nebel' – *замглёны* 'nebelig'. – Harte und weiche Konsonanten: Die Aussprache der weißruss. Konsonanten unterscheidet sich in folgenden Fällen deutlich von jener der russ. Äquivalente: г wird wie in den südruss. Dialekten als sth. Frikativ [γ] ausgesprochen: *гóрад* [γórat] 'Stadt'. Immer hart sind die Affrikaten [č], [dž], die Konsonantenverbindung [šč] sowie der Vibrant [r]: *чóрны* 'schwarz', *шчы́ры* 'aufrichtig', *джэ́рсі* 'Jersey', *рад* 'Reihe'. Am Wortende werden nur harte Labialkonsonanten gesprochen: *гóлуб* 'Taube', *сем* 'sieben'. Den russ. palatalisierten Plosiven [d'], [t'] entsprechen die weißruss. weichen Affrikaten [dz'], [c'] (sogenanntes Dzékanne und Cékanne): *дзень* 'Tag', *цень* 'Schatten'. Durch die regressive Palatalitätsassimilation werden paarige hart/weiche Kons. vor weichen Kons.

regelmäßiger und stärker erweicht als im Russ., wobei aber nach der geltenden Orthographie die Weichheit in der Schrift (wie im Russ.) unbezeichnet bleibt: *змена* [z'm'ena] 'Wechsel', *цверды* [c'v'órdy] 'hart'. – Stimmlose und stimmhafte Konsonanten: Wie im Russ. sind infolge der Stimmtonassimilation vor sth. Konsonanten nur paarige sth. Konsonanten realisierbar: *лічба* [lídžba] 'Zahl'. Ebenso sind vor stl. Konsonanten und am Wortende nur stl. Konsonanten möglich: *ксёндз* [ks'onc] 'kathol. Geistlicher'. Die Alternation der sth. und stl. Konsonanten wird von der weißruss. Orthographie (wie von der russ.) nicht berücksichtigt. – Lange Konsonanten: Das Weißruss. kennt (wie das Ukr.) eine Reihe von doppelten, gelängten Konsonanten, die sich vor dem grammatischen Morphem in intervokalischer Position entwickelten. Zu den langen Konsonanten zählen [l], [n], [z], [s], [dz], [c], die immer weich sind, sowie die immer harten [ž], [š], [č]: *вяселле* 'Hochzeit', *збожжа* 'Getreide'. Die Verwendung der aufgezählten gelängten Konsonanten begegnet häufig in bestimmten Wortbildungskategorien und -bildungstypen sowie in flektierten Wortformen. In Lehnwörtern werden aber Doppelkonsonanten durch die weißruss. Orthographie nicht bewahrt: *маса* 'Masse', *металы* 'Metalle'. – Konsonantenalternationen: Wie sonst im Slav. sind auch die Reflexe der ersten Palatalisierung in der Flexion der Verben und in der Derivation der Substantive vertreten: *магу* 'ich kann' – *можаш*, *пяку* 'ich backe' – *пячэш*, *муха* 'Fliege' – Dem. *мушка*. Im Unterschied zum Russ. ist aber in der Flexion der weißruss. Subst. (a-Deklination und o-Deklination) auch die Alternation stammauslautender Velare [g], [k], [x] mit den Konsonanten [z'], [c], [s'] erhalten (zweite Palatalisierung): *нага* 'Bein' – *назе*, *ручка* 'Händchen' – *ручцы*, *страха* '(Stroh)dach' – *страсе*. – Vokalalternationen: Das Weißruss. kennt wie das Russ. einen historischen Wandel von betontem [e] zu [o], wenn ersteres sich aus historischem [e] oder [ь] (nicht aber aus jat' [ě]) entwickelte. Dieser Wandel erfolgte nach weichen Konsonanten vor harten Konsonanten sowie am Wortende: *вёска* 'Dorf', *жыццё* 'Leben'. Das Weißruss. hat wie alle slav. Sprachen flüchtige Vokale, die in bestimmten Wortformen und suffixalen Ableitungen auftreten, in anderen wieder verschwinden. Flüchtig können die Vokale [o] und [e] sowie (wegen des Akanne) auch unbetontes [a] sein: *пень* 'Baumstumpf' – *пня* Gen.Sg., *сон* 'Schlaf' – *сну* G.Sg., *вучань* 'Schüler' – *вучня* G./Akk.Sg., *дошка* 'Brett' – *дошак* Gen.Pl.

3.2. Phonologie

Das weißruss. Vokalsystem hat in betonter Position fünf Phoneme /a/, /o/, /u/, /e/ und /i/; ы [y] wird gewöhnlich als Variante von /i/ gewertet, da es nur nach harten Konsonanten auftritt. Unbetont werden (wegen Akanne/Jakanne) nur /a/, /u/, /i/ bzw. [y] unterschieden.

Im weißruss. Konsonantensystem sind die Oppositionen Stimmhaftigkeit/Stimmlosigkeit (Stimmtonkorrelation) und Härte/Weichheit (Palatalitätskorrelation) zu unterscheiden. Stimmhafte und stimmlose Konsonanten bilden 8 korrelierende harte Paare: /b – p, d – t, z – s, dz – c, ž – š, dž – č, γ – x, g – k/, sowie 5 weiche Paare: /b' – p', dz' – c', z' – s', γ' – x', g' – k'/. Außerhalb der Stimmtonkorrelation stehen die Konsonantenphoneme /v/ und /f/, /v'/ und /f'/ (zum Unterschied vom Russ.) sowie /l, l', m, m', n, n', r, j/. Durch regressive Stimmtonassimilation und Entstimmhaftung im Wortauslaut erfolgt die Neutralisierung der Stimmtonkorrelation. Die Konsonanten /v, v'/ werden jedoch nie entstimmhaftet, weil sie sich am Wortende und vor Konsonanten zu bilabialem [ŭ] wandeln: *кароʹва* 'Kuh' – *кароʹў* Gen.Pl., *траваʹ* 'Gras' – Dem. *траʹўка*. Die harten und weichen Konsonanten bilden 15 Paare: /p – p', b – b', m – m', v – v', f – f', t – c', d – dz', s – s', z – z', n – n', l – l', k – k', γ – γ', g – g', x - x'/, unpaarig hart sind /ž, š, dž, č, dz, c, r/, dagegen ist /j/ ein isolierter weicher Konsonant.

3.3. Akzent

Das Weißruss. hat wie das Russ. einen freien Akzent (*каʹра* 'Strafe' – *караʹ* 'Rinde', *склíкаць* pf. – *склікаʹць* ipf. 'einberufen'). In Flexion (beweglicher Akzent: *роʹгі* 'Hörner' – *рагоʹў* Gen.Pl.) und Derivation (*бéраг* 'Ufer' – Dem. *беражоʹк*) kann sich die Akzentstelle im Wort ändern. Weißruss. und russ. Wörter gleicher Herkunft unterscheiden sich oft hinsichtlich der Akzentstelle: weißruss. *вярбаʹ* 'Weide', *хоʹраша* 'gut', *вéзці* 'jmdn. fahren' – russ. *вéрба, хорошоʹ, везтиʹ*. Noch häufiger divergiert die Betonung von flektierten Wortformen in den beiden Sprachen: weißruss. *хоʹчам, хоʹчаце, хоʹчуць* – russ. *хотиʹм, хотиʹте, хотяʹт*.

4. Flexionsmorphologie
4.1. Das Substantiv

Der Großteil der Substantive wird im Singular und Plural nach Kasus dekliniert. Im Singular sind drei Deklinationen gegeben, hiervon zwei mit fem. Genus (*a*-Stämme, *i*-Stämme) und eine gemeinsame der Substantive mit mask. und neutr. Genus (*o*-Stämme). Überdies sind Reste einer vierten Deklination vertreten (konsonant. Stämme). Die Deklinationsparadigmen bilden außerdem Untergruppen, deren Flexionsmorpheme vom Stammauslaut (mit hartem, weichem, erhärtetem oder velarem Konsonanten) sowie vom natürlichen Genus abhängig sind. Wegen der Berücksichtigung des Akanne/Jakanne in der Orthographie ist bei verschiedenen Deklinationstypen auch die Unterscheidung von Stamm- und Endungsbetonung relevant. In vielen Paradigmen ist überdies eine Reihe von Stammalternationen zu beachten. Bei verschiedenen Kasusformen sind außerdem noch Endungsvarianten möglich, die aber in der folgenden Übersicht nicht berücksichtigt werden. – Erste Deklination (*a*-Stämme), Singular der Feminina:

Nom.	нíв-а	хвáл-я	бýр-а	пýшч-а	рук-á	страх-á
Gen.	нíв-ы	хвáл-і	бýр-ы	пýшч-ы	рук-í	страх-í
Dat.	нíв-е	хвáл-і	бýр-ы	пýшч-ы	руц-э́	страс-é
Akk.	нíв-у	хвáл-ю	бýр-у	пýшч-у	рук-ý	страх-ý
Instr.	нíв-ай (-аю)	хвáл-яй (-яю)	бýр-ай (-аю)	пýшч-ай (-аю)	рук-óй (-óю)	страх-óй (-óю)
Präp.	нíв-е 'Flur'	хвáл-і 'Welle'	бýр-ы 'Sturm'	пýшч-ы 'Heide'	руц-э́ 'Hand'	страс-é 'Dach'

Maskuline Substantive wie *мужчы́на* 'Mann', *дзя́дзька* 'Onkel', *суддзя́* 'Richter' haben einige abweichende Endungen: Dat. *мужчы́н-у, дзя́дзьк-у, суддз-í*, Inst. *мужчы́н-ам, дзя́дзьк-ам*, Präp. *дзя́дзьк-у*, die teilweise durch den Einfluß der zweiten Deklination (natürliches Genus) bedingt sind. – Plural der Feminina:

Nom.	нíв-ы	хвáл-і	бýр-ы	пýшч-ы	рýк-і	стрэ́х-і
Gen.	ніў	хваль	бур	пýшч-аў	рук	стрэ́х
Dat.	нíв-ам	хвáл-ям	бýр-ам	пýшч-ам	рук-áм	стрэ́х-ам
Akk.	нíв-ы	хвáл-і	бýр-ы	пýшч-ы	рýк-і	стрэ́х-і
Instr.	нíв-амі	хвáл-ямі	бýр-амі	пýшч-амі	рук-áмі	стрэ́х-амі
Präp.	нíв-ах	хвáл-ях	бýр-ах	пýшч-ах	рук-áх	стрэ́х-ах

Maskulina wie *дзя́дзька, суддзя́* flektieren im Gen.-Akk. nach der zweiten Deklination: *дзя́дзьк-аў, сýддз-яў*. – Zweite Deklination (*o*-Stämme), Singular der Maskulina:

Nom.	сын	алéнь	крок	плуг	бор	ключ
Gen.	сы́н-а	алéн-я	крóк-у	плýг-а	бóр-у	ключ-á
Dat.	сы́н-у	алéн-ю	крóк-у	плýг-у	бóр-у	ключ-ý
Akk.	сы́н-а	алéн-я	крок	плуг	бор	ключ
Instr.	сы́н-ам	алéн-ем	крóк-ам	плýг-ам	бóр-ам	ключ-óм
Präp.	сы́н-е 'Sohn'	алéн-і 'Hirsch'	крóк-у 'Schritt'	плýз-е 'Pflug'	бар-ы́ 'Nadelwald'	ключ-ы́ 'Schlüssel'

Singular: Neutra. Substantive vom Typ *гумнó* 'Scheune; Tenne', *пóле* 'Feld', *сэ́рца* 'Herz', *вóблака* 'Wolke' unterscheiden sich vom Paradigma der Maskulina nur im Nom.-Akk. – Plural der Maskulina:

Nom.	сын-ы́	алéн-і	крóк-і	плуг-í	бар-ы́	ключ-ы́
Gen.	сын-óў	алéн-яў	крóк-аў	плуг-óў	бар-óў	ключ-óў
Dat.	сын-áм	алéн-ям	крóк-ам	плуг-áм	бар-áм	ключ-áм
Akk.	сын-óў	алéн-яў	крóк-і	плуг-í	бар-ы́	ключ-ы́
Instr.	сын-áмі	алéн-ямі	крóк-амі	плуг-áмі	бар-áмі	ключ-áмі
Präp.	сын-áх	алéн-ях	крóк-ах	плуг-áх	бар-áх	ключ-áх

Plural: Neutra. Die angeführten Neutra werden teilweise nach dem Paradigma der Maskulina dekliniert: Nom.-Akk. *гу́мн-ы, пал-і́, сэ́рц-ы, во́блак-і*, gen. *гу́мн-аў, пал-ёў, сэ́рц-аў, во́блак-аў*. – Dritte Deklination (i-Stämme) Singular und Plural:

Nom.	верф	мыш	ноч	скронь	даль
Gen.	ве́рф-і	мы́ш-ы	но́ч-ы	скро́н-і	да́л-і
Dat.	ве́рф-і	мы́ш-ы	но́ч-ы	скро́н-і	да́л-і
Akk.	верф	мыш	ноч	скронь	даль
Instr.	ве́рф'-ю	мы́шш-у	но́чч-у	скро́нн-ю	да́лл-ю
Präp.	ве́рф-і	мы́ш-ы	но́ч-ы	скро́н-і	да́л-і
	'Werft'	'Maus'	'Nacht'	'Schläfe'	'Weite'

Nom.	ве́рф-і	мы́ш-ы	но́ч-ы	скро́н-і	да́л-і
Gen.	ве́рф-яў	мыш-э́й	нач-э́й	скрон-е́й	да́л-яў
Dat.	ве́рф-ям	мыш-а́м	нач-а́м	скро́н-ям	да́л-ям
Akk.	ве́рф-і	мыш-э́й	но́ч-ы	скро́н-і	да́л-і
Instr.	ве́рф-ямі	мыш-а́мі	нач-а́мі	скро́н-ямі	да́л-ямі
Präp.	ве́рф-ях	мыш-а́х	нач-а́х	скро́н-ях	да́л-ях

4.2. Das Adjektiv

Die Qualitätsadjektive haben synthetische und analytische Steigerungsformen. Die synthetische Form des Komparativs wird mit dem Suffix *-ейш-/-эйш-* gebildet. Beim Superlativ steht das Präfix *най-* vor dem Komparativ: *про́стая зада́ча* 'einfache Aufgabe' – *прасцейшае рашэ́нне* 'einfachere Lösung' – *найпрасце́йшае вы́йсце* 'einfachster Ausweg'. Suppletivformen: *до́бры* 'gut' – *ле́пшы* 'besser', *вялі́кі* 'groß' – *бо́льшы* 'größer', *дрэ́нны* 'schlecht' – *го́ршы* 'schlechter', *малы́* 'klein' – *ме́ншы* 'kleiner, geringer'. Analytische Formen: *больш (бо́лей) бе́лы* 'weißer', *са́мы бе́лы* 'der weißeste' = *найбо́льш (найбо́лей) бе́лы* und umgekehrt: *менш (ме́ней) бе́лы*. Die Flexionsmorpheme der Qualitäts- und Beziehungsadjektive unterscheiden sich nur phonetisch (und graphisch) nach der Weichheit und Härte des auslautenden Stammkonsonanten und der Akzentstelle. Der Stamm der Qualitäts- und Beziehungsadjektive kann auf einen harten Konsonanten (Typ *го́рды* 'stolz'), weichen Konsonanten (Typ *асе́нні* 'Frühlings-'), erhärteten Konsonanten (Typ *чужы́* 'fremd') oder auf die Velare *г, к, х* (Typ *сухі́* 'trocken') enden. – Sing. Mask. und Fem.:

Nom.	го́рд-ы	асе́нн-і	чуж-ы́	сух-і́
Gen.	го́рд-ага	асе́нн-яга	чуж-о́га	сух-о́га
Dat.	го́рд-аму	асе́нн-яму	чуж-о́му	сух-о́му
Akk.	Endungen wie im Nominativ oder Genitiv			
Instr.	го́рд-ым	асе́нн-ім	чуж-ы́м	сух-і́м
Präp.	го́рд-ым	асе́нн-ім	чуж-ы́м	сух-і́м

Nom.	го́рд-ая	асе́нн-яя	чуж-а́я	сух-а́я
Gen.	го́рд-ай (-ае)	асе́нн-яй (яе)	чуж-о́й (-о́е)	сух-о́й (-о́е)
Dat.	го́рд-ай	асе́нн-яй	чуж-о́й	сух-о́й
Akk.	го́рд-ую	асе́нн-юю	чуж-у́ю	сух-у́ю
Instr.	го́рд-ай (-аю)	асе́нн-яй (-яю)	чуж-о́й (-о́ю)	сух-о́й (-о́ю)
Präp.	го́рд-ай	асе́нн-яй	чуж-о́й	сух-о́й

Die Flexionsendung der Neutra unterscheidet sich nur im Nom.-Akk. von jener der Maskulina: *го́рд-ае, асе́нн-яе, чуж-о́е, сух-о́е*. – Plural aller Genera:

Nom.	го́рд-ыя	асе́нн-ія	чуж-ы́я	сух-і́я
Gen.	го́рд-ых	асе́нн-іх	чуж-ы́х	сух-і́х
Dat.	го́рд-ым	асе́нн-ім	чуж-ы́м	сух-і́м
Akk.	Endungen wie im Nominativ oder Genitiv			
Instr.	го́рд-ымі	асе́нн-імі	чуж-ы́мі	сух-і́мі
Präp.	го́рд-ых	асе́нн-іх	чуж-ы́х	сух-і́х

4.3. Das Verbum

Das Verb verfügt über infinite, prädikative (finite), partizipiale und adverbialpartizipiale Formen:
  1. Infinitivformen: Die Infinitivform wird gebildet, indem an den Verbalstamm das Suffix -*ць*, -*ці* oder -*чы* angefügt wird. Das Suffix -*ць* haben Verben mit vokalischem Stammauslaut: *рабі́ць* 'machen', aber bei der Verbindung mit dem Postfix -*ся* wird -*цца* geschrieben: *рабі́цца* 'gemacht werden'. Endet der Verbalstamm auf einen Konsonanten, wird der Infinitiv mit dem Suffix -*ці* gebildet (*е́сці* 'essen'). Wenn der Verbalstamm auf die Velare *г, к* auslautet, wird -*чы* angefügt (*магчы́* 'können', *цячы́* 'fließen').
  2. Prädikative Formen: Die prädikativen (persönlichen) Verbalformen sind als Form des Indikativs, Imperativs und Konjunktivs vertreten. Im Indikativ haben die Verben persönliche Formen des Präsens, Futurs und Präteritums im Singular und Plural. Die Präsensformen lassen sich in zwei formale Klassen (Konjugationen) gliedern. – **Paradigma der ersten Konjugation** mit dem Themavokal -*e*-:

1. Pers.Sg. -(j)у (чака́ю 'warte', бяру́ 'nehme'),
2. Pers.Sg. -еш, -эш, -аш (жыве́ш 'lebst', пячэ́ш 'bäckst', вя́жаш 'bindest'),
3. Pers.Sg. -е, -э, -а (куе́ 'schmiedet', пячэ́, вя́жа),
1. Pers.Pl. -ем, -ём, -ам, -ом (чака́ем, куём, вя́жам, пячо́м),
2. Pers.Pl. -еце, -а́це, -яце́, -аце́ (чака́еце, вя́жаце, куяце́, бераце́),
3. Pers.Pl. -(j)уць (чака́юць, вя́жуць).

Die einzelnen Allomorphe dieses Paradigmas sind von Akzentstelle und Stammauslaut abhängig. Die 3.Pers.Sg. Aktiv endet auf Vokal (*пі́ша* 'schreibt'), nicht jedoch in der reflexiv-passiven Form (*пі́шац-ца* 'es wird geschrieben').

Paradigma der zweiten Konjugation mit dem Themavokal -*i*-:
1. Pers.Sg. -(j)у (раблю́ 'mache', ба́чу 'sehe', ляжу́ 'liege', трымчу́ 'zittere'),
2. Pers.Sg. -іш, -ыш (ро́біш, ба́чыш, ляжы́ш, трымці́ш),
3. Pers.Sg. -іць, -ыць (ро́біць, ба́чыць, ляжы́ць, трымці́ць),
1. Pers.Pl. -ім, -ым, (ро́бім, ба́чым, ляжы́м, трымці́м),
2. Pers.Pl. -іце, -ыце (ро́біце, ба́чыце, ляжыце́, трымціце́),
3. Pers.Pl. -(j)аць (ро́бяць, ба́чаць, ляжа́ць, трымця́ць).

Bei diesem Paradigma hängt die Wahl des Allomorphs primär vom Stammauslaut ab. Die Formen des Präteritums werden vom Infinitivstamm der Verben mit dem Suffix -*л*- (das sich in auslautender Position zu *ў* wandelt) gebildet: *я ишо́ў* 'ich ging' mask., aber *ишла́* fem., *яно́ ишло́* neutr., *яны́ ишлі́* pl. – Imperativ: Das Weißruss. kennt wie das Ukr. (aber im Gegensatz zum Russ.) eine spezifische Imperativform in der 1.Pers.Pl. auf (betontes) -*мо́* und (unbetontes) -*ма*: *спімо́* 'schlafen wir!', *буду́йма!* 'laßt uns bauen!'. – Konjunktiv: Im Konjunktiv haben die Verben dieselben Formen wie im Präteritum. Sie unterscheiden sich vom Präteritum durch die Partikel *бы* (bei kons. Stammauslaut des Verbs) oder *б* (bei vokal. Stammauslaut): *я чыта́ў бы* 'ich würde lesen'; aber *я чыта́ла б, яны чыта́лі б*.

3. Partizipien: Die auf Dialekten aufgebaute Standardsprache hat ein wenig entwickeltes Partizipialsystem, das vorwiegend auf Verben des pf. Aspekts beschränkt ist. Üblich sind bloß die vom Infinitivstamm transitiver pf. Verben mit den Suffixen -*н*- (-*ан*-, -*ян*-, -*ен*-) und -*т*- abgeleiteten pass. Part.Prät. vom Typ *адшука́ны* 'gefunden', *апра́нуты* 'gekleidet'. Akt.Part.Präs., die von Verben des ipf. Aspekts gebildet sind, kommen nur in der geschriebenen Sprache vor (Typ *квітне́ючыя сады́* 'blühende Gärten').

4. Gerundien (Adverbialpartizipien): Bei den ipf. Verben wird das Gerundium der Gleichzeitigkeit mit dem Suffix -*учы-/-ючы*- oder -*ачы-/-ячы*- vom Präsensstamm gebildet: *яны́ вяду́ць – веду́чы* 'beim Führen, während des Führens', *яны́ даю́ць – даю́чы, яны́ ро́бяць – ро́бячы*. Bei Verben des pf. Aspekts wird das Gerundium der Vorzeitigkeit vom Präteritalstamm mit dem Suffix -*шы, -ўшы* gebildet: *ён зрабі́ў – зрабі́ўшы* 'nachdem er gemacht hatte'.

4.4. Das Adverb

Qualitätsadverbien lassen sich von fast allen Qualitätsadjektiven mit dem Suffix -*о* (unbetont -*а*) bilden: *ке́пска* 'schlecht'. Diese Qualitätsadverbien haben wie die Qualitätsadjektive synthetische oder analytische Komparativ- und Superlativformen: *шырэ́й* 'breiter', *больш* oder *менш зразуме́ла* 'verständlicher bzw. weniger verständlich', *больш* oder *менш балю́ча* 'mehr bzw. weniger schmerzend' (Komparativ); *найшырэ́й* 'am breitesten', *найбо́льш* bzw. *найменш зразуме́ла* (Superlativ).

5. Derivationsmorphologie

In der affixalen Wortbildung sind die Gemeinsamkeiten des Weißruss. mit dem Ukr. und Poln. einerseits sowie die Unterschiede zum Russ. andererseits nicht zu übersehen. Die Mehrzahl der Substantive sind Morphemgefüge, die von Wurzelmorphemen mit mehr oder weniger produktiven, überwiegend gemeinslavischen Wortbildungsaffixen abgeleitet sind. Manche russ. Wortbildungsmorpheme finden aber keine Verwendung in eigenständigen weißruss. Ableitungen (u.a. *-тель* und *-чик/щик* in der Funktion von Nomina agentis und Nomina instrumenti, *-еж* als Bildungselement von Verbalabstrakta), und umgekehrt sind auch manche weißruss. Affixe in der russ. Derivation kaum gebräuchlich (*-арка* im Bereich der movierten Bildungen, *-я/-ё* zur Bezeichnung junger Lebewesen). Weißruss. Derivate haben im Vergleich mit konkreten äquivalenten russ. Derivaten zwar häufig ein identisches Wurzelmorphem, doch unterschiedliche affixale (präfixale und/oder suffixale) Wortbildungsmorpheme: weißruss. *слухáч* 'Hörer' – russ. *слýшатель*. Ein nicht unbeträchtlicher Teil der weißruss. Derivate weist dagegen ein von den russ. äquivalenten Gebilden unterschiedliches Wurzel- und Wortbildungsmorphem auf: weißruss. *друкáр* 'Drucker' – russ. *печáтник*. Im Bereich der Qualitätsadjektive sind verschiedene lexikalische Varianten charakteristisch, die das Maß der bezeichneten Eigenschaft variieren: *бéлы – бялявы, белавáты, бялéнны, бéленькі, бéленечкі, бялютκі, бялюсенькі, бялявенькі* 'weißlich'. Die Verben machen etwa 30% des Wortschatzes der weißruss. Sprache aus. Die verbale Lexik enthält nicht mehr als 1.500 Wurzeln, viele sind primäre Verben. Verben werden aber auch von Stämmen der Substantive, Adjektive, Pronomina und von Wörtern anderer Wortarten abgeleitet. Die Verben treten in Form von umfangreichen Wortbildungsnestern mit gleichem oder ähnlichem Stamm auf.

6. Syntax

Die weißruss. Syntax zeigt manche Eigenheiten auf, die sie vom Russ. unterscheiden, andererseits aber mit dem Ukr. und Poln. verbinden.

Prädikat: Unterschiede zwischen dem Weißruss. und Russ. sind im wesentlichen beim zusammengesetzten Prädikat und nur seltener beim einfachen verbalen Prädikat gegeben. Spezifisch weißruss. ist ein verbales Prädikat, das durch die analytische Form des Präteritums ausgedrückt wird, das aus dem Hauptverb und dem Hilfsverb *быць* im Präteritum besteht: *Дождж быў пайшóў, алé хýтка спынíўся* 'Es regnete, aber der Regen hörte bald wieder auf'.

Im zusammengesetzten nominalen Prädikat können außer dem Infinitiv *быць* 'sein' auch Verben wie *з'яўляцца* 'sein', *станавіцца* 'werden', *звáцца* 'heißen', *рабіцца* 'werden', *лічыцца* 'gelten als' verwendet werden, wobei der nominale Teil in den Instr. gesetzt wird: *Васíль бу́дзе студэ́нтам. Васíль з'яўля́ецца студэ́нтам* (aber: *Васíль ёсць студэ́нт, Васíль – студэ́нт). Васíль рóбiцца студэ́нтам.* 'Vasil' wird Student'. Dabei sind faktisch nur Sätze mit den Kopulae *быць* und *з'яўля́цца* semantisch völlig identisch, denn die anderen Kopulae enthalten gewisse zusätzliche Bedeutungen.

Im zusammengesetzten nominalen Prädikat werden die Adjektive und Partizipien in der Regel in der Langform verwendet: *Я быў хвóры* 'Ich war krank'. *Дакумéнт прызнáчаны для бáцькi* 'Das Dokument ist für den Vater bestimmt'. Die Partizipien des fem. und neutr. Genus Sing. und des Plurals haben dagegen gewöhnlich Kurzform: *Жы́та патóптана кóньмi* 'Der Roggen wurde von Pferden zertreten'. *Учáсткi агарóджаны* 'Die Grundstücke sind eingezäunt'. Possessivadjektive als Prädikatskomponente treten ebenfalls nur in der Kurzform auf: *Гэ́ты дом сы́наў* 'Dieses Haus gehört dem Sohn'.

Modalität: Fragesätze weisen manche spezifische Fragepartikel auf, wie *цi, няўжó, хiба*: *Цi вéдаеш ты?* 'Weißt du es?' *Няўжó ты не вéдаеш?* 'Weißt du es wirklich nicht?' *Хiба не так?* 'Ist dem etwa nicht so?'. Für Aufforderungssätze stehen als formale Mittel u.a. Partikeln wie *няхáй, хай* zur Verfügung: *Няхáй (хай) ву́чацца!* 'Sollen sie nur lernen!'. Verneinte Existenzsätze werden mit dem verneinenden Wort *нямá* 'es gibt nicht, es fehlen' gebildet: *Нямá грыбóў у лесе* 'Es gibt keine Pilze im Wald'.

Rektion: Zahlreiche Verben haben eine präpositionale oder präpositionslose Rektion, die nicht selten mit jener der äquivalenten Verben der ukrain. und poln. Sprache konvergiert, aber von der Rektion der entsprechenden russ. Verben abweicht. Vgl. *жанíцца з кiм* 'heiraten' (ukrain. *женитися з ким*, poln. *żenić się z kim*), *дзя́каваць каму́* 'danken' (ukr. *дя́кувати кóму*, poln. *dziękować komu*, russ. *благодари́ть кого*). Manche weißruss. Präpositionen haben überdies spezifische Funktionen, die wiederum von den russ. äquivalenten Präpositionen divergieren, aber Parallelen im Ukr. und Poln. haben. Vgl. *лiст да бацькóў* 'Brief an die Eltern', *глядзéць з акнá* 'aus dem Fenster schauen', *а шóстай гадзíне* 'um sechs Uhr'. Spezifisch weißruss. Präpositionen sind allerdings nur Einzelfälle (z.B. *паўз* + Akk. 'neben; entlang'). In Verbindung mit *два, тры, чаты́ры* erhält das Objekt der Zählung die Form des Nom.Pl.: *два сталы́* 'zwei Tische'.

Konjunktionen: Als Bauelemente des weißruss. Satzes fungieren verschiedene nichtabgeleitete und abgeleitetete, einfache und zusammengesetzte, beiordnende und unterordnende Konjunktionen, deren Verwendung in der russ. normativen Syntax unbekannt ist: *алé* 'aber; und', *ды* 'und', *цi* 'oder', *калí* 'als', *каб* 'um zu', *бы́ццам* 'als ob', *за кошт тагó* 'auf Kosten von' u.a.

7. Lexik

Der Wortschatz der heutigen Standardsprache, der aus den verschiedensten Perioden der weißruss. Sprachentwicklung stammt, läßt sich in einen Erb- und einen Lehnwortschatz gliedern.

Zum Erbwortschatz wird eine urslav. (gemeinslav.) Schicht und eine gemeinostslav. Schicht, die in die Zeit des Kiever Reichs (10.-13. Jh.) zurückreicht, sowie eine gemeinsame weißruss.-ukr. Schicht (*гарэлка* 'Schnaps', *пісьменнік* 'Schriftsteller') und eine spezifisch weißruss. Schicht (*прыгожы* 'schön', *сціплы* 'bescheiden'), die sich wohl in der Periode des Großfürstentums Litauen (14.-18. Jh.) ausbildete, gerechnet. Zahlreiche spezifisch weißruss. Lexeme enthalten zwar Wurzelmorpheme, die auch in anderen slav. Sprachen vorkommen, doch sind die weißruss. Morphemgebilde häufig mit anderen Wortbildungsaffixen abgeleitet (*раніца* 'Morgen', *аблога* 'Belagerung', *страўнік* 'Magen').

Zu den frühesten Lehnwortschichten gehören die in der Kiever Periode erfolgten schriftsprachlichen Entlehnungen von Kirchenslavismen und Gräzismen sowie gewisse mündliche Entlehnungen aus dem Baltischen und Skandinavischen. Der Einfluß der kirchenslav. Sprache auf das Weißruss. ist allerdings im wesentlichen auf die alte Schrifttumsperiode beschränkt. In die moderne weißruss. Standardsprache gelangten nur wenige Kirchenslavismen (*храбры* 'tapfer', *юны* 'jung') aus den Dialekten oder als Entlehnungen aus dem Russ. Der fürs Russ. so typische Parallelismus von kirchenslav. und russ. Sprachelementen ist weder in der weißruss. Gemeinsprache noch in den weißruss. Fachsprachen gegeben (vgl. *адзежа* 'Kleidung', *галосны* 'Vokal'). In der Zeit des Großfürstentums Litauen gelangten durch direkten Sprachkontakt vor allem zahlreiche Polonismen und turksprachliche Lehnwörter in die damalige weißruss. Sprache. Die heutige weißruss. Standardsprache weist in allen Wortschatzbereichen zahlreiche Polonismen auf (*твар* 'Gesicht', *цяжар* 'Gewicht'), die nicht selten auch lexikalische Parallelen im engverwandten Ukr. haben (*рух* 'Bewegung', *цікавы* 'interessant'). Im 16.-18. Jh. kamen durch Vermittlung der poln. Sprache vor allem zahlreiche Latinismen und Germanismen, aber auch Elemente der ital., franz. und tschech. Sprache in die Lexik der weißruss. Sprache. Andererseits hat das Weißruss. im 16.-17. Jh. viel zur Europäisierung des Wortschatzes der russ. Sprache beigetragen. Trotz Russifizierungsbestrebungen in der zaristischen Periode dauerte der Einfluß der poln. Sprache auf den weißruss. Wortschatz bis in die Zwischenkriegszeit an. Seit den 1930er Jahren ist die Lexik fast aller Funktionalstile (insbesondere der Sprache der Publizistik und Verwaltung) sowie der fachwissenschaftlichen Nomenklaturen einer gezielten Russifizierung ausgesetzt.

8. Zur Dialektgliederung

Das weißruss. Dialektareal gliedert sich in die südwestliche und die nordöstliche Dialektgruppe, zwischen denen sich mittelweißruss. Übergangsdialekte befinden.

Die südwestliche Dialektgruppe umfaßt die Dialekte des westlichen und zentralen (südlich von Minsk) Teils Weißrußlands, einschließlich des östlichen Palésse (russ. *Polés'e*). Im Norden grenzen an diese Gruppe die mittelweißruss. Dialekte auf der Linie Vóranava – Dzjaržýnsk – Babrújsk – Réčyca. Im Südwesten grenzt diese Gruppe an die westpolessischen Dialekte im weißruss.-ukr. Grenzgebiet auf der Linie Kamjanéc – Bjaróza – Luninéc – Stólin. Die nordöstliche Dialektgruppe umfaßt die Dialekte der nördlichen und östlichen Teile Weißrußlands, ungefähr nördlich der Linie Mjádzel – Barýsaŭ – Býchaŭ – Čačérsk.

Die südwestliche und die nordöstliche Dialektgruppe weisen spezifische Merkmale in den Bereichen Phonetik, Grammatik und Lexik auf. Ein phonetisches Hauptkriterium zur Unterscheidung dieser beiden Gruppen ist das nichtdissimilative (starke) Akanne und nichtdissimilative (starke) Jakanne vom Typ *вадá* bzw. *зямля́* in der südwestlichen Dialektgruppe, dagegen das dissimilative Akanne und dissimilative Jakanne vom Typ *въдá* bzw. *зімля́* in der nordöstlichen Dialektgruppe. Im morphologischen Bereich ist die südwestliche Gruppe eigenständiger als die nordöstliche, deren Flexionssystem viel mit dem russ. Deklinations- und Konjugationssystem gemeinsam hat.

9. Zur Geschichte der Schriftsprachen in Weißrußland

Mit der Christianisierung des Kiever Reichs (988) wurde auch auf dessen westlichen Gebieten ein kirchenslav. Schrifttum geschaffen, das aus übersetzten Bibeltexten (Evangelien) und ab dem 12. Jh. auch aus religiös-belehrenden Originalwerken (Predigten, Belehrungen und Gebete des Bischofs Kyrill von Turov sowie die Vita der Äbtissin Euphrosyne von Polock) bestand. In der Frühzeit des Großfürstentums Litauen (14.-15. Jh.) drangen in das kirchenslav. Schrifttum, insbesondere in hagiographische und apokryphe Texte immer mehr Merkmale der weißruss. Sprache ein, was zur Entstehung einer weißruss. Redaktion der kirchenslav. Sprache führte. In einem solchen weißrussifizierten Kirchenslavisch gab der Humanist und Buchdrucker F. Skaryna (Skorina) seine „Бiблiя Руска" ('Ruthenische Bibel', Prag 1517-19) und Apostelgeschichte (Wilna 1525) heraus. Ab Mitte 16. Jh. wird infolge der Ausbreitung reformatorischer Strömungen der Verwendungsbereich der kirchenslav. Sprache auf die Liturgie der orthodoxen und griechisch-katholischen (seit 1596 mit Rom unierten) Kirche beschränkt.

In den verschiedenen weltlichen Bereichen des multinationalen Großfürstentums Litauen, das etwa das heutige Litauen, Weißrußland, die Ukraine und westliche Randgebiete Rußlands (Smolensk, Brjansk) umfaßte, fand vom 14. bis 17. Jh. aber nicht das Kirchenslav., sondern die damalige weißruss. Sprache Verwendung. Im Litauischen Statut (Wilna 1566 bzw. 1588), der bedeutendsten Rechtssammlung Litauens, war sogar die Verwendung der weißruss. Sprache als offizielle Sprache des Reichs gesetzlich festgelegt. Die altweißruss. Sprache fand im Unterschied zur damaligen altruss. Urkunden- und Rechtssprache keineswegs nur im Verwaltungs- und Rechtsschrifttum Verwendung, sondern fungierte auch als Sprache der Chroniken, schönen Literatur, Memoiren und Fachprosa, ja sogar der religiösen Texte. Der Reformator S. Búdny gab in weißruss. Sprache einen Katechismus (Njasviž 1562) sowie eine Übersetzung des Neuen Testaments (Losk 1574) heraus, der Humanist und Reformator V. Cjápinski (Tjapinski) druckte das Evangelium (Cjapin ca. 1580) in weißruss. Sprache. Die altweißruss. Schriftsprache, deren Grundlage eine interdialektale Mischsprache, die Wilnaer Koiné, war, verfügte somit über ein verzweigtes System von Funktionalstilen. Die Entwicklung der altweißruss. Schriftsprache ging im 17. Jh. zu Ende, als der Warschauer Reichstag 1696 ihre Verwendung in der öffentlichen Verwaltung und Gesetzgebung Litauens verbot. Die heute übliche Bezeichnung 'altweißruss. Schriftsprache' (старабеларýская літератýрная мóва) wurde erst in Sowjetweißrußland in Analogie zum Terminus 'Altrussisch' eingeführt. Früher bezeichneten die russ. Sprachhistoriker die altweißruss. Schriftsprache als 'westruss. Sprache' (западнорýсский язы́к), um die nationale Spezifik dieser Sprache zu verschleiern. In den altweißruss. Denkmälern selbst wird sie entsprechend der Tradition der Kiever Rus' als рýская мóва (d.h. Sprache der Rus') oder im Unterschied zur kirchenslav. Sprache als простáя мóва, просты́й рýский диалéкт bezeichnet.

Die gesprochene weißruss. Sprache wurde im 18.-19. Jh. von der ländlichen Bevölkerung, der städtischen Handwerkerschaft und dem Kleinadel bewahrt. Inspiriert von den Wiedergeburtsbewegungen anderer slav. Länder, entstanden in der ersten Hälfte des 19. Jh. die ersten literarischen Werke in der weißruss. Volkssprache. In dieser Zeit schrieben dichterische Werke in weißruss. Sprache J. Barščéŭski, A. Rypínski, Ja. Čačót, und später – V. Dúnin-Marcinkévič, J. Lučýna, A. Hurynóvič, F. Bahuševič u.a.; K. Kalinóŭski gab die illegale Zeitung „Мужы́цкая прáўда" ('Bauernwahrheit') heraus. Nach der russ. Revolution von 1905-06 konnte die weißruss. nationale Wiedergeburtsbewegung legal Druckwerke herausbringen und Verlage gründen. Eine besondere Rolle bei der Entwicklung der neuen weißruss. Standardsprache spielte die Zeitung „Нáша нíва" ('Unsere Flur'), in der die führenden Schriftsteller und Publizisten der Wiedergeburt –

wie J. Kupála, J. Kólas, M. Bahdanóvič, A. Harún, Z. Bjadúlja, C. Hártny, M. Harécki u.a. – ihre Werke druckten. Die in dieser Zeitung tätigen Publizisten und Wissenschaftler (A. Luckévič, V. Lastóŭski u.a.) trugen viel zur Entwicklung des publizistischen und wissenschaftlichen Stils der neuen weißruss. Standardsprache bei, wodurch diese die wichtigsten funktionalen Merkmale einer Standardsprache annahm.

Bei der Ausgestaltung der Grundlage der heutigen weißruss. Standardsprache spielten in ihrer ersten Entwicklungsetappe die Dialekte der westlichen Untergruppe der nordöstlichen Dialektgruppe eine führende Rolle. Das literarische Werk der Schriftsteller F. Bahuševič, A. Hurynóvič, J. Kupála, Jadvíhin Š., Z. Bjadúlja u.a. weist Merkmale der nordöstlichen Dialektgruppe auf. Auch die südwestliche Dialektgruppe, vor allem deren Slucker Untergruppe und die westliche Untergruppe, spielte eine wichtige Rolle bei der Ausgestaltung und Entwicklung der modernen weißruss. Standardsprache. Merkmale der südwestlichen Dialektgruppe enthält das literarische Schaffen von J. Čačót, A. Abuchóvič, Cëtka und anderen Schriftstellern des 19. Jh. Auch die publizistischen Arbeiten von K. Kalinóŭski weisen Merkmale der südwestlichen Dialektgruppe auf. Der Heimatdialekt von J. Kólas, einem der Begründer der modernen weißruss. Standardsprache, war ebenfalls ein Dialekt der südwestlichen Dialektgruppe. Im 20. Jh. wird dank dem Schaffen vieler Schriftsteller, die aus dem südwestlichen Teil Weißrußlands stammen (K. Čórny, K. Krapivá, P. Hlébka, I. Mélež, J. Bryl' und v.a.), die Rolle dieser Dialekte bei der Ausarbeitung der Normen der Standardsprache sowie bei der Entwicklung und Bereicherung ihres Wortschatzes ausschlaggebend.

Die grammatischen, orthoepischen und orthographischen Normen der weißruss. Standardsprache wurden durch die Grammatiken von B. Taraškévič (Wilna 1918) und J. Lësik (Minsk 1926) festgelegt. Für die Kodifizierung der lexikalischen Normen waren die Übersetzungswörterbücher von M. Bajkóŭ-S. Nekraševič (Minsk 1925) und V. Lastóŭski (Kaunas 1924) von Bedeutung. Die Sprachplaner vertraten in Sowjetweißrußland bis 1933 und im poln. Westweißrußland bis 1939 die Auffassung, die weißruss. Standardsprache solle statt der russ. und poln. Sprachelemente weißruss. Dialektismen aufnehmen und Neologismen mit weißruss. Sprachmaterial bilden. Von 1933 bzw. 1939 bis etwa 1990 war aber das Russische die primäre Quelle für den Ausbau der weißruss. Standardsprache. Die Auswirkungen der Sprachreform von 1933, die eine Russifizierung der weißruss. Orthographie, Morphologie, Wortbildung, Lexik und Syntax erzwang, sind in den Normen der gegenwärtigen weißruss. Standardsprache unverkennbar, obwohl ab den 1950er Jahren manche besonders grobe Eingriffe im Normenbereich, vor allem in der Lexik, wieder rückgängig gemacht wurden. Alle Versuche der Wiedergeburtskräfte, Anfang der 1990er Jahre von neuem an die weißruss. eigenständige Sprachplanung der 1920er Jahre anzuknüpfen, scheiterten an der seit 1994 wieder dominierenden offiziellen russophilen Sprachpolitik.

10. Literaturangaben

Bachan'koŭ, A.J. (rėd.) 1994. *Leksikalohija sučasnaj belaruskaj litaraturnaj movy.* Minsk.
Bartoszewicz, A., I. Komendacka 1988-1989. *Słownik a tergo współczesnego języka białoruskiego.* T. 1-4. Warszawa.
Belaruska-ruski sloŭnik. ²1988-1989. T. 1-2. Minsk.
Belaruskaja mova. Ėncyklapedyja. 1994. Minsk.
Dyjalektalahičny atlas belaruskaj movy. 1963. Minsk.
Ėtymalahičny sloŭnik belaruskaj movy. 1978-93ff. T. 1-8 ff. Minsk.
Histaryčnaja leksikalohija belaruskaj movy. 1970. Minsk.
Histaryčny sloŭnik belaruskaj movy. 1982-96ff. Vyp. 1-15ff. Minsk.
Hramatyka belaruskaj movy. 1962-66. T. I-II. Minsk.
Karskij, E.F. 1903-1912. *Belorusy. Jazyk belorusskogo naroda.* Vyp. 1-3. Varšava. (ND Moskva 1955-56).
Krivickij, A.A., A.I. Podlužnyj 1994. *Učebnik belorusskogo jazyka dlja samoobrazovanija.* Minsk.
Leksičny atlas belaruskich narodnych havorak u pjaci tamach. 1993-97. T.1-4. Minsk.
Lësik, J. 1926. *Hramatyka belaruskae movy. Fanetyka.* Mensk. (ND Minsk 1991).
Linhvistyčnaja heahrafija i hrupoŭka belaruskich havorak. 1968-69. T. I-II. Minsk.
Mayo, P. 1993. Belorussian. In: Comrie, B., G.G. Corbett (Hrsg.): *The Slavonic languages.* London, New York, 887-946.
Mova belaruskaj pis'mennasci XIV-XVIII stst. 1988. Minsk.
Nosovič, I.I. 1870. *Slovar' bělorusskago narěčija.* St. Peterburg. (ND München 1984-1986)
Padlužny, A.I. 1977. *Narys akustyčnaj fanetyki belaruskaj movy.* Minsk.
Russko-belorusskij slovar'. ²1982. T.1-2. Minsk.
Šakun, L.M. ²1984. *Historyja belaruskaj litaraturnaj movy.* Minsk.
Sloŭnik belaruskaj movy. Arfahrafija. Arfaėpija. Akcėntuacyja. Slovazmjanenne. 1987. Minsk.
Taraškevič, B. ⁵1929. *Belaruskaja hramatyka dlja škol.* Vil'nja. (ND Minsk 1991)
Tlumačal'ny sloŭnik belaruskaj movy. 1977-1984. T. 1-6. Minsk.
Wexler, P. 1977. *A historical phonology of the Belorussian language.* Heidelberg.
Žuraŭski, A.I., I.I. Kramko, A.K. Jurėvič, A.I. Janovič 1967-1968. *Historyja belaruskaj litaraturnaj movy.* T. I-II. Minsk.

Das Russinische

von

Aleksandr D. Duličenko

Das Russinische (auch Ruthenisch genannt) umfaßt einerseits die weit ausgebaute Schriftsprache der Russinen in Serbien und Kroatien (auch Jugoslavo-Russinisch genannt) und andererseits die karpato-russinischen Dialekte im Südwesten der Ukraine, Südosten Polens, Osten der Slovakei und Norden Ungarns.

I. Das Russinische in der Vojvodina (Jugoslavo-Russinisch)
1. Einführung

Jugoslavo-Russinisch[1] (russin. *рýски язик*[2], *рýска бешéда, бачвáньски рýски язик, бачвáньска рýска бешéда*) ist eine slav. Schriftsprache in Insellage, die sich in der Bačka (Vojvodina, Serbien) in den 40er Jahren des 18. Jh. im Zuge der Umsiedlung von Bevölkerungsteilen aus der heutigen Ost-Slovakei in diese von den Türken befreiten Gebiete formiert hat. Nachdem zunächst die verlassenen serbischen Dörfer Krstur (serb. Руски Крстур, russin. Руски Керестур) und danach Kucura (Коцур) besiedelt wurden, begannen die Russinen (*Рýснак*, Pl. *Руснáци, Руснáки*), sich auch an anderen Orten anzusiedeln (Novi Sad, aber auch in Dörfern der Bačka, Sirmiens/Srems und Slavoniens). In der zweiten Hälfte des 19. Jh. und zu Beginn des 20. Jh. wanderte ein Teil von ihnen in die USA und nach Kanada aus. Gegenwärtig leben Russinen in der Bačka (Руски Керестур, Коцур, Дюрдьов/Ђурђево, Петроварадин/Петровараждин, Ново Орахово, Господїнци/Госпођинци, Савино Село), in Srem (Шид, Сремски Карловци, Бачинци, Беркасово, Бикич Дол/Бикић Дол u.a.) und in Kroatien (Vukovar, Petrovci, Mikluševci, Vinkovci usw.)

Die kulturellen Zentren der Russinen sind heute Ruski Kerestur und Novi Sad. Nach der Volkszählung von 1981 gab es in Jugoslavien 23.286 Russinen (85% in Serbien und 14% in Kroatien, vgl. Nacional'nyj sostav 1984, 3, 19), sie sind griechisch-katholisch und betrachten sich historisch als Teil der (ukrainischen) Russinen, der sog. Ugorskaja Rus' ('Ungarische Rus'). Im 20. Jh. schufen und kodifizierten sie ihre eigene Schriftsprache – den *рýски литератýрни язик*.

---

[1] Um es von anderen russinischen Sprachen zu unterscheiden, verwenden wir hier die Bezeichnung Jugoslavo-Russinisch. (Vgl. Magocsi 1996, insbesondere die Beiträge von P.R. Magocsi, A.D. Duličenko, V. Jabur.)

[2] Die russische Sprache nennen sie selbst *велькоруски язик* oder (unter neuem ukrainischen Einfluß) – *росийски язик*.

2. Alphabet, Phonetik, Phonologie, Akzent

Das russin. Alphabet (32 Zeichen) basiert auf der ukrainischen Kyrillica:

Аа	Ґґ	Жж	Йй	Нн	Сс	Хх	Щщ
Бб	Дд	Зз	Кк	Оо	Тт	Цц	Юю
Вв	Ее	Ии	Лл	Пп	Уу	Чч	Яя
Гг	Єє	Її	Мм	Рр	Фф	Шш	ь

Kommentar:
г – frikativ stimmhaft [γ] wie im Ukrainischen;
ґ – stimmhafter Verschlußlaut [g]; nur in onomatopoetischen Wörtern und Lehnwörtern: *ґаґац* 'Geschnatter von Gänsen', *бриґа* 'Sorge' < serb./kroat. *briga*;
е – geschlossenes [e];
є, ї, ю, я – am Wortanfang und nach Vokalen jeweils [je], [ji], [ju], [ja]; nach н und л bedeutet es deren Weichheit [n'], [l']; nach anderen Konsonanten aber [je], [ji], [ju], [ja]: *вязац* [vjazac] 'stricken', *ведно* [vjedno] 'zusammen';
и – [i]; й – [j]; щ – [šč]; das kyrillische ukrain. і fehlt im Russin.
ь – dient zur Erweichung von н und л im Auslaut (*конь* 'Pferd', *краль* 'König') sowie wortinlautend (*огньогасци* 'Feuerwehrleute'); des weiteren steht es bisweilen nach anderen Konsonanten in onomatopoetischen Wörtern und Lehnwörtern wie *свадьба* < russisch *свáдьба* 'Hochzeit' (auch *свадзба* möglich).

Die Orthographie ist im Grunde morphologisch: *хлеб* [xl'ep] – [xl'eba] 'Brot' Nom.Gen.Sg., *узки* [uski] 'eng', *будзце* [bucce] 'seid', *оцец бул* [ocedzbul] 'der Vater war', *яґда* < *як да* 'als ob' usw. 1923 schlug Гавриїл Костельник [Havrijil Kostel'nik] das phonetische Prinzip *пиш, як гутoриш* ('schreib, wie du sprichst') vor. Er konnte sich jedoch nicht durchsetzen, obwohl es durchaus Elemente einer phonetischen Schreibweise gibt – vgl. *зноровиц ше* 'sich anpassen, vermögen' (*з-* < *с-*), *роздумовац* 'nachdenken' (*роз-* < *рос-*) u.a.

Der Phonembestand ist relativ klein: 5 Vokale und 26 Konsonanten. Die Vokale /i, e, a, o, u/ unterscheiden sich nicht nach Länge und Kürze; 'flüchtig' können /o/ (*сон* 'Schlaf, Traum'; Gen. *сна*) und /e/ (*овес* 'Hafer', Gen. *овса*) sein. Die Konsonantenphoneme sind: /b, p, d, t, v, f, m, n, n', g, k, γ, x, z, s, ž, š, c, č, šč, l, l', j, r, + dz, + dž/. Alle Geräuschkonsonanten (mit Ausnahme der Affrikate [šč]) nehmen an der Stimmtonkorrelation teil: /b : p = g : k = d : t/ usw., an der Palatalitätskorrelation aber nur /l' : l = n' : n/.

Der Akzent ist wie im Poln. nicht frei, er liegt auf der vorletzten Silbe, ist aber beweglich, z.B. *пéкар, пекáра, пекарóви* 'Bäcker' (Nom.Gen. Dat. Sg.).

Historisch-genetischer E x k u r s: Charakteristisch für die ursprüngliche Sprachregion der Vorfahren der jugoslavischen Russinen ist eine Verflechtung von ost- und westslav., genauer gesagt transkarpatoukrain. und ostslovak. Zügen. Auf dieser Tatsache beruht seit dem 19. Jh. die sog. ukrain. bzw. die sog. slovak. Hypothese über die Herkunft der jugoslav. Russinen und ihrer Sprache. Aus dieser Sicht sind folgende phonologische Merkmale des Jugoslavo-Russin. wichtig:
1. feste Betonung auf der vorletzten Silbe des Wortes;
2. ě > e, 'e (*бешеда* 'Sprache', 'Rede') bzw. > a, 'a (*цали* 'all, ganz') bzw. > i, 'i (*лїкар* 'Arzt');
3. ę > a (*мешац* 'Monat; Mond') bzw. > ja (*язик*) bzw. > e, 'e (*швет* 'Welt, Weltall') bzw. > ej (*пейц* 'fünf');

4. ǫ > u (*зуб* 'Zahn');
5. i = y [ы] (*дим* 'Rauch');
6. je- (*ешень* 'Herbst');
7. l̥ > ol (*молга* 'Finsternis') bzw. > ov (*жовти* 'gelb', aber auch *жолти*) bzw. > li, l'i (*глїбоки* 'tief') bzw. > lu (*слунко* 'Sonne'); analog: r̥ (*горбати* 'bucklig', *хрибет* 'Rücken');
8. dj > dz (*џудзи* 'fremd') bzw. d' > (dź) > dz (*дзеци* 'Kinder'); analog: t' > (c') > c (*цемни* 'finster', *оцец* 'Vater');
9. z' > (ź) > ž (*жем* 'Boden; Land'); analog: s' > (ś) > š (*шнїг* 'Schnee');
10. Bewahrung von dl (*мидло* 'Seife'); ebenso tl (*стретла* 'sie begegnete');
11. tort > trat (*крава* 'Kuh'); analog: tolt > tlat, tert > tret, telt > tlet;
12. gvě, kvě (*гвизда* 'Stern', *квице* 'Blume');
13. kein epenthetisches *l* (*любени* 'liebster') u.a.

Die Merkmale 1 (dieses verbindet auch mit dem Poln.), 5, 6, 8, 9, 10, 11, 12 und 13 haben ostslovak. Charakter. Jedoch verbindet ein Teil der Merkmale das Ostslovak. mit dem Transkarpato-Ukrain. (vgl. 2, 3, 4, 7). Selbst Merkmal 11 weist transkarpato-ukrain. Reflexe auf (vgl. *зноровиц ше* 'sich anpassen, vermögen'). Obwohl also die ostslovak. Elemente überwiegen, sind gleichzeitig die genetischen ukrain. Züge nicht zu übersehen. Es besteht damit Anlaß, das Jugoslavo-Russin. als eine bi-relationale (d.h. ost- und westslavische) Sprache zu betrachten. Die Verflechtung der genannten genetischen Elemente ist auch für die Morphologie charakteristisch (Gustavson 1983, 20-30; Barič 1983, 7-19, Duličenko 1993, 302-310).

3. Besonderheiten der gegenwärtigen Morphologie

Jugoslavo-Russin. ist eine synthetisch-analytische Sprache mit überwiegend flektierender Morphologie.

Die S u b s t a n t i v e verfügen über 7 Kasus und drei Deklinationstypen – einen maskulinen (Wörter mit Nullsuffix im Nom.Sg. *пекар* 'Bäcker', außerdem eine kleine Gruppe von Wörtern auf *-о* und *-i*), diesem ähnlich einen neutralen (auf *-о, место* 'Platz' und *-е/-є, щесце* 'Glück') und einen femininen (auf *-а/-я, жима* 'Winter'):

	maskulin	neutrum	feminin
Sg. N.	пекар	место	жима
Gen.	пекара	места	жими
Dat.	пекару/ови	месту	жими
Akk.	пекара	место	жиму
Vok.	пекару	место	жимо
Instr.	пекаром	местом	жиму
Lok.	пекару/ови	месту	жими
Pl. N.	пекари	места	жими
Gen.	пекарох	местох	жимох
Dat.	пекаром	местом	жимом
Akk.	пекарох	места	жими
Vok.	пекари	места	жими
Instr.	пекарами	местами	жимами
Lok.	пекарох	местох	жимох

In der mask. Deklination ist im Dat.Sg. bei belebten Substantiven die Endung *-ови* üblich, möglich ist jedoch auch *-у* (besonders bei ein-

oder zweisilbigen Wörtern); im Lok.Sg. sind die Varianten -е/-є möglich und unter serb./kroat. Einfluß -у (о живоце – о животу 'über das Leben'). In der neutralen Deklination im Lok.Sg. haben Substantive auf -е/-є die Endung -у /-ю (обисце – у обисцу 'im Haus, in der Familie'), und solche auf -о haben -е/-є (число – у чишлє 'in der Zahl'); in der femininen Deklination fällt eine weitgehende Homonymie der Endungen auf. Im Plural lautet die Flexion im Gen.Akk. (belebt) und Lok. einheitlich -ох, im Dat. -ом und im Inst. -ами.

Die Adjektive haben ihre nominalen (historisch: einfachen) Formen verloren; die Possessivadjektive werden mit Hilfe des Suffixes -ов- von Substantiven gebildet (unabhängig davon, ob diese belebt oder unbelebt sind); die Suffixe -ин/-їн, -jь/-ja/-je sind im wesentlichen verdrängt (швекрин > швекров 'Schwiegervater-; заячи > заяцов 'Hasen-').

Im Nom. tritt Kontraktion der Endung auf: хладни 'kalter' (mask.), хладна (fem.), хладнє (neutr.), хладни (Pl.). Relativ-, Qualitäts- und Possessivadjektive flektieren einheitlich (вельки 'groß').

	maskulin	neutrum	feminin	Plural
Sg. N.	вельки	вельке	велька	вельки
Gen.	велького		велькей	вельких
Dat.	велькому		велькей	вельким
Akk.	вельки, -ого	вельке/-ого	вельку	вельки/-их
Instr.	вельким		вельку	велькима
Lok.	вельким /велькому		велькей	вельких

Der Komparativ wird mit den Suffixen -ш, -ейш/-єйш gebildet (шмели 'mutig' – шмелши, тварди 'fest, stark' – твардейши), der Superlativ durch Hinzufügen des Präfixes най- (найшмелши, найтвардейши).

Die Pronomina sind gut entwickelt: außer Personalpronomen gibt es Possessiv- (мой, твой 'mein, dein'), Reflexiv- (себе), relative Frage- (хто 'wer', цо 'was') und Demonstrativpronomina (тот 'dieser', гевтот 'jener'), des weiteren negative (нїхто 'niemand', нїч 'nichts'), bestimmte (сам/и '(der) beste', шицок 'der ganze') und unbestimmte mit den Präfixen (дахто und койхто 'ein gewisser') sowie den Postfixen -шик (хторишик/котришик 'irgend so ein'), -ш (якиш 'irgend so ein'), -будз, -ґод (хтобудз/хтоґод 'jeder beliebige').

Die Deklination der Personalpronomina ist suppletiv, die im folgenden an zweiter Stelle genannten sind enklitisch, vgl. Nom.Sg. я 'ich', aber Gen.Sg. мнє – ме, Dat. мнє – ми, Akk. мнє – ме, auch Nom.Sg. вон 'er', aber Gen. його, нь(о)го und enklitisch го usw.

Die übrigen Pronomina (außer den reflexiven) flektieren wie Adjektive: suffigierte indefinite Pronomen deklinieren präsuffixal: Nom.Gen. Dat.Sg. хтор-и-шик, хтор-ого-шик, хтор-ому-шик 'irgendein'.

Die Grundzahlwörter sind єден (1, mask.), два 2, три 3, дзешец 10, єденац 11, двацец 20, двацец пейц 25; von 7 an werden sie nicht mehr dekliniert. Ordnungszahlwörter: *перши* 1., *други* 2., *треци* 3.; ab 5. haben sie ein Null-Suffix (*пейц – пияти*); sie werden wie Adjektive dekliniert.

Die V e r b e n verfügen über die für slavische Sprachen charakteristischen Kategorien. Der Infinitiv endet auf -*ц* (*гледац* 'suchen'), reflexive Verben haben die Reflexivpartikel *ше*, die an jeder beliebigen Position stehen kann (*миц ше* 'sich waschen'). Die Perfektivierung geschieht überwiegend durch Präfigierung (*читац* 'lesen', aber *пречитац* 'durchlesen'), die Imperfektivierung durch Suffigierung (*стац – ставац* 'stehen'). Im Jugoslavo-Russin. gibt es drei Zeitformen: Präsens, Futur und Perfekt. Präsens und Futur werden synthetisch gebildet (d.h. Präsens der imperfektiven bzw. perfektiven Form), das Futur auch analytisch (besondere Form des Verbs *буц* 'sein' + Infinitiv des imperfekt. Verbs), *читац* 'lesen', *правиц* 'machen':

	synthet. ipf. Präsens	analytisches Futur
Sg. 1.	читам, правим	будзем читац, правиц
2.	читаш, правиш	будзеш читац, правиц
3.	чита, прави	будзе читац, правиц
Pl. 1.	читаме, правиме	будземе читац, правиц
2.	читаце, правице	будзеце читац, правиц
3.	читаю, правя	буду читац, правиц

Das Perfekt tritt sowohl in westslavischer (Formen des Hilfsverbs *буц*, die in der 3.Pers.Sg.Pl. fehlen, *сом, ши, зме, сце* + Partizip auf -*l*) als auch in ostslavischer (ohne das Verb *буц*, dafür mit obligatem Personalpronomen) Form auf.

Analog funktionieren die zwei Formen des Konjunktivs, vgl. im Sg. 1.Pers. *читал бим – я би читал* 'ich würde lesen', 2.Pers. *читал биш – ти би читал* 'du würdest lesen' usw. In der 3.Pers.Sg.Pl. beider Formen wird nur die Form des Verbs *буц – би* verwendet. Beide Arten des Perfekts und der Konjunktiv sind funktional gleichwertig. Der Imperativ hat neben einer synthetischen (2.Pers.Sg. *знай* 'wisse', *шедз* 'setz [dich]', 1.Pers.Pl. *знайме, шедзме*, 2.Pers.Pl. *знайце, шедзце*) auch eine analytische Form (Partikel *най* + Formen des Präsens in allen Personen: 1.Pers.Sg. *най знам* wörtlich: 'soll ich doch wissen', 2.Pers. Sg. *най знаш*, 3.Pers. *най зна* usw.).

Die Partizipien haben keine Kurzform. Die aktiven Partizipien sind im Präteritum geschwunden und treten im Präsens mit den Suffixen -*уц-/-юц-* (*читаюци* 'lesender') und -*ац-/-яц-* (*пахняци* 'riechender') auf. Sie zeigen die Tendenz, sich formal den Adjektiven anzugleichen (sie bilden entsprechende Komparativformen). Die passiven Partizipien sind schwach entwickelt und deklinieren wie Adjektive.

Die Adverbialpartizipien sind kaum entwickelt und unterscheiden sich nicht von den entsprechenden aktiven Partizipien im Präsens.

4. Zur Syntax

Was die Syntax anbelangt, so weist das Jugoslavo-Russin. weitestgehend allgemeinslav. Züge auf. Folgende Besonderheiten sind jedoch zu bemerken: Die konjugierten Formen des Hilfsverbs *буц* 'sein' werden im zusammengesetzten Nominalprädikat nicht verwendet (*Мой оцец наставнїк* 'Mein Vater ist Lehrer'), ausgenommen die Fälle, in denen das Subjekt durch kein spezielles Wort ausgedrückt wird, vgl. *Вони робя у фабрики. Здрави су.* 'Sie arbeiten in der Fabrik. (Sie) sind gesund.' Es läßt sich eine Tendenz zur Einschränkung der Verwendung formaler Mittel (insbesondere Konjunktionen) beim Ausdruck von hypotaktischen Beziehungen im zusammengesetzten Satz beobachten – zugunsten der Universalisierung des Gebrauchs von *же* 'daß'. Mit diesem *же* bildete sich ein weitverzweigtes System von Konstruktionen heraus, die als zweite Komponente Pronomen (*же хто, же цо, же котри/хтори, же яки*) oder pronominale Adverbien (*же дзе, же кадзи, же кеди, же як, же кельо*) aufweisen. Hierbei dient dieses *же* auch zum Ausdruck einer indirekten Frage, z.B. *Вона ше пита дзивки же хто (цо) то бул.* 'Sie fragt das Mädchen, wer [was] das war', aber bei direkter Frage: *Вона ше пита дзивки: хто то бул.* 'Sie fragt das Mädchen: wer war das?'. Mit der Kopula *же* konkurriert jedoch die serb./kroat. Kopula *da/da*, die nicht selten (besonders in der mündlichen Rede) dominiert, z.B. *Гледало ше да кажди виноши свойо думи* 'Es war vorgesehen, daß jeder seine Gedanken ausspricht' statt *гледало ше же*. Die serb./ kroat. Kopula *da/da* bewirkte eine Einschränkung des Gebrauchs von Infinitivformen auf Kosten der Konstruktion *da* + konjugierte Form des Verbs, z.B. statt *треба буц* 'soll sein' *треба да будзе*. Dies ist ein Balkanismus. Der Einfluß des Serb./Kroat. auf das Jugoslavo-Russin. ist beständig und äußerst stark.

5. Zum Wortschatz

Die Lexik des Jugoslavo-Russin. ist gemeinslav. Ursprungs. Lehnwörter aus dem Ungar. und Deutschen drangen noch vor der Umsiedlung in die Bačka ein. Im Prinzip handelt es sich dabei um Alltagslexik, z.B. *бачи* 'Onkel' < ung. *bácsi, bácsika* 'Onkel', *ваґаш* 'tiefe Fahrrinne' < *vágás* 'Holzeinschlagfläche', *ґрунт* 'Grund, Boden', *шмирґла* 'Schmirgel' u.a. Gegenwärtig hat man 550 Ungarismen und mehr als 350 Germanismen aufgedeckt (Horbač 1969, 320ff.; Kočiš 1978, 110-126; Ramač 1983, 45ff.). Durch kulturelle und religiöse Verbindungen zur Altheimat haben sich im Jugoslavo-Russin. eine Vielzahl kirchenslav. Wörter westukrain. und russ. Redaktion durchgesetzt: *довирие* 'Vertrauen' < westukr. *довѣріе, сочувствие* 'Mitgefühl' < russ.-ksl. *сочувствие, вообще* 'überhaupt' < russ. *вообще* u.ä. Aus der ukrain. Standardsprache kommt vor allem im 20. Jh. abstrakte und terminologische Lexik (Kočiš 1972). Seit der zweiten Hälfte des 18. Jh. kann man einen ständigen Einfluß des Serb./Kroat. beobachten, wobei nicht nur Alltagssprache, sondern auch Terminologie zahlreich übernommen wird. Gewöhnlich dringt diese Lexik ins Jugoslavo-Russin. ein a) ohne jegliche Angleichung (*одбор* 'städtisches Komitee', *озбильно* 'ernsthaft' < *озбиљно*), b) graphisch und phonetisch angepaßt (*мержня* 'Haß' < *мржња*, *подруче* 'Gebiet' < *подручје*) oder c) als Lehnübersetzung (*позарядови* 'außerordentlich' < *ванредни*, d.h. *поза-* = *ван*, *-ряд-* = *-ред*, *-ови* = *-(а)н-* (Duličenko 1984, 59-64)).

6. Dialektunterschiede

Ungeachtet der ursprünglichen sprachlichen Heterogenität der Vorfahren der jugoslavischen Russinen sind die heutigen dialektalen Unterschiede geringfügig. Es gibt nur winzige phonetische, lexikalische und semantische Unterschiede in der Sprache von Ruski Kerestur gegenüber Kocur und einigen Dörfern in Srem und Slavonien: *блїщац ше* 'glänzen' – *блїщиц ше*, *буґновац* 'trommeln' – *бубновац*, *жовчок* 'Eigelb' – *жольчок*, *тлусти* 'dick' – *клусти*, *трезби* 'nüchtern' – *трежби* bzw. lexikalisch: *бритвар* 'Friseur' – *байбер*, *чеперки* 'Pluggriff'– *рошошки* (< *раз-сошки*).

7. Zur Geschichte der Schriftsprache

In der 2. Hälfte des 18. Jh. und im Verlauf des 19. Jh. existierten auf Grund des nicht unterbrochenen Kontakts zu Transkarpatien und Galizien hauptsächlich handschriftliche Texte auf kirchenslavisch westukrain. und russ. Redaktion, des weiteren im sog. Ugrorussinischen (d.i. Russinisch in Ungarn), auf serbisch/kroatisch und auch in der Volkssprache („Керестурска хронїка" seit 1746 u.a.) (Duličenko 1985, 108-142; Duličenko 1996, 21-40). Die kulturell-sprachliche und ethnische Wiedergeburt der Russinen erfolgte im 20. Jh. Im Jahr 1904 gab Havrijil Kostel'nik (1886-1948) in seiner Muttersprache das erste Lyrik-Bändchen heraus, was als Geburtsstunde einer neuen slavischen Literatur gilt, und 1919 wurde in Novi Sad das „Руске Народне Просвитне Дружтво" ('Russin. Gesellschaft für nationale Aufkärung') gegründet, wo schon bald auf Russinisch ein Kalender, eine Zeitung, eine Kinderzeitschrift und andere Literatur herausgegeben wurde. 1923 kodifizierte Kostel'nik die Norm in einer Grammatik. Er selbst schrieb Lyrik, Prosa und populärwissenschaftliche Artikel. Es begann eine literarisch-künstlerische Entwicklung (Maftej Vinaï, Janko Fejsa, Michal Kovač u.a.). Nach dem Zweiten Weltkrieg erfuhr das kulturelle Leben der jugoslav. Russinen in ihrer Muttersprache eine Wiedergeburt: 1945 erschien die Zeitung „Руске слово" ('Russin. Wort'), 1949 wurden Sendungen von Radio Novi Sad eingerichtet und 1951 der Verlag „Ruske slovo" gegründet. Es wurden Bücher und Periodika gedruckt und das Russinische aktiv in der Schule unterrichtet. Literarisch-künstlerische Aktivitäten wurden intensiviert: bis 1971 gelang es, 21 Prosa- und Lyrikbände herauszugeben, darunter auch eine Reihe von Anthologien. 1967 erschien der erste jugoslavo-russin. Roman „Жеми моя" ('Mein Land') von Vladimir Kosteľnik, womit die jugoslavo-russin. Literatur den Rahmen der bisherigen Kurzformen sprengte. Bis heute wurden außer von Kosteľnik auch von Autoren wie Jovgen M. Kočiš, Vladimir Kirda u.a. über zehn Romane verfaßt. Zur Entwicklung der Literatur und Festigung der schriftsprachlichen Normen haben die Schriftsteller Miroslav Striber, Djura Papharhaji, Vladimir Biľnja, Štefan Čakan, Vasiľ Mudri, Anhela Prokop, Julijan Tamaš, Mixal Ramač, Natalija Dudaš u.a. sehr viel beigetragen. 1970-1975 erschienen die gesammelten Werke von H. Kosteľnik in zwei Bänden und 1984 eine umfangreiche „Антологія рускей поезиї" ('Anthologie russin. Lyrik'). Zwischen 1904 und 1983 sind insgesamt 120 Prosa- und Lyrikbände erschienen (zur Geschichte der jugoslavo-russinischen Literatur vgl. Tamaš 1984; Duličenko 1974, 12-40).

Einen besonderen Aufschwung erfuhr die Schriftsprache der jugoslavischen Russinen in den 70er Jahren. 1970 wurde in Ruski Kerestur ein Gymnasium eröffnet, in dem alle Fächer in der Muttersprache unterrichtet werden; im gleichen Jahr wurde auch das „Дружтво за руски язик и литературу" ('Gesellschaft für russin. Sprache und Literatur') mit heute fast 500 Mitgliedern gegründet (Abteilungen für Linguistik, Literatur, Sprachunterricht in der Schule, Übersetzung usw.). 1973 wurde an der Universität von Novi Sad ein Lektorat und 1981 ein Lehrstuhl für russin. Philologie eingerichtet. Seit 1975 überträgt das Fernsehen von Novi Sad russin. Sendungen. In Kroatien wurde die 'Union der Russinen und Ukrainer' gegründet, die die Zeitschrift „Нова думка" ('Neuer Gedanke') herausgibt. 1975 erschien die wissenschaftliche Zeitschrift „Творчосц" ('Werk', heute als „Studia Ruthenica"). Seit den 50er Jahren existiert die literarisch-künstlerische Zeitschrift „Шветлосц" ('Licht'). Es wurden in Novi Sad bisher mehr als 250 Schulbücher für alle Fächer herausgegeben.

Alle diese Faktoren förderten die Stabilisierung der Norm des Jugoslavo-Russin. 1971 publizierte M.M. Kočiš den ersten „Правопис" ('Orthographie'), 1974 erschien posthum auch seine „Граматика", mit graphisch-orthographischen und grammatikalischen Normierungen. Auch die Terminologie wird erarbeitet und kodifiziert (Kočiš 1972).

Der Krieg in Jugoslavien in den 90er Jahren schadete der erfolgreichen Entwicklung der jugoslavo-russin. Kultur und Schriftsprache erheblich. Dennoch erschienen bereits 1995-97 unter der Redaktion von Ju. Ramač zwei Bände des großen „Serbisch-Russinischen Wörterbuchs" (ca. 80.000 Wörter). Ständig erscheinen weitere Publikationen in jugoslavisch-russinischer Sprache. Trotz der angespannten politischen Situation ist das Jugoslavo-Russinische im Vergleich zu anderen slavischen Kleinschriftsprachen (Burgenländisch-Kroatisch, Molisisch,

Resianisch, Banater-Bulgarisch, Kaschubisch u.a.) funktional die Sprache mit der weitestgehenden Polyvalenz (Duličenko 1981; 1994, 560-567). Es ist heute die Sprache einer entwickelten Literatur mit Periodika, Radio, Fernsehen, Ausbildung (Schule, Universität), Verwaltung, Wissenschaft, Kirche, Amateurtheater, topographischen Bezeichnungen u.a. Diese funktionale Polyvalenz trägt zur Stabilisierung und weiteren Vervollkommnung der Normen des Jugoslavo-Russinischen bei (vgl. z.B. Duličenko 1995).

8. Textbeispiel

Новосадска Русинска улїца жертва урбанистичней траґедиї. Дрилєна є под гайзибан так же ей на єдним боку желєзней драги остала глава, на другим цело. Цело пошвидко розтаргали урбанисти, та там виросли солитери, квартельни блоки, нови булевар, паркинґи, улїчочки. З новима назвами. Глава остала з другого боку гайзибанскей драги: єден єдини будинок справени з вальхох, закрити з надом.   (Руске слово, Нови Сад, 10.X.1997, S. 5.)

9. Literaturangaben

Barič, E. 1983. Ruski jazik ošviceni z priznačkami zapadnoslavjanskich i vostočnoslavjanskich jazikoch. *Croatica* 14, 19, 7-19.
Duličenko, A.D. 1974. Die Entwicklung des literarischen Schaffens bei den Russinen in Jugoslawien. *Lětopis – B* 21, Bautzen, 1, 12-40.
— 1981. *Slavjanskie literaturnye mikrojazyki (Voprosy formirovanija i razvitija).* Tallin.
— 1984. Serbskohorvatski elementi u jaziku juhoslavjanskich Rusnacoch. *Tvorčosc* 10, Novi Sad, № 10, 23-71.
— 1985. Stanovlenie rusinskoj filologii v Jugoslavii. *Slavica Tartuensia* I. Tartu, 108-142. (Učenye zapiski Tartuskogo gosudarstvennogo universiteta. Vyp. 710.)
— 1993. Fenomen jugoslavo-rusinskogo (na obščeslavjanskom fone). *Philologia Slavica. K 70-letiju akademika N. I. Tolstogo.* Moskva, 302-310.
— 1994. Kleinschriftsprachen in der slawischen Sprachenwelt. *Zeitschrift für Slawistik* 39, 560-567.
— 1996. Predystorija literaturnogo jazyka rusin Jugoslavii. *Rusnaci – Rusini 1745-1995. Zbornїk robotoch zoz medzinarodnej naukovej konferenciї.* Beograd, Novi Sad, 21-40.
Gustavson, S. 1983. Ruski jazik u Juhoslaviї – dijachronija i sinchronija. *Tvorčosc* 9, Novi Sad, № 9, 20-30.
Horbač, O. 1969. Leksyka hovirky bačvans'ko-srims'kych ukraïnciv. *Naukovyj zbirnyk Muzeju ukraïns'koï kul'tury v Svydnyku.* Prjašiv 1969, № 4, kn. 1, 309-349.
Kostel'nik, H. 1923. *Hramatika bačvan'sko-ruskej bešedi.* Sremski Karlovci.
Kočiš, M.M. 1971. *Pravopis ruskoho jazika.* Novi Sad.
— 1974. *Gramatika ruskoho jazika. I. Fonetika. Morfologija. Leksika.* Novi Sad.
— 1978. *Lingvistični roboti.* Novi Sad.
Nacional'nyj sostav naselenija Jugoslavii. Beograd 1984.
Magocsi, P.R. (Hrsg.): 1996. *A new Slavic language is born. The Rusyn literary language in Slovakia.* New York. (East European Monographs. CDXXXIV).
Ramač, Ju. 1983. *Leksika ruskoho jazika.* Novi Sad.
— (Hrsg.) 1995-97. *Serbsko-ruski slovnїk.* Bd. I-II. Novi Sad.
Tamaš, J. 1984. *Rusinska književnost.* Novi Sad.

II. Zu den Varietäten des Karpato-Russinischen (Karpato-Ruthenischen)

Sprecher transkarpato-ukrain. Mundarten siedeln in den historischen Gebieten Subkarpatische Rus' (d.i. Podkarpats'ka Rus', aus der Perspektive westlich der Karpaten; heute aus ukrain. Perspektive Transkarpatien) und Prešover Rus' (nordöstliche Slovakei); dazu kommen russin. Mundarten angrenzender Gebiete in Polen in einem Gebiet entlang der slovakischen Grenze und im nördlichen Ungarn an der Grenze zur Slovakei. Traditionell nennt sich die Bevölkerung dieser Regionen Russinen (*русúни*), stellenweise auch Rusnaken (*руснáки*) oder Russen (*рýскі*); diese Namen beziehen sich auf den orthodoxen, also 'russischen' Glauben der Bevölkerung. Besonders im poln. Teil hat sich neuerdings auch die Bezeichnung Lemken eingebürgert (nach dem typischen *лем* 'nur' dieser Mundarten, neben weniger verbreitetem *тільки*, *лиш* 'dass.'). Im 20. Jh. hat sich ein Teil der russin. Bevölkerung mit den Ukrainern vereinigt und verwendet das Ethnonym Ukrainer, seltener, z.B. in der Slovakei, auch Russino-Ukrainer.

Die Statistiken über die Karpato-Russinen sind höchst widersprüchlich und werden nicht systematisch geführt. Einigen Daten zufolge wurden für das Jahr 1970 in der Subkarpatischen und Prešover Rus' ca. 850.000 Russinen gezählt (Magocsi 1994: 205), ca. 100.000 in Polen und einige Tausend in Ungarn. Einzubeziehen wären auch die amerikanischen Karpato-Russinen, die schon im letzen Drittel des 19. Jh. in die USA und nach Kanada auszuwandern begannen.

Das sprachlich-kulturelle Leben dieser gesamten russin. Bevölkerung stellt in den verschiedenen historischen Perioden i.w. einen mehr oder weniger einheitlichen Prozeß dar. Die wichtigsten Zentren waren und sind Užhorod und Mukačovo in der Subkarpatischen, Prešov in der Prešover Rus', Krynica und Legnica für die Lemken Polens im 20. Jh. und Budapest für die ungarischen Russinen.

Die Geschichte des karpato-russin. Schrifttums wird gewöhnlich in drei Perioden eingeteilt. Zur alten Periode werden die Denkmäler des 12./13. bis Ende des 16. Jh. gerechnet: religiöses Schrifttum im Kirchenslav. russ. Redaktion, doch finden sich auch Elemente lokaler Dialekte. Für die mittlere Periode vom 17. bis zur 2. Hälfte des 18. Jh. ist neben dem Kirchenslav. der aktive Gebrauch der Volkssprache charakteristisch (religiös-belehrende, z.B. das Evangelium von Njahov), erzählende und auch polemische Texte, daneben gereimte Sammlungen (*virši*), das erste gedruckte Lehrbuch „Букварь Языка Славеньска" (1699) und die Manuskript gebliebene Grammatik Arsenij Kocaks (aus den 70er Jahren des 18. Jh.). Das ist die Zeit von der Übernahme (Anfang 17. Jh.) bis zur Festigung (Anfang 18. Jh.) des griechisch-katholischen Kirchenritus. Die neue Periode umfaßt das 19. und 20. Jh. Einige Autoren in den 40er Jahren des 19. Jh. schreiben lateinisch und madjarisch: Ivan Pastel', Ionnakij Bazylovyč, Vasil' Dovhovyč (der auch Gedichte in seiner Muttersprache schrieb); Michail Lučkaj publizierte 1830 eine „Grammatica slavo-ruthena" und Ivan Fohorašij 1833 eine „Русько-угорска їлї мадярска Граматїка" ('Russin.-ungar. oder madjarische Grammatik'). Leider übten die meisten dieser Werke auf die volkssprachlich-russin. Entwicklung keinen Einfluß aus. Die nationale Wiedergeburt begann nach der Revolution von 1848/1849. Ihr Führer war Aleksandr Duchnovyč (1803-1865), der sich für die Verwendung der russischen Standardsprache aussprach, die er jedoch reichlich mit Elementen der Volkssprache durchsetzte. Später wurde eine solche Sprache als язычие ('Mischsprache') bezeichnet. Diese russophile Position vertraten u.a. auch A. Dobrjanskij, I. Rakovskij, K. Sabov, später auch A. Pavlovyč, E. Fencyk, A. Mytrak, A. Kralyckyj, I. Syl'vaj und Ju. Stavrovskyj-Popradov; Kulturinstitutionen waren die 'Prešover literarische Anstalt' („Пряшевское литературное заведение"), die 'Gesellschaft des Hl. Basileios des Großen' („Общество св. Василія Великаго"), Publikationsorgane die Zeitungen „Вѣстник для Русиновъ Австрійской державы", „Свѣтъ" und „Новый свѣтъ", „Карпатъ", „Мѣсяцословъ" u.a. 1881 erschien das russ.-ungar. Wörterbuch A. Mytraks, der sich an der russ. Standardsprache orientierte, während das 1883 erschienene russin.-ungar. Wörterbuch von Laslo Čopej (László Csopei) der Lexik der Volkssprache nähersteht. Gegen Ende des 19. Jh. wurde die russophile Tendenz schwächer, und die Idee einer Volkssprache und sprachlich-kultureller Verbindungen mit Galizien fanden immer mehr Anhänger (sog. Strömung der ukrain. 'Volkstümlerei' [народóвство]). Die ganze Breite sprachlicher Denkmäler spiegelt die Chrestomathie E. Sabovs wider (s. Sabov 1893). – Nach dem Zerfall Österreich-Ungarns 1919 schlug man die Subkarpatische Rus' der Tschechoslovakei zu. In sprachlich-kultureller Hinsicht war dies eine der polemischsten Perioden, da sich zwei Strömungen bekämpften, die russophile, die hauptsächlich aus russ. Emigranten bestand, und die ukrainophile, die Emigranten aus der Ost-Ukraine und Galizien bildeten. Es tauchten Grammatiken auf, in denen die Sprache von der russ. Standardsprache bis zum язычие und zur ukrain. Standardsprache (mit alter Graphie und Orthographie) variierte (u.a. Grammatiken A. Vološyns und I. Pan'kevyčs). Die eigentlich karpato-russin. Strömung machte nur wenig auf sich aufmerksam. Mit der Okkupation der Subkarpatischen Rus' durch Ungarn 1939 propagierten die offiziellen Machthaber hier die ungar. und die sog. ugrorussische Sprache, also den lokalen Dialekt. Nach dem Zweiten Weltkrieg kam die Subkarpatische Rus' zur Ukraine (Sowjetunion), die Bevölkerung wurde nun zu Ukrainern erklärt und die ukrain. Standardsprache eingeführt. In der Prešover Rus' verwendete man bis Anfang der 50er Jahre die russische Standardsprache, danach wurde auch hier das Ukrain. eingeführt. Das Ethnonym Russinen fand aber im Volk weiterhin Verwendung. Die Lemken Polens druckten noch in den 30er

Jahren Bücher in ihrem Dialekt, nach dem Zweiten Weltkrieg wurde jedoch auch unter ihnen die ukrain. Standardsprache eingeführt.

Ende der 80er und Anfang der 90er Jahre des 20. Jh. entstanden unter einem Teil der Karpato-Russinen Bewegungen, die sich für die Wiederbelebung ihres ethnischen Namens und die Festigung ihrer Dialekte als Schriftsprachen einsetzten. In der Slovakei wurde die Gesellschaft „Русиньска оброда" ('Russin. Wiedergeburt') eingerichtet, die die Zeitung „Народны новинкы" ('Volkszeitung') und die Zeitschrift „Русин" ('Der Russine') herausgibt; im Transkarpatischen Gebiet entstand die Gesellschaft „Общество подкарпатськых русинув" ('Gesellschaft der subkarpatischen Russinen'), die die Zeitung „Подкарпатська Русь" publiziert; die 'A.-Duchnovyč-Gesellschaft' lebte wieder auf (sie gibt ein Kalenderjahrbuch und andere Bücher heraus); in Polen entstand die Vereinigung „Стоваришыня Лемків" ('Gesellschaft der Lemken') die das Bulletin „Бесіда" ('Wort'), ein Kalenderjahrbuch und weitere Bücher ediert; in Ungarn wurde die „Орґанізація Русинів у Мадярску" ('Organisation der Russinen in Ungarn') ins Leben gerufen (sie gibt die Zeitung „Русинскый жывот" 'Russin. Leben' heraus). Alle diese Bestrebungen riefen eine scharfe Reaktion jenes Teils der Russinen hervor, der sich als Ukrainer konstituiert hatte. In dieser Situation unternahmen die karpato-russin. Bewegungen die ersten Schritte zu einer Kodifizierung ihrer Sprache. 1995 fand in Preßburg (Bratislava) ein offizieller Akt der Kodifizierung der karpato-russin. Schriftsprache der Slovakei statt (Magocsi 1996). In diesen Jahren erschienen eine Rechtschreibung (Jabur, Pan'ko 1994), ein mehrsprachiges Wörterbuch linguistischer Termini (Pan'ko 1994), die ersten Schulbücher, Lyrik und Prosa, darunter der erste Roman „Rusyny" ('Russinen') von Vaclav Petrovaj. Auch in Transkarpatien erschienen erste Ausgaben schöngeistiger Literatur, 1997 kam die erste Grammatik heraus (Kerča, Popovič).

Zur Zeit werden Schritte zur Vereinheitlichung dieser Varianten und zur Schaffung einer einheitlichen karpato-russin. Schriftsprache unternommen. Dabei wird jedoch das Jugoslavo-Russin. als gut normierte stabilisierte Sprache nicht berücksichtigt.

Das Karpato-Russinische der Slovakei basiert auf dem sog. Dialekt von Zemplin in seiner westlichen und östlichen Form. Die Mehrzahl seiner Merkmale ist ukrain. und – im weiteren Rahmen – ostslav. Zu nennen sind hier u.a. das Polnoglasie (*голос* 'Stimme', *веретено* 'Spindel'), *olt-, *ort- > *lot-, *rot- bei fallender Intonation (*робота* 'Arbeit', *локоть* 'Ellbogen') und > *lat-, *rat- (*лакомый* 'schmackhaft', *раб* 'Knecht') bei steigender; *dl, *tl > *l (*сало* < *садло* 'Sattel', *шыло* < *шыдло* 'Ahle'); *kv, *gv > cv, zv (*цвіт* < *květъ* 'Blume', *звізда* < *gvězda* 'Stern'); Bewahrung des alten [y] (*byk* 'Stier', ukrain. *бик*), des auslautenden [r'] (*колесарь* 'Stellmacher', ukrain. *колесар*), der weichen ч [č'], дж [ǯ'], щ [šč'], dann das Auftreten eines fast mitteleuropäischen (also weder harten noch weichen) [l]; neben freiem, beweglichem Wortakzent tendiert ein bestimmter Teil der Mundarten zur Fixierung des Wortakzents auf der vorletzten Silbe. Auch morphologisch und syntaktisch gibt es Unterschiede. So läßt u.a. die Vergangenheit des Verbs neben dem ukrain. Typ *я читав/л* 'ich habe gelesen' auch spezifische Formen (Typ *чітав/л єм, єсь* usw.) zu, ebenso die Endung der 1.Pers.Pl. der Gegenwart *-ме* (*пишеме* 'wir schreiben', neben ukrain. *пишемо*); die Stellung der Reflexivpartikel *ся* ist ziemlich frei vom Verb (*нам треба було ся порадити* 'Wir mußten uns beraten', ukrain. *порадитися*).

Die Kodifizierung der transkarpatischen Variante des Russin. als Schriftsprache berücksichtigt mindestens vier charakteristische Mundarten, die von Maramoroš (Maramures), Užhorod, Mukačovo und Verchovyna; zu beobachten ist jedoch, daß die Mundarten von Mukačovo und Užhorod einen gewissen Vorrang genießen; es gibt auch Bestrebungen, sich auf Texte von Schriftstellern der Wiedergeburt zu stützen. Die Grammatik der Lemken in Polen stützt sich auf ihren lokalen, lemkischen Dialekt (Chomjak 1992). Die Russinen Ungarns haben bisher keine Kodifizierung ihrer Sprache versucht.

Deklination des Personalpronomens *я* 'ich' in den drei Varianten:

	Slovakei	Transkarpatien	Polen
Nom.	я	я	я
Gen.	мене, ня	мене, ня	мене, мя, ня, мня
Dat.	мені, мі	менї, ми	мі
Akk.	мене, ня	мене, ня	мене, мя, ня, мня
Instr.	(зо) мнов	мнов	мном
Präp.	(о) мені, (о) мі	мнї	мі, мні

Wie man sieht, sind die slovakische und transkarpatische Variante praktisch identisch; die lemkische in Polen unterscheidet sich jedoch deutlich von ihnen (erstaunlicherweise werden bis zu vier verschiedene Formen für denselben Kasus empfohlen, was gewöhnlich eine Kodifizierung erschwert).

Die Alphabete aller drei Kodifizierungen verwenden die Kyrilliza (in der Slovakei gab es auch Versuche, parallel dazu das lateinische Alphabet einzuführen); vgl. die Tabelle auf der folgenden Seite.

Die Buchstaben є, ї, ё, ю, я bezeichnen nicht nur j und den entsprechenden Vokal, sondern geben auch die Weichheit des vorangehenden Konsonanten an (*закончення* [-n'a] 'Endung'). In der transkarpatischen Variante gibt es außer dem serbischen Zeichen ђ für die Affrikate [ž'] insbesondere noch die nur schwach unterschiedenen ü und ű (nach ungarischem Vorbild, aber mit anderer funktionaler Bestimmung).

Das Russinische

Slovakei	Transkarpatien	Polen
Аа	Аа	Аа
Бб	Бб	Бб
Вв	Вв	Вв
Гг [h]	Гг [h]	Гг [h]
Ґґ [g]	Ґґ [g]	Ґґ [g]
Дд	Дд	Дд
—	Ѣѣ [ž']	—
Ее [e]	Ее [e]	Ее [e]
Єє [je, 'e]	Єє [je, 'e]	Єє [je, 'e]
Ёё [jo, 'o]	Ёё [jo, 'o]	—
Жж	Жж	Жж
Зз	Зз	Зз
Іі [i]	Іі [i]	Іі [i]
Її [ji]	Її [ji]	Її [ji]
Ии	Ии	Ии
Ыы	Ыы	Ыы
Йй	Йй	Йй
Кк	Кк	Кк
Лл	Лл	Лл
—	—	ЛЛ̆ [u̯]
Мм	Мм	Мм
Нн	Нн	Нн
Оо	Оо	Оо
Пп	Пп	Пп
Рр	Рр	Рр
Сс	Сс	Сс
Тт	Тт	Тт
Уу	Уу	Уу
—	Üü	—
Фф	Фф	Фф
Хх	Хх	Хх
Цц	Цц	Цц
Чч	Чч	Чч
Шш	Шш	Шш
Щщ	Щщ	Щщ
Юю [ju, 'u]	Юю [ju, 'u]	Юю [ju, 'u]
—	Ű ű [üv]	—
Яя [ja, 'a]	Яя [ja, 'a]	Яя [ja, 'a]
ь	ь	ь
—	—	ъ

2. Textbeispiele in den vier Varianten der karpato-russinischen Sprache

1. Slovakei: Світовый конґрес Русинів (СКР) в югославскім Руськім Керестурі 1995 року вырішив, же гостителём делеґатів наслідного 4. конґресу в 1997 роцї мать быти Орґанізація Русинів в Мадярську. Тото рішіня 3. конґресу ся наповнило, кедь в днях – 29. мая – 1. юна – коло 200 делеґатів і гостів – зо Словеньска, Мадярьска, Польска, Україны, США и Канады, Югославії, Латвії, Чеська и Нємецька – ся зышли в просторах Фонду Мадярьской културы. (Народны новинкы, Пряшів 1997, № 23-24, S. 1.)

2. Transkarpatien: Русиньскый язык має тоту специфику порунано из родиньскыма языками, ож задержав на собі силный и трывалый вплыв церковнославяньского языка. Наші давнїйші ґраматісты нигда не клали

сесї два языкы до протівостояня зато, бо тот вплыв усе ся приимав як природный. З церковнославяньского языка переберали ся главнїйшї понятя книжно-абстрактного характера, які ся ставали орґаничнов частёв русиньского языка, што засвідчено нашыма майдавнїйшыма писаныма памятниками ...   (Материньскый язык, Мукачово, S. 58.)

3. Polen: Незмірно велику одповідальніст доручено авторови тых першых рядків, першого в Народній Польщы лемківского, скромніцького іщы на тот (горячий) час, але в задумі – більшого періодычного писма. Од чого зачати? Што предложыти чому? О чым повісти, а што поминути? Бо вшыткого, што засідило ся в душы без парудесят років выповісти ся не даст ...   (Бесіда, Krynica, 1989, № 1, S.1.)

4. Ungarn: 30. октобра того то року успоріядали у будапештянском Бродвий Коктилсу представиня збірки выршам Ґабрєла Г.-Клебашка, под тітулом „Слызы і море". Было то велике шято русинской літератури у Мадярску, што подпорид і факт, же на стрічі ша зишли барз веёме люде, котри ша чуствовали як дома, при пиви а при капустових страпачках ...
(Русинскый жывот, Budapest, 23.VII.1996, S. 1.)

3. Literaturangaben

Chomjak, M. 1992. *Gramatyka lemkivskoho jazyka*. Legnica. (Rotaprint.)
Gerovskij, G. 1934. Jazyk Podkarpatské Rusi. *Československá vlastivěda*, díl III, *Jazyk*. Praha, 460-517.
Jabur, V., Ju. Pan'ko. 1994. *Pravyla rusyn'skoho pravopysu*. Prjašiv.
Kerča, I., S. Popovič u.a. 1997. *Materin'skyj jazyk. Pisemnicja d'ila pudkarpat's-kych Rusinuv*. Mukačovo.
Kurs istoriï ukraïns'koï literaturnoï movy. 1958. Bd. I. *Dožovtnevyj period*. Kyïv.
Magocsi, P.R. 1994. *Rusyny na Sloven'sku. – Rusíny na Slovensku*. Prjašiv.
— 1994. *Formuvannja nacional'noï samosvidomosti: Pidkarpats'ka Rus' (1848-1948)*. Užhorod.
— (Hrsg.) 1996. *A new Slavic language is born*. (East European Monographs CDXXXIV). New York.
Nedzěl'skij, E. 1932. *Očerk karpato-russkoj literatury*. Užgorod.
Pan'kevyč, I. 1938. *Ukraïns'ki hovory Pidkarpats'koï Rusy i sumižnych oblastej*. T. I. Praha.
Pan'ko, Ju. 1994. *Rusyn'sko-rus'ko-ukraïn'sko-sloven'sko-pol'skyj slovnyk lingvis-tičnych terminiv*. Prjašov.
Sabov, E. 1893. *Christomatija cerkovno-slavjanskich uhro-russkich literaturnych pamjatnikov*. Ungvar [Užhorod].
Tichý, F. 1938. *Vývoj současného spisovného jazyka na Podkarpatské Rusi*. Praha.

Das Westpolessische
von
Andrea Luft

1. Einführung

Die Region Polessien (russ. *polés'e*) erstreckt sich ausgehend von Brest entlang der Staatsgrenze zwischen der Republik Belarus' (Weißrußland) und der Ukraine bis nach Kiev und gehört somit zum ostslavischen Sprachraum. Seit dem 18. und 19. Jahrhundert spiegelten sich die ethnokulturellen Besonderheiten und das ausgeprägte lokale Selbstverständnis der Bevölkerung dieser Region in Selbstbezeichnungen wie Polešuken, Polešanier und Polessier wider. Als Beleg dafür, daß sich dieses Selbstverständnis bis in unser Jahrhundert erhalten hat, kann eine polnische Volkszählung in der polessischen Woiwodschaft aus dem Jahre 1939 gelten, in der sich die Mehrzahl der Bewohner (ca. 700.000 von insgesamt 1,1 Mio.) nicht als Polen, Ukrainer, Weißrussen oder Russen sondern als *tutejszy* 'Hiesige' bezeichnete.

Westpolessien umfaßt im heutigen Verständnis den Südwesten Weißrußlands (Brést, Pružany, Pinsk, Ivancévici), den Nordwesten der Ukraine (Kovel', Luck, Sarny, Čornobyl') und den östlichen Teil Polens (Biała Podlaska, Chełm); in dieser Region leben insgesamt über 4 Mio. Menschen, so daß man davon ausgehen kann, daß die Zahl der Sprecher des Westpol. wesentlich größer ist als bei anderen Non-Standardsprachen (Kleinschriftsprachen). Im Alltagsleben wird häufig der jeweilige polessische Dialekt, daneben Russisch oder auch Ukrainisch gesprochen, öffentlich dagegen fast ausschließlich Russisch.

Die dialektologische Abgrenzung Westpolessiens ist nicht eindeutig, im vergangenen Jahrhundert wurde es überwiegend aber als ukrain. oder auch ukrain.-weißruss. Übergangsdialekt betrachtet. Mit Ende des Zweiten Weltkriegs und im Zuge der West-Verschiebung der sowjetisch-polnischen Grenze gehört fast das gesamte Territorium Westpolessiens zur Ukraine und zu Weißrußland. Es hat ein Assimilationsprozeß an die weißrussische und ukrainische Bevölkerung stattgefunden, in Volkszählungen ist nur noch von Ukrainern, Weißrussen, Polen, Russen u.a. die Rede, wenn es um die ethnische Zusammensetzung der Bevölkerung dieser Region geht. Inwieweit diese Zählungen aber die tatsächlichen Verhältnisse widerspiegeln, ist fraglich; es erweist sich deshalb als schwierig, die Zahl der Sprecher des Westpolessischen und die Ausdehnung Westpolessiens genau anzugeben.

Seit den 80er Jahren sind in Westpolessien verstärkt Bemühungen zu beobachten, eine eigene Regionalsprache zu schaffen. Dennoch ist das Westpolessische bis heute ein Experiment – gegenwärtig ist ungewiß, ob es in Zukunft Bestand haben wird.

Das Wiedererstarken des Westpol. steht im Zusammenhang mit nationalen Wiedergeburtsbewegungen in Weißrußland und der Ukraine Ende der 1980er Jahre. Für die Entwicklung des Westpol. spielte seitdem die Zeitschrift „Zbudinne" ('Erwachen') eine wesentliche Rolle, weil ihre publizistischen Texte den Normen entsprechen, wie sie von M. Šyljahóvič – dem engagierten 'Begründer' des Westpol. – formuliert wurden. Literarische Texte spiegeln dagegen die Heimatdialekte der Autoren wider. Neben diesen Bemühungen um Normierung und Verbreitung des Westpol. wurden auch Forderungen nach einem gewissen Autonomiestatus und staatlicher Unterstützung der nationalen, sprachlichen und kulturellen Wiedergeburt laut; kritische Stimmen bestreiten jedoch die historische und sprachliche Eigenständigkeit Westpolessiens. Von entscheidender Bedeutung ist die Wechselwirkung polnischer, weißrussischer und ukrainischer Einflüsse, denn die sprachlichen Merkmale basieren auf den polessischen Dialekten Weißrußlands, der Ukraine und Polens. Folgt man den Angaben M. Šyljahovičs, so sind auch baltische Einflüsse zu beobachten.

2. Alphabet, Orthographie

Für das Westpol. wurde eine einheitliche Orthographie bei unterschiedlicher dialektaler Aussprache angestrebt. Es wird sowohl mit kyrillischem als auch mit lateinischem Alphabet geschrieben; in der Zeitschrift „Zbudinne" dominiert jedoch die kyrillische Schreibweise, die sich sowohl vom weißruss. als auch vom ukrain. Alphabet deutlich abgrenzt: Die ukrain. Grapheme г, й, є, ї, щ gibt es im westpol. Alphabet nicht, wohl aber ы, э, ё, j; auch weißruss. ў tritt nicht auf. Die Aussprache der Vokale unterscheidet sich in den einzelnen Dialekten erheblich, die Norm gleicht aber aus: historisches [ō] in neuen geschlossenen Silben wird so als и geschrieben (нис 'Nase', Биг 'Gott'), gesprochen aber [nyis, nus, nuos, nės; byig, bug, buog, bėg]; damit unterscheidet sich das Westpol. vom Weißruss., wo [o] bewahrt wurde, und auch vom Ukrain., wo dieses [o] zwar ebenfalls zu einem i-Laut wurde, der aber den vorangehenden Konsonanten palatalisiert (westpol. нич, weißruss. ноч, ukrain. ніч 'Nacht').

3. Zur Phonetik

Im Westpol. wird eine Vielzahl von Dialekten zusammengefaßt, und bei der Normierung berücksichtigte man die entsprechenden ukrain., weißruss. und poln. dialektalen Besonderheiten, so daß die phonetische Realisierung geschriebener Texte zwangsläufig große Unterschiede aufweist. Die Aussprache des Westpol. ist nur in Grundzügen (kontrastiv zum Russischen) festgelegt und beschränkt sich fast gänzlich auf Vokale. Zur weißruss. und ukrain. Standardsprache lassen sich u.a. folgende Unterschiede feststellen: es gibt kein Akanje; Cekanje (westpol. тыбэ, weißruss. *цябе* 'dich') und Dzekanje (wp. *дэнь*, weißr. *дзень* 'Tag') wurden nicht übernommen; Wörter mit anlautendem [o], [a], [u] oder [y] zeigen prothetisches г: wp. *гозёра*, weißr. *азёры* 'Seen', wp. *Гамэрыка*, weißr. *Амерыка* 'Amerika', wp. *гучоній*, weißr. *вучоны* 'Wissenschaftler'; ein Wechsel von *-гы, -кы, -хы* zu *-гі, -кі, -хі* wie im Weißruss. (wp. *кожухы*, weißr. *кажухі* 'Ledermäntel') tritt nicht auf. Auch das Jekanje unterscheidet das Westpol. vom Ukrain. und Weißruss., d.h. betontes я wird als [e] gesprochen (wp. *njeть*, weißr. *пяць*, ukrain. *п'ять* '5').

4. Zur Morphologie

Das Westpol. zeigt in den Flexionsparadigmen sowohl Gemeinsamkeiten mit als auch Spezifika gegenüber dem Weißruss. und Ukrain. Manche Besonderheiten lassen sich auch durch poln. Einfluß erklären.

Im Westpol. enden die auf harten Konsonanten ausgehenden maskulinen Substantive im Dat. und Präp. Sing. auf *-овы* oder *-евы* (*полышуковы*, wr. *палешуку*, ukr. *поліщукові* 'dem Polešuken' und *в стылёвы, ў стыли, у стилі* 'im Stil'). Eine weitere Besonderheit ist die Flektierbarkeit von Substantiven, die im Ukrain. und Weißruss. nicht dekliniert werden, z.B. wp. *метром*, wr. *метро*, ukr. *метро* 'mit der Metro'.

Im Westpol. wird zwischen endbetonten und nicht endbetonten Adjektiven unterschieden, nur die endbetonten verfügen über eine Langform; Kurz- und Langformen im Ukrain. und Weißruss. sind dagegen nicht von der Betonung abhängig.

Bei den westpol. Personalpronomina lassen sich einige morphologische Spezifika feststellen; z.B. das Personalpronomen *вытэ* ('ihr'), das sich aus *вы* ('ihr') und *-тэ* (Imperativendung der 2.Pers.Plur.) zusammensetzt (*робітэ* 'arbeitet!'). Außerdem sind die Pronomina *je* ('ich'), *ты* ('du'), *вин* ('er') und *воно* ('es') im Präpositiv mit der Form des Genitivs identisch ((*про*) *мынэ*) und unterscheiden sich damit vom Ukrain., wo die Dativ- mit den Präpositivformen ((*на*) *мені*) übereinstimmen.

Bei der Bildung der Numeralia kann man Veränderungen gegenüber dem Weißruss. und Ukrain. feststellen. Auch wenn einige Formen nur fakultativ sind, wird doch der Einfluß des Poln. deutlich: z.B. wp. *двадэсты* (neben *двацыть*), poln. *dwadzieścia* ('20'), wp. *штырдэсты*, poln. *czterdzieści*, russ. *сорок* ('40'). Bei den Kardinalzahlen 50, 60 usw. hat eine Verkürzung stattgefunden, wp. *пыјісет, шэјісят*.

Der Infinitiv westpol. Verben mit Stamm auf Vokal endet auf *-ты*, und der Infinitiv reflexiver Verben erhält das Suffix *-ця*. Bezüglich der Konjugation im Präsens zeigt das Westpol. die Endung *-мо* in der 1. Pers.Pl., wp. *мы робымо* ('wir tun'). Die westpol. 3.Pers.Sing.Präs. *e* des Verbs *буты* 'sein' dürfte sich ebenfalls am Ukrain. orientieren.

5. Zur Lexik

Trotz großer Gemeinsamkeiten mit dem Weißruss. und Ukrain. lassen sich einige Unterschiede feststellen – in der Lexik wird das Bemühen um Abgrenzung besonders deutlich. Es werden neue Wörter verwendet (*пэршодэнь* 'Montag', *волода* 'Sprache' nach lettisch *valoda*) oder auch Lexeme, die im Weißruss. oder Ukrain. als Archaismen (*чоломтвэрдь* 'Hauptstadt') oder Entlehnungen (*гір* nach deutsch 'Herr') gelten. Zwar gibt es im Westpol. Wortbildungsmuster, die vom Weißruss. und Ukrain. abweichen, aber überwiegend werden Suffixe verwendet, die auch in den benachbarten slavischen Sprachen produktiv sind.

6. Literaturangaben

Bieder, H. 1995. Soziolinguistische Aspekte der weißrussischen Sprache. *Zeitschrift für Slawistik* 40, 398-414.
De-šo z hramatyky 1991. *Zbudinne* 3 (21) 3, 4 (22) 3, 5 (23) 3, 7 (o.Z.), 1-2.
Duličenko, A.D. 1994. Iši jeden literaturnyj jazyk: rusins'ko-polis'kyj. *Rusin* 2, 20-21.
— 1995. The West Polesian literary language. In: Gustavsson, S., H. Runblom (Hrsg.): *Language, minority, migration. Yearbook 1994/95 from the Centre for Multiethnic Research*. Uppsala, 119-131.
Klimčuk, F.D., A.A. Krivickij, N.V. Nikončuk 1988. Polesskie govory v sostave belorusskogo i ukrainskogo jazykov. In: Bondarčik, V.K., J.G. Goško, R.F. Kirčiv (Hrsg.): *Poles'e. Material'naja kul'tura*. Kiev, 56-64.
Luft, A. 1997. *Das Westpolessische. Sprachliche Besonderheiten und Abgrenzung vom Weißrussischen und Ukrainischen*. Unveröff. Magisterarbeit an der Universität München.
Moroz, M.A. u.a. 1988. Ètničeskaja istorija Poles'ja èpochi feodalizma (do serediny XIX v.). In: Bondarčik, V.K., J.G. Goško, R.F. Kirčiv (Hrsg.): *Poles'e. Material'naja kul'tura*. Kiev, 72-86.
Suprun, A.E. 1990. Zaklučenie Zapadnopolesskoj (Jatvjažskoj) naučno-praktičeskoj konferencii. In: Sarvanova, V.P., M.M. Šyljahovyč (Hrsg.): *Jitvježa (Zachodyšnopolis'ka) študijno-prachtyc'ka konfyrencija. Matyrjely.* 13.-14.4.1990 Pyns'k. Pinsk, 3-4.
Šyljahovič, M. 1991. U našego dela – kosmičeskij znak. In: Ulicenak, A. (Hrsg.): *Inšadumcy mysljaščie inače*. Minsk, 123-1146.
Tolstoj, N.I. 1968. O lingvističeskom izučenii Poles'ja. In: Martynov, V.V., N.I. Tolstoj (Hrsg.): *Poles'e. Lingvistika, archeologija, toponimika*. Moskva, 5-17.
— 1990. Novyj slavjanskij literaturnyj mikrojazyk? In: Lichačev, D.S. (Hrsg.): *Res philologica. Filologičeskie issledovanija pamjati akad. G.V. Stepanova*. Moskva, 265-272.
— 1995. Ètnokul'turnoe i lingvističeskoe izučenie Poles'ja (1984-1994). In: Tolstaja, S.M., N.I. Tolstoj (Hrsg.): *Ètnolingvističeskoe izučenie Poles'ja*. Moskva, 5-18.
Žilko, F.T. 1964. Osobennosti dialektnych grupp ukrainskogo jazyka. In: Avanesov, R.I. (Hrsg.): *Voprosy dialektologii vostočnoslavjanskich jazykov*. Moskva, 102-123.

Das Polnische

von

Henrik Birnbaum und Jerzy Molas

1. Einführung

Polnisch ist Muttersprache von 38,6 Mio. Menschen in der Republik Polen und somit (nach dem Russ. und Ukrain.) die drittgrößte slav. Sprache. Poln. wird außerdem noch als Mutter- bzw. Zweitsprache von mehreren Millionen Polen im Ausland gesprochen. Zentren der Polonia (d.h. von Polen oder Menschen poln. Abstammung mit ständigem Wohnsitz außerhalb Polens) befinden sich in Nordamerika (USA über 8,2 Mio., Kanada über 400.000), Südamerika (Brasilien ca. 400.000), Westeuropa (Frankreich 400.000 bis 900.000, Deutschland 200.000 bis 600.000, Großbritannien 160.000), Australien (120.000), auf dem Gebiet der ehem. UdSSR (Weißrußland über 400.000, Ukraine 258.000, Litauen 247.000, Rußland 99.000, Lettland 62.000, Kasachstan 61.000 – insgesamt ca. 1,15 Mio), Tschechien 68.000. Kleinere poln. Sprachzentren befinden sich u.a. in Rumänien, Slovakei, Türkei, Italien, Griechenland, Südafrika. Diese quantitativ nur schwer zu bestimmende Polonia wird auf 10 bis 12 Mio. Menschen geschätzt (Miodunka 1990, Bartmiński 1993).

Poln. ist auch Mutter- bzw. Zweitsprache für nationale Minderheiten in Polen, die stärkste Gruppe bilden Deutsche (1,3% der Bevölkerung), dann Ukrainer (0,6%), Weißrussen (0,5%).

Innerhalb des Slavischen gehört das Poln. zum westslav. Sprachzweig und innerhalb dessen ist es Hauptvertreter der lechischen Untergruppe, die außerdem noch das Kaschubische und die ausgestorbenen elb- und ostseeslav. Mundarten umfaßt.

2. Alphabet, Orthographie, Aussprache

Das Poln. verwendet das lateinische Schriftsystem mit einer Reihe von diakritischen Zeichen sowie Buchstabenkombinationen, um besondere, dem Poln. eigene Lautwerte zu bezeichnen. Das Alphabet des Poln. umfaßt folgende Buchstaben in dieser Reihenfolge (Wörterbücher):

Aa	Dd	Hh	Łł	Óó	Tt	Źź
Ąą	Ee	Ii	Mm	Pp	Uu	Żż
Bb	Ęę	Jj	Nn	Rr	Ww	
Cc	Ff	Kk	Ńń	Ss	Yy	
Ćć	Gg	Ll	Oo	Śś	Zz	

Die Buchstaben Ą/ą, Ę/ę, Ń/ń und Y/y treten nicht im Wortanlaut auf; treten sie im Wortinnern auf, so folgen im Lexikon ę auf e, ą auf a, ń auf n (also *cezura* vor *cęgi*, *Mazur* vor *mączka*, *ponur* vor *pończocha*).

Auch die Buchstabengruppen Ch/ch, Cz/cz, Dz/dz, Dź/dź, Dż/dż, Rz/rz, Sz/sz werden 'alphabetisch' eingeordnet, ohne Rücksicht darauf, daß sie einen einzigen Laut darstellen.

Die Orthographie des Poln., die in hohem Maße historisch bedingt ist (Schreibung des [õ] gesprochenen Nasalvokals als ą, Digraphenschreibungen cz, rz, sz), enthält auch modernere Elemente (diakritische Schreibungen ź, ś usw.) und bewahrt morphonologische Schreibweisen, z.B. *Bóg, Boga* 'Gott' Nom.Gen.Sg.; *kościół, kościoła, w kościele* 'Kirche' Nom.Gen.Lok.Sg.; *dąb, dębu* 'Eiche' Nom.Gen.Sg., *wziął, wzięła* 'er/sie nahm'.

Diese eher komplizierte Schreibweise des Poln. macht eine Beschreibung der Aussprache besonders wichtig. Im einzelnen verdienen folgende Schriftzeichen als dem Poln. eigentümlich besondere Beachtung:

ą = [õ, ǫ] (nasaliertes o, wie der Auslaut -*on* in *Bonbon, Balkon)*, in den meisten Stellungen aber in der Aussprache verändert (vgl. u.);

c = dt. z (=[ts], ohne Lösung des t-Verschlusses);

ch = dt. ch (ach-Laut [χ]);

cz = dt. tsch (=[tš], ohne Lösung des t-Verschlusses, d.h. [č]);

ć = stark erweichtes verschobenes ts, annähernd wie deutscher erweichter ich-Laut [ç] oder dem weichen tsch [tš] angenähert, unterscheidet sich jedoch vom harten cz, z.B.: *grać* 'spielen' – *gracz* 'Spieler'; *płać!* 'bezahl!' - *płacz!* 'wein!'

dz = sth. Entsprechung zu c;

dź = genaue sth. Entsprechung von ć, also [ǯ];

dż = /d/+/ž/ ohne Lösung des d-Verschlusses, also [ǯ], wie *j* in *Jazz, Jockey*;

ę = [ẽ, ę̃] (nasaliertes e, wie der Auslaut -*in* in *Bassin)*, in den meisten Stellungen aber in der Aussprache verändert (vgl. u.);

h = ch (vgl. o.), nur in wenigen Regionen noch stimmhaft wie *h* in dt. *haben, Hut*;

ł = nichtsilbisches u [u̯], etwa wie *o* in dt. *Kakao* und dem *w* in engl. *well* sehr nahe; eine jetzt im Schwinden begriffene östliche Variante ist ein dental gesprochenes ł (etwa wie *ll* in engl. *all*, aber mit noch dumpferer, velarer Tönung), heute als Bühnennorm gebräuchlich;

ń = erweichtes n, wie *gn* in frz. *champagne* oder *ñ* in spanisch *España*;

ó = u (mit diesem völlig gleichlautend);

r = Zungenspitzen-r (nicht als Zäpfchen-r ausgesprochen; die Zungenspitze muß mindestens dreimal am oberen Gaumen anschlagen);

rz = ż, d.h. stimmhafte Entsprechung zu sz, wie *j* in *Journalist* oder *g* in *Loge*;

s = stimmloses s, wie *ss* in *essen* oder *ß* in *daß* (nicht wie *s* in *sagen)*;

sz = dt. sch [š];

ś = stark erweichtes, verschobenes s, ähnlich dem *ch* in dt. *ich*, aber mit Lippenrundung und nach unten gebogener Zungenspitze; unterscheidet sich jedoch vom harten sz [š], z.B.: *wieś* 'Dorf' – *wiesz* 'du weißt';

u = [u] wie das deutsche kurze betonte *u* in *und, Butter*;

y = [y, i̯] Zwischenlaut zwischen *i* (in deutsch *nimmt)* und *e* (in dt. *Knabe)* aber etwas tiefer in der Mundhöhle als das deutsche i artikuliert, nicht so dumpf wie das entsprechende russ. ы, nie als [ü] wie in *Hygiene* ausgesprochen;

z = sth. Entsprechung zu s, wie *s* in dt. *Nase, Sonne*;

ź = stark erweichtes, verschobenes z; die genaue stimmhafte Entsprechung zu poln. ś (vgl. o);

ż = rz (vgl. o.).

Vor Vokalen werden statt ć, dź, ń, ś, ź, stets ci, dzi, ni, si, zi geschrieben, so daß das i hier keinen eigenen Lautwert hat, sondern nur die Laute [ć, ӡ́, ń, ś, ź] graphisch erzeugt, also etwa *ciało* 'Körper', *dzieło* 'Werk', *siadł* 'er setzte sich'. Wenn der folgende Vokal aber der silbische Laut [i] ist, wird das Zeichen i nicht wiederholt, also z.B. *cicho* 'leise', *dziś* 'heute', *nic* 'nichts', *siła* 'Kraft', *zima* 'Winter'.

3. Das Lautsystem

Das System der poln. Vokalphoneme läßt sich graphisch so darstellen:

	Zungenlage (horizontal)				
hoch	i (y)			u	Zungen-
mittel		(ę) e	o (ǫ)		höhe
tief			a		(vertikal)

In Klammern stehen Laute, deren Status als eigenständige Phoneme umstritten ist, [y] (graphisch y) wird entweder als Allophon von /i/ (Stieber 1966, 101-102) oder als eigenständiges Phonem (Urbańczyk 1991, 346) eingestuft. Ob wegen ihrer jetzt positionell eingeschränkten Realisierung den Nasalvokalen ę, ą ebenfalls Phonemcharakter zuerkannt werden kann, ist umstritten (Stieber, 102-4). Diese beiden Nasalvokale sind jedoch signifikant für das poln. Vokalsystem, es handelt sich dabei um nasalierte [ɛ̃, ę] und [õ, ǫ], wobei ihr Lautwert in den meisten Stellungen verändert wurde. [ę], [ǫ] treten nur vor Frikativen als nasalierte Monophthonge auf, z.B. *mąż,* [mǫż] 'Mann', *węch* [vęχ] 'Geruch'; nasales [ǫ] wird im Auslaut gesprochen, *robią* [rob'ǫ] 'sie machen', dagegen wird [ę] hier entweder mit deutlich abgeschwächter Nasalierung oder als entnasaliertes [ɛ] artikuliert: *idę* [idɛ̃]:[idɛ] 'ich gehe'. Beide Nasale werden vor [l] und [u̯] entnasaliert: *minął* [minou̯] 'er ging vorbei', *mineli* [mineli] 'sie gingen vorbei'. Vor anderen Konsonanten werden ą, ę als Diphthonge realisiert, d.h. als [e], [o] + Nasalkonsonant, z.B. vor den Labialen [b], [p] als [om], [em]: *ząb* [zomp], *zęby* [zemby] 'Zahn' Nom.Sg.Pl.; vor Dentalen als [on], [en]: *mądry* [mondry] 'klug', *będę* [bende] 'ich werde sein'; vor Velaren als [oŋ], [eŋ]: *mąka* [moŋka] 'Mehl', *dziękuje* [dźeŋkuje] 'ich danke'; und vor Palatalen als [oń], [eń]: *pięć* [pieńć] 'fünf'.

Die Verbindungen au, eu weisen in einheimischen Wörtern eine Morphemfuge auf und werden stets zweisilbig gesprochen, z.B. *nauka* 'Wissenschaft', *nieważnie* 'unaufmerksam'; in Fremdwörtern werden sie dagegen einsilbig [au̯], [eu̯] gesprochen: *auto* 'Auto', *europejski* 'europäisch'; bedeutungsunterscheidende Quantitätsunterschiede bestehen nicht. Alle Vokale sind kurz.

Die poln. Gegenwartssprache besitzt folgende 33 Konsonantenphoneme: /p, p', b, b', m, m', f, f', v, v', t, d, n, s, z, c, ӡ, š, ž, l, r, č, ӡ̌, ś, ź, ć, ӡ́, ń, k, k', g, g', x/ (Stieber 1966, Wierzchowska 1980,

Urbańczyk 1991). Dem Laut [i̯] kommt eine Zwischenstellung zwischen einem echten konsonantischen Phonem /j/ und einer Kombivariante von vokalischem /i/ zu, während /u̯/ als nichtsilbisches /u/ charakterisiert werden kann. Auch die Konsonanten sind meist kurz (außer gewissen Doppelschreibungen, z.B. *panna* [n:] 'Fräulein' gegenüber *pana* [n] Gen.Sg. zu 'Herr'; manchmal in der Morphemfuge, z.T. mit Stimmtonassimilation: *naj-jaśniejszy* [j:] 'der hellste', *droższy* [š:] 'der teurere').

		Bilabiale		Labiodent.		Dent.	Alv.	Pal.	Velare	
		npal.	pal.	npal.	pal.				npal.	pal.
Plo-	sth.	b	b'			d			g	g'
sive	stl.	p	p'			t			k	k'
Frika-	sth.			v	v'	z	ž	ź		
tive	stl.			f	f'	s	š	ś	x	
Affri-	sth.					ʒ	ǯ	ʒ́		
katen	stl.					c	č	ć		
Sono-	nas.	m	m'			n		ń		
ran-	lat.					l				
ten	vibr.					r				
Halbvokale								i̯	u̯	

(Dent. = Dentale, Alv. = Alveolare, Pal. = Palatale, pal. = palatalisiert, npal. = nichtpalatalisiert. sth. = stimmhaft, stl. = stimmlos, nas. = nasal, lat. = lateral, vibr. = vibrant)

Das Poln. besitzt nicht nur eine Vielfalt von Konsonanten (besonders Zischlauten), es duldet auch mehr Konsonantenhäufungen als manche anderen – auch slav. – Sprachen, was dem Lernenden Schwierigkeiten bereitet; vgl. etwa *źdźbło* 'Halm', *chrztu* Gen.Sg. zu *chrzest* 'Taufe', *chrząszcz* 'Käfer', *pszczoła* 'Biene', *zemścić się* 'rächen'.

Stimmhafte Konsonanten im absoluten Auslaut (am Ende vereinzelter Wörter und am Satzende) werden stimmlos gesprochen, z.B.: *bóg* [buk] 'Gott', *wiedz* [v'ec] 'wisse!'. Im Wortinnern werden Konsonantengruppen (ohne Sonoranten und j) dem Stimmton des letzten Konsonanten der Gruppe angeglichen (regressive Stimmtonassimilation): *jakże* [jagže] 'wie (denn)', *babka* [bapka] 'Großmutter'; das gleiche gilt für das Satzsandhi: *jak długo* [jag-du̯ugo] 'wie lange' (vgl. 8.).

Im Wortinnern tritt zudem eine (progressive) Stimmtonassimilation von rz und w an einen vorangehenden stimmlosen Konsonanten auf: *przy* [pšy] 'bei', *kwiat* [kf'at] 'Blume'. Weiterhin werden in poln. Konsonantengruppen Assimilationen in bezug auf die Palatalität *(znikać* [z'n'i-] 'verschwinden'), die Artikulationsstelle *(rozżarzyc* [žž] oder [ž:] 'entzünden') sowie die Artikulationsweise vorgenommen, wobei im letzteren Fall besonders auf den Verlust des Verschlusses bei ń vor Frikativen, besonders: *koński* [kojsk'i] 'Pferde-', und die Artikulation des Typs *końca* [kojnca] hinzuweisen ist.

Das Polnische

Der Wortakzent des Poln. ist dynamisch (Expirationsakzent), nicht frei, d.h. er liegt in der Regel auf der vorletzten Silbe eines Wortes (Pänultima), aber beweglich, d.h. er wandert in der Flexion eines Wortes jeweils auf dessen vorletzte Silbe, also 'język 'Sprache', aber języ'kami Instr.Pl. Der Akzent liegt auf der drittletzten Silbe in den Formen 1.Pl.Prät.: ro'biliśmy, 1.,2.Sg. Kond.: 'robiłbym, ro'biłabyś 'machen'; ebenso in einigen Numeralien wie: 'czterysta '400', 'siedemset '700' sowie in einigen Lehnwörtern aus dem Latein. und Griech., z.B.: gra'matyka, 'fizyka. Die viertletzte Silbe erhält den Akzent in der 1.,2.Pl. Kond., z.B.: ro'biłybyśmy. Das Poln. kennt (im Gegensatz etwa zum Serb. und Kroat.) keinen musikalischen Wortakzent.

Ziemlich komplizierte morphonologische Erscheinungen (häufige Vokal- und Konsonantenwechsel, Unterscheidung in der Schreibung von ż und rz für [ž] sowie ó, u für [u]) entspringen aus Veränderungen, denen das poln. phonologische System in seiner Geschichte unterworfen war. Die wichtigsten dieser Veränderungen sind: Przegłos polski ('poln. Umlaut'), das ist die Umwandlung von urslav. ě, e, ę vor t, d, s, z, r, n, ł in 'a, 'o, 'ǫ. Der Wechsel ě > a ist heute der Grund für die Alternation 'a : 'e, z.B. wiara : wierze 'Glaube' Nom.Dat.Sg.; las : (w) lesie 'Wald' Nom.Lok.Sg. Der Wechsel von 'e zu 'o zeigt sich heute bei 'o : 'e, z.B. biorę : bierzesz 'ich nehme, du nimmst'; niosły : nieśli 'sie brachten'. Die Veränderung von ę zu ǫ war ursprünglich die Quelle für die Alternation ǫ : ę, aber die spätere Entwicklung der Nasale verdunkelt ihre Ergebnisse (vgl. u.). Wokalizacja jerów ('Vokalisierung der Jerlaute'), d.h. das Verschwinden der Jerlaute ь und ъ in schwacher und das Entstehen von e in starker Stellung bei gleichzeitiger Palatalisation des Konsonanten vor ь, z.B. sъnъ > sen, aber sъna > sna 'Schlaf, Traum' Nom.Gen.Sg. gegenüber pьsъ > pies, aber pьsa > psa 'Hund' Nom.Gen.Sg. Die wichtigste Folge der Vokalisierung ist die heutige Alternation e : ø, besonders bei den Suffixen -ek, -ec, z.B. domek : domku 'kleines Haus' Nom.Gen.Sg.; chłopiec : chłopca 'Junge' Nom.Gen.Sg. Mit der Vokalisierung der Jerlaute steht das Wzdłużenie zastępcze ('Ersatzdehnung') in Verbindung, d.h. die Dehnung eines kurzen Vokals nach dem Schwinden eines schwachen Jerlauts, z.B. bŏgъ > altpoln. bōg 'Gott'; mǫ̆žь > mą̄ž 'Mann'. Der Unterschied zwischen altpoln. bōg und heutigem bóg [buk] ist das Ergebnis der Entstehung der sog. Samogłoski pochylone (ścieśnione) ('verengte Vokale', ścieśnienie 'Verengung') im 16. Jh. Infolge des Verlusts der Vokalquantität wurde die Opposition lang – kurz durch den Gegensatz verengter (ehemals langer) Vokal – klarer (unverengter, ehem. kurzer) Vokal ersetzt. Die Kontinuanten ū, ī gingen sofort in [u] und [i] über. Das Paar å – a glich sich um die Mitte des 18. Jh. an a an, ō (bezeichnet als ó, daher heute ó) vereinigte sich mit [u] (daher bōg > bóg [buk]), ē vereinigte sich schließlich im 19. Jh. mit [e]. Der Unterschied [mą̄ž] :

[mǫž] ist das Ergebnis der Entwicklung der Nasalvokale vom 14. bis zum Ende des 17. Jh. Dieser Prozeß sah vereinfacht so aus:

Ursl.	14. Jh.	16. Jh.	16./17. Jh.
ę̄, ǭ	->	ą̄⁰	-> ą⁰	-> ǫ
ę̆, ǫ̆	->	ą̆	-> ąᵉ	-> ę

Wahrscheinlich an der Wende 16./17. Jh. bildet sich der bis heute geltende Zustand heraus: vorderer Nasalvokal /ę/ (als Kontinuant ehemals kurzer Nasalvokale) und hinterer Nasalvokal /ǫ/ (als ą geschrieben), als Kontinuant ehemals langer Nasalvokale. Dies spiegelt sich z.B. in *mąż* [mǫž] – *męża* [męža] wider.

Die genannten Veränderungen im vokalischen System verursachten auch Änderungen im konsonantischen. Die wichtigsten von ihnen sind: Konsonanten, die infolge des Umlauts palatalisiert wurden, treten nicht mehr nur vor den vorderen Vokalen auf, sondern auch vor den hinteren, von daher hat die Opposition harter – palatalisierter (bzw. palataler) Konsonant systemhaften Charakter bekommen; der Verlust der Jerlaute führte zur Entstehung von Konsonantengruppen, geschlossenen Silben und weichen Flexionstypen. Außerdem wurden die ursprünglich weichen Konsonanten im 15.-18. Jh. verhärtet; im heutigen Poln. erfüllen deshalb [ž, ǯ, č, ʒ, c, l] ähnliche morphologische Funktionen wie phonetisch weiche Konsonanten.

4. Flexionsmorphologie

Ähnlich wie die anderen slav. Sprachen (außer Bulgar. und Maked.) hat das Poln. ein reich ausgebildetes Formensystem. Dies gilt sowohl von der Flexion (Wortbeugung) als auch von der Derivation (Wortbildung, Komposition), wobei besonders letztere in einigen Bereichen – etwa in der Diminutivbildung – eine schier unerschöpfliche Kreativität aufweist. Immerhin neigt das Poln. innerhalb des Slav. trotz seines Formenreichtums als Sprachtyp etwas mehr zum analytischen Sprachbau als z.B. das Russ.

Das Poln. besitzt folgende flektierende Wortarten: Substantiv, Adjektiv, Pronomen, Numerale, Verb, wobei die Grenze zwischen Pronomen und Adjektiv in manchen Fällen fließend ist (z.B. *taki* 'ein solcher' etc.). Dazu an nichtflektierenden Wortarten: Adverb, Präposition, Konjunktion, Interjektion, Partikel. Inwiefern das Poln. neben dem Verb (in seiner finiten Form) noch eine weitere, nichtflektierende Wortart zur Bezeichnung des Prädikats (sog. Prädikativ) herausgebildet hat oder ob die einschlägigen Wörter (Beispiele: *trzeba* 'man muß, es ist notwendig', *można* 'man kann, es ist möglich', *szkoda* '[es ist] schade') weiterhin anderen, traditionellen Wortarten zuzuzählen sind, ist umstritten (Birnbaum 1976).

4.1. Das Substantiv

Das Substantiv unterscheidet drei Genera: Maskulinum, Femininum, Neutrum; zwei Numeri: Singular und Plural (mit einigen umgedeuteten Restbeständen eines alten Dual, z.B. *na ręku* 'auf der Hand', *oczyma* 'mit [den] Augen'); sieben Kasus: Nom., Gen., Dat., Akk., Instr., Lok. und – weiterhin gebräuchlich – Vokativ. Neben der Belebtheitskategorie im Sg. unterscheidet das Poln. – ähnlich dem Sorb. und mit Einschränkungen dem Ukrain. – im Pl. eine Personalform (für männliche Personen und gemischt-geschlechtliche Gruppen, in denen sich solche befinden) und eine Sachform (für sonstige Lebewesen, Gegenstände, Begriffe jedes Genus' – vgl. u. 4.2., 4.4.). Das Genus eines Substantivs läßt sich gewöhnlich an der Endung des Nom.Sg. erkennen: Mask. enden auf Konsonant (*stół* 'Tisch', *mąż* 'Mann', *koń* 'Pferd' dazu einige wenige auf -*a*: *sługa* 'Diener', *radca* 'Rat(sherr)' – Deklination im Sg. wie Fem.), Fem. auf -*a*, -*i* oder weichen (bzw. 'historisch' weichen) Konsonanten (*kobieta* 'Frau', *droga* 'Weg', *ziemia* 'Land, Erde', *noc* 'Nacht', *rzecz* 'Sache'), Neutra auf -*o* (*okno* 'Fenster'), -*e* (*pole* 'Feld'), -*ę* (die ungleichsilbigen Substantive, z.B.: *zwierzę* 'Tier' Nom.Sg. oder *imię*, 'Name' Nom.Sg.) und (bei Fremdwörtern) -*um* (*muzeum* – indeklinabel im Sg.).

Die Regeln der Substantivdeklination basieren auf heterogenen und sich oft überschneidenden Kriterien, die über die Gestalt der vorliegenden Form entscheiden. Die wichtigsten sind: das Erkennen von weichen (palatalen bzw. historisch palatalen) und harten (nichtpalatalen) Stämmen, z.B. im Gen.Pl.Mask. -*ów* nach den harten, -*i* nach den weichen und -*y* nach den historisch weichen Stämmen; das 'reine' phonetische Kriterium, wie im Lok.Sg.Mask., wo die Endung -*u* nicht nur nach den weichen Stammauslauten, sondern auch nach den velaren steht; das historische Kriterium, d.h. die Bewahrung der archaischen Formen, z.B. -*u* im Dat.Sg.Mask. (*kot, kotu* 'Katze'), Formen mit der Endung -*mi* statt -*ami* im Instr.Pl.Mask. und Fem. (*końmi* zu *koń* 'Pferd', *nićmi* zu *nić* 'Faden'). Außerdem berücksichtigt der Sprachusus, der oft dem historischen Kriterium folgt, auch einige semantische Prinzipien, die meistens inkonsequent sind. So bezeichnen z.B. die Formen des Nom.Pl. der Personalmask. auf -*owie* u.a. den Dienstgrad oder Titel (*profesorowie* 'Professoren', *generałowie* 'Generale'), aber auch *więźniowie* 'Häftlinge' und nur *doktorzy* 'Doktoren'. Im Grunde muß man einen vollständigen Mangel an Regeln bei der Distribution von -*a* und -*u* im Gen.Sg.Mask. unbelebt feststellen.

In der Deklination ebenso wie in der Konjugation kommt es außerdem – in der Folge historischer Palatalisierungsprozesse – zu bestimmten Alternationen des konsonantischen Stammauslauts, u.a.: im Dat. Lok.Sg.Fem. harter – weicher Konsonant: z.B. *t* : *ć meta-mecie* 'Ziel', *ł* : *l szkoła-szkole* 'Schule'; hart – historisch weich: *g* : *z noga-nodze*

'Bein', k : c ręka-ręce 'Hand', r : ž (orth. rz) góra-górze 'Berg'.
Außer den konsonantischen Alternationen können auch Vokalwechsel
auftreten, z.B. Nom.Sg.Mask. – sonstige Formen: e : ø młotek-młotka
'Hammer', lew-lwa 'Löwe', ą : ę urząd-urzędu 'Amt', u (orth. ó) : o
stół-stołu 'Tisch', u : o : e popiół-popiołu-(w) popiele 'Asche'; im
Gen.Pl.Fem.,Neutr: o : u (orth. ó) woda-wód 'Wasser', pole-pól
'Feld', ø : e książka-książek 'Buch', płótno-płócien 'Leinwand', ę : ą
ręka-rąk 'Hand', zwierzęta-zwierząt 'Tier'.

Sg.	Maskulinum			Neutrum		
	belebt		unbelebt	hart	weich	ungl.
Nom.	-ø	-ø	-ø	-o	-e	-ę
Gen.	-a		-a/-u	-a		
Dat.	-owi/-u			-u		
Akk.	= Gen.			= Nom.		
Instr.	-em					
Lok.	-'e/-u			-'e		-u
Vok.	= Lok.			= Nom.		
Pl.	Personalmask.		Nichtpersonalmask.			
N./V.	-'i/-'y/-e/-owie*		-y/ -i/-e**	-a		
Gen.	-ów/-i/-y			-ø		
Dat.	-om					
Akk.	= Gen.		= Nom.			
Instr.	-ami/-mi					
Lok.	-ach					

(ungl. = ungleichsilbig; * -'i nach harten, -e nach weichen Stämmen, -'y
nach k, g, r, -owie: semantische Kriterien; ** -y nach harten, -e nach weichen
Stämmen, -i nach k, g)

		Femininum				
	hart	historisch weich		weich		
	vokalisch	konsonantisch		vokalisch		
Sg. Nom.	-a	-a	-ø	-ø	-a	-i
Gen.	-y (-i nach k, g, l)			-i		
D./L.	-'e			= Gen.		
Akk.	-ę		= Nom.		-ę	
Instr.	-ą					
Vok.	-o		-y	-i	-o/-u*	= Nom.
Pl. Nom.	-y/-i**	-e	-y (-e nach l)		-e/-i***	
Gen.	-ø	-y (-i nach l)		-i	-ø/-i****	

(Im Pl.Fem. sind die weiteren Formen wie die der Nichtpersonalmaskulina;
* -o für Personen, -u für sonstige; ** -i nach k, g; *** -i nach -ość; **** -i
nach -nia und Fremdwörtern auf -ia, -ja.)

4.2. Das Adjektiv

Das Adjektiv weist in der Funktion einer adnominalen Bestimmung Flexionskategorien im Kasus, Numerus und Genus auf, die dem Substantiv untergeordnet sind. Infolgedessen spiegeln sich in der Adjektivdeklination die für das Substantiv charakteristischen Oppositionen von Belebt-Unbelebt im Sg., Personalmask.-Nichtpersonalmask. im Pl. wider. In der Beugung des Adjektivs ist ein deutlicher Formensynkretismus erkennbar.

	Maskulinum		Neutrum	Femininum
Sg.	belebt	unbelebt		
N./V.	-y/-'i*		-e	-a
Gen.	-ego			-ej
Dat.	-emu			-ej
Akk.	= Gen		= Nom.	-ą
Instr.	-ym/-im**			-ą
Lok.	-ym/-im**			-ej
Pl.	Personalmask.	Nichtpersonalmaskulinum		
N./V.	-'i/-'y***	-e		
Gen.	-ych/-ich**			
Dat.	-ym/-im**			
Akk.	= Gen.	= Nom.		
Instr.	-ym/-im**			
Lok.	-ych/-ich**			

(* -y nach harten und historisch weichen Stämmen, -'i nach weichen und -k-, -g-; ** -im/-ich nach weichen und -k-, -g-; *** -'i nach harten und weichen Stämmen sowie -ż-, -'y nach historisch weichen und -k-, -g-, -r-)

Nur im Nom.Sg. lassen sich drei Genera differenzieren, in den sonstigen Kasusformen kann man von einer Opposition Fem.-Nichtfem. sprechen. Im Instr. und Lok.Sg.Nichtfem. tritt ein Synkretismus der Formen auf, was das Poln. z.B. vom Russ. unterscheidet. Vereinzelte kurze Adjektivformen des Types *wesół* 'lustig', *zdrów* 'gesund' treten nur in prädikativer Funktion auf, z.B. *Był rad ze spotkania z nią* 'Er war froh über das Treffen mit ihr' und sie werden nicht dekliniert. Nom.Sg.Mask. hat eine Nullendung -ø, und die Fem. sowie Neutr. unterscheiden sich nicht von den Langformen des Adjektivs. Konstruktionen des Typs: *Bywaj zdrów!* 'Sei gesund!' sind stilistisch markiert oder könnten als archaisch bewertet werden. Einige Adjektive (wie *rad* 'froh', *wart* 'wert') weisen keine Langformen auf. Im gegenwärtigen Poln. ist die Klasse der Possessivadjektive eigentlich nicht mehr produktiv. Sie wurden von Konstruktionen mit Gen. verdrängt.

Die Formen des Komparativs lassen sich auf folgende Weise bilden: synthetisch unter Hinzufügung des Suffixes -*szy* oder -*ejszy* (bei zwei oder drei Konsonanten im Stammauslaut), z.B. *stary – starszy* 'alt', *ładny – ładniejszy* 'hübsch'. Bei der Steigerung der Adjektive kommt es oft zur Palatalisierung und Assimilation des harten stammauslautenden Konsonanten sowie Vokalalternationen innerhalb des Stammes, z.B. *biały – bielszy* 'weiß', *wąski – węższy* 'schmal'. Einige Adjektive haben auch suppletive Formen des Komparativs: *dobry – lepszy* 'gut'; *zły – gorszy* 'schlecht'; *duży – większy* 'groß'; *mały – mniejszy* 'klein'. Der Superlativ wird mit dem Präfix *naj-* gebildet. Im gegenwärtigen Poln. läßt sich eine Tendenz zur häufigen Anwendung von beschreibender Steigerung erkennen. Analytisch wird der Komparativ mit der Form *bardziej* und der Superlativ mit *najbardziej* gebildet. Traditionell entstehen die analytischen Formen des Komparativs und des Superlativs aus genetischen Partizipien sowie Beziehungsadjektiven, die eine qualitative Bedeutung aufweisen, z.B. *żelazny charakter* 'eiserner Charakter'.

4.3. Die Pronomina

Die Deklination der Personalpronomina unterscheidet sich nicht grundsätzlich von anderen slavischen Sprachen.

Charakteristisch für das Poln. ist der Wegfall des Personalpronomens in der Funktion des Subjekts in der 1.,2.Sg. und Pl. Sie werden nur benötigt, um das Subjekt zu betonen, z.B.: *Ja pracuję, a ty śpisz.* 'Ich arbeite, und du (dagegen) schläfst'. Die Formen *go, mu, mi, ci, cię* sind Enklitika, d.h. sie haben keinen eigenen Akzent und bilden eine Akzenteinheit mit dem vorangehenden Wort, z.B. *widzę go* 'ich sehe ihn', *proszę cię* 'ich bitte dich'. Langformen werden gebraucht, wenn sie die Satzbetonung tragen: *Tobie zaufałem, nie jemu* 'Ich habe dir vertraut, nicht ihm'. Die Formen mit *ni-* stehen nach Präpositionen, z.B. *dla niej* 'für sie', *do niego* 'zu ihm'. Wie die Tabelle zeigt, unterscheidet sich die Deklination von *on* und *ono* nur im Akk.Sg.; im Pl. unterscheiden sich die Personalmask. (*oni*) von den Nichtpersonalmask. (*one*) in der Bildung ihres Nominativs bzw. Akkusativs.

Das Reflexivpronomen *się* (Gen. *siebie*; Dat. *sobie*; Akk. *się*; Instr. *sobą*, Lok. *sobie*) weist auf die Identität der Nominalgruppe mit dem Subjekt hin, unabhängig von der Person des Subjekts, d.h. es kann sich auch auf alle Personalpronomen beziehen, z.B. *Obiecałem to sobie* 'Ich habe es mir versprochen', *Obiecaliśmy to sobie* 'Wir haben es uns versprochen'. Die Form des Akkusativs hat noch andere Funktionen, z.B. in der Wortbildung: Umwandlung von transitiven in intransitive Formen: *denerwować się* < *denerwować* 'sich ärgern < jmdn. ärgern'; in der Syntax bildet sie unpersönliche Konstruktionen (*widzi się* 'man sieht') sowie das sog. 'reflexive' Passiv: *Herbata już się robi* wörtl. 'Der Tee macht sich schon'.

Die Possessivpronomen *mój* (*moja, -e*) 'mein', *twój*, (*twoja, -e*) 'dein', *nasz* (*-a, -e*) 'unser', *wasz* (*-a, -e*) 'euer' werden wie Adjektive dekliniert; *jego* 'sein', *jej, ich* 'ihr' sind unveränderlich. Das reflexive

	1. Pers. Sg.	2. Pers. Sg.	1. Pers. Pl.	2. Pers. Pl.
Nom.	ja	ty	my	wy
Gen.	mnie	ciebie, cię	nas	was
Dat.	mnie, mi	tobie, ci	nam	wam
Akk.	mnie	ciebie, cię	nas	was
Instr.	mną	tobą	nami	wami
Lok.	mnie	tobie	nas	was

	3. Pers. Sg.		3. Pers. Pl.	
Nom.	on	ono	ona	oni	one
Gen.	jego, go niego	jej, niej	ich, nich	
Dat.	jemu, mu, niemu	jej, niej	im, nim	
Akk.	jego, go, niego je, nie	ją, nią	= Gen. je, nie	
Instr.	nim	nią	nimi	
Lok.	nim	niej	nich	

Possessivpronomen *swój* (*swoja*, *-e*; es gibt keine deutsche Entsprechung) wird gebraucht, wenn der Besitzer des Objekts mit dem Subjekt identisch ist, z.B. *Karol powiedział, że Jan znalazł swoją książkę.* 'Karol sagte, daß Jan sein (Jans) Buch gefunden habe'; *Karol powiedział, że Jan znalazł jego książkę* 'Karol sagte, daß Jan sein (Karols) Buch gefunden habe'.

Auch die Demonstrativpronomen: *ten* 'dieser', *tamten* 'jener', *ów* 'jener', *taki* 'ein solcher' werden wie Adjektive dekliniert; *ów* ist archaisch und stilistisch stark markiert.

Die Fragepronomen *kto* 'wer', *co* 'was' haben nur die Singularform, *kto* wird mit Maskulinformen verbunden (*Kto to był?* 'Wer war das?') und *co* mit Neutrumformen (*Co to było?* 'Was war das?'). Sie werden dekliniert: Nom. *kto, co*; Gen. *kogo, czego*; Dat. *komu, czemu*; Akk. *kogo, co*; Instr. *kim, czym*; Lok. (*o*) *kim*, (*o*) *czym*. Im gegenwärtigen Poln. hat das Pronomen *gdzie* 'wo' die Funktion von *dokąd* 'wohin', daher sagt man richtig: *Gdzie jesteś?* 'Wo bist du?' und *Gdzie/Dokąd jedziesz?* 'Wo/wohin fährst du?'. Die genannten Formen können in der Funktion von Relativpronomen auftreten. *Czyj* ('wessen') tritt nicht in dieser Funktion auf, es wurde durch die Form *którego* (Gen.Sg. von *który*, 'welcher') ersetzt. Von den Interrogativpronomina werden die Indefinitpronomina gebildet. Sie können die Unbestimmtheit aus der Sicht des Senders und des Empfängers ausdrücken – Pronomen + *ś* (*ktoś* 'jemand'); die Tatsache, daß die Identifikation des Objekts nicht wesentlich ist – Pronomen + *kolwiek* (*ktokolwiek* 'wer auch immer') und die negative emotionale Einschätzung des Sprechers – *byle* + Pronomen (*byle kto* 'der erste beste'). Diese Pronomina bewahren die Deklination der Formen, von denen sie gebildet wurden. Als Entsprechung der Indefinitpronomina in verneinenden Sätzen treten Negativpronomina auf: *nikt* 'niemand', *nic* 'nichts', *nigdzie* 'nirgends', *nigdy* 'niemals', z.B. *Czy ktoś z was był już kiedyś gdzieś poza Polską?* 'War schon jemand von euch irgendwann irgendwo außerhalb Polens?' – *Nie, nikt z nas nie był jeszcze nigdy nigdzie poza Polską* 'Nein, niemand von uns war jemals irgendwo außerhalb Polens'.

4.4. Das Verbum

Beim Verb wird eine relative Formenarmut in der Tempusbildung (einfache Zeitformen: Präsens und Präteritum, ferner ein zusammengesetztes Futur wie in den anderen west- und ostslav. Sprachen) durch ein verfeinertes, formal gekennzeichnetes Aspektsystem (pf. : ipf.) und in geringerem Umfang auch durch besondere Aktionsartenbildung (Iterativa, Inchoativa usw.) aufgewogen.

		Präteritum	
Inf.		kupić 'kaufen', pf.	
Sg.	Mask.	Fem.	Neutr.
1.Pers.	kupiłem	kupiłam	
2.Pers.	kupiłeś	kupiłaś	
3.Pers.	kupił	kupiła	kupiło
Pl.	Personalmask.	Nichtpersonalmask.	
1.Pers.	kupiliśmy	kupiłyśmy	
2.Pers.	kupiliście	kupiłyście	
3.Pers.	kupili	kupiły	

Wie die Tabelle zeigt, unterscheiden sich im Prät. Person und Genus (im Sg. – Mask., Fem. und 3.Sg.Neutr., im Pl. Personalmask. und Nichtpersonalmask.). Das zusammengesetzte Futur wird nur von ipf. Verben durch die Futurform von *być* 'sein' + Infinitiv oder 3. Sg. bzw. Pl. gebildet, z.B. *będę kupować/kupował* 'ich werde kaufen', ipf. Die Präsensformen können auch ausschließlich von ipf. Verben gebildet werden, dagegen haben die gleichen Formen vom pf. Verben Futurbedeutung, z.B. *kupuję* 'ich kaufe' ipf. und *kupię* 'ich werde kaufen', pf. Bei den Endungen der Verben im Präs. (bzw. im Futur bei pf. Verben) unterscheidet man drei Konjugationen (Gramatyka 1984, Bd. 2; Tokarski 1973, Szober 1971).

	I.	II.	III.
	pisać 'schreiben'	robić 'machen'	czytać 'lesen'
Sg. 1.Pers.	-ę	-ę	-m
2.Pers.	-esz	-isz	-sz
3.Pers.	-e	-i	-a
Pl. 1.Pers.	-emy	-imy	-my
2.Pers.	-ecie	-icie	-cie
3.Pers.	-ą	-ą	-ją

Ein Faktor, der die poln. Konjugation kompliziert, ist das Verhältnis

Das Polnische 157

zwischen Infinitivstamm (mit dem u.a. die Präteritumformen gebildet werden) und Präsensstamm. Sie decken sich nur in der III. Konjugation, z.B. *czytać – czytałem, czytam* 'lesen' 1.Sg.Mask.Prät., 1.Sg. Präs., aber: *pisać* ('schreiben', I. Kongujation) *pisałem, piszę* 1.Sg. Mask.Prät., 1.Sg.Präs. Wie man sieht, entscheidet die Infinitivendung nicht über die Zugehörigkeit zur Konjugationsklasse. Die Unterschiede zwischen den Stämmen zeigen sich als Alternationen, z.b. -*ow-* > -*uj-* (*kupować*, aber *kupuję*). Die Alternationen können auch bei einem einzigen Stamm auftreten, z.B. Präs. *prosić – proszę, prosisz* 'bitten' Inf., 1.,2.Sg.; Prät., *ciągnąć – ciągnąłem, ciągnęłam* 'ziehen' 1.Sg.Mask., Fem.

Das poln. Verb besitzt ein weniger ausgeprägtes Partizipialsystem als etwa das Russ.: die adjektivischen Partizipien Präs.Akt. (*czytający* 'der Lesende') und Prät.Pass. (*przeczytana książka* 'das gelesene Buch') sowie die (unveränderlichen) Adverbialpartizipien der Gleichzeitigkeit (*czytając* 'lesend') und Vorzeitigkeit (*przeczytawszy* 'gelesen habend'). Die erstarrte Form eines ehemals neutralen Part.Prät.Pass. (*-no, -to*) dient als Prädikationsträger in unpersönlichen Präteritalsätzen: *przeczytano książkę* 'man hat das Buch gelesen'.

Das Passiv wird nur beim Partizip synthetisch ausgedrückt, während es beim finiten Verb umschrieben wird, vor allem mittels passiver Partizipien + einer Form von *być* 'sein' oder *zostać* 'werden'. Mit *być* wird nur das Partizip Passiv von einem ipf. Verb gebildet, das Part. Pass. eines pf. Verbs wird mit *zostać* gebildet. Die Konstruktion *być* + Part.Perf.Pass. hat eher prädikative als passive Bedeutung, wie z.B. *on jest mądry* 'er ist weise' und kann nicht mit der Konstruktion *przez* + Akk. verbunden werden, die den Agens ausdrückt. Es kann z.B. nur heißen: „*Pan Tadeusz*' *został napisany* (nicht: *był napisany*) *przez Mickiewicza* ',Pan Tadeusz' wurde von Mickiewicz geschrieben'. Das Passiv kann aber auch durch die Reflexivform mit dem Pronomen *się* 'sich' gebildet werden. Beispiele: *był budowany* 'er wurde gebaut', *został zbudowany* 'er wurde erbaut', *budowano szkołę* 'es wurde eine Schule gebaut', *szkoła się buduje* 'eine Schule wird gebaut'.

An Modi besitzt das Poln. neben dem Indikativ auch einen Imperativ sowie einen Konditional, letzterer entweder analytisch oder synthetisch gebildet, etwa: *ja bym powiedziała : powiedziałabym* 'ich würde sagen'. Eine Art umschriebener Optativ wird durch die Partikel *niech* + 3.Sg./Pl.Präs. oder pf. Futur gebildet: *niech żyje* 'es lebe', *niech przyjdzie* 'mag/soll er kommen'.

5. Zur Derivationsmorphologie

Die Hauptmethode der Wortbildung im Poln. basiert auf der suffixalen (Substantive) und der präfixalen Derivation (Verben). Kennzeichnend für die Wortbildung des Substantivs sind die zahlreichen Derivationstypen, die durch bedeutungsspezialisierte Suffixe repräsentiert werden, z.B. das Suffix -nia (und seine Varianten -alnia, -arnia) bildet Nomina loci: *pracownia* 'Arbeitsraum', *poczekalnia* 'Warteraum' usw. Dagegen bilden infolge ihrer Polysemie und Polyfunktionalität wenige Verbalpräfixe (insgesamt 16 einheimische und 2 fremde) Tausende von Derivate, die oft individuellen Charakter haben, z.B. bildet *prze*-Derivate, die u.a. bedeuten: Durchlaufen einer gewissen Wegstrecke: *przebiec (100 m)* '(100-m) (durch)laufen'; Durchdringung: *prześwietlić* 'durchstrahlen'; Platz- oder Richtungswechsel: *przenieść* 'übertragen'; 'reine' perfektive Formen: *przeczytać* '(durch)lesen'; wiederholte Aktion: *przepisać* 'umschreiben'; übermäßige Aktionsintensität: *przeładować* 'überladen'; Verlust: *przepić* 'vertrinken'.

Besonders charakteristisch für die poln. Substantivderivation sind die Deminutiva. Sie stellen eine offene Klasse dar, d.h. soweit es aus semantischen Gründen zulässig und nötig ist, kann man von jedem Substantiv eine Verkleinerungsform bilden. Die Deminutiva drücken meistens eine positive Einstellung des Sprechenden zum Bezeichneten aus, z.B. *kawa > kawka, kawusia* 'Kaffee'; *test > teścik* 'Test'.

Eine neue Erscheinung im Poln. ist die Steigerung der Substantivkomposita mit fremden Elementen, z.B. *miniwieża* 'Mini-Stereoanlage'. Sowohl solche Ableitungen wie auch ältere Komposita des Typs *nosorożec* 'Nashorn' als auch feste Wortfügungen Subst. + Adj. (*zupa pomidorowa* 'Tomatensuppe') und Subst. + (Präp.) + Subst. (*chustka do nosa* 'Taschentuch', *prawa człowieka* 'Menschenrechte') stellen weitere Beispiele für Komposition im Poln. dar.

6. Syntax

Im Bereich der Syntax ist insbesondere auf die Kasusfunktionen hinzuweisen, die z.T. von denen anderer slav. Sprachen abweichen.

Der Nom. dient als Subjektkasus und bezeichnet das Prädikatsnomen, sofern dieses mit *to* 'dies (ist)' eingeführt wird (*wiedza to potęga* 'Wissen ist Macht'). Im Gen. wird neben Besitzverhältnis, Merkmal u.ä. insbesondere auch das verneinte Objekt (*nie widzę domu* 'ich sehe das Haus nicht'), die Existenzverneinung in Sätzen des Typs *książki nie ma na stole* 'das Buch ist nicht auf dem Tisch', die Teilmenge eines stofflichen Objekts (partitiver Gen.: *przynieść chleba* vs. *przynieść chleb* '(etwas) Brot bringen') sowie das Objekt nach verschiedenen Verbgruppen ausgedrückt. Der Dat. dient neben seinen Objektfunktionen auch zur Bezeichnung des logischen Subjekts in unpersönlichen Sätzen (*chłopcu się nudzi* 'der Junge langweilt sich', *wstyd mi* 'ich schäme mich'). Der Akk. tritt vor allem zur Bezeichnung des direkten Objekts auf (*dam ci książkę* 'ich werde dir das Buch geben'). Der Instr. ist u.a. der Kasus des Mittels oder Werkzeugs (*pisać ołówkiem* 'mit dem Bleistift schreiben'), verschiedener Umstandsbestimmungen (*ścieżka biegnie lasem* 'der Pfad führt durch den Wald'), des Objekts nach verschiedenen Verben sowie – besonders typisch für das Poln. – des gewöhnlichen Prädikatsnomens (*on jest dobrym nauczycielem* 'er ist ein guter Lehrer'). Alle angeführten obliquen Kasus werden zudem in Verbindung mit Präpositionen gebraucht. Der Lok. tritt ausschließlich in Präpositionalverbindungen auf, und zwar bei *w* 'in, an, auf, zu', *na* 'auf, an, in, nach', *o* 'über, von, um', *przy* 'bei, an', *po* 'nach, auf, in'. Außerhalb des eigentlichen Systems der Kasusfunktionen steht der keine syntaktischen Bindungen eingehende Vokativ (Anredekasus): *idź do sklepu, Marysiu!* 'geh in den Laden, Marysia!'

Im Bereich des Adjektivs kennt das Poln. die systematische Unterscheidung von Kurz- und Langformen nicht (vgl. 4.2.). Den engen semantischen Zusammenhang zwischen Verbalpräfix und mancher Präposition kennt das Poln. ebenso wie das übrige Slavische.

Die Wortstellung ist im Poln., wie bei anderen formenreichen Sprachen, relativ frei, so daß der Gestaltung der sog. aktuellen Satzgliederung (oder funktionalen Satzperspektive), d.h. der Unterscheidung und Hervorhebung von Neuem gegenüber Altem, bisher Unbekanntem gegenüber bereits Bekanntem usw. im breiteren, über den Rahmen des Einzelsatzes hinausgehenden Textzusammenhang viel Spielraum gelassen wird. Die im Poln. ziemlich zahlreichen Enklitika tendieren zur Stellung nach dem ersten betonten Wort des Satzes, wobei nur eine Häufung mehrerer enklitischer Wörter (ähnlich dem Serb. und Kroat.) gewisse Hierarchien zum Ausdruck kommen läßt, vgl. etwa *ja się z nim porozumiem* 'ich werde mich mit ihm verständigen', aber *ja bym się z nim mógł porozumieć* 'ich könnte mich mit ihm verständigen'. Die wohl 'normalste' Wortstellung im poln. einfachen Satz entspricht dem Schema SVO (Subj. + (Prädikats)Verb + Obj.), läßt aber viele Variationen zu. Die Stellung des attributiv gebrauchten Adjektivs ist relativ frei, so daß Überlegungen der Betonung, Euphonie und dgl. hier manchmal mitbestimmend sind (vgl. die ähnlichen Verhältnisse im Französischen). Ganz allgemein, aber keineswegs verbindlich gilt, daß Adjektive, die eine nur gelegentliche Eigenschaft bezeichnen, dem Substantiv meist vorangestellt, solche, die irgendwie als mehr beständig oder mit dem Substantiv wesensverbunden aufgefaßt werden bzw. mit ihm eine begriffliche Einheit bilden, ihm nachgestellt werden. In gewissen festen Fügungen steht das Adjektiv allerdings stets entweder vor oder – häufiger – nach dem Substantiv: *Biały Dom* 'das Weiße Haus', *pan młody* 'Bräutigam'. Bei Vorkommen mehrerer, nicht nur aneinandergereihter Adjektive verteilen sich diese meist auf beide Seiten des Subst.: *współczesny język polski* 'die poln. Gegenwartssprache'. Im Gegensatz etwa zum Deutschen wird der Nebensatz nicht durch absolute Wortstellungsregeln bestimmt.

7. Zum Wortschatz

Was den heutigen poln. Wortschatz in seiner Gesamtheit betrifft, so fällt auf, daß der Anteil des gemeinslav. Erbwortschatzes relativ geringfügig (Lehr-Spławiński, 1938, erwähnt ca. 1700 lexikalische Einheiten), der Einschlag fremder Lexik dagegen außerordentlich stark ist. Hier ist der aus dem Deutschen entlehnte Wortschatz an erster Stelle zu nennen, wobei lautliche Anpassungen und Umgestaltungen den fremden Ursprung z.T. etwas verdunkeln. Das Gros des poln. Lehnguts aus dem Deutschen entstammt noch dem späten Mittelalter (besonders seit dem 13. Jh.), als viele poln. Städte eine beträchtliche Anzahl deutschsprachiger Einwohner hatten, und betrifft den Handel (*rachunek* 'Rechnung', *jarmark* 'Jahrmarkt'), das Bauwesen (*cegła* 'Ziegel', *ratusz* 'Rathaus'), das Handwerk (*warsztat* 'Werkstatt'). Neben deutschem Lehngut ist vor allem solches aus dem Latein. und dem Tschech. (z.T. als Vermittler von ersterem, besonders im christlich-religiösen Bereich, vgl. 9.), später aus dem Italien. (16. Jh.; Kleidung, Musik, Architektur, Küche), wiederum aus dem Latein. (16.-18. Jh.; spezieller und abstrakter Wortschatz), Französ. (16.-19. Jh.; – unterschiedliche Bereiche, abhängig von der Epoche) von besonderer Bedeutung. Ab der zweiten Hälfte des 19. Jh. beginnen die Einflüsse der englischen Sprache (zuerst Sport, Segeln, Reisen). Verhältnismäßig spät (erst ab der Zeit der Teilungen Polens), oft regional begrenzt und stilistisch bezeichnet sind die Einflüsse des Russischen (z.B. regional, inakzeptabel *otkrytka* statt *widokówka* 'Ansichtskarte', techn. *sputnik*, polit. *samizdat* 'Druck ohne Zensur', *agitka* 'Agitationstext'). Da das Poln. in einem Vielvölkerstaat in Gebrauch war, nahm es auch Elemente der Sprachen der einzelnen in Polen und seinen Nachbarstaaten lebenden Völker auf, z.B. aus dem Ukrain. und dem Weißruss. (16.-17. Jh.) militärische Terminologie und pejorativen Wortschatz (*bezhołowie* 'heillose Unordnung, Chaos', *hulaka* 'Schlemmer'), türkisch-tatarische und ungarische Elemente (17. Jh.) wie Namen von Trachten, Handel, Heer, sowie Lehnwörter aus dem Jiddischen (erst seit dem 19. Jh.). Gewisse Lautmerkmale lassen manche Wörter unmittelbar als fremden Ursprungs bzw. als Nachahmungen fremder Aussprache erkennen; so etwa anlautendes *h*-: *hałas* 'Lärm', wohl aus dem Ostslav. (wahrscheinlich Ukrain.) entlehnt und mit *głos* 'Stimme' verwandt; *herbata* 'Tee' aus lat. *herba* + südchinesisch *te* (vgl. ital. *erba te*) bzw. latinisiert *thea*.

8. Zu den Dialekten

Die Dialekte des Poln. lassen sich, soweit sie sich bis heute erhalten haben, in zwei Hauptgebiete gliedern: solche mit und solche ohne Masurieren (mazurzenie). Dieses besteht darin, daß alveolare Frikative und Affrikaten (š, ž, č, ǯ) durch dentale (s, z, c, ʒ) ersetzt sind. Der

Lautzusammenfall hat in groben Zügen in folgenden Dialektzonen stattgefunden: Masowien (außer peripheren Teilen), kleinen Randgebieten und 'Inseln' auf großpoln. Gebiet, Nordschlesien und Kleinpolen (ohne die östlichen Mundarten). Das zweite Kriterium, das die bedeutendsten poln. Dialekte charakterisiert, ist die Stimmhaftigkeit bzw. Stimmlosigkeit in Wortverbindungen vor Vokalen und Sonoranten. In Masowien (mit Warschau) erfolgt stimmlose Aussprache, z.B. *już idzie* [juš iʒ́e] 'er/sie geht schon', *już robi* [juš rob'i] 'er/sie macht schon', *już jedzie* [juš jeʒ́e] 'er/sie fährt schon', während Kleinpolen (mit Krakau), Schlesien und Großpolen (mit Posen) diese Wortverbindungen stimmhaft aussprechen [juž iʒ́e usw.]. Dieser Dialektunterschied findet seine Entsprechung in der Standardsprache.

Grundsätzlich zu beachten ist auch die massive Umsiedlung poln., auch ländlicher Bevölkerung nach 1945 aus dem früheren Ostpolen in das jetzige Westpolen (bes. Pommern, Schlesien), wobei es zu erheblichen Umschichtungen der Mundarten kam. Ein weiteres Moment ist die sich jetzt allmählich vollziehende Eingliederung des genetisch zum Elb- und Ostseeslav. gehörenden Kaschubischen (vgl. „Das Kaschubische") in die Masse poln. Mundarten.

9. Zur Geschichte des Polnischen

Die Geschichte der poln. Sprache wird von Z. Klemensiewicz (1961-1972) in vier Abschnitte unterteilt: Die **vorschriftliche** Zeit ist durch so bedeutende Veränderungen des Lautsystems gegenüber dem urslav. Stand gekennzeichnet wie den poln. Umlaut, die Vollvokalisierung der Jerlaute sowie die Herausbildung der Palatalitätskorrelation im Konsonantensystem (vgl. 3.). In die vorschriftliche Zeit fällt das Entstehen des poln. Staats und die Annahme des Christentums. In das Poln. gelangen damals über das Tschech. und Deutsche die ältesten Entlehnungen aus dem Latein., die den Religionskult betreffen (*pacierz* 'Gebet, *pater noster*', *kielich* 'Kelch'). Die **schriftliche** Zeit beginnt mit der **altpolnischen** Epoche. Ihren Anfang markiert die 'Gnesener Bulle' („Bulla gnieźnieńska", 1136), die zum ersten Mal in größerem Umfang poln. (onomastisches) Sprachmaterial überliefert. Die anderen aus der altpoln. Periode stammenden Sprachdenkmäler – vor allem die 'Heiligenkreuz-Predigten' („Kazania świętokrzyskie"; Abschrift aus der Mitte des 14. Jh.) und das religiöse Lied „Bogurodzica" (erste erhaltene Abschrift aus dem beginnenden 15. Jh.), die als älteste poln. Prosa bzw. Lyrik gelten, dann viele weitere Denkmäler religiösen, aber auch weltlichen Inhalts vor allem aus dem 15. und frühen 16. Jh., z.B. der 'Psalter von St. Florian' („Psałterz floriański"; um die Wende zum 15. Jh.), die 'Gnesener Predigten' („Kazania gnieźnieńskie") spiegeln so wichtige sprachliche Entwicklungen wie die Affrikatisierung von t', d' (> ć, ʒ́; wahrscheinlich dann auch s' > ś, z'

> ź) und die Entstehung des frikativen ř' aus r' sowie der Phoneme /f/ und /f'/ (13. Jh.), den Zusammenfall des vorderen und hinteren Nasalvokals in ą (14. Jh.), die Entpalatalisierung von š', ž', č', ǯ', ř', c', ʒ' (vgl. 3.) und den Verlust von Aorist, Imperfekt und Dual (15. Jh.) wider. Das Ende der altpoln. Epoche wird durch entscheidende kulturelle (Einführung des Buchdrucks; Funktionserweiterung des Poln. gegenüber dem Latein., insbesondere auch in der schönen Literatur: M. Rej, J. Kochanowski u.a.) und sprachliche Veränderungen (vor allem Verlust der distinktiven Vokalquantität bei gleichzeitiger Verengung ehemaliger Längen, vgl. 3.) um die Wende vom 15. zum 16. Jh. gekennzeichnet. In der mittelpolnischen Epoche läßt sich nach dem Aufblühen einer vereinheitlichten Schriftsprache im 16. und frühen 17. Jh. ein allmählicher Sprachverfall vor allem unter dem Einfluß des Latein. (Makkaronismus), anderseits die Ausbreitung des Poln. in die östlichen Gebiete Polen-Litauens feststellen. Infolge der Polonisierung des ruthenischen und litauischen Adels nahm das Poln. z.T. auch deren phonetische Eigenarten und Wortschatz auf. Als Ergebnis entstand das sog. Ostrandpolnische (polszczyzna kresowa), eine Sprachvariante, die aufgrund des Prestiges der sich ihrer bedienenden Dichter, Gelehrten und Politiker noch lange eine bedeutende Rolle bei der Bildung des Sprachstandards spielte. Den Übergang zur neupolnischen Epoche in der 2. Hälfte des 18. Jh. kennzeichnen vor allem Bemühungen um Sprachreinigung und -verbreitung durch Aufklärer. Zugleich kommen in dieser Phase einige sprachliche Entwicklungen zum Abschluß, wie das Schwinden der verengten Vokale (vgl. 3.) und des frikativen ř (> ž), sowie die Festlegung der Aussprache [u̯] für ł. Die gefestigte Position der wiederaufblühenden poln. Schrift- und dann Standardsprache konnten die Germanisierungs- bzw. Russifizierungsbestrebungen des 19. Jh. nicht mehr erschüttern.

Was den Ursprung des Schriftpoln. betrifft, stehen sich weiterhin zwei Lehrmeinungen gegenüber, wonach er entweder in Großpolen (Zentren: Posen, Gnesen), dessen Dialekten das Masurieren (ebenso wie der Schriftsprache) ganz überwiegend fehlt, oder in Kleinpolen (Zentrum: Krakau) zu suchen ist.

10. Literaturangaben

Bartmiński, J. (Hrsg.) 1993. *Współczesny język polski*. Wrocław.
Bartnicka, B., H. Satkiewicz. 1990. *Gramatyka języka polskiego dla cudzoziemców*. Warszawa.
Birnbaum, H. 1976. Über einige Ansätze zu einer prädikativen Zustandskategorie im Polnischen. *Die Welt der Slaven* 21, 6-21.
Brückner, A. [3]1974. *Słownik etymologiczny języka polskiego*. Warszawa.
Damerau, N. 1967. *Polnische Grammatik*. Berlin.

Dejna, K. 1973. *Dialekty polskie*. Wrocław.
Dłuska, M. ²1981. *Fonetyka polska. Artykulacje głosek polskich*. Warszawa.
Doroszewski, W. 1952. *Podstawy gramatyki polskiej*. Bd. 1. Warszawa.
— (Hrsg.) 1958-69. *Słownik języka polskiego*. Bd. 1-11. Warszawa. (Dazu: 1973. *Indeks a tergo* ... Warszawa.)
— (Hrsg.) ¹⁸1994. *Słownik poprawnej polszczyzny*. Warszawa.
Falkenhahn, V., W. Zielke. 1957. *Grammatik der polnischen Sprache*. Berlin.
Gramatyka współczesnego języka polskiego. Bd. 1: Topolińska, Z. (Hrsg.) 1984. *Składnia*. Warszawa. Bd. 2: Grzegorczykowa, R., R. Laskowski, H. Wróbel. 1984. *Morfologia*. Warszawa.
Grzegorczykowa, R. 1996. *Wykłady z polskiej składni*. Warszawa.
Heinz, A. 1965. *System przypadkowy języka polskiego*. Kraków.
Klemensiewicz, Z. ⁷1971. *Podstawowe wiadomości z gramatyki języka polskiego*. Kraków 1952.
— ⁶1969. *Zarys składni polskiej*. Warszawa 1953.
— ⁴1980. *Historia języka polskiego*. Bd. 1-3. Warszawa 1961-72.
—, T. Lehr-Spławiński, S. Urbańczyk. ³1965. *Gramatyka historyczna języka polskiego*. Warszawa 1955.
Koneczna, H. 1965. *Charakterystyka fonetyczna języka polskiego na tle innych języków słowiańskich*. Warszawa.
Koschmieder, E. 1977. *Phonationslehre des Polnischen*. München.
Kuraszkiewicz, W. ²1972. *Gramatyka historyczna języka polskiego*. Warszawa. (Übs.: *Historische Grammatik der polnischen Sprache*. München 1981.)
Laskowski, R. 1972. *Polnische Grammatik*. Warszawa, Leipzig.
Lehr-Spławiński, T. 1938. Element prasłowiański w dzisiejszym słownictwie polskim. *Studia historyczne ku czci St. Kutrzeby*. Bd. 2. Kraków, 469-484.
— ²1951. *Język polski. Pochodzenie, powstanie, rozwój*. Warszawa.
Mały atlas gwar polskich. 1957-70. Bd. 1-13. Wrocław.
Mayenowa, M.R. (Hrsg.) 1966-. *Słownik polszczyzny XVI wieku*. Bd. 1ff. Wrocław.
Nagórko, A. 1996. *Zarys gramatyki polskiej*. Warszawa.
Miodunka, W. (Hrsg.) 1990. *Język polski w świecie*. Warszawa.
Nitsch, K. 1957. *Dialekty języka polskiego*. Wrocław 1915.
Paulsson, O. 1969. Das Phonemsystem der modernen polnischen Literatursprache. *Scando-Slavica* 15, 215-236.
Piprek, J., J. Ippoldt. 1971-74. *Wielki słownik polsko-niemiecki / Großwörterbuch Polnisch-Deutsch*. Bd. 1-2. Warszawa, Leipzig.
— 1968-69. *Wielki słownik niemiecko-polski / Großwörterbuch Deutsch-Polnisch*. Bd. 1-2. Warszawa, Leipzig. (Dazu: Kachlak, T., B. Wittkowska. 1974. *Suplement / Ergänzungsband*. Warszawa.)
Pochodzenie polskiego języka literackiego. 1956. Wrocław.
Rospond, S. ³1979. *Gramatyka historyczna języka polskiego*. Warszawa 1971.
Saloni, Z., M. Świdziński. 1985. *Składnia współczesnego języka polskiego*. Warszawa.
Schenker, A. 1954. Polish conjugation. *Word* 10 (= *Slavic Word* 3), 469-481.
— 1964. *Polish declension. A descriptive analysis*. The Hague.
Skorupka, S. 1967-68. *Słownik frazeologiczny języka polskiego*. Bd. 1-2. Warszawa.
Sławski, F. 1952-. *Słownik etymologiczny języka polskiego*. Bd. 1ff. Kraków.
Stieber, Z. 1966. *Historyczna i współczesna fonologia języka polskiego*. Warszawa.
— 1973. *A historical phonology of the Polish language*. Heidelberg.
Szober, S. ¹²1971. *Gramatyka języka polskiego*. Warszawa.
Szymczak, M. (Hrsg.) 1978-81. *Słownik języka polskiego*. Bd. 1-3. Warszawa.

Tokarski, J. 1973. *Fleksja polska*. Warszawa.
Urbańczyk, S. ⁴1972. *Zarys dialektologii polskiej*. Warszawa 1953.
— (Hrsg.) 1953-. *Słownik staropolski*. Bd. 1ff. Wrocław.
— (Hrsg.) 1991. *Encyklopedia języka polskiego*. Wrocław.
Wierzchowska, B. ²1971. *Wymowa polska*. Warszawa 1965.
— 1967. *Opis fonetyczny języka polskiego*. Warszawa.
Wójtowicz, J. 1981. *Die polnische Lautlehre*. Übs. von M. Wójcicki. Warszawa.

Das Elb- und Ostseeslavische

von
Ewa Rzetelska-Feleszko

1. Einführung

Seit dem 7./8. Jh. waren slavische Stämme in einem ca. 200 km breiten Streifen nach Nordwesten und Westen in die Gebiete zwischen unterer Weichsel und unterer Elbe bzw. darüber hinaus bis in das sog. Hannoversche Wendland vorgedrungen, so daß sie ein Gebiet vom heutigen östlichen Holstein und Niedersachsen über ganz Mecklenburg und Vorpommern bis nach Hinterpommern und in die Kaschubei innehatten. Die Dialekte dieser slavischen Stämme werden als elb- und ostseeslavische zusammengefaßt und bilden mit dem Polnischen die nördliche, lechische Gruppe der westslavischen Sprachen. Dieses Elb- und Ostseeslavische (EOS) läßt sich in drei Untergruppen fassen: Elbslavisch (Polabisch), Ostseeslavisch (Pomoranisch) und Slovinzisch-Kaschubisch; mit Ausnahme des Kaschubischen (s. „Das Kaschubische") sind alle diese Dialekte untergegangen.

Die Hauptmerkmale der lechischen Sprachen sind: 1. Erhaltung der urslavischen Nasalvokale, d.h. keine Entnasalierung; 2. Bewahrung des g als Verschlußlaut [g], d.h. kein Wandel zu [h]; 3. Erhaltung des dz [ʒ] < *dj und *$ǵ$; 4. Wandel von *$ě$ zu 'a sowie von *$ę$ zu $ǫ$ vor harten Vorderzungenkonsonanten. Die ersten drei Merkmale sind lechische Archaismen.

2.1. Das Elbslavische

Die in den Nordwesten ziehenden Slaven ließen sich an der Elbe und ihrem nördlichen Unterlauf nieder. Sie bildeten Stammesgemeinschaften, u.a. Obodriten, Wagrier und Polabier. Die letzteren kommen in Quellen aus der zweiten Hälfte des 11. Jh. als Polabi, Polabingi vor, ihr Zentrum war Ratzeburg. Sie hinterließen Spuren in geographischen Namen, vor allem von Dörfern und Flüssen.

Das Elbslavische erhielt sich bis zum Ende des 17. Jh. Am Anfang des 18. Jh. erlosch diese Sprache auch im Drawän (< *$drěvenъ$ 'waldig') bei Hannover, westlich der unteren Elbe. Die Bezeichnung Polaben (< *po Laba* 'an der Elbe') bezog sich anfänglich nur auf Slaven, die die Gegend nördlich der unteren Elbe bewohnten, später wurde sie aber auch auf die im Drawän siedelnden übertragen, daher die in der Wissenschaft verwendeten Termini: Lüneburger Wenden, Dravāno-Polaben, Dravāno-Polabisch. Die Polaben nannten ihre Sprache *slüvenst'ě* (< *$slověnьskъjь$ 'slavisch') oder auch *venst'ě* (aus dt. 'wendisch').

Die erhaltenen Denkmäler des Polabischen aus dem frühen 18. Jahrhundert sind das „Vocabularium Venedicum" (Deutsch-Elbslavisches Wörterbuch) von Christian Hennig von Jessen, die „Chronica venedica" von Jan Parum Schultze aus dem Dorf Sühten (mit einem Wörterbuch und Textfragmenten), ein Französisch-Elbslavisches Wörterbuch von Jan Fr. Pfeffinger („Vocabulaire Vandale") aus Lüneburg, darüber hinaus Fragmente von Gebeten und ein Hochzeitslied. Diese Denkmäler beinhalten insgesamt fast 3000 Wörter, die unterschiedlich in verschiedenen Dialektvarianten aufgezeichnet wurden. Das Elbslavische war bereits damals stark germanisiert. Unzureichende Schreibung, Dialektunterschiede und starke deutsche Einflüsse bereiten bei der Rekonstruktion der authentischen Formen dieser Sprache erhebliche Schwierigkeiten; Rekonstruktionen haben daher oft hypothetischen Charakter.

Die wichtigsten und zugleich ältesten Merkmale des Elbslavischen sind: 1. Erhaltung von *tărt (mit dem Wandel $a > o$), z.B. gorχ (< *gărchъ) 'Erbse'; 2. Vermischung von *tălt und *tĕlt, z.B. slåma (< *sălma) 'Stroh', mlåt (< *mĕlti) 'mahlen'; 3. Erhaltung von palatalen Konsonanten vor *ŕ (> 'or), z.B. źornü (< *zŕ'no) 'Korn'; 4. Wandel von *ḷ, *ḷ' > åu, z.B. våuk (< *vḷ'kъ) 'Wolf', dåud́ĕ (< *dḷ'gъjь) 'lang'. Diese Merkmale sind vorschriftlich (8./12. Jh.).

Die späteren elbslavischen Hauptmerkmale sind: 1. Wandel $o > ö$ vor harten Vorderzungenkonsonanten und $> ü$ in den übrigen Stellungen, z.B. nös (< *nosъ) 'Nase', büźĕ (< *božьjь), 'Gott-', 2. Wandel $e > i$ vor weichen Konsonanten, z.B. zimä́ (< *zem'a) 'Erde', 3. Wandel $a > o$, z.B. zobo (< *žaba) 'Frosch', 4. Palatalisierung von $k, g, χ >$ t', d', χ' vor $o, u, y, ъ$, z.B. ťölü (< *kolo) 'Rad', d́ölĕ (< *golъjь) 'nackt', χ'audĕ (< *χudъjь) 'mager', 5. Vokalreduktion in der Nachakzentsilbe, 6. Diphthongierung von hohen Vokalen in nicht reduzierter Stellung, z.B. aidĕ (< *ide), '[er] geht', χ'audĕ (< *xudъjь) 'mager'. Man nimmt an, daß das Elbslavische das sog. Masurieren (poln. mazurzenie), d.h. die Aussprache von š, ž, č als s, z, c durchgeführt hat, z.B. mesĕt (< *mĕšati) 'mischen', rüzĕc (< *rožьcь) 'Hörnchen'.

Die prosodischen Verhältnisse des Elbslavischen sind unterschiedlich rekonstruiert worden, zuletzt wurde festgestellt, daß der Akzent auf der letzten oder vorletzten Silbe lag und die Opposition zwischen vollen und reduzierten Vokalen akzentabhängig war.

Es lassen sich aufgrund der Lokalisierung der erhaltenen Denkmäler drei elbslavische Dialekte unterscheiden: der Dialekt von Wustrow, der von Sühten sowie der von Lüchow und Dannenberg.

Interferenzen mit dem Deutschen sind stark, sowohl in der Rechtschreibung wie auch in Morphologie, Syntax und besonders in der Lexik, wo im 17./18. Jh. 25% deutscher Herkunft sind. In der Syntax fallen z.B. Konstruktionen auf wie bejĕ sa amaŕåm 'er schlägt mit dem Hammer', häufige Verwendung der Formen tǫ 'der' und jadån 'einer' in Artikelfunktion, Perfektkonstruktionen mit 'haben' und 'sein', z.B. *mos pirdonĕ* 'du hast verkauft', Bildung des Passiv mit *vardot* (< 'werden') u.a.

Mit der Untersuchung der elbslavischen Sprache beschäftigten sich deutsche, polnische und russische Wissenschaftler. Um die Herausgabe dravänopolabischer Denkmäler hat sich der deutsche Slavist Reinhold Olesch verdient gemacht; die Erforschung des Polabischen erfolgte besonders durch die polnische Krakauer Schule.

2.2. Literaturangaben

Kaiser, R. 1968. *Untersuchungen zur Geschichte des Stammsilbenvokalismus im Dravänopolabischen*. München.
Lehr-Spławiński, T. 1929. *Gramatyka połabska*. Lwów.
—, K. Polański. 1962-1994. *Słownik etymologiczny języka Drzewian połabskich*, z. 1-6. Wrocław,Warszawa.
Olesch, R. (Hrsg.) 1959. *Vocabularium Venedicum von Christian Hennig von Jessen*. Nachdruck. Köln .
— 1962. *Juglers Lüneburgisch-Vendisches Wörterbuch*. Köln.
— 1967. *Fontes linguae Dravaenopolabicae minores et chronica Venedica J. P. Schultzii*. Köln.
— 1983-1987. *Thesaurus linguae Dravaenopolabicae*, Bd. I-IV. Köln.
— 1989. *Gesammelte Aufsätze*. I. Dravaenopolabica. Hrsg. A. Lauhus. Köln.
Polański, K. 1962. *Morfologia zapożyczeń niemieckich w języku połabskim*. Wrocław.
— 1998. *Gramatyka połabska*. Warszawa (im Druck).
—, J.A. Sehnert. 1967. *Polabian-English dictionary*. The Hague.
Rost, P. 1907. *Die Sprachreste der Draväno-Polaben im Hannöverschen*. Leipzig.
Schleicher, A. 1871. *Laut- und Formenlehre der polabischen Sprache*. St. Petersburg.
Trubetzkoy, N. 1929. *Polabische Studien*. Wien.

3.1. Die ostseeslavischen Dialekte

Der ostseeslavische (pomoranische, zu *po mor'e*, poln. *Pomorze* 'am Meer') Sprachraum erstreckte sich entlang der Ostsee westlich der unteren Weichsel bis zur Trave im Westen und umfaßte das poln. Westpommern (dt. Hinterpommern), Vorpommern und Mecklenburg. Fast das gesamte Gebiet wurde allmählich germanisiert; bis Mitte des 20. Jh. erhielt sich der slovinzische und bis heute die östlich angrenzenden kaschubischen Dialekte.

Die Rekonstruktion der Sprache der Altpomoraner stützt sich auf deutsche bzw. lateinische Aufzeichnungen von Vor- und Beinamen, aber auch von Topo- und Hydronymen. Die ersten Aufzeichnungen stammen aus dem 10./11., die meisten aus dem 12./13. Jh. Der deutsche Einfluß erfolgte von Westen, so daß der westliche Teil der ostseeslavischen Dialekte früher und ihr östlicher später (16.-19. Jh.) unterging. Die Pomoraner haben keine geschriebenen Texte hinterlassen, knappe (polnische mit slovinzischen Merkmalen) Texte sind nur von den Slovinzen erhalten. Das beschränkte Quellenmaterial gestattet daher lediglich die Rekonstruktion der ältesten, grundlegenden phonetischen Merkmale sowie jenes Wortschatzes, der die Grundlage für die Eigennamen bildet; entsprechend ist nur ein geringer Teil der nominalen Derivation erschließbar. Deutsche graphische, phonetische, morphologische u.a. Interferenzen und Substitutionen erschweren die Rekonstruktionen zusätzlich.

Die geographische Ausdehnung der pomoranischen Dialekte spiegelt sich in ihrem sprachlichen Übergangscharakter: die östlichen weisen mehr gemeinsame Merkmale mit dem Kaschubischen und Polnischen, die westlichen mit dem Polabischen auf. Oft treten auch konkurrierende phonetische Parallelformen auf, was eine inkonsequente Durchführung sprachlicher Veränderungen nahelegt.

Die wichtigsten älteren phonetischen Merkmale des Pomoranischen sind: 1. Wandel * *tărt* > *tårt*, z.B. **Varnov(o)* zu **varna* 'Krähe'; 2. Wandel *l, *l' > *oł*, z.B. **Kołpin(o)* zu **kl̥pъ* 'Schwan', **Vołkov(o)* zu **vl̥'kъ*; 3. Vermischung von **o-* und **vo-*, z.B. *Vostrov* < **ostrovъ* 'Insel'. Änderungen wie im Polabischen, d.h. **o-* > *vü-* sowie **y* > *oi* treten im westlichen Teil des pomoranischen Gebiets (Mecklenburg) auf, z.B. *Wilssne* (**olьš-* 'Erle'), aber nur in der Hälfte der Fälle. Der Wandel **tălt* > *tlåt* kommt hier nur ausnahmsweise vor, z.B. *Glaue* (< **glova* < **gălva* 'Kopf'). Änderungen, die nicht konsequent durchgeführt wurden, sind auch **ra-* > *re-*, z.B. *Radentin* || *Reknitz* (**radъ* 'froh', **rakъ* 'Krebs'); **ja-* > *je-*, z.B. *Jasenitze* || *Jerezlaus* (zu **jasьnъjь* 'hell', zu **Jaroslavъ* PN), **ěT* > *'aT*, z.B. *Pyaceke* || *Trebetowe* (**pěsъkъ* 'Sand', PN **Trebětъ* zu **trebiti* 'roden'), *ar* > *er*, z.B. *Garbin* || *Gerbeck* (zu **gŗbъ* 'Buckel'). Im östlichen Teil der ostseeslavischen Dialekte verstärken sich Merkmale, die typisch für die kaschubischen und polnischen Dialekte sind: Umlaut **eT* > *'oT*, z.B. *Drzon* (< **dernъ* 'Dornstrauch'), Affrikatisierung von *t'*, *d'*, *r'* > *ć*, *ʒ́*, *ř*, z.B. *Golencin* (< **Golętinъ* zu **golъ* 'nackt'), *Glotzin* (< **Glodinъ* zu **glodъ* < **găldъ* 'Hunger'), *Brzeznicze* (< **brezьnica* zu **berza* 'Birke'). Diese Veränderungen treten vor allem östlich der Flüsse Grabowa und Wieprza auf. Die meisten pomoranischen Lautwandel erfolgten vor den ersten Aufzeichnungen (8.-12. Jh.), 'polnische' Veränderungen treten im 10./13. Jh. auf.

Der in den geographischen Namen enthaltene pomoranische Wortschatz setzt die urslavischen Verhältnisse fort; vor allem Natur- und Körperbezeichnungen gehören der allgemeinslavischen Basis an. Es gibt auch indogerman. Archaismen (z.B. **svir-* || **sver-* 'wild, feucht' im ON *Svirьnica*) und urslav. (z.B. **čŗ'pъ* 'Hügel', **rъtъ* 'Halbinsel'). Die Wortbildung bei geographischen und Personennamen zeigt große Konvergenz mit entsprechenden polnischen und kaschubischen Bildungen.

Die pomoranischen Dialekte zeigen Merkmale der westslavisch-lechischen Peripherie: phonetische Prozesse treten in abgeschwächter Form auf, im Wortschatz und in der Wortbildung sind Archaismen sichtbar, es fehlen deutliche Innovationen.

3.2. Literaturangaben

Jeżowa, M. 1959. Słowiańskie nazwy miejscowe wyspy Rugii. *Onomastica* 5, 13-59.
— 1961-62. *Dawne słowiańskie dialekty Meklemburgii w świetle nazw miejscowych i osobowych.* I. *Fonetyka*, II. *Słowotwórstwo.* Wrocław.
Lippert, W. 1970. *Die Flurnamen der Ückermark.* Bearb. von J. Göschel. Giessen.
Lorentz, F. 1964. *Slawische Namen Hinterpommerns* (Pomorze Zachodnie). Bearb. von F. Hinze. Berlin.
Rzetelska-Feleszko, E. 1973. *Dawne słowiańskie dialekty województwa koszalińskiego. Najstarsze zmiany fonetyczne.* Wrocław.
—, J. Duma. 1977. *Nazwy rzeczne Pomorza między dolną Wisłą a dolną Odrą.* Wrocław.
—, — 1996. *Językowa przeszłość Pomorza Zachodniego w świetle nazw miejscowych.* Warszawa.
Trautmann, R. 1948-1949. 1956. *Die elb- und ostseeslavischen Ortsnamen.* I-II. III. Register. Berlin.
— 1950. *Die slavischen Namen Mecklenburgs und Holsteins.* Berlin.
Witkowski, R. 1978. *Die Ortsnamen des Kreises Greifswald.* Weimar.

4.1. Das Slovinzische

Der Name Slovinzen und das Adjektiv slovinzisch sind jung: erste Aufzeichnungen stammen aus den Jahren 1835 und 1856 und bezeichnen eine winzige Gruppe, die in deutscher Umgebung in gut zehn Dörfern um die Seen Łeba und Gardno slavisch sprach. Der Name bezog sich auf ihre sprachliche und religiöse (protestantische), nicht aber auf ihre ethnische Besonderheit. In einem Text aus dem Jahr 1643 finden wir Aufzeichnungen wie „aus der deutschen in die *słowięski* (< *slověnьskъjь* 'slavisch') Sprache". Der slovinzische Dialekt war die am weitesten nordwestlich vorgeschobene Variante des Kaschubischen; er enthielt gleichzeitig die meisten ostpomoranischen Merkmale und Archaismen; hier geht es besonders um *ar* in der Gruppe *tărt* und *ol* < *ḷ*, *ḷ'* sowie den Wandel *ę* > *i*, z.B. *pinc* (< *pętь* '5'), *pisc* (< *pęstь* 'Faust'). Die Isolierung des Slovinzischen, das von seinen benachbarten kaschubischen und polnischen Dialekten durch früh germanisierte Gebiete getrennt war, trug zu seiner eigenständigen inneren Entwicklung bei. Diese Entwicklung zeigte sich hauptsächlich in der Neigung der Vokale zur Diphthongierung, z.B. *dųobra* (< *dobra* 'gute'), *ži̯elazo* (< *železo* 'Eisen') und in der Verschiebung der Vokalartikulation nach vorn, z.B. *kʉoeza* (< *koza* 'Ziege'), *dlügo* (< *długo* 'lang'). Mit dem Nordkaschubischen verbindet das Slovinzische eine

Reihe phonetischer Merkmale und eine beachtliche gemeinsame Lexik. Der slovinzische Wortschatz vom Anfang des 20. Jh., den F. Lorentz und M. Rudnicki sammelten, sowie das grammatische System (F. Lorentz) sind gut bekannt; auch eine Textsammlung (F. Lorentz) wurde publiziert.

Das Slovinzische hatte einen dynamischen Wortakzent, so daß akzentuierte von nichtakzentuierten Vokalen unterschieden wurden, wobei die akzentuierten konkomitant gedehnt waren. Der Akzent war beweglich, eine phonologische Quantitätsopposition bestand nicht.

Die Reste der slovinzischen Bevölkerung haben ihre Dörfer nach 1945 verlassen und sind nach Deutschland übersiedelt. 1951 hat man bei einzelnen Personen nur noch ca. 250 slovinzische Wörter aufgezeichnet, 1954 dann 100 und 1959 wieder 140 Wörter. Zuletzt zeigten die slovinzische Lexik und Syntax starke deutsche Interferenzen.

Beispiel eines slovinzischen Textes mit polnischer Übersetzung, den M. Rudnicki 1911 in vereinfachter (und polonisierter) Schreibweise publizierte:

slovinz.: Jani waszli,   poln.: Jedni wyszli,
Drudzi przaszli,   Drudzy przyszli,
Wszatki bali,   Wszyscy byli,
Janech masli.   Jednych myśli.

4.2. Literaturangaben

Gil'ferding, A. 1862. *Ostatki Slavjan na južnom beregu Baltijskogo morja.* St.-Peterburg. (2. Aufl.: *Resztki Słowian na południowym wybrzeżu Morza Bałtyckiego.* Red. J. Treder und H. Popowska-Taborska. Gdańsk 1989.)
Lorentz, F. 1903. *Slovinzische Grammatik.* St. Petersburg.
— 1905. *Slovinzische Texte.* St. Petersburg.
— 1908-1912. *Slovinzisches Wörterbuch.* I-II. St. Petersburg.
Piotrowski, J. 1981. *Składnia słowińska wobec wpływów języka niemieckiego.* Wrocław.
Rudnicki, M. 1913. Przyczynki do gramatyki i słownika narzecza słowińskiego. *Materiały i Prace Komisji Językowej Polskiej Akademii Umiejętności* 6, 1-245.
Rzetelska-Feleszko, E. 1961. Słowińcy, ich język i folklor. Materiały z Konferencji Słowińskiej Komitetu Językoznawczego i Komitetu Słowianoznawstwa PAN 14.01.1960. *Zeszyty Problemowe Nauki Polskiej* 22. Wrocław.
— 1991. Nazwa Słowińców w świetle regionalnych zabytków i słowników. *Polszczyzna regionalna Pomorza* 2, 85-95.
Słownik gwarowy tzw. Słowińców kaszubskich. 1997. Red. S. Sobierajski. Bd. 1. A-C. Warszawa.
Sobierajski, Z. 1974. Relikty gwary Słowińców we wsi Kluki nad jeziorem Łebsko w województwie koszalińskim. *Slavia Occidentalis* 31, 159-173.
Stokhof, W.A.L. 1973. *The extinct East-Slovincian Kluki-dialect. Phonology and morphology.* The Hague, Paris.

Das Kaschubische

von
Edward Breza

1. Einführung

Kaschubisch sprechen heute ca. 50.000 Bauern, Arbeiter, Fischer und Intellektuelle kaschubischer Abstammung. Diese Sprache verstehen aber wesentlich mehr Kaschuben in Polen und außerhalb der polnischen Grenzen (besonders in USA, Kanada, Deutschland). Zu den Kaschuben zählen auf Grund ihrer Abstammung, Geschichte und Kultur auch eine größere Anzahl Polen.

Kaschuben sind sich zwar ihrer sprachlichen, kulturellen und historischen Unterschiede gegenüber Polen bewußt, halten sich aber dennoch für Polen. Ihr politisches Credo drückt die Formulierung von H. Derdowski (1852-1902) aus: „Czujta tu ze sërca toni skłôd nasz apostolsczi: Ni ma Kasszub bez Polonii, a bez Kaszub Polsczi." („Hört ihr aus den Tiefen des Herzens unser apostolisches Credo: Es gibt keine Kaschuben ohne Polen, und keine Polen ohne Kaschuben"). Separatistische Bewegungen und Streben nach einem eigenen Staat sind ihnen fremd, d.h. sie halten sich für und sind Bürger des polnischen Staates. Sie bewohnen die (1975 aufgelösten) Landkreise Puck (Putzig), Wejherowo (Neustadt), Kartuzy (Karthaus), den südlichen Teil des Landkreises Kościerzyna (Berent) und den nördlichen Teil des Landkreises Chojnice (Konitz) sowie viele Dörfer im Landkreis Bytów (Bütow). Weitere Zentren und vereinzelte kaschubische Familien gibt es in den Landkreisen Lębork (Lauenburg) und Słupsk (Stolp), wohin sie nach dem Zweiten Weltkrieg auf ehemals deutsche Ländereien gelangten.

2. Alphabet, Orthographie, Lautsystem

Die kaschubische Rechtschreibung verwendet lateinische Buchstaben nach polnischem Vorbild. Auffällig sind é, ó, ô, ë; é bezeichnet einen Laut zwischen [y] und [e], z.B. *kobiéta* 'Frau', ó zwischen [u] und [o], z.B. *mówi* 'spricht'; ô setzt altpomoranisches langes [ā] fort, z.B. *trôwa* 'Gras', es lautet im Nord- und Mittelkaschubischen wie deutsch [ö] und stellt dann einen mittleren, gerundeten Laut dar, tritt sonst aber als ein hinteres, stark gerundetes [o] (geschrieben ω) auf.

Ein für das Kaschubische spezifischer Vokal ist ë (schwa [ə]), das im Nord- und Mittelkaschub. wie zwischen [e] und [a] und im Südkaschub. wie zwischen [i] und [u] klingt; es ist in bezug auf die Zungenhöhe immer ein zentraler Laut und vertritt altpomoranisches *ŭ*, *y̌* sowie *ǐ*, z.B. *lëdze* 'Menschen', *të* 'du', *cëcho* 'still', *sëla* 'Kraft'. Das Phonem /ë/ unterscheidet Bedeutungen, z.B. *rëk* 'Gebrüll' und *rek* 'Krebs', *bëstri* 'schnell, gescheit', *bestri* 'getüpfelt, bunt'.

Die 10 kaschubischen oralen Vokalphoneme /i, é, e, ë, a, ö, o, ó, ü, u/ lassen sich als Dreieck darstellen, wobei /ö/, realisiert als [ö, ω], orthographisch als ô und /ü/, das sind [ü, u], als u geschrieben werden:

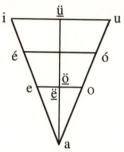

Die unterstrichenen drei Phoneme haben unterschiedliche Aussprache: /ë/ klingt im Nord- und Mittelkaschub. zwischen [e] und [a], im Südkaschub. zwischen [i] und [u]; /ö/ lautet [ö] im Nord- und Mittelkaschub., aber [ω] im Südkaschub.; /ü/ setzt altpomoranisch ū als [ü] im Nord- und Mittelkaschub. und als [u] im Südkaschub. fort.

Zu diesen 10 oralen kommen noch 2 nasale Vokale: der vordere /ą/ (geschrieben ã) und der hintere /ǫ/ (geschrieben ą), so daß es im Kaschubischen insgesamt 12 Vokalphoneme gibt.

Dieses Vokalsystem wird in literarischen Texten benutzt; in Mundarten treten /e/, /i/ statt /ö/, /ü/ auf (Sierakowice (Sierakowitz), Sulęczyno (Sullenschin)); in der Mundart von Luzino (Lusin) steht /e/ statt /o/ (*kriewa*, poln. *krowa* 'Kuh'); in vielen Dörfern sind die Nasalvokale zu oralen geworden.

Die 25 Konsonantenphoneme sind: /p, b, m; p', b', m'; v, f; v', f'; t, d, s, z, c, ʒ, n, l; š, ž, č, ǯ, k, g, x/; ł wird [u̯] gesprochen und ist Variante zu /u/. Im Kasch. fehlen die polnischen Phoneme /ś, ź, ć, ʒ́/ (im Norden auch /ń/), weil sie in die harten /s, z, c, ʒ/ (im Norden /ń/ in /n/) übergegangen sind, z.B. *sano* 'Heu', *zemia* 'Erde', *celã* 'Kalb', *dzeń* 'Tag'. Die Velaren /k', g'/ wurden im Nord- und Mittelkasch. zu /cz/ (č) und /dż/ (ǯ), im Südkaschub. aber zu /ć/ und /dź/ (ʒ́).

Der Akzent ist unterschiedlich: Im Süden der Kaschubei, d.h. in den Gebieten Chojnice (Konitz) und Kościerzyna (Berent), ist er fest und nicht beweglich, es wird die erste Wortsilbe betont; im Norden und in der Mitte des Sprachgebiets ist er frei und beweglich.

3. Zur Morphologie

Die Substantive werden in 7 Kasus im Singular und Plural dekliniert; das grammatische Genus entscheidet über die Zugehörgkeit zur männlichen, weiblichen oder neutralen Deklination.

In der Deklination ist besonders auffällig: 1. im Instr.Pl. aller Substantive tritt parallel zu *-ami* das Suffix *-ama* auf, z.B. *nogama* 'mit den Beinen, Füßen', *lasama* 'mit den Wäldern', *polama* 'mit den Feldern', *prosãtama* 'mit den Ferkeln'; 2. weitgehender Schwund von Vokativformen im Singular, insbesondere bei Eigennamen, man sagt eher *Jan(e)k!* als *Janku!*, *León!* als *Leonie!*, benutzt aber z.B. *sąsadze!* '(hallo) Nachbar!', *knôpie!* 'Knabe!', *kobiéto!* 'Frau!', *pse!* 'Hund!';

3. die Nominativform zeigt Schwund des sog. beweglichen *e*, also *kupc* < *kupiec* 'Kaufmann', *palc* < *palec* 'Finger', *rówk* < *rowek* 'Graben', aber *Władek* neben *Władk* 'Władek'; 4. die Substantive auf *-é* vom Typ *żëcé* 'Leben', *sumienié* 'Gewissen' werden adjektivisch dekliniert, also im Gen.Dat.Sg. *żëcégo, żëcému* usw.

Die Adjektive bewahren eine große Anzahl von Formen der ursprünglichen einfachen (nicht zusammengesetzten) substantivischen Deklination vom Typ *zdrów* 'gesund', *rôd* 'froh' (diese Form bedient alle drei Geschlechter sowie beide Numeri), *nôłożén* 'gewohnt', *pełén* 'voll', *próżen* 'leer', *wôrt* 'wert', *żiw* 'lebendig'; einige sind aus dem Deutschen entlehnt: *karsz* (< mittelniederdeutsch *karsch*) 'munter', *forsz* 'gutaussehend', *fejn* oder *fajn*. Im Gebrauch sind auch Possessivadjektive vom Typ *tatów* 'Vater-', fem. *tatowa*, neutr. *tatowo* oder *tatowé, mamin* 'Mutter-', *mamina, mamino, sostrzén* 'Schwester-' etc., in den obliquen Kasus folgen sie bereits der zusammengesetzten Deklination, z.B. Gen.Sg. *tatowégo knôpa* 'des Knaben des Vaters', Dat.Sg. *tatowému knôpu* usw. Der Komparativ wird mit den Suffixen *-ejszi* oder *-szi* gebildet (*cwiardzejszi* 'härter', *czëstszi* 'sauberer'), der Superlativ durch Hinzufügen des Präfixes *nô-*, z.B. *nôlepszi* 'der beste', *nôgrëbszi* 'der dickste'.

Bei den Pronomina sind Dualformen interessant, jedoch in der Pluralbedeutung: *ma, wa* Nom. 'wir, ihr', *nama, wama* Dat. 'uns, euch', Gen. *naju, waju* 'uns, euch'. Charakteristisch ist, daß die Dualformen in Pluralfunktion und die Pluralformen als Höflichkeitsformen (*pluralis maiestatis*) verwendet werden, z.B. *wa idzeta* 'ihr geht', aber *Wë idzece* 'Sie gehen', *Waju ni ma* 'Es gibt euch nicht', aber *Was ni ma* 'Sie gibt es nicht, Sie sind nicht da'.

Die Grundzahlen (außer *jedén* 'eins') werden nicht dekliniert, die Zahlenfolge kann mit der des Polnischen identisch sein (*dwadzesce dwa* 'zweiundzwanzig'), aber auch dem Deutschen folgen (*dwa dwadzesce*). Kollektivzahlen werden nur im Nominativ benutzt: *dwoje dwiérzi* 'zwei Türen', *troje dzecy* 'drei Kinder'.

Das Hilfsverb *bëć* 'sein' bewahrt größtenteils seine ererbte Konjugation: *jem* 'ich bin', *jes, jesmë, jesta* (in Pluralfunktion), *jesce* (als Höflichkeitsform), *są* 'sie sind'. Im Futur flektiert es: *bãdã, bãdzesz, bãdze, bãdzemë* (oder *bãdzema*), *bãdzeta* (Pl.), *bãdzece* (plur. maiest.), *bãdą*; in der ersten Silbe ist immer auch *ą* möglich: *bądã, bądzesz* usw. Darüber hinaus gibt es eine Kurzform: *mdã, mdzesz, mdze, mdzemë, mdzeta* (*mdzece*), *mdą*, z.B. *Të mdzesz chori* 'Du wirst krank sein', *Wë mdzece czekac* 'Sie werden warten' (Höflichkeitsform), aber *Wa mzdeta czekac* 'Ihr werdet warten' (Plural).

Im Norden der Kaschubei existieren noch ältere, nichtkontrahierte Verbalformen der 1.Pers.Sing.: *czëtajã* 'ich lese', *zriwajã* 'ich reiße ab, pflüge'; *powiôdajã* 'ich sage'; das Verb *znac* 'kennen' ist in der gesamten Kaschubei nicht kontrahiert: *znajã, znajesz, znaje* usw. Die

Imperativform bewahrt in der Nord- und Mittelkaschubei das alte *-i* oder *-ë*: *gon'i, rob'i, rzeczë, puscë, lecë* 'jag, mach, sag, laß, lauf', die Akzentstelle differenziert hier grammatische Funktionen: *gon'i, rob'i* als Imperative gegenüber *g'oni, r'obi* als Indikative, entsprechend im Plural: *gon'ita, rob'ita* und *g'onita, r'obita*.

Das Präteritum kann auf dreifache Weise gebildet werden:

a) als altes Präteritum mit Aktivpartizip der Vergangenheit auf *-l* und Hilfsverb: *Ma jesma bëlë młodzy* 'Wir waren jung', *Të jes mnie już zapłacył* 'Du hast mir schon bezahlt'. Diese Art wird in der kaschubischen Schriftsprache verwendet;

b) umschreibend mit dem Hilfswort *miec* 'haben': *Wa môta już pola poorané* 'Ihr habt die Felder schon gepflügt', *Te môsz żëto zasané* 'Du hast den Roggen gesät', *Oni mają już dzeń zdenku uzgodnióné* 'Sie haben den Trauungstermin schon vereinbart';

3) mit der Partikel *żem, żes, żesmë (żesma), żesta (żesce)*, die aus der Konjunktion *że* und den Präsensendungen *-m, -s, -∅* usw. entstanden ist, z.B. *wa żesta mnie dopomogłë* 'ihr habt mir geholfen'.

Im gesprochenen Kaschubisch werden keine adverbialen Partizipien verwendet; sie kommen aber in der kaschubischen Hochsprache vor: das adverbiale Partizip Präsens erhält die Endung *-ë*, z.B. *robiącë* 'machend', *goniącë* 'jagend' und das des Perfekts *-wszë* oder *-łszë*, z.B. *zagoniwszë* 'gejagt habend', *rzekłszë* 'gesagt habend'.

Ein charakteristisches Merkmal der kaschubischen W o r t b i l d u n g sind Deminutivierungen und hypokoristische Formen, und zwar nicht nur bei Substantiven wie *gołąb(e)k* 'Taube', *jaskulëczka* 'Schwalbe', *brzózka* 'Birke', *ridzk* 'Reizker', *worusz(e)k* 'Säckchen', sondern auch bei Adjektiven: *daleczci* 'weit', *wësoczci* 'hoch', *głąboczci* 'tief', Adverbien: *daleczk* 'weit', *szëroczk* 'breit', *głąboczk* 'tief', *wësoczk* 'hoch', *wnetk* 'bald', Partikeln: *nawetk* 'sogar, selbst', Pronomina: *dotąndk* 'bis hierher', *skądka* 'woher', *tamtądka* 'dorthin' sowie Verben: *mówkac* 'sagen', *róbkac* 'machen, arbeiten', *skôczkac* 'springen', *gońkac* 'laufen'.

Darüber hinaus gibt es im Kaschubischen Suffixe, die in anderen slavischen Sprachen nicht vorhanden sind, z.B. *-iszcze* oder *-ëszcze* und Derivativformen bei Namen von 'Stoppelfeldern', z.B. *rżëszcze, rżanowiszcze* oder *rżaniszcze* 'Stoppelfeld, Feld nach der Roggenernte'. Bezeichnungen von 'Stielen', z.B. *grablëszcze, toporzëszcze* 'Rechenstiel, Axtstiel'; *-iczé* bei Pflanzennamen zur Bezeichnung von Kraut und Zweigen, z.B. *brzozowiczé* 'Birkenzweige', *borowiczé* 'Preiselbeersträucher', *bulewicze* 'Kartoffelkraut'; das Präfix *są-* zur Bezeichnung trächtiger Tiere, z.B. *sąbagnô* (beim Schaf), *sąkotnô* oder *sąkocô* (über eine Katze und Hündin), *sązgrzebnô* (über eine Stute), *sąprosnô* (über eine Sau).

4. Zur Syntax und Phraseologie

In der Syntax steht das substantivische Prädikatsnomen im Nominativ, z.B. *Të jes król* 'Du bist König'; das Passiv wird häufig nach deutschem Muster verwendet (*Tu nie mdze gôdóné, le flot robióné* 'Hier wird nicht gesprochen, sondern tüchtig gearbeitet', *Je on ju z miasta przëjachony?* 'Ist er schon von der Stadt (nach Hause) gefahren?'). Die Rektion des Verbs ist oft anders, bei einigen Schriftstellern auch nach deutschem Muster, wie z.B. bei A. Budzisz, z.B. *Jô brëkuja wodã* 'Ich brauche Wasser', *On łowi rëbë z wądką* 'Er fischt die Fische mit der Angel'. Außerdem gibt es zahlreiche syntaktische Einflüsse des Polnischen, z.B. Satzverbindungen und Satzgefüge, Präpositionalstrukturen usw. – Reich, interessant und in vielfacher Art anders als im Polnischen stellt sich die kaschubische Phraseologie dar, die J. Treder (1986, 1989) strukturell-komparatistisch untersucht hat.

5. Zum Wortschatz

Das Kaschubische verfügt über ca. 60.000 Wörter, wie das Wörterbuch Sychtas registriert; ca. 5% dieses Vokabulars sind aus dem Deutschen entlehnt, z.B. *dachlón* 'Tagelohn', *gardina* 'Gardine', *rézowac* 'reisen', *pucowac* 'putzen' (Hinze 1965). Kaschubische Schriftsteller bereichern dieses Vokabular durch Entlehnungen aus dem Polnischen (z.B. in den Schriften von Ceynowa: *urząd* 'Amt', *poddany* 'Untertan, Leibeigener', *marzenié* 'Träumen', es handelt sich hauptsächlich um juristische, medizinische, technische Begriffe und Abstrakta), dem Deutschen (z.B. bei J. Trepczyk, A. Labuda, J. Rompski, A. Budzisz: *éra:* 'Ehre', *éléfant* 'Elefant', *policysta* 'Polizist', *óma* 'Oma'), dem Russischen (z.B. in der Evangelienübersetzung: *goscynica* 'Herberge', *zôpôd* 'Untergang, Westen') und Tschechischen (z.B. in der Evangelienübersetzung von F. Grucza 1992: *radnica* 'Rathaus', *podoba* 'Parabel', *płôtny* 'gültig'). Neologismen bilden vor allem die um die Zeitschrift „Zrzesz Kaszëbskô" ('Kaschubischer Verein') zentrierten Schriftsteller, z.B. *wseblôs* 'Introspektion', *stalata* 'weitdauernde Zeit', *pustô* 'Wüste', *natëchstopkach* 'sofort', *cyżeń* 'Zug' zu *cygnąc* 'ziehen', *swiãtnik* 'Priester', *cządnik* 'Zeitschrift' und viele andere.

6. Zur Sprachgeschichte

Das Kaschubische ist immer noch eine im wesentlichen nur gesprochene Sprache. Eine gemeinsame Schriftsprache hat F. Ceynowa (1817-1881), der vor allem folkloristische, aber auch sprachwissenschaftliche, religiöse und medizinische Texte verfaßte, zu schaffen versucht. In literarischen Texten (zum kaschubischen Schrifttum vgl. Neureuter 1973, 1991) formten das geschriebene Kaschubische H. Derdowski (1852-1902), A. Majkowski (1876-1938) und die um die Zeitschrift

„Zrzesz Kaszëbskô" versammelten Dichter und Schriftsteller. Nach 1945 entwickelte sich die kaschubische Sprache und Literatur intensiv weiter. 1965 übersetzte L. Bądkowski A. Majkowskis Hauptwerk der kaschubischen Literatur „Żëcé i przigodë Remusa" ('Leben und Abenteuer des Remus') ins Polnische; kaschubische Märchen von J. Samp erschienen 1985 in einer zweisprachigen Ausgabe („Zaklęta stegna" 'Der verzauberte Pfad'); J. und J. Treder edierten 1991 kaschubische Predigten des Priesters S. Miotk („Swiãtim turã starków. Zbiérk leżnoscowëch kôzaniów", 'In der Spur der Väter. Kleine Sammlung von Gelegenheitspredigten'); E. Breza und J. Treder gaben 1975 die „Zasady pisowni kaszubskiej" ('Regeln der kaschubischen Rechtschreibung') heraus; es erschienen ein „Słowôrz kaszëbsko-polsczi" ('Kaschubisch-polnisches Wörterbuch'), ein „Słownik polsko-kaszubski" ('Polnisch-kaschubisches Wörterbuch') von Labuda und die beiden dialektologischen Lexika „Słownik gwar kaszubskich na tle kultury ludowej" ('Wörterbuch der kaschubischen Dialekte auf der Grundlage der Volkskultur') von B. Sychta und das „Pomoranische Wörterbuch" von F. Lorentz; sodann der „Słownik polsko-kaszubski" ('Polnisch-kaschubisches Wörterbuch') von Trepczyk. Die beiden wichtigsten Ereignisse für die Entwicklung der kaschubischen Schriftsprache waren 1992 die Evangelien-Übersetzung von Grucza und Gołąbeks gesamtes Neues Testament von 1993; Gołąbek arbeitet gegenwärtig an der Übersetzung des Alten Testaments und bereitet ein Lektionar vor; an einer Ausgabe kaschubischer Gebete, Glaubenssätze und religiöser Lieder wird ebenfalls gearbeitet.

Kaschubische Merkmale treten bereits im Schrifttum des 15. Jh. in den „Dutki brzeskie" (Notizen in kleinen Kirchenbüchern aus Brześć/Brest) auf. Zu weiteren Denkmälern des Kaschubischen des 16. Jh. gehören Übersetzungen von Teilen der Heiligen Schrift und Gebete des Pastors Sz. Krofej aus Bytów sowie weitere Teile einer Bibelübersetzung des Pastors M. Pontanus (Brüggemann) aus Smołdzino (Schmolsin) im Landkreis Słupsk, Kirchengesangbücher und die Schmolsiner Perikopen, die Hinze 1967 edierte.

7. Literaturangaben

Atlas językowy kaszubszczyzny i dialektów sąsiednich, opracowany przez zespół Zakładu Słowianoznawstwa PAN, herausgegeben von Z. Stieber (Einleitungsheft, H. I-VII) und H. Popowska-Taborska (H. VIII-XV). Wrocław 1964-1978.
Boryś, W., H. Popowska-Taborska. 1994-1997. *Słownik etymologiczny kaszubszczyzny*. Bd. I (A-Č), Bd. II (D-J). Warszawa.
Breza, E. 1994. Kaszubszczyzna wśród języków słowiańskich, jej status językowy. In: Samp, J. (Hrsg.). *Kaszubszczyzna w świecie. Materiały z konferencji naukowej*. Jastrzębia Góra 1.-2.10.1993. Wejherowo, S. 7-20.
—, J. Treder, 1981. *Gramatyka kaszubska. Zarys popularny*. Gdańsk.
—, — 1975, [2]1984. *Zasady pisowni kaszubskiej*. Gdańsk.

Ceynowa, F. 1998. *Kurze Betrachtungen über die kaßubische Sprache, als Entwurf zur Gramatik*. Herausgegeben, eingeleitet und kommentiert von A.D. Duličenko und W. Lehfeldt. Göttingen.

Hinze, F. 1965. *Wörterbuch und Lautlehre der deutschen Lehnwörter im Pomoranischen (Kaschubischen)*. Berlin.

— (Hrsg.) 1967. *Altkaschubisches Gesangbuch*. Berlin.

— (Hrsg.) 1967. *Die Schmolsiner Perikopen*. Berlin.

Labuda, A. 1981. *Słownik polsko-kaszubski*. Gdańsk.

— 1982. *Słowôrz kaszëbsko-polsczi*. Gdańsk.

Lorentz, F. 1958-1962. *Gramatyka pomorska*. Bd. 1-3. Wrocław.

— 1958. *Pomoranisches Wörterbuch*. Berlin.

Neureiter, F. 1973. *Kaschubische Anthologie*. München.

— [2]1991. *Geschichte der kaschubischen Literatur. Versuch einer zusammenfassenden Darstellung*. München 1978.

Popowska-Taborska, H. 1980. *Kaszubszczyzna. Zarsy dziejów*. Warszawa.

—, W. Boryś. 1996. *Leksyka kaszubska na tle słowiańskim*. Warszawa.

Sychta, B. 1967-1976. *Słownik gwar kaszubskich na tle kultury ludowej*. Bd. 1-7. Wrocław, Warszawa, Kraków.

Topolińska, Z. 1960. Zu Fragen des kaschubischen Vokalismus. *Zeitschrift für Slawistik* 5, 161-170.

— 1974. *A historical phonology of the Kashubian dialects of Polish*. The Hague, Paris.

Treder, J. 1986. *Ze studiów nad frazeologią kaszubską (na tle porównawczym)*. Gdańsk.

— 1989. *Frazeologia kaszubska a wierzenia i zwyczaje (na tle porównawczym)*. Wejherowo.

Trepczyk, J. 1994. *Słownik polsko-kaszubski*. Gdańsk.

Das Obersorbische

von

Gerald Stone

1. Einführung

Sorbisch (manchmal, besonders in der Niederlausitz, auch Wendisch genannt) ist die Muttersprache der autochthonen slavischen Bevölkerung, die heute verstreut in der Oberlausitz (Freistaat Sachsen) und der Niederlausitz (Land Brandenburg) lebt. Das Sorbische gliedert sich in zwei Hauptdialekte, den obersorbischen (osorb.) im Süden und den niedersorbischen (nsorb.) im Norden. Zwischen ihnen liegt ein Gebiet von Übergangsdialekten, so daß man nur verallgemeinernd sagen kann, daß das Osorb. in der Oberlausitz, das Nsorb. in der Niederlausitz gesprochen wird. Das Sorbische besitzt eine Reihe sprachlicher Neuerungen, die die Gesamtheit der sorbischen Dialekte betreffen und spezifisch sorbisch sind. Aus außersprachlichen Gründen hat es zwei Schriftsprachen entwickelt, die osorb. und die nsorb. In der Oberlausitz wird Sorbisch von (1987) ca. 55.000 Sorben gesprochen, wovon ca. 15.000 in den katholischen sorb. Dörfern innerhalb des Dreiecks Bautzen–Hoyerswerda–Kamenz wohnen. Sonst sind die Sorben vorwiegend Protestanten. Das Sorbische bildet unter den westslavischen Sprachen einen Übergang vom Lechischen zum Tschechisch-Slovakischen, das Osorb. scheint aber dem Tschechisch-Slovak., das Nsorb. dem Lechischen näher zu stehen.

2. Alphabet

Das Alphabet des Obersorbischen hat die folgenden 37 lateinischen Schriftzeichen in dieser Reihenfolge:

Aa	Ff	Ll	Rr	Ww
Bb	Gg	Mm	Řř	Xx
Cc	Hh	Nn	Ss	Yy
Čč	Chch	Ńń	Šš	Zz
Dd	Ii	Oo	Tt	Žž
Dźdź	Jj	Óó	Ćć	
Ee	Kk	Pp	Uu	
Ěě	Łł	Qq	Vv	

Qq, Vv und Xx werden nur in Fremdwörtern gebraucht. In der alphabetischen Reihenfolge kommt ó nur dann nach o, wenn so zwei Wörter unterschieden werden; sonst gelten sie in dieser Beziehung als èin Buchstabe. So erscheint in Wörterbüchern z.B. *horje* 'herauf' vor *hórje* 'schlimmer' und *što* 'was' vor *štó* 'wer', aber *hólc* 'Junge' vor *holca* 'Mädchen' und *kós* 'Amsel' vor *kosa* 'Sense'. Die ungewöhnliche Stellung von ć nach t ist durch seine Entwicklung aus *t vor vorderen Vokalen (z.B. ćěło < *tělo 'Körper') und die daraus stammende Alternation t > ć zu erklären. In gesamtsorbischen Wörterbüchern und Registern, wie z.b. Schuster-Šewc (1978-1989), kommt Ćć nicht nach Tt, sondern nach Čč.

3. Das Lautsystem (Phonetik, Phonologie, Akzent)

Für die osorb. Schriftsprache lassen sich nach Stellung der Zunge und Öffnung des Mundraums folgende 7 Vokalphoneme darstellen:

	Zunge vor		Zunge zurück
eng	/i/		/u/
	/ě/		/ó/
		/e/	/o/
weit		/a/	

/u/, /ó/, /o/ sind labialisiert. Das Phonem /ě/ weist eine starke Spannung der vorderen Zungenmuskeln auf und ist manchmal diphthongisch [i̯e]. Bei /ó/ sind die Lippen etwas weiter vorgeschoben als bei /o/. Es ist manchmal diphthongisch [u̯o].

Das Verhältnis von osorb. Graphemen und Vokalphonemen sieht so aus: a: /a/, e: /e/, ě: /ě/, o: /o/, ó: /ó/, u: /u/, aber i und y: /i/. Das Graphem i vertritt eine vordere Variante von /i/ und wird nur nach weichen Konsonanten und nach h, ch und k geschrieben, y dagegen wird im Prinzip nach harten Konsonanten geschrieben und vertritt daher eine hintere Variante von /i/. Diese Regeln gelten aber nicht für Fremdwörter, die meistens mit deutscher oder halbdeutscher Phonetik artikuliert werden.

Das Osorb. hat 30 Konsonantenphoneme: bilabial /p, p', b, b', w, w', m, m'/, labiodental /f, v/, dental /t, d, c, c', s, z/, alveolar /n, n', l, r, r'/, präpalatal /ć, dź, ś, ź, j/, velar /k, g, x/, laryngal /h/. Das Phonem /p/ wird durch p, /b/ durch b, /w/ durch w und ł, /m/ durch m, /n/ durch n und /r/ durch r wiedergegeben. Die entsprechenden palatalen Phoneme werden durch folgendes j, i oder ě bezeichnet (*pjec* /p'ec/ 'backen', *pić* /p'ić/ 'trinken', *pěc* /p'ěc/ 'Backofen'). Das Graphem j bezeichnet außerdem das Phonem /j/. Der phonologische Status von /v/ ist unsicher, denn seine Frequenz ist sehr schwach. Es kommt fast ausschließlich in den Casus obliqui von Fremdwörtern wie *kolektiw* /kolektif/ 'Kollektiv' vor, dessen Gen.Sg. z.B. *kolektiwa* /kolektiva/ lautet. Die anderen Grapheme und Konsonantenphoneme entsprechen sich so: f: /f/, t: /t/, d: /d/, c: /c/, s: /s/, z: /z/, l: /l/, dź :/dź/, ž: /ź/, k: /k/, g: /g/, ch: /x/, h: /h/. Der Buchstabe ř kommt nur in den Verbindungen kř /kś/, př /pś/ und tř /c'/ vor, (při /pśi/ 'bei', tři /c'i/ 'drei'). Sonst wird /ś/ durch š wiedergegeben. Das Phonem /c'/ entspricht auch den Verbindungen tč, tš, dš, dč. In einzelnen Fällen im Anlaut bezeichnet tř auch /ć/, z. B. *třasć* /ćasć/ 'schütteln'. Dem Phonem /w/ entsprechen w und ł, (*wonka* /wonka/ 'außen', *łamać* /wamać/ 'brechen'). Dem Phonem /č/ entsprechen č und ć, (*čakać* /ćakać/ 'warten').

Im Auslaut und vor anderen Konsonanten ist h fast immer stumm, (*sněh* /sn'ě/ 'Schnee', *hrać* /rać/ 'spielen', *wuhlo* /wulo/ 'Kohle'), aber ausnahmsweise kann es im Inlaut vor Konsonant eine stimmhafte Variante von /x/ darstellen, (*nahły* [naɣwi] 'steil'). Auch w ist im Anlaut vor Konsonanten stumm, z.B. *wzać* /zać/ 'nehmen'. Das Phonem /x/ wird am Anfang des Morphems als aspirierter Verschlußlaut [k^h] realisiert, sonst als stimmloser velarer Frikativ. Das Graphem ń vertritt kein palatales /n'/, sondern deutet auf die Diphthongierung des vorhergehenden Vokals, z.B. *dźeń* [dźe^{i}n] 'Tag'. Die Opposition stimmhaft/stimmlos ist im absoluten Auslaut neutralisiert.

Die Betonung im Obersorbischen liegt grundsätzlich auf der ersten Wortsilbe, einen Nebenakzent hört man auf der vorletzten Silbe. In Fremdwörtern ist die Betonung aber abweichend (*pro'blem, de'cember*). Einsilbige Präpositionen bilden mit dem folgenden Wort eine Betonungseinheit und ziehen daher den Akzent auf sich (*'do wsy* 'ins Dorf', *'ke mni* 'zu mir').

4. Flexionsmorphologie
4.1. Das Substantiv

Das Osorb. unterscheidet drei Numeri: Singular, Dual und Plural. Der Dual ist in der Schriftsprache und in fast allen osorb. Dialekten eine systemhafte Komponente der Numeruskategorie geblieben. Im Osorb. ist in der Substantiv-Deklination der Gen.Du. dem Gen.Pl. meist gleich (das betrifft auch den Akk. von Mask., die Personen bezeichnen, weil bei ihnen der Akk. in allen Numeri dem Gen. immer gleich ist): so z.B. *wot wšěch Serbow* 'von allen Sorben' und *wot wobeju Serbow* 'von beiden Sorben'. Sonst unterscheiden sich die Endungen des Du. fast immer von denen des Pl., z.B. *nanojo* 'Väter' (mehr als zwei), *nanaj* 'zwei Väter'.

Die Belebtheitskategorie wird nur im Singular angezeigt, so daß der Akk.Sg. bei belebten Maskulina mit dem Gen.Sg. zusammenfällt, bei unbelebten mit dem Nom.Sg. Im Dual und im Plural unterscheidet das Osorb. eine Personalform für männliche Personen und eine Sachform (für sonstige Lebewesen, Gegenstände, Begriffe).

Die drei Deklinationstypen des Obersorb. sind durch das Genus der Substantive bestimmt (s. folgende Seite):

Statt des *-a* im Gen.Sg. nehmen einige einsilbige unbelebte ('nonanimata') Maskulina fakultativ und mit unterschiedlicher Häufigkeit die Endung *-u* an. Im Dativ tritt bei einigen Maskulina fakultativ und fast nur nach der Präposition *k* die Endung *-u* auf (*k wobjedu* 'zum

	1. Klasse	2. Klasse	3. Klasse
Sg. Nom.	dub	město	žona
Gen.	duba	města	žony
Dat.	dubej	městu	žonje
Akk.	dub	město	žonu
Instr.	dubom	městom	žonu
Lok.	dubje	měsće	žonje
Vok.	dubo	město	žona
Du.N.A.V.	dubaj	měsće	žonje
Gen.	dubow	městow	žonow
D.I.L.	dubomaj	městomaj	žonomaj
Pl. N. V.	duby	města	žony
Gen.	dubow	městow	žonow
Dat.	dubam	městam	žonam
Akk.	duby	města	žony
Instr.	dubami	městami	žonami
Lok.	dubach	městach	žonach

Mittagessen'). Nur bei dem Wort *bóh* 'Gott' ist -*u* obligatorisch. Umgekehrt kommt umgangssprachlich bei den Neutra die Endung -*ej* vor (*k městej* 'zur Stadt'). In der 1. und 2. Klasse steht im Lok.Sg. nach Sibilanten, weichen Konsonanten und *g, k, h, ch* obligatorisch die Endung -*u*. Einige Maskulina mit *k, h, ch* im Auslaut haben fakultativ auch die Endung -'*e*, die die aus der 2. Palatalisation stammenden Alternationen mit sich bringt (*w sněze* oder *w sněhu* 'im Schnee').

4.2. Das Adjektiv

Das osorb. Adjektiv hat den Unterschied zwischen kurzen und langen Formen zugunsten der letzteren aufgehoben. Daß es einmal die kurze Flexion besaß, wird durch zusammengesetzte Wörter wie *swjedźen* 'Feiertag' (< *swjat dźeń*), *pomału* 'langsam' und die Wendung *Bóh wjeršen* (für *wjeršny*) 'Gott der Höchste' belegt.

	Mask.		Neutr.	Fem.
Sg.N.	nowy		nowe	nowa
Gen.	noweho			noweje
Dat.	nowemu			nowej
Akk.	nowy		nowe	nowu
Instr.	nowym			nowej
Lok.	nowym			nowej

	Personalform		Sachform
Du. N.	nowaj		nowej
Gen.	noweju		
D./I./L.	nowymaj		
Akk.	noweju		nowej

Pl. N.	nowi		nowe
Gen.		nowych	
Dat.		nowym	
Akk.	nowych		nowe
Instr.		nowymi	
Lok.		nowych	

4.3. Personalpronomen

Die Deklination der Personalpronomen wird in der folgenden Tabelle dargestellt:

	1. Person	2. Person	3. Person		
			mask.	neutr.	fem.
Sg. N.	ja	ty	wón	wono, wone	wona
Gen.	mje (mnje)	tebje, će	jeho		jeje
Dat.	mi (mni)	tebi, ći	jemu		jej, ji
Akk.	mje (mnje)	tebje, će	jeho: jón	jo, je	ju
Instr.	mnu	tobu	nim		njej
Lok.	mni	tebi	nim		njej
			Personalform		Sachform
Du.N.	mój	wój	wonaj		wonej
Gen.	naju	waju	jeju		
Dat.	namaj	wamaj	jimaj		
Akk.	naju	waju	jeju		jej
I./L.	namaj	wamaj	nimaj		
Pl. N.	my	wy	woni		wone
Gen.	nas	was	jich		
Dat.	nam	wam	jim		
Akk.	nas	was	jich		je
Instr.	nami	wami	nimi		
Lok.	nas/nami	was/wami	nich/nimi		

Anmerkungen: (1) Die mit *mn* anlautenden Formen *mnje*, *mni*, *mnu* werden nur nach Präpositionen gebraucht. (2) Die fakultativen Varianten im Lok.Pl. fußen auf einer dialektalen Verteilung.

4.4. Das Verbum

Das osorb. Verbalsystem umfaßt die Kategorien Aspekt, Modus, Genus verbi und Tempus; die finiten Verbalformen zeigen zusätzlich drei Numeri (Sg., Du., Pl.) und drei Personen, die zusammengesetzten Formen zusätzlich auch drei Genusangaben (mask., neutr., fem.). Wie andere slavische Sprachen unterscheidet das Osorb. den perfektiven (merkmalhaften, einen Prozeß in seiner Gesamtheit erfassenden) vom imperfektiven (merkmallosen) Aspekt, z.B. pf. *wzać, wozmu* vs. ipf. *brać, bjeru* 'nehmen'. Die pf. Präsensform wird in der Schriftsprache in der Regel und in der Umgangssprache vorwiegend zur Bezeichnung künftiger Handlungen gebraucht, z.B. *wozmu* 'ich werde nehmen', aber als Interferenzerscheinung in der Umgangssprache können gelegentlich pf. Präsensformen (besonders bei Verben der Bewegung) mit Präsensbedeutung auftreten, so daß z.B. *přińdźe* sowohl 'kommt' als auch 'wird kommen' bedeuten kann. Das analytische Futurum wird in der Schriftsprache der Gegenwart in der Regel nur von ipf. Verben mit Hilfe der Futurformen des Hilfsverbs *być* (*budu* usw.) gebildet, z. B. *budźe šić* 'wird nähen'. In den Dialekten und in der Umgangssprache lassen sich aber auch analytische, von pf. Verben gebildete Futurformen finden (*budźe zešić* 'wird nähen'). Aus der Schriftsprache sind sie seit der zweiten Hälfte des 19. Jahrhunderts allmählich verdrängt worden. Die determinierten Verben der Bewegung bilden das Futurum mit Hilfe des Präfixes *po-*, z.B. *ponjesu* 'ich werde tragen', *pońdu* 'ich werde gehen'. Wie die Verben *być* 'sein' (*budu* 'ich werde sein') und *měć* 'haben' (*změju* 'ich werde haben') bilden sie grundsätzlich keine analytische Futurform.

Nach dem Kriterium des Präsensstamms ergeben sich die folgenden drei Konjugationsklassen:

	-*e*-Klasse	-*i*-Klasse	-*a*-Klasse
Sg. 1.	njesu	chwalu	dźěłam
2.Pers.	njeseš	chwališ	dźěłaš
3.Pers.	njese	chwali	dźěła
Du. 1.	njesemoj	chwalimoj	dźěłamoj
2./3.	njesetaj	chwalitaj	dźěłataj
2./3.	njesetej	chwalitej	dźěłatej
Pl. 1.	njesemy	chwalimy	dźěłamy
2.Pers.	njeseće	chwaliće	dźěłaće
3.Pers.	njesu (njeseja)	chwala	dźěłaja

Zu den wenigen Verben, die sich in keine der genannten Verbalklassen einordnen lassen, gehören *jěsć, jěm* 'essen', *wědźeć, wěm* 'wissen', *směć, směm* 'dürfen', *być* (ipf.: *sym, sy, je; smój, staj/stej; smy, sće, su*; pf.: *budu, budźeš, budźe; budźemoj, budźetaj/budźetej; budźemy, budźeće, budu/budźeja*) 'sein, werden'.

Das einfache Präteritum wird aspektabhängig von verschiedenen Stämmen und teilweise (2. und 3.Pers.Sg.) mit unterschiedlichen Personalendungen synthetisch gebildet. Die Endung der 2. u. 3.Pers.Sg. lautet bei imperfektiven Verben -*še* (*piješe* 'du trankst/er, sie, es trank'), bei perfektiven Verben -ø (*wupi* 'trank(st) aus'). Für die sonstigen Personen und Numeri sind die Endungen beider Aspekte gleich: -*ch* (1.Pers.Sg.), -*chmoj* (1.Pers.Du.), -*štaj/-štej* (2. u.3.Pers.Du.), -*chmy* (1. Pers.Pl.), -*šće* (2.Pers.Pl.), -*chu* (3.Pers.Pl.). Bis zur neuen Auffassung von Faßke (1981, 251) wurde das einfache Präteritum als zwei Tempora dargestellt, imperfektive Verben als Imperfekt, perfektive als Aorist. Die Endungen *-štaj/-štej* bzw. *-taj/-tej* in der 2. und 3.Pers.Du. sind fakultative Varianten. Normative Forderungen, die Variante *-štaj/-taj* auf männliche Personen zu beschränken, haben sich nicht durchsetzen können (Faßke 1981, 293). Das Perfekt wird mit dem Hilfsverb *być* gebildet (*ja sym pił* 'ich habe getrunken'). Das Osorb. unterscheidet sich von den anderen nordslav. Sprachen dadurch, daß das Hilfsverb auch in der 3.Pers. steht, z.B. *woni su pili* 'sie haben getrunken'.

5. Zur Derivationsmorphologie

Die Wortbildung bei Substantiven geschieht im Osorb. durch Suffigierung, Präfigierung und Komposition. Neben den allgemein im Slavischen verbreiteten Suffixen *-ak*, *-an*, *-isko*, *-išćo*, *-ka*, *-nik*, *-ość*, *-stwo*, *-ćel*, fallen im Osorb. besonders die patronymischen Bildungen mit *-ec(y)* auf (*Młynkecy* 'die Müllers', *Knježna Młynkec* 'Fräulein Müller'). Bemerkenswerte Präfixe sind *do-* (*dosłowo* 'Nachwort'), *pa-* (*parod* 'Fehlgeburt'), *pra-* (*pradźěd* 'Urgroßvater'), *roz-* (*rozdźěl* 'Unterschied'), *sobu-* (*sobudźełaćer* 'Mitarbeiter'). Letzteres entspricht häufig in Lehnübersetzungen dem deutschen Präfix *mit-*. Kompositionsvokal ist *-o-* bzw. nach Palatalen *-e-*, vgl. *wodopad* 'Wasserfall', *zemjerženje* 'Erdbeben'. Komposition erfolgt aber auch ohne Verbindungselement (*knihiwjazar* 'Buchbinder'). Durch die Suffixe *-ow* (von Maskulina und Neutra) und *-in* (von Feminina) werden Possessivadjektive abgeleitet (*nanowy* 'Vaters', *sotřiny* 'der Schwester (gehörig)', aber *-ow* hat auch eine breitere Derivationsfunktion (*piwowy karan* 'Bierkrug' von *piwo* 'Bier').

Verben werden von Substantiven und Adjektiven durch die Suffixe *-je*, *-ny* abgeleitet (*ćěmnjeć* 'finster werden' von *ćěmny* 'finster', *twjerdnyć* 'hart werden' von *twjerdy* 'hart'). Das Suffix *-ować* (einschließlich des jeweiligen Verbparadigmas), womit z.B. das Verb *ćěslować* 'zimmern' von *ćěsla* 'Zimmermann' abgeleitet wird, ist in der Bildung von Entlehnungen und Internationalismen produktiv (*falować* 'fehlen', *transformować* 'transformieren').

6. Zur Syntax

Die Syntax der osorb. Volkssprache bildet einen stärkeren Gegensatz zu den anderen slavischen Sprachen als die der Schriftsprache. Dies geht einerseits auf die Ergebnisse der deutschen Interferenz, andererseits aber auch auf die Bestrebungen der osorb. Intelligenz zurück, ihre Sprache zu slavisieren. Im Osorb. kommt der Instrumental nie ohne Präposition vor, z.B. *z nožom rězać* 'mit dem Messer schneiden'. Das betrifft auch Fälle, wo das Nominalprädikat im Instr. steht, z.B. *tam z knjezom sym* 'dort bin ich Herr'. Das Passiv wird in der osorb. Volkssprache oft durch Formen des aus dem Deutschen entlehnten

Verbs *wordować* mit Part.Perf.Pass. (Intransitivpartizip) ausgedrückt, z.B. *wulět worduje přihotowany* 'der Ausflug wird vorbereitet'. In der Schriftsprache wird diese Konstruktion vermieden und durch reflexive Formen des Verbs ersetzt, z.B. *wulět so přihotuje*. Im Präteritum kann auch eine besondere aoristische Form des Verbs *być* 'sein' (*buch, bu* usw.) verwendet werden, z.B. *wulět bu přihotowany* 'der Ausflug wurde vorbereitet'. In Haupt- und Nebensatz steht das Objekt in der Regel nach dem Subjekt an zweiter Stelle, gefolgt vom Prädikat (*Hanka wobjed wari* 'Anna kocht das Mittagessen'). Fragesätze werden durch Fragepronomen (*štó wobjed wari?* 'wer kocht das Mittagessen?'), durch Inversion (*wari Hanka wobjed?* 'kocht Anna das Mittagessen?') oder durch Frageintonation gebildet. Klitika sind (a) Kurzformen der persönlichen und reflexiven Pronomina (*mje, mi, će, ći, jón, je, ju, ji, so, sej*); (b) Präsens- und Konditionalformen des Hilfsverbs *być* (und *bě* 'war'); (c) einige Konjunktionen und Partikeln (*pak, drje, wšak* usw.). Klitika stehen normalerweise an der zweiten Stelle im Satz (*Bóh će žohnuj!* 'Gott segne dich!'). Sonst gelten folgende Regeln: (a) im Verhältnis zu anderen Pronomina steht *so* immer an erster Stelle; sonst kommt Dativ vor Akkusativ; (b) ein Verb steht vor einem Pronomen; (c) *pak* und *wšak* kommen vor Verben und Pronomina, z.B. *ja wšak sym ći je rjenje wumył* 'ich habe sie dir (für dich) doch schön gewaschen'.

7. Zum Wortschatz

Zur Spezifik des Osorb. gehört u.a. die große Zahl der Entlehnungen aus dem Deutschen (Bielfeldt 1933), z.B. *běrtl* 'Viertel', *dyrbjeć* 'müssen' (dt. *dürfen*), *krydnyć* 'kriegen'. Seit den vierziger Jahren des 19. Jh. werden die dt. Entlehnungen in der Schriftsprache vielfach durch tschechische Entlehnungen oder osorb. Wörter slavischer Herkunft ersetzt, z. B. *hrudź* (für *bróst*) 'Brust', *wosoba* (für *paršona*) 'Person', *hodźina* (für *štunda*) 'Stunde', *worjoł* (für *hodler*) 'Adler'.

8. Zu den Dialekten

Die dialektale Differenzierung des sorb. Sprachgebiets, die trotz seines bescheidenen Umfangs (ca. 90 km nordsüdliche Ausdehnung) sehr stark ist, wird anschaulich auf den Karten des Sorbischen Sprachatlasses (1965-1996) dargestellt, dessen Material aber in den 1960er Jahren bewußt bei alten Leuten gewonnen wurde und daher eine heute nicht mehr zeitgemäße Verteilung der sorb. Bevölkerung widerspiegelt. Viele Dörfer, die früher sorbisch waren, sind inzwischen endgültig germanisiert. Für die Oberlausitz bezeugt der Sprachatlas eine Zahl von Isoglossen, die sich südlich der Linie Hoyerswerda (Wojerecy) – Weißwasser (Běla Woda) häufen und die eigentlichen osorb. Dialekte von den südlichen Übergangsdialekten trennen. Im Westen läßt sich eine Reihe von Isoglossen feststellen, die mit der konfessionellen Grenze zwischen dem katholischen Gebiet und den angrenzenden evangelischen Dörfern zusammenfallen.

9. Zur Geschichte der obersorbischen Schriftsprache

Mit der Reformation und ihrer Forderung nach der Volkssprache in der Liturgie wurde die Übersetzung geistlicher Schriften ins Sorbische notwendig. Daraus stammt im 16. Jh. der Anfang des sorb. Schrifttums. Das älteste osorb. gedruckte Buch ist eine 1595 in Bautzen veröffentlichte Übersetzung des „Kleinen Katechismus Martin Luthers", besorgt von Wenceslaus Warichius (1564-1618). Bis zum 18. Jh. spiegelt jedes Denkmal die dialektalen Merkmale entweder seines Verfassers oder seines Entstehungsorts wider. Eine Schriftsprache für Katholiken hat sich im 17. Jh. auf der Basis des Dialekts von Wittichenau herausgebildet. Der besondere Einfluß dieser kleinen Stadt, die ca. 7 km südlich von Hoyerswerda liegt, stammt wahrscheinlich von ihrem Gymnasium, das eine beträchtliche Anzahl sorbischer katholischer Geistlicher hervorbrachte. Die „Principia linguae wendicae" von Jakob Xaver Ticin aus Wittichenau, die im Jahre 1679 in Prag erschienen, waren die erste gedruckte osorb. Grammatik. Aus Wittichenau stammt auch Jurij Hawštyn Swětlik (1650-1729), der die gesamte Bibel ins Osorb. übersetzte (1688-1707) und als Nebenprodukt dieser Arbeit das erste sorbische Wörterbuch „Vocabularium Latino-Serbicum" (1721) veröffentlichte, das die Lexik des damaligen Wittichenauer Dialekts enthält. Nach 1750 hat sich dann aber eine neue katholische Sprachvariante durchgesetzt, die auf dem etwas südlicher gelegenen Crostwitzer Dialekt beruhte. Als Begründer der evangelischen Schriftsprache gilt Michał Frencel (1628-1706), dessen Übersetzung des Neuen Testaments 1706 erschien und die Normvorgaben einer 1691 durch die Oberlausitzer Landesstände berufenen Kommission sorbischer Geistlicher verkörpert. Die Normen der evangelischen Schriftsprache, die auf dem um Bautzen gesprochenen Dialekt fußt, hat die „Wendische Grammatica" von Georg Matthaei (Bautzen 1721) kodifiziert. Die gesamte Bibel in osorb. Schriftsprache für Protestanten erschien in Bautzen 1728. Um das Jahr 1840 begann die Bewegung der nationalen Erweckung, die eine bedeutende Bereicherung des osorb. Wortschatzes bedeutete. In der Sprache einer neu entstandenen weltlichen Literatur wurden deutsche Lehnwörter und syntaktische Germanismen getilgt. Nach der Begründung der wissenschaftlichen Gesellschaft Maćica Serbska 1847 entstand eine allmähliche Neigung zur Vereinigung der zwei konfessionellen Varianten, aber trotz der Bemühungen Michał Hórniks (1833-1894) und einer Reihe gegenseitiger Zugeständnisse existierten die zwei osorb. Schriftvarianten (eine für die Katholiken und eine für die Protestanten) bis zum Verbot der katholischen Zeitschrift „Katolski Posoł" ('Katholischer Bote') im Jahre 1939 (alle anderen sorb. Veröffentlichungen wurden schon 1937 verboten). Erst nach 1945 wurde die völlige Einheitlichkeit im weltlichen Schrifttum erreicht. Im kirchlichen Usus sind noch heute einige konfessionelle Eigentümlichkeiten (katholisch *Jězus*, evangelisch *Jezus*) erhalten.

10. Literaturangaben

Bielfeldt, H. H. 1933. *Die deutschen Lehnwörter im Obersorbischen*. Leipzig.
Elle, L. 1995. *Sprachenpolitik in der Lausitz: Eine Dokumentation*. Bautzen.
Faßke, H. (unter Mitarbeit von Siegfried Michalk) 1981. *Grammatik der obersorbischen Schriftsprache der Gegenwart: Morphologie*. Bautzen.
Jakubaš, F. 1954. *Hornjoserbsko-němski słownik. Obersorbisch-deutsches Wörterbuch*. Bautzen.
Jentsch, R. (u.a.) 1989-1991. *Deutsch-obersorbisches Wörterbuch*. Bd. I-II. Bautzen.
Körner, G. 1979-1980: *Wendisches oder slavonisch-deutsches ausführliches und vollständiges Wörterbuch. Eine Handschrift des 18. Jahrhunderts*. Hrsg. von R. Olesch. I. Teil (Bd. 1-3), II. Teil (Bd. 1-2). Köln, Wien.
Schaarschmidt, G. 1998. *A historical phonology of the Upper and Lower Sorbian languages*. Heidelberg.
Schuster-Šewc, H. 1967: *Sorbische Sprachdenkmäler. 16.-18. Jahrhundert*. Bautzen.
— (Šewc) 1968. *Gramatika hornjoserbskeje rěče*. Bd. 1: *Fonematika a morfologija*. Bautzen.
— (Šewc-Schuster) 1976. *Gramatika hornjoserbskeje rěče*. Bd. 2: *Syntaksa*. Bautzen.
— 1978-1989. *Historisch-etymologisches Wörterbuch der ober- und niedersorbischen Sprache*. Hefte 1-24. Bautzen.
Sorbischer Sprachatlas 1965-1996. Bd. 1-15. Bautzen.
Stone, G. 1972. *The smallest Slavonic nation. The Sorbs of Lusatia*. London.
— 1989. Die katholischen Sorben und die Anfänge ihrer Schriftsprache. In: Hecker, H., S. Spieler (Hrsg.). *Deutsche, Slawen und Balten. Aspekte des Zusammenlebens im Osten des Deutschen Reiches und in Ostmitteleuropa*. Bonn, 105-114.
— 1993. Sorbian (Upper and Lower). In: Comrie, B., G.G. Corbett (Hrsg.). *The Slavonic languages*. London, New York, 593-685.
Šwjela, B. 1953. *Deutsch-niedersorbisches Wörterbuch*. Bautzen.
— 1963. *Dolnoserbsko-němski słownik*. Bautzen.
Trofimovič, K.K. 1974. *Verchnelužicko-russkij slovar'*. Bautzen.
Urban, R. 1980. *Die sorbische Volksgruppe in der Lausitz 1949 bis 1977: ein dokumentarischer Bericht*. Marburg.
Zeman, H. 1967. *Słownik górnołużycko-polski*. Warschau.

Das Niedersorbische

von
Gerald Stone

1. Einführung

Niedersorbisch (nsorb.) ist die Muttersprache der ca. 12.000 Sorben oder Wenden, die heute verstreut in etwa 40 Dörfern der Niederlausitz leben. Die sorb. ethnische Bezeichnung *Serb* und das davon abgeleitete Adjektiv *serbski* sind im ganzen sorb. Sprachgebiet gleich, als deren deutsche Übersetzungen werden von der Bevölkerung in der Niederlausitz jedoch *Wende* und *wendisch* vorgezogen. In der deutschsprachigen Wissenschaft sind dagegen einheitlich *Sorbe* und *sorbisch* für die slavische Bevölkerung der ganzen Lausitz üblich. Das gesamte sorb. Sprachgebiet ist als ein Kontinuum anzusehen. Unterschiede zwischen der ober- und niedersorb. Schriftsprache decken sich meist nicht mit Besonderheiten der in der Ober- und Niederlausitz gesprochenen Dialekte. Das für die nsorb. Schriftsprache typische Supinum ist z.B. nur in den Dialekten nördlich von Cottbus belegt. Das erhaltene /g/ der nsorb. Schriftsprache dagegen, das einem /h/ des schriftlichen Obersorb. entspricht, tritt auch in Dialekten der nördlichen Oberlausitz auf.

2. Alphabet und Orthographie

Das nsorb. Alphabet hat die folgenden 38 Schriftzeichen:

Aa	Ěě	Łł	Rr	Ww
Bb	Ff	Ll	Ŕŕ	Xx
Cc	Gg	Mm	Ss	Yy
Čč	Hh	Nn	Šš	Zz
Ćć	Ch/ch	Ńń	Śś	Žž
Dd	Ii	Oo	Tt	Źź
DŹdź	Jj	Pp	Uu	
Ee	Kk	Qq	Vv	

wovon Qq, Vv und Xx nur in Fremdwörtern vorkommen. Vor o und u im Anlaut wird seit der Rechtschreibreform von 1952 immer w geschrieben, z.B. *wokoło* 'um, umher' (früher *hokoło*). Im Anlaut vor Kons. sind w und ł immer stumm (*wześ* [ześ] 'nehmen', *łdza* [dza] 'Träne'). Einige Assimilationen werden graphisch nicht ausgedrückt (*susedka* [susetka] 'Nachbarin', *roztajaś* [rostajaś] 'auftauen').

3. Das Lautsystem (Phonetik, Phonologie, Akzent)

Die 7 Vokalphoneme der nsorb. Schriftsprache sind die gleichen wie im Osorb.: /i, e, ě, a, o, ó, u/, und das Verhältnis von Graphemen und

Phonemen ist ähnlich wie im Osorb., /o/ und /ó/ werden jedoch durch o wiedergegeben, und die Variante [y] tritt zusätzlich auch nach /h/ und /x/ auf (*suchy* 'trocken'). Das /ó/ hört man in akzentuierten Silben, wenn o unmittelbar nach einem Labial (aber nicht ł) oder einem Velar steht und kein Lab. oder Vel. unmittelbar folgt, z.B. *gora* [góra] 'Berg', aber *bok* [bok] 'Seite'. Die Distribution von /o/ und /ó/ ist problematisch, weil sie in einigen Dialekten in komplementärer Distribution auftreten, d.h. /ó/ tritt nach allen Lab. und Vel. auf, wenn kein Lab. oder Vel. dem Vokal folgt, /o/ steht in allen übrigen Positionen. In der Schriftsprache aber, wo etymologisches *ł* mit *w* zusammengefallen ist, kann /o/ auch nach dem Lab. /w/ (< *ł*) stehen, z.B. *włosy* [wosi] 'Haare'. Es handelt sich daher um zwei verschiedene Phoneme (Faßke 1979). In den zentralen nsorb. Dialekten dagegen ist der Laut [ó] im Prinzip ungebräuchlich (Sorb. Sprachatlas, Bd. 13, 117-118).

Der größte Teil (27) der 30 nsorb. Konsonantenphoneme deckt sich mit denen des Osorb.: /p, p', b, b', w, w', m, m', f, t, d, c, s, z, n, n', l, r, r', ć, ś, ź, j, k, g, x, h/. Im Nsorb. fehlt das weiche /c'/. Andererseits besitzt das Nsorb. die drei harten Palatalen /č, š, ž/, die mit den weichen Präpalatalen /ć, ś, ź/ eine Korrelation bilden. Diese Phoneme entsprechen folgenden Graphemen: /č/ : tš (*zajtšo* 'Morgen'), č nur in Lehnwörtern (*čaj* 'Tee'), /š/ : š (*ruš* 'Lärm'), /ž/ : ž (*žni* 'Ernte'), /ć/ : tś (*tśi* 'drei') bzw. ć (*źowćo* 'Mädchen'), /ś/ : ś (*měś* 'haben'), /ź/ : ź (*luź* 'Mensch'). Das Graphem dź vertritt eine Stellungsvariante von /ź/, die nur nach stimmhaften Sibilanten auftritt (*zdźěliś* 'verteilen'). Im Nsorb. ist /x/ (im Gegensatz zum Osorb.) stets ein Frikativ. Obwohl der Laut [h] normativ als ein Phonem bezeichnet wird (Janaš 1984, 42), kommt er in allen nsorb. Dialekten nur im Wortanlaut vor Vokalen vor und ist in allen Fällen durch Null (unbehauchten Vokaleinsatz) austauschbar (*how* [how]/[ow] 'hier'). Er ist daher in den Dialekten kein Phonem (Sorbischer Sprachatlas, Bd. 13, 189-190). Das nsorb. Graphem ŕ vertritt ein weiches /r'/ unmittelbar vor einem Konsonanten oder im Auslaut (*bjeŕ!* 'nimm!').

Die Betonung liegt grundsätzlich auf der ersten Silbe, sie ist aber in Fremdwörtern abweichend (*sept'ember*).

Die nsorb. unterscheidet sich von der osorb. Schriftsprache durch folgende typische phonologische Besonderheiten: erhaltenes **g* (*głos* 'Stimme' / osorb. *hłós*), *č* > *c* (*cas* 'Zeit' / osorb. *čas*), **t'* > *ś* (*śěło* 'Körper' / osorb. *ćěło*), **d'* > *ź* (*źěra* 'Loch' / *dźěra*).

4. Flexionsmorphologie
4.1. Das Substantiv

Im Unterschied zur osorb. Schriftsprache und der Mehrzahl der osorb. Dialekte kennen weder die nsorb. Schriftsprache noch ihre Dialekte den Vokativ. Er ist in den nsorb. Denkmälern nur in Jakubicas Neuem Testament (1548) belegt, sonst aber überall durch den Nominativ ersetzt.

Die im Nsorb. vorkommende Kategorie der Belebtheit bedeutet, daß bei den Maskulina zwischen Animata (Menschen und Tiere) und Inanimata unterschieden wird. Im Singular und Dual bei Maskulina, die ein belebtes Wesen bezeichnen, ist der Akk.Sg. dem Gen.Sg. gleich (*mamy małego kocora* 'wir haben einen kleinen Kater'; *znajom teju konjowu* 'ich kenne diese (zwei) Pferde'). Im Plural fällt der Akk. von Animata mit dem Gen. nur dann zusammen, wenn er nach Numeralien oder nach den Pronomina im Akk. *nas* 'uns' oder *was* 'euch/Sie' steht (*mam štyrjoch konjow* 'ich habe vier Pferde'). Sonst ist er dem Nom.Pl. gleich (*znaju twoje bratšy* 'ich kenne deine Brüder'). Unter dem Einfluß des Osorb. jedoch und in Widerspruch zu allen nsorb. Dialekten gleicht der Akk.Pl. in der nsorb. Literatur manchmal auch unter anderen Bedingungen dem Gen.Pl., wenn es um männliche Personen geht (*pytamy młodych źěłaśerjow* 'wir suchen junge Arbeiter').

Typische Unterschiede zwischen der nsorb. und osorb. Schriftsprache in der Deklination der Maskulina kommen im Dat.Sg. (nsorb. *grodoju*; osorb. *hrodej* 'Schloß'), Nom.Akk.Du. (nsorb. *dwa woza*; osorb. *dwaj wozaj* 'zwei Wagen') und Dat.Instr.Lok.Du. (nsorb. *z wozoma*; osorb. *z wozomaj* 'Wagen' Instr.) vor. Im Gegensatz zum Osorb. unterscheiden sich im Nsorb. auch beim Substantiv die Genitiv-Endungen des Duals von denen des Pl. (*rěcowu* 'der (zwei) Sprachen' / *rěcow* 'der (wenigstens drei) Sprachen').

4.2. Das Adjektiv

Der Unterschied zwischen langen und kurzen Adjektiven ist aufgehoben, doch ist die kurze Form im Nom.Akk.Sg.Mask. im 16. Jh. noch belegt (*ja som twojogo sluba wěst* 'ich bin mir deiner Verheißung sicher'). In der Flexion des nsorb. Adjektivs unterscheidet sich noch der Instr.Sg. vom Lok.Sg. (*z dobrym źěłom* 'mit guter Arbeit': *pśi dobrem źěle* 'bei guter Arbeit'). Im Osorb. dagegen sind Instr.Sg. und Lok.Sg. zusammengefallen.

4.3. Das Verbum

Der Aspektgebrauch entspricht im wesentlichen dem des Osorb. Nach dem Kriterium des Präsensstamms ergeben sich vier Konjugationsklassen: 1. -*o*-/-*jo*-Klasse, z.B. *njasć* 'tragen' (*njasu*/*njasom*, *njasoš* usw.), 2. -*i*-Klasse, z.B. *spaś* 'schlafen' (*spim*, *spiš* usw.), 3. -*a*-Klasse, z.B. *źěłaś* 'arbeiten' (*źěłam*, *źěłaš* usw.), 4. -*j*-Klasse, z.B. *stojaś* 'stehen' (*stojm*, *stojš* usw.). Die Endungen -*om* und -*u* in der 1.Pers. Sg. der 1. Klasse sind in der Schriftsprache fakultative Varianten, sie fußen aber auf einer dialektalen Verteilung. Das Nsorb. hat das einfache Präteritum (Aorist und Imperfekt) bis zum 20. Jh. bewahrt, zeigt aber in den Dialekten eine Neigung, es durch das Perfekt zu ersetzen; dies wurde schon Ende des 19. Jh. bemerkt (Mucke 1891, 607), und in den sechziger Jahren des 20. Jh. war es in den Dialekten schon nicht nur ungebräuchlich, sondern auch unbekannt (Sorbischer Sprachatlas, Bd 11, 100-103). Im nsorb. Schriftum wurde es jedoch bis in die 80er Jahre gebraucht. In der Schriftsprache und in den Dialekten nördlich von Cottbus ist ein Supinum vorhanden. Es tritt (statt des Infinitivs) nach Verben der Bewegung auf und wird mit der Endung -t gebildet, z.B. *źensa wjacor pojźomy rejowat* 'heute abend gehen wir tanzen' (Inf. *rejowaś* 'tanzen').

5. Zur Derivationsmorphologie

Spezifisch nsorb. ist das Suffix -*ojc*, womit patronymische Familienbezeichnungen und Mädchennamen gebildet werden, z.B. (vom Namen des Hausvaters *Nowak*) *Nowakojc* 'die Neumanns', *Hanka Nowakojc* 'Hanka Neumann (unverheiratet)' (Šwjela 1952, 100-101; Sorbischer Sprachatlas, Bd. 11, 235-242).

6. Zur Syntax

Besonders in nsorb. Dialekten hebt sich die Rektion einiger Präpositionen im Vergleich zu ihren Äquivalenten im Osorb. sowie in anderen slavischen Sprachen merkwürdig ab, z.B. *psí* 'bei' mit Gen. (osorb. Lok.), *pśeśiwo* 'gegen' mit Gen. (osorb. Dat.). Die in älteren nsorb. Denkmälern vereinzelt belegte Rektion von *do* 'in, zu' mit Akk. (z.B. *do swoju winicu* 'in seinen Weinberg') ist in einem Neuen Testament des 17. Jh. sogar überwiegend (Schuster-Šewc 1996, 56). Relativische Attributsätze werden in nsorb. Dialekten vorwiegend mit dem motionslosen und indeklinablen Relativum *ak(o)* gebildet. Wenn es im Nebensatz nicht als Subjekt oder direktes Objekt steht, wird *ak(o)* durch ein Personalpronomen im entsprechenden Kasus unterstützt, z. B. *Źo jo ta droga, ako my smy po njej šli?* 'Wo ist der Weg, den wir gegangen sind?' (Sorb. Sprachatlas, Bd. 15, 170). Der Genitiv der Negation (in sorb. Dial. an sich wenig gebräuchlich) ist jedoch in nsorb. Dial. häufig (*my njamamy źenogo klěba wěcej* 'wir haben kein Brot mehr'). Im Gegensatz zum Osorb. kann im Nsorb. das mit dem deutschen Lehnwort *wordowaś* 'werden' gebildete Passiv (*ja worduju bity* 'ich werde geschlagen') auch in der Schriftsprache verwendet werden.

7. Zum Wortschatz

Zu den typischen lexikalischen Merkmalen der nsorb. Schriftsprache gehören *až* 'daß' (osorb. *zo*), *groniś* 'sagen' (osorb. *prajić*), *postola*

'Bett' (osorb. *łožo*), *zgło* 'Hemd' (osorb. *košla*), *swajźba* 'Hochzeit' (osorb. *kwas*). Einen charakteristischen Bestandteil des Wortschatzes bilden auch die deutschen Lehnwörter, z.B. *bjatowaś* 'beten', *bom* 'Baum', *gluka* 'Glück', *holowaś* 'holen', *wjazym* 'Wesen'.

8. Zu den Dialekten

Der westliche Cottbuser Dialekt, der die Grundlage der nsorb. Schriftsprache bildet, läßt sich durch den Wandel von *kr, pr* vor Vokalen der hinteren Reihe zu *kš, pš* (*kšadnuś* 'stehlen', *pšawo* 'Recht') von dem östlichen Cottbuser Dialekt mit erhaltenem *kr, pr* (*kradnuś, prawo*) unterscheiden. Nach *t* ist **r* in allen nsorb. Dialekten zu *š* geworden (*tšawa* 'Gras'). Die Verben der -*o*-Konjugation bilden in den nsorb. Dialekten nordwestlich von Cottbus die 1.Pers.Sg.Präs. auf *u* (*njasu* 'ich trage'), der Osten dieses Dialektgebiets dagegen sowie die Mundart von Vetschau an der westlichen Peripherie zeigen -*m* (*njasom*).

9. Zur Geschichte der niedersorbischen Schriftsprache

Die ältesten nsorb. Sprachdenkmäler stammen aus dem 16. Jh., aber auch einzelne Glossen und onomastische Belege mindestens seit dem 12. Jh. sind für die Sprachgeschichte von Nutzen. Die älteren Denkmäler spiegeln den Dialekt des jeweiligen Übersetzers bzw. seiner Pfarrgemeinde wider, aber seit dem Ausgang des 17. Jh. und mit Anfang des 18. Jh. beginnen sich immer deutlicher gewisse schriftsprachliche Normen abzuzeichnen. Mit dem 1706 von Gottlieb Fabricius, Pfarrer zu Kahren (südöstlich von Cottbus), veröffentlichten nsorb. Katechismus und seinem drei Jahre später erschienenen nsorb. Neuen Testament tritt der zentrale Cottbuser Dialekt immer mehr in den Vordergrund. Die von Fabricius eingeführten orthographischen Normen, die erstmalig im Nsorb. den Punkt (á, ě, ó, ż usw.) verwendeten, wurden im Lauf des 18. Jh. in den Schriften von Johann Ludwig Will (1712-1771), Johann Gottlieb Hauptmann (1703-1768) und Johann Friedrich Fritze (Fryco) (1747-1819) gefestigt und weiter entwickelt. Hauptmann, Oberpfarrer in Lübbenau, kodifizierte in seiner „Nieder-Lausitzschen Wendischen Grammatica" (1761) die bei Fabricius entstandene Norm. Auch das „Niederlausitz-wendisch-deutsche Handwörterbuch" von Johann Georg Zwahr (Spremberg 1847), die erste gedruckte systematische Zusammenfassung der Lexik des Nsorb., folgt dieser Tradition, führt aber auch gewisse Neuerungen ein, die bisherige Mängel beseitigen. So unterscheidet Zwahr z.B. die Phoneme /e/ und /ě/ nach weichen Konsonanten sowie die weichen /ś/, /ź/ von den harten /š/, /ž/. Seit den vierziger Jahren des 19 Jh. werden die dt. Entlehnungen in der Schriftsprache manchmal vermieden und durch osorb. Lehnwörter oder nsorb. Wörter slavischer Herkunft ersetzt, z.B. *gožina* (für *štunda*) 'Stunde', *mydło* (für *zejpa*) 'Seife', aber der

Einfluß der Bewegung der nationalen Wiedergeburt war hier viel weniger ausgeprägt als in der Oberlausitz, und die damit verbundenen sprachlichen Wandlungen wirkten sich daher im Nsorb. in geringerem Maß aus.

10. Literaturangaben

Faßke, H. 1979. Zur Bestimmung von Phonemen. Ein Vorschlag zur Präzisierung der 3. Trubetzkoyschen Regel. *Lětopis Instituta za serbski ludospyt* A 26, 37-39.
Hauptmann, J.G. 1761. *Nieder-Lausitzsche Wendische Grammatica.* Lübben. (ND Bautzen 1984.)
Janaš, P. ²1984. *Niedersorbische Grammatik für den Schulgebrauch.* Bautzen.
Mucke, K. E. 1891. *Historische und vergleichende Laut- und Formenlehre der niedersorbischen (niederlausitzisch-wendischen) Sprache.* Leipzig.
— 1911-1928. *Wörterbuch der nieder-wendischen Sprache und ihrer Dialekte.* Bd. I-III. St. Petersburg, Prag. (ND Bautzen 1980-1986.)
Norberg, M. 1996. *Sprachwechselprozeß in der Niederlausitz.* Uppsala.
Schaarschmidt, G. 1998. *A historical phonology of the Upper and Lower Sorbian languages.* Heidelberg.
Schuster-Šewc, H. 1978-1989. *Historisch-etymologisches Wöterbuch der ober- und niedersorbischen Sprache.* Hefte 1-24. Bautzen.
— 1996. *Das Neue Testament der niedersorbischen Krakauer (Berliner) Handschrift. Ein Sprachdenkmal des 17. Jahrhunderts.* Bautzen.
Sorbischer Sprachatlas 1965-1996. Bd. 1-15. Bautzen.
Starosta, M. 1985. *Niedersorbisch-deutsches Wörterbuch.* Bautzen.
Stone, G. 1993. Sorbian (Upper and Lower). In: Comrie, B., G.G. Corbett (Hrsg.). *The Slavonic languages.* London, New York, 593-685.
Šwjela, B. ²1952. *Grammatik der niedersorbischen Sprache.* Bautzen.
— 1953: *Deutsch-niedersorbisches Wörterbuch.* Bautzen.
— 1963: *Dolnoserbsko-němski słownik.* Bautzen.
Zwahr, J.G. 1847. *Niederlausitz-wendisch-deutsches Handwörterbuch.* Spremberg. (ND Bautzen 1989.)

Das Tschechische
von
Josef Vintr

1. Einführung

Das Tschechische (*čeština*) verwenden als Standardsprache (*spisovný jazyk*) ca. 10,5 Mio. Einwohner der tschechischen Länder Böhmen, Mähren und Mährisch-Schlesien, die heute den selbständigen Staat Tschechische Republik bilden, der 1993 nach der Trennung der Slovakei von der ehemaligen Tschechoslovakei entstand. Die tschechischen Volksgruppen im Ausland sind Emigranten, einerseits wirtschaftliche aus der Vorkriegs-, andererseits politische aus der Nachkriegszeit. Davon leben in den USA ca. 0,5 Mio. (v.a. Texas, Chicago; meist assimiliert), in Kanada ca. 30.000, in Argentinien ca. 10.000, in Österreich ca. 15-20.000 (Wien), in Kroatien ca. 30.000 (Daruvar), einige zehntausend in der Slovakei, viele verstreut in Westeuropa, vor allem in Deutschland und in der Schweiz. Als eine der ältesten Kultursprachen Europas ist das Tschechische seit dem Mittelalter Gegenstand zahlreicher Beschreibungen, beginnend mit J. Hus, J. Blahoslav, J.A. Comenius, V.J. Rosa, J. Dobrovský und J. Gebauer bis zu R. Jakobson, B. Havránek und weiteren funktional-strukturalistisch arbeitenden Gelehrten des Prager linguistischen Kreises. Das Spezifikum der heutigen Sprachsituation besteht in der ausgeprägten Opposition der geschriebenen und gesprochenen Sprache: im inoffiziellen bzw. auch im halboffiziellen mündlichen Sprachverkehr dominiert in Böhmen das Gemeintschechische (*obecná čeština*), in Mähren herrschen Interdialekte bzw. Stadtsprachen mit gemeintschechischen Elementen vor. Eine gesamtnationale Umgangssprache (*běžná mluva*) konstituiert sich nur langsam (wird aber als Oberbegriff für verschiedene Varietäten des Substandards in jüngsten Fachpublikationen bevorzugt, vgl. Daneš 1997).

Das Tschechische ist eine westslavische Sprache; am nächsten steht ihr das Slovakische, dann das Obersorbische und das Polnische.

2. Alphabet, Orthographie, Aussprache

Das Tschech. bedient sich lateinischer Buchstaben, seit Hus bei weichen und langen Lauten mit diakritischen Zeichen versehen: *háček* 'Haček, Häkchen' bei palatalen Konsonanten (im 15. Jh. gab es statt des háček zunächst das *nabodeníčko* 'punctus rotundus') und *čárka* 'Strich' bei langen Vokalen; diese stehen im Alphabet nach dem jeweiligen Grundbuchstaben (in dieser Abfolge auch die Reihung in Wörterbüchern). Die tschech. Schrift ist auf dem phonologischen Prinzip aufgebaut, d.h. in den meisten Fällen korrespondiert ein Phonem mit einem Graphem (die Phonemvarianten werden graphisch nicht berücksichtigt: [kňi:ška] 'Buch' für *knížka*, [rot] 'Genus' für *rod*, usw. – die phonetische Gestalt eines Worts ist also nicht maßgebend für seine graphische Wiedergabe). Die Unterschiede zwischen dem heutigen graphischen und phonologischen System sind diachron erklärbar. Die orthographischen Regeln sind in den „Pravidla českého pravopisu" zusammengefaßt (letzte Orthographiereform 1993; gültig sind die Ausgaben, die den „Dodatek" 'Ergänzung' aus dem Jahr 1994 einschließen). Die größten Schwierigkeiten bereiten den deutschsprachigen Tschechisch-Studierenden bei den Vokalen die richtige Wiedergabe der Längen-Striche und die graphische Unterscheidung von i/y, bei Konsonanten die Unterscheidung von s/z. Im einzelnen umfaßt das tschechische Alphabet folgende Grapheme:

Aa	Ee	Ii	Ňň	Ss	Vv
Áá	Éé	Íí	Oo	Šš	Ww
Bb	Ěě	Jj	Óó	Tt	Xx
Cc	Ff	Kk	Pp	Ťť	Yy
Čč	Gg	Ll	Qq	Uu	Ýý
Dd	Hh	Mm	Rr	Úú	Zz
Ďď	Ch/ch	Nn	Řř	Ůů	Žž

Durch die Graphemvarianten ú, ů wird nur ein Phonem bzw. Laut /u:/ wiedergegeben, ähnlich auch /i/ durch i, y und /i:/ durch í, ý. Die Grapheme Qq, Ww, Xx kommen nur in Fremd- und Lehnwörtern vor, ähnlich /g/, das sich als fremdes Phonem (noch) nicht integriert hat (Vachek 1968, 61). Für das Nachschlagen in Lexika und Wörterbüchern gelten als ein Buchstabe: *a - á, d - ď, e - é - ě, i - í, n - ň, t - ť, u - ú - ů, y - ý*; getrennt und jeweils nacheinander werden eingereiht: *c, č; h, ch* (nicht bei *c!*); *r, ř; s, š; z, ž*.

Die Aussprache des Tschech. ist nicht schwierig (mit Ausnahme des Lautes *ř*), wenn man die zwei üblichen Fehler meidet: die tschechischen Vokale darf man nicht reduzieren und die tschech. Konsonanten p, t, k nicht behauchen.

Die Vokale werden stets (auch in unbetonter Stellung) deutlich ausgesprochen. Die langen werden lang artikuliert, nur die Quantität beim *í* wird öfter etwas reduziert (v.a. in Böhmen). *i, í, ě* erweichen vorangehende *d, t, n* zu *ď, ť, ň* (*dítě* [d'i:t'e] 'Kind', *tiskni* [t'iskňi] 'drucke'). Das Graphem *ě* bezeichnet kein selbständiges Phonem, es signalisiert eine vor ihm zu artikulierende Palatalität; nach den Labialen *p, b, v, f* wird diese jedoch als *j* realisiert (*pěkně* [pjekňe] 'schön', *běh* [bjech] 'Lauf', *věk* [vjek] 'Alter'), nach einem *m* aber als *ň* (*město* [mňesto] 'Stadt').

Die Konsonanten werden konsequent stimmhaft (sehr deutlich mit ausgeprägter Beteiligung der Stimmbänder, wie in der deutschen Bühnenaussprache oder im Englischen) bzw. stimmlos (jedoch ohne Stärke oder Gespanntheit) ausgesprochen, die Sonanten *r, l, m, n, ň, j* sind immer stimmhaft. Die Aussprache der paarigen (sth./stl.) Konsonanten in Konsonantengruppen wird durch die regressive Stimmtonassimilation geregelt: der vorangehende Konsonant paßt sich dem folgenden an, beide sind dann stimmhaft bzw. stimmlos (*tužka* [tuška] 'Bleistift'); ein Konsonant oder eine Konsonantengruppe im Wortauslaut ist immer stimmlos (*lev* [lef] 'Löwe', *sjezd* [sjest] 'Kongreß'); *v* unterliegt der Assimilation, bewirkt sie aber nicht (*včera* [fčera] 'gestern' vs. *tvůj* [tvu:j] 'dein'). Eine Betonungseinheit (Präp. + Nomen) unterliegt der Assimilation als ganze (*pod postel* [potpostel] 'unter das Bett'). Nach der Assimilationsregel kommen auch einige positionelle, durch die Schrift nicht reflektierte Varianten zustande (*ač by* [aʒbi] 'obwohl', *leckdo* [leʒgdo] 'mancher', *sklenka* [sklenka] 'Glas', *utvořte!* [utvoŗte] 'bilden Sie!'). Zu artikulatorischer Assimilation kommt es vor allem in den Konsonantengruppen *ts*, *ds* > [c], *tš*, *dš* > [č] (*bohatství* [bohactvi:] 'Reichtum', *lidský* [licki:] 'menschlich', *větší* [vječi:] 'größer', *mladší* [mlači:] 'jünger'). Die Aussprache von *ř* als zwei Laute – [rž] bzw. [rš] – ist unrichtig; richtigerweise muß man beim stimmhaften ř ein [ž], beim stimmlosen ein [š] ansetzen und gleichzeitig (nicht nachher) die Zungenspitze vibrieren lassen. Die Aussprache der Fremd- und Lehnwörter richtet sich meist nach der Originalsprache, angeführt wird sie, samt der Schreibung der Fremdwörter, im Nachschlagewerk zur Orthographie „Pravidla českého pravopisu" (1993).

3. Das Lautsystem (Phonologie, Morphonologie, Akzent)

Das Lautsystem besteht aus 10 vokalischen, 18 konsonantischen und 6 sonantischen Phonemen. Die primären Träger der Silbenqualität sind die vokalischen Phoneme, silbenbildend können aber auch die Sonanten *r*, *l*, vereinzelt auch *m* sein.

Das phonologische System des heutigen Tschechischen kann man an folgendem Modell demonstrieren: das vokalische Subsystem wird in der Ebene der Vokale, das konsonantische Subsystem in der Ebene der Konsonanten dargestellt. Diese zwei in einem Raummodell zueinander rechtwinklig stehenden Ebenen (+) gehen durch die Achse der Sonanten hindurch, die die Sonantennähe – je nach Funktion – zu den Vokalen und zu den Konsonanten anzeigt, und die beiden Ebenen dadurch zu einem Ganzen verbindet; die Spiegelung um die Sonantenachse reflektiert die dominanten Korrelationen bei den Vokalen und Konsonanten: die der Quantität und die der Stimmbeteiligung. Das Modell soll insgesamt demonstrieren, daß die Symmetrie das entscheidende Ordnungsprinzip des phonologischen Systems ist (vgl. Vintr 1982,33):

Das Tschechische 197

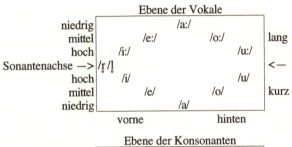

Die vokalischen Phoneme, im obigen Modell in zwei um die Sonanten-Achse symmetrischen Dreieckfiguren dargestellt, sind silbenbildend; auch die silbenbildenden Varianten (signalisiert im Modell durch ein vorangestelltes / und ein tiefgestelltes ₀) der Sonanten *r, l* nehmen in der Stellung zwischen den Konsonanten oder nach einem Konsonanten im Wortauslaut Silbenqualität an, z. B. *krk* 'Hals', *četl* (zwei Silben) 'er las'. Die Vokale sind im Rahmen der Quantitätskorrelation paarig, kurz und lang. Sie sind im Strukturennetz – neben dieser Hauptkorrelation – noch von der binären Timbrekorrelation (vorne/hinten, in der Terminologie der „distinctive features" hell/dunkel, z.B. /i/ : /u/) und einer graduellen ternären Opposition (Vachek, 1968, 30, z.B. /a/ : /e/ : /i/) verankert. Die vokalische Quantität ist distinktiv, d.h. sie ist im Stande, bei sonst gleich lautenden Wörtern oder Formen ihre Bedeutung zu unterscheiden, z.B. *dál* 'weiter' : *dal* 'er gab', *zpráva* 'Bericht' : *zprava* 'von rechts', *bílí* 'die weißen' : *bili* 'sie schlugen', u.ä. Die Kurzvokale sind stabil, es gibt keine Tendenzen zu irgendeiner Änderung oder Reduktion ihrer Anzahl. Bei Langvokalen gibt es jedoch schwächere Positionen: erstens das Phonem /o:/ (kommt nur in Fremdwörtern wie z.B. *lóže* 'Loge', *byró* 'Büro', oder in emphatischen Ausdrücken *móře!* 'Meer!', *bóže!* 'Gott!' u.a. vor), zweitens das Phonem /e:/ (wird meist in der Umgangssprache durch [i:] ersetzt, weil es heute schon einen Hauch des Archaischen hat, z.B. *mléko* > *mlíko* 'Milch'). Durch diese Tendenz zur Eliminierung der mittleren Stufe im Dreieck der Langvokale wird die zentrale Stellung der Quantitätskorrelation im vokalischen Subsystem geschwächt. Der einzige tschech. Diphthong *ou* wird meist als Biphonem gewertet (von Deutschen oft falsch als [u] artikuliert, also *kohout* 'Hahn' richtig [kohout]).

Die Sonanten (Vintr, 1982, 30, 36) bilden eine Übergangsgruppe zwischen dem vokalischen und dem konsonantischen Subsystem. Den Vokalen näher stehen /r/, /l/, eventuell /m/ (als potentielle Silbenträger) und /j/ (phonetisch /i/ nahe), den Konsonanten dagegen /n/, /ň/.

Die konsonantischen Phoneme werden in ihr Subsystem durch die Strukturen von drei zentralen Korrelationen und vier Artikulationsreihen (vgl. im Modell die Parameter der Konsonantenebene) eingeordnet – die Korrelation der Stimmbeteiligung (der alle Konsonanten unterliegen; /c, č, ř, k/ haben jedoch als Korrelate nur die Stellungsvarianten [ʒ, ǯ, ř̌, g]), die der Palatalität (daran beteiligt sich die alveolare vs. palatale Reihe, mit Ausnahme von /l/, /j/; in der Terminologie der „distinctive features" wäre es die Korrelation der Kompaktheit), die der Kontinuierlichkeit (/d/ : /z/, /t/ : /s/, usw.), und die Oppositionen der vier Artikulationsreihen – der alveolaren, der palatalen, der velaren und der labialen (vgl. Modell). Die Korrelation der Nasalität (/d/ : /n/ usw.) ist eher als peripher einzustufen. Das schwächste Systemglied ist das /ř/, das seinen phonematischen Status nur dank seiner (morphonologischen) Verankerung in der Flexion und Derivation behält; ähnlich, aber etwas stärker ist die Systemposition von /c/, /č/.

Die Frequenz der tschech. Phoneme (in Promille, nach Šmilauer 1972, 30) beträgt für Konsonanten und Sonanten 593, für Vokale 407; die drei häufigsten Vokale sind: *e* 97, *a* 70, *o* 65; die drei häufigsten Konsonanten: *s* 52, *l* 51, *n* 44 (vgl. *c* 13, *ř* 11, *č* 9).

Morphonologische Lautveränderungen (traditionell: Alternationen). Bei der Bildung von Wörtern und Formen können die Phoneme innerhalb eines Paradigmas oder einer Wortfamilie alternieren. In dieser Funktion, d.h. um eine Form oder eine Ableitung zu signalisieren, lassen die tschech. Morpheme – historisch bedingt – nur bestimmte Alternationen zu. Bei den Vokalen wechseln meist die kurzen mit den langen (*chléb* 'Brot', *chleba* Gen.Sg. *hrad* 'Burg', *hrádek* Dem.), ziemlich oft gibt es die Alternation *e* – ø, z.B. *pes* 'Hund', *psa* Gen.Sg., *psi* Nom.Pl. (es geht um das sog. flüchtige bzw. bewegliche *e*, das aus einem sog. starken Jer entstanden ist; der ø-Ersatz ist Ergebnis des Schwunds eines schwachen Jers). Bei den Konsonanten alternieren am häufigsten die harten mit den weichen (z.B. *k* - *c* - *č*: *ruka* 'Hand', *ruce* Dat.Sg. Nom.Pl., *ruční* 'Hand-'; *ch* - *š*: *Čech* 'Tscheche', *Češi* Nom.Pl.; *s* - *š*: *psát* 'schreiben', *píše* 'er schreibt', u.a.).

Der Wortakzent liegt immer auf der ersten Silbe, in den Verbindungen von einsilbiger Präposition und Nomen auf der Präposition. Einige Partikel und die sog. Enklitika (die Morphe von *být* wie *jsme*, *byl* usw., das reflexive *se*, *si*, die pronominalen Kurzformen wie *mi*, *ti*) haben keinen Wortakzent. Im Satz stehen sie im sog. Akzentschatten (nach der ersten Betonungseinheit).

Aus der historischen Lautlehre sind die urtschechischen Ergebnisse der spätursiavischen Lautänderungen und der anschließende Umbau des Vokalismus in der alttschechischen Periode wichtig. Die zwei bedeutendsten Differenzierungsmerkmale gegenüber den benachbarten slavischen Sprachen waren im 9.-10. Jh. die spezifischen Ergebnisse der Liquidametathese (*tort, tolt, tert, telt > trat, tlat, trět, tlět*, z.B. **gordъ > gradъ* 'Burg', **bergъ > brěgъ* 'Ufer') und der Denasalierung (*ę, ǫ > ä, u*, z.B. *desät < *desętь* 'zehn', *dub < *dǫbъ* 'Eiche') auf dem urtschechischen Sprachgebiet. Nach der Kontraktion (*dobraja > dobrá* 'die gute'; 9. Jh.) und der Vokalisierung bzw. dem Ausfall der Jerlaute (*dьnь, sъnъ > den, sen* 'Tag, Traum'; Ende des 10. Jh.) kam es zu der ersten tschechischen vokalischen Entwicklung *ä > ě* (*desät > desět* 'zehn'; diese traditionell als Umlaut *ä > ě* bezeichnete Lautänderung erfolgte um die Mitte des 12. Jh.). Die Änderungen im tschechischen Konsonantismus begannen (noch vor *ä > ě*) mit den ersten zwei Depalatalisierungen der Palatalisierten (*ḿäso > maso* 'Fleisch', *pĺátno > plátno* 'Leinen') und setzten sich im 13. Jh. mit der Entstehung des *ř < ŕ* (*ŕeka > řeka* 'Fluß') und des *h < γ < g* (*hlava < glava* 'Kopf') fort; die dritte Depalatalisierung (d.h. die Beseitigung der konsonantischen Palatalisierungskorrelation am Anfang des 14. Jh.) bedeutet einerseits die Endstufe im konsonantischen Subsystem (es blieb bis heute unverändert), andererseits einen Impuls zum Umbau des Vokalismus. Im 14. Jh. wird der Kurzvokalismus geändert: *u* nach weichem Konsonanten wird zu *i* (*mužu > muži* 'dem Mann'; als Folge werden die Unterschiede zwischen den harten und weichen Paradigmen in der Deklination vertieft), *o* nach weichem Konsonanten wird zu *ě* (*tancovati > tancěvati* 'tanzen', aber später wird *o* restauriert), *ě > e* (*desět > deset* 'zehn', die sog. Senkung der Jotierung). Von der zweiten Hälfte des 14. Jh. bis zum Anfang des 16. Jh. werden – bedingt durch die Kurzvokaländerungen – auch die Langvokale durch folgende Monophthongierungen und Diphthongierungen verändert: *ó > uo* (*kóň > kuoň* 'Pferd'), *ú > ou* (*lúka > louka* 'Wiese'), *ie > í* (*viera > víra* 'Glaube'), *uo > ů* (*kuoň > kůň* 'Pferd'), womit auch im Vokalismus die bis heute nicht mehr veränderte Endstufe erreicht wurde (die Diphthongierung *ý > ej*, z.B. *sýr > sejr* 'Käse', gab es nur im zentralböhmischen Dialekt). Die vokalische Quantitätskorrelation blieb im Tschech. als Gegengewicht zum Verlust der konsonantischen Palatalisierungskorrelation erhalten. Die Betonung stabilisierte sich schon im 12. Jh. auf der ersten Silbe.

4. Flexionsmorphologie

Als flektierende Sprache verfügt das Tschech. über ein breitgefächertes Inventar von Morphemen. Die häufig auftretende Homonymie und Synonymie der grammatikalischen Morpheme ist nur scheinbar, jedes Morphem weist eigene funktionelle Merkmale auf, die es im Rahmen eines Paradigmas von den anderen absondern.

Bei der Deklination gibt es eine ziemlich große Vielfalt, die in mehreren Typen der drei Deklinationsarten zum Ausdruck kommt. Die nominale Deklinationsart umfaßt die meisten Substantive (auch einige wenige Pronomina, z.B. *sám* 'selbst', Akk.Sg. *sama, samu*) und die adjektivischen Nominalformen (im prädikativen Gebrauch nur Nom., Akk., z.B. *bosa, bosu* 'barfuß'; im attributiven Gebrauch besonders die Possessivadjektive, die im Sg. nominale Endungen annehmen, z.B. *otcova kniha* 'das Buch des Vaters', *bez otcovy knihy* Gen.Sg.); die pronominale Deklinationsart umfaßt die Pronomina (z.B. *ten* 'dieser', Gen.Sg. *toho*) und einige Numeralia (z.B. *jeden* 'einer', Gen.Sg. *jednoho*); die sog. zusammengesetzte (historisch gesehen: nominale + pronominale) Deklinationsart umfaßt die Adjektive (*mladý, -á, -é* 'der, die, das junge', Gen.Sg. *mladého, -é, -ého*), einige Substantive (Typ *hajný* 'Heger') und die restlichen Pronomina.

Die tschechische Konjugation bedient sich – im Vergleich zu der Mannigfaltigkeit der Deklinationsmorpheme – einfacherer Morphemstrukturen. Sie werden als einfache und zusammengesetzte (mit analytischem Morphem [traditionell: Hilfsverb] *být* 'sein') Verbformen in den Konjugationstypen der fünf Verbklassen konkretisiert.

4.1. Das Substantiv

Die Deklination des tschechischen Substantivs ist auf dem Genusprinzip aufgebaut (es gibt keine starke, schwache und gemischte Deklination), d.h. jedes der drei Genera besitzt ein eigenes Paradigma mit eigenen Endungen. Im Rahmen des jeweiligen Genus teilen sich die Substantive weiter in solche mit hartem und weichem Auslaut (*pán – muž* mask. 'Herr – Mann', *žena – růže* fem. 'Frau – Rose', *město – moře* neutr. 'Stadt – Meer'), denn auch diese Untergruppen weisen eigene Endungen auf. Dazu kommen bei den Feminina noch die Paradigmen mit konsonantischem Auslaut *píseň* 'Lied' und *kost* 'Knochen', bei den Neutra das sog. lange Muster *znamení* 'Zeichen'. Eine weitere Untergliederung der maskulinen Deklination bewirkt die Genus-Subkategorie der Belebtheit (*pán* 'Herr' vs. *hrad* 'Burg', *muž* 'Mann' vs. *stroj* 'Maschine'). Sie kommt in den unterschiedlichen Formen für den Akk.Sg. zum Ausdruck, der bei Unbelebten dem Nom.Sg. und bei Belebten dem Gen.Sg. entspricht; verschieden ist auch die Form des Nom.Pl. In ihrer Mannigfaltigkeit bewahrt die tschechische substantivische Deklination zahlreiche archaische Züge; im Unterschied zu anderen slavischen Sprachen behält sie die alte Unterscheidung der Deklinationstypen besonders der Feminina und Neutra bei (dort findet man außerdem noch Reste der alten Stammklassen-Kategorie bei den Typen *kost* 'Knochen' (*i*-Stamm) und *kuře* 'Huhn' (*nt*-Stamm).

Die Numerusformen weisen noch Reste des alten Duals auf; sie sind auf Benennungen der menschlichen Körperteile, die paarig auftreten, beschränkt, z.B. *na rukou, nohou* 'auf den Händen, Beinen', *rukama, nohama* 'mit den Händen, Beinen' (die Dualendung *-ma* ist in der heutigen Umgangssprache die einzige Endung des Instr.Pl. bei allen Deklinationstypen und -arten, vgl. *s těma mladejma pánama a ženama* 'mit diesen jungen Herren und Frauen').
Die Kategorie des Kasus kommt in sieben Kasusformen zum Ausdruck – Nom., Gen., Dat. und Akk. entsprechen funktionell im wesentlichen dem Deutschen (jedoch mit unterschiedlichen Rektionen der präpositionalen Morpheme), der tschech. Lok. bezeichnet inaktive Beteiligung an der Handlung und ist ein reiner Präpositionalkasus, der Instr. wird zur Bezeichnung der Einbeziehung in die Handlung (meist präpositional mit *s* 'mit') gebraucht. Im gesamten 7-Kasus-Paradigma kommen die Unterschiede zwischen den harten und weichen Deklinationstypen ausgeprägter zum Vorschein als z.B. im Russischen (vgl. Lok.Sg.: *o pánu – o muži, o hradu – o stroji, o ženě – o růži, o městě – o moři*; Lok.Pl.: *o pánech – o mužích, o hradech – o strojích, o ženách – o růžích, o městech – o mořích* zu 'Herr – Mann', 'Burg – Maschine', 'Frau – Rose', 'Stadt – Meer'). Zahlreich sind die morphonologischen Alternationen (vgl. o.).

Auslaut	Maskulina, Neutra						Feminina		
	hart			weich				weich	hart
	belebt	unbelebt	belebt	unbelebt			konsonantisch	vokalisch	
Sg. N.	pán	hrad	měst-o	muž	stroj	moř-e	píseň	kost	růž-e	žen-a
Gen.	-a	-u/-a	-a	-e	-e	-e	-ě/-e	-i	-e	-y
Dat.	-u/-ovi	-u	-u	-i/-ovi	-i	-i	-i	-i	-i	-ě
Akk.	= G.	= N.	= N.	= G.	= N.	= N.	= N.	-i	-i	-u
Vok.	-e	(-e)	= N.	-i	(-i)	= N.	(-i)	(-i)	= N.	-o
Lok.	-u/-ovi	-u/-ě	-ě	-i/-ovi	-i	-i	-i	-i	-i	-ě
Instr.	-em	-em	-em	-em	-em	-em	-í	-í	-í	-ou
Pl. N.	-i/-ové	= A.	-a	-i/-ové	= A.	-e	-ě/-e	-i	-e	-y
Gen.	-ů	-ů	-Ø	-ů	-ů	-í	-í	-í	-í	-Ø
Dat.	-ům	-ům	-ům	-ům	-ům	-ím	-ím	-em	-ím	-ám
Akk.	-y	-y	= N.	-e	-e	= N.	= N.	= N.	= N.	= N.
Vok.	= N.	= N.	= N.	= N.	= N.	= N.	= N.	= N.	= N.	= N.
Lok.	-ech	-ech	-ech	-ích	-ích	-ích	-ích	-ech	-ích	-ách
Instr.	-y	-y	-y	-i	-i	-i	-ěmi	-mi	-emi	-ami

Bei harten Maskulina auf *-k, -g, -h, -ch* kommt es im Lok.Pl. zu Alternationen des Auslautskonsonanten und Übernahme der weichen Endung *-ích*, z.B. *žák* 'Schüler' *o žácích, hoch* 'Knabe' *o hoších, potok* 'Bach' *v potocích*, bei Belebten gleichen Auslauts darüber hinaus im Nom.Pl. (*žáci, hoši*). Die nicht häufigen, vokalisch auslautenden belebten Maskulina (hartes Paradigma *předseda* 'der Vorsitzende', weiches *soudce* 'Richter') übernehmen die meisten Endungen von den konsonantisch auslautenden belebten Paradigmen: *soudce* von *muž* (bis auf Vok. = Nom.), *předseda* von *pán* (im Dat.Lok.Sg. nur *-ovi*, im Nom.Vok.Pl. nur *-ové*), allerdings mit Gen.Akk.Vok.Instr.Sg.-Endungen von *žena* (d.h. Gen.Sg. *předsedy*, Akk.Sg. *předsedu* usw.).

Die sächlichen Bezeichnungen der Jungtiere werden nach dem Paradigma *kuře* 'Huhn' dekliniert: die Sg.-Endungen sind gleich wie beim Paradigma *moře*, aber es wird in den indirekten Kasus ein Infix *-et-* eingeschoben, also *kuř-et-e* Gen.Sg., *kuřeti* Dat.Sg., *o kuřeti* Lok.Sg., *s kuřetem* Instr.Sg.; die Pl.-Endungen sind gleich wie beim Paradigma *město*, aber es wird in allen Kasus ein Infix *-at-* eingeschoben, also *kuř-at-a, kuřat, kuřatům*, usw. Die Neutra weisen noch ein sog. langes Paradigma *znamení* 'Zeichen' auf (hierher gehören auch alle vom Part.Pass. gebildeten Deverbativa auf *-ní* und *-tí*, z.B. *čtení* 'Lesen', *topení* 'Heizen, Heizung', *pití* 'Trinken', u.a.); alle Kasus lauten auf *-í* aus, bis auf Instr.Sg., Dat.Pl. (*znamením*), Lok.Pl. (*znameních*), Instr.Pl. (*znameními*).

Bei den Feminina des *kost*-Paradigmas dringen insbesondere im Dat.Lok.Pl. die Endungen von *píseň* als neue progressive Dubletten ein, z.B. *mast* 'Salbe' *mastím/mastem, o mastích/o mastech, nemoc* 'Krankheit' *nemocím/nemocem, o nemocích/o nemocech*.

4.2. Das Adjektiv

Die meisten Adjektive werden nach der sog. zusammengesetzten Deklination dekliniert (vgl. oben 4.; die späturslavische nominale + pronominale Endung, z.B. *dobr-a-ja* – so immer noch im Russischen –, wurde nach der Kontraktion im Tschechischen zu einer Endung, z.B. *-á: dobrá* 'die gute'), mit Unterscheidung von harten (*mladý, -á, -é* 'der, die, das junge') und weichen Paradigmen (*lesní, -í, -í* 'der, die, das Wald-'). Die Pluralformen sind in den indirekten Kasus unifiziert (umgangssprachlich auch in Nom.Akk.Pl., sogar ohne im Nom.Pl. die besondere Belebtheitsform der Maskulina abzusondern, z.B. *mladý páni, mladý stromy, mladý ženy, mladý děvčata* Nom.Pl, *mladý pány, stromy, ženy, děvčata* Akk.Pl., zu 'junge Herren, Bäume, Frauen, Mädchen').

Die nominale Deklinationsart, die nicht bei allen Adjektiven möglich und auf gehobenes Tschechisch beschränkt ist, umfaßt die adjektivischen Kurzformen: im prädikativen Gebrauch nur Nom., Akk., z.B. Nom.Mask. *bos*, Akk. *bosa*, Nom.Fem. *bosa*, Akk. *bosu* 'barfuß', Nom.Akk.Mask. *zdráv, zdráva*, Nom.Akk.Fem. *zdráva, zdrávu* 'gesund' (vgl. dazu die vollen, zusammengesetzten Formen: *bosý, bosá, zdravý, zdravá*), im attributiven Gebrauch besonders die Possessivadjektive, die im Sg. und Nom.Akk.Pl. nominale Endungen annehmen, z.B. *otcova kniha* 'das Buch des Vaters', *bez otcovy knihy* Gen.Sg., *otcově knize* Dat.Sg., *otcovu knihu* Akk.Sg., usw., *otcovy knihy* Nom.Pl., in den indirekten Kasus des Pl. jedoch zusammengesetzte Formen aufweisen (*bez otcových knih* Gen.Pl., *otcovým knihám* Dat.Pl., usw.).

Deklinationsübersicht:

	Mask.	Neutr.	Fem.
Sg. N.	mladý lesní	mladé lesní	mladá lesní
Gen.	mladého lesního		mladé lesní
Dat.	mladému lesnímu		mladé lesní
Akk.	unbel. = Nom. belebt = Gen.	= Nom.	mladou lesní
Lok.	mladém lesním		mladé lesní
Instr.	mladým lesním		mladou lesní
Pl. N.	unbel. mladé lesní belebt mladí lesní	mladá lesní	mladé lesní
Gen.	mladých lesních		
Dat.	mladým lesním		
Akk.	mladé lesní	mladá lesní	mladé lesní
Lok.	mladých lesních		
Instr.	mladými lesními		

Die Komparation gibt es bei qualitativen Adjektiven. Komparative werden durch die Suffixe *-ej/-ší* gebildet, z.B. von *teplý* 'warm' *teplejší*, von *slabý* 'der schwache' *slabší*; der Superlativ wird durch Komparativpräfigierung mittels *nej-* gebildet, z.B. *nejteplejší, nejslabší*. Ähnlich wird das Adverb gesteigert, am häufigsten mittels *-eji* (seltener mit *-e*), z.B. *tepleji*, Superlativ *nejtepleji*. Bei der Steigerung kommt es oft zu Alternationen, z.B. *drahý* 'teuer' mit Komparativ *dražší*, das Adv. *draho, draze* aber bildet den Komparativ *dráze*, u.ä.

4.3. Das Pronomen

Die Personalpronomina *já* 'ich', *ty* 'du', *my* 'wir', *vy* 'ihr' (in Anreden: 'Sie') haben eine (substantivisch-)pronominale Deklination (Nom. *já*, Gen. *mne*, Dat. *mně*, ... Instr. *mnou*; *ty, tebe, tobě ... tebou*; *my, nás, nám, ... námi*; *vy, vás, vám, ... vámi*; von *já* und *ty* gibt es im Gen.Dat.Akk. enklitische Kurzformen *mě, tě* Gen.Akk., *mi, ti* Dat.).

Die Personalia *on, ona, ono* 'er, sie, es', *oni, ony, ona* 'sie', die Possessiva *můj* 'mein', *tvůj* 'dein', *náš* 'unser', *váš* 'euer' und reflexives *svůj* (bezieht sich auf das Satzsubjekt, indeklinabel sind *jeho* 'sein', *její* 'ihr', *jejich* 'ihr' Pl.), die Interrogativa, Relativa, Indefinita, Negativa und Demonstrativa *kdo, co, někdo, něco, nikdo, nic, ten* 'wer, was, jemand, etwas, niemand, nichts, der' haben eine (adjektivisch-) pronominale Deklination mit den typischen Endungen auf *-ho*, *-mu* im Gen. und Dat.: *ten*, Gen.Akk. *toho*, Dat. *tomu*, Lok. *o tom*,

Instr. *tím*; *kdo*, Gen. *koho*, Dat. *komu* ...; *co*, Gen. *čeho* ...; *někdo*, Gen. *někoho* ...; *nic*, Gen. *ničeho*; *on*, Gen. *jeho*, Dat. *jemu* ...; *můj*, Gen. *mého*, Dat. *mému*, usw. Die tschechischen Personalia werden – im Unterschied zum Deutschen oder Russischen – nicht als Bestandteil einer Verbform gebraucht, also nur z.B. *čtu* für dt. 'ich lese', russ. я читаю.

Die tschech. Reflexiva *se, si* bleiben in allen Personen unverändert, z.B. *bojím se, bojíš se* 'ich fürchte mich, du fürchtest dich', *přeji si, přeješ si* 'ich wünsche mir, du wünschst dir', usw.

4.4. Das Zahlwort

In seiner Deklination sind alle Deklinationsarten vertreten: *jeden* 'einer' wird pronominal dekliniert wie *ten* (Gen. *jednoho*, Dat. *jednomu*, usw.), *dva, oba* 'zwei, beide' mit alten Dualformen (Gen. *dvou, obou*, Dat. *dvěma, oběma*, usw.), *tři, čtyři* 'drei, vier' nominal wie *kosti* (aber Gen. *čtyř*), *pět – devadesát* 'fünf – neunzig' substantivisch mit einer einzigen Universalendung *-i* (Gen. *pěti*, Dat. *pěti*, Lok. *o pěti*, Instr. *s pěti*), *sto, tisíc* 'hundert, tausend' nominal nach entsprechenden substantivischen Paradigmen (*město, stroj*). Die Ordnungszahlwörter werden adjektivisch/zusammengesetzt dekliniert mit harten bzw. weichen Endungen, z.B. *druhý* 'der zweite' wie *mladý*, d.h. Gen. *druhého*, Dat. *druhému* usw., *první* 'der erste' wie *lesní*, d.h. Gen. *prvního*, Dat. *prvnímu* usw.

Den Kasus des gezählten Substantivs bestimmt das vorangehende Zahlwort: nach *jeden, dva, oba, tři, čtyři* steht das gezählte Substantiv im Nom. (Sg. bzw. Pl.), z.B. *jeden muž* 'ein Mann', *dva, tři muži* 'zwei, drei Männer'; nach *pět, šest, sedm* und allen höheren Zahlen steht das gezählte Substantiv im Gen.Pl., z.B. *šest mužů* 'sechs Männer', *čtyřicet knih* 'vierzig Bücher'. In den indirekten Kasus wird dann das ganze Syntagma dekliniert, z.B. *bez jednoho muže* Gen.Sg., *jednomu muži* Dat.Sg., *třem mužům* Dat.Pl., *o šesti mužích* Lok.Pl. usw.

4.5. Das Verbum

Die Verben werden (nach Präsensstamm = 3.Pers.Sg.) in fünf Konjugationsklassen eingeteilt (nächste Seite).

Diese aus synchroner Sicht zweckmäßige 5-Klassen-Einteilung geschieht nach dem Präsensstamm (aus derivativer bzw. historischer Sicht wird nach dem Infinitivstamm in sechs Klassen eingeteilt). In der III. Klasse werden die alternativen Endungen auf *-u* bzw. *-ou* der 1.Sg. bzw. 3.Pl. im alltagssprachlichen (*hovorový*) Stil des Tschechischen gebraucht. Die Anzahl der Lautalternationen in verbalen Basismorphemen ist geringer als bei nominalen. Zu den produktivsten Typen zählen *kupuje, dělá* und *prosí* ('er kauft, er macht, er bittet'); zum Typus *dělá* wechseln manche Verben vom Typus *maže*.

Das Tschechische

Verbklasse	3.Sg.	1.Sg.	3. Pl.	*l*-Form	Infinitiv	
I. (-e)	ber-e	-u	-ou	bral	brát	'nehmen'
	nes-e	-u	-ou	nesl	nést	'tragen'
	maž-e	-u	-ou	mazal	mazat	'schmieren'
	peč-e	-u	-ou	pekl	péct	'backen'
	tř-e	-u	-ou	třel	třít	'reiben'
II. (-ne)	tiskn-e	-u	-ou	tiskl	tisknout	'drucken'
	min-e	-u	-ou	minul	minout	'vergehen'
	začn-e	-u	-ou	začal	začít	'anfangen'
III. Kl. (-je)	kryj-e	-i/-u	-í/-ou	kryl	krýt	'decken'
	kupuj-e	-i/-u	-í/-ou	kupoval	kupovat	'kaufen'
IV. Kl. (-í)	pros-í	-m	-í	prosil	prosit	'bitten'
	trp-í	-m	-í	trpěl	trpět	'leiden'
	sáz-í	-m	-ejí	sázel	sázet	'setzen'
V. Kl. (-á)	děl-á	-m	-ají	dělal	dělat	'machen'

In den Formen des tschechischen Verbs werden durch Morphemstrukturen folgende Verbkategorien konkretisiert: Tempus, Modus, Person, Numerus, Genus verbi und Aspekt. – Die Kategorien der Person und des Numerus (Sg., Pl.) werden in den finiten Verbformen durch grammatikalische Suffixmorphe ausgedrückt (vgl. die in der Tabelle der Verbklassen angeführten Formen der 1./3.Sg., 3.Pl.; für die 2.Sg. wird das Morph -*š*, für die 1.Pl. -*me*, für die 2.Pl. -*te* gebraucht). – Die Kategorie des Tempus wird im merkmallosen Präsens durch kein grammatikalisches Morphem konkretisiert, im Präteritum und Futur jedoch durch zusammengesetzte Formen (*bral jsem* 'ich nahm', *budu brát* 'ich werde nehmen') ausgedrückt. – Ebenfalls zusammengesetzte Formen hat das Passiv (für das in der dritten Person öfter die reflexive Passivform gebraucht wird, z.B. *knihy se tisknou* 'Bücher werden gedruckt'). Der Transgressiv (*přechodník*, drückt eine Nebenhandlung nominal, d.h. mit Angabe des nominalen Genus, aus), der in der 1. Hälfte des 19. Jh. revitalisiert wurde, besitzt archaische Züge – weniger in den Präsensformen, z.B. *kupuje* (Mask.Sg.), *kupujíc* (Fem./Neutr.Sg.), *kupujíce* (Pl.) 'kaufend', als in den Formen für die Vergangenheit, z.B. *nakoupiv* (Mask.Sg.), *nakoupivši* (Fem./Neutr. Sg.), *nakoupivše* (Pl.) 'eingekauft habend'. Der Transgressiv ist die einzige tschechische Verbalform, die die relative Zeitangabe (der Gleichzeitigkeit bzw. Vorzeitigkeit zur Handlung des Hauptsatzes) formal zum Ausdruck bringt. – Der Modus wird in einfachen Formen des Indikativs und Imperativs realisiert. In zusammengesetzten Formen des Konditionals (es gibt keinen Konjunktiv) bleiben die alten Aoristformen des (analytischen Morphems) *býti* 'sein' erhalten: *bral, -a, -o bych, bys, by* 'ich, du, er würde(st) nehmen', *brali, -y, -a bychom, byste, by* 'wir, ihr, sie würden (würdet) nehmen'. Dieses Beispiel zeigt, daß die zusammengesetzten Verbformen auch das Genus (mask., fem., neutr.) angeben. – Jedes tschechische Verb ist Träger der grammatikalischen Kategorie des Aspekts, d.h. es kann die perfektive (pf.) oder imperfektive (ipf.) Aspektform innehaben. Der Aspekt bezeichnet auf zweierlei Art den Verlauf einer Handlung – das pf. Verb erfaßt den Verlauf total als ein kompaktes einmaliges Ereignis, das ipf. Verb nur als einen nicht abgegrenzten andauernden Vorgang bzw. Zustand: *kupuji* (ipf.) *knihu* 'Ich kaufe ein Buch, ich bin beim Buchkaufen' vs. *koupím* (pf.) *knihu* 'Ich werde ein Buch kaufen, ich werde einen Buchkauf machen'. Der pf. Teil des Aspektpaares *koupit/ kupovat* drückt gleichzeitig auch die Zukunft aus. Beim echten Aspektpaar handelt es sich um ein verbales Lexem in zwei Aspektmodifikationen (*koupit/kupovat* 'kaufen', *dát/dávat* 'geben' u.a.; die Wortbedeutung bleibt, wie es das deutsche Äquivalent signalisiert, in beiden Modifikationen dieselbe); merkmalhaft ist das Perfektivum, merkmallos ist das Imperfektivum. Das tschechische Ipf. kann daneben noch ohne Änderung der lexikalischen Bedeutung die Kategorie der Üblichkeit (Usualität) paradigmatisch zum Ausdruck bringen, z.B. *dávat – dávávat* 'geben' – 'üblicherweise geben'; diese in den Bereich der Semantik übergreifende Kategorie stellt die Peripherie des grammatikalischen Verbalaspekts dar (viele tschechische Verben haben also drei Aspektformen, z.B. *dát – dávat – dávávat*). Die pf. und ipf. Aspektformen darf man nicht mit der deutschen pf. und ipf. Aktionsart identifizieren; die Aktionsart ist eine rein semantische (meist durch Präfigierung) derivatorisch gekennzeichnete Kategorie – die deutsche pf./ipf. Aktionsart bezieht sich nur auf die zeitliche Begrenzung/ Nichtbegrenzung eines Geschehens und nicht auf seine Totalität/ Nichttotalität. Die semantischen Modifikationen der Ingressivität, Intensität u.ä. gehören zur Aktionsart, sie konstituieren keine echten Aspektpaare (*Strom kvetl* 'Der Baum hat geblüht', *Strom rozkvetl* 'Der Baum ist aufgeblüht' – resultativ). Erst durch Suffigierung (Formenbildung) entsteht aus der perfektiven die ipf. Aspektform (*rozkvést – rozkvétat* 'aufblühen'). Die absolute Zeitangabe im aktuellen Präsens kann im Tschechischen nur durch ein Ipf. erfolgen, dagegen können sich Fut. und Prät. beider Aspektformen bedienen: ipf. Präs. *kupuji* 'ich kaufe', ipf. Fut. *budu kupovat*, pf. Fut. *koupím* 'ich werde kaufen', ipf. Prät. *kupoval jsem*, pf. Prät. *koupil jsem* 'ich kaufte, ich habe gekauft'. Die zielgerichteten ipf. Bewegungsverben bilden die (ipf.) Futurformen mit Hilfe des Präfixes *po-*, z.B. *ponesu* 'ich werde tragen', *poběžím* 'ich werde laufen'.

5. Derivationsmorphologie

Die Wortbildung erfolgt vor allem durch Derivation mit Hilfe von Suffixen (typisch für die Ableitung der Nomina, weniger der Verben; die produktivsten denominativen Suffixe sind *-ář/-ař*, *-č*, *-ka*, *-ník*,

-ový, -ní, z.B. *právník, právnička* 'Jurist, Juristin', *právní* 'Rechts-'; häufig sind Deminutiva, die in zwei Ableitungsstufen gebildet werden, z.B. durch Suffixe *-ík, -íček* wie *les - lesík - lesíček* 'Wald - Wäldchen', *-ek, -eček* wie *stůl - stolek - stoleček* 'Tisch - Tischlein', *-ka, -ečka* wie *kniha - knížka - knížečka* 'Buch - Büchlein', u.ä., wobei nur die erste Ableitungsstufe den deutschen Suffixen *-chen, -lein* entspricht; das produktivste verbale Suffix ist *-ova-*, das bei den Verben mit einer fremden Derivationsbasis dem deutschen *-ieren* entspricht, z.B. *telefon-ova-t, inform-ova-t, program-ova-t*, u.ä.). Die beim Suffigieren oft auftretenden Lautalternationen wurden oben unter 3. erwähnt. Mit Hilfe der zahlreichen polysemen Präfixe werden vorwiegend neue Verben gebildet. Von diesen präfigierten (von einfachen Imperfektiva abgeleiteten) Perfektiva werden durch Suffigierung sekundäre Imperfektiva mit derselben Bedeutung gebildet, z.B. von ipf. *počítat* 'rechnen' durch Präfigierung das pf. *vypočítat* 'ausrechnen, berechnen' und davon durch das Suffix *-áv-* das sekundäre Ipf. *vypočítávat*; somit entsteht ein sog. derivatives Aspektpaar (vgl. oben unter 4.). Theoretisch ist die tschech. Wortbildung vorbildlich von M. Dokulil (1962) untersucht worden. Das alte bohemistische Desideratum, die Beschreibung der Verbderivation, ist endlich im ersten Band der Akademie-Grammatik (Mluvnice češtiny I, 1986, 386-430) eingehend behandelt worden. Die Komposition als Wortbildungsvorgang ist im Tschech. relativ selten.

6. Zur Syntax

Die Syntax ist sowohl deskriptiv (Šmilauer ³1969), als auch funktionell nach der Prager Schule auf hohem Niveau und anregungsvoll bearbeitet (Kopečný ²1962; Grepl, Karlík ²1986, dieselben neu in Příruční mluvnice češtiny ²1996; Daneš, Hlavsa u.a. in Mluvnice češtiny III, 1987, hier als sog. Valenzsyntax, übersichtlich von Hrbáček in Čechová u.a. 1996 dargeboten). Das zweigliedrige Satzgrundschema, das durch strenge Kongruenzregeln die Prädikation realisiert, erlaubt fast keine Abweichungen – nur das Personalpronomen in Subjektfunktion wird weggelassen (*Pracovali jsme* 'Wir haben gearbeitet', *Prší* 'Es regnet'); eingliedrige Sätze sind sehr selten, sie beschränken sich auf Titel und Aufrufe. Beim nominalen Prädikat muß eine Kopula stehen (*Je nemocen* 'Er ist krank', russ. dagegen: Он болен). In der Formensyntax sind vor allem folgende Unterschiede zu beachten: die zusammengesetzten Passivformen sind außerhalb des Fachstils selten, sie werden umschrieben oder durch das reflexive Passiv (nur 3.Pers.) ersetzt. Nominale Partizip- und Infinitivkonstruktionen sind der tschechischen syntaktischen Struktur fremd (außer dem Infinitiv nach Modalverben), sie müssen durch Nebensätze ausgedrückt werden; die wenig frequentierten Transgressive findet man nur in schriftlichen Äußerungen (in den letzten Jahren kommen sie neuerlich in der gehobenen Rede vor). Bei der Satznegation wird durch das Präfix *ne-* beim Verb die Prädikation negiert, wobei alle Pronomina und indefiniten Adverbia zu Negativa transformiert werden müssen – die sog. doppelte Negation (*Nikdo nic neslyšel* 'Niemand hat etwas gehört'; vgl. statt *nic* russ. *ничего* im entsprechenden Satz – im Tschech. gibt es einen Genitiv der Negation nicht mehr). Die Wortfolge ist nur sehr schwach grammatikalisiert, aber nicht frei – sie richtet sich primär nach der sog. Thema-Rhema-Gliederung und ist somit imstande, satzsemantische Akzente zu setzen; Störungen der grammatikalisch bedingten Stellung der Satzglieder, insbesondere des Attributs, bringen stilistische Markierungen (vgl. z.B. die markierte Postposition des kongruenten Attributs in Máchas „Máj": *Jezero hladké v křovích stinných/ ... a slunce jasná světů jiných/* – 'Der See, glatt im Schatten der Büsche/ ... und helle Sonnen andrer Welten/'). Ihren festen Platz im sog. Akzentschatten, d.h. nach dem ersten betonten Ausdruck im Satz, haben die Enklitika (Formen von *být*, reflexives *se, si*, die Kurzformen der Personalpronomina *mi, ti, ji, mě, tě*, u.a.).

7. Zum Wortschatz

In der Nachkriegszeit entwickelte sich der Wortschatz rasch. In den Jahrzehnten des 'realen Sozialismus' gab es einige Lehnübernahmen aus dem Russischen, z.B. *pětiletka* 'Fünfjahrplan', außerdem viele internationale Ausdrücke wie *televize, reaktor*, usw.; es entstanden entweder nur neue Wortbedeutungen (*výbor* 'Ortsverwaltung'), oder die politisch umgewerteten Begriffsinhalte änderten die Grundbedeutung (*závazek* 'freiwillig übernommene Arbeitsverpflichtung'), oder es wurden ganz neue Lexeme deriviert (*svazák, straník* 'Mitglied der Jugendorganisation, Mitglied der kommunistischen Partei'). Nach der politischen Wende 1989 verbreiteten sich unzählige Anglo-Amerikanismen (*marketink, brífink, dýler* u.a.), manche älteren Ausdrücke kamen erneut in Gebrauch (*starosta* 'Bürgermeister', *hasič* 'Feuerwehrmann' anstatt der realsozialistischen Neuschöpfung *požárník, finanční úřad* 'Finanzamt', u.a.), es entstanden neue Benennungen (auffällig sind verbale Denominativa wie *zohlednit* 'berücksichtigen', *zprůchodnit* 'durchgängig, zugänglich machen'), vor allem Fachausdrücke, meist durch Derivieren wie *ovladač* 'Driver', *formátovat* 'formatieren', durch Zweiwortbenennungen wie *pevný disk* 'Festplatte', oder als (manchmal hybride) Komposita wie *ekoprostředí* 'ökologische Umwelt', *fotosazba* 'Photosatz'. Beachtlich ist die ständig steigende Anzahl der aus der Umgangssprache in die Hochsprache gehobenen Wörter (häufig Univerbierungen wie *škodovka* 'Škodawagen', *tenisky* 'Tennis-, Leinenschuhe', *spacák* 'Schlafsack'), sie behalten die stilistische Markierung *hovorové* 'alltagssprachlich' meist lange.

Das Tschechische

8. Die Existenzformen des Tschechischen (Funktionalstile, Gemeintschechisch, Dialekte, Slangs)

Die einzelnen Existenzformen (Varietäten) der tschech. Nationalsprache, die auf Grund von verschiedenartigen funktionalen, sozialen und territorialen Anwendungsbereichen in der Kommunikation im Lauf der Geschichte entstanden sind, bilden ein Makrosystem mit der Hauptgliederung in hochsprachliche und nichthochsprachliche Existenzformen (neuere Werke gliedern in Standard- und Substandardformen, z.B. Příruční mluvnice češtiny 1995):

Hochsprachliche (Standard-) Existenzformen:
Hochsprache (*spisovný jazyk*) in der geschriebenen (*psaný*) und gesprochenen (*mluvený*) Form und in den Funktionalstilen:

Künstlerischer Stil (*umělecký styl*)
Fachstil (*odborný styl*)
Publizistischer Stil (*publicistický styl*)
Alltagssprachlicher Stil (*hovorový styl*)

Nichthochsprachliche (Substandard-) Existenzformen:

Umgangssprache (*běžná mluva*)
Gemeintschechisch (*obecná čeština*)
(territoriale) Dialekte (*nářečí*)
Soziolekte (*slang, argot*)

Die Hoch- bzw. Standardsprache (*spisovná čeština*) – entstanden im Hochmittelalter auf der Basis des zentralböhmischen (Kultur)Dialekts – dient in ihrer allgemein kommunikativen, fachtheoretischen und künstlerischen Funktion (durch neutrale und funktionalstil-spezifische, markierte Sprachmittel) zur Verständigung der ganzen Nation. Sie ist in ihrem grammatikalischen Bau relativ stabil (in ihrem *hovorový styl* jedoch dem Druck einiger einfacherer Formen des Gemeintschechischen ausgesetzt). Der Gebrauch von Mitteln, die als 'gehoben' (*knižní*) bzw. 'alltagssprachlich, kolloquial' (*hovorový*) markiert sind, kennzeichnet Äußerungen im 'höheren' (*vyšší*) bzw. 'niederen' (*nižší*) Standard; diese Differenzierung wird in der heutigen Kommunikation erneut betont und gewinnt an Relevanz. Sie wird auch innerhalb des publizistischen und künstlerischen Stils gebraucht. Die Sprache der heutigen schönen Literatur kennzeichnet das postmoderne Kombinationsspiel mit neutralen und markierten Sprachmitteln, meist werden Standard- und Substandardmittel im unmittelbaren Nebeneinander kontrastiert (z.B. J. Topol, M. Viewegh u.a.).

Die Umgangssprache (*běžná mluva*, in einigen früheren Fachpublikationen mißverständlich auch *hovorová čeština* genannt) ist an den inoffiziellen, spontanen Sprachverkehr gebunden; sie ist überregional in ihrer Tendenz, Elemente des lokalen Interdialekts bzw. der Stadtsprache und des Gemeintschechischen zu integrieren, ihr Usus ist sehr dynamisch und noch nicht formiert. Stärker ausgeprägt ist sie zuerst in Mähren, auch als Absonderung vom Prager bzw. böhmischen Gemeintschechisch.

Das Gemeintschechische (*obecná čeština*) ist heute in ganz Böhmen und im (westlichen) Teil Mährens die Konversationssprache des Alltags; charakteristisch ist *ý > ej* (*mladej* 'jung'), *é > í* (*mlíko* 'Milch'), *-ma* im Instr.Pl. (*s pánama, ženama, městama* 'mit den Herrn, Frauen, Städten').

Die Dialekte sind gegenwärtig in Böhmen fast nivelliert, in mährischen ländlichen Gegenden aber immer noch vorhanden. Die böhmischen Dialekte werden heute vom zentralböhmischen Interdialekt *obecná čeština* 'Gemeintschechisch' überdeckt, bis auf kleine Reste im S und SW (Daudleber- und Taus-Mundart). Die mährischen Dialekte bilden drei Hauptgruppen: die zentralmährische (hanakische), die SO-Gruppe (mährisch-slovakische) und die NO-Gruppe (lachische). Als Hauptmerkmal aller drei gilt die nur beschränkt oder gar nicht durchgeführte alttschechische Lautänderung *'a/ä > ě*; z.B. *slepica* 'Henne' (statt standardsprachlich *slepice*). Die hanakische Gruppe ist durch *ó, é* (*< ou, ý; hlópé < hloupý* 'dumm') charakterisiert, die mährisch-slovakische hat in diesen Stellungen *ú, ý* (*hlúpý*), die lachische *u, y* (*hłupy*) – also keine Vokalquantität, und die Betonung liegt in der lachischen Gruppe wie im benachbarten Polnisch auf der Pänultima.

Soziolekte, Slangs und Argot werden durch berufsspezifische, oft neu gebildete Lexik und Phraseologie geprägt, als grammatikalischer Unterbau wird das Gemeintschechische benutzt. In den letzten Jahren entfalten sich ein Slang in der Computerbranche und ein Argot der Drogenszene.

9. Zur Geschichte des Tschechischen

Die Ausgliederung des Tschechischen aus dem Späturslavischen, die im 9. Jh. begann, wurde mit dem Abbau der Jerlaute Ende des 10. Jh. abgeschlossen.

Periodisierung: Urtschechisch (Ende 10. Jh. bis Mitte des 12. Jh.); Alttschechisch (ab Mitte 12. Jh. bis 15. Jh.); Mitteltschechisch (16.-18. Jh.); Neutschechisch (19., 20. Jh.).

Die urtschechische Phase ist nur durch Namen und Glossen in lateinischen Texten und Rekonstruktionen anhand von Bohemismen der kirchenslavischen Texte bezeugt, kontinuierliche tschech. Texte gibt es seit der zweiten Hälfte des 13. Jh.

Im Gegensatz zum vollständigen Umbau des tschech. phonologischen Systems (vgl. oben unter 3., zur historischen Lautlehre) erfolgten in der Morphologie nur wenige und relativ geringe Änderungen. In der Deklination stellt der Untergang der alten, jeden semantischen Hintergrund verlierenden Stamm-Deklinationstypen und der Umbau der alttschechischen Paradigmen nach dem Genusprinzip die Hauptentwicklungslinie dar. Mit der Stärkung der Kategorie der Belebtheit kommt es zur Ausbildung der Gen./Akk.-Form und zur weiteren Differenzierung der Kasusformen besonders im Pl. (Akk./ Nom.-Form bei den Unbelebten, also *potoky* 'Bäche' anstatt des älteren *potoci*, u.a.). Der Numerus besaß bis ins 15. Jh. noch die Dualformen. In der Konjugation wurde das System der Vergangenheitsformen um das Jahr 1400 vereinfacht – die einfachen Zeiten Aorist und Imperfekt wurden (unter dem Einfluß des sich grammatikalisierenden Verbalaspekts) beseitigt. Die Lautveränderungen führten zur Verwendung der 1. Sg.-Endung -*m* in der 4. und 5. Verbalklasse und zu Verschiebungen der Konjugationstypen; die meisten gab es zwischen der 3. aksl. Klasse (-*je*-/-*jǫ*) und der 5. alttsch. (*dělajǫ* > alttschech. *dělaju* > *dělám* 'ich mache'), später auch aus der unproduktiven tschechischen 1. in die 2. (damals produktive) und in die bis heute produktive 5. Klasse (Übersicht bei Lamprecht, Šlosar, Bauer 1986, 202f.). Die Dualformen gingen im 15. Jh. verloren.

Die Syntax war im 14., 15. Jh. noch nicht stabilisiert, es herrschte große Mannigfaltigkeit an Satztypen, die Bindewörter waren noch nicht grammatikalisiert, es etablierte sich die doppelte Satznegation. Rasch entwickelte sich die Hypotaxe, die Nominalanwendung der Part. (*činil sě neslyšě* 'er stellte sich nicht hörend') wurde eingeschränkt, unter dem Einfluß des Lateinischen wurden die periphrastischen Passivformen in den heutigen Bedeutungen sukzessive ab dem 16. Jh. eingeführt. Die langsame Herausbildung der Satztypen mit entsprechenden Bindepartikeln begann erst mit dem 16. Jh.

Der Wortschatz wurde seit dem 14. Jh. ausgiebig bereichert. Die religiösen Termini wurden meist noch früher aus dem Altkirchenslavischen übernommen, die Terminologie der feudalen Gesellschaftsordnung stammte überwiegend aus dem Deutschen. Neugebildete tschechische Ausdrücke verwendeten die Rechtssprache, Philosophie und Wissenschaft (zusammengestellt in Klarets lat.-tschech. Wörterbüchern; 14. Jh.). Die seit dem Ende des 13. Jh. immer mehr aufblühende Literatur brachte eine Präzisierung der Wortbedeutungen, zahlreiche neue Synonyma und Abstrakta. In der hussitischen Zeit wurde die bis dahin immer ein wenig exklusive Kultursprache durch Übernahme vieler Volksausdrücke demokratisiert. Der Humanismus erweiterte den Wortschatz um viele Fremd- und Lehnwörter, worauf der Purismus der Barockzeit reagierte. Erst die Zeit der nationalen Erneuerung (*obrození*) im 19. Jh. stellte die Ausgewogenheit wieder her.

Als alte Kultursprache beeinflußte das Tschechische vor allem das Polnische, Sorbische und Slovakische.

Die Entwicklung des Tschechischen – in der Vergangenheit auf verschiedenen Ebenen teilweise geprägt durch die Prestigesprache Latein und die Konkurrenzsprache Deutsch – wird in Zukunft wohl stärker

Das Tschechische
unter den Einfluß des Englischen und europäischer sprachlicher Integrationsprozesse geraten.

10. Literaturangaben

Balhar, J., u.a. 1992-1995. *Český jazykový atlas*. Bd. 1.2. Praha. (Bde 3.-5. in Vorbereitung.)
Bečka, J.V. [3]1982. *Slovník synonym a frazeologismů*. Praha.
— 1992. *Česká stylistika*. Praha.
Bělič, J. 1972. *Nástin české dialektologie*. Praha. (Mit Karten.)
— A. Kamiš, K. Kučera. 1978. *Malý staročeský slovník*. Praha.
Čechová, M., u.a. 1996. *Čeština – řeč a jazyk*. Praha. (Hochschullehrbuch.)
Čermák, F., u.a. (Hrsg.) 1983. 1988. 1994. *Slovník české frazeologie a idiomatiky*. Praha. Bde: *Přirovnání*; *Výrazy neslovesné*; *Výrazy slovesné* 1, 2 (mit dt., engl., franz., russ. Äquivalenten).
Chloupek, B., u.a 1991. *Stylistika češtiny*. Praha.
Čmejrková, S., F. Daneš u.a. 1996. *Čeština, jak ji znáte a neznáte*. Praha.
Daneš, F., Z. Hlavsa u.a. 1981. *Větné vzorce v češtině*. Praha.
— u.a. 1997. *Český jazyk na přelomu tisíciletí*. Praha.
Dokulil, M. 1962. *Tvoření slov v češtině*. Bd. 1: *Teorie odvozování slov*. Praha.
Filipec, J., F. Čermák. 1985. *Česká lexikologie*. Praha.
— F. Daneš (Hrsg.). [2]1994. *Slovník spisovné češtiny pro školu a veřejnost*. Praha.
Fischer, R. 1970. *Tschechische Grammatik. Leitfaden zur Einführung in die tschechische Sprache*. München.
Frei. B. 1997. 1998. *Tschechisch gründlich und systematisch. Ein Lehrbuch*. Bd. 1-2. München.
Gebauer, J. 1894. 1896. 1898. 1929. *Historická mluvnice jazyka českého*. Bd. 1: *Hláskosloví*, Praha, Wien [2]1963 (mit strukturalistischer Studie von M. Komárek, Gebauerovo historické hláskosloví ve světle dalšího bádání); Bd. 3/1: *Tvarosloví, Skloňování*, Praha, Wien [2]1960; Bd. 3/2: *Tvarosloví, Časování*, Praha [3]1958; Bd. 4: *Skladba*, bearbeitet von F. Trávníček. Praha.
— 1903-16. *Slovník staročeský*. Bd. 1-2 (A-N). Praha [2]1970.
Grepl, M., P. Karlík. 1986. *Skladba spisovné češtiny*. Praha.
Havránek, B. 1936. *Vývoj spisovného jazyka českého*. Praha (Reihe: Čs. vlastivěda), als Skriptum, bibliographisch aktualisiert von J. Porák. Praha (Univ. Karlova) 1979.
—, A. Jedlička. [5]1986. *Česká mluvnice*. Praha. (Normative Grammatik.)
—, — [25]1996. *Stručná mluvnice česká*. Praha. (Normative Schulgrammatik.)
— I. Němec (Hrsg.). 1968-. *Staročeský slovník* (N-P).
Hosák, L., R. Šrámek. 1968. 1980. *Místní jména na Moravě a v Slezsku*. Bd. 1-2. Praha.
Hrbáček, J. 1994. *Nárys textové syntaxe spisovné češtiny*. Praha.
Hronek, J. 1972. *Obecná čeština*. Praha.
Karlík, P., Z. Rusínová, u.a. 1995. *Příruční mluvnice češtiny*. Praha [2]1996.
Knappová, M. 1992. *Příjmení v současné češtině*. Liberec.
Komárek, M. 1958. *Historická mluvnice česká*. Bd. 1: *Hláskosloví*. Praha [2]1962.
Kopečný, F. 1958. *Základy české skladby*. Praha [2]1962.
— 1962. *Slovesný vid v češtině*. Praha.
— 1974. *Průvodce našimi jmény*. Praha.
Kučera, H. 1961. *The phonology of Czech*. 's-Gravenhage.

Lamprecht, A., D. Šlosar, J. Bauer. 1986. *Historická mluvnice češtiny.* Praha.
Machek, V. 1957. *Etymologický slovník jazyka českého.* Praha ²1968 (ND 1995).
Mathesius, V. 1992. *Jazyk, kultura a slovesnost.* Praha.
Němec, I. 1968. *Vývojové postupy české slovní zásoby.* Praha.
Palková, Z. 1994. *Fonetika a fonologie češtiny.* Praha.
Petr, J. (Red.), K. Horálek, F. Daneš, u.a. 1986-87. *Mluvnice češtiny.* 3 Bde. Praha. (Sog. Akademische Grammatik.)
Pravidla českého pravopisu. 1993. Praha. (Reform-Fassung, Schulausgabe; gültig nur mit „Dodatek" von 1994; akademische Ausgabe 1993.)
Příruční slovník jazyka českého. Bd. 1-8. Praha 1935-57.
Profous, A. 1947-1960. *Místní jména v Čechách.* Bd. I-V. Praha.
Siebenschein, H. 1968. *Česko-německý slovník.* Bd. 1-2. Praha. (Letzte Aufl. 1997.)
— 1970. *Německo-český slovník.* Bd. 1-2. Praha. (Letzte Aufl. 1997.)
Slavíčková, E. 1975. *Retrográdní morfematický slovník češtiny.* Praha.
Slovník spisovného jazyka českého. 1960-71. Bd. 1-4. Praha. (ND in 8 Bden 1989.)
Šmilauer, V. 1947. *Novočeská skladba.* Praha, ³1969.
— 1971. *Novočeské tvoření slov.* Praha.
Spisovná čeština a jazyková kultura. 1995. Bd. 1-2. Praha.
Spisovnost a nespisovnost dnes. 1996. Brno.
Vachek, J., 1968. *Dynamika fonologického systému současné spisovné češtiny.* Praha.
Vintr, J. 1982. *Einführung in das Studium des Tschechischen.* München. (Erweiterte Neuauflage in Vorbereitung).
— 1994. *Tschechische Grammatik.* Wien.

Das Slovakische

von
Josef Vintr

1. Einführung

Das Slovakische (*slovenčina*) gehört zur tschecho-slovakischen Untergruppe der westslavischen Sprachen. Die nächstverwandte Sprache ist das Tschechische. Tschechen und Slovaken verstehen sich gegenseitig, ohne daß sie die jeweils andere Sprache erst lernen müssen; mit der in der Nachkriegszeit programmatischen Wortschatzerweiterung ergeben sich aber zwischen Tschechen und Slovaken insbesondere in Fachsprachen zunehmende Verständigungsprobleme. Slovakisch sprechen etwa 5 Mio. Einwohner der Slovakischen Republik, die nach der Trennung von der Tschechoslovakei ab 1993 einen selbständigen Staat bildet; zusätzlich existiert eine Volksgruppe der Ungarn und der Roma mit jeweils mehreren hunderttausend Sprechern. Im Ausland leben ca. 1 Mio. slovakischer Auswanderer (vor allem Nordamerika), in Tschechien mehrere tausend, kleinere slovakische Sprechergruppen gibt es in Ungarn und Serbien (Banat, Bačka). Die slovakische Standardsprache, die erst um die Mitte des 19. Jh. konstituiert wurde, weist eine unkomplizierte Morphologie und im lautlichen Bereich (im Vergleich zum Tschechischen) konservative (und z.T. sogar südslavische) Züge auf.

2. Alphabet, Orthographie, Aussprache

Die Schrift ist eine angepaßte Lateinschrift mit einigen Diakritika (Strich für die Vokallänge, Haček für die konsonantische Palatalität; zusätzlich gibt es ein umgekehrtes Häkchen (*vokáň*) zur Bezeichnung des Diphthongs ô [u̯o]). Die Digraphen dz, dž, ch bezeichnen jeweils nur einen Laut [ʒ, ǯ, x]; die Laute r, l gibt es kurz und lang (falls silbenbildend), die Länge wird durch einen Strich wie bei Vokalen bezeichnet: ŕ, ĺ; der Apostroph beim Buchstaben ľ bezeichnet seine Weichheit (auch bei ď, ť). Die slovak. Schrift ist nach dem phonetisch-etymologischen Prinzip aufgebaut und weist im einzelnen folgende Grapheme auf:

Aa	Dz/dz	Ii	Nn	Ŕŕ	Ww
Áá	Dž/dž	Íí	Ňň	Ss	Xx
Ää	Ee	Jj	Oo	Šš	Yy
Bb	Éé	Kk	Óó	Tt	Ýý
Cc	Ff	Ll	Ôô	Ťť	Zz
Čč	Gg	Ĺĺ	Pp	Uu	Žž
Dd	Hh	Ľľ	Qq	Úú	
Ďď	Ch/ch	Mm	Rr	Vv	

Die Weichheit der Konsonanten *d, t, n* und des Sonanten *l* wird nicht in allen Positionen graphisch durch ein d', t', ň, l' gekennzeichnet (vgl. unten). Die Graphen Qq, Ww, Xx kommen nur in Wörtern fremden Ursprungs vor. Die Orthographieregeln sind in den „Pravidlá slovenského pravopisu" ('Regeln der slovakischen Rechtschreibung') kodifiziert; gültig sind die Ausgaben nach der letzten Orthographiereform im Jahr 1991 (neu geregelt wurde die Schreibweise von Großbuchstaben in Mehrwort-Benennungen und von Fremdwörtern, z.T. die Interpunktion).

Die Aussprache. Die Vokale werden nicht reduziert, die Diphthonge einsilbig ausgesprochen. Das ä kommt nur nach p, b, m, v vor und kann zweifach artikuliert werden: die üblichere Aussprache ist [æ], in der Westslovakei aber oft auch [e] (z.B. *pät'* [pæt'/pet'] 'fünf'). Die Buchstaben i, y bzw. í, ý bezeichnen nur einen Laut [i] bzw. [i:]. Falls zwei Längen in einem Wort nebeneinander zu stehen kämen, wird eine nach dem sog. rhythmischen Gesetz gekürzt: Zwei lange Silben können nicht aufeinander folgen (*krásny* [kra:sni]: *krásneho* [kra:sneho] 'der schöne – des schönen', dagegen tschech. *krásný* : *krásného*). Als lange Vokale fungieren auch die langen silbenbildenden Sonanten ŕ, ĺ (*tĺct'* [tl:ct'] 'schlagen'; *vŕba* [vr:ba] 'Weide'). Die paarigen stimmhaft/stimmlosen Konsonanten unterliegen der regressiven Stimmtonassimilation, z.B. *kde* 'wo' wird [gd'e] artikuliert, *hádka* 'Streit' als [ha:tka] u.ä; assimiliert werden auch die Stimmlosen vor den Sonanten, z.B. *s matkou* 'mit der Mutter' als [zmatkou], *s radost'ou* 'mit Freude' als [zradost'ou]; das v wird am Silbenende vor einem Konsonanten oder im Wortauslaut bilabial ausgesprochen (*pravda* [pra̯uda] 'Wahrheit', *krv* [kr̥ṷ] 'Blut'). Das weiche *l'* wird wie das italienische -gl- artikuliert. Häufiger als im Tschechischen sind die Palatalen *d', t', ň* – sie werden vor den weichen Vokalen *i, í, e* und den Diphthongen *ia, iu, ie* gesprochen, jedoch graphisch nicht gekennzeichnet (*divadlo* [d'ivadlo] 'Theater', *vysvedčenie* [visvečeňie] 'Zeugnis'; dasselbe gilt für *l'*). Die Silben [d'e], [t'e], [ňe] werden im Gegensatz zum Tschechischen nur *de, te, ne* geschrieben (*deti* [d'et'i] 'Kinder', *telo* [t'elo] 'Körper', *nemý* [ňemi:] 'stumm').

3. Das Lautsystem (Phonologie, Morphonologie, Akzent)

Das Lautsystem besteht aus 12 bzw. 15 vokalischen (darunter auch monophonematische Diphthonge), 20 konsonantischen und 7 sonantischen Phonemen, wobei die Sonanten *r, l* (samt ihren langen Varianten) silbenbildend sein können. Das phonologische System des modernen Slovak. läßt sich durch das Modell auf der folgenden Seite darstellen (die Ebene der Vokale und die Ebene der Konsonanten sind um die Achse der Sonanten symmetrisch angeordnet, die Spiegelung bei Vokalen und Konsonanten reflektiert die dominanten Korrelationen:

die der Quantität und die der Stimmbeteiligung; vgl. hierzu auch die Darstellung des tschech. phonologischen Systems).
Die slovakischen Vokale bilden ein Viereck. Diskutiert wurde die Stellung des /æ/, der langen Vokale und der Diphthonge. Das Phonem /æ/ wird nur bei hochkultivierter Aussprache und als Merkmal des höheren Stils (also als eine stilistische Variante) gebraucht, meist nur von älteren Sprechern; seine Systemstellung ist deshalb geschwächt. Die langen Vokale /e:/ und besonders /o:/ kommen nicht häufig vor (deswegen in unserem Schema in runden Klammern), so daß man aus funktioneller Sicht (und aus morphologischen Gründen) die Diphthonge als monophonematische Lautverbindungen (Ďurovič 1973) in das Viereck langer Vokale einordnen kann (Pauliny 1979, 131,132 interpretiert die Diphthonge noch biphonematisch; 1981, 224-226 legt er sich nicht mehr fest und läßt indirekt die monophonematische Interpretation zu).

Ebene der Vokale

niedrig	/ia/			/a:/	
mittel	(/e:/)	/ie/		/ô:/ (/o:/)	lang
hoch	/r̥:/ /l̥:/	/i:/		/u:/ (/iu/)	
Sonantenachse —>					<—
hoch	/r̥/ /l̥/	/i/		/u/	
mittel		/e/		/o/	kurz
niedrig		/æ/		/a/	
	vorne			hinten	

Ebene der Konsonanten

nicht kontinuierlich	/d/	/d'/	/g/	/b/	
kontinuierlich	/ʒ/	/ʒ́/			stimmhaft
	/z/	/ž/	/h/	/v/	
Sonantenachse —>	/r/ /n/ /l/	/ň/ /ľ/ /j/		/m/	<—
kontinuierlich	/s/	/š/	/ch/	/f/	
nicht kontinuierlich	/c/	/č/			stimmlos
	/t/	/t'/	/k/	/p/	
	alveolar	palatal	velar	labial	

Bei den Sonanten – einer Übergangsgruppe zwischen Konsonanten und Vokalen (je nach Stellung in der Silbe in konsonantischer oder vokalischer Funktion) – ist das /j/ geschwächt, das eine starke Tendenz zur Verschmelzung mit /i/ aufweist. Die silbischen Varianten /r̥/, /l̥/, /r̥:/, /l̥:/ sind stabil, deutlich abgegrenzt ist die Stellung des relativ häufigen palatalen /ľ/.
Das Subsystem der Konsonanten ist in seinen Hauptkorrelationen (der Stimmbeteiligung, der Kontinuierlichkeit und der Palatalität) stabil und symmetrisch verteilt und verankert. Als Rest der Bilabialität des /v/ ist seine positionelle Variante [u̯] zu bewerten (realisiert vor einem Konsonanten oder im Wortauslaut, vgl. oben). Auffällig ist das Vorhandensein der (späturslavischen) Phoneme /ʒ/ und /ʒ́/; /g/ und /f/

kommen meist in Wörtern fremder oder onomatopoetischer Herkunft vor (*grajciar* 'Kreuzer', *gagotat'* 'schnattern', *fašiangy* 'Fasching'), hoch ist die Frequenz der Palatalen /ď, ť, ň/.

Morphonologische Lautveränderungen. In Flexion und Derivation gibt es Alternationen eines Stammvokals oder eines Stammkonsonanten. Bei den Vokalen alterniert meist die Quantität (*mráz* 'Frost' : *mrazu* Gen.Sg., *stôl* 'Tisch' : *stola* Gen.Sg., *hlas* 'Stimme' : *hlások* Dem.), die Konsonanten werden palatalisiert (*hniezdo* 'Nest' : *v hniezde* [-ď e] 'im Nest', *žena* 'Frau' : *žene* [-ňe] 'der Frau', *vysoký* 'hoch': *výšina* 'Höhe', *ruka* 'Hand' : *rúčka* Dem., u.a.); die konsonantischen Alternationen h/z, ch/s, k/c (vor dem urslav. *i, ě*) gibt es, im Unterschied zum Tschechischen, nur vor dem *i*, d.h. im Nom.Pl. (*Čech* 'Tscheche' : *Česi*, *vlk* 'Wolf' : *vlci*), vor dem *e* bleiben im Slovak. h, ch, k unverändert (*noha* 'Fuß' – *nohe* Dat.Sg. *mucha* 'Fliege' – *muche* Dat.Sg., *ruka* 'Hand' – *ruke* Dat.Sg.; tschechisch dagegen im Dat.Sg. *noze, mouše, ruce*).

Der Wortakzent ist im Slovak. stabil auf der ersten Wortsilbe, in Präpositionalfügungen auf einsilbigen Präpositionen (z.B. 'na hlave 'am Kopf'). Die Enklitika (Formen von *byť*, reflexives *sa, si*, Kurzformen der Pronomina wie *mi, ti, mu, ho, ma, ť a*) stehen nach dem ersten betonten Ausdruck im Satz; falls keine Enklitika folgen, sind auch die Konjunktionen *keď, že* 'wenn, daß' ohne Akzent.

Aus der historischen Lautlehre. Das phonologische System der mittelslovakischen Mundartengruppe, die im 19. Jh. als Grundlage der modernen slovak. Standardsprache herangezogen wurde, besaß schon im Rahmen des Späturslavischen einige charakteristische Merkmale (die west- und vorerst auch die ostslovakischen Dialekte standen den tschechischen näher, vgl. Horálek 1971), z.B. *ra-, la-* (*ražeň* 'Rost', *laket'* 'Ellbogen'; tschech. dagegen *ro-, lo-*), *dz < dj* (*hádzať* 'werfen', alttschech. *házěti*) u.a., typisch ist der mehrfache Ersatz der Jerlaute durch *e, o* oder *a* (evtl. auch lang). Diese Besonderheiten bei der Vokalisierung der Jerlaute, die Abweichungen in der Quantität durch das rhythmische Gesetz und dadurch auch die Schwächung der vokalischen Quantitätskorrelation, die nicht durchgeführten Umlaute 'a > ě (slovak. *duša* 'Seele', *držať* 'halten'), 'u > i (Akk.Sg.: *dušu*), die Beibehaltung der Diphthonge *ie, uo* (*hriech* 'Sünde', *kôň* 'Pferd'), die Nicht-Diphthongierung des *ú* (*múka* 'Mehl', tschech. *mouka*), die Bewahrung der langen silbischen *ŕ, ĺ*, die Depalatalisierung des *r' > r* u.a. differenzieren die alte zentralslovakische Mundart von der nächststehenden slavischen Sprache – dem Alttschechischen (vor den alttsch. Umlauten, Monophthongierungen und Diphthongierungen standen sich allerdings die slovak. und alttschech. Lautsysteme sehr nahe), aber auch das heutige slovak. phonologische System vom tschechischen und verleihen ihm – aus dieser Sicht – archaische Züge. Dazu kommen noch einige südslavische Züge (*ch > š* u.a., vgl. unter 8.) Die Entwicklung der slovak. Dialekte zeigt einige mit den alttschechischen fast parallel verlaufende Änderungen des Konsonantismus (g > γ > h, Entpalatalisierungen und besonders Abbau der konsonantischen Palatalisierungskorrelation im 14.-15. Jh., vgl. Pauliny 1963, 233). Der anschließende Integrationsvorgang in Richtung eines Kulturdialekts führt im 18. Jh. zu den ersten Versuchen, eine gesamtnationale Schriftsprache (insbesondere durch A. Bernolák und auf westslovakischer Grundlage) einzuführen.

4. Flexionsmorphologie

Sowohl in der Derivation als auch in der Flexion verfügt das Slovakische als eine flektierende Sprache über ein breites Inventar von Morphemen. Die Flexion weist, im Vergleich zur tschechischen, eine einfachere Struktur der Deklinations- und Konjugationsparadigmen auf. Die Nomina werden nach drei Deklinationsarten abgewandelt: der nominalen (Substantive, einige Numeralia, Reste adjektivischer Nominalformen), der pronominalen (Pronomina, Numeralia) und der zusammengesetzten (Adjektive, einige Pronomina). Das Formensystem des Verbs ist trotz der Unifizierungstendenzen distinktiv und klar gegliedert.

4.1. Das Substantiv

Das Formensystem der slovak. substantivischen Deklination ist einfacher als das tschechische, auch die Anzahl der Deklinationstypen ist geringer. In der slovak. Deklination gibt es keine besonderen Vokativformen (auch in der Anrede gibt es nur Nominative, z.B. *mamička moja!* 'du meine Mutter!', *drahý priateľ!* 'lieber Freund!'); die Instrumentalendungen *-om*, *-ou* sind nicht typisch westslawisch (-*ou* im Instrumental ist im Slovak. die einzig vorkommende Stellung und gleichzeitig ein Hinweis, daß es sich um ein Fem. handelt); bei den Belebten gibt es auch im Pl. die Gen./Akk.-Form (auf *-ov*, z.B. *vidí tých studentov* 'er sieht die Studenten'); die Feminina und Neutra haben im Pl. weitgehend unifizierte Endungen besonders im Dat.,Lok., Instr. (vgl. Tabelle). Die Unterschiede zwischen den harten und weichen Deklinationstypen sind gering (bei den belebten Maskulina treten überhaupt keine auf – es gibt keinen Typus *muž* 'Mann'), weil es nach weichen Konsonanten zu keinem Umlaut bei *-a*, *-u* kam (Gen. Sg. *muža/chlapa*, Dat.Sg. *stroju/dubu* usw., zu 'Mann/Kerl', 'Maschine/Eiche'; vgl. die Deklinationstabelle). Zu den produktiven Deklinationstypen gehören – nach Häufigkeit gereiht – *žena*, *dub*, *chlap*, *ulica*, nur ganz wenige werden nach *srdce* dekliniert. Die Deklination der Fremdwörter wird dem Slovak. angepaßt, manche – insbesondere Neutra wie *komuniké*, *safari* u.ä. – bleiben indeklinabel.

	Maskulina		Neutra		Feminina			
	belebt	unbelebt			konsonantisch		vokalisch	
Sg. N.	chlap	dub	stroj	mest-o	srdc-e	dlaň	kosť	ulic-a	žen-a
Gen.	-a	-a/-u	-a	-a	-a	-e	-i	-e	-y
Dat.	-ovi	-u	-u	-u	-u	-i	-i	-i	-e
Akk.	= G.	= N.	= N.	= N.	= N.	= N.	= N.	-u	-u
Lok.	-ovi	-e/-u	-i	-e/-u	-i	-i	-i	-i	-e
Instr.	-om	-om	-om	-om	-om	-ou	-ou	-ou	-ou
Pl. N.	-i/-ia	= A.	= A.	-á	-ia	-e	-i	-e	-y
Gen.	-ov	-ov	-ov	miest	sŕdc	-í	-í	ulíc	žien
Dat.	-om	-om	-om	-ám	-iam	-iam	-iam	-iam	-ám
Akk.	= G.	-y	-e	= N.	= N.	= N.	= N.	= N.	= N.
Lok.	-och	-och	-och	-ách	-iach	-iach	-iach	-iach	-ách
Instr.	-mi	-mi	-mi	-ami	-ami	-ami	-ami	-ami	-ami

Im Nom.Pl. haben die Belebten auf *-h, -ok*, die belebten Diminutiva auf *-ček, -čík, -ík* und Verwandtschaftsbezeichnungen die Endung *-ovia* (*druh* 'Gefährte' – *druhovia, chlapček* 'Bub' – *chlapčekovia, syn* 'Sohn' – *synovia*), die Belebten auf *-teľ, -an* die Endung *-ia* (*učiteľ* - 'Lehrer' – *učitelia, Slovan* 'Slave' – *Slovania*). Die auf *-a* auslautenden Maskulina enden im Gen.Sg. auf *-u*, im Nom.Pl. auf *-ovia*, im Instr.Pl. auf *-ami* (*hrdina* 'Held' – *hrdinu* Gen.Sg., *hrdinovia* Nom. Pl., *hrdinami* Instr.Pl.), in sonstigen Formen nach *chlap* (*hrdinovi* Dat.Lok.Sg., *hrdinov* Gen.Pl. usw.). Die sächlichen Bezeichnungen der Jungwesen werden nach dem Paradigma *dievča* 'Mädchen' dekliniert: die Sg.-Endungen sind gleich wie beim Paradigma *srdce*, die Pl.-Endungen gleich wie bei *mesto*, es wird jedoch in den indirekten Kasus des Sg. das weiche Infix *-aťˇ-* und in allen Kasus des Pl. das harte Infix *-at-* eingeschoben (*dievčaťa dievčaťu*, ... Gen.Dat.Sg., *dievčatá, dievčatám*, ... *dievčatami* Nom.Dat., ... Instr.Pl.). Die Neutra auf *-ie* werden nach *vysvedčenie* 'Zeugnis' dekliniert, wobei sie lange Vokale bzw. Diphthonge in Endungen aufweisen (*vysvedčenia vysvedčeniu o vysvedčení* Gen.Dat.Lok.Sg., *vysvedčení vysvedčeniam* Gen.Dat.Pl., usw.). Die Endung *-í* im Gen.Pl. haben im obigen Paradigma *srdce* einige Neutra wie *pole* 'Feld', *more* 'Meer' – *polí, morí*, und im Paradigma *ulica* einige Feminina wie *šatňa* 'Garderobe', *koža* 'Haut' – *šatní, koží*. Die Alternationen des Stammkonsonanten sind nicht allzu häufig (vgl. oben 3.), es herrscht eine ausgeprägte Tendenz zur Bewahrung der Stammform.

4.2. Das Adjektiv

Die Adjektive werden zusammengesetzt (und zwar aus den nominalen + pronominalen Endungen: *dobr-a-ja > dobrá*) mit Unterscheidung von harten (*pekný, -á, -é* 'der, die, das schöne') und weichen (*cudzí, -ia, -ie* 'der, die, das fremde') Paradigmen dekliniert:

	Maskulina	Neutra	Feminina
Sg. N.	pekný cudzí	pekné cudzie	pekná cudzia
Gen.	pekného cudzieho		peknej cudzej
Dat.	peknému cudziemu		peknej cudzej
Akk.	unbel. = Nom. belebt = Gen.	= Nom.	peknú cudziu
Lok.	peknom cudzom		peknej cudzej
Instr.	pekným cudzím		peknou cudzou
Pl. N.	unbel. pekné cudzie belebt pekní cudzí		
Gen.	pekných cudzích		
Dat.	pekným cudzím		
Akk.	unbel. = Nom. belebt = Gen.		
Lok.	pekných cudzích		
Instr.	peknými cudzími		

In der belebten Form des Nom.Pl. der harten Adjektive kommt es zu keiner Alternation der Stammkonsonanten *h, ch, k, d, t, n* vor dem *-í*, vgl. *drahí priatelia* 'teuere Freunde', *veľkí chlapi* 'große Männer', *bohatí* [-ti:] *ľudia* 'reiche Leute', *prísni* [-ni] (rhythmische Kürzung) *učitelia* 'strenge Lehrer'. Die nominale Deklinationsart (adjekt. Kurzformen) blieb nur in geringen, prädikativ gebrauchten Resten erhalten, z.B. *rád, rada, rado* 'gern', *dlžen, vinen* 'schuld, schuldig', *hoden* 'würdig'. Einige Nominalendungen (z.B. *otcov-i, otcov-e* im Nom. Pl.) nehmen die Possessivadjektive des Typs *otcov, matkin* 'des Vaters, der Mutter' an, vorwiegend werden sie jedoch zusammengesetzt dekliniert (*otcových* Gen.Pl., *otcovým* Dat.Pl. usw.); im Gen. und Dat.Sg. treten Pronominalendungen auf: *otcovho, otcovmu*.

Der Komparativ wird durch die Suffixe *-ší/-ejší*, der Superlativ durch Komparativpräfigierung mittels *naj-* gebildet. Alternationen sind selten (meist nur *z/ž*, z.B. *úzky – užší* 'eng – enger').

4.3. Das Pronomen

Die Personalpronomina *ja, ty, my, vy* 'ich, du, wir, ihr (in Anreden: Sie)' haben eine eigene Deklination, die bei *my, vy* der tschechischen gleich ist (bis auf das kurze *-a-* im Instr.: *nami, vami*), bei *ja* heißt es (abweichend) Gen.Akk. *mňa, ma*, bei *ty* Gen.Akk. *teba, ťa* und Dat. *tebe, ti*. Die Personalia *on, ona, ono* 'er, sie, es' (Pl. *oni, ony*, Gen. Dat.Akk.Pl. ohne *j-*, also *ich, im, ich*), die Possessiva *môj, tvoj, svoj, náš, váš* 'mein, dein, sein, unser, euer', die Demonstrativa *ten, tá, to* 'der, die, das' und die Interrogativa, Indefinita, Negativa *kto, čo, niekto, niečo, nikto, nič* 'wer, was, jemand, etwas, niemand, nichts' haben eine pronominale Deklination mit den typischen Endungen *-ho, -mu* (*jeho/od neho, môjho, nášho, čoho* Gen., *vášmu, čomu, ničomu* Dat., usw.), im Pl. aber vorwiegend Formen der zusammengesetzten Deklination: *tí, tých, tým*, usw. Bei Reflexivverben oder -formen steht das unveränderliche, aber im Satz (im Akzentschatten) bewegliche *sa, si*.

4.4. Das Zahlwort

Die Ordnungszahlwörter *prvý, druhý, tretí*, ... 'der erste, zweite, dritte, ...' werden adjektivisch nach *pekný* bzw. *cudzí* dekliniert, gleichfalls nach *pekný* auch das Grundzahlwort *jeden* 'einer' (*jedného, jednému*, ... Gen.Dat.). Pronominal werden die Zahlwörter *dve*, Mask. unbelebt *dva*, Mask. belebt *dvaja* 'zwei', *tri*, Mask. belebt *traja* 'drei' und *štyri*, Mask. belebt *štyria* 'vier' dekliniert: Gen. *dvoch, troch, štyroch*, Dat. *dvom trom štyrom*, usw., die alte Dualform gibt es im Instr. *dvoma* (neben *tromi* ist heute häufiger *troma*). Die Zahlwörter von fünf *päť* bis 99 bleiben meist undekliniert, nur die belebte Form *piati* 'fünf' (*šiesti* 'sechs', usw.) nimmt pronominale Pl.-Endungen an: Gen. *piatich*, Dat. *piatim* usw.

Nach den Zahlwörtern 1 bis 4 (und nach deklinierbaren belebten Formen *piati, šesti* ...) steht das gezählte Substantiv im Nom. (Sg. bzw. Pl.), nach *päť* und höheren im Gen.Pl., z.B. *traja muži* 'drei Männer', *päť žien* 'fünf Frauen', u.ä.

Die Zahlwörter *sto* 'hundert' und *tisíc* 'tausend' werden substantivisch nach *mesto* bzw. *stroj* dekliniert; in Verbindung mit Grundzahlwörtern bilden sie èin Wort und sind indeklinabel: *dvesto, tristo, päť-sto* '200', '300', '500', *tritisíc, osemtisíc* '3000', '8000'.

4.5. Das Verbum

Das slovak. Verb drückt in seinen Formen folgende grammatikalische Kategorien aus: Person, Numerus, Modus, Zeit, Genus verbi, Aspekt. Die Verben werden in fünf Konjugationsklassen nach dem Präsensstamm eingeteilt (s. folgende Seite; Präsensstamm = 3. Pers.Sg.; eine andere Einteilung nach dem Präsensstamm mit sieben Klassen, allerdings mit denselben Mustern wie unsere, bringt die slovakische normative Grammatik Pauliny, Ružička, Štolc 1968).

Die Unifizierungstendenz kommt deutlich im einzigen grammatikalischen Suffixmorph *-m* der 1. Person Sg. zum Ausdruck (vgl. dagegen die tschech. Formen; aufpassen muß man bei diesem Vergleich auf die Endung *-m* bei tschechischen Verben der ersten drei Klassen, die es als alltagssprachliche Variante zu *-me* für die 1. Pers.Pl. gibt, z.B. *nesem, tisknem, kupujem* 'wir tragen, drucken, kaufen'). Die Personalpronomina werden im Gegensatz zum Deutschen nicht als Bestandteil einer Verbform gebraucht (z.B. 'ich trage' heißt slovak. nur *nesiem*).

Verbklasse	3. Sg.	1. Sg.	3. Pl.	*l*-Form	Infinitiv	
I. (-ie)	ber-ie	-m	-ú	bral	brat'	'nehmen'
	nes-ie	-m	-ú	niesol	niest'	'tragen'
	tr-ie	-m	-ú	trel	triet'	'reiben'
	min-ie	-m	-ú	minul	minúť'	'vergehen'
II. (-e)	češ-e	-m	-ú	česal	česat'	'kämmen'
	padn-e	-m	-u	padol	padnúť'	'fallen'
	žn-e	-m	-ú	žal	žat'	'mähen'
III. (-je)	pracuj-e	-m	-ú	pracoval	pracovat'	'arbeiten'
	bij-e	-m	-ú	bil	bit'	'schlagen'
IV. (-í)	rob-í	-m	-ia	robil	robit'	'machen'
	vid-í	-m	-ia	videl	vidiet'	'sehen'
	drž-í	-m	-ia	držal	držat'	'halten'
V. (-á/-ie)	vol-á	-m	-ajú	volal	volat'	'rufen'
	rozum-ie	-m	-ejú	rozumel	rozumiet'	'verstehen'

Die Kategorie des Tempus wird im Präsens durch einfache, im Futur und Präteritum durch zusammengesetzte Formen (der imperfektiven Verben) konkretisiert (*volám, budem volat', volal som* 'ich rufe, ich werde rufen, ich rief/habe gerufen'). Der Transgressiv (er dient zum Ausdruck einer Nebenhandlung bei gleichem Subjekt) Präs. hat nur eine Form für Sg. und Pl. der Mask., Fem. und Neutra auf *-c* (*nesúc, robiac, volajúc* – ungefähr dt. 'tragend, tuend, rufend'), Transgressivformen der Vergangenheit gibt es nicht mehr. – Das Passiv hat im Slowakischen zusammengesetzte und reflexive Formen. Das Part.Pass. weist nicht die nominalen (*-n, -t*), sondern die adjektivischen Endungen *-ný, -tý* auf, die dann in der zusammengesetzten (periphrastischen) Passivform in Verbindung mit den *byt'*-Morphen erscheinen (*som česaný* 'ich werde gekämmt'); das periphrastische Passiv hat sich erst in diesem Jahrhundert verbreitet, vorwiegend im Fachstil und bei Perfektiva. Die reflexive Passivform, für die 3. Pers. mit *sa* gebildet, ist häufiger (*domy sa stavajú* 'die Häuser werden gebaut'; durch diese Form kann auch ein *man*-Satz übersetzt werden, z.B. 'Man sagt, daß ...' *Hovorí sa, že ...*). – Der Modus wird in Formen des Indikativs, Imperativs und Konditionals realisiert. Der Konditional wird aus dem Part.Prät. + *by* + Ind. Präs. von *byt'* gebildet (*niesol by som* 'ich würde tragen', *niesol by si* 'du würdest tragen' usw.); die Partikel *by* bleibt in allen Personen unverändert. – Die Kategorie des Aspekts umfaßt alle Verben, die eine imperfektive und eine perfektive Form haben (einige sind allerdings nur imperfektiv bzw. nur perfektiv, sog. imperfectiva bzw. perfectiva tantum) und ein Aspektpaar mit derselben lexikalischen Bedeutung bilden, z.B. *kúpit'/kupovat'* 'kaufen', *dat'/dávat'* 'geben' (im Verbpaar *robit'* – *zarobit'* 'arbeiten' – 'verdienen' ist das zweite Glied zwar auch perfektiv, besitzt aber durch das Präfix eine andere Bedeutung; vgl. 5). Die perfektive Aspektform drückt das Futur aus, d.h. die Perfektiva haben kein Präsens (*kúpim* 'ich werde kaufen'; das dt. 'ich kaufe' wird durch die imperfektive Form ausgedrückt: *kupujem*). Die deutsche Aktionsart (semantische Kategorie) darf man nicht mit dem Aspekt (grammatikalische Kategorie) verwechseln.

5. Zur Derivationsmorphologie

Die Wortbildung erfolgt meist durch Ableitung mit Hilfe von Suffixen, vor allem bei Nomina (*kup-ec* 'Käufer'), jedoch auch bei imperfektiven Verben (*kup-ova-t'* 'kaufen'), und evtl. von Präfixen – es entstehen aktionsartige Verbderivate, die dann perfektiv sind und sekundäre Imperfektiva bilden können wie z.B. *predat'* → *predávat'* 'verkaufen' oder auch Deverbativa (*východ* 'Ausgang'). Die Komposition kommt in der Alltagssprache seltener, in Fachsprachen (z.T. auch in der Kunstprosa) immer häufiger vor. Die häufigsten denominativen Suffixe sind *-ár/-iar*, *-ač*, *-tel'*, *-ič*, *-áreň*, *-dlo*, *-ový*, *-ný* (im Gegensatz zum Tschechischen gibt es keine Adjektive auf *-ní*), z.B. *lekár* 'Arzt', *lekáreň* 'Apotheke'; bei einigen Wortbildungstypen kommt es zu Alternationen (Basisauslaut auf harten und velaren Konsonanten und die besonderen Suffixe *-an*, *-ka*, z.B. *Čína – Číňan*, *Praha – Pražan*, *úradník* 'Beamter' – *úradníčka* 'Beamtin'). Reichlich ist das Inventar der emotionell markierten Suffixe, wie der diminutiven *-ček*, *-ka* (*-enka/-inka*), *-uša*, der augmentativen *-isko/-sko*, der expressiv-pejorativen *-áň*, *-úň*, *-oš*, *-áš*, u.a. Das produktivste verbale Suffix ist *-ova-*, produktiv sind auch die (meist denominativen) *-i-*Verben (*farbit'* 'färben', *kúrit'* 'heizen', u.ä.).

6. Zur Syntax

Die syntaktischen Strukturen des Slovak. wurden modern bereits in den 60ern beschrieben (Orlovský). Sie entsprechen im wesentlichen den tschech.; die Unterschiede sind dadurch entstanden, daß sich die junge slovak. Standardsprache mehr als das Tschechische an die Dialekte anlehnt. Dies äußert sich z.B. in der Verwendung einer größeren Anzahl verschiedener Partikeln (wie *čo*, *či* 'ob'; *-že*, *ho* emotionale Betonungspartikeln, u.a.), im Weglassen der Kopula bei verba sentiendi (*U nás takých ľudí nevídať* 'Bei uns sind solche Leute nicht zu sehen'), im Gebrauch des Relativpronomens *čo* als Bindewort in Attributivsätzen in der Bedeutung 'der, welcher', u.a. Bei der Objektrektion der Verba wird die Genitivrektion zugunsten der Akkusativrektion aufgegeben. Die ausgebaute Kongruenz weist einige Unterschiede zur tschechischen auf, z.B. bei der höflichen Anrede mit Hilfe der 2.Pers.Pl. (sog. *vykanie* 'Siezen') steht im Präteritum die *l*-Verbform im Plural: *Slečna, boli ste dnes v divadle?* 'Fräulein, waren Sie heute im Theater?' (tschech. im Sg: *Slečno, byla jste ...*). In den Passivsätzen wird das reflexive Passiv öfter verwendet als das zusammengesetzte. In den Verneinungssätzen bekommen nicht nur die Verben (durch Präfix *ne-*), sondern auch Pronomina und Adverbia eine negative Form (durch *ni-*), z.B. *Nepovedal som nikomu nič* 'Ich habe niemandem etwas gesagt'; die Verneinungsform der 3.Sg.Präs. von *byť* 'sein' als vollsemantisches Verb ist *niet, nieto*, als Kopula *nie je* (die Formen *neni, nejest* sind umgangssprachlich). Die Wortfolge richtet sich vor allem nach der Thema-Rhema-Gliederung, grammatikalisiert ist sie jedoch nur ganz schwach (Stellung des Subjekts, des Attributs); ihren festen Platz nach dem ersten betonten Ausdruck im Satz, im sog. Akzentschatten, haben die Enklitika (Formen von *byť*, reflexives *sa, si*, Kurzformen der Pronomina *ma, ťa, ho* u.ä., z.B. *Iste by som sa mu snažil pomôcť* 'Bestimmt würde ich versuchen, ihm zu helfen.').

7. Zum Wortschatz

Der Wortschatz des Slovak. steht dem tschechischen sehr nahe, besonders der Grundwortschatz ist praktisch identisch; im Laufe der engen jahrhundertelangen kulturellen Kontakte wurden die tschechischen Ausdrücke dieses Bereichs übernommen (die meisten noch im 19. Jh.), stark ist der tschech. Einfluß auch in der Phraseologie; Unterschiede gibt es selbstverständlich in der Lautform der Wörter, sonst vor allem bei der Benennung von Realien des ländlichen Lebens, z.B. *topánky* 'Schuhe', *izba* 'Zimmer', *mačka* 'Katze', u.a.; nur lautlich anders sind die Benennungen der Wochentage *nedeľa, pondelok, utorok ...* 'Sonntag, Montag, Dienstag ...', international dagegen die Monate: *január, február, marec ...* Weitere Verschiedenheiten im Wortschatz sind entweder auf den Einfluß der politischen Zugehörigkeit zu Ungarn (*čižma* 'Stiefel', *banovať* 'bereuen' u.a.) oder auf das Wirken eifriger Puristen in der Neuzeit zurückzuführen – es wurden, um sich vom Tschechischen zu differenzieren, viele Neologismen und dialektale Ausdrücke in die Standardsprache eingeführt (z.B. *preteky* 'Wettbewerb', *usilovný* 'fleißig' statt *pilný*, *žreb* 'Los' u.a.), völlig neu wurde auch die wissenschaftliche Terminologie gebildet. In den letzten Jahren vermehren sich Anglizismen sehr stark, z.B. *mejkap, manažment, míting, software, server* u.a. Die puristischen Tendenzen sind nach dem Entstehen des slovak. Staates (1993) wieder erwacht (umstrittenes Sprachengesetz von 1995).

8. Zu den Dialekten

Die Dialekte teilt man in die zentralen, östlichen und westlichen ein. Diese Hauptgruppen entstanden wohl schon im 13. Jh., einige Slavisten (Ľ. Novák, K. Horálek) vertraten die Meinung, daß die zentralslovakischen Dialekte sich schon zur Zeit der Ausgliederung der urtschecho-slovakischen Sprachgruppe (nach Abbau der Jerlaute) durch ihre südslavischen Züge (*ch > š* bei der 2. Palatalisation, z.B. Nom.Pl.

Česi < *Čechi* 'Tscheche'; fehlende konsonantische Palatalitätskorrelation; *tl, dl* > *l*; die Endung *-mo* in der 1.Pers.Pl.Präs.; u.a.) von den übrigen zwei slovakischen Sprachräumen deutlich unterschieden; am ältesten soll die SW-NO-Dichotomie sein (nach A. Habovštiak). Die Integration aller drei Gruppen, die bereits im Mittelalter begann, wurde durch den polnischen Einfluß auf die ostslovakischen Dialekte (Verlust der Vokalquantität, Pänultimabetonung) gebremst, dagegen gab es praktisch keinen tschechischen Einfluß auf die westslovakischen Dialekte. Die zentralslovakische Mundart um die Stadt Martin wurde als Basis für die Konstituierung der slovakischen Standardsprache in der Mitte des 19. Jh. herangezogen (mittelslovakisch ist das Laut-, größtenteils auch das Formensystem; aus der Mittelslovakei stammten auch die meisten Dichter, die diese neukonstituierte Sprache in ihren Werken gebrauchten).

Typische Charakteristika der drei Dialektgruppen:

a) Die zentralen Dialekte ersetzten urslav. *ort-/olt-* durch ein *rat-/lat-*, das urslav. *-dl-* durch ein *-l-*, als Ersatz der Jerlaute haben sie *e, o, a* (evtl. auch lang). Eine Übergangsgruppe zu den Ostdialekten bilden die Gemer-Dialekte (das rhythmische Gesetz gilt hier nicht, es gibt die Endung *-mo* in der 1.Pers.Pl.Ind.Präs.). Die zentralen Dialekte umfassen den relativ größten Teil des Sprachgebiets.
b) In den Ostdialekten gibt es keine vokalische Quantität mehr, die Wortbetonung liegt auf der Pänultima, aus benachbarten polnischen und ukrainischen Mundarten wurden manche Ausdrücke übernommen.
c) Die Westdialekte stellen einen Übergang zu den tschechischen dar – für *ort-/olt-* gibt es hier *rot-/lot-*, als Jer-Ersatz nur *e*, keine Diphthonge und keine Kürzungen nach dem mittelslovak. rhythmischen Gesetz.

Nach dem Jahre 1918 wird die Standardsprache im öffentlichen Leben mehr gebraucht und es kommt, verstärkt noch nach 1945, zu Integrierungstendenzen unter den Dialekten auf standardsprachlicher Basis. Der Wortschatz der Dialekte dient allerdings immer noch als frische Quelle für die Dichtung, z.T. auch in der Werbung. Die sich formierenden Interdialekte bzw. die Sprachen der Stadt- und Industriezentren dominieren im inoffiziellen Sprachverkehr, langsam entwickeln sich auch Slangs.

Die dialektologische Forschung kann in den letzten Jahren große Leistungen vorzeigen (Štolc: Atlas slovenského jazyka; Wörterbücher der Einzeldialekte u.a.), sollte allerdings die – auch soziolinguistische – Erforschung der Stadtsprachen und Interdialekte nachholen.

9. Zur Geschichte des Slovakischen

Das Slovakische gliederte sich seit dem 10. Jh. aus dem Späturslavischen aus, allerdings nicht sofort als nationale Sprache, sondern als

Mundartenkonglomerat. Ab dem 15. Jh. funktionierte in der Slovakei als Kultursprache das ältere Tschechische, das dort manche slovakische Züge aufwies. Während des 15. und 16. Jh. gab es keine Bestrebungen, die slovakische Sprache in die Literatur einzuführen (Mistrík 1994, 12). In der Grammatik des Tschechischen von V. Benedikti z Nedožier (1603) und der slovakisch-tschechischen Grammatik von P. Doležal (1746) werden die Ausdrucksfähigkeiten des Slovakischen gelobt. Im 17., 18. und zum Teil noch im 19. Jh. wurde in den evangelischen Kreisen die sog. *bibličtina*, die Sprache der tschechischen Kralitzer Bibel, auch im Sprachverkehr gebraucht. Nach den ersten Bemühungen um die Einführung einer Schriftsprache im 18. Jh. (A. Bernolák in der Westslovakei, die calvinistische Kirche in der Ostslovakei) setzte sich im ganzen Land erst in den 40er Jahren des 19. Jh. L'udovít Štúr mit der vom zentralslovakischen Dialekt ausgehenden standardsprachlichen Norm durch. Für eine diachrone Charakteristik der Standardsprache ist die historische Entwicklung dieser Mundartengruppe maßgebend.

Die Entwicklung des phonologischen Systems des Mittelslovakischen wurde im wesentlichen schon im 15. Jh. abgeschlossen und verlieh dem darauf basierenden schriftsprachlichen Lautsystem – im Vergleich zum tschechischen – archaische Züge (vgl. oben 3). In der Morphologie gab es dagegen stärkere Unifizierungs- und Vereinfachungstendenzen. In der Deklination ist es nicht nur der Abbau des Duals, der alten Nominalformen in den indirekten Kasus der Possessivadj. (*bratov*, Gen. *bratového* 'Bruders', usw.) und besonderer Vokativformen, sondern außerdem z.B. die Gen.Akk.-Belebtheitsform auch im Pl. (*mám troch bratov* 'ich habe drei Brüder') und die reduzierte Anzahl der Morpheme im Plural; unifiziert sind die Formen der Numeralia. Eine mittelslovak. Neuerung stellt bei Maskulina die Nom.Pl.-Endung *-ia* dar (*synovia, rodičia* 'Söhne, Eltern'). In der Konjugation wurden im Mittelalter Aorist und Imperfekt abgebaut und im Laufe der Zeit die Formen weitgehend unifiziert, so daß es heute nur eine einzige Endung für die 1.Pers.Sg (*-m*), nur ein Morph (*by*) für alle Konditionalformen, nur eine Transgressivform (auf *-c*) gibt. Die unkomplizierten morphologischen Strukturen des Slovak. entstanden als Folge der Anlehnung der Schriftsprache an den alltäglichen Gebrauch der lebendigen zentralslovakischen Mundart und nicht an eine konservative – im Slovak. sich sowieso erst entwickelnde – Tradition der Schriftdenkmäler.

Die Syntax entfaltete sich nach der Einführung der Schriftsprache und insbesondere nach 1918 unter tschechischem Einfluß vor allem im Fachstil durch Nachahmung von syntaktischen Mitteln, die es in der Mundart nicht gab, z.B. des Thema-Rhema-Satzbaus, der rhythmischen Gliederung mit den Enklitika im Akzentschatten nach dem ersten betonten Ausdruck, der Freistellung der Verbposition im Satz (im humanistischen Slovakisch am Satzende, im Štúrschen in der Satzmitte) und der Hypotaxe.

Der slovak. Wortschatz wurde im 14.-18. Jh., als das Tschechische auch in der Slovakei Schriftsprache eines Teils der gebildeten Schicht war, durch zahlreiche Bohemismen bereichert (z.B. die Adjektive auf -itý, -teľný, Lexeme wie *bájka* 'Fabel', *námietka* 'Einwand', aus dem Tschechischen übernommene humanistische Ausdrücke wie *akadémia* 'Akademie', *katedra* 'Lehrstuhl' u.a.), aber auch durch überraschend viele Germanismen (übernommen von den deutschen Kolonisten, z.B. *richtár, hajtman, jarmark, handlovať, šacovať*, u.a.), zahlreich sind auch die Ungarismen (vgl. oben 7.). Viele Bohemismen wurden von Puristen zur Zeit des Slovakischen Staates (1939-1945) durch heimische Audrücke ersetzt; auch durch Neuschöpfungen der Nachkriegszeit wollte man sich vom Tschechischen absondern. Im lokalen alltäglichen Wortgebrauch gibt es auch heute deutliche Unterschiede, da der mittelslovakische Wortschatz von dem der West- und Ostslovakei relativ verschieden ist.

Zur Formierung des hochsprachlichen Standards trug wesentlich die Grammatik von M. Hattala bei, große Verdienste um die Entfaltung der slovakischen Schriftsprache erwarb sich S. Czambel mit seinem Handbuch des Slovakischen („Rukoväť spisovnej reči slovenskej", 1902). Die ersten Orthographieregeln „Pravidlá slovenského pravopisu" erschienen 1931. Nach der Stärkung des nationalen Bewußtseins in der Zeit des Slovakischen Staates und ab 1945 in der Tschechoslovakischen Republik entfaltet sich das Slovakische voll als Sprache der Medien, der Administrative, der Wissenschaft und der Kultur. An den Hochschulen entstehen die ersten Slovakisch-Lehrstühle, die Akademie der Wissenschaften gründet ein Institut zur Erforschung der slovakischen Sprache – „Jazykovedný ústav Ľudovíta Štúra". Dieses Institut publizierte umfangreiche sprachwissenschaftliche und lexikologische Nachschlagewerke, wie z.B. das synchrone und historische Wörterbuch des Slovakischen. Die heutige Situation und die Perspektiven der Sprachentwicklung sind noch undeutlich – nach der Auflösung der tschechoslovakischen Staatsgemeinschaft wurden einige Assimilierungsvorgänge – vor allem im lautlichen Bereich – unterbrochen. Relativ stabil bleibt die morphologische Ebene, die Anziehungskraft der progressiven Deklinations- und Konjugationstypen verstärkt sich bei Neubildungen, einige Paradigmen werden langsam an die Peripherie gedrängt (*srdce* 'Herz', *dievča* 'Mädchen', auch *dlaň* 'Handfläche'). In der Formensyntax treten immer stärker die Genitivrektionen zugunsten neuer Präpositionalfügungen zurück, die Satzsyntax reagiert dynamisch auf die immer größere stilistische Stratifizierung. Dazu dient primär der sprunghaft anwachsende Wortschatz mit allerdings ungewöhnlich zahlreichen Übernahmen von Fremdwörtern. Die Auswirkungen verstärkt puristischer Tendenzen einerseits und der Internationalisierungszwänge andererseits werden sich erst in der Zukunft klarer beurteilen lassen.

Die Slovakistik hat die synchronische Dimension der Sprache (bes. die Morphologie) und der Dialekte gut bearbeitet (eine neue mittelgroße normative Grammatik wird jedoch benötigt); in der Diachronie schreitet die Wortschatzbearbeitung im großen historischen Wörterbuch zügig voran, einige Probleme warten noch auf ihre eindeutige und objektive Lösung (älteste Belege, Relation zum Späturslavischen, Frage der sog. Südslavismen, die relative Chronologie der Lautveränderungen, Entwicklung der Syntax und des Wortschatzes in der frühen Neuzeit, u.a.).

10. Literaturangaben

Baláž, P., M. Darovec. 1972. *Lehrbuch der slowakischen Sprache für Slawisten*, Bratislava.
Blanár, V. 1993. *Porovnávanie lexiky slovanských jazykov z diachrónneho hľadiska*. Bratislava 1993.
Čierná, M. u.a. 1986. *Nemecko-slovenský slovník*. Bratislava.
Ďurovič, L. 1973. Vokalický systém slovenčiny. *International journal of Slavic linguistics and poetics* 16, 22-42.
— 1975. Konsonantický systém slovenčiny. *International journal of Slavic linguistics and poetics* 19, 7-29.
Furdík, J. 1993. *Slovotvorná motivácia a jej jazykové funkcie*. Levoča.
Habovštiak, A. 1993. Die alte Dichotomie der slowakischen Mundarten. *Wiener Slavistisches Jahrbuch* 39, 13-16.
Historický slovník slovenského jazyka. 1991ff. Bd. 1-4 (derzeit bis P). Bratislava.
Hochel, B. 1993. *Slovník slovenského slangu*. Bratislava.
Horák, G. 1979. *Česko-slovenský slovník*. Bratislava.
Horálek, K. 1959. Postavení slovenštiny. *Slavia* 40, 537-550.
Horecký, J. 1959. *Slovotvorná sústava slovenčiny*. Bratislava.
—, K. Buzássyová, J. Bosák. 1989. *Dynamika slovnej zásoby súčasnej slovenčiny*, Bratislava.
Kajanová-Schulzová, O. 1970. *Úvod do fonetiky slovenčiny*. Bratislava.
Kovácsová, E. u.a. 1991. *Nemecko-slovenský, slovensko-nemecký slovník*. Bratislava.
Krajčovič, R. 1974. *Slovenčina a slovanské jazyky*. Bd. 1: *Praslovanská genéza slovenčiny*. Bratislava.
— 1975. *A historical phonology of the Slovac language*. Heidelberg.
— 1988. *Vývin slovenského jazyka a dialektológia*. Bratislava.
Kráľ, Á. ³1996. *Pravidlá slovenskej výslovnosti*. Bratislava.
—, J. Sabol. 1989. *Fonetika a fonológia*. Bratislava.
Krátky slovník slovenského jazyka. ³1997. Bratislava.
Majtán, M. 1972. *Názvy obcí na Slovensku za ostatných dvesto rokov*. Bratislava.
Mistrík, J. 1969. *Frekvencia slov v slovenčine*. Bratislava.
— 1976. *Retrográdny slovník slovenčiny*. Bratislava.
— ³1994. *Moderná slovenčina*. Bratislava.
— 1994. *Gramatika slovenčiny*. Bratislava. (Schulgrammatik)
— u.a. 1993. *Encyklopédia jazykovedy*. Bratislava.

Morfológia slovenského jazyka. 1966. Bratislava.
Novák, L'. 1980. *K najstarším dejinám slovenského jazyka.* Bratislava.
Ondrus, P., J. Horecký, J. Furdík. 1980. *Súčasný slovenský spisovný jazyk. Lexikológia.* Bratislava.
Oravec, J., E. Bajzíková, J. Furdík. 1982. *Súčasný slovenský spisovný jazyk. Syntax.* Bratislava.
—, E. Bajzíková, J. Furdík. 1984. *Súčasný slovenský spisovný jazyk. Morfológia.* Bratislava.
Orlovský, J. ²1965. *Slovenská syntax.* Bratislava.
Pauliny, E. 1963. *Fonologický vývin slovenčiny.* Bratislava.
— 1979. *Slovenská fonológia.* Bratislava.
— 1983. *Dejiny spisovnej slovenčiny.* Bratislava.
—, J. Ružička, J. Štolc. ⁵1968. *Slovenská gramatika.* Bratislava.
Pravidlá slovenského pravopisu. 1991. Red. J. Kačala. Bratislava.
Rudolf, R. 1991. *Die deutschen Lehn- und Fremdwörter in der slowakischen Sprache.* Wien.
Sabol, J. 1989. *Syntetická fonologická teória.* Bratislava.
Sandany, A. 1961. *Nemecko-slovenský slovník.* Bratislava.
Siarsky, J. 1973. *Slovensko-nemecký slovník.* Bratislava.
Slovenčina v historickom kontexte (Materiály z konferencie). 1996. Nitra.
Slovník slovenského jazyka. 1959-1968. Bd. 1-6. Bratislava.
Spisovná slovenčina a jazyková kultúra (Materiály z konferencie). 1995. Bratislava.
Stanislav, J. 1955-62. *Slovenská historická gramatika.* Bd. 1-5. Bratislava.
— 1956-1973. *Dejiny slovenského jazyka.* Bd. 1-5. Bratislava.
— 1977. *Slowakische Grammatik.* Bratislava.
Synonymický slovník slovenčiny. 1995. Bratislava.
Štolc, J., u.a. 1969-1989. *Atlas slovenského jazyka.* Bd. 1-4. Bratislava.
— 1994. *Slovenská dialektológia.* Bratislava.
Vážný, V. 1934. *Nářečí slovenská.* Praha. (Československá vlastivěda. 3. Jazyk.)
Žigo, P. u.a. 1990. *Dejiny spisovnej slovenčiny.* Bratislava.

Das Slovenische

von
Peter Rehder

1. Einführung

Das Slovenische (slovénščina) wird als Standardsprache (slovénski knjížni jêzik) von (1995) ca. 1,75 Mio. Slovenen (88 % der 1,99 Mio. Einwohner) in der aus dem sog. Zweiten Jugoslavien hervorgegangenen und ab 25.6.1991 souveränen Republik Slovenien und (mit gewissen Einschränkungen) in Teilen Südösterreichs (Kärnten/Koróška, Steiermark/Štájerska), Nordostitaliens (Resia/Rézija; Venetisch Slovenien/Benéška Slovénija; Triest/Trst; Görz/Goríca) sowie Westungarns[1] gesprochen; dazu kommt eine schwer bestimmbare Anzahl sloven. Emigranten in Westeuropa, den USA, Kanada, Argentinien und Australien[2]. Das Sloven. gehört mit dem Kroatischen und Serbischen zur westlichen Gruppe der fünf südslavischen Standardsprachen (östliche Gruppe: Bulgarisch, Makedonisch), zeigt aber im Gegensatz zum Kroat. und Serb. auch gewisse Gemeinsamkeiten (im Kärntner Dialekt) mit dem südlichen Westslavischen.

2. Alphabet, Orthographie, Aussprache

Das Alphabet des Slovenischen ist das lateinische, das dem slovenischen Lautbestand durch die Verwendung zusätzlicher diakritischer Zeichen (mit Häkchen, tschech. *háček*), die dem tschechischen bzw. kroatischen Vorbild nachgebildet sind, angepaßt wurde; diese Sonderzeichen stehen im Alphabet nach ihren Grundzeichen. Das Alphabet umfaßt 25 Grapheme, davon 5 für Vokale und 20 für Konsonanten in folgender Reihenfolge (Wörterbücher):

Aa	Ee	Jj	Oo	Tt
Bb	Ff	Kk	Pp	Uu
Cc	Gg	Ll	Rr	Vv
Čč	Hh	Mm	Ss	Zz
Dd	Ii	Nn	Šš	Žž

---

[1] Als Sprecherzahlen werden von slovenischer Seite angegeben: 54 000 in Italien, ca. 60 000 in Österreich (nach österreichischen Angaben: 30 000), 2 700 in Ungarn. Die rechtliche Situation dieser Minoritäten ist unterschiedlich, im ganzen aber doch relativ befriedigend geregelt. In Südösterreich und Nordostitalien gibt es zweisprachige Schulen, Kulturvereine, eigene Medien u.ä. Für Kärnten z.B. ist Slovenisch (und zwar die slovenische Standardsprache) zweite Landessprache, allerdings seit 1976 (Volksgruppengesetz) mit eingeschränkter Geltung; seit 1957 gibt es in Klagenfurt das slovenischsprachige Bundesgymnasium, seit 1990 dort auch eine zweisprachige Bundeshandelsakademie.

[2] Priestly (1993, 388) nennt insgesamt 400 000 slovenische Emigranten; die Gesamtzahl der ethnischen Slovenen läge damit bei ca. 2,5 Mio.

Lj und Nj werden im Gegensatz zum Kroatischen und lateinschriftlichen Serbischen lexikographisch nicht als èin Buchstabe gewertet.

Die Orthographie des Slovenischen ist grundsätzlich phonetisch, d.h. in der Regel steht ein Buchstabe für einen Laut; lautliche Assimilationen werden für /s/ und /z/ graphisch ausgedrückt (*zdélati* < *sъ̏delati* 'ermüden', die Präp. /s/ 'mit, von' wird vor stimmlos anlautenden Wörtern s, vor sth. z geschrieben: *s konja* 'vom Pferd', *z gôre* 'vom Berg'), während andere graphisch nicht in Erscheinung treten bzw. die historisch-etymologische Schreibung bewahrt wird (z.B. *sládko* [sla:tko] 'süßes', *glásba* [gla:zba] 'Musik', *volk* [vo:u̯k] 'Wolf'). Trotz dieses phonetischen Prinzips ist die Aussprache des Slovenischen insgesamt deutlich schwerer aus dem Schriftbild erschließen als z.B. die des Kroatischen. Die moderne slovenische Orthographie ist durch den „Slovenski pravopis" der Slovenischen Akademie der Wissenschaften und Künste (Slovénska Akademíja Znánosti in Umétnosti, SAZU) geregelt (1950, 1962, 1981, zuletzt 1990).

Während die Aussprache der meisten slovenischen Buchstaben der deutschen im Sinne einer sehr weiten Transkription ähnelt, also b wie [b] in dt. *Bad,* m wie [m] in *Michel* usw., muß die Aussprache einiger slovenischer Buchstaben besonders erklärt werden (vgl. auch das Lautsystem):

c ähnlich z in dt. *Zahn*   š stimmlos, ähnlich sch in dt. *Schule*
č ähnlich tsch in dt. *Peitsche*   v meist stimmhaft, wie w bzw. u (dt. *Qual*)
h ähnlich ch in dt. *noch*   z stimmhafte Entsprechung zu s
s immer stimmlos, ähnlich dt. ss, ß   ž stimmhafte Entsprechung zu š

3. Das Lautsystem
(Phonetik, Phonologie, Akzent)

Das Lautsystem besteht aus 8 bzw. 13 vokalischen (silbenbildenden) und 22 konsonantischen (nichtsilbenbildenden) Phonemen, ein silbenbildendes [r̩] tritt nur in einigen Dialekten, nicht aber in der Standardsprache auf.

Die betonten Vokalphoneme des Sloven. sind /i, e, ε, ə, a, ɔ, o, u/, wobei der Buchstabe e sowohl die Phoneme /e/ und /ε/ wie auch /ə/ und der Buchstabe o sowohl /o/ wie auch /ɔ/ bezeichnen. Die betonten hohen Vok. /i/ und /u/ und der tiefe Vok. /a/ können kurz oder lang sein, wobei dieser Quantitätsunterschied phonologisch ist, also Wortbedeutungen unterscheiden kann; er wird in normaler Orthographie nicht, in wissenschaftlichen Werken aber durch Gravis bzw. Akut bezeichnet (kurz: *ì, ù, à,* lang: *í, ú, á*), z.B. *spì!* [spi] 'schlaf!' – spí [spi:] '(er, sie, es) schläft', *kùp* 'Haufen' – *kúp* 'Kauf', *bràt* 'Bruder' – *brát* Supinum zu *bráti* 'sammeln'. Auch die kurzen, eher offen gesprochenen *è* [ε] und *ò* [ɔ] haben lange Entsprechungen, wobei jedoch zum vorderen *è* wie auch zum hinteren *ò* jeweils zwei nach dem Öffnungsgrad unterschiedene Längen stehen, enges langes *é* [e:] bzw. *ó* [o:] und offenes langes ê [ɛ:] bzw. ô [ɔ:]³. Dieser Öffnungsgradunterschied ist phonologisch relevant, z.B. *péti* [pe:ti] 'singen' – *pêti* [pɛ:ti] 'der fünfte', *móra* [mo:ra] '(er, sie, es) muß' – *môra* [mɔ:ra] 'Alpdrücken'. Vor silbenschließendem [i̯] oder [u̯] werden jedoch alle *e* und *o* immer als 'mittlere' Laute gesprochen. Vor [r] wird [é] in einheimischem Wortmaterial in Richtung [i:] verengt, z.B. *Prešéren* [prɛˈši:rn]. Das kurze (betonte oder unbetonte) [ə] wird als schwa gesprochen, ähnlich dem bulgarischen ъ oder dem deutschen unbetonten *e* in *bitte*. Nimmt man demnach die phonologischen Quantitätsunterschiede zu den qualitativen hinzu, so weist das Slovenische in betonten Silben insgesamt 13 Phoneme auf; dieses Maximalsystem wird jedoch nur in Einsilblern bzw. in betonten Endsilben von Mehrsilblern erreicht. In unbetonten Silben reduziert sich dieses Vokalsystem auf die 6 Phoneme /i, u, e, o, ə, a/, d.h., es entspricht dem System der betonten kurzen Vokale und unterscheidet phonologisch bei den Vokalen mittlerer Zungenhöhe keine geschlossene von einer offenen Aussprache. Die unbetonten Vokale sind kürzer als die betonten kurzen. Schematisch läßt sich das slovenische Vokalsystem so darstellen (vgl. Vincenot 1975, 25, Lencek 1982, 160-163):

	Zungenlage (horizontal)				Zungenhöhe (vertikal)
	betont		unbetont		
hoch	í ú	ù ì	i u		
mittel	é ó ê ô	è ə̀ ò	e ə o		
tief	á	à	a		
	lang	kurz	kurz		

Diese Tabelle zeigt auch, daß die Quantitätsopposition nur in betonten Silben auftritt, unbetonte vor- oder nachtonige Silben sind immer kurz. (Zur Frage von Intonationsunterschieden s.u.)

Das Slovenische hat folgende 22 Konsonantenphoneme: /p, b, f, v, m, t, d, s, z, n, n', r, l, l', š, ž, c, č, j, k, g, h/. Eine Palatalitätskorrelation bilden nur /n/ : /n'/ und /l/ : /l'/, doch unterliegen /n'/, /l'/ (orthographisch nj, lj) positionell bereits einer Entpalatalisierung, z.B. *mànj* [man] 'weniger', *dàlj* [dal] 'weiter' bzw. einer Zerlegung in [n + j] bzw. [l +j], z. B. *žêlja* [žɛ:lja] 'Wunsch', so daß sie als Positionsvarianten gelten können. Sowohl /n/ wie /n'/ werden vor /k, g, h/ zu [ŋ], z. B. *bánka* [ba:ŋka] 'Bank', *mánjkati* [ma:ŋkati] 'fehlen', *ángel* [a:ŋgel] 'Engel'. Vor den Vokalen der vorderen Reihe tritt keine phonologische Erweichung auf. Zwölf Konsonanten nehmen an der

---

³ Der Akut bezeichnet bei e und o also nicht nur Akzentstelle und Länge (wie bei i, u, a), sondern auch enge (geschlossene) Artikulation, er ist hier demnach trifunktional; entsprechend trifunktional ist der Zirkumflex, der aber nur auf offenem e, o steht. – Enge e, o werden in wiss. Werken auch ẹ, ọ geschrieben, offene e, o dann ohne weitere Kennzeichnung, so auch im Akademie-Wörterbuch als zusätzliche Angabe (Slovar 1970-1991).

Stimmtonkorrelation teil: /p:b = f:v = t:d = s:z = š:ž = k:g/. Stimmhafte Positionsvarianten in einheimischen Wörtern vor phonologisch stimmhaften Lauten: [ʒ] für /c/ (*Kocbek* [koʒbek]) und [ǯ] für /č/ (*učbenik* [u:ǯbenik] 'Lehrbuch', aber *učnína* [učni:na] 'Lehrgeld'). Im Wortauslaut vor Pause und im Wortinnern vor stimmlosen Konsonanten werden stimmhafte Glieder dieser Korrelation entstimmhaftet, vor stimmhaften werden stimmlose ebenfalls stimmhaft. – Schwierig und teilweise unvorhersagbar ist die Aussprache von /l/ und /v/. Das /l/ wird antevokalisch und intervokalisch als [l] gesprochen, z.B. *lép* 'ein schöner', *molíti* 'beten', ebenso in wenigen Wörtern auslautend (*dél* 'Teil', *šól* Gen.Pl. zu *šóla* 'Schule', *glágol* 'Verb' u.ä.); ansonsten wird wort- und silbenauslautendes und präkonsonantisches /l/ meist als [u̯] realisiert, z.B. *pál* [pa:u̯] 'er fiel', *bél* [be:u̯] 'ein weißer', *volk* [vo:u̯k] 'Wolf', *bolníca* [bou̯ni:ca] 'die Kranke', aber *bólnica* [bo:lnica] 'Krankenhaus'[4]; nach *r* in der maskulinen Form des aktiven Präteritalpartizips wird /l/ neben [u̯] auch als [u] gesprochen, z.B. dreisilbiges *umŕl* [umə:ru] 'er starb'. Ähnliche Verhältnisse finden sich bei /v/, das anlautend vor Vokal und /r, l/ sowie intervokalisch als [v], z.B. *vóda* 'Wasser', *vláda* 'Regierung', *raván* 'Ebene', auslautend bzw. vor Konsonant aber als [u̯] gesprochen wird, z.B. *žív* [žiu̯] 'lebend', *življênje* [ziu̯l'ɛ:n'e] 'Leben', *právda* [prau̯da] 'Gerichtsverfahren'; nach /r/ wird auch /v/ neben [u̯] als [u] gesprochen, z. B. *bárv* [ba:ru] Gen.Pl. zu *bárva* 'Farbe', so auch die (gewöhnlich [u] gesprochene) Präposition *v* 'in' vor *v*- bzw. zwischen Konsonanten, z.B. *v vlák* [u vla:k]. Präkonsonantisches *v*- unterliegt der Stimmtonassimilation durch den nachfolgenden Konsonanten, z.B. stimmlos [ʍ] als [ʍ] in *vsák* [ʍsa:k] 'jeder' und stimmhaft [u̯] als [w] in *vz éti* [wze:ti] 'nehmen'. – Das apikal-alveolare [r] des Slovenischen wird in interkonsonantischer Stellung und im Anlaut vor Kons. als [ər] realisiert, z. B. *bŕdo* [bər:do] 'Hügel', *ŕž* [ər:š] 'Roggen', im Auslaut nach Konsonant wird *er* für [ər] geschrieben, z. B. *véter* [ve:tər] 'Wind'. Orthographische Doppelkonsonanz wird – in der orthoepischen Norm – als Länge realisiert, z.B. *oddíh* [od:i:x] 'Erholung'.

Die wichtigsten morphonologischen Alternationen des Slovenischen sind (neben den ererbten und im Slavischen weit verbreiteten des Typs *nêsti – nosíti* 'tragen' – *prenášati* 'herübertragen', *umréti – umírati* 'sterben', *kláti – kóljem* Inf., 1.Sg.Präs. zu 'schlachten', *žéti – žánjem* Inf., 1.Sg.Präs. zu 'ernten', dazu die Ergebnisse der urslavischen Palatalisationen, usw.) vor allem ə : ∅ : a wie in *sèn* [sən] 'Schlaf' – *snà* Gen.Sg. – *sánje* 'Traum', *a* : ∅ wie in *ovác – ôvca* Gen.Pl., Nom.Sg.

---

[4] Vgl. auch die Aussprache des silbenauslautenden präkonsonantischen *l* als [l] oder [u̯] in: *letálca* [-lc-], auch [-u̯c-] Gen.Sg. zu *letálec* 'Flieger', *letálka* [-lk-], auch [-u̯k-] 'Fliegerin', aber immer [l] in *letálnica* [-ln-] 'Flugschanze', *letálski* [-ls-] 'Flieger-', *letálstvo* [-ls-] 'Luftflotte'.

'Schaf', und insbesondere Alternationen der Quantität, wie z. B. *bràt* 'Bruder' – *bráta* Gen.Sg., *sìr* 'Käse' – *síra* Gen.Sg., *mèt* 'Wurf' – *mêta* Gen.Sg.; als Konsonantenalternation ist im Sloven. auffällig *d* : *j*, wie in *rodíti* 'gebären', *rôjen* < *rodjenъ 'geboren' (also *j* aus ursl. *dj, dagegen ursl. *tj* > *č*, *svéča* < *světja 'Kerze').

Der Wortakzent der slovenischen Standardsprache ist dynamisch und frei, d.h., es gibt Wörter mit Betonung der 1. Silbe, solche mit Betonung der 2. Silbe usw. (*sámec* 'Junggeselle', *samôta* 'Einsamkeit', *samostán* 'Kloster'), und er kann innerhalb des Paradigmas eines Wortes beweglich sein (*grád* 'Burg'), *gradôvi* Nom.Pl.; *gôra* 'Berg', *goré* (auch *gôre*) Nom.Pl.; bei betontem *e, o* können innerhalb der Flexion eines Wortes qualitative Wechsel auftreten (*nóč* 'Nacht', aber *nôči* Dat.Lok.Sg., *péč* 'Ofen', aber *pêči* Dat.Lok.Sg.). – In der sloven. Standardsprache werden die in einigen nördlichen und den zentralen Dialekten (Karte bei Lencek 1982, 141) bewahrten, älteren Intonationsunterschiede in langen betonten Silben – vergleichbar denen des Kroat. und Serb. – zugunsten dieses mit phonologischen Quantitätsunterschieden verbundenen dynamischen Hervorhebungsakzents immer mehr zurückgedrängt, sie sind jedoch als steigender bzw. fallender Tonhöhenverlauf für die (ältere, konservative) Norm des Standardslovenischen zugelassen und u.a. bei Lencek (1982, 163-166) und Toporišič (1984, 39-44) beschrieben und im Akademie-Wörterbuch (Slovar 1970-1991) systematisch notiert, also lang steigender [´] gegenüber lang fallendem [^] Tonhöhenverlauf, z. B. in *léta* [léːta][5] '(er, sie es) fliegt' gegenüber *lêta* [lêːta][5] Nom.Akk.Pl. zu *leto* 'Jahr' (für weitergehende Angaben vgl. Priestly 1993, 389-391.

Aus der historischen Lautlehre des Slovenischen ist besonders wichtig: der Zusammenfall der beiden Jerlaute in sog. starker Stellung in [ə], das als (betonte) Kürze [ə] bleibt (*pès* [pəs] < *pьsъ 'Hund', *sèn* [sən] < *sъnъ 'Schlaf'), als betonte Länge aber zu [aː] wird (*dán* [daːn] < *dьnь 'Tag'); die Entnasalierung der Nasalvokale [ę] und [ǫ] zu [e] und [o] (*pét* < *pętь 'fünf', *pót* < *pǫtь 'Weg'); die Entstehung der offenen Vokale mittlerer Zungenhöhe [ê] = [ɛː] und [ô] = [ɔː] durch Akzentzurückziehung (*jêzik* < **ję'zykъ* 'Sprache', *žêna* < **že'na* 'Frau', *vôda* > **vo'da* 'Wasser', *sôdba* < **sǫdь'ba* 'Urteil'); die Dehnung der Nichtendsilben (Typ *bràt* – *bráta*, vgl. serbisch, kroatisch *bràta);* die Verlagerung des Akzents von zirkumflektierten Silben in Richtung zum Wortende: *zlató* 'Gold', *okó* 'Auge' und einige weitere Akzentwechsel (Jaksche 1965).

---

[5] Akut und Zirkumflex geben also nur hier bei diesen beiden Beispielen den Tonhöhenverlauf an, der lang steigende bzw. lang fallende Vok. *e* ist hier jeweils eng [ẹː]; bei offenen langen e und o [ɛː, ɔː] ist lang fallende Intonation selten.

4. Flexionsmorphologie

Auch die Morphologie des Slovenischen zeigt neben einem nominalen einen pronominal-adjektivischen und einen verbalen Flexionstyp.

4.1. Das Substantiv

Das slovenische Substantiv zeigt Numerus-, Kasus und Genusunterschiede: drei Numeri (Sing., Dual, Plural), sechs Kasus (Nom., Gen., Dat., Akk., Instr., Lok.) und drei Genera (Mask., Neutr., Fem.). Der Dual (Zweizahl) hat nur im Nom./Akk. und Dat./Instr. je eigene Kasusendungen, die Dualendungen des Gen. und Lok. sind die des Plural; Instr. und Lok. aller drei Numeri stehen nur nach bestimmten Präpositionen. Einen Vokativ mit eigenen Endungen kennt das Slovenische nicht mehr.

Die vier Deklinationstypen des Slovenischen sind erstens durch das Genus der Substantive und zweitens durch den Wortauslaut im Nom. Sg. bestimmt, so daß sich (nach Vincenot 1975, 45-95) folgende Hauptklassen ergeben: 1. Klasse: Mask., die auf Konsonant enden *(korák* 'Schritt'), 2. Klasse: Fem., die auf *-a* enden (Typ *lípa* 'Linde'), 3. Klasse: Neutra, die auf *-o* oder *-e* enden (Typ *mésto* 'Stadt', *gledalíšče* 'Theater'), 4. Klasse: Fem., die auf Kons. enden (Typ *perút* 'Flügel'). Die Endungen der 1. und 3. Klasse sind bis auf die jeweiligen Nom.- und Akk.-Endungen identisch, so daß sie – wie historisch plausibel – zusammengefaßt werden könnten (so Lencek 1982, 194-204, Priestly 1993, 399-406):

	1. Klasse	2. Klasse	3. Klasse	4. Klasse
Sg. N.	korák	lípa	mésto	perút
Gen.	koráka	lípe	mésta	perúti
Dat.	koráku	lípi	méstu	perúti
Akk.	korák	lípo	mésto	perút
Instr.	korákom	lípo	méstom	perútjo
Lok.	koráku	lípi	méstu	perúti
Du. N.A.	koráka	lípi	mésti	perúti
D.I.	korákoma	lípama	méstoma	perút(i)ma
Pl. N.	koráki	lípe	mésta	perúti
Gen.	korákov	líp	mést	perúti
Dat.	korákom	lípam	méstom	perútim
Akk.	koráke	lípe	mésta	perúti
Instr.	koráki	lípami	mésti	perútmi
Lok.	korákih	lípah	méstih	perútih

In der 1. Klasse (auch in der 3. Kl., Typ *pólje* 'Feld') ändert sich das *-o-* der Endsilben in *-e-*, wenn ein palataler Laut [č, š, ž, c, j] vorangeht (Instr.Sg. *krájem*, Dat.Instr.Du. *krájema*, Gen.Pl. *krájev*, Dat. *krájem*, zu *kráj* 'Ort'). Bei Bezeichnungen belebter Wesen tritt in der 1. Kl. der Gen.Sg. für den Akk.Sg. ein (Belebtheitskategorie). Statt des *-a* im Gen.Sg. ist bei einigen einsilbigen Stämmen häufiger *-u*. Die

Wörter *otròk* 'Kind' und *vólk* 'Wolf' zeigen im Plural Reste der sonst beseitigten 2. Palatalisation (Nom. *otrôci, vôlcje* (selten, häufiger ist *volkôvi*), Lok. *pri otrócih*). Der Nom.Pl. einiger Wörter dieser Klasse endet auf *-je* (*lasjé* zu *lás* 'Haar', *možjé* zu *móž* 'Mann'). In diese Klasse hat sich auch *dán* 'Tag' eingefügt (Gen.Sg. *dnéva* (*dné*), Dat. *dnévu*, Nom.Pl. *dnévi*, Gen. *dní*). In der 2. Klasse haben sich (ähnlich dem Kroat. und Serb.) die historisch 'weichen' Endungen (im Gen. Dat.Lok.Sg., Nom.Akk.Du.Pl.; auch im Akk.Pl. der 1. Klasse) durchgesetzt; der Gen.Pl. auf *-a-* ist auf endbetonte Wörter und solche mit beweglichem Akzent beschränkt (Gen.Pl. *gospá* zu *gospá* 'Frau', *gorá* (auch *gôr*) zu *gôra* 'Berg'), sonst ist der Gen.Pl. endungslos (*líp* zu *lípa*). In die 3. Kl. sind auch die alten *-nt-*, *-en-* und *-es-*Stämme eingegangen (*têle*, Gen.Sg. *teléta* 'Kalb', *imé, iména* 'Name', *teló, telésa* 'Körper'). Die 4. Klasse zeigt bei End- oder Wechselbetonung im Dat.Instr.Du. und Dat.Lok.Pl. *-e*-haltige Endungen (Du.: Dat.Instr. *kostéma*, Pl.: Dat. *kostém*, Lok. *kostéh*, aber Instr. *kostmí*, zu *kóst* 'Knochen').

4.2. Das Adjektiv

Das sloven. Adjektiv hat mit Ausnahme des Nom.Akk.Sg.Mask. (*dóber* 'ein guter', *dôbri* 'der gute') den ererbten Unterschied zwischen nominaler ('einfacher', unbestimmter) und nominal-pronominaler ('zusammengesetzter', bestimmter) Flexion formal zugunsten der letzteren aufgehoben, doch ist dieser Unterschied z.T. in Intonationsunterschieden bewahrt; Adjektive auf *-ski, -ški, -čki* haben nur diese *-i-*Form (*slovénski*, auch *božji* 'Gott-'), denominale nur die Kurzform (*sinov* 'Sohn-', *materin* 'Mutter-'). Da das sloven. Adjektiv im Gegensatz zum kroat./serb. die 'weichen' Pronominalendungen verallgemeinert hat, ist der Unterschied zwischen nichtpalatalen und palatalen Endungen auf den Nom.Sg.Neutr. (*nôvo* 'schönes', *teščè* 'nüchtern') beschränkt. Für den Akk.Sg.Mask. belebter Wesen tritt der Gen.Sg. ein.

	Mask.	Neutr.	Fem.
Sg. N.	nòv, nôvi	nôvo	nôva
Gen.	nôvega		nôve
Dat.	nôvemu		nôvi
Akk.	nòv, nôvi	nôvo	nôvo
Instr.	nôvim		nôvo
Lok.	nôvem		nôvi
Du. N.A.	nôva		nôvi
G.L.	= G.L.Pl.		
D.I.	nôvima		
Pl. N.	nôvi	nôva	nôve
G.L.	nôvih		
Dat.	nôvim		
Akk.	nôve	nôva	nôve
Instr.	nôvimi		

Das Slovenische 237

Komparativ und Superlativ können synthetisch oder (beschränkt auf gewisse Gruppen) analytisch gebildet werden, synthetisch z.B. *slàb* 'schwach', Komp. *slàbši*, Superl. *nàjslabši, nòv* 'neu', *novéjši, nàjnovejši, drág* 'lieb', *drážji, nàjdražji*, bzw. analytisch mit *bòlj* 'mehr', *bòlj zelèn* 'grüner' (wörtl. 'mehr grün'), *nàjbolj zelèn* 'am grünsten'. Das Adverb wird u.a. vom Nom.Akk.Sg.Neutr. des Adjektivs gebildet und ähnlich diesem gesteigert.

4.3. Pronomina und Numeralia

Neben Personal-, Demonstrativ- und Possessivpronomina (*mój, tvój, nàš, vàš*) weist das Sloven. Interrogativ- (*kdò?* 'wer?', *káj?* 'was?') und Relativpronomina (s.u.) auf, dazu eine Reihe indefiniter (*nekdó* 'irgendwer') und negativer (*nihčè* 'niemand'). Auffällig ist auch hier die Formenanalogie nach den weichen Stämmen, z.B. bei den Demonstrativpronomen Nom.Sg.mask. *tá* 'dieser', aber Gen. *téga*, Dat. *tému*, Instr.Lok. *tém*. Wie im Kroat. und Serb. gibt es auch im Sloven. enklitische Formen des Personalpronomens, die in allen drei Numeri im Gen.,Dat.,Akk. die betonten vollen Formen ersetzen und auch nach Präpositionen (*prédme* 'vor mich') stehen (*mídve, vídve / mé, vé* im Nom.Du./Pl. sind jeweils Fem., Neutr., es gibt eine Reihe von Varianten (z.B. (*z*) *menój* – (*z*) *máno*, (*s*) *tebój* – (*s*) *tábo*):

	Personalpronomen			
	1. Person	2. Person	3. Person mask. neutr.	fem.
Sg. N.	jàz	tí	òn onó	ôna
Gen.	mêne, me	têbe, te	njêga, ga	njé, je
Dat.	mêni, mi	têbi, ti	njêmu, mu	njéj, ji
Akk.	mêne, me	têbe, te	njêga, ga ono	njó, jo
Instr.	menój	tebój	njím	njó
Lok.	mêni	têbi	njêm	njéj
Du. N.	mídva mídve	vídva vídve	ônadva ônidve	ônidve
G.A.	náju	váju	njíju, ju	
Dat.	náma	váma	njíma, jima	
Instr.	náma	váma	njíma	
Lok.	náju	váju	njíju	
Pl. N.	mí mé	ví vé	ôni ôna	ône
Gen.	nàs	vàs	njíh, jih	
Dat.	nàm	vàm	njím, jim	
Akk.	nàs	vàs	njè, jih	
Instr.	námi	vámi	njími	
Lok.	nàs	vàs	njíh	

Das Zahlwort für 'ein' ist *éden* oder *èn*, wobei ersteres substantivisch und letzteres adjektivisch (Gen. *énega*, Dat. *énemu*) dekliniert wird; *dva* (mask.), *dve* (fem., neutr.) 'zwei' wird teilweise nach dem Dual dekliniert , *tríje* (mask.), *trí* (fem., neutr.) 'drei', *štírje* (mask.), *štíri* (fem., neutr.) 'vier', *pét* 'fünf', *šést* 'sechs' usw. nach dem Plural. Die

Zahlen 21 bis 99 sind nach dem Vorbild des Deutschen gebildet, z.B. *pétintrídeset* 'fünf-und-dreißig'. Die Ordnungszahlen werden adjektivisch dekliniert (*pŕvi* 'der erste', *drúgi* 'der zweite' usw.).

4.4. Das Verbum

Das slovenische Verbalsystem umfaßt die Kategorien Aspekt, Modus, Genus verbi (Diathese) und Tempus; die finiten Verbalformen zeigen zusätzlich drei Numeri (Sg., Du., Pl.) und drei Personen, die zusammengesetzten Formen zusätzlich auch drei Genusangaben (mask., neutr., fem.). Der Aspektgebrauch entspricht in den Hauptzügen dem der anderen slavischen Sprachen und speziell dem des Kroatischen und Serbischen, d.h., auch das Slovenische unterscheidet den pf. (markierten, die Ganzheit einer Handlung betonenden) vom ipf. (unmarkierten, oft z.b. Dauer und Verlauf betonenden) Aspekt, z.B. ipf. *bráti, bêrem* vs. pf. *prebráti, préberem* 'lesen'; die pf. Präsensform eines Verbs hat im Slovenischen (im Gegensatz zum Russischen) im allgemeinen keine Futurbedeutung, und das Futur I aus *bíti* und *l*-Partizip (*bómo rêkli* 'wir werden sagen', vgl. kroat. Infinitiv und *htjěti*: *rěći ćemo*) kann von beiden Aspekten gebildet werden (*bom písal* (ipf.), *bom napísal* (pf.) 'ich werde schreiben'). Als Modi kennt das Slovenische Indikativ, Imperativ und den zusammengesetzten Konditional (mit *bi* und *l*-Part.) und eine Art Optativ (*naj* und pf. Präs.). Das Passiv wird u.a. mit reflexivem *se* oder durch das Part.Prät.Pass. und *bíti* ausgedrückt. Im Gegensatz zum Kroat. und Serb. kennt die sloven. Standardsprache Imperfekt und Aorist nicht mehr, bewahrt aber nach Verben der Bewegung das Supinum (*délat, kupit, prósit*, zu den Infinitiven *délati* 'machen', *kupiti* 'kaufen', *prósiti* 'bitten', usw.); sie bildet als zusammengesetzte Tempora außer Futur I noch Perfekt (*jàz sem vídel* oder *vídel sem* 'ich habe gesehen') und Plusquamperfekt (*jàz sem bìl vídel* oder *vídel sem bìl* 'ich hatte gesehen'). Die Konjugation des Präsens entspricht mit Ausnahme der 3.Pl. der des Kroatischen und Serbischen, hat aber wie das Makedonische für die 1.Sg. die Endung -*m* konsequent verallgemeinert (sloven. *hóčem* 'ich will', *mórem* 'ich kann', aber kroat. und serb. *hòću, mògu*).

Die Konjugationsklassen werden in der Literatur verschieden gebildet, gewöhnlich nach dem Infinitivstamm, doch wird auch der Präsensstamm als erstes Kriterium benutzt; nach dem Präsensstamm (Svane 1958, 89-117, Priestly 1993, 419f.) ergeben sich folgende vier Konjugationsklassen I. Kl. -*e*- *nêsti* 'tragen', II. -*ne*- *dvígniti* 'heben', III. Kl. -*je*- *čúti* 'hören'(alt), IV. Kl. -*i*- *hvalíti* 'loben' (s. nächste Seite). In die I. Kl. gehören u.a. auch *státi, stánem* 'kosten', *bráti, bêrem* 'sammeln', in die III. Kl. auch Verben mit Infinitiv auf -*ati* wie *dajáti, dájem* (ipf.) 'geben', ebenfalls die produktive Gruppe *délati, délam* 'arbeiten' und abgeleitete Verben des Typs *kupováti, kupújem* 'kaufen', in die -*i*-Kl. auch Verben mit Infinitiv auf -*eti* und -*ati* wie *želéti, želím* 'wünschen', *držáti, držím* 'halten'.

	-e-Klasse	-ne-Klasse	-je-Klasse	-i-Klasse
Sg. 1.	nêsem	dvígnem	čújem	hválim
2.Pers.	nêseš	dvígneš	čúješ	hváliš
3.Pers.	nêse	dvígne	čuje	hváli
Du. 1.	nêseva	dvígneva	čújeva	hváliva
2./3.	nêseta	dvígneta	čújeta	hválita
Pl. 1.	nêsemo	dvígnemo	čújemo	hválimo
2.Pers.	nêsete	dvígnete	čújete	hválite
3.Pers.	nêsejo	dvígnejo	čújejo	hválijo[6]

Neben diesen thematischen (also mit den gen. Themavokalen) gebildeten haben sich auch einige wenige, aber häufig verwendete athematische (ohne Themavokal) Verben erhalten: *dáti, dám* (pf.) 'geben', *jésti, jém* 'essen', *íti, grèm* 'gehen', *védeti, vém* 'wissen', *bíti* (ipf.: *sèm, sì, jè; svà, stà; smò, stè, sò;* pf.: *bóm, bóš, bó; bóva, bósta; bómo, bóste, bódo*) 'sein, werden'.

Das Slovenische bewahrt die aktiven Präsens- (auf -*č, nesóč* 'tragend') und Präteritalpartizipien (auf -*l, nêsel, nêsla, nêslo* im Sinne von 'getragen habend'), wobei letzteres für die Bildung der zusammengesetzten Zeiten und bei intransitivem Verb auch als Attribut benutzt wird, und das passive Präteritalpartizip (*prenesèn, -sêna, -no* 'übertragen', *pohváljen, -jena, -jeno* 'gelobt', *skrít, -ta, -to* 'bedeckt'). Daneben gibt es indeklinable Präsens- (*gredé* oder *gredóč* zu *íti*) und Präteritalgerundien (*letávši* 'geflogen seiend', zu *létati, létam* 'fliegen', *rékši,* zu *rêči, rêčem* 'sagen'), jedoch nicht häufig verwendet.

5. Zur Derivationsmorphologie

Die Wortbildung bei Substantiven geschieht auch im Slovenischen im wesentlichen durch Suffigierung, Präfigierung und in geringerem Umfang durch Komposition; neben den allgemein im Slavischen verbreiteten Suffixen -*ar, -ka, -oba, -ost, -stvo* usw. fallen im Slovenischen besonders auf: Bildungen mit -*ava* (*izmenjáva* 'Austausch', *povečáva* 'Vergrößerung', dazu häufig Dubletten auf -*anje*, z.B. *povéčanje*), -*išče* bzw. -*lišče* (allgemein im Südslavischen produktiv und von Substantiven, Verben und Partizipien bildbar, *letalíšče* 'Flugplatz', *počiválišče* 'Raststätte'), -*je* (*zdravje* 'Gesundheit', *bitje* 'Dasein'), -*oba* (ohne pejorative Konnotation, *svetlôba* 'Glanz', *grdôba* 'Häßlichkeit', 'Monster'), -*tev* (oft mit Dublette -*tva, brítev/brítva* 'Rasur'), -*lo* (bei Nomina agentis und instrumentis, *klepetálo* 'Schwätzer', *lepotílo* 'Schminke'). Als Präfixe sind *med-, ne-, pra-, proti-, raz-* usw., auch Internationalismen wie *anti-, super-, ultra-* vertreten. Kompositionsvo-

---

[6] Es tauchen in der 3.Pl. auch noch die (älteren) Formen auf, z.B. *nesó, želé* (zu *nêsti, nêsem, želéti, želím*).

kal ist -*o*- bzw. nach Palatalen -*e*-, vgl. *vodovòd* 'Wasserleitung', *zemljevíd* 'Landkarte'.

Bei Adjektiven finden sich die Possessivsuffixe -*ov*/-*ev* (von Maskulina, auch von Tieren und Pflanzen: *Cankarjev* 'Cankar-', *bananov* 'Bananen-'), -*in* (von Feminina: *materin* 'Mutter-', *citronin* 'Zitronen-') und -*ji* (allgemein von Belebtem: *ribji* 'Fisch-', *božji* 'göttlich'). Produktiv in der Adjektivbildung sind heute vor allem die Suffixe -*en*/-*ni* (*voden* 'wässrig', *političen* 'politisch', mit einer Vielzahl anderer Suffixe kombinierbar, z.B. *gleda-lišč-en* 'Theater-') und -*ski* (*ljúdski* 'Volks-', *higiénski* 'hygienisch') und die Präfixe *nad-* (*nadzémeljski* 'überirdisch'), *ne-* (*nemíren* 'unruhig'), *pre-* (verstärkend, *prezadolžèn* 'hochverschuldet'), *preko-* (*prekoméren* 'übermäßig').

Die slowenische Verbalderivation zeigt Prä- und Suffigierung in der im Slavischen verbreiteten Weise, also Perfektivierung ipf. Verben durch Präfigierung: *od-govoriti* 'antworten', *pod-pisati* 'unterschreiben' bzw. Imperfektivierung pf. Verben durch Suffigierung: *za-znava-ti* (ipf.) zu *za-zná-ti* 'erkennen', *začé-nja-ti* (ipf.) zu *za-čé-ti* 'anfangen'. Die relativ seltenen und nicht mehr produktiven Suffixe -*oma*/-*ema* sind für die slowenische Adverbialbildung typisch (*redkoma* 'selten') (Bajec 1950-1952).

6. Zur Syntax

Die slowenische Syntax kennt eine relativ freie Wortstellung, doch steht in Haupt- und Nebensatz das Prädikat in der Regel nach dem Subjekt an zweiter Stelle, gefolgt von Dativ- und Akkusativobjekt: *ôče je podaríl sínu knjígo* 'der Vater schenkte dem Sohn ein Buch', Änderungen dieser Wortfolge bedeuten vor allem thematische und stilistische Hervorhebungen; in bezug auf Klitika, Fragepronomina, Attribute gelten ebenfalls feste Regeln, so daß z.B. die enklitischen Formen von *bíti* (mit Ausnahme der 3.Sg. *je* und *bom, boš, bo* ...) vor denen der Personalpronomina stehen, z.B. *jàz sem ga prôsil* oder *prôsil sem ga* 'ich bat ihn', aber *jàz ga bom prôsil* oder *prôsil ga bom* 'ich werde ihn bitten', *Káj ti je dál?* 'Was gab er dir?'; das reflexive Pronomen steht vor dem persönlichen: *zdélo se mi je* 'es schien mir', die enklitischen Formen können jedoch bei zu ergänzendem *ali* auch am Satzanfang stehen, z. B. *(Ali) si ga prôsil?* 'Hast du ihn gebeten?' – Wie im Kroat. und Serb. erfaßt die Belebtheitskategorie im Sloven. nur in der 1. Klasse den Akk.Sg.Mask. bei Bezeichnungen für belebte Wesen (Pron., Adj., Subst.): *Ljúbiš svôjega lépega očéta?* 'Liebst du deinen schönen Vater?' aber ... *svôjo lépo sêstro, lépe prijátelje?* ... 'deine schöne Schwester, schöne Freunde?' Nach Negation und bei Mengenangaben steht ebenfalls der Gen.Sg.: *Nísi sréčal Vésne?* 'Hast du Vesna nicht getroffen?', *bráta ní domá* 'der Bruder ist nicht zuhause' bzw. *dáj mi krúha!* 'gib mir Brot!', *málo másla* 'etwas Butter'. Instr.

und Lok. stehen nur nach Präpositionen, z.B. Instr.: *s tebój* 'mit dir', *pred híšo* 'vor dem Haus' (*pred* auch mit Akk.); Lok.: *o têbi* 'über dich', *na césti* 'auf der Straße' (*na* auch mit Akk.). Nach *dva* (mask.), *dve* (fem., neutr.) 'zwei' steht der Dual; im Gegensatz zum Kroat. und Serb. aber nach *tríje* (mask.), *trí* (neutr., fem.) 'drei' und *štírje* (mask.), *štíri* (neutr., fem.) 'vier' der Plural; nach *pét* 'fünf' steht der Gen.Pl. des Nomens und das Verb im Sg.neutr., z.B. *biló je sédem dôbrih lét* 'es gab sieben gute Jahre'. Die Verneinungspartikel *ne* steht im Sloven. im Gegensatz zum Deutschen vor dem Verb, z.B. *ne grêmo domóv* 'wir gehen nicht nach Hause'; zu *sèm, sì* ... und *imám, imáš* ... (*iméti* 'haben'), *hóčem, hóčeš* (zu *hotéti* 'wollen') heißt die Verneinung jedoch *nísem, nísi* ... *nímam, nímaš* ... *nóčem, nóčeš* ... Fragesätze werden durch Fragepronomen (*kdó?* 'wer?', *káj?* 'was?') oder die nicht obligatorische Partikel *ali?* 'ob?' eingeleitet bzw. durch eine Frageintonation des Satzes (Satzende = erfragtes Wort) gebildet. Relativsätze werden durch *ki*[7] oder *katéri* 'welcher, der' eingeleitet, z.B. *Kdáj mi bósta vŕnili knjígo (knjígi, knjíge), ki sem vama jo (ju, jih) posódil?* 'Wann werdet ihr (beide, Dual) mir das Buch (die Bücher, Dual, Plural) zurückgeben, das (die) ich euch (Dual) geliehen habe?', *vŕt, v katérem sem délal, že zelení* 'der Garten, in dem ich gearbeitet habe, wird schon grün'. Abhängige Sätze werden u.a. durch die Konjunktionen *da* 'daß', *ker* 'weil', *ko* 'wenn', *čepráv, četúdi* 'obwohl', *če, ako* 'wenn, falls' eingeleitet, z.B. *čepràv je že stár, še ní dovòlj pámeten* 'obwohl er schon alt ist, ist er noch nicht klug genug'. Typisch slovenisch ist auch die Konstruktion *lahko* + Indikativ zum Ausdruck einer Möglichkeit, z.B. *Lahko greš domov* 'Du kannst nach Hause gehen', *Lahko pridete z máno* 'Ihr könnt mit mir kommen'.

7. Zum Wortschatz

Der slovenische Wortschatz zeigt neben dem ererbten slavischen Wortmaterial (darunter spezifisch slovenisch: *in* 'und', *precéj* 'ziemlich', *àmpak* 'aber', *vèndar* 'doch', *splòh* 'überhaupt', *dežêla* 'Land, Gegend' usw.) jahrhundertelang vielfältige lexikalische und idiomatische Einflüsse des Deutschen auf die Dialekte, aber über diese auch auf die slovenische Umgangssprache und bis in die moderne Standardsprache (*žémlja* 'Semmel', *úra* 'Stunde, Uhr' usw. (Striedter-Temps 1963)); im 19. Jh. spielen das Tschechische (*gêslo* 'Losung', *prispévek* 'Beitrag' usw.) und Russische (z.B. *slovár* 'Wörterbuch'), später auch das Serbokroatische und Italienische eine besondere Rolle, doch wurden deren Einflüsse im Laufe der Entwicklung und durch bewußte Pflege

---

[7] Das Relativpronomen *ki* wird dekliniert, d.h. es werden ihm als unveränderlichem Bestandteil die entsprechenden Formen des deklinierten Personalpronomens nachgestellt, z.B. wie im folgenden Beispiel: *knjigo, ki ... jo* 'das Buch (Akk.Sg. fem.), welches (Akk.Sg.fem.) ... '.

besonders in der modernen slovenischen Standardsprache zurückgedrängt. Im 20. Jh. dringen vermehrt Internationalismen auf den Gebieten Technik, Kultur, Mode, Sport, Medien, Elektronik usw. ein.

8. Zu den Dialekten

Die Dialekte des slovenischen Sprachraums, die aus geographischen und kulturhistorischen Gründen außergewöhnlich zersplittert und vielfältig sind, werden nach Ramovš (1935, vgl. Lencek 1982, 133-157) auf Grund vor allem phonetischer Merkmale in sieben Hauptgruppen eingeteilt: 1. die archaischen Kärntner (*koróški*) Dialekte im Norden mit Übergangserscheinungen zum Westslavischen (*tl, dl* bewahrt), 2. die Küstendialekte (*primórski*)[8] im Süden und SW einschließlich der slovenischen Dialekte im Resia-Tal und in Friaul, 3. die Rovtar-Dialekte (zu *róvt* 'Gereut') im W von Ljubljana als Misch- und Übergangszone, 4. die Oberkrain-Dialekte (*gorénjski*) im N und NW von Ljubljana mit phonologisch distinktiven Intonationen und Akzentzurückziehung, 5. die Unterkrain-Dialekte (*dolénjski*) im S und O von Ljubljana mit Vokal-Diphthongierungen, an deren südlichem Rand eine deutsche Dialektenklave um Gottschee (Kočevje) bis in den Zweiten Weltkrieg bestand, in der jedoch durch Neubesiedlung jetzt verschiedene slovenische Dialekte gesprochen werden, 6. die steirischen (*štájerski*) Dialekte im NO des Sprachgebiets und 7. die pannonischen (*panónski*) Dialekte im Osten. Diese sieben Gruppen umfassen über 40 Mundarten. Die slovenische Hauptstadt Ljubljana liegt am Südrand des Oberkrainischen; die moderne slovenische Standardsprache reflektiert Eigenschaften der Unterkrain- und teilweise (Vokalsystem) auch der Oberkrain-Dialekte.

9. Zur Geschichte des Slovenischen

Obwohl die berühmten „Freisinger Denkmäler" (um das Jahr 1000 in einer lateinischen Handschrift aufgezeichnet, bestehend aus zwei allgemeinen Beichtformeln und einer Beichthomilie) als eines der frühesten slavischen Sprachdenkmäler deutlich slovenische Züge aufweisen, begründen sie keine slovenische Schrifttumstradition im Mittelalter. Erst in der zweiten Hälfte des 16. Jh. kommt es im geistigen Kontext der Reformation durch die Übersetzung biblischer und liturgischer und die Schaffung weltlicher Texte zur Herausbildung einer slovenischen Schriftsprache auf Unterkrainer, teils auch Oberkrainer Basis. Am Anfang dieser großen Epoche des Slovenischen steht Prímož Trúbar (1508-1586), der 1550 einen „Catechismus" und ein „Abecedarium"

---

[8] Priestly (1993, 448) sondert im Anschluß an Logar/Rigler (1986) aus diesen Küstendialekten als 8. Gruppe eine innerkrainische (*nótranjski*) als Übergangszone zum Unterkrainischen aus.

publizierte, das Neue Testament übersetzte (1557-1560) und die slovenische Kirchenordnung „Cerkovna ordninga" (1564, ND 1973) verfaßte. Ihm folgten Júrij Dàlmatin (ca. 1547 bis 1589) mit der slovenischen Gesamtbibel von 1584 (ND 1968), Adam Bóhorič (ca. 1520 bis 1598) mit der ersten slovenischen Grammatik „Arcticae horulae" (1584, ND 1969) und schließlich Hieronymus Megiser (1554/56-1619) mit seinem deutsch-lateinisch-slovenisch-italienischen Wörterbuch (1592). Die Gegenreformation schränkte diese vielversprechenden protestantischen Schrifttumsanfänge größtenteils ein, und das Slovenische wurde auf die Funktion dialektaler und sozial begrenzter Kommunikation reduziert. Erst Ende des 18. Jh. kam es erneut zu ernsthaften Versuchen, eine slovenische Schriftsprache zu begründen; so vor allem durch die katholische Bibelübersetzung (1784-1802) und in der „Crainerischen Grammatik" (1768, ²1783) des Márko Pohlìn (1735-1801) sowie – allgemeiner angelegt und von größerer Wirkung – in Jernèj (Bartholomäus) Kopítars (1780-1844) „Grammatik der Slavischen Sprache in Krain, Kärnten und Steyermark" (1808, ND 1970).

Die Fragen und Probleme der zu normierenden Standardsprache und ihrer Orthographie wurden lange kontrovers diskutiert und erst in den 40er Jahren des 19. Jh. im heutigen Sinne gelöst. Das Anknüpfen an die slovenische Schriftsprache des 16. Jh. bewirkte allerdings einen gewissen Konservativismus der Standardsprache, die sich dadurch deutlich und bis heute von der gesprochenen Umgangssprache unterscheidet. Von großem sprachlich-volksbildnerischen Eifer und Einfluß war Válentin Vódnik (1758 bis 1819); doch erst das lyrische Werk des größten slovenischen Dichters Francè Prešéren (1800-1849) zeigte die sprachlich-poetischen Möglichkeiten der modernen slovenischen Standardsprache, in der Fràn Lévstik (1831-1887) und Ívan Cánkar (1876-1918) eine moderne Prosa schufen. Mit dem umfangreichen zweibändigen slovenisch-deutschen Wörterbuch (1894-1895) von Màks Pletéršnik und der Orthographie (1899) von Fràn Lévec erreichte diese Entwicklung des 19. Jh. einen ersten Abschluß.

Im 20. Jh. wurde diese slovenische Standardsprache – obwohl zeitweise und in Teilbereichen vom Serbokroatischen bedrängt – in Wissenschaft, Literatur und Publizistik sorgfältig und konsequent gepflegt; die langjährigen Arbeiten an und der Abschluß des großen fünfbändigen Akademie-Wörterbuchs (1970-1991) dokumentieren diese erfolgreiche sprachpolitische Arbeit. Die slovenische Umgangssprache, die in ihrer Funktion mit der tschechischen (obecná čeština) Ähnlichkeiten aufweist und wie diese, aber im Gegensatz zur russischen, wenig erforscht ist, hat sich jedoch eigenständig weiter entwickelt und von ihr entfernt, so daß die Unterschiede zwischen beiden Sprachvarietäten heute besonders auffällig sind.

Die slovenische Standardsprache ist im heutigen öffentlichen Leben Sloveniens fest verankert. Nach dem Zerfall des Zweiten Jugoslavien und der erfolgreichen Zurückdrängung des Serbokroatischen, das besonders nach dem Zweiten Weltkrieg sprachliche Teilbereiche mit Massentexten überflutet sowie Militär und Luftfahrt beherrscht hatte, ist ihr gesellschaftlicher Anspruch umfassend und ihre Geltung uneingeschränkt, so daß sie allen Anforderungen an eine moderne Standardsprache gerecht wird.

10. Literaturangaben

Albretti, A. 1995. *Colloquial Slovene. A complete language course.* London, New York. (Mit 2 Kassetten.)
Bajec, A. 1950-52. *Besedotvorje slovenskega jezika.* Bd. 1-3. Ljubljana.
—, R. Kolarič, M. Rupel. [3]1973. *Slovenska slovnica.* Ljubljana [2]1964.
Balint, J. 1997. *Slovar slovenskih homonimov na podlagi Slovarja slovenskega knjižnega jezika.* Ljubljana.
Bezlaj, F. 1976-95. *Etimološki slovar slovenskega jezika.* Bd. 1-3 (A-S). Ljubljana.
Brižinski spomeniki. Znanstvenokritična izdaja. Ljubljana 1993.
Bunc, S. 1977. *Mali slovenski pravopis.* Maribor.
Davis. M. 1989. *Aspects of the adverbial placement in English and Slovene.* München.
Debenjak, D., B., P. 1995. *Veliki slovensko-nemški slovar.* Ljubljana.
— 1995. *Veliki nemško-slovenski slovar.* Ljubljana.
Derbyshire, W.W. 1993. *A basic reference grammar of Slovene.* Columbus (Ohio).
Enciklopedija Slovenije. Bd. 1ff., Ljubljana 1987ff. [bisher Bd. 1-11, 1997].
Fonološki opisi srpskohrvatskih/hrvatskosrpskih, slovenačkih i makedonskih govora obuhvaćenih Opšteslovenskim lingvističkim atlasom. Sarajevo 1981, 27-218.
Gradišnik, J. 1966. *Priročni slovensko-nemški slovar.* Maribor.
Hanjšek-Holz, M. 1996. *Odzadnji slovar slovenskega knjižnega jezika po Slovarju slovenskega knjižnega jezika.* Ljubljana.
Jaksche, H. 1965. *Slavische Akzentuation.* Bd. 2: *Slovenisch.* Wiesbaden.
Jug-Kranjec, H. [8]1992. *Slovenščina za tujce.* Ljubljana.
Jurančič, J. 1965. *Slovenački jezik. Gramatika slovenačkog jezika za Hrvate i Srbe.* Ljubljana.
Kacin, A. 1972. *Grammatica della lingua slovena.* Ljubljana, Trst.
Kopitar, J. 1808. *Grammatik der Slavischen Sprache in Krain, Kärnten und Steyermark.* Laibach. (ND München 1970.)
Lägreid, A. 1973. *Die russischen Lehnwörter im Slovenischen. Die in der ersten Hälfte des 19. Jahrhunderts übernommenen Wörter.* München.
Lencek, R.L. 1982. *The structure and history of the Slovene language.* Columbus (Ohio). (Mit reichem bibliographischen Material.)
Logar, T. 1975. *Slovenska narečja. Besedila.* Ljubljana.
— 1996. *Dialektološke in jezikovnozgodovinske razprave.* Ljubljana.
— , J. Rigler 1986. *Karta slovenskih narečij.* Ljubljana.
Mader, E. 1981. *Rückläufiges Wörterbuch des Slowenischen.* Klagenfurt.
Merše, M. 1995. *Vid in vrstnost glagola v slovenskem knjižnem jeziku 16. stoletja.* Ljubljana.
Neweklowsky, G. 1973. *Slowenische Akzentstudien. Akustische und linguistische Untersuchungen am Material slowenischer Mundarten aus Kärnten.* Wien.
Orešnik, J. 1994. *Slovenski glagolski vid in univerzalna slovnica.* Ljubljana.

Orožen, M. 1996. *Poglavja iz zgodovine slovenskega knjižnega jezika (od Brižinskih spomenikov do Kopitarja)*. Ljubljana.
— 1996. *Oblikovanje enotnega slovenskega knjižnega jezika v 19. stoletju*. Lubljana.
Paternost, J. 1984. A sociolinguistic tug-of-war between Slovene and Serbo-Croatian in Slovenia today. *Slovene Studies* 6, 227-242.
Pleteršnik, M. 1894-95. *Slovensko-nemški slovar*. Bd. 1-2. Ljubljana. (ND Ljubljana 1974.)
Priestly, T.M.S. 1993. Slovene. In: Comrie, B., G.G. Corbett (Hrsg.): *The Slavonic languages*. London, New York, 388-451.
Ramovš, F. 1924. *Historična gramatika slovenskega jezika*. Bd. 2: *Konsonantismus*. Ljubljana.
— 1935. *Historična gramatika slovenskega jezika*. Bd. 7: *Dialekti*. Ljubljana.
— 1935. *Karta slovenskih narečij v priročni izdaji*. Ljubljana. (ND Ljubljana 1957.)
— 1936. *Kratka zgodovina slovenskega jezika*. Bd. 1: (Einführung und Vokalismus). Ljubljana.
— 1952. *Morfologija slovenskega jezika*. Ljubljana.
Rigler, J. 1963. Pregled osnovnih razvojnih etap v slovenskem vokalizmu. *Slavistična revija* 14, 25-78.
— 1967. Pripombe k Pregledu osnovnih razvojnih etap v slovenskem vokalizmu. *Slavistična revija* 15, 129-152.
— 1975. O zgodovini klasificiranja slovenskih dialektov. *Slavistična revija* 23, 27-40.
Slovar slovenskega knjižnega jezika 1970-91. Bd. 1-5. Ljubljana. (Dazu: *Besedišče slovenskega jezika. Po kartoteki za slovar sodobnega knjižnega jezika zbrane besede, ki niso bile sprejete v Slovar slovenskega knjižnega jezika*. Bd. 1-2. Ljubljana 1987.)
Slovenski pravopis 1990. I. *Pravila*. Ljubljana. (ND 1997.)
Snoj, M. 1997. *Slovenski etimološki slovar*. Ljubljana.
Srebot-Rejec, T. 1988. *Word accent and vowel duration in standard Slovene*. München.
Stankiewicz, E. 1959. The vocalic system of modern standard Slovenian. *International journal of Slavic linguistics and poetics* 1,2, 70-76.
Striedter-Temps, H. 1963. *Deutsche Lehnwörter im Slovenischen*. Wiesbaden.
Svane, G.O. 1958. *Grammatik der slovenischen Schriftsprache*. Kopenhagen.
Tomšič, F. [3]1974. *Nemško-slovenski slovar*. Ljubljana.
— [3]1977. *Slovensko-nemški slovar*. Ljubljana.
Toporišič, J. 1962. Die slovenische Dialektforschung. *Zeitschrift für slavische Philologie* 30, 383-416.
— 1965-70. *Slovenski knjižni jezik*. Bd. 1-4. Maribor.
— (1969). *Zakaj ne po slovensko? Slovene by direct method*. Ljubljana.
— [2]1984. *Slovenska slovnica*. Maribor 1976, pregledana in razširjena [2]1984, unveränderter Nachdruck 1991.
— *Adam Bohorizh: Arcticae horulae succisivae. Zimske urice proste*. Prevedel in spremno študijo napisal J. Toporišič. Maribor 1987.
— 1991. *Družbenost slovenskega jezika. Sociolingvistična razpravljanja*. Ljubljana.
— 1992. *Enciklopedija slovenskega jezika*. Ljubljana.
— 1993. Die slovenische Schriftsprache des 20. Jahrhunderts. *Die Welt der Slaven* 38, 137-160 (mit ausführlicher Bibliographie).
Vincenot, C. 1975. *Essai de grammaire slovène*. Ljubljana.

Das Resianische

von
Aleksandr D. Duličenko

1. Einführung

Die slovenischen Resianer leben in Italien in der Provinz Udine (sloven. Videm) und im Resia-Tal (daher ihr Name). Ihre Vorfahren gelangten im 8. Jh. auf das Gebiet Venedigs (sog. Venetisch Slovenien, sloven. Beneška Slovenija). Sie blieben bis 1797 Teil der Republik Venedig und gerieten danach unter habsburgische Herrschaft. 1866 kam ihr Territorium zu Italien (Pri slovenski manjšini 1987, 79-83). Gegenwärtig leben Resianer in etwa zehn Dörfern: sloven. Bela/resian. Bila (ital. San Giorgio), Ravanca/Ravenca (Prato di Resia), Njiva (Gniva), Solbica (Stolvizza), Osojane (Oseacco), Lipovac/Lipovec (Lipovaz), Križan/ Križec (Crisarre), Gozd (Gost), Lisenek (Lischiazze) und Učja (Uccea). Über ihre Anzahl bestehen widersprüchliche Angaben (1400 bis 3000 Personen), sie befinden sich heute in einer Art Enklave umgeben von Italienern und Friulanern und berühren nur mit einem Teil ihres Gebiets im Osten die slovenische Staatsgrenze. Die Resianer selbst sagen über ihre Sprache *rumunìt po nàs* 'auf unsere Art sprechen' oder *rumunit po Rozojánskìn* 'resianisch sprechen'; für die geschriebene Sprache wird auch *rozojanski lengač* 'resianische Sprache' verwendet.

2. Die Dialekte

Fr. Ramovš unterschied im Resianischen drei grundlegende Mundarten (eine westliche um Bela, eine zentrale um Njiva, Solbica u.a. und eine östliche um Osojane, Učja)[1] und sah die Entwicklung bis zum 14. Jh. in Verbindung mit dem karantanischen und später mit dem südwestslovenischen Dialektgebiet, wobei das Resianische größte Ähnlichkeiten mit der Mundart von Torre aufweist, die zu den slovenischen Küstendialekten zählt (Ramovš 1928, 109, 121; Ramovš 1935). H. Steenwijk untersuchte die Mundart von Bela/Bila und unterscheidet nach den Orten Bela, Njiva, Osojane und Solbica mindestens vier Haupt-Mundarten (Steenwijk 1992; s. auch: Matičetov 1992).

---

[1] Die erste Klassifizierung der slovenischen Dialekte von I.I. Sreznevskij (1841) hebt das Resianische bereits als besondere Einheit hervor. 1870-90 legte J. Baudouin de Courtenay mit seinen breit angelegten Studien zum Resianischen die Grundlage für eine wissenschaftliche Resianologie (Duličenko 1996). Er zeichnete in großem Umfang die gesprochene Sprache auf (ein Teil wurde publiziert) und erstellte eine erste phonetische Transkription, anhand derer er verschiedene Mundarten unterschied (Baudouin de Courtenay 1875). N.I. Tolstoj entdeckte im Archiv der Russischen Akademie der Wissenschaften (RAN) in St. Petersburg Baudouins Manuskript „Resianisches Wörterbuch" und veröffentlichte einen Teil (Boduėn de Kurtenė 1966), weitere Teile werden zum Druck vorbereitet.

Spezifische Merkmale der resianischen Mundarten sind:
1. Auftreten der von Baudouin de Courtenay als „lufterfüllte" bezeichneten Vokale (sloven. *zasopli vokali* 'atemlose Vokale') *æ, ö, u* und *ü* (*koríto* 'Trog' > *korýto* > *körýtö/kürýtü*);
2. nach nasalen Konsonanten wird *o > u* (*mój > múj* 'mein') und *ę > i* (*męso > mísu* 'Fleisch');
3. Erhaltung der alten (urslav.) Akzentstelle (*ženà* 'Frau');
4. Entwicklung von *g > γ > h > ∅* in verschiedenen Mundarten (*glas – γlas – hlas – las* 'Stimme');
5. Entstimmhaftung der stimmhaften Konsonanten im Auslaut: *daž – däž – dež – dyž [daš ...]* 'Regen';
6. Präfix *vy-* (gegenüber im Slovenischen üblichem *iz-* 'aus, heraus');
7. Ordinalzahlen ab 'dritter' werden einheitlich mit dem Suffix *-nj-* gebildet: *trétnji, désanji* 'dritter, zehnter';
8. Erweiterung des Infinitivs um *-t*: *nestit* statt *nesti* 'tragen', *rićit* statt *reči* 'sprechen';
9. Imperfekt und Aorist sind so gut wie nicht mehr vorhanden;
10. Bildung eines bestimmten (*te*) und unbestimmten (*din*) Artikels;
11. starke Italienisierung der Lexik; ebenso Spuren deutscher Einflüsse (Ramovš 1928, Logar 1972).

3. Die Entwicklung einer Schriftsprache

Ein resianisches Schrifttum entstand im 18. Jh. In den 90er Jahren entdeckte Jan Potockij zufällig eine Sammlung von Manuskripten mit Übersetzungen italienischer christlicher Belehrungen „Cratca dottrina cristiansca", wobei erstmals die lateinische Schrift verwendet wurde. Über den weiteren Verbleib der Sammlung ist nichts bekannt. Auf Ende des 18. Jh. wird auch ein ebenfalls aus dem Italienischen übersetzter, in mindesten zwei Varianten erhaltener Katechismus geschätzt, den Baudouin in Njiva fand, 1875 als Facsimile und 1894 in Transkription publizierte; 1913 veröffentlichte er „Christjanske uzhilo" ('Christliche Doktrin'). Weitere Denkmäler s. Matičetov (1964).

Wie Baudouin bezeugt, versuchten Resianer im letzten Drittel des 19. Jh., ihre Mundart in der Schule, wo auf Italienisch unterrichtet wurde, einzuführen; die Mundart von Bela sollte als Grundlage für die geschriebene Sprache, die Mundart von Njiva jedoch als allgemeine Umgangssprache aller Bewohner Resias verwendet werden (1876, 343). Resianisch wird seit jeher im privaten Briefwechsel verwendet.

Die Tradition des resianischen religiösen Schrifttums wurde im 20. Jh. fortgesetzt. 1927 gab Jožef Kramaro (Cramaro) den 'Katechismus auf Resianisch' als erstes gedrucktes resianisches Buch heraus („To kristjanske učilo po rozoanskeh"). Seine Schreibweise orientiert sich an der slovenischen. Zu dieser Zeit setzte auch ein literarisch-künstlerischer Prozeß ein: 1930 erschien ein Lyrik-Band „Canzoni resiani" von Šemun Bilac und Marica Kundina; Gedichte schreiben auch Taliko Brida Kowáč, Paska Dúlica, Tyna Wájtawa, Minka Santičeva (Domenica di Lenardo Santig), Gilberto Barbarino, Silvana Paletti u.a. 1974 publizierte Dorina di Lenardo eine Sammlung „Te rosaiansche uiśize" ('Resianische Lieder'), und in den 80er Jahren erschienen die „Baside" ('Worte') des Dichters Renato Quaglia. Resianische literarische, religiöse und publizistische Texte wurden auch in lokalen slowenisch-italienischen („Novi Matajur", „Trinkov koledar", „Zaliv", „All'ombra del Canin – Pod Ćanynowo sinco" u.a.) und slowenischen Ausgaben („Prostor in čas" u.a.) (Duličenko 1981) veröffentlicht. Eine wichtige Rolle in der Entwicklung eines ethnischen Selbstbewußtseins der Resianer sowie ihres literarisch-künstlerischen Schaffens spielten die von Matičetov gesammelten und edierten Volkslieder und Märchen (Matičetov 1972; 1973). Radio Trieste sendet angeblich auch auf Resianisch.

Seit den 80er Jahren des 20. Jh. gibt es seitens der Resianer ein gesteigertes Interesse daran, mit ausländischen Slavisten bei der Aufstellung einheitlicher Normen einer resianischen Schriftsprache zusammenzuarbeiten. 1980 fand in Ravanca/Ravenca eine wissenschaftliche Konferenz zu Alphabet und Orthographie des Resianischen statt. Es wurden zwei Alphabete und Orthographien – auf slovenischer bzw. italienischer Grundlage – vorgeschlagen. 1991 kam es zu einer zweiten Konferenz, die der Schaffung einer normativen resianischen Grammatik gewidmet war (s. Fondamenti). Auf Vorschlag Steenwijks sollten als Grundlage der Schriftsprache die vier Haupt-Mundarten der Dörfer Bela/Bila, Njiva, Osojane und Solbica verwendet werden; bei deutlichen Unterschieden sollte man die Mundart des zentral gelegenen Lipovac/Lipovec verwenden (Steenwijk 1993). Es wurde aber auch vorgeschlagen, als zentrale Grundlage für die Schriftsprache die Mundart von Bela/Bila zusammen mit der von Njiva zu nehmen und dabei zusätzlich Besonderheiten der gesprochenen Sprache der übrigen Dörfer als Material der Sprachperipherie zu berücksichtigen (Duličenko 1993). 1994 publizierte Steenwijk Grundlagen eines Alphabets und einer Orthographie des Resianischen, in denen der auf der Konferenz von 1991 vorgeschlagene Ansatz zu realisieren versucht wird. Danach wird folgendes Alphabet mit 34 Graphemen für die resianische Schriftsprache vorgeschlagen:

Aa	Ćć	Gg	Ïï	Nn	Ss	Vv
Ää	Dd	Gǧ	Jj	Oo	Šš	Ww
Bb	Ee	Gǵ	Kk	Öö	Tt	Zz
Cc	Ëë	Hh	Ll	Pp	Uu	Žž
Čč	Ff	Ii	Mm	Rr	Üü	

Besonderheiten der Vokale: *ä* – liegt zwischen [a] und [e] (*prodät* 'verkaufen'); *ë* ähnlich deutschen *e* in *Gelände, Lippe* (*dëd* 'Großvater'); *ï* und *ö* – ähnlich dem *ë*, dabei jedoch *ï* (*jïskra* 'Funke') mit stärkerer Anhebung der Mittelzunge und *ö* (*dölu* 'unten') mit Lippenrundung ähnlich wie bei *o*; *ü* (*jüdi* 'Leute') ähnlich dem *ï*, aber mit Lippenrundung wie bei *u*.

Konsonanten: ǯ ähnelt dem italien. *g* [ʒ] in *Genova* (*ǯanar* 'Januar'), ǵ wie friulanisch *gj* [ʒ'] in *ǵö/ǵo* 'ja'; *w* ähnlich italien. *u* [u̯] in *guadagnare* (*wratit* 'zurückkehren'), *ć* wie friulanisch *cj* [č'] in *nuć* 'Nacht'; *c, č, h, z, š, ž* wie die entsprechenden sloven. Konsonanten.

Das vorgeschlagene Alphabet orientiert sich also am slovenischen unter Hinzufügung einiger Zeichen, dabei haben ǯ und ǵ eher Transkriptionscharakter. Als normative Schreibweise gilt diejenige, die mindestens für zwei bis drei der vier Haupt-Mundarten charakteristisch ist; vgl. *šlovëk* (Bela/Bila), *čluvëk* (Njiva), *človëk* (Osojane, Solbica) 'Mensch' – kodifiziert als *človëk*; das Wort für 'Tod' lautet in den Mundarten *smyrt* (Bela/Bila), *smert* (Njiva), *smärt* (Osojane), *smyrt* (Solbica), wird aber wegen der Aussprache in Lipovac/Lipovec als *smärt* kodifiziert.

Diese Alphabet- und Orthographie-Vorschläge dringen nur langsam in die Schreibpraxis ein, erst die Zukunft wird zeigen, ob sie funktional sind und sich allgemein durchsetzen können.

4. Literaturangaben

Boduén de Kurtené, I.A. 1875. *Opyt fonetiki rez'janskich govorov*. Varšava, St.-Peterburg.
— 1876. Rez'ja i rez'jane. *Slavjanskij sbornik* III, St.-Peterburg.
— 1966. Rez'janskij slovar' (Redaktion N.I. Tolstoj). *Slavjanskaja leksikografija i leksikologija*. Moskva, 183-226.
Duličenko, A.D. 1981. *Slavjanskie literaturnye mikrojazyki* (*Voprosy formirovanija i razvitija*). Tallin.
— 1993. Rezijanščina: na poteh h knjižnemu jeziku. *Fondamenti*, 29-46.
— 1996. U istokov rez'janologii. *Kopitarjev zbornik*. Ljubljana, 567-590.
Fondamenti per una grammatica pratica resiana. A cura di H. Steenwijk. Padova 1993.
Logar, T. 1972. Rezijanski dialekt. (Glasoslovna skica). *VIII. seminar slovenskega jezika, literature in kulture 1972*. Ljubljana, 1-10.
Matičetov, M. 1964. Scritti resiani. *Ricerche slavistiche* 12, 123-144.
— 1972. *Rožice iz Rezije*. Koper, Trst, Ljubljana.
— 1973. *Zverinice iz Rezije*. Ljubljana, Trst.
— 1992. Resia. I. Dimensione linguistica. *La cultura popolare in Friuli 'La sguardo da Fuori'. Atti del convegno di studio*. Udine, 57-94.
Pri slovenski manjšini v Avstriji in Italiji. Ljubljana 1987.
Ramovš, Fr. 1928. Karakteristika slovenskega narečja v Reziji. *Časopis za slovenski jezik, književnost in zgodovino* 7, 107-121.
— 1935. *Historična gramatika slovenskega jezika*.7. *Dialekti*. Ljubljana.
Sreznevskij, I.I. 1841. O narěčijach slavjanskich. *Žurnal Ministerstva Narodnago Prosvěščenija* XXXI, otděl II, 1841, 133-164.
Steenwijk, H. 1992. *The Slovene dialect of Resia: San Giorgio*. Amsterdam.
— 1993. Una base dialettale per il resiano scritto. *Fondamenti*, 103-118.
— 1994. *Ortografia resiana. Tö jošt rozajanskë pïsanjë*. Padova.

Das Kroatische

von
Peter Rehder

1. Einführung

Das Kroatische ist die Standardsprache (hr̀vātskī knjĩžēvnī jèzīk[1]) der Kroaten in der Republik Kroatien (Repùblika Hr̀vātska), die sich aus der Föderativen Republik Jugoslavien gelöst hat und seit dem 26. Juni 1991 als selbständige Republik besteht; es wird in Kroatien (1989) von ca. 4,7 Mio. Einwohnern gesprochen, dazu (1989) von ca. 0,8 Mio. bosnischen Kroaten in Teilen der Republik Bosnien und Hercegovina und von kroat. Minderheiten in Serbien[2], Slovenien, Ungarn, im südöstlichen Österreich (Burgenland), in der Region Molise (Italien) sowie von einer gewissen Anzahl von Emigranten in Europa, Nord- und Südamerika, Australien. Kulturelle Zentren sind Zágreb (Agram), Rijéka, Zàdar, Spl̀it, Dùbrōvnik (italien. Ragusa), Õsijek; ca. 85% der Bevölkerung sind katholisch. Bis zur Auflösung der Föderativen Republik Jugoslavien war Kroat. (wie Serbisch) soziolinguistisch eine Variante der den Kroaten, Serben, Montenegrinern und Bosniern gemeinsamen Standardsprache 'Kroatoserbisch' bzw. 'Kroatisch oder Serbisch' (s. Beitrag „Serbokroatisch"). – Mit dem Slovenischen und Serbischen gehört das Kroat. zur westlichen Gruppe der südslavischen Sprachen, deren östliche Gruppe Bulgarisch und Makedonisch bilden.

2. Alphabet, Aussprache, Orthographie

Die Verfassung der Republik Kroatien von 1990 regelt die Sprach- und Schriftfrage, danach ist die kroat. Sprache Amtssprache und die lateinische Schrift (die Latìnica) amtliche Schrift[3]. Das kroat. Alpha-

---

[1] Die jeweils angegebenen 'Betonungszeichen' werden gewöhnlich nicht, sondern nur zu wissenschaftlichen Zwecken geschrieben, sie werden in Kapitel 3 unten erläutert.

[2] Genaue statistische Angaben liegen z.Zt. nicht vor; 1989 gab es ca. 50.000 Kroaten in Serbien.

[3] „In der Republik Kroatien sind die kroatische Sprache (*hrvatski jezik*) und die lateinische Schrift im amtlichen Gebrauch. In einzelnen Regionaleinheiten können neben der kroatischen Sprache und der lateinischen Schrift für amtlichen Gebrauch auch eine andere Sprache und die kyrillische oder irgend eine andere Schrift nach den gesetzlichen Maßgaben eingeführt werden." (Verfassung der Republik Kroatien von 23.12.1990, Artikel 12.) – In der kroat. Verfassung von 1974 hatte es zur Sprachenfrage in Kroatien geheißen: „In der SR Kroatien ist die kroatische Standardsprache (*hrvatski književni jezik*) im öffentlichen Gebrauch – die Standardform (*standardni oblik*) der Volkssprache der Kroaten und Serben in Kroatien, die kroatische oder serbische Sprache genannt wird." Ein Vergleich beider Texte zeigt deutlich den politischen Wechsel und seine soziolinguistischen Folgen, insbesondere für die zur Minderheit gewordene serbische Bevölkerung Kroatiens.

bet besteht aus folgenden 27 Buchstaben und drei Buchstabenverbindungen in dieser Reihenfolge:

Aa	Dd	Gg	Ll	Oo	Tt
Bb	Dž/dž	Hh	Lj/lj	Pp	Uu
Cc	Đđ	Ii	Mm	Rr	Vv
Čč	Ee	Jj	Nn	Ss	Zz
Ćć	Ff	Kk	Nj/nj	Šš	Žž

Die Buchstabenverbindungen Dž/dž, Lj/lj, Nj/nj bezeichnen je èinen Laut [ʒ, l', n']. Das 1882 von Daničić eingeführte Đđ wird bisweilen auch als Dj/dj (früher auch Gj/gj) geschrieben; für dž, lj, nj schreibt die Zagreber Jugoslavische (1941-1945 und ab 1991 wieder: Kroatische) Akademie der Wissenschaften und Künste (J[H]AZU) in Übernahme eines Vorschlags von Jagić (1878) ǵ, ļ, ń. In Fremdwörtern sind auch q, w, x, y möglich, sie werden alphabetisch eingeordnet: q nach p und w, x, y nach v.

Die Aussprache der meisten Buchstaben entspricht annähernd der im Deutschen, also b, a, i in *babica* 'Hebamme' wie [b, a, i] in *Bambi*, oder d, u, n in *Dunav* 'Donau' wie [d, u, n] in *Dunst* usw. Einige Zeichen müssen aber besonders erklärt werden:

dž	stimmhafte Entsprechung zu č	nj	weiches [n'] wie gn in franz. *cognac*
c	ähnlich wie z in dt. *zehn*	r	immer Vorderzungen-*r*
č	ähnlich wie tsch in dt. *Ratsche*	s	immer stimmloses s wie in dt. *lassen*
ć	ungefähr weiches tschj	š	ähnlich wie sch in dt. *Tasche*
h	meist wie ch in dt. *Bach*	z	stimmhafte Entsprechung zu s
lj	weiches [l'] wie gli in ital. *figlio*	ž	stimmhafte Entsprechung zu š

Die Orthographie des Kroat. ist im „Hrvatski pravopis" (zuletzt [4]1996) geregelt[4]. Es wird konsequent klein geschrieben; Ausnahmen bilden u.a. Eigennamen, Höflichkeitsformen und das erste Wort im Satz. Die Orthographie ist im wesentlichen phonetisch, so daß die tatsächliche Aussprache aus dem Schriftbild leicht erschließbar ist; so sind regressive Stimmtonassimilationen meist orthographisch berücksichtigt: *težak* 'schwer', aber *teška* (< *tež-ka*) Gen.Sg., *teškoća* 'Schwierigkeit', *primijetiti* 'bemerken', aber *primjedba* (< *primět-ba*) 'Bemerkung', *naručiti* 'bestellen', aber *narudžba* [-ruʒba] 'Bestellung', ebenso Vereinfa-

---

[4] Die Geschichte der heutigen Orthographie des Kroat. ist soziolinguistisch interessant. Sie geht zurück auf den „Hrvatski pravopis" ('Kroatische Orthographie') von 1971, der aus politischen Gründen umgehend verboten und nahezu vollständig eingestampft, aber schon [1]1972 (und erneut [2]1984) in London (daher 1. und 2. 'Londoner' Ausgabe [*londonac*] genannt) – um einleitende Teile verkürzt – nachgedruckt wurde; die vernichtete Auflage von 1971 wurde vollständig erst 1990 nachgedruckt. Es folgten eine überarbeitete 3. Aufl. 1995 und zuletzt eine nur unwesentlich veränderte 4. Aufl. 1996. – Diskutiert wird auch die 'morphologische' kroat. Orthographie von Cipra und Klaić (1944), die 1992 (mit einem Nachwort von St. Težak) nachgedruckt wurde, sie hat aber keine offizielle Geltung. (Eine Art vorsichtigen Kompromiß versuchte der offiziell akzeptierte „Pravopisni priručnik" ('Orthogr. Handbuch') von Anić und Silić [1]1986, [2]1987.)

chungen assimilierter Gruppen *sudac* 'Richter', aber *suca* (< *sut-ca* < *sud-ca*) Gen.Sg., diese Vereinfachung (nach [4]1996, 48) aber nur noch bei *oca* Gen.Sg. zu *otac* 'Vater' und *sveca* Gen.Sg. zu *svetac* 'Heiliger', sonst bei den Suffixen *-tac, -dac, -dak, -tak* regelmäßig nur etymologische Schreibung (*mladca* als Gen.Sg. zu *mladac* 'junger (unreifer) Mann', *predka* zu *predak* 'Vorfahr'; aber Anić [3]1998, 542, 851 nur *mlaca, pretka*), bei drei- und mehrsilbigen Nomina sind aber wieder beide Schreibweisen zugelassen; etymologisch geschrieben auch *ljudstvo* 'Menschheit', *sredstvo* 'Mittel'. Weitere Vereinfachungen z.B. *radosna* < *radostna*, vgl. *radostan* 'froh', *godišnji* < *godištnji* 'jährlich', vgl. *godište* 'Geburtsjahr' usw.

3. Das Lautsystem[5]

Das System der silbenbildenden Phoneme des Kroat. umfaßt die fünf monophthongischen V o k a l e /a, e, i, o, u/, den (als ije geschriebenen) Diphthong /i̯e/ und das sonantische /r̥/, das jedoch in nichtsilbenbildender Form ein konsonantisches Phonem /r/ ist.

Die fünf Monophthonge werden immer klar und deutlich ausgesprochen, eine Reduktion oder Verdumpfung in unbetonten Silben findet nicht statt; /e, o/ sind offene [ɛ, ɔ]. In betonten und nachtonigen Silben weisen sie wie auch /r̥/ phonologische Quantitätsunterschiede (/ā : ă, ē : ĕ, ō : ŏ, ī : ĭ, ū : ŭ, r̥̄ : r̥̆/) auf. Erste betonte Silben mehrsilbiger Wörter zeigen dazu phonologische Intonationsunterschiede (diakritische Bezeichnungen: fallender [lang: ˆ, kurz: ˝] gegenüber steigendem [lang: ´, kurz: `] Tonhöhenverlauf; langfallend vs. langsteigend: â : á, ê : é, ô : ó, î : í, û : ú, r̥̂ : ŕ̥ bzw. kurzfallend vs. kurzsteigend: ä : à, ë̏ : è, ö̏ : ò, ï̏ : ì, ü̏ : ù, ȑ̥ : r̥̀). Der Diphthong /i̯e/ ist immer lang (*rijéka* 'Fluß', *tijêlo* 'Körper'). Das System silbentragender Phoneme unter Einschluß der prosodischen (Quantität, Intonation) Distinktionen zeigt somit in betonten ersten Wortsilben von Mehrsilblern maximal 24 und in nachtonigen Silben maximal zwölf Möglichkeiten:

Tonsilben		Nachtonsilben	
kurz	lang	kurz	lang
ï̏ ì – ü̏ ù	î í – û ú	ĭ ŭ	ī ū
ȑ̥ r̥̀	r̥̂ ŕ̥	r̥̆	r̥̄
ë̏ è – ö̏ ò	ê é – ô ó	ĕ ŏ	ē ō
ä à	â á	ă	ā

Beispiele für Quantitäts- und Intonationsunterschiede: langfallend vs. kurzfallend: *pâs* 'Gürtel' : *päs* 'Hund', *têk* 'Appetit' : *tëk* 'erst', *lûk* 'Bogen' : *lük* 'Zwiebel'; langsteigend vs. kurzsteigend: *sijédeti* [si̯éde-

---

[5] In diesem und den folgenden beiden Kapiteln zeigt sich sehr deutlich, wie ähnlich, ja größtenteils identisch die beiden autonomen Standardsprachen Kroatisch und Serbisch linguistisch gesehen sind; dies ist eine Folge der im wesentlichen gemeinsamen neuštokavischen Dialektgrundlage.

Das Kroatische 253

ti] 'ergrauen' : *sjèdeti* [si̯èdeti] 'sitzen'; langfallend vs. langsteigend: *sûda* Gen.Sg. zu *sûd* 'Gefäß' : *súda* Gen.Sg. zu *sûd* 'Gericht'; phonologischer Quantitätsunterschied in nachtonigen Silben: *slı̃kē* Gen.Sg. 'des Bildes' : *slı̃ke* Nom.Pl. 'die Bilder'. – Die phonologische Opposition zwischen silbenbildendem /r̥/ und nichtsilbenbildendem /r/ belegt allein das (wegen der unterschiedlichen Intonation prosodisch nicht ganz stimmige) Minimalpaar *ı̃stro* [istro] (Vok.Sg. zu *Istra* 'Istrien', zweisilbig) vs. *ìstro* [istr̥o] (dreisilbig, < *istr̥l*, 'abgerieben', *l*-Partizip zu *ìstrti*, *ı̃strēm* 'abreiben'), sonst könnte [r̥] als Allophon zu /r/ interpretiert werden. Vokalfolgen werden getrennt gesprochen: *pàūk* [pàu̯k] 'Spinne'. Der Schwa-Laut [ə] ist kein Phonem des Kroatischen, wird aber in konsonantischen Buchstabennamen gesprochen, z.B. *bə*, *də*, *žə*. In Fremdwörtern tauchen als silbenbildende Allophone zu /l, n, m/ auch [l̥, n̥], selten [m̥] auf: [ʒentl̥men] 'Gentleman', [ńùtn̥] 'Newton', [hm̥] 'hm' (Hrvatska gramatika ³1995).

Die 25 Konsonanten-Phoneme des Kroat. sind /p, b, f, v, m, t, d, n, n' (=nj), s, z, r, l, l' (=lj), š, ž, c, ć, ɟ (= d), č, ǯ (= dž), j, k, g, x (= h)/; häufige Allophone – als Ergebnis regressiver Assimilationen – sind: [ʒ], [ŋ], [γ], [F], [ś] und [ź]: *sudac bi rekao* [súdaʒbi] 'der Richter würde sagen', *banka* [bâŋka] 'Bank', *grof bi došao* [gròFbi], nicht bilabial [groᵘbi] 'der Graf würde kommen', *lišće* [lı̂śće] 'Laub', *grožđe* [grôźɟe] 'Trauben' (Hrvatska gramatika ⁴1997, 41).

An der Stimmtonkorrelation, die das gesamte Konsonantensystem prägt, nehmen 16 Phoneme teil: /p : b = f : v = t : d = s : z = š : ž = ć : ɟ = č : ǯ = k : g/; diese Phoneme (und dazu /c, x/, aber nicht /v/) bewirken beim Aufeinandertreffen eine regressive Stimmtonassimilation: *svadba* < *svat-ba* 'Hochzeit', vgl. *svat* 'Hochzeitsgast', *vrapca* < *vrab-ca*, vgl. *vrabac* 'Spatz', aber *svast* [svâst], nicht [zvâst] 'Schwägerin'; eine Entstimmhaftung im Wortauslaut findet nicht statt: *rog* [rôg] 'Horn', *nož* [nôž] 'Messer' usw. – Eine Palatalitätskorrelation bilden nur /l : l' = n : n'/, eine Nasalitätskorrelation nur /b : m = d : n/. Die Phoneme /ǯ/, /ɟ/, /f/ treten vor allem in Lehn- und Fremdwörtern auf: *džamija* (türk., arab.) 'Moschee', *džip* (engl.) 'Jeep', *đak* (griech.) 'Schüler', *đuveč* (türk.) 'Eintopf', *faliti* (dt.) 'fehlen', *faul* (engl.) 'Foul', *film* 'Film'.

Der Wortakzent des Kroat. ist ein melodischer, die betonte Silbe eines Worts wird nicht durch dynamischen Nachdruck, sondern durch unterschiedliche Tonhöhenverläufe (s.o.) hervorgehoben.

Die wichtigsten morphonologischen Alternationen des Kroat. sind die vokalischen Alternationen, z.B. *a* : ∅ (*ručak* : *ručka* Nom.Gen. Sg. 'Mittagessen', *tarem* : *trti* 'reiben' 1.Sg.Präs., Inf.), *o* : ∅ (*zovem* : *zvati* 'rufen' 1.Sg.Präs., Inf.), *e* : ∅ (*perem* : *prati* 'waschen' 1.Sg. Präs., Inf.), *o* : *e* (*gradom* 'Stadt' Instr.Sg. : *poljem* 'Feld' Instr.Sg.), *l* : *o* (*govorila* : *govorio* *l*-Part.Fem. und Mask. zu *govoriti* 'sprechen', *anđela* : *anđeo* 'Engel' Gen.Nom.Sg.); – bei den konsonantischen

Alternationen (außer den durch Assimilation entstandenen) sind es vor allem (1. und 2. Palatalisierung) *k* : *č* : *c* (*junak* : *junače* : *junaci* 'Held', je Nom.Vok.Sg.,Nom.Pl.), *g* : *ž* : *z* (*bubreg* : *bubreže* : *bubrezi* 'Niere'), *h* : *š* : *s* (*siromah* : *siromaše* : *siromasi* 'Armer'), dann *t* : *ć* und *d* : *đ* (*smrt* : *smrću* 'Tod' Nom.Instr.Sg., *gladiti* : *glađen* 'glätten', 'geglättet'), *s* : *š* und *z* : *ž* (*pisati* : *pišem* 'schreiben', *dizati* : *dižem* 'aufheben' je Inf. und 1.Sg.Präs.), *b*, *p*, *v*, *f*, *m* : *blj*, *plj*, *vlj*, *flj*, *mlj* (z.B. *kapati* : *kapljem* 'tropfen') und andere.

Die historische Lautlehre des Kroatischen zeigt für die *tort-*, *tolt-*, *tert-*, *telt-*Gruppen die dem Südslavischen sowie Tschechisch-Slovakischen gemeinsame Liquidametathese mit Dehnung, also **gŏrdъ > grādъ > grâd* 'Stadt', **zŏlto > zlāto > zlâto* 'Gold', **bĕrgъ > brẽgъ > brijêg* [briêg] 'Ufer', **mĕlko > mlĕko > mlijéko* [ml̯iéko] 'Milch'. Wie allgemein in der štokavischen Dialektgruppe und damit auch in der kroatischen Standardsprache werden die Gruppen **tj*, **dj* zu *ć* und *đ*, die Nasalvokale *ǫ*, *ę* entnasaliert zu *u*, *e* und die Jerlaute *ъ*, *ь* in sog. starker Stellung zu *a*, die Verbindung der bilabialen *b*, *p*, *v*, *f*, *m* + *j* wird zu *bl'*, *pl'*, *vl'*, *fl'*, *ml'* ([l'] geschrieben als lj); entsprechend wurde das sonantische -*l̥*- zu -*u*- und das silbenauslautende -*l* zu -*o*. Beispiele vgl. „Das Serbische". – Die kroat. Standardsprache ist ijekavisch, d.h. das aus dem Urslav. ererbte *ě* (jat') wurde als Länge zu [i̯ē], geschrieben ije, und als Kürze zu [i̯ě], geschrieben je: **tĕlo > tijêlo* [ti̯êlo] 'Körper' Nom.Sg., aber **tĕlèsa > tjelèsa* [ti̯èlèsa] Nom.Pl., entsprechend zu **snêgъ* 'Schnee' > *snijêg* und *snjègovi*; -je- und -ije- in quantitativer Opposition: *ljèvāk* 'Linkshänder', *lijévak* 'Trichter'. Schwer zu unterscheiden ist der lange Diphthong -ije- [i̯ē] wie in *dijéla* (Gen. Sg. zu *dîo* 'Teil') von langem [jē] wie in *djêlā* (Gen.Pl. zu *djêlo* 'Werk'). Nicht jede Buchstabenfolge -ije- stellt den einsilbigen Diphthong [i̯ē] dar, z.B. *grȉjē* (3.Sg.Präs. zu *grijati* 'heizen'), *kùtijē* (Gen.Sg. zu *kùtija* 'Schachtel'), wo -ije- zweisilbig ist. – Vor -*o* (aus -*l*) wird *ě* zu *i*: *dȉo* (< *dĕl*), *htȉo* (< *htĕl* 'er wollte'), Ausnahmen aber *sjèo* (< *sĕl* 'er setzte sich'), *vrèo* (< *vrĕl* 'heiß') u.a., vgl. Pravopis [4]1996. In einigen Fällen wird kurzes *ě* auch vor *lj* oder *j* zu *i*: *bilješka* (< *bĕlĕška* 'Anmerkung'), *vijati* (< *vĕjati* 'heulen').

4. Flexionsmorphologie

Die Morphologie des Kroat. zeigt wie alle slavischen Sprachen im wesentlichen ein dreigliedriges Flexionssystem mit nominaler, pronominaler und verbaler Flexion.

4.1. Das Substantiv

Nach der Endung des Gen.Sg. werden im Kroat. drei Deklinationsgruppen des Substantivs unterschieden: *a*-Gruppe (mask. und neutr. Subst.), *e*-Gruppe (i.w. fem. Subst.) und *i*-Gruppe (fem. Subst.); be-

Das Kroatische 255

sonders die ersten beiden Gruppen weisen zahlreiche, durch morphonologische und Akzentwechsel unterschiedene Untergruppen auf; belebte Mask. der *a*-Gruppe verwenden im Sing. in Akkusativfunktion die Genitivendung (Belebtheitskategorie, s. Syntax). Muster: *gòvor* 'Mundart', *mjèsto* 'Ort', *žȁba* 'Frosch', *nárav* 'Wesen', *ličnōst* 'Persönlichkeit', *pòmīsao* 'Gedanke' (Hrvatska gramatika ⁴1997: 95-173 mit zahlreichen Musterbeispielen):

	a-Gruppe		*e*-Gruppe		*i*-Gruppe	
	Mask.	Neutra	Fem.		Feminina	
Sg.Nom.	gòvōr	mjèst-o	žȁb-a	nárav	ličnōst	pòmīsao
Gen.	gòvor-a	mjèst-a	žȁb-ē	nárav-i	ličnost-i	pòmīsl-i
Dat.	gòvor-u	mjèst-u	žȁb-i	nárav-i	ličnost-i	pòmīsl-i
Akk.	gòvor	mjèst-o	žȁb-u	nárav	ličnōst	pòmīsao
Vok.	gòvor-e	mjèst-o	žȁb-o	nárav-i	ličnost-i	pòmīsl-i
Lok.	gòvor-u	mjèst-u	žȁb-i	nárav-i	ličnost-i	pòmīsl-i
Instr.	gòvor-om	mjèst-om	žȁb-ōm	nárav-i	ličnost-i	pòmīsl-i
Pl.N./V.	gòvor-i	mjèst-a	žȁb-e	nárav-i	ličnost-i	pòmīsl-i
Gen.	gòvōr-ā	mjèst-ā	žȁb-ā	nárav-ī	ličnost-ī	pòmīsl-ī
D.I./L.	gòvor-ima	mjèst-ima	žȁb-ama	nárav-ima	ličnost-ima	pòmīsl-ima
Akk.	gòvor-e	mjèst-a	žȁb-e	nárav-i	ličnost-i	pòmīsl-i

Morphonologische Alternationen zeigen sich in den jeweiligen 'weichen' Paradigmen: *a*-Gruppe: *rážanj* 'Spieß' (Vok.Sg. *rážnj-u*, Instr. Sg. *rážnj-em*, bei den Neutra auch im Nom.Akk.Sg. *sûnc-e* 'Sonne'); die *e*-Gruppe hat für 'hart' und 'weich' auslautende Stämme dieselben Endungen, also *mrèž-a* 'Netz' wie *žȁb-a*, die *i*-Gruppe, die im Instr. Sg. auch die älteren Formen *naravlj-u, ličnošć-u, pomišlj-u* zeigt, kennt (historisch bedingt) nur 'weiche' Paradigmen. – Auf *-k, -g, -h* auslautende Stämme ändern diese in der *a*-Gruppe im Vok.Sg. bzw. Nom.Dat.Instr.Lok.Pl. (als Ergebnisse der 1. bzw. 2. Palatalisation) zu *-č, -ž, -š* bzw. *-c, -z, -s* (*prèdsjednīk* 'Präsident', *bùbreg* 'Niere', *tŕbuh* 'Bauch': *predsednič-e, bubrež-e, trbuš-e* bzw. *predsednic-i, predsednic-ima, bubrez-i, bubrez-ima, trbus-i, trbus-ima*), in der *e*-Gruppe tritt dieser Wechsel (2. Palatalisation) nur im Dat.Lok.Sg auf (*rijéka* 'Fluß', *nòga* 'Fuß, Bein', *mùha* 'Fliege': *rijec-i, noz-i, mus-i*, aber *krȕški* (neben *krȕšci*) zu *krȕška* 'Birne').

Auffällig für die *a*-Gruppe ist das sog. bewegliche *-a-*, das im Nom. Sg. und häufig im Gen.Pl. auftritt, sonst aber getilgt ist: *mȃčak, mȃčākā* 'Kater', aber *mȃčka, mȃčku, mȃčci*. Steht *-l* im Silbenauslaut, so wird es zu *-o*, z.B. Nom.Sg. *pèpe-o* (< *pepel*) 'Asche', aber *pèpela, pèpelu* usw. bzw. *nòsilac* 'Träger', aber Gen.Dat.Sg. *nosioca, nosiocu* usw. Einsilbige (und einige zweisilbige) mask. Substantive erweitern ihren Stamm im Plural um *-ov-*, z.B. *grȃd*, Nom.Gen.Dat.Instr.Lok. Pl. *grȃd-ov-i, grad-óv-ā, grad-òv-ima* bzw. *gȍlūb* 'Taube' entsprechend *gȍlub-ov-i, gȍlub-ōv-ā, gȍlub-ov-ima* (daneben auch: *gȍlūbi*, gòlūbā, gòlūbima), mòzak, 'Hirn', mòzg-ovi, mòzg-ov-ā, mòzg-ovima; nach palatalem Stammauslaut bisweilen auch -ev-, z.B. prȋšt-ēv-ā zu prȋšt 'Eiterblase', strȋč-ēv-ā zu strȋc 'Onkel [Bruder des Vaters]'. Im Sg. auf -in endende Subst. verlieren dies im Plural: grȁđan-in 'Bürger', aber grȁđani, grȁđanima. Auf -o bzw. -e auslautende Personennamen deklinieren nach der a-Gruppe (Typ mjesto bzw. sunce): Slȃvko, Jȗlije, Hŕvoje. – Indeklinabel ist das einzige Neutrum auf -a dòba (auch dôba) 'Zeit', zu dem es aber ein deklinables, feminines Homonym dòba (e-Gruppe) gibt.

Bei einigen Neutra tritt in allen Formen außer dem Nom.Sg. (historisch ererbte) Stammerweiterung um -en- bzw. -et- auf: vrijéme 'Zeit, Wetter', aber Gen.Sg. vrȅm-en-a usw., entsprechend tèle, tèleta 'Kalb', nur (noch) im Plural dagegen tritt -es- auf: čȕdo, čȕda, aber čud-ès-a, čud-és-ā, čud-ès-ima. Bedeutungsdifferenzierung zeigt dŕvo, das ohne -et-Erweiterung 'Holz, als Baumaterial' (dŕva, drvu usw.) und mit -et-Erweiterung 'Baum' (dŕveta, drvetu usw.) bedeutet. Erweiterung um -er- zeigen mȁti 'Mutter', Gen.Sg. màt-er-ē (e-Gruppe) und kćȋ 'Tochter', Gen.Sg. kć-èr-i (i-Gruppe). Die beiden Neutra òko 'Auge' und ȕho 'Ohr' deklinieren im Sg. und Pl. wie mjesto, wenn sie im übertragenen Sinn benutzt werden, als Bezeichnung der Sinnesorgane sind sie aber im Plural Feminina: òči, òčijū, òčima, ȕši, ȕšijū, ȕšima. Nach dem Muster der i-Gruppe deklinieren die Kollektivbildungen auf -ād, z.B. tèlād 'Kälber'.

Der Vok. ist zwar eine lebendige Kategorie im Kroat., im Sg. wird er aber nicht von allen Substantiven gebildet; dann ist er gewöhnlich (wie im Plural) endungsgleich mit dem Nom.Sg., z.B. bei Personennamen Andrija! Nikola!, Marija! (neben Marijo!), Katarina! (neben Katarino!), hàrambaša! (neben hàrambašo!) 'Räuberhauptmann'.

Die Endung des Gen.Pl. der a- und e-Gruppe ist regelmäßig -ā, diesem voranstehende Konsonantengruppen werden gewöhnlich durch ein -ā- getrennt, vgl. ȉzvōrā zu ȉzvor 'Quelle', aber sestārā zu sèstra 'Schwester', prȉpovijedākā zu prȉpovijetka 'Erzählung', màrākā zu màrka 'Mark', protèstanātā zu protèstant 'Protestant'. Die Endung ī zeigen die Gen.Pl. ljúdī ('Menschen'), mjesècī ('Monate'), mòlbī 'Bitten', sátī ('Stunden, Uhren'), pȑstī ('Finger'), daneben aber auch sátōvā und Formen mit -ijū: pȑstijū, gostijū (zu gȏst 'Gast').

Ein Kasussynkretismus zeigt sich deutlich im Plural im Dat.Instr. Lok. (auf -ima bzw. -ama), aber auch im Sing. im Dat.Lok. (-u bzw. -i) und im Instr. (fem. -ōm, nach Muster des mask. und neutr. -om).

4.2. Das Adjektiv

Das Kroat. unterscheidet wie andere slav. Sprachen Qualitäts- (čista voda 'sauberes Wasser'), Beziehungs- (zlatan prsten 'goldener Ring), und Possessivadjektive (bratov vrt 'des Bruders Garten'). Sie weisen

Das Kroatische 257

als grammatische Kategorien Genus, Numerus und Kasus auf, man unterscheidet bestimmte von unbestimmten Formen (z.B. *Mlad student šeta u parku i star profesor čita; mladi puši a stari misli* 'Ein junger Student geht im Park spazieren, und ein alter Professor liest ein Buch; der junge raucht und der alte denkt'). Die unbestimmten mask. und neutr. Adjektive werden wie die Substantive der *a*-Gruppe und die fem. wie die der *e*-Gruppe dekliniert, der Vok. ist immer formgleich dem Nom.; unterschiedlich (d.h. aus der bestimmten Deklination übernommen) sind der Instr.Sg. auf *-īm* (mask., neutr.) bzw. *-ōm* (fem.), der Dat.Lok.Sg Fem. auf *-ōj*, und bei allen Genera der Gen.Pl. auf *-īh*. In prädikativer Form werden nur unbestimmte Adjektive verwendet (*student je mlad* 'der Student ist jung'), Possessivadjektive auf *-ov*, *-ev*, *-in* flektieren nur unbestimmt.

Die bestimmte Deklination, die ursprünglich nominale und pronominale Endungen kombinierte, flektiert nach dem Muster der 'harten' Pronominalstämme, *vèlikī, vèlikō, vèlikā* 'groß' (Mask.Neutr.Fem.):

	Singular			Plural		
	Mask.	Neutr.	Fem.	Mask.	Neutr.	Fem.
N./V.	vèlik-ī	vèlik-ō	vèlik-ā	vèlikī	vèlikē	vèlikā
Gen.	vèlik-ōg(a)		vèlik-ē	vèlikīh		
Dat.	vèlik-ōm(u/e)		vèlik-ōj	vèlikīm(a)		
Akk.	vèlik-ī	vèlik-ō	vèlik-ū	vèlikē	vèlikē	vèlikā
Lok.	vèlik-ōm(u/e)		vèlik-ōj	vèlikīm(a)		
Instr.	vèlik-īm		vèlik-ōm	vèlikīm(a)		

Die vokalischen Erweiterungen der Endungen im Gen.Sg.Mask.Neutr. und Dat.Instr.Lok.Pl. auf *-a* und im Dat.Lok.Sg.Mask.Neutr. auf *-u* oder *-e* sind fakultative Varianten. Bei 'weichem' Stammauslaut wechselt im Sg.Mask. *-ō-* mit *-ē-*, also zu *tûđī* 'der fremde': *tûđēga, tûsđēm(u)*, aber *tûđōj, tûđōm* im Fem.

Die Steigerung der Adjektive erfolgt mit den Suffixen *-ji*, *-iji* und *-ši*, z.B. *cȓn : cȑnjī* 'schwärzer', *drâg : drȁžī* (< *drag-ji*) 'lieber', *stȃr : starijī* 'älter', *lijêp : ljȅpšī* 'schöner'; suppletive Formen haben u.a. *dòbar : bòljī* 'besser', *vȅlik : vȅćī* 'größer'. Zur Bildung des Superlativs wird den Komparativformen das Präfix *nâj-* vorangestellt: *nâjstàrijī* 'der älteste', *nâjvȅćī* 'der größte'.

4.3. Pronomina und Numeralia

Das Kroat. verfügt über Personal-, Possessiv-, Demonstrativ-, Interrogativ-, Relativ- und Indefinitpronomina.

Die Personalpronomina sind *jâ* 'ich', *tî* 'du', *ôn, òno, òna* 'er, es, sie', *mî* 'wir', *vî* 'ihr', *òni, òna, òne* 'sie', dazu das rückbezügliche *se* 'sich'; sie zeigen Numerus- und Kasus-, in der 3. Person auch Genus-Unterschiede; *se* hat als rückbezügliches Pronomen keinen Nominativ.

	1. Person	2. Person	3.P.mask.	3.P.neutr.	3. P. fem.	Reflexiv
Sg. Nom.	jâ	tî	ôn	òno	òna	–
Gen.	mène, me	tèbe, te	njèga, ga		njê, je	sèbe, se
Dat.	mèni, mi	tèbi, ti	njèmu, mu		njôj, joj	sèbi, si
Akk.	mène, me	tèbe, te	njèga, ga, nj		njû, (n)ju, je	sèbe, se
Lok.	mèni	tèbi	njèm(u)		njôj	sèbi
Instr.	mnôm, mnóme	tòbōm	njîm, njíme		njôm, njóme	sòbōm
Pl. Nom.	mî	vî	òni	òna	òne	
Gen.	nâs, nas	vâs, vas	njîh, ih			
Dat.	nàma, nam	vàma, vam	njȉma, im			
Akk.	nâs, nas	vâs, vas	njîh, ih			
Lok./Instr.	nàma	vàma	njȉma			

Die an zweiter Stelle genannten Formen sind enklitische, d.h. sie haben keinen eigenen Wortakzent und können so nur nach Wörtern mit eigenem Akzent stehen, z.B. *Čèkām ga* 'ich warte auf ihn'; nach Präpositionen stehen die Vollformen, z.B. *pròtīv njèga* 'gegen ihn'.

Die Personalpronomina *môj* 'mein', *tvôj* 'dein', *svôj* 'sein', *nàš* 'unser', *vàš* 'euer' flektieren wie bestimmte Adjektive mit weichem Stammauslaut (Typ *tûđī, tûđēga, tûđēm(u)* usw.). – Demonstrativpronomina sind *òvāj, òvā, òvō* 'dieser, diese, dieses (beim Sprecher)', *tâj* 'jener (beim Hörer)', *ònāj* 'jener (bei einer 3. Person)', dazu als adjektivische entsprechend *ovàkav* 'ein solcher (hier)', *tàkav* 'ein solcher (da)', *onàkav* 'ein solcher (dort)'; sie werden adjektivisch i.w. nach dem Typ *vèlikī* bzw. *tûđī* dekliniert. – Interrogativpronomina sind *tkò* (*kòga, kòmu*) 'wer' und *štò* (*čèga, čèmu* usw.) 'was' und *kòjī* 'welcher', *čijī* 'wessen', sie fungieren auch als Relativpronomina. – Indefinitpronomina werden von Interrogativ- bzw. Relativpronomina durch Voranstellung u.a. der Präfixe *ne-, ni-, i-, gdje-, što-* gebildet: *nètko* 'niemand', *nȉšta* 'nichts', *ȉšta* 'irgendetwas', *gdjèkojī* 'mancher', *štòšta* 'irgendetwas', als Suffix dient *-god*: *štògod* 'irgendetwas (beliebiges)'.

Die Grundzahl *jèdan, jèdna, jèdno* '1' und die Ordnungszahlen *pȓvī, drȕgī, trèćī* usw. werden adjektivisch, *stòtina* '100', *tȉsuća* '1000', *milìjūn* 'Million', *milìjārda* 'Milliarde' substantivisch dekliniert, *dvâ, dvȉje* '2', *trî* '3', *čètiri* '4' bewahren Reste einer älteren Deklination, die weiteren Grundzahlen ab '5' *pêt* werden nicht dekliniert. Das indefinite Numerale *sàv* (umgestellt aus **vьsь*), *svȅ, svȁ* 'ganz, all' dekliniert 'weich' (*svèga, svèmu*).

4.4. Das Verbum

Das kroat. Verb weist die grammatischen Kategorien Tempus, Modus (Indikativ, Konditional, Imperativ, Optativ), (1., 2. 3.) Person, Numerus (Sg. und Pl.), (perf. und imperf.) Aspekt und Diathese (Aktiv und

Das Kroatische 259

Passiv) auf. Die Tempora sind: die einfach (synthetisch) gebildeten Präsens, Aorist, Imperfekt und die zusammengesetzt (analytisch) gebildeten Perfekt, Plusquamperfekt, Futur I und Futur II.
Nach Infinitiv- und Präsensstamm werden sechs Verbalklassen (mit Unterklassen) unterschieden (Hrvatska gramatika ⁴1997, 248-271):

> I. Klasse: kein stammbildendes Morphem in Infinitiv und Aorist, mit sieben (nach dem jeweiligen Stammauslaut unterschiedenen) Untergruppen: 1. *plèsti, plètem, pletoh* 'flechten' (je Inf., 1.Pers.Präs., 1.Pers.Aor.), II. *nèsti, nèsem, nesoh* 'legen', 3. *dûpsti, dúbem, duboh* 'aushöhlen', 4. *pèći, pèčem, pekoh* 'backen', 5. *klêti, kùnem, klêh* (< *klʋnti, *klʋnǫ, *klʋnxъ) 'fluchen', 6. *mljèti, mèljem, mljeh* 'mahlen', 7. *pìti, pìjem, pìh* 'trinken';
> II. Klasse: stammbildendes Morphem im Infinitiv -nu-, im Präsens -n-: *vènuti, vènem, vènuh* 'welken';
> III. Klasse: Infinitiv endet auf -eti oder -ati, Präsensstamm auf -i-, zwei Unterklassen: 1. *žèljeti, žèlim, željeh* 'wünschen', 2. *dr̀žati, dr̀žim, držah* 'halten';
> IV. Klasse: Infinitiv endet auf -iti, Präsensstamm auf -i-: *ljúbiti, ljûbim, ljubih* 'lieben';
> V. Klasse: Infinitivstamm auf -a-, außer jenen mit Präsensstamm auf -i-, vier Unterklassen: 1. *pítati, pîtam, pítah* 'fragen', 2. *písati, pîšem, pisah* 'schreiben', 3. *prȁti, pèrem, prȁh* 'waschen', 4. *kljùvati, kljûjem, kljùvah* 'picken';
> VI. Klasse: Infinitivstamm auf -ova-, -eva-, -iva-, Präsensstamm auf -u-: *trgòvati, tr̀gujem, trgòvah* 'handeln'.

Unregelmäßig gebildet sind u.a. die Formen von *bȉti, jèsam* und *bùdem, bȉh* 'sein', *htjèti, hòću, htjedoh* 'wollen', *ȉći, ȉdem, ȉdoh* 'gehen' (samt den Ableitungen *dôći* 'kommen', *nâći* 'finden' usw.).

Die Konjugationsformen des Präsens, Aorist, Imperfekt und Imperativ zeigt für die Klassen I, III und V exemplarisch folgende Tabelle:

	I. Klasse: plèsti	III. Klasse: dr̀žati	V. Klasse: pítati
Präsens	pletem, pleteš, plete, pletemo, pletete, pletu	držim, držiš, drži, držimo, držite, drže	pitam, pitaš, pita, pitamo, pitate, pitaju
Aorist	pletoh, plete, plete, plet-osmo, -oste, -oše	držah, drža, drža, dr̀žasmo, dr̀žā-ste, -še	pítāh, pita, pita pítasmo, pítaste, -še
Imperfekt	pletijah, pletijaše, pletijaše, pleti-jasmo, -jaste, -jahu	držah, držaše, držaše, dr̀žasmo, dr̀žā-ste, -hu	pītāh, pitaše, pitaše pītasmo, pītā-ste, -hu
Imprtv.	pleti, pletimo, pletite	drži, držimo, držite	pitaj, pitajmo, pitajte

Das unregelmäßige Verb *bȉti* 'sein' unterscheidet im Präsens und Aorist betonte von unbetonten (enklitischen) Formen, die Formen *jèsam* usw. haben imperfektiven, *bùdēm* usw. perfektiven Aspekt:

		Präsens			Aorist	
	betont	unbetont	verneint	perfektiv	betont	unbt.
Sg. 1.Pers.	jèsam	sam	nisam	bùdēm	bȉh	bih
2.Pers.	jèsi	si	nisi	budeš	bȉ	bi
3.Pers.	jèst, jȅ	je	nije	bude	bȉ	bi
Pl. 1.Pers.	jèsmo	smo	nismo	budemo	bȉsmo	bismo
2.Pers.	jèste	ste	niste	budete	bȉste	biste
3.Pers.	jèsu	su	nisu	budu	bȉše	bi

Das Perfekt wird mit den *l*-Formen (aktives Perfektpartizip) und *jesam* bzw. *sam* usw. gebildet, es drückt Genusunterschiede aus: *jesam (jesi, jȅ) plȅo, plȅla, plȅlo* bzw. *plȅo, plȅla, plȅlo sam (si, je)* 'ich (du, er, sie, es) habe (hast, hat) geflochten' und *jesmo (jeste, jesu) plȅli, plȅle, plȅla* bzw. *plȅli, plȅle, plȅla smo (ste, su)* 'wir (ihr sie) haben (habt) geflochten'. Aorist (vollendete Vergangenheit) und ganz besonders Imperfekt (unvollendete Vergangenheit) sind im Sprachgebrauch sehr selten geworden; der Aorist, der als Erzählzeit schriftlich noch verwendet wird, wird mündlich gewöhnlich durch den perfekt. Aspekt der *l*-Formen, das Imperfekt durch den imperfektiven ersetzt.

Das Futur I wird mit den Kurzformen des Hilfsverbs *hjeti* 'wollen' und dem Infinitiv gebildet, z.B. *mi ćemo vidjeti* 'wir werden sehen'; wird das Hilfsverb enklitisch gestellt, so wird der auf *-ti* endende Infinitiv zu *-t* verkürzt, z.B. *vidjet ćemo*, aber *pȅći ćemo* 'wir werden bakken'. Den Konditional I bilden die *l*-Formen und der Aorist von *biti*, z.B. *bȉsmo plȅli* bzw. *plȅli bismo* 'wir würden flechten'. Plusquamperfekt (*bio* (auch *bijah*) *sam pitala* 'ich (fem.) hatte gefragt') und Konditional II (*bile bi pisale* 'sie (fem.) hätten geschrieben') sind relativ selten. Als Optativ werden Formen wie *živio liječnik* 'es lebe der Arzt', *dobro došli* 'herzlich willkommen' bezeichnet (Hrvatska gramatika ³1995, § 1318f.).

Die kroat. Grammatik unterscheidet vier Partizipien: a) Part.Präs. Akt. *plètūći* 'flechtend' (auch als Verbaladverb, d.h. Gerundialform des Präsens verwendet), b) Part.Perf.Akt. *pletavši* 'geflochten habend' (auch als Verbaladverb, d.h. Gerundialform der Vergangenheit verwendet), c) das aktive Verbaladjektiv (die sog. *l*-Form) *plȅo, plȅla, -lo, -li, -le, -la* 'geflochten' und d) das passive Verbaladjektiv (Part. Perf.Pass.) *plȅten* 'geflochten', *držan* 'gehalten', *proklet* 'verflucht', zu *prokleti* 'verfluchen'; mit diesem Part. wird ein Passiv gebildet (s.u.). Außer der *l*-Form, die nur einen Nom. mit Numerus- und Genusunterschieden kennt, werden alle Partizipien wie 'weiche' (*pletućega, pletavšemu*) bzw. 'harte' (*prokletoga*) Adjektive dekliniert.

Wie in allen slav. Sprachen bildet auch das Kroat. von fast jedem Verb eine imperf. und eine perf. Form (grammatische Kategorie des Verbalaspekts) zur Unterscheidung „einer Handlung im Verlauf" (imperfektive Verben) von „einem Abschluß einer Handlung" (perfektive Verben), z.B. ipf. *bàcati*, pf. *báciti* 'werfen', entsprechend *víkati, víknuti* 'schreien', *dovršávati, dovŕšiti* 'beenden', *dòlazīti, dôći* 'kommen'; Perfektivierung durch Präfigierung bedeutet oft einen über den nur grammatischen hinausgehenden lexikalischen Unterschied, z.B. ipf. *pisati* 'schreiben', aber pf. dazu *napisati* 'aufschreiben', *upisati* 'einschreiben', *prepisati* 'umschreiben' u.a.; von diesen Perfektiva können durch Suffigierung eindeutige Imperfektiva gebildet werden: *prepisivati, upisivati*. Biaspektuell sind u.a. *jesti* 'essen', *telefonirati* 'telefonieren' (Hrvatska gramatika ⁴1997, 225ff., 406).

5. Zur Derivationsmorphologie

Die reiche kroat. Wortbildung arbeitet i.w. mit Affixen, die als Präfixe der Wurzel voranstehen bzw. ihr als Suffixe nachfolgen; dazu kommen alte Ablautbeziehungen, Komposition und zahlreiche Fremdaffixe. Als Präfixe zur nominalen Wortbildung dienen vor allem: *među-, nad-, pod-, po-, pra-, pred-, su-* (z.B. *među-kat* 'Zwischen-geschoß', *nad-moć* 'Über-macht', *pod-suknja* 'Unter-rock', *po-moć* '(Bei-)Hilfe', *pra-djed* 'Ur-großvater', *pred-jelo* 'Vor-speise', *su-patnik* 'Mit-leidender'), Präfixe können auch kombiniert werden, z.b. *pod-za-kup* 'Untermiete', *iz-ne-nada* 'un-ver-hofft', *samo-do-pri-nos* 'Kommunalabgabe'. Verbale Präfixe sind u.a. *do-, iz-, na-, nad-, od-, po-, pred-, pro-, za-* (z.B. *do-nijeti* 'herbei-bringen', *iz-liti* 'aus-gießen', *za-nijeti* 'hin-reißen', *za-do-biti* 'er-langen', usw.). Häufige nominale Suffixe sind *-ac, -ač, -ar, -aš, -ič, -(n)ica, -oća, -ota, -stvo, -ština* u.v.a. (*bogat-aš* 'Reicher', *bogat-stvo* 'Reichtum', *ljep-ota* 'Schönheit', *čakav-ština* 'das Čakavische', usw.), Suffixe zur Imperfektivierung perfekt. Verben z.B. *pasti : pad-a-ti* 'fallen', *dobiti : dobi-va-ti* 'bekommen', zur Perfektivierung imperfekt. Verben, z.B. *vik-a-ti : vik-nu-ti* 'schreien', usw. – Präfigierung und Suffigierung sind häufig auch kombiniert, z.B. *bez-bol-nost* 'Schmerzfreiheit', *o-grad-iva-ti* 'umzäunen'. Ablautbeziehungen zeigen Bildungen wie *navesti : navoditi : navađati* zur Wurzel *ved-* 'führen', Komposition, z.B. *vod-o-pad* 'Wasserfall', *zvjer-o-fil* 'Tierfreund', bei Fremdwörtern auch ohne Kompositionsvokal, z.B. *telefon-servis, Jadran-film*. Zahlreich in der nominalen Wortbildung sind auch Präfixe griech. oder latein. Herkunft: *anti-, kvazi-, neo-, pro-, pseudo-, tele-*, usw. (vgl. Hrvatska gramatika [4]1997, 285-389).

6. Zur Syntax

Die Wortstellung im Kroat. ist in stilistisch nicht markierten Sätzen gewöhnlich S(ubjekt) – P(rädikat) – O(bjekt), wobei das D(ativobjekt) vor dem A(kkusativobjekt) steht: *Studenti donose učenicima knjige* 'die Studenten bringen den Schülern Bücher', bei besonderer Hervorhebung bzw. Betonung sind andere Stellungen möglich, also z.B. P-S-D-A, D-S-P-A, A-S-P-D usw. Auch bei enklitischen Formen steht der Dat. vor dem Akk.: *Jesi li mu ga predstavio?* 'Hast du ihn ihm vorgestellt?' Personalpron. in Subjektfunktion werden nur bei besonderer Hervorhebung gesetzt, also *Cijeli dan smo čitali samo jednu stručnu knjigu* 'Den ganzen Tagen haben wir nur ein Fachbuch gelesen', aber *On rado igra nogomet, a ona voli rukomet* 'Er spielt gern Fußball, sie aber mag Handball'.

Die Belebtheitskategorie ist im Kroat. auf den Sg.Mask. beschränkt und differenziert belebte Wesen von allen anderen Mask. dadurch, daß sie statt des Akk. den Gen. setzt: *Posjetili su stari grad i iznenada su vidjeli svog starog professora* 'Sie besuchten die alte Stadt und sahen plötzlich ihren alten Lehrer'. Der Gen. drückt auch possessive und partitive Beziehungen aus, z.B. *putovnica tvoga brata* 'der Paß deines Bruders' (bei nicht erweitertem Gen. wird das Possessivadjekt. benutzt: *bratova putovnica*), und *prositi kruha* 'um Brot betteln'. Statt des Akk. tritt in verneinten Sätzen auch der Gen. auf: *ne znam puta* 'ich weiß den Weg nicht'. Dat. und Akk. zeigen die im Slav. übliche Verwendung, der Instr. wird als Ausdruck des Mittels ohne Präp. (*jedem viljuškom* 'ich esse mit der Gabel') und zum Ausdruck der Begleitung mit Präp. gebraucht (*sa sinom sam bio u crkvi* 'mit dem Sohn war ich in der Kirche'). Der Lokativ wird nur mit Präpositionen verwendet (*na sveučilištu* 'auf der Universität, *u Dubrovniku* 'in Dubrovnik').

Die Kongruenzregeln in Nominal- und Verbalphrase sind streng, also *Ova stara profesorica je poznata i cijenjena na cijelom našem fakultetu* 'Diese alte Professorin ist in unserer ganzen Fakultät bekannt und geschätzt'; Ausnahmen beim Zusammenstoß von natürlichem und grammatischem Geschlecht, wie bei *sluga* (fem. 'der Diener'): *Zašto stari sluga nije došao?* 'Warum ist der alte Diener nicht gekommen?'.

Nach der Zahl '1' und bei '1' als letzter Ziffer herrscht Kongruenz: *jedan kruh, dvadeset i jedan kruh* '1 Brot, 21 Brote', *cijena jednog kruha* 'der Preis eines Brots', nach '2', '3' und '4' (auch als letzter Ziffer) steht der Gen.Sg., *četiri* (*trideset i tri*) *svježa kruha* '4 (33) frische Brote', ab 5 (und Zahlen ab 5 als letzter Ziffer) steht der Gen. Pl., das Präd. aber im Neutr.Sg., z.B. *Pet* (*osamnaest, četrdeset šest*) *raznih filmova je bilo na programu* 'Es gab 5 (18, 46) verschiedene Filme auf dem Programm'.

Das Passiv wird im Kroat. mit dem Part.Perf.Pass. und Formen von *biti* 'sein' gebildet, z.B. *Kuća je (bila) sagrađena* 'Das Haus wird (ist) gebaut (worden)'; häufiger werden jedoch Reflexivkonstruktionen mit *se* zum Ausdruck des Passivs verwendet, z.B. *Kuća se gradi* 'Das Haus wird gebaut', *Novac se nikad nije vratio* 'Das Geld wurde nie zurückgegeben'. Mit *se* und dem Verb in der 3. Pers.Neutr. werden auch unpersönliche Aussagen gebildet, z.B. *Spavalo mi se* 'Ich war müde'.

Die Negation im Satz erfolgt durch *ne*, das vor dem finiten Verb steht, z.B. *Pijanac ne vozi pažljivo* 'Ein Trinker fährt nicht aufmerksam', in Sätzen mit *biti* (verneinte Formen s.o.): *Voda nije (nije bila, neće biti, ne bi bila) čista* 'Das Wasser ist nicht (war nicht, wird nicht sein, wäre nicht) sauber'. Negierte Sätze können weitere Negationen enthalten, ohne daß die Satzverneinung sich ändert, z.B. *Nitko nikad nigdje nije krao cvijeće* 'Niemand hat jemals irgendwo Blumen gestohlen'. In Satzfragen (d.h. Fragen ohne Fragepronomen wie *tko* 'wer', *gdje* 'wo', *kada* 'wann' usw.) steht das Element, nach dem gefragt wird, am Anfang, es erhält die enklitische Partikel *li*: *Tražiš li ga?* 'Suchst du ihn?', *Susjeda li tražiš?* 'Den Nachbar suchst du?'

Die Formen *gledajući* 'betrachtend' (Part.Präs.Akt.) und *pogledavši* 'betrachtet habend' (Part.Perf.Akt.) verkürzen Nebensätze (Gleichzeitigkeit: *Gledajući crne oblake sjetila se njega* 'Die schwarzen Wolken betrachtend dachte sie an ihn', Vorzeitigkeit: *Pogledavši film išle su u krčmu* 'Den Film betrachtet habend gingen sie (fem.) in eine Kneipe'). Subordination wird u.a. durch *da-* und Infinitivsätze sowie durch das Fragepronomen *što* ausgedrückt, z.B. *Njemu odgovara da ne idemo sutra* 'Es paßt ihm, daß wir morgen nicht abfahren', *Volimo što ne pada snijeg* 'Wir mögen [es], daß es nicht schneit'. Bei identischem Subjekt in Haupt- und Nebensatz verwendet das Kroat. nach Verben des Wollens und Müssens (z.B. *htjeti* 'wollen', *morati* 'müssen'), des psychischen Zustands (*voljeti* 'lieben') u.a. den Infinitiv: *on hoće putovati* 'er will reisen', *dijete mora spavati* 'das Kind muß schlafen', *ona voli čitati pripovijetke* 'sie mag [es], Erzählungen zu lesen'.

7. Zur Lexik

Der Wortschatz des Kroat. ist in besonders großem Maße slavisch, doch sind auch lexikalische Einflüsse des Deutschen (z.B. *kuhati* 'kochen', *kuhinja* 'Küche'), Tschechischen (*naslov* 'Titel', *pregled* 'Überblick'), Madjarischen (*kip* 'Statue', *varoš* 'Stadt'), an der dalmatinischen Küste des Dalmatischen (*blitva* 'Mangold') und Italienischen (*manjkati* 'fehlen', *škûra* 'Fensterladen' < *scuro* 'dunkel') und in den letzten Jahrzehnten auch sog. Internationalismen (*džez, plejbek, tinejdžer* usw.) feststellbar. Oft gilt dies besonders für die gesprochene Sprache, während das Schriftkroatische deutlich puristische Züge zeigt (z.B. *brzojav* 'Telegramm', *zrakoplov* 'Flugzeug', *vršitelj* 'Agens'). In den letzten Jahren ist eine Wiederbelebung älteren kroat. Wortschatzes zu beobachten (*Čestit božić* statt *Sretan božić* 'Frohe Weihnachten', *glede* 'betreffs', *putovnica* 'Reisepaß'), auch Neubildungen (*zrâkomlāt*, sogar *vr̀tolēt* 'Hubschrauber') sind auffällig. Diese lexikalischen Wiederbelebungen und Neuerungen dokumentieren die soziolinguistische Autonomie und auch die bewußte Abgrenzung vom Serbischen bzw. Serbokroatischen (dazu insbesondere Brodnjak mit Lit.).

8. Dialekte

Auf dem Gebiet der Republik Kroatien werden die kajkavischen[6] und čakavischen[6] und der westliche Teil der štokavischen Dialekte gesprochen. Zur Dialektgliederung allgemein und zu den štokavischen Dialekten s.u. „Das Serbokroatische" und „Das Serbische". In der Diskussion um die weitere Standardisierung des Kroat. sind auch Überlegungen aufgetreten, Besonderheiten der auf kroat. Gebiet gesprochenen

---

[6] Dabei *kaj* 'was' aus *$k\sigma+j\delta$ ($k\sigma$ wie in *$k\sigma$-to 'wer'), *ča* aus *$č\delta$ (wie in *$č\delta$-to > *što* 'was'); -kavisch (vergleichbar russ. -*kan'e* in *akan'e*) ist eine künstliche Bildung.

weststokav. Dialekte zu übernehmen; gleichzeitig üben die kaj- und čakav. Dialekte seit langem einen gewissen, insbesondere lexikalischen Einfluß auf das Kroat. aus.

Die kajkav. Dialekte werden in einem breiten Streifen entlang der sloven. Grenze ungefähr von der Kupa (Karlovac, Sisak, fast bis Jasenovac) bis an die Mur (über Varaždin hinaus, fast bis Virovitica), also einschließlich Zagrebs (dessen sprachlicher Substandard stark kajkav. geprägt ist), gesprochen, dazu kleinere Sprachinseln u.a. nordöstl. von Rijeka (Gorski kotar) und im rumän. und serb. Banat (neueste Karte bei Lončarić). Das Kajkav. weist zahlreiche Gemeinsamkeiten mit dem Sloven. auf, wurde aber durch štokav. Zuwanderer beeinflußt und vor allem an seinem östlichen Rand (štokav. 'Insel' Bjelovar) zurückgedrängt. Es wird in 6 Dialektgruppen (Brozović in Brozovíc, Ivić 1988, 90-99) und diese weiter in bis zu insgesamt 15 (Lončarić) Dialekte gegliedert, darunter keine ijekav. Besondere Kennzeichen der Mehrheit, aber nicht aller kajkav. Dialekte sind: Unterscheidung von drei 'Akzenten' (betonte Kürze: *rȉba* 'Fisch', betonte fallende Länge: *mȇso* 'Fleisch', betonte steigende Länge ('Neoakut'): *sȗša* 'Dürre'), neben offenen /ɛ/ (< *e* oder *ę*) und /ɔ/ (< *o*) auch geschlossene /e/ und /o/, dabei ẹ < *ě* oder ə (ə < ъ, ь) und ọ < *ǫ* oder *ḷ* (*vọk* < *vḷk* 'Wolf'), *dj* > *j* (*meja*), *tj* > *č* (*noč*), Erhaltung des *-l* (*bil*, kroat. *bio*), Entstimmhaftung im Wortauslaut *gradov* [gradof] Gen.Pl. 'Stadt'. In der Morphologie fällt die Bewahrung alter Endungen besonders im Plural auf, z.B. Mask. *gradi, gradov, gradom, gradi, gradeh* (Nom.Gen.Dat.Instr.Lok.), der Vok. ist verloren, fast gänzlich auch Aorist und Imperfekt; der Unterschied zwischen Infinitiv (*spȁti* 'schlafen') und Supinum (*hodi spȃt* 'er geht schlafen') ist erhalten. Die Lexik des Kajkav. weist viele madjarische und deutsche Entlehnungen auf, aber kaum Turzismen. – Seit dem 16. Jh. entsteht eine Regionalliteratur auf Kajkav., die ihren Höhepunkt im 17. Jh. im Werk von Juraj Habdelić (Lyrik, Prosa; Wörterbuch 1670) erreicht; aus dem 18. Jh. stammen umfangreiche Wörterbücher des Kajkav. von Belostenec (1740) und Jambrešić (1742). Im 20. Jh. nehmen Schriftsteller wie A.G. Matoš, M. Krleža u.a. kajkav. Elemente in ihr Werk auf.

Die čakav. Dialekte werden auf Istrien, den dalmatinischen Inseln samt Teilen eines schmalen (ehemals deutlich breiteren) Küstenstreifens, aber ausschließlich des seit alters štokav. Makarska und Dubrovnik, sowie in Insellage südlich von Karlovac gesprochen und bilden durch das Vordringen štokav. Sprecher kein geschlossenes Dialektgebiet mehr. Sie sind ekav. und ikavisch, nur auf der süddalmatinischen Insel Lastovo auch ijekav. und bilden 6 Dialektgruppen (Brozović in Brozovíc, Ivić 1988, 80-90, Karte). Besonderheiten des Čakav. sind vor allem: die auffälligen Fragepronomen *ča* 'was' und *zač* (< *za-čь*) 'warum', *tj* > *ć*, auch *šť* u.a. (*noć*) bzw. *dj* > *j* (*meja*), *ę* nach den palatalen *j, č, ž* > *a*, sonst > *e* (*językъ* > *jazik* (auch als *zajik*), *žatva* <

Das Kroatische 265

žȩtva 'Ernte'), Bewahrung von čr und č̦r (črivo 'Darm', črn, auch čoran 'schwarz'); jünger ist die Entwicklung von wortauslautendem -m in Endungen zu -n (govorin 'ich spreche'). Archaisch, wenn auch nicht einheitlich, sind die prosodischen Verhältnisse in den čakav. Dialekten, insbesondere die Bewahrung der urslav. Akzentstelle (rūkà, Gen.Sg. rūkē 'Hand', nȍgà, nȍgē 'Fuß') und eines Drei-Akzentsystems mit kurzfallendem Akzent (mìsto 'Ort', tonùt 'sinken', jutinà 'Wut'), langfallendem Akzent (stîma 'Ehrerbietung', repôr 'Zufluchtsort') und langsteigendem Akzent ('čakav. Akut') in Beispielen wie māzot 'schmieren', kanūn 'Kanone', slobodē Gen.Sg. zu slobodà 'Freiheit', Minimalpaare: mȋr 'Friede' : mȓr 'Mauer', krõj 'Gebiet' : krõj 'König' (vgl. Brozovíc in Brozović, Ivić 1988, 80-90, Šimunović in Hraste, Šimunović, Olesch I, XII-XLVII). Fast vollständig verloren gegangen sind Vokativ, Aorist und Imperfekt, auch das Čakav. bewahrt teilweise alte Deklinationsendungen; der Konditional wird mit dem Hilfsverb bin, biš, bi, bimo, biste, bi plus l-Partizip (reka [< *reklъ] bin ti 'ich würde dir sagen'), das Futur wie im Štokav. mit ću, ćeš usw. plus Infinitiv gebildet. Der čakav. Wortschatz zeigt zahlreiche Archaismen, aber auch viele Entlehnungen vor allem aus dem Romanischen (Dalmatisch, Venezianisch, Italienisch). – Im späten 15. Jh. entsteht an der dalmatinischen Küste und auf den ihr vorgelagerten Inseln eine bedeutende čakav. Literatur, die ihre Höhepunkte in der Renaissance des 16. Jh. mit Dominko Zlatarić (petrarkistische Liebeslyrik), Marko Marulić (Versepos), Petar Hektorović (Fischerekloge, mit drei Volksliedern) erreicht. Bis in die Gegenwart wird das Čakav. als regionale Schriftsprache mit Zentrum in Split gepflegt.

9. Zur Geschichte des Kroatischen

Auf dem Gebiet des heutigen Kroatien sind – neben einer Jahrhunderte währenden bedeutenden lateinsprachigen Tradition – seit dem 11./12. Jh. schriftliche Denkmäler überliefert; so in der Küstenregion religiöstheologisches Schrifttum in kroatisch-kirchenslavischer Redaktion und ('eckiger') glagolitischer Schrift, das in den umfangreichen, z.T. prächtigen Missale- und Brevierhandschriften, aber auch Sammelbänden weltlichen Inhalts des 14./15. Jh. gipfelt, Lyrik und Versepik in čakav. Schriftsprache seit dem 15./16. Jh. bis ins 18. Jh. und ihre Fortsetzung in der čakav. Regionalsprache der Gegenwart, schließlich kajkavisches Schrifttum (Lyrik, Prosa) in Binnenkroatien – Kajkav. blieb Schriftsprache Zagrebs bis 1836 – und schließlich ab dem 17./18. Jh. štokav. Schrifttum der bosnisch-kroat. Franziskaner und vor allem Dalmatiens und speziell Dubrovniks (Bartol Kašić, Andrija Kačić-Miošić), dazu die štokav. Volksdichtung (Heldenepik, Volkslied).

Entstehung und Entwicklung des Kroatischen zur autonomen neuštokav.-ijekav. Standardsprache der Gegenwart werden seit längerem und abhängig von politischen Vorgaben kontrovers diskutiert. Der Übernahme des Štokav. in Zagreb 1836 (Ljudevit Gaj) und bewußten kroat.-serb. sprachlichen Annäherung im späten 19. Jh. folgt eine über hundertjährige Periode des Kroatoserbischen (vgl. „Das Serbokroatische") als gemeinsamer Standardsprache der Kroaten, Serben, Bosnier und Montenegriner; diese Phase wird heute von kroat. Seite weitgehend als sprachliche Fremdbestimmung und erzwungene Behinderung der eigenen sprachlichen Entwicklung interpretiert. Der Beginn einer selbständigen standardsprachlichen kroat. Entwicklung wird im frühen 19. bzw. regional schon im 18. Jh. (teils auch bereits im späten 15. Jh.) angesetzt (vgl. Grčević), es ist hier jedoch zwischen möglicher Vorgeschichte und tatsächlicher und bewußter Normierung und Standardisierung zu unterscheiden.

Die heutige kroat. Standardsprache wird zielstrebig gepflegt und ausgebaut. Auf der vorgegebenen neuštokav. Basis wird die Übernahme spezieller weststokav. Erscheinungen und auch dialektaler Elemente diskutiert.

10. Literaturangaben[7]

Anić, V. [3]1998. *Rječnik hrvatskoga jezika*. Zagreb, 1991, [2]1994.
—, J. Silić. [2]1987. *Pravopisni priručnik hrvatskoga ili srpskoga jezika*. Zagreb [1]1986.
Auburger, L. 1988. *Verbmorphologie der kroatischen Standardsprache*. Heidelberg.
Babić, St. 1986. *Tvorba riječi u hrvatskom književnom jeziku. Nacrt za gramatiku*. Zagreb.
— 1990. *Hrvatski jezik u političkom vrtlogu*. Zagreb.
— 1995. *Hrvatski jučer i danas*. Zagreb.
—, B. Finka, M. Moguš. [4]1996. *Hrvatski pravopis*. Zagreb [3]1995.
Badurina, L. 1996. *Kratka osnova hrvatskog pravopisanja*. Rijeka.
Benešić, J. 1985ff. *Rječnik hrvatskoga književnoga jezika od Preporoda do I.G. Kovačića*. Heft 1-. Zagreb. (bis Heft 12, 1990 -řzati)
Brodnjak, V. 1992. *Razlikovni rječnik srpskog i hrvatskog jezika*. Zagreb.
Brozović, D., P. Ivić. 1988. *Jezik srpskohrvatski/hrvatskosrpski, hrvatski ili srpski*. Zagreb. (= *Enciklopedija Jugoslavije* 6, 1990, 48-94.)
Cipra, F., B. Klaić. 1944. *Hrvatski pravopis*. Zagreb (ND 1992).
Grčević, M. 1997. *Die Entstehung der kroatischen Literatursprache*. Köln. (Rez. *Die Welt der Slaven* 43, 1998, 387-391.)
Hraste, M., P. Šimunović, R. Olesch. 1979. 1981. 1983. *Čakavisch-deutsches Lexikon*. Bd. I-III. Köln, Wien.
Hrvatska gramatika. [4]1997. Zagreb [3]1995. ([1]1979 u.d.T. *Priručna gramatika hrvatskoga književnog jezika*, [2]1990 u.d.T. *Gramatika hrvatskoga književnog jezika*.)
Kačić, M. 1995. *Hrvatski i srpski – zablude i krivotvorine*. Zagreb.
Katičić, R. 1986. *Sintaksa hrvatskoga književnog jezika. Nacrt za gramatiku*. Zagreb.

---

[7] Hier i.w. nur die die heutige kroatische Standardsprache betreffende Literatur; vgl. unten die Beiträge „Das Serbokroatische" und „Das Serbische".

Lisac, J. 1996. *Hrvatski dijalekti i jezična povijest.* Zagreb.
Lončarić, M. 1996. *Kajkavsko narječje.* Zagreb.
Matešić, J. u.a. 1988. *Hrvatsko-njemački frazeološki rječnik.* Zagreb.
Moguš, M. ²1995. *Povijest hrvatskoga književnoga jezika.* Zagreb. (Übersetzung: 1995. *A history of the Croatian language: toward a common standard.* Zagreb.)
Pranjković, I. 1993. *Hrvatska skladnja.* Zagreb.
Raguž, D. 1996. *Praktična hrvatska gramatika.* Zagreb.
Rječnik hrvatskoga kajkavskoga književnog jezika. 1991ff. Heft 1ff. Zagreb. (bis Heft 6, 1991 mučitelica.)
Samardžija, M. 1993. *Hrvatski jezik u Nezavisnoj Državi Hrvatskoj.* Zagreb.
Selak, A. (Hrsg.) 1992. *Taj hrvatski.* Zagreb.
Šimundić, M. 1994. *Rječnik suvišnjih tuđica u hrvatskomu jeziku.* Zagreb.
Vince, Z. 1978. *Putovima hrvatskog književnog jezika. Lingvističko-kulturno-povijesni prikaz filoloških škola i njihovih izvora.* Zagreb.
Wingender, M. 1997. Sprachpolitik in Kroatien. Eine exemplarische Analyse der Sprachratgeber im *Vjesnik.* In: Schulze, J., E. Werner (Hrsg.): *Linguistische Beiträge zur Slavistik V.* München, 372-392.

Das Burgenländisch-Kroatische

von
Gerhard Neweklowsky

1. Einführung

Beim Burgenländisch-Kroatischen (B.-Kr., gradišćánsko-hrvátski, auch Burgenlandkroatisch) handelt es sich um eine seit dem 17. Jh. belegte Schriftsprache, die seither eine kontinuierliche Entwicklung genommen hat. Ihr Gebrauch ist eingeschränkt, und sie ist wesentlich verschieden von der kroatischen Standardsprache.

Die Besiedlung von Teilen Westungarns, Niederösterreichs und Südmährens durch Kroaten war durch das Vordringen der Türken auf die Balkanhalbinsel und die damit verbundenen Fluchtbewegungen bedingt. Weite Landstriche dieses Gebiets waren durch Pest und Kriege des 15. Jh. weitgehend entvölkert.

Die ersten kroatischen Familiennamen im Burgenland (Bgld.) sind seit 1515 bezeugt. Die Zuwanderer stammten aus der Lika, aus dem Küstenland zwischen Senj und Obrovac, aus der Gegend zwischen den Flüssen Kupa, Save, Una und aus Westslavonien. Die Migration hörte im Verlauf des 16. Jh. allmählich auf (Ujević 1934, 8f.).

Das Bgld. kam als administrative Einheit 1921 durch Volksabstimmung zu Österreich; sein Name wurde nach den ungarischen Komitaten Wieselburg (Moson), Ödenburg (Sopron) und Eisenburg (Vas) gebildet. Zwischen 1938 und 1945 war es zwischen Niederösterreich (Niederdonau) und der Steiermark aufgeteilt.

Diese kroatische Sprache wird in rund 50 Dörfern des Burgenlandes, ferner in etwa 20 Ortschaften in Ungarn und in 4 Dörfern in der Slovakei gesprochen, früher auch in 3 Dörfern Südmährens. Nach der österreichischen Volkszählung von 1991 bekannten sich über 19.000 Personen im Burgenland als Kroaten. Ihre wirkliche Zahl ist sicher höher anzusetzen. Mit den Kroaten in den umliegenden Ländern kann wohl von einer Gesamtsprecherzahl von 40.000 bis 50.000 ausgegangen werden.

2. Alphabet, Orthographie, Aussprache

Grundlage der schriftsprachlichen Aussprache sind die Mundarten des nördlichen Burgenlandes. Durch den jahrhundertelangen Gebrauch als Kirchensprache und in neuerer Zeit durch die Medien hat sich so etwas wie ein Usus entwickelt. Das Alphabet ist mit dem Alphabet der kroatischen Standardsprache (ohne đ, dafür dj) identisch. Obwohl das phonologische und lautliche System mit der kroatischen Sprache weitgehend übereinstimmt, hören sich die beiden Idiome sehr verschieden an.

Das B.-Kr. besitzt zwar ebenfalls musikalische Akzente, doch sind diese steigenden und fallenden Intonationen oft gerade umgekehrt wie im kroatischen Standard verteilt. Auch die Akzentstelle stimmt oft nicht überein. Ferner bestehen ausgeprägte unbetonte Längen, wo es sie im kroat. Standard nicht gibt. Auf kurzen Vokalen gibt es keine Intonationen. Im Vokalismus besteht die Neigung, die langen Vokale [ē, ō] zu diphthongieren.

Im Konsonantismus wird ć als Plosiv [t'] auf čakavische Art gesprochen. Sehr charakteristisch ist die Art der Neutralisierung der Stimmtonkorrelation an der Wortgrenze: der Stimmton der Obstruenten richtet sich streng nach dem Stimmton des folgenden Lautes, z.B. *otac i ja* ['ota:dz i jà:], *šest let* [šè:zd lè:t].

3. Das Lautsystem

Das B.-Kr. gehört zum ikavisch-ekavischen Dialekt, d.h. Jat (*ě*) ist unter bestimmten Bedingungen als *i*, unter anderen als *e* vertreten, z.B. *divojka* 'Mädchen', *grih* 'Sünde', aber *vijenac* 'Kranz', *tijelo* 'Körper' (die Schreibweise je/ije ist eine Konzession an die kroat. Standardsprache, bis 1948 *venac, telo*).

Das B.-Kr. kennt partielle Akzentverschiebung von der letzten Silbe, wobei die neubetonten langen Vokale ausgeprägt fallenden Akzent haben (*glâva, glâve* [glà:vie] 'Kopf', *nòga, nòge* [nògie] 'Fuß'), geschlossene Silben erhalten neue Längen (*jèzīk* 'Sprache, Zunge', *òtāc* 'Vater', *dènās* 'heute'), Akzentverschiebung von der Wortmitte auf Länge (*pîtāla* 'sie fragte') kommt seltener vor. **dj* ergibt teils *j*, teils *dj*: *meja* 'Grenze', *žaja* 'Durst', *zahadjati* 'untergehen'; standardsprachlichem *cr* entspricht *čr*: *črljen* 'rot', *črn* 'schwarz'. Besonderheiten im Konsonantismus: *morje* 'Meer', *morem* 'ich kann', *zeti/zimati* 'nehmen', *torak* 'Dienstag'. Der Jervokal ist in Beispielen wie *malin* 'Mühle', *tajedan* 'Woche', *z manom* 'mit mir' wie im Čakavischen vertreten (standardsprachlich *mlin, tjedan, sa mnom*).

4. Flexionsmorphologie

Die Flexionsmorphologie der nominalen und pronominalen Wortarten wird dadurch charakterisiert, daß es nicht zum Zusammenfall von Dativ, Instrumental und Lokativ im Plural gekommen ist. Das Verb zeichnet sich dadurch aus, daß Imperfekt- und Aoristformen nicht mehr oder kaum noch vorhanden sind.

4.1. Das Substantiv

Die Singularendungen stimmen im wesentlichen mit dem kroat. Standard überein. Die einzige Abweichung besteht im Instr. der *i*-Deklination: *radošću* und *radošćom* 'Freude'. Die Stammerweiterung auf *-ov-* wird im Plural nicht verwendet. Die Velare werden in der Deklination nicht verändert: *majka* 'Mutter', *noga* 'Fuß', Dat.Sg. *majki, nogi*.

Pluralparadigmen (*kupac* 'Kaufmann', *grad* 'Burg', *noga* 'Fuß', *radost* 'Freude', *mati* 'Mutter', *rebro* 'Rippe', *polje* 'Feld'):

Nom.	kupci	gradi	noge	radosti	matere	rebra	polja
Gen.	kupac	gradov	nog	radosti	mater	rebar	polj
Dat.	kupcem	gradom	nogam	radošćam	materam	rebrom	poljem
Akk.	kupce	grade	noge	radosti	matere	rebra	polja
Instr.	kupci	gradi	nogami	radosti	materami	rebri	polji
Lok.	kupci	gradi	noga	radosti	matera	rebri	polji

4.2. Adjektiv

Das Adjektiv besitzt bestimmte und unbestimmte Formen, die sich allerdings (außer im Nom.Sg.Mask.) nur prosodisch unterscheiden; im Pl. sind Dat.,Instr.,Lok. unterschiedlich: *črljen*, *črljeni*, *-a*, *-o*, Gen. *črljenoga*, *-e*, Dat. *črljenomu*, *-oj*; Pl. *črljeni*, *-ih*, *-im*, *-e*, *-imi*, *-i*. (Das historische *-h* wird nur im Gen.Pl. geschrieben).

4.3. Pronomina

Beim Personalpronomen sind zu erwähnen: der Instr.Sg. *manom*; die Akkusativform des Neutrums Sg. zu *ono* lautet *nje/je*, unter den Pluralformen der Dat. *nam*, *vam*, Instr./Lok. *nami*, *vami*.

Die Fragepronomina lauten: *ča/što* 'was', *čega/česa*, *čemu*, *čim*, *čem* und *gdo* 'wer' (*nigdo* 'niemand'), *koga*, *komu*, *kim*, *kom*, das Relativpronomen *ki*, *ka*, *ko* 'welcher', die Demonstrativpronomina *ov*, *ovâ*, *ovô* und *ta*, *ta*, *to*; unter den Possessivpronomina ist die undeklinierbare Form *njê* 'ihr' (*nje muž*, *od nje muža*) zu nennen. Zu den Formen des Indefinitpronomens *svega*, *svemu* lautet der Nom. *vas*.

4.4. Zahlwörter

Das System der Kardinalzahlen unterscheidet sich deutlich vom kroat. Standard; alle Zahlwörter werden dekliniert (mask. *dva*, fem. *dvi*, neutr. *dvoja* '2', *tri* '3', *četiri* '4', *pet* '5'):

N./A.	dva/dvi	dvoja	tri	četiri, -e, -a	pet
Gen.	dvih	dvojih	trih	četirih	petih
Dat.	dvim	dvojim	trim	četirim	petim
Instr.	dvimi	dvojimi	trimi	četirimi	petimi
Lok.	dvi	dvoji	tri	četiri	peti

4.5. Das Verbum

Die Kategorie des Aspekts ist intakt; sein Gebrauch ist allerdings vom kroat. Standard verschieden. Wiederholte und potentielle Handlungen, allgemeine Aussagen, auch das historische Präsens verlangen meist den

perfektiven Aspekt. Die Verbalklassen entsprechen denen der Standardsprache.
Die einzige finite, synthetische Verbalform ist das Präsens. Hier ist in der 3. Pers. Pl. die Endung *-u/-du* generalisiert (*molu* 'sie beten', *ćedu* 'sie werden' wie *tresu* 'sie schütteln', *piju* 'sie trinken', *čitaju* 'sie lesen'). Die übrigen Präsensformen, die Bildung des Futurs I und II und die Passivformen stimmen mit der Standardsprache überein.
Der Konditional wird mit unveränderlichem *bi* gebildet, z.B. *mi/vi/oni bi ostali* 'wir/ihr/sie würden/et bleiben'.
Bei der Bildung der ipf. Verben fällt auf, daß das Suffix *-eva* am produktivsten ist: *izrizati/izriževati* 'ausschneiden', *odlučiti se/odlučevati se* 'sich entscheiden'. Die Entsprechung zu *-iti* lautet *-hajati*, z.B. *priti/prihajati* 'kommen', *izajti/izhajati* 'aufgehen'.

5. Zur Syntax

Wie auch sonst im čakavischen Dialekt können die Enklitika vor dem betonten Wort, an das sie sich anlehnen, stehen: *se na dvoru tanca* 'im Hof wird getanzt'; *me jako veseli* 'es freut mich sehr'; *ćemo ju pitati* 'wir werden sie fragen'.
Mit den Zahlwörtern von 2 bis 4 steht der gezählte Gegenstand im Nom.Pl., ab 5 aber im Gen. Pl.: *dva sini* 'zwei Söhne', *dvi ljeta* 'zwei Jahre', *četire žene* 'vier Frauen', aber *pet uri* 'fünf Uhr', *pet lipov* 'fünf Linden', *šest dan* 'sechs Tage'. Eine Besonderheit sind die Kollektivzahlen des Typs *dvama/dvimi* 'zu zweit'.
Eine Reihe von Präpositionen unterscheidet sich vom kroat. Standard: *med* 'zwischen, während', *obr* 'oberhalb', *od* 'von, über' (*o* ist unbekannt), *polig* 'neben', *zvana* 'außer' u.a.

6. Zum Wortschatz

Der Wortschatz des B.-Kr. ist sehr spezifisch, was dadurch zu erklären ist, daß die Kroaten aus einem Gebiet stammen, wo im 16. Jh. der čakavische, kajkavische und štokavische Dialekt aneinanderstießen. Der Wortschatz besitzt viele Übereinstimmungen mit dem Slovenischen, enthält außerdem romanische, deutsche und ungarische Elemente. Dagegen sind nur vereinzelt türkische Wörter anzutreffen. Es soll nicht übersehen werden, daß es auch innerhalb des B.-Kr. nicht unbedeutende lexikalische Unterschiede gibt.
Charakteristische kroat. Wörter im B.-Kr.: *čuda* 'viel', *kača* 'Schlange', *klop* 'Zecke', *krosna* 'Webstuhl', *munja* 'Blitz', *oganj* 'Feuer', *otpirati/otpriti* 'öffnen', *pinez* 'Geld', *pominati se* 'sich unterhalten', *pratež* 'Kleidung', *račiti se* 'schmecken', *ručenje* 'Frühstück', *šćakor* 'Ratte', *tovaruš* 'Freund', *trudan* 'müde', *ufati se* 'hoffen', *vazmi* 'Ostern', *vreda* 'bald', *zlamenje* 'Zeichen', *žukak* 'bitter' usw.

7. Zu den Dialekten

Die Kroaten bewohnen kein zusammenhängendes Gebiet, sondern siedeln über mehrere Bezirke des Bgldes. verstreut. Dialektologisch werden sie (Neweklowsky 1978, mit Karten) in folgende Gruppen geteilt: a) die Haci ('Heidebewohner') und Poljanci ('Bewohner der Ebene') in den Bezirken Neusiedl am See, Eisenstadt, Mattersburg, sowie die Dolinci ('Talbewohner') im Bezirk Oberpullendorf, b) die Mundart von Weingraben im Bezirk Oberpullendorf, c) die Čakaver des südlichen Bgldes. (Bezirk Güssing), d) die Štoji ('*što*-Sprecher') und Vlahi ('Walachen') in den Bezirken Oberwart und Güssing. Die Gruppen a) bis c) gehören dem čakav. Dialekt an, die Gruppe d) dem štokav., wobei dieser den čakav. Mundarten des Bgldes. aber ziemlich nahe steht. Zwei Dörfer südlich des Neusiedlersees in Ungarn sind kajkav.

8. Zur Geschichte der Schriftsprache

Die ältesten schriftlichen Aufzeichnungen des B.-Kr. finden sich in einem lateinischen Meßbuch, dem „Klingenbacher Missale" (1501 gedruckt). Das letzte Blatt enthält kroatische Eintragungen in lateinischer, kyrillischer und glagolitischer Schrift (Geosits 1986, 257). – Die ersten gedruckten Bücher sind zwei Sammlungen von geistlichen Liedern („Duševne pesne", 1609 und 1611) von Grgur Pythiraeus-Mekinić.

Erst im 18. Jh. begann eine kontinuierliche literarische Tradition: Gedruckt wurden die Evangelien, ein Lektionar, Katechismen, Gebetbücher. Nach dem ausschließlich geistlichen Schrifttum des 18. Jh. erschienen Anfang des 19. Jh. die ersten Bücher weltlichen Charakters, und zwar ein Kalender und eine Schulfibel (Hadrovics 1974, 19-39). Nach der Mitte des 19. Jh. sind die ersten Annäherungen der Schriftsprache der Burgenländer Kroaten an die Schriftsprache in Kroatien (Illyrische Bewegung) zu beobachten (Benčić 1972, 16ff.).

Erst gegen Ende des 19. Jh. traten die ersten Dichter (Mate Meršić-Miloradić) auf. In der Zwischenkriegszeit wuchs die literarische Produktion an, es entstanden immer mehr Prosawerke (Ignaz Horvat). Es kam auch zu Kontroversen in der Frage, ob man im Bgld. die kroat. Standardsprache einführen solle. Eine Gesamtbibliographie des kroat. Schrifttums bis 1921 ist von Kuzmich zusammengestellt worden.

Seit 1946 erscheint regelmäßig eine Kirchenzeitung („Crikveni glasnik"). Es besteht auch eine Übersetzung des Neuen Testaments (1952), Teile des Alten Testaments liegen ebenfalls übersetzt vor.

Der „Kroatische Presseverein" kümmert sich um die Herausgabe der Wochenzeitung „Hrvatske novine", um den jährlichen Kalender „Gradišće" und die belletristischen Werke.

Die Kroaten haben ihre kulturellen Vereinigungen, unter denen die wichtigste der 1929 gegründete „Kroatische Kulturverein" ist. Zu nennen ist auch der „Kroatische Akademikerklub", um den sich die Studenten in Wien scharen. Seit 1984 besteht eine Volkshochschule der Burgenländer Kroaten. Darüber hinaus gibt es zahlreiche Tamburizza-, Folklore- und Laienspielgruppen.

9. Literaturangaben

Benčić, N. 1972. Abriß der geschichtlichen Entwicklung der burgenländisch-kroatischen Schriftsprache. *Wiener Slavistisches Jahrbuch* 17, 15-28.
— et al. 1982. *Deutsch-burgenländischkroatisch-kroatisches Wörterbuch*. Eisenstadt, Zagreb.
— 1992. *Burgenländischkroatisch-kroatisch-deutsches Wörterbuch*. Zagreb, Eisenstadt.
Berlaković, M. 1995. *Hrvatska gramatika*. Großpetersdorf.
Brabec, I. 1966. Govori podunavskih Hrvata u Austriji. *Hrvatski dijalektološki zbornik* 2, 29-118.
Burgenland. 1990. *Die Minderheiten im Alpen-Adria-Raum – Manjine u Alpsko-jadranskom prostoru – Le minoranze nell' ambito dell' Alpe-Adria – Manjšine v Alpsko-jadranskem prostoru*. Deutsche Fassung, hrsg. vom Land Kärnten, Redaktion A. Gutleb und R. Unkart. Klagenfurt, 39-67.
Črnja, Z., N. Valentić, N. Benčić (Hrsg.). 1973. *Gradišćanski Hrvati*. Zagreb.
Geosits, St. (Hrsg.). 1986. *Die Burgenländischen Kroaten im Wandel der Zeiten*. Wien.
Gradišćanski Hrvati 1533-1983. 1984. Glavni redaktor B. Finka. Zagreb.
Hadrovics, L. 1974. *Schrifttum und Sprache der Burgenländischen Kroaten im 18. und 19. Jahrhundert*. Wien, Budapest.
Jodlbauer, R. 1996. Die Burgenländer Kroaten. In: R. Hinderling, L. M. Eichinger (Hrsg.): *Handbuch der mitteleuropäischen Sprachminderheiten*. Tübingen, 77-117.
Koschat, H. 1978. *Die čakavische Mundart von Baumgarten im Burgenland*. Wien.
Kuzmich, L. 1992. *Kulturhistorische Aspekte der burgenlandkroatischen Druckwerke bis 1921 mit einer primären Bibliographie*. Eisenstadt.
Neweklowsky, G. 1978. *Die kroatischen Dialekte des Burgenlandes und der angrenzenden Gebiete*. Wien.
— 1987. Lexikalische Übereinstimmungen im nordwestlichen Südslawischen. *Slavistična revija* 36, 3-16 und 187-209.
— 1989. *Der kroatische Dialekt von Stinatz. Wörterbuch*. Wien.
— 1997. Deutsch-kroatisch. In: Goebl, H., P.H. Nelde, Z. Starý, W. Wölk: *Kontaktlinguistik, Contact linguistics, Linguistique de contact*. Berlin. New York, 1821-1827.
—, K. Gaál 1991. *Kroatische Märchen und Totenklagen aus Stinatz im Burgenland*. Zagreb.
Nyomárkay, I. 1996. *Sprachhistorisches Wörterbuch des Burgenlandkroatischen*. Szombathely.
Palkovits, E. 1987. *Wortschatz des Burgenländischkroatischen*. Mit einem Vorwort von J. Hamm. Wien.
Tornow, S. 1971. *Die Herkunft der kroatischen Vlahen des südlichen Burgenlandes*. Berlin.
— 1989. *Burgenlandkroatisches Dialektwörterbuch. Die vlahischen Ortschaften*. Berlin.
Ujević, M. 1934. *Gradišćanski Hrvati*. Zagreb.

Das Moliseslavische

von
Walter Breu

1. Einführung

Das Moliseslavische (auch „molisekroatisch", „italokroatisch") ist eine Minderheitensprache in der süditalienischen Region Molise, Provinz Campobasso, die ihr spezifisches Gepräge durch jahrhundertelange romanische Beeinflussung erhalten hat. Die Vorfahren der heutigen Moliseslaven wanderten nach Ausweis dialektaler Besonderheiten (z.B. silbenschließendes $l > a$ in *nosij^a* 'getragen' gegenüber standardsprachlich *nosio* < **nosil*) um ca. 1500 aus dem herzegovinischen Neretvatal aus und sprachen einen štokavisch-ikavischen Dialekt, vgl. *što* 'was', *dvi* 'zwei' (jekavisch *dvije*). Vereinzelte Čakavismen (z.B. *crikva* statt *crkva* 'Kirche') könnten auf küstenländische Mitwanderer hindeuten. Grund für die Flucht war die türkische Expansion auf dem Balkan. Die Ansiedlung in Italien geschah in Gebieten, die aufgrund von Erdbeben und Epidemien relativ menschenleer waren, und erfaßte ursprünglich eine erheblich größere Zahl von Dörfern. Die kroatische Basis der Sprache ist zwar noch gut erkennbar, kontaktsprachliche Interferenzen zeigen sich aber auf allen Ebenen, ausgenommen die Flexionsmorphologie (soweit die konkreten Formen betroffen sind, sehr wohl aber im strukturellen Bereich). Zwei Hauptperioden des romanischen Einflusses sind zu unterscheiden, der früher ausschließliche Kontakt mit dem italienisch-molisanischen Dialekt und – seit etwas mehr als hundert Jahren – der Kontakt mit der italienischen Standardsprache. Die Eigenbezeichnung der Moliseslaven für ihre Sprache lautet „naš jezik", adverbiell „na našu". Sie wird heute noch in drei aneinandergrenzenden Dörfern mit nicht unerheblichen Dialektunterschieden gesprochen: Acquaviva Collecroce, San Felice del Molise und Montemitro. Die Gesamtzahl der Einwohner dieser Dörfer liegt heute unter 2500[1], wobei nur noch ein Teil das Moliseslavische beherrscht. Insbesondere in dem zweitgrößten Ort San Felice ist es infolge starker italienischer Zuwanderung aus dem öffentlichen Bereich völlig verschwunden und kommt hier nur noch in wenigen Familien als Haussprache vor. In den beiden anderen Orten dürfte der aktive Gebrauch der Sprache bei etwa 60% liegen, passive Kenntnis bei 80%, allerdings sehr stark nach Generationen unterschieden. Seit etwa 100 Jahren ist eine kontinuierliche Emigration nach Übersee erfolgt, z.T.

---

[1] Die folgenden offiziellen Daten zeigen die Entwicklung der Gesamtbevölkerung in unserem Jahrhundert, insbesondere die Halbierung der Einwohnerzahlen seit den 50er Jahren (jeweils Statistiken der Jahre 1911, 1951 und 1991): Acquaviva 2243, 2250, 897, San Felice 1681, 1727, 881, Montemitro 1017, 906, 544.

auch in europäische Gastarbeiterländer und nach Norditalien, wobei v.a. in Australien und Argentinien noch relativ starke Sprecherkolonien bestehen, so daß die Zahl der Sprecher weltweit durchaus 4000 überschreiten kann. Die folgende Beschreibung bezieht sich auf den Dialekt des Hauptortes Acquaviva Collecroce = *Kruč* oder einfach *naš grad* 'unser Dorf (!)'.

2. Verschriftung

Das Moliseslav. ist keine Schriftsprache. Gelegentlich wird es von Intellektuellen dennoch schriftlich gebraucht, um in sehr kurzlebigen Postillen kurze Geschichten oder Liedtexte wiederzugeben (stets mit italienischem Begleittext), sehr selten auch zum Verfassen längerer Texte. Hierbei wird dann der Intention nach standardkroatische Orthographie benutzt. Die kroatische Orthographie wird auch von den meisten Slavisten zur Textaufzeichnung verwendet (vgl. Rešetar 1911), wobei allerdings vor allem die Vokalreduktionen besondere Schreibkonventionen (z.B. Hochstellung) erforderlich machen.

3. Das Lautsystem

Das Konsonantensystem stimmt in weiten Teilen mit demjenigen des Standardkroatischen überein, hat aber auch Übereinstimmungen mit dem Čakavischen. Es fehlen *ć*, das in der Regel mit *č* zusammenfällt, z.B. *noč^a* 'Nacht' (kroat. *noć*) und *đ*, das als *j*, z.B. *tuji* 'fremd' (kroat. *tuđi*), oder *dž* erscheint, z.B. *žedž^a* 'Durst' (kroat. *žeđa*). Die Affrikate *dž* besteht sonst nur in romanischen Lehnwörtern, z.B. *džuvindu* 'Jugend' (ital. *gioventù*). In Lehnwörtern kommt auch eine Affrikate *dz* vor, etwa *dzanga* 'keckes Mädchen' (ital. dial. *dzanna*). Eine Besonderheit ist der palatale Plosiv *ḱ* in *poḱ* 'gehen' (<*pojti, kroat. *poći*) und anderen präfigierten Infinitiven mit diesem Stamm, daneben nur in Lehnwörtern, z.B. *ḱiḱerijat* 'sprechen' (ital. *chiacchierare*). – Das Vokalsystem weicht vom sonstigen Kroatischen stark ab. Einerseits kommt neben den ererbten relativ geschlossenen [o], [e] in Fremdwörtern zusätzlich ein offenes [ɔ] bzw. [ɛ] vor, z.B. [dɔ:p] 'nach' (ital. *dopo*), andererseits sind ehemalige Kurzvokale im Wortauslaut oft zu (stimmlosen) Flüstervokalen reduziert, die auch qualitativ verändert werden und gelegentlich ganz ausfallen können. Ehemalige Langvokale erscheinen im Wortauslaut als Kurzvokale. Im Inlaut kommen sowohl in betonter wie unbetonter Stellung Kurz- und Langvokale vor, wobei aber die unbetonten Kurzvokale starke Variation aufweisen, z.B. in der Weise, daß unbetontes *o* und *e* meist als *a* erscheint. – Soweit die Flüstervokale nicht abfallen, gilt wie im kroatischen Standard beschränkt freier Akzent (nie letzte Silbe). Die hierfür verantwortliche štokavische Akzentretraktion tritt auch bei Entlehnungen auf, bei Endbetonung im Quellwort obligatorisch, z.B. ['kafɛ] <

ital. *caffè*, sonst mit gewissen Schwankungen und oft mit Doppelbetonung der ursprünglichen und der vorangehenden Silbe. Das Tonalsystem kann noch nicht als ausreichend untersucht gelten[2], es liegen aber eindeutig Reflexe der Differenzierung in steigende und fallende Intonation vor, wenn auch mit anderer phonetischer Realisierung. So bilden etwa *rúk^a* 'Hand' Nom.Sg. und *rûk^e* 'dass.' Nom.Pl. bei Abfall der unbetonten Vokale ein deutlich differenziertes Minimalpaar.

4. Flexionsmorphologie

Entsprechend dem Italienischen bestehen beim Substantiv nur noch zwei Genera. Die ehemaligen Neutra sind meist zu den Maskulina übergegangen, jedenfalls was die Kongruenz angeht, denn der von den letzteren abweichende Nom. und Akk. bleibt in der Regel erhalten, z.B. *mes^a* 'Fleisch, mask.' (< *meso*). Geschwunden ist auch die ehemalige feminine *i*-Deklination, so daß nur noch zwei Deklinationen bestehen, eine maskuline und eine feminine. Der Übertritt der *i*-stämmigen Substantive in diese beiden Klassen orientierte sich in der Regel am Genus des entsprechenden italienischen Wortes, z.B. *stvar^a* 'Sache' fem. wegen ital. *cosa*, aber *peč* 'Ofen' mask. wegen ital. *forno*. Im Kasussystem sind Lok. und Akk. in den Formen des letzteren zusammengefallen, was der romanischen Nichtdifferenzierung von 'Ort' und 'Richtung' entspricht. Auch der Verlust des Vok. dürfte auf Sprachkontakt zurückgehen, ebenso wie die obligatorische Verwendung der Präposition *s* 'mit' beim Instrumental des Mittels, z.B. *s maginam* 'mit dem Auto', sowie insbesondere die analytisch-synthetische Bildung des Genitivs mit der Präposition *do* 'von'(!), z.B. *do žene* 'Frau' Gen.Sg. entsprechend italienisch *della donna*. Außerdem kommt bei Personenbezeichnungen auch ein eigener possessiver Genitiv vor, wobei sich allerdings die ursprünglich feminine Form auf die Maskulina ausgeweitet hat, z.B. *kraljin* 'des Königs'. Was die Kasusformen angeht, so ist im Singular der Feminina der mit dem Akk. formgleiche Dativ auf *-u* auffällig. Anders als im Singular mit zwei nichtvariierenden genusdifferenzierten Formenreihen treten im Plural gewisse Variationen auf, wobei etwa Maskulina im Nom. und Akk. die Endungen *-e*, *-a* (als Flüstervokale) und *-a* (<*-ā*) aufweisen können. Beide Genera, aber besonders die Feminina, variieren im Gen.Pl. zwischen *-ø* und *-i*, das standardsprachliche *-ā* kommt jedoch niemals vor. Im Dat. und Instr. finden wir die Endungen *-ami* und *-i* prinzipiell in beiden

---

[2] In der speziell der Phonetik des Dialekts von Acquaviva gewidmeten Monographie von Barone (1995) wird das Problem des Tonalsystems überhaupt nicht behandelt. Die Angaben in Brozović (1981) bedürfen der weiteren Überprüfung. Die Untersuchung des Tonalsystems ist einer der Schwerpunkte des Projekts eines moliseslavischen „Interferenzlexikons" im Rahmen des Konstanzer Sonderforschungsbereichs 471 „Variation und Entwicklung im Lexikon".

Genera, erstere aber bevorzugt bei den Feminina. Bei entlehnten Substantiven dominiert eindeutig -*i* in allen drei Marginalkasus. Infolge des phonetisch bedingten variativen Abfalls von flüstervokalischen Endungen kommen in der real geäußerten Rede mehr Kasuszusammenfälle vor (mit -ø), als systematisch-morphologisch anzunehmen sind.

Das Adjektiv hat prinzipiell Lang- und Kurzform, letztere allerdings nur prädikativ. Die Position des Adjektivs in attributiver Funktion richtet sich nach den im Italienischen üblichen Regeln, so daß es meist nach dem Substantiv steht. In dieser Position kommt Kasusflexion heute nur noch sehr eingeschränkt vor. Bei der selteneren Voranstellung wird sie aber noch gebraucht, z.B. *dobroga ljud^a* 'guter Mann (!)' Gen.Sg. Auffällig ist hier (ebenso wie bei den Pronomina) die Endung des Gen.Pl. -*ihi*.

Beim Verbum ist generell eine Tendenz zur Vereinfachung der Stammalternationen festzustellen, z.B. *pisat* 'schreiben' mit Präsens *pisam, pisaš, pisam^a, pisat^a, pisaju* statt standardkroatisch *pisati, pišem* usw. Auch die Konjugationsklassen tendieren zu einer Reduktion auf zwei Endungsreihen, nämlich die *a*- und die *i*-Konjugation, wobei auch letztere in der 3. Person Plural -*u* statt -*e* aufweist. Was das Verbsystem angeht, so ist in der flexivischen Aspektkategorie die Bewahrung des Imperfekts (z.B. *gredah^u* 'gehen' 1.Sg., 3.Pl. Imperf.) bei gleichzeitigem Verlust des Aorists (ersetzt durch das Perfekt) auffällig. Hier liegt eindeutig eine Anpassung an die regionalen Verhältnisse im Italienischen vor. Das ererbte, mit *tit* 'wollen' gebildete analytische Futur ist erhalten geblieben, ist aber infolge teilweiser Verdrängung durch ein unter romanischem Einfluß mit *imat* 'haben' gebildetes Nezessitativfutur auf ein Wahrscheinlichkeitsfutur spezialisiert, z.B. *ma partit* 'er wird (wie bereits festgelegt) abreisen' vs. *ča partit* 'er wird (wohl) abreisen'.

5. Wortschatz und Phraseologie

Mannigfaltig sind die romanischen Einflüsse im Wortschatz, wobei nicht nur Bezeichnungen für vorher nicht vorhandene Begriffe (z.B. infolge von Kulturunterschieden oder technischen Neuentwicklungen, etwa *magin^a* 'Auto') übernommen wurden, sondern auch ursprünglicher slav. Wortschatz verdrängt wurde, z.B. *lejit* 'lesen' statt kroat. *čitati*, oder aber Bedeutungsveränderung aufweist, z.B. *grad* 'Dorf' statt herkömmlich 'Stadt' infolge Übernahme von *čita* (ital. *città*). Zum Teil laufen solche Ersetzungsprozesse vor unseren Augen ab, etwa hinsichtlich *kapit* 'verstehen' (ital. *capire*) bei der jüngeren Generation statt *razumit* oder in Form des fortschreitenden Verlusts der Numeralia. Zum Teil sind aber auch Wörter bewahrt, die im kroatischen Standard nicht mehr bestehen, z.B. *grem* 'gehen, 1.Sg. (nur Präsens und Imperfekt)' oder *jelitic^a* 'Gelatine', älter: 'Blutwurst'. Aufgrund produktiver Integrationsmechanismen und der vollständigen Zweisprachigkeit können jederzeit spontane Neuentlehnungen vorgenommen werden. Im phraseologischen Bereich ist die Dominanz des Romanischen besonders eklatant, sowohl was feste Wortkompositionen angeht, z.B. *poḱ si ga* 'weggehen' mit den Komponenten von ital. *andar-se-ne* (der Genitiv *ga* ersetzt das an sich entsprechungslose ital. Partitivpronomen *ne*), als auch eigentliche Phraseologismen, etwa *ko je sa vidija sa vidija* 'das war's dann!' nach ital. *chi s'è visto s'è visto*, wörtlich 'wer gesehen wurde, wurde gesehen'.

6. Literaturangaben

Barone, Ch. 1995. *La parlata croata di Acquaviva Collecroce: Studio fonetico e fonologico.* Firenze.
Breu, W. 1990. Sprache und Sprachverhalten in den slavischen Dörfern des Molise (Süditalien). In: Breu, W. (Hrsg.): *Slavistische Linguistik 1989.* München, 35-65.
— 1992. Das italokroatische Verbsystem zwischen slavischem Erbe und kontaktbedingter Entwicklung. In: Reuther, T. (Hrsg.): *Slavistische Linguistik 1991.* München, 93-122.
— 1993. Verben der Fortbewegung im Italokroatischen in vergleichender Sicht (Morphologie, Funktionen, Entlehnungen, Rektion). In: Kempgen, S. (Hrsg.): *Slavistische Linguistik 1992.* München, 9-41.
— 1995. Aspekte der Deklination im Moliseslavischen. In: Weiss, D. (Hrsg.): *Slavistische Linguistik 1994.* München, 65-96.
Brozović, D. 1981. Kruč (Acquaviva Collecroce; OLA 44a). In: Ivić, P. et al. (Hrsg.): *Fonološki opisi.* Sarajevo, 393-404.
Ivić, P. 1958. *Die serbokroatischen Dialekte.* Bd. I. The Hague, 248-269.
Muljačić, Ž. 1973. Su alcuni effetti del bilinguismo nella parlata dei croati molisani. In: Cortelazzo, M. (Hrsg.): *Bilinguismo e diglossia in Italia.* Pisa, 29-37.
Neri, P. 1987. *I Paesi Slavi del Molise.* Campobasso.
Piccoli, G. 1967. *Lessico di Acquaviva Collecroce.* Roma [unveröff. Dissertation. Neubearbeitung, hrsg. von W. Breu und G. Piccoli, in Vorbereitung].
Reichenkron, G. 1934. Serbokroatisches aus Süditalien. *Zeitschrift für slavische Philologie* 11, 325-339.
Rešetar, M. 1911. *Die serbokroatischen Kolonien Süditaliens.* Wien. [Ital. Übersetzung mit kritischem Anhang und Bibliographie hrsg. von W. Breu und M. Gardenghi. Campobasso 1997].
Vidov, B. [2]1974. *Grammatica del dialetto ikavo-štokavo delle località dell'isola linguistica croata nel Molise.* Toronto. [Grottaferrata [1]1968].

Das Serbische
von
Peter Rehder

1. Einführung

Das Serbische ist die Standardsprache (sȑpskī knjȋžēvnī jèzik[1]) der Serben in der aus den Republiken Serbien (Repùblika Sȑbija) und Montenegro (Repùblika Cȓnā Gòra) bestehenden Bundesrepublik Jugoslavien (Sáveznā Repùblika Jugòslāvija), die nach dem Zerfall der Föderativen Republik Jugoslavien seit Mai 1992 besteht; es wird als ekavisch oder ijekavisch (s.u.) in Serbien und Montenegro[2] (1989) von ca. 10,5 Mio. Einwohnern gesprochen, dazu von den ca. 1,5 Mio. bosnischen Serben in Teilen der Republik Bosnien und Hercegovina (Repùblika Sȑpskā) und von serb. Minderheiten in Kroatien[3], Makedonien, Slovenien, Ungarn, Rumänien sowie von einer schwer einschätzbaren Anzahl von Emigranten in Europa, Nord- und Südamerika, Australien. Kulturelle Zentren sind Beògrad (Belgrad), Nȍvī Sȃd (dt. Neusatz) und Pòdgorica (in der Föder. Rep. Jugoslavien Titograd), Nìkšić, Nȋš, Prȉština, Banjalúka, (früher auch Sarajevo), ca. 90% der Bevölkerung sind orthodox. Bis zur Auflösung des sog. Zweiten Jugoslavien im Juni 1991 war Serb. (wie Kroatisch) soziolinguistisch eine Variante der den Serben, Kroaten und Bosniern gemeinsamen Standardsprache Serbokroatisch bzw. Kroatoserbisch (s. Beitrag „Das Serbokroatische"). – Mit dem Slovenischen und Kroatischen gehört das Serb. zur westlichen Gruppe der südslavischen Sprachen, deren östliche Gruppe Makedonisch und Bulgarisch bilden.

2. Alphabete, Orthographie, Aussprache

Die Bundesverfassung und die Verfassungen und Gesetze der beiden Republiken regeln die Sprachfrage und bestimmen das Serbische als offizielle Standardsprache und das Kyrillische als offizielle Schrift, so daß heute das Serbische ganz überwiegend kyrillisch geschrieben wird; die lateinische Schrift ist jedoch zugelassen und wird verwendet. Das

---

[1] Die jeweils angegebenen 'Betonungszeichen' stellen wissenschaftliche prosodische Diacritica dar und werden unten erläutert.

[2] Zur Frage einer eigenen montenegrinischen Variante, s.o. „Vorwort".

[3] Nach statistischen Angaben lebten 1989 in Kroatien als jugoslavischer Republik ca. 4,5 Mio. Einwohner, davon 12% Serben (dazu 8,2% 'Jugoslaven', die von serbischer Seite größtenteils als Serben reklamiert wurden), so daß sich eine Gesamtzahl von bis zu 600 000 Serben in Kroatien ergab. Ein seit dem 15./16. Jh. besonderes und großenteils geschlossenes serbisches Siedlungsgebiet bildete die Krajina. Durch die Schaffung eines unabhängigen kroatischen Staates wurden diese Serben zu einer Minorität, die durch Flucht und Vertreibung (nach Bosnien und Serbien) im Zusammenhang des Bürgerkriegs auf ca. 50 000 bis 100 000 Menschen reduziert wurde. – Die Gesamtzahl der Serben in Südosteuropa dürfte damit bei ca. 12,5 Mio. liegen.

serb.-kyrill. Alphabet (die Ćirìlica) besteht aus folgenden 30 Buchstaben in dieser Reihenfolge (dazu die lateinische Transliteration):

Аа	a	Ее	e	Лл	l	Пп	p	Фф	f
Бб	b	Жж	ž	Љљ	lj	Рр	r	Хх	h
Вв	v	Зз	z	Мм	m	Сс	s	Цц	c
Гг	g	Ии	i	Нн	n	Тт	t	Чч	č
Дд	d	Јј	j	Њњ	nj	Ћћ	ć	Џџ	dž
Ђђ	đ	Кк	k	Оо	o	Уу	u	Шш	š

Diese Form des Kyrillischen geht auf Sava Mrkalj und Vuk Karadžić zurück, letzterer führte die Buchstaben љ (aus л+ь) und њ (н+ь) ein, übernahm das ältere ћ und schuf parallel dazu ђ; auf besondere Kritik stieß seine Einführung des lateinischen ј in die Ćirilica.

Das serb.-latein. Alphabet (die Latìnica, s. auch Beitrag „Das Kroatische") verwendet 27 Buchstaben und drei Buchstabenverbindungen in dieser Reihenfolge (dazu die kyrillische Transliteration):

Аа	а	Dž/dž	џ	Ii	и	Nn	н	Šš	ш
Bb	б	Đd	ђ	Jj	ј	Nj/nj	њ	Tt	т
Cc	ц	Ee	е	Kk	к	Oo	о	Uu	у
Čč	ч	Ff	ф	Ll	л	Pp	п	Vv	в
Ćć	ћ	Gg	г	Lj/lj	љ	Rr	р	Zz	з
Dd	д	Hh	х	Mm	м	Ss	с	Žž	ж

Die Buchstabenverbindungen dž (џ), lj (љ), nj (њ) bezeichnen auch in der Latinica je einen Laut[4]. Das Đđ wurde 1882 von Daničić (zu Dj/dj s. „Das Kroatische") eingeführt. Die angegebenen Transliterationen sind die wissenschaftlichen, entsprechen aber auch der Praxis in Jugoslavien. – Hier wird sowohl das latein. wie auch das kyrill. Alphabet verwendet.

Die serb. lateinischen (kyrillischen) Buchstaben werden im wesentlichen wie die des Deutschen ausgesprochen, also a (а) wie a in dt. *wann*, b (б) wie b in dt. *bald*, d (д) wie d in dt. *Wade*, usw.; besondere Aufmerksamkeit verlangen lediglich (vgl. auch unten Lautsystem):

ц (c) ähnlich z in dt. *Zeitung*
ч (č) vgl. tsch in dt. *Peitsche*
ћ (ć) weiches tschj
џ (dž) sth. Entsprechung zu č
ђ (d) sth. Entspr. zu ć
х (h) etwa dt. ch in *noch*

љ (lj) weiches l', vgl. ital. *figlio*
њ (nj) weiches n', vgl. gn in frz. *cognac*
с (s) immer stl., wie dt. ss bzw. ß
ш (š) wie sch in dt. *schade*
з (z) immer sth., wie s in dt. *Rose*
ж (ž) immer sth., wie j in frz. *jour*

Die Orthographie des Serb. wurde zuletzt im „Srpski pravopis" ('Serbische Orthographie') von 1993 geregelt[5]. Sie ist im wesentlichen phonetisch – nach dem Motto von Karadžić: *Пиши као што говориш*

---

[4] Jedoch zwei Laute [d+ž], [n+j], wenn zwischen ihnen eine Morphemgrenze liegt: *nadživ(j)eti* = *надживјети* 'überleben', *konjugacija* = *конјугација* 'Konjugation'.
[5] Dazu erschienen in den letzten Jahren zwei weitere Orthographien als Diskussionsbeiträge (Simić u.a. 1993, Dešić 1995), die aber keinen offiziellen Status haben.

('Schreib, wie du sprichst') – unter graphischer Berücksichtigung auch assimilatorischer Lautwechsel, z.B. svȁt 'Hochzeitsgast', aber svȁdba 'Hochzeit', slȁdak 'ein süßer', aber slȁtka 'eine süße'; jedoch nicht bei d oder d̄ + s oder š prȅdstava [pretstava] 'Vorstellung', ljȗdskī 'menschlich', kàdšto 'manchmal', vod̄stvo 'Führung', ebenfalls nicht über Wortgrenzen: prȅd tobom 'vor dir', ȉz kuće 'aus dem Haus', grȃd Sòlūn 'die Stadt Saloniki'; weiterhin s, z zu š, ž vor š, ž, ć, d̄, č, dž, lj, nj: lȋšće 'Laub' (vgl. lȋst 'Blatt'), grȏžd̄e 'Trauben' (vgl. grȏzd 'Traube'), auch pòšaljēm 'ich schicke' (vgl. pòslati 'schicken').

3. Das Lautsystem[6]

Das Lautsystem des Serb. besteht aus sechs silbenbildenden (vokalischen) Phonemen und 25 nichtsilbenbildenden (konsonantischen) Phonemen, dabei kann r sowohl silbenbildend [r̥], d.h. in vokalischer Funktion (pȓst 'Finger', r̀d̄av 'schlecht'), wie auch nichtsilbenbildend [r], d.h. in konsonantischer Funktion, auftreten (réka 'Fluß', Vàrdār).

Die Vokalphoneme sind /a, e, i, o, u/ und das silbische /r̥/. Die serbischen Vokale mittlerer Zungenhöhe /e/ und /o/ sind offene [ɛ] und [ɔ], nie geschlossene [e] und [o] wie im Slovenischen oder Deutschen. Aus dem urslav. Phonem /ě/ ('jat', eine Art langem [ē]) wurde im Ekavischen kurzes [ĕ] (mlȅti 'mahlen') oder langes [ē] (mléko 'Milch', lék 'Arznei'), im Ijekavischen aber kurzes [jĕ] (mljȅti) oder langes [ije] (mlijèko, lȉjek), in einigen Positionen auch [i]: vȉdio < vidĕl 'er sah', bìlješka < bělěška 'Merkmal'; im folgenden werden die ekavischen Formen verwendet. Alle Vokale werden sowohl in betonten wie nichtbetonten Silben klar ausgesprochen, eine qualitative Reduktion unbetonter Vokale wird nicht beobachtet, wohl aber eine quantitative. Folgen zwei Vokale direkt aufeinander, so bilden sie zwei Silben, z. B. zȁuzeo 'eingenommen' als [za-u-ze-o], pòimao 'verstanden' als [po-i-ma-o]. [r] wie [r̥] sind immer gerolltes Vorderzungen-r.

Das einfache Vokalsystem des Serbischen wird jedoch in betonten Silben und nachtonig durch eine Quantitätsopposition (bedeutungsunterscheidende kurze und lange Vokale: ă – ā, ĕ – ē, ĭ – ī, ŏ – ō, ŭ – ū) und in betonten Erstsilben mehrsilbiger Wörter durch eine Intonationsopposition (bedeutungsunterscheidender fallender und steigender Tonhöhenverlauf[7]) kompliziert:

---

[6] In diesem und den folgenden beiden Kapiteln zeigt sich sehr deutlich, wie ähnlich, ja größtenteils identisch die beiden autonomen Standardsprachen Serbisch und Kroatisch linguistisch sind; dies ist eine Folge der im wesentlichen gemeinsamen neuštokavischen Dialektgrundlage.
[7] Die akustophonetischen und auditiven Parameter dieser Intonationen sind erforscht; bei langen fallenden wie steigenden Vokalen erfolgt der Tonhöhenverlauf i.w. innerhalb der langen Silbe, bei kurzen ist jedoch die Höhe der folgenden Silbe entscheidend: kurz fallend mit tiefer, ungefähr: лȍше als lȍše 'schlecht', kurz steigend mit hoher Folgesilbe нòга als nòg^a 'Fuß' (Rehder 1968, Lehiste, Ivić 1986).

Intonationen	Quantitäten	
	kurz	lang
fallend	ˋˋ	ˆ
steigend	ˋ	´

Diese prosodischen Zeichen, die nur in wissenschaftlichen Werken bzw. bei besonderem Bedarf (insbesondere im Gen.Pl. bei nachtoniger Länge: žénā 'der Frauen' zu žèna, grȁdōvā 'der Städte' zu grȃd) geschrieben werden, geben gleichzeitig die Tonsilbe, ihre Quantität und ihre Intonation an, sind also trifunktional.

Der serb. Wortakzent (Tonsilbe) ist frei, fällt jedoch nie auf die letzte Silbe mehrsilbiger Wörter (z.B.: pòruka 'Empfehlung', rúka 'Hand', rùkoznāk 'Handzeichen', rukovòdstvo 'Leitung') und kann bei der Flexion eines Wortes beweglich sein (mlȁdīć 'Jüngling', mladíća Gen.Sg., mȅsēc 'Monat', pêt mesécī '5 Monate'), Einsilbler haben nur fallenden Akzent. Damit sind ȁ, â, à, á bzw. ȑ, r̂, r̀, ŕ usw. zu unterscheiden, so daß das System silbentragender Laute unter Einschluß der prosodischen Distinktionen in betonten ersten Wortsilben von Mehrsilblern maximal 24 und in nachtonigen Silben maximal zwölf Möglichkeiten aufweist:

Tonsilben		Nachtonsilben	
kurz	lang	kurz	lang
ȉ ì – ȕ ù	î í – û ú	ĭ ŭ	ī ū
ȑ r̀	r̂ ŕ	r̆	r̄
ȅ è – ȍ ò	ê é – ô ó	ĕ ŏ	ē ō
ȁ à	â á	ă	ā

Beispiele für die Intonationsopposition[8]: sûda Gen.Sg. zu sûd 'Gefäß': súda Gen.Sg. zu sûd 'Gericht', mòći Gen.Sg. zu môć 'Macht': mòći 'können', kȓvi Gen.Sg. zu kȓv 'Blut': krvi Lok.Sg., ȕpala 'Entzündung', ùpala l-Partizip 'gefallen' zu ùpasti 'fallen'; – Beispiele für die Quantitätsopposition: grȃd 'Stadt': grȁd 'Hagel', sèdeti 'sitzen': sédeti 'grau werden', lîsta Gen.Sg. zu lîst 'Blatt': lȉsta 'Liste', môr 'Sterben': mȍr 'dunkelblau', pût 'Weg' : pȕt 'Fleisch', pȓsnēm 'ich bespritze' : pȑsnēm 'ich zerspringe'. – Nachtonige Quantitätsunterschiede: žèn̄e Gen.Sg. zu žèna 'Frau': žènĕ Nom.Pl.

Die 25 Konsonantenphoneme des Serbischen sind: /p, b, f, v, m, t, d, s, z, n, n', r, 1, 1', š, ž, c, ć, č, ǯ (= dž), ʒ (= đ), j, k, g, x (= h)/; von diesen sind palatal nur /n', 1', ć, đ, j/, alle anderen sind – auch vor [e] oder [i] – nichtpalatalisiert, so daß die Palatalitätskorrelation nur aus /n : n', l : l'/ besteht. Die Masse der Konsonanten gehört der Stimmtonkorrelation an: /p : b = f : v = t : d = s : z = š : ž = ć : ʒ = č :

---

[8] Die prosodischen diakritischen Zeichen werden hier nur in den Laut- und teilweise in den morphologischen Abschnitten gesetzt; Varianten sind nicht notiert.

ʒ = k : g/; beim Zusammentreffen stimmhafter und stimmloser bzw. stimmloser und stimmhafter Konsonanten, die an dieser Stimmtonkorrelation teilnehmen (außer /v/, aber als letztes, stimmloses Glied der Konsonantengruppe auch [x, c]), findet eine regressive Stimmtonassimilation (auch nach Präpositionen) statt (z.B. *vrápca* Gen.Sg. zu *vrábac* 'Spatz', *zàdužbina* 'Stiftung' aus *za-duš-bina* (*dúša* 'Seele') *bèz tebe* [bèstebe] 'ohne dich'); stimmhafte Konsonanten werden im Wortauslaut nicht entstimmhaftet (z.B. *râd* [ra:d] 'Arbeit', *mûž* [mu:ž] 'Mann'); nur stimmhaft sind die nasalen /m, n, n'/ und die liquiden /r, l, l'/, stimmlos sind /x/ und /c/; die stimmhafte Entsprechung zu /c/ ist [ʒ] (= dz), sie erscheint jedoch nur als Positionsvariante zu /c/ (z.B. *otac bi rekao* [otaʒbi rekao] 'der Vater würde sagen'); /f/ und /ž/ sind relativ selten und treten vor allem in Fremdwörtern auf: *fòto* 'Foto', *džèmper* 'Pullover', *džámija* 'Moschee', aber auch *fŕkati* 'fauchen', *òtadžbina* 'Vaterland'. Die dentalen Frikative /s, z/ werden vor [š, ž, ć, đ, č, ʒ, l', n'] zu [š, ž], was auch graphisch ausgedrückt wird, z.B. *lîst* 'Blatt': *lîšće* 'Laub', *pàziti* 'aufpassen': *pážnja* 'Aufmerksamkeit'.

Als morphonologische Alternationen sind neben den ererbten und teilweise komplizierten (z.B. urslav. ǫ ~ ъn ~ ę ~ ьn als *u ~ on ~ e ~ ∅*: *pùto* 'Fessel' ~ zápon 'Schnalle' ~ *zàpēti* 'spannen' ~ *zàpnēm* 'ich spanne') sowie den Ergebnissen der 1. und 2. Palatalisation (*k, g, x > č, ž, š* bzw. *c, z, s*, also z.B. *ùčenīk, ùčenīče, ùčenīci* Nom.Vok.Sg, Nom.Pl. 'Schüler', *nòga, nòzi* Nom.Dat.Sg. 'Fuß', 'Bein', *svȑha, svȑsi* 'Ende, Zweck' Nom.Dat.Sg., *svŕšiti* 'beenden') usw. für das Serb. u.a. charakteristisch: *a ~ ∅* (z.B. *stàrac* 'Alter' ~ *stârca* Gen.Sg., *dòbar* 'ein guter' ~ *dòbra* Gen.Sg., aber *dân* 'Tag' ~ *dâna* Gen.Sg.), *l ~ o* (*bela ~ beo* 'weiße', 'weiß') oder *o ~ e* (z.B. *râdom* Instr.Sg. zu *râd* 'Arbeit' ~ *kònjem* Instr.Sg. zu *kònj* 'Pferd') usw.

Aus der historischen Lautlehre sind u.a. wichtig (vgl. „Das Kroatische"): Liquidametathese mit Dehnung: **gŏrdъ > grādъ > grâd* 'Stadt', **zŏlto > zlāto > zlâto* 'Gold', **bĕrgъ > brěgъ > brêg/brìjeg* 'Ufer', **mĕlko > mlěko > mléko/mlijèko* 'Milch'; *tj, dj* ergeben *ć, đ* (sog. erste Jotierung, z.B. *svéća < *světja* 'Kerze', vgl. *svétliti* 'leuchten'; *mèđa < *medja* 'Rain', vgl. dial. *med* 'zwischen'); epenthetisches *l'* (die Verbindung Labial + j erhält ein eingeschobenes [l'] = lj, z. B. *kùp-lj-en* 'gekauft' zu *kúp-iti* 'kaufen'); beide Jerlaute [ъ, ь] wurden in sog. starker Position zu *a*: *sân* 'Schlaf' < **sъnъ*, *dân* 'Tag' < **dьnь*; die Nasalvokale [ǫ, ę] wurden entnasaliert zu *u* (*rúka* 'Hand' < **rǫka*) bzw. *e* (*pêt* '5' < *pętь*); jünger ist die zweite Jotierung (z.B. *bràća < *bratьja* 'Brüder', *pránje* [pra:n'e] < **pranьje* 'Waschen'), eine dritte Jotierung tritt nur in ijekavischen Dialekten mit *je* aus kurzem **ě* auf (*đevojka < djěvojka < *děvojka* 'Mädchen', *ćerati < tjěrati < *těrati* 'reißen'). Silbenauslautendes -*l* wurde zu -*o* (z.B. *bèo < běl* 'ein weißer', *písao < pisal* 'er schrieb'), sonantisches *l* [l̥] zu *u* (z.B. *vûk < vl̥k* 'Wolf'), anlautendes *v*- zu *u*- (z.B. *ùnuk < vnuk* 'Enkel').

4. Flexionsmorphologie

Die Morphologie des Serbischen zeigt wie alle slavischen Sprachen im wesentlichen ein dreigliedriges Flexionssystem mit nominaler, pronominaler und verbaler Flexion.

4.1. Das Substantiv

Die nominale Flexion erfaßt das Substantiv mit den Kategorien Genus (mask., fem., neutr.), Numerus (Sg., Pl., ein Dual existiert nicht mehr) und Kasus (Nom., Gen., Dat., Akk., Instr., Lok.; Vok.). Zu unterscheiden sind drei Deklinationstypen: a) auf Konsonant endende maskuline Substantive (z.B. auf historisch 'harten' Konsonanten *národ* 'Volk', historisch 'weich' (d.h. mit palatalem Stammauslaut, i.w. *š, ž, č, ć, đ, lj, nj, j*, teilweise noch *r, z*) endend *mûž* 'Ehemann') und auf *-o* oder *-e* endende neutr. Substantive ('hart' *cèlo* 'Dorf', 'weich' *pòlje* 'Feld') (dazu einige Mask. auf *-o, -e* wie *dèčko* 'Knabe', *Mìlivoje*), b) fem. Substantive auf *-a* ('hart' *žèna* 'Frau', 'weich' *dúša* 'Seele', dazu einige Mask. auf *-a vlàdika* 'Bischof', *sùdija* 'Richter') und c) fem. Substantive auf Konsonant oder *o < l* (*stvar* 'Sache', *rà-dōst* 'Freude', *mîsao < misal* 'Gedanke'):

		Typ a	Typ b		Typ c		
		mask.	neutr.	fem.	fem.		
Sg.	Nom.	народ	село	жена	ствар	радост	мисао
	Gen.	народа	села	женē	ствари	радости	мисли
	Dat.	народу	селу	жени	ствари	радости	мисли
	Akk.	народ	село	жену	ствар	радост	мисао
	Instr.	народом	селом	женōм	стварју/и	радошћу/и	мишљу/и
	Lok.	народу	селу	жени	ствари	радости	мисли
	Vok.	народе	село	жено	ствари	радости	мисли
Pl.	Nom.	народи	села	жене	ствари	радости	мисли
	Gen.	народā	селā	женā	стварī	радостī	мислī
	D.I.L.	народима	селима	женама	стварима	радостима	мислима
	Akk.	народе	села	жене	ствари	радости	мисли

Die 'weichen' mask. Paradigmata unterscheiden sich von den 'harten' im Instr. und Vok.Sg. (*mužem, mužu*), die neutr. im Nom.Akk. und Instr.Sg. (*polje, poljem*). Einsilbige und wenige zweisilbige Maskulina erweitern den Wortstamm im Plural um *-ov-* bzw. *-ev-*, z.B. *grad* 'Stadt', Nom.Pl. *grad-ov-i, muž-ev-i*. Bei Typ a) werden auslautende *-k, -g, -x* vor den Endungen des Nom. und Dat.Instr.Lok.Pl. zu *c, z, s* (2. Palatalisation: *učenici, učenicima*), für den Gen.Pl. taucht statt *-ā* (auch mit sekundärem *-ā-: studenātā*) selten auch *ū* oder *-ujū* auf (*satī* zu *sat* 'Stunde', *gostijū* zu *gost* 'Gast', dazu *očijū* zu *oko* 'Auge', *ušijū* zu *uho* 'Ohr'). Typ b) hat für 'harte' und 'weiche' Formen dieselben Endungen, die Ergebnisse der 2. Palatalisation finden sich im Dat.Lok.Sg. (књизи zu књига 'Buch'), auch hier im Gen.Pl. sekundäres -ā- (девōјāкā zu девōјка 'Mädchen', виљушāкā zu виљушка 'Gabel') und die Endung -ū: паткū zu патка 'Ente'. – Reste der alten konsonant. Deklination sind in a) eingefügt (име 'Name', дете 'Kind', Gen.Sg. имена, детета; чудо 'Wunder', Nom.Gen. Pl. чудèса, чудéсā), ebenso Reste der mask. i- und u-Stämme (пут 'Weg', син 'Sohn'), während die alten fem. i-Stämme Typ c) bilden (im Instr.Sg. sind ствари, радости, мисли Varianten).

Ein Synkretismus der Endungen macht sich besonders im Plural bemerkbar, wo Dat.Instr.Lok. auf -има (Mask.,Ntr.; Fem. der Gruppe c) bzw. -ама (Fem.) enden, der Gen.Pl. meist auf -ā- (Typ c auf -ū bzw. -ијȳ), sowie im Sg. beim Instr. (Typ a: -ŏм und b: -ōм). Der ererbte Unterschied zwischen 'harten' und 'weichen' Stammauslauten wurde in den genannten Fällen bewahrt, in anderen aber so ausgeglichen, daß sich – im Gegensatz zum Russischen – die Endungen des palatalen Typs durchsetzten (Akk.Pl.Mask. нарŏде, Gen.Sg.Fem. женē, Dat.Lok.Sg. жени, Nom.Akk.Pl. жене, aber Vok.Fem. душо nach den harten Stämmen: жено). Eine serb. Neuerung ist die Kollektivbildung auf -āд (Fem.) bzw. häufiger die Pluralbildung auf -ићи (Mask.) bei Bezeichnungen für Haustiere u.ä. (z.B. пиле/пилета 'Huhn' Nom.Sg./Pl. – пилāд Koll., Gen. пилади, Dat.Instr.Lok. пиладима, пилићи Nom.Pl., Gen.Pl. пилића). – Wie die Substantive der Typen a) und b) wird teilweise auch das einfache (nicht zusammengesetzte) Adjektiv dekliniert.

4.2. Das Adjektiv

Das Adjektiv hat in der Regel zwei Formen, eine unbestimmte (kurze) und eine bestimmte (lange) Form: млâд 'ein junger', млâдū 'der junge'. Die unbestimmte Form, die nur noch selten verwendet wird, bewahrt einige nominale Endungen: Nom.Gen.Dat.Akk.Lok.Sg.Mask./Neutr. нôв/нòво, нòва, нòви, нôв/нòво, нòви (im Gen.Dat.Lok. neben den bestimmten) und weist in einvokalischer Endung im Gegensatz zu den bestimmten Formen jeweils Kürze auf (Nom.Gen.Akk.Fem. unbestimmt нòвă, нòвĕ, нòвў gegenüber bestimmt нòвā, нòвē, нòвȳ); die restlichen unbestimmten Endungen sind die der bestimmten Adjektive.

Die bestimmte Form zeigt pronominale Endungen nach dem Muster der 'harten' Pronominalstämme; bisweilen ist der Unterschied zwischen unbestimmten und bestimmten Adjektiven nur noch auf der prosodischen Ebene zu erkennen, z.B. unbestimmt млâд, млáда, млáдōј, млáдōм (Nom.Dat.Instr.Sg.Fem.) gegenüber bestimmt млâдū – млâдā, млâдōј, млâдōм. 'Harte' und 'weiche' Formen werden nur noch im Nom.Sg.Neutr. (unbest. нòво : лŏше, best. нòвō : лŏшē) und im Gen.Dat.Lok.Sg.Mask.Neutr. (нòвог : лŏшēг, нòвōм : лŏшēм) unterschieden. Im Plural haben unbestimmte und bestimmte Adjektive im Gen. (*-их*) und Dat.Instr.Lok. *(-им)* die gleichen Endungen für alle drei Genera. Die um *-a, -e* erweiterten Formen sind heute fakultativ (in der folgenden Tabelle der bestimmten Formen eingeklammert):

		Mask.	Neutr.	Fem.
Sg.	Nom.	млади	младо	млада
	Gen.	младог(а)		младе
	D.L.	младом(е)		младој
	Akk.	млади	младо	младу
	Instr.	младим		младом
Pl.	Nom.	млади	млада	младе
	Gen.	младих		
	Akk.	младе	млада	младе
	D.I.L.	младим(а)		

Die Adjektive bilden den Komparativ mit den Suffixen *-ши, -ју, -ији* (*лèпшū* 'schöner', *млȁђū* < *mladji* 'jünger', *нòвијū* 'neuer') und deklinieren wie 'weiche' Adjektive; die Superlativform wird mit der Komparativform plus Präfix *нȃј-* gebildet (*нȃјлепшū, нȃјмлађū*).

4.3. Die Pronomina

Die Personal- und das Reflexivpronomen des Serbischen haben Numerus-, Kasus- und in der 3. Person auch Genusunterschiede, sie weisen im Gen.Dat.Akk.Sg. und Plural neben den orthotonischen (d.h. als selbständige Wörter mit eigenem Akzent, auch nach Präpositionen) auch enklitische (stehen im Akzentschatten und lehnen sich an ein akzentuiertes Wort an) Formen auf, das Reflexivpronomen besitzt keinen Nom. und keinen Plural (*јȃ* 'ich', *тȋ* 'du', *ȏн, òна, òно* 'er, sie es'):

		1. Person	2. Person	3. P.Mask.	3. P.Neutr.	3. P.Fem.	Reflexiv
Sg.	N.	јȃ	тȋ	ȏн	òно	òна	–
	G.	мèне, ме	тèбе, те	њèга, га		њȇ, је	сèбе, се
	D.	мèни, ми	тèби, ти	њèму, му		њȏј, јој	сèби, си
	A.	мèне, ме	тèбе, те	њèга, га		њȗ, је (ју)	сèбе, се
	I.	мнȏм	тòбōм	њȋм		њȏм	сòбōм
	L.	мèни	тèби	њèму		њȏј	сèби
Pl.	N.	мȋ	вȋ	òни	òна	òне	
	G.	нȃс, нас	вȃс, вас	њȋх, их			
	D.	нȁма, нам	вȁма, вам	њȋма, им			
	A.	нȃс, нас	вȃс, вас	њȋх, их			
	I.L.	нȁма	вȁма	њȋма			

Dazu Possessivpronomen (*мȏј* 'mein', *твȏј* 'dein', *нȁш* 'unser', *вȁш* 'euer' und das reflexive *свȏј* 'sein'), die wie 'weiche' Adjektive dekliniert werden, entsprechend auch die Relativpronomen (kòjū 'welcher', kòjā, kòjē); 'hart' deklinieren die Demonstrativpronomen (mit Ausdruck unterschiedlicher Entfernung vom Sprecher: mâj, mâ, mô 'dieser' usw., òvāj, òvō, òvā 'dieser hier', ònāj, ònō, ònā 'jener dort') und Interrogativpronomen kò 'wer' ('weich' aber štȍ/ štȁ 'was'); dazu die indefiniten (nèko 'irgendwer', nèšto 'irgendetwas') und negativen (nȉko 'niemand', nȉšta 'nichts') Pronomen.

Die Grundzahlen jèdan, jèdna, jèdno '1', stòtina '100', xìljada '1000', milìōn 'Million', milìjārda 'Milliarde' und die Ordnungszahlen pȓvī, drȕgī, pêtī '1., 2., 5.' usw. werden wie 'harte' Adj. dekliniert; dvȃ, dvȇ '2', trȋ '3', čètiri '4' bewahren Reste einer älteren Deklination. Das indefinite Numerale sȁv (umgestellt aus *vьsь), svȇ, svȁ 'ganz, all' dekliniert (wie trȅćī '3.') 'weich' (svèga, svèmu).

4.4. Das Verbum

Das serb. schriftsprachliche Verbalsystem zeigt als Modi Indikativ, Konditional, Imperativ[9], als Tempora vor allem Präsens, Perfekt und Futur I, daneben Aorist, Imperfekt, Plusquamperfekt und Futur II.

Das serb. Verb unterscheidet gewöhnlich einen Infinitiv- von einem Präsensstamm, wobei von ersterem der Aorist und die zusammengesetzten Zeiten und von letzterem Präsens und Imperfekt gebildet werden. Nach dem Präsensstamm ergeben sich drei Hauptflexionstypen, die je nach ihren Infinitivformen weiter untergliedert werden:

1. *a*-Verben auf *-ам, -аш, -а, -амо, -ате, -ajy* (1., 2., 3. Sg./Pl.);
2. *e*-Verben auf *-(j)ем, -(j)еш, -(j)е, -(j)емо, -(j)ете, -(j)у*;
3. *i*-Verben auf *-им, -иш, -и, -имо, -ите, -е.*

Zur *a*-Gruppe gehören Verben des Typs glȅdati, glȅdām 'betrachten', zur *e*-Gruppe kupòvati, kùpujēm 'kaufen', nùti, nùjēm 'trinken', dávati, dâjēm 'geben', ùmēti, ùmēm 'können', písati, pîšēm 'schreiben', zvȁti, zòvēm 'rufen' u.a., zur *i*-Gruppe ùčiti, ùčīm 'lernen', vȉdeti, vȉdīm 'sehen', dȑžati, dȑžīm 'halten'.

Präsens	-*a*-Verben	-*e*-Verben	-*i*-Verben
Sg.1.Pers.	глȅдām	ỳмēм	вȉдīм
2.Pers.	глȅдāш	ỳмēш	вȉдīш
3.Pers.	глȅдā	ỳмē	вȉдī
Pl. 1. Pers.	глȅдāмо	ỳмēмо	вȉдīмо
2.Pers.	глȅдāте	ỳмēте	вȉдīте
3.Pers.	глȅдājȳ	ỳмējȳ	вȉдē

Als einziges athematisches Verb ist bȉti 'sein' im Serb. erhalten (Präsens: jèsam, jèsi, jè(ste), jèsmo, jèste, jèsu, enklitisch: sam, si, je

---

[9] Dazu eine Art Optativ in Wendungen wie dòbro dòšli 'herzlich willkommen', žíveli 'prosit'.

usw., verneint: нисам, ниси, није usw.). Das auch für die Bildung des Futurs benötigte Verb хтѐти 'wollen' flektiert im Präs. хо̀ћу, хо̀ћеш, хо̀ће, хо̀ћемо, хо̀ћете, aber 3. Pl. хо̀ће̄, enklitisch ћу, ћеш ... ће̄, verneint не́ћу, не́ћеш ... не́ће̄.

Das Perfekt wird aus dem aktiven Perfektpartizip plus Hilfsverb бити 'sein', aber wie gewöhnlich beim Verb ohne Personalpronomen gebildet (гледали смо 'wir haben betrachtet'), das Fut. aus den Kurzformen des Hilfsverbs хтети 'wollen' plus Infinitiv (ми ћемо видети 'wir werden sehen') bzw. an den um -ти verkürzten Infinitiv angefügt (видећемо). Aorist und besonders Imperfekt sind in der Umgangssprache selten geworden (Impf.: учах, учаше ... 'ich lernte', 'du lerntest', Aor.: научих, научиш ...), ebenso Plusqu. und Fut. II (био сам учио 'ich hatte gelernt', будем питао 'ich werde gefragt haben'). Kond. Präs. (und Prät., alt) werden vom aktiven Perfektpart. + бих, би, би, бисмо, бисте, би (+ akt. Perfektpart. von бити) gebildet: ми бисмо питали bzw. питали бисмо 'wir würden fragen', ми бисмо питали били bzw. питали бисмо били 'wir hätten gefragt'.

Wie in allen slav. Sprachen ist auch im Serb. die Kategorie des Verbalaspekts ausgeprägt, so daß bei der Mehrzahl der Verben eine ipf. von einer pf. Form zu unterscheiden ist, z.B. 'finden': наћи, 1.Sg. Präs. нађем (pf.) gegenüber налазити, налазим (ipf.), 'schicken': слати, шаљем (ipf.) gegenüber послати, пошаљем (pf.). Der ipf. Aspekt drückt dabei gewöhnlich eine andauernde, unabgeschlossene, sich in der Zeit entfaltende, der pf. aber eine abgeschlossene, begrenzte, als Ganzheit markierte Handlung aus, z.B. ipf. синоћ је писала писмо 'gestern abend hat sie einen (an einem) Brief geschrieben', pf. синоћ је написала писмо 'gestern abend hat sie einen Brief (als ganzen, zu Ende) geschrieben'. Einige häufig gebrauchte Verben sind sowohl pf. wie auch ipf.: бити 'sein', чути 'hören', казати 'sagen', видети 'sehen', ebenso доручковати 'frühstücken', организовати, протестовати, дискутовати, формулисати, студирати, фиксати се 'fixen' u.a. Im Gegensatz zum Russ. weist das Präs. eines pf. Verbs in unabhängigen Sätzen keine reine Futurbedeutung auf.

5. Zur Derivationsmorphologie

Die Ableitung neuer Lexeme erfolgt im Serbischen insbesondere durch zahlreiche Suffixe und Präfixe, während die Komposition geringeren Umfang hat. Nominale Wortbildungssuffixe, die eine Eigenschaft bzw. den Handelnden bezeichnen, sind u.a. -ac, -ica (star-ac 'der Alte', star-ica 'die Alte'), -ar, -arka (pek-ar 'Bäcker', pek-ar-ka 'Bäckerin'), -ik, -ica (bolesn-ik 'Kranker', bolesn-ica 'Kranke'), -jak, -janka (sel-jak 'Bauer', sel-janka 'Bäuerin'), -ač (kov-ač 'Schmied'); weiter -telj (uči-telj 'Lehrer'), -inja (Srpk-inja 'Serbin'), Ortsangaben mit -janin, -janka (građ-anin, građ-anka 'Städter(in)'), -ište (igral-ište

'Spielplatz'), *-njak* (*rib-njak* 'Fischteich'), *-ara* (*piv-ara* 'Brauerei'), Abstrakta mit *-ost* (*star-ost* 'Alter'), *-ota* (*lep-ota* 'Schönheit'), *-stvo* (*bogat-stvo* 'Reichtum'); Deminutiva bilden *-ac*, *-ica* (*brat-ac* 'Brüderchen', *kuć-ica* 'Häuschen'), *-ič*, *-čić* (*brod-ič* 'Schiffchen', *sin-čić* 'Söhnchen'); aus dem Türkischen stammen die Suffixe *-ana* (*kaf-ana* 'Kaffeehaus'), *-džija* (*kafe-džija* 'Kaffeehausbesitzer'). (Vgl. ausführlich Leskien 1914, 228-329.) Als nominale Präfixe fungieren u.a. *bez-* (*bez-broj* 'Unzahl'), *ne-* (*ne-vinost* 'Unschuld', *ne-po-goda* 'Unwetter'), *pra-* (*pra-domovina* 'Urheimat'), *sa-* (*sa-putnik* 'Mitreisender'), dazu zahlreiche Verbalpräfixe bei deverbativen Nomina (*iz-ložba* 'Ausstellung', *na-selje* 'Siedlung', *po-rodica* 'Familie', *pret-po-stavka* 'Vorstellung', *ne-do-umica* 'Zweifel') usw. Komposition ist relativ selten (*kìš-o-bran* 'Regenschirm', *ruk-o-vòdilac* 'Führer', *oblak-ò-der* 'Wolkenkratzer').

Bei der verbalen Derivation spielen Suffixe (*-ati*, *-iti*, *-ovati*, *-isati*) eine geringere Rolle als die zahlreichen Präfixe: *do-* (*do-voziti* 'herbeiführen'), *iz-* (*iz-uzeti* 'aus-nehmen'), *na-* (*na-platiti* 'be-zahlen'), *nad-* (*nad-vikati* 'über-schreien'), *o-* (*o-pisati* 'um-schreiben'), *od-* (*od-lomiti* 'ab-brechen'), *po-* (*po-piti* 'aus-trinken'), *pod-* (*pod-uzeti* 'unternehmen'), *pre-* (*pre-pisati* 'vor-schreiben'), *pred-* (*pred-ložiti* 'vorschlagen'), *pro-* (*pro-leteti* 'vorbei-fliegen'), *raz-* (*raz-biti* 'zer-brechen), *s(a)-* (*s-leteti* 'herab-fliegen', *s-plesti* 'zusammen-flechten'), *u-* (*u-voziti* 'ein-führen'), *za-* (*za-ostati* 'zurück-bleiben'); dazu auch Fremdpräfixe wie griech. *anti-*, *kvazi-*, *pseudo-*, usw.

6. Zur Syntax

Die Syntax des Serb. zeigt grundsätzlich relativ freie Wortstellung, doch herrscht im Aussagesatz die Folge Subj. – Präd. – Obj. deutlich vor, wobei das Dativobj. gewöhnlich vor dem Akkusativobj. steht, z.B. *majka daje sinu pare* 'die Mutter gibt dem Sohn Geld'; Abweichungen von diesem Muster dienen vor allem stilistischer und emotionaler Differenzierung. Auffallend ist die enklitische Stellung von Personalpronomina (*videli smo ga* 'wir sahen ihn').

Wie in anderen slav. Sprachen tritt auch im Serb. der Gen. für den Akk. ein (sog. Belebtheitskategorie), jedoch im Gegensatz zum Russischen nur, wenn es sich um die Bezeichnungen belebter mask. Wesen im Sg. (Deklinationstyp a) handelt, z.B. *Jesi li videla Petra?* 'Hast du Peter gesehen?', aber Akk.Pl. bzw. Akk.Sg.: *Jesi li videla sestre, prijatelje, učiteljicu?* 'Hast du die Schwestern, die Freunde, die Lehrerin gesehen?' Der Gen. wird auch zum Ausdruck partitiver und possessiver Verhältnisse benutzt, z.B. *malo čaja* 'etwas Tee', *mnogo ljudi* 'viele Leute', *čamac tvoje ćerke* 'der Kahn deiner Tochter', und kann auch Zeitangaben ausdrücken, z.B. *prošle godine* 'letztes Jahr'. Der bloße Instr. drückt das Mittel aus, mit Präp. aber die Begleitung, z.B.

idem vozom 'ich fahre mit dem Zug', *idem sa ženom* 'ich fahre mit (in Begleitung) meiner Frau'; als Prädikatsergänzung nach Verben wie *biti* 'sein', *postati* 'werden' steht heute in der Regel schon der Nom., im schriftlichen Gebrauch aber auch noch der Instr., z.B. *postaće učiteljica* 'sie wird Lehrerin werden'. Der Lok. tritt nur nach bestimmten Präp. auf, z.B. *u kući* 'im Hause', *na selu* 'auf dem Dorf'. Der Vok. ist erhalten: *Làzāre!* 'Lasar!', *Mlàdīći!* 'Jünglinge!' (Nom.Pl. *mladići*) *gòspođo!* 'Frau!', wird jedoch nicht mehr immer konsequent angewandt, z.B. *Nâdo!*, *Mîco!* (Nom: *Náda, Míca*), aber *Vera!, Bojana!*

Die Kongruenzregeln für die Prädikation sind streng, sie erlauben u.a. nur dann Abweichungen, wenn es zu einem Gegensatz zwischen grammmatischem und natürlichem Geschlecht kommt, z. B. *Stari je sluga poginuo* 'der alte Diener kam um'. Nach den Zahlwörtern '2', '3', '4' stehen nachfolgende Subst. und ihre Attribute im Gen.Sg., das Prädikat steht im Plural, z.B. *dva, tri četiri velika komada koštaju* '2, 3, 4 große Stücke kosten'; ab '5' steht der Gen.Pl., das Prädikat aber im Neutr.Sg., z.B. *u kolima (je) bilo osam raznih putnika* 'im Wagen waren acht verschiedene Reisende'; bei zusammengesetzten Zahlen entscheidet die letzte Ziffer über den folgenden Numerus, z.B. Gen.Sg. nach '2', '3', '4': *dvadeset (i) tri meseca* '23 Monate', aber Gen.Plural ab '5': *pedeset (i) šest meseci* '56 Monate'. Eine streng geregelte Zeitenfolge kennt das serb. Satzgefüge nicht.

Die gebräuchlichen Zeitformen des Verbs (Präs., Perf., Fut. I) sind zusätzlich jeweils fähig, andere als ihre 'eigentlichen' Zeiten auszudrücken, so z.B. das Präs. neben der Gegenwart auch eine Vergangenheit (historisches Präsens: *Ana je ušla u sobu. Sad joj sve ide od ruke* 'Anna ist ins Zimmer gekommen. Jetzt geht ihr alles (leicht) von der Hand') und eine Zukunft (*Stižemo sutra ujutro* 'wir kommen morgen früh an'). Das Passiv wird gewöhnlich durch ein reflexives Verb wiedergegeben, z.B. *kuća se čisti* 'das Haus wird gesäubert', seltener durch das präteritale Part.Pass. plus *biti* 'sein' oder *bivati* 'werden', z.B. *magarac biva vraćen* 'der Esel wird zurückgegeben', häufiger dafür reflexiv *magarac se vraća*. Neben diesem Part.Pass. besitzt das Serb. das u.a. für die Perfektbildung (s.o.) verwendete akt. Perfektpart. *video, videla, videlo, videli, videle, videla*. Die ererbten Aktiv-Part. sind zu indeklinablen Verbaladverbien (Gerund I zum Ausdruck der Gleichzeitigkeit: *pišući* 'schreibend', Gerund II zum Ausdruck der Vorzeitigkeit: *napisavši* 'geschrieben habend') geworden, durch die die Schriftsprache Nebensätze verkürzt, z.B. *Pišući pismo sećala (je) se njega* 'Während sie den Brief schrieb, erinnerte sie sich an ihn', *Napisavši pismo otišao sam u bioskop* 'Nachdem ich den Brief geschrieben hatte, ging ich ins Kino'. Bei Negation des Verbs eines Satzes tritt im Serb. doppelte Verneinung auf, d.h. auch Pronomina und Adverbien werden verneint, z.B. *Niko to nikad i nigde nije video* 'niemand hat(te) das jemals und irgendwo gesehen'.

7. Zur Lexik

Den Hauptteil seiner Lexik hat das moderne Serb. aus dem Urslav. ererbt (z.B. глава 'Kopf', нога 'Bein, Fuß', дете 'Kind', брат 'Bruder', сестра 'Schwester', вода 'Wasser', река 'Fluß', видети 'sehen', јести 'essen', спавати 'schlafen'), einige urslav. Lexeme sind heute nur im Serb. (und Kroat.) vertreten (z.B. гвожђе 'Eisen', киша 'Regen', пролеће 'Frühling'). Das Kirchenslav. hat – z.T. mit Lehnübersetzungen nach griech. Muster – im modernen Serb. nur im kirchlichen Bereich und der orthodoxen Terminologie deutlichere Spuren hinterlassen (благословити 'segnen', блажен 'selig', храм 'Gotteshaus', пророк 'Prophet', проповед 'Predigt' usw.), darüber hinausgehend und stärker war der an Lehnwörtern erkennbare direkte Einfluß des Griech. (манастир 'Kloster', ђаво Teufel', ђак 'Schüler', деспот 'Despot', колиба 'Hütte', мирис 'Duft', спанаћ 'Spinat' usw.). Ungar. (варош 'Dorf', später ципела 'Schuh', шатор 'Zelt') und ältere deutsche (кухиња 'Küche', шкода 'Schaden', alt) Entlehnungen sind zahlenmäßig geringer, doch ist die alte serb. (und bosnische) Bergbauterminologie durch hier angesiedelte deutsche (sächsische) Facharbeiter teils deutsch (шахт 'Schacht', шихта 'Schicht', шлакња 'Schlacke', жак 'Sack'), vgl. Brozović, Ivić 1988, 43f.

Die Herrschaft der Osmanen auf serb. Gebiet vom 14./15. bis zum 19. Jh. hat zahlreiche sog. Turzismen (außer türkischer auch durch dieses vermittelte persische und arabische Lexik, seltener griechische) in die serb. Dialekte eindringen lassen (z.B. алат 'Werkzeug', чарапа 'Strumpf', дућан 'Laden', јастук 'Kissen', пешкир 'Handtuch', ракија 'Schnaps', сокак 'Gasse', авлија 'Hof' [< türk. avlı < griech. αὐλή], ћеф 'Lust', ћевапчићи 'Würstchen'). Bei serb.-türk. Dubletten weist der Turzismus bisweilen eine emotionale Konnotation auf (сусед ~ комшија 'Nachbar', дворище ~ авлија 'Hof' usw.).

Ab dem späten 18. Jh. gelangen vermehrt Germanismen (штоф, шницла, шунка, веш), auch Lehnübersetzungen aus dem Deutschen (z.B. одбрана 'Abwehr', разгледница 'Ansichtskarte'), aber auch Russismen (ваздух 'Luft', част 'Teil') und Bohemismen (часопис 'Zeitschrift', улога 'Rolle') ins Serb. Im 19. und 20. Jh. verstärkt sich der Einfluß des Französ. (шарм, увертира, солитер usw.), im 20. Jh. dann der des Engl. mit Internationalismen aus Technik (бојлер, тролејбус) und Kultur, Mode (џез, тинејџер, викенд 'weekend', викендица 'Wochenendhaus') bis hin zu Sport und Freizeit (тренинг, стриптиз) und EDV (хардвер, диспечер); puristische Strömungen sind dem Serb. – anders als dem Kroat. oder Sloven. – relativ fremd.

8. Zu den Dialekten

Zur grundsätzlichen Drei- bzw. Vierteilung der Dialekte des serbischen und kroatischen Sprachraums s.u. „Das Serbokroatische"; Dialektkarten bei Brozović, Ivić 1988, 1990. Den serbischen einschließlich des montenegrinischen (und ebenso den bosnisch-herzegovinischen) Sprachraum bilden ausschließlich štokavische Dialekte. Gemeinsame Merkmale nahezu aller štokavischen Dialekte sind u.a. (nach Brozović, Ivić 1988, 1990) die Form des Fragepronomens *što* (daneben später *šta*) < *čьto* 'was' und die *-ov-*, *-ev*-Erweiterungen im Pl. einsilbiger und weniger zweisilbiger mask. Substantive (*grad-ov-i, grad-ov-a, grad-ov-ima* 'Städte', *kraj-ev-i, kraj-ev-a, kraj-ev-ima* 'Ende' (Nom.Gen.Dat.Instr.Lok.Pl.)); den weitaus größten Teil erfassen auch die Wechsel von silbenauslautendem *-l* > *-o* (*dao* < *dal* 'gab'), *-jd-* > *đ* in Fällen wie *dođem* < *dojdem, dj* > *đ* (*međa* < *medja*), *-ā* als Endung des Gen.Pl., Erhaltung des Aorists und zahlreiche Turzismen. Die štokav. teilen mit (fast allen) čakav. Dialekten die Entwicklung von *ǫ* > *u* (*put* < *pǫtь*), *čr-* > *cr* (*crn* < *črn*), *l̥* > *u* (*vuk* < *vl̥k*), *ъ, ь* > *a* in starker Position, u.a.

Die weitere Untergliederung der štokavischen Dialektgruppe erfolgt nach der Vertretung des urslav. *ě* (jat') als *e, i* oder (*i*)*je* ([ě:] > [ē], [ī], [ije]: *rěka* > *reka, rika, rijeka* 'Fluß', [ě]> [ě], [ĭ], [jě]: *město* > *mesto, misto, mjesto* 'Platz') und den prosodischen Veränderungen; prosodisch ist insbesondere die Unterscheidung zwischen den altštokav. und den die zentralen Gebiete umfassenden, am weitesten verbreiteten neuštokav. Dialekten interessant, wobei letztere Akzentzurückziehung von betonten nichtersten Silben zeigen (*rúka* < *rūkà̄, nòga* < *nŏgà̄*).

Am weitesten verbreitet innerhalb der neuštokav. Dialektgruppe ist der osthercegovinisch ijekavische Dialekt, der sich von Westmontenegro, Westserbien über ganz Bosnien und die Hercegovina (unterbrochen durch dortige ostbosnische und autochthone jüngere ikavische Dial.) bis ins östliche Slavonien (ohne dessen nordöstlichen Teil) und südliche Kroatien (Banja, Kordun) erstreckt. Er ist der von Vuk Stefanović Karadžić Anfang des 19. Jh. verschriftlichte, normierte und zur Standardsprache der Serben ausgebaute Dialekt, in dem große Teile der Volksdichtung der Serben und Kroaten (insbesondere die Heldenlieder) tradiert und die Dubrovniker (ragusäische) Literatur sowie Teile eines seit dem 18. Jh. entstehenden kroatischen Schrifttums aufgezeichnet waren.

Südlich schließt sich der ebenfalls ijekavische Zeta-Lovćen-Dialekt im S und O Montenegros bis in den südl. Sandžak an (weitgehend ohne Akzentverschiebung, dritte Jotierung, s.o.). Die serbischen Gebiete von der Vojvodina über die Šumadija bis zur Resava und dem nördlichen Teil des Kosovo besetzen ekavische Dialekte, die sich vor allem durch ihre prosodischen Merkmale unterscheiden. Die Vojvodina- und Šumadija-Dialekte haben die Belgrader ekavische Norm stark geprägt. Die südl. und südöstl. serb. Dialekte an der maked. und bulgar. Grenze (Prizren, Morava, Timok; dazu der Dialekt der katholischen Krašovaner im rumän. Banat) sind altštokav.-ekav. und zeigen neben Archaismen (Bewahrung eines Jerlauts [ə], z.B. *dən* 'Tag' statt standardsprachl. *dân* < *dъnъ) auch Neuerungen (Verlust der Quantitäts- und Intonationsunterschiede, Verlust des [h]), aber vor allem zahlreiche Balkanismen (Tendenz zum Kasussynkretismus, Objektverdoppelung, postponierte Artikel, s.u. S. 347-364).

9. Zur Geschichte des Serbischen

Auf dem Gebiet des mittelalterlichen serbischen Staats war als Schriftsprache das Kirchenslavische serbischer Redaktion in kyrillischer Schrift in Gebrauch; daneben wurde aber auch die sog. Volkssprache auf štokav. Grundlage schriftlich verwendet. Während auf Kirchenslav. besonders gottesdienstliche Texte (Miroslav-Evangelium des 12. Jh.), hymnographische, theologische, auch apokryphe und 'unterhaltende' Schriften abgeschrieben, übersetzt oder auch neu verfaßt (Herrscher- und Bischofsviten) wurden, findet sich die Volkssprache überwiegend in administrativen und juristischen Texten (Urkunden). Besonders diese zahlreichen Urkunden belegen materialreich die Entwicklung der štokav. Dialekte bis zum Ende des 15. Jh. Typische sprachliche Prozesse dieser Jahrhunderte sind der Zusammenfall von *y* und *i* in *i*, der Schwund bzw. die Entwicklung der Jerlaute ъ, ь zu *a*, des Jat' (*ě*) und des sonantischen *l̥*, der Umbau der Deklinations- und Konjugationstypen u.a. Einen letzten kulturellen Höhepunkt bildet das Werk der gelehrten bulgarischen Emigranten Grigorij Camblak als Vertreter einer hesychastischen Strömung und des Konstantin von Kostenec mit einem Reformversuch des Kirchenslavischen „O pismenech" ('Über die Buchstaben'); 1494 wurde in der Zeta (Montenegro) das erste Buch (ein Oktoich, ein liturgisches Kultbuch nach den acht Kirchentönen) gedruckt. Mit dem Osmaneneinfall im späten 14. und frühen 15. Jh. ging der serb. Staat nach und nach unter, und die Pflege von Schriftsprache und Schrifttum wurde für Jahrhunderte stark eingeschränkt bzw. nahezu unmöglich. Die mündlich tradierte Volksdichtung, besonders Teile der Heldenepik mit ihrer mythischen Überhöhung der Niederlage auf dem Amselfeld (Kosovo polje), pflegte jedoch die Volkssprache und bewahrte die nationale Identität, für die auch die orthodoxe Kirche eine wichtige Rolle spielte.

Mit der Flucht größerer Bevölkerungsteile aus Zentralserbien nach 'Südungarn' (Vojvodina) Ende des 17. und Anfang des 18. Jh. entwickelte sich im österreich-ungarischen Staatsverband ein serb. Bürgertum, das zwar mitteleuropäische wirtschaftliche und gesellschaftliche Vorstellungen aufnahm, aber mehr noch an seinen traditionellen Werten und (auch gegen katholische Unierungsversuche) an seinem orthodoxen Glauben festhielt. Die zur Pflege dieser religiösen und nationalen Identität notwendige kirchliche (Gottesdienst) und erzieherische (Schulen) Literatur und auch Lehrer erhielten die Vojvodina-Serben aus Rußland. Das so importierte russisch-kirchenslavische Schrifttum ersetzte die versiegende eigene serbisch-kirchenslavische Tradition und übernahm vollständig deren Funktion im kirchlichen Bereich. Unter Einbeziehung serb. Dialektmerkmale und auch russischer Elemente bildete dieses Russ.-Kslav. darüber hinaus ab Mitte des 18. bis in die 30er Jahre des 19. Jh. eine Schriftsprache der städtischen Bevölkerung, die als Slavenoserbisch (auch 'Civilsprache') bezeichnet wird. Diese Mischsprache aus drei Quellen, wobei das Russ.-Kslav. gewöhnlich überwog, verfügte zwar über keine feste Norm, diente aber erfolgreich den gesellschaftlichen Bedürfnissen der Zeit (Übersetzungen, auch eigene Prosa und Lyrik).

Als Vuk St. Karadžić unter der kundigen und tatkräftigen Anleitung von Bartholomäus (Jernej) Kopitar ab 1813 in Wien daran ging, eine moderne serb. Schrift- und Standardsprache auf der Grundlage (nur) seines osthercegovinischen neuštokavisch-ijekavischen Heimatdialekts zu formieren, bestanden demnach nebeneinander das Slavenoserbische des vojvodianischen Bürgertums, das Russ.-Kslav. der serb. Kirche in der Vojvodina und die serb. Dialekte der bäuerlichen serb. Bevölkerung, deren literarische Verwendung langsam begonnen hatte.

Kennzeichnend für Vuks Orthographie- und Sprachreform ist die konsequente Ablehnung des Slavenoserbischen als 'künstliche' Mischsprache, deren eher zentraleuropäische Orientierung und sprachlichen Ansätze (z.B. im terminologischen Bereich, im abstrakten Wortschatz) und damit auch die über sie vermittelbaren Kirchenslavismen auf diese Weise zunächst keinen Einfluß auf die entstehende Standardsprache hatten. Zur weiteren Entwicklung und zum Einmünden dieser Sprachreform in das Modell der modernen serbokroatischen Standardsprache, ihrer Entwicklung und ihrem Zerfall s.u. „Das Serbokroatische".

Nach der Bildung der Bundesrepublik Jugoslavien ist auch in ihren beiden 'Teil'-Republiken Serbien und Montenegro das serbokroatische Modell aufgegeben worden. Die Standardsprache der Serben ist das Serbische in seiner ekavischen bzw. ijekavischen Form.

10. Literaturangaben[10]

Andrić, D. 1976. *Dvosmerni rečnik srpskog žargona i žargona srodnih reči i izraza.* Beograd

Browne, W. 1993. Serbo-Croat. In: Comrie, B., G.G. Corbett (Hrsg.): *The Slavonic languages.* London, New York, 306-387.

Brozović, D., P. Ivić. 1988. *Jezik srpskohrvatski/hrvatskosrpski, hrvatski ili srpski.* Zagreb. (= *Enciklopedija Jugoslavije* 6, 1990, 48-94.)

---

[10] Hier i.w. nur die ältere und neueste Literatur zum Serbischen; für die Periode des Serbokroatischen s. auch die Literaturangaben zu dem Beitrag „Das Serbokroatische".

Ćosović, S. 1994. *Rječnik srpskog imena*. Novo Sarajevo, Podgorica.
Daničić, Đ. 1863-64. *Rječnik iz književnih starina srpskih*. Bd. 1-3, Beograd. (ND Beograd 1975).
Fonološki opisi srpskohrvatskih/hrvatskosrpskih, slovenačkih i makedonskih govora obuhvaćenih Opšteslovenskim lingvističkim atlasom. Sarajevo 1981, 219-624.
Ivić, P. 1971. *Srpski narod i njegov jezik*. Beograd.
— 1978. Die mittelalterlichen serbischen Urkunden als Dokumente über Sprache und Kultur. *Zeitschrift für Dialektologie und Linguistik* 45, 3, 257-268.
— 1981. Jezik i njegov razvoj do druge polovine XII veka. *Istorija srpskog naroda* 1, 125-140.
— 1981. Jezik u nemanjićkoj eposi. *Istorija srpskog naroda* 1, 617-640.
— 1981. O jeziku kod Srba u razdoblju od 1804 do 1878. *Istorija srpskog naroda* 5,2, 311-380.
— 1982. Književni i narodni jezik kod Srba. *Istorija srpskog naroda* 2, 519-534.
— 1983. Jezičke prilike. *Istorija srpskog naroda* 6, 2, 257-290.
— 1986. O jeziku kod Srba u razdoblju od 1699. do 1804. *Istorija srpskog naroda* 4,2, 69-106.
Karadžić, V.S.: *Srpski rječnik istolkovan njemačkim i latinskim riječima*. Wien 1818 (ND Bgd.: Prosveta 1966), [2]1852 (ND Bgd.: Nolit 1969, Prosveta 1987), [3]1898 (ND Bgd. [4]1935). [Dt. Übs. der einleitenden Srpska gramatika (1818) durch Jacob Grimm, Leipzig, Berlin 1824 (ND München 1974), Wien [2]1850 von Đ. Daničić (ND München 1983).]
Klajn, I. 1992. *Rečnik novih reči*. Novi Sad.
Kovačević, M. 1997. *U odbranu srpskoga jezika*. Priština.
Kretschmer, A. 1989. *Zur Methodik der Untersuchung älterer slavischer schriftsprachlicher Texte (am Beispiel des slavenoserbischen Schrifttums)*. München.
Lauterbach, A. 1998. *Anredeformen im Serbischen um 1800: die Schauspielbearbeitungen von J. Vujić (1772-1847)*. München [im Druck].
Milosavljević, P. (Hrsg.) 1997. *Srbi i njihov jezik. Hrestomatija*. Priština.
Mladenović, A. 1989. *Slavenosrpski jezik. Studije i članci*. Novi Sad.
Nemačko-srpski i srpsko-nemački rečnik. Beograd 1993.
Ostojić, B.. 1996. *Kolebanja u normi srpskog jezika*. Podgorica.
Pešikan, M., J. Jerković, M. Pižurica. 1994. *Pravopis srpskog jezika. I. Pravila i njihovi osnovi. II. Rečnik uz pravopis*. Novi Sad.
Popović, M. 1996. *Nemačko-srpski i srpsko-nemački rečnik sa gramatikom nemačkog jezika*. Zemun 1996.
Radovanović, M. (Hrsg.). 1996. *Srpski jezik na kraju veka*. Beograd.
Schmaus, A. [2]1996. 1996. *Lehrbuch der serbischen Sprache*. Vollständig neu bearbeitet von V. Bojić. Bd. 1-2. München.
Simić, R. 1996. *Srpska gramatika za srednje škole*. Bd. 2: *Sintaksa*. Beograd.
Stanojčić, Ž., Lj. Popovic. [3]1994. *Gramatika srpskoga jezika*. Beograd.
Unbegaun, B. 1935. *Les débuts de la langue littéraire chez les Serbes*. Paris. (Serb. Übs. 1995. *Počeci književnog jezika kod Srba*. Beograd.)

Das Bosnische

von
Peter Rehder

1. Einführung

Die gegenwärtige Republik Bosnien-Hercegovina (Bòsna i Hèrcegovina, BiH) besteht aus der Föderation BiH (Federácija BiH), die sich wiederum aus einer von fast ausschließlich kroatischer und einer von entsprechend muslimischer Bevölkerung dominierten Region zusammensetzt, und der Serbischen Republik (Repùblika Sȑpskā) mit vorwiegend serbischer Bevölkerung. Sowohl die serbische wie auch die kroatische und die muslimische Bevölkerung bezeichnet sich – im geographischen Sinne – als Bosnier (*bosánac*), also serbische (orthodoxe) Bosnier, kroatische (katholische) Bosnier, muslimische Bosnier; nur für die muslimischen Bosnier existieren daneben die alten Bezeichnungen Bosniake, bosniakisch (*Bòšnjāk, bòšnjāčkī*). Bis zum Zerfall des sog. Zweiten Jugoslavien war die Sprache der Bevölkerung von BiH das – offiziell auch so benannte – Serbokroatische/Kroatoserbische in seinem speziellen bosnischen „schriftsprachlichen Ausdruck" (*književnojezički izraz*), den insbesondere zahlreiche Turzismen kennzeichnen. Relativ unabhängig von der soziolinguistischen Großwetterlage in Zagreb oder Belgrad pflegte man in bezug auf die beiden Varianten Kroatisch und Serbisch offiziell eine gewisse Sprachtoleranz und benutzte beide Alphabete fast gleichberechtigt. Nach dem Zerfall von BiH in drei getrennte ethnische Regionen bzw. seiner bisher nur in Ansätzen erkennbaren Wiederherstellung als einheitlicher Staat haben sich die kroatischen Bosnier sprachlich vollständig an Kroatien orientiert und das Kroatische zu ihrer Standardsprache gemacht, während die bosnischen Serben – unfreiwillig und inkonsequent – teilweise das Serbische (und zwar entgegen ihrer ijekavischen Dialektgrundlage) in seiner ekavischen, Belgrader Form praktizieren. Damit scheint die Bezeichnung 'bosnische Sprache' für die bosnischen Muslime (Bosniaken) frei geworden zu sein, die ihre Sprache folglich *bòsanskī jèzik* ('bosnische Sprache') nennen, obwohl *bòšnjāčkī jèzik* ('bosniakische Sprache') exakter und weniger zweideutig wäre. Überlegungen, dieses Bosniakisch-Bosnische auch für die Serben und Kroaten in BiH vorzuschreiben, sind nicht zu beobachten.

Diese bosniakisch-bosnische Sprache ist die propagierte, ansatzweise bereits normierte und in Schulen, Medien, Ämtern usw. zu benutzende Sprache im offiziell muslimischen Teil von BiH mit Zentrum Sarajevo. Inwieweit sie die notwendigen Anforderungen an eine moderne Standardsprache schon heute ganz erfüllt, ist eine z.Zt. wohl noch offene Frage, auf dem Wege dahin scheint sie zu sein. Ob diese bosniakische Standardsprachlichkeit in der (fast) unveränderten Fortsetzung der bisherigen Situation in BiH bestehen wird bzw. wie weit dazu historische und dialektale Besonderheiten dieses Raums normiert und soziopolitisch erfolgreich durchgesetzt werden können, bleibt abzuwarten. Man wird auch den Bosniaken nicht verwehren können, ihre Sprache nach ihren Vorstellungen zu benennen und zu normieren. Sollte es in absehbarer Zeit – wider Erwarten – jedoch zu einer umfassenden staatlich-politischen und soziokulturellen Wiedervereinigung der drei heutigen ethnisch und national definierten Regionen in BiH kommen, so müßte man in dieser Republik möglicherweise mit drei gleichberechtigten, jedoch unterschiedlich normierten, wenn auch sehr nah verwandten Standardsprachen rechnen; erneute Angleichungen wären dann unumgänglich.

Als man 1991 in Sarajevo versuchte, eine neue Verfassung für BiH zu formulieren, konnte man sich auch in bezug auf die Sprachfrage nicht mehr einigen, es erschienen bereits Publikationen mit der Bezeichnung bosnisch im Sinne von bosniakisch (Halilović 1991), und die Medien priesen und propagierten dieses Bosniakisch-Bosnische.

2. Zur soziolinguistischen Situation

Anfang 1998 liegen für dieses Bosniakisch-Bosnische eine Orthographie (Halilović 1996), eine Grammatik (Vajzović, Zvrko 1994) und ein Grammatik-Nachdruck (1890/1994), ein einsprachiges Lexikon (Isaković ⁴1996), eine vollständige zweisprachige Koranausgabe (IX, 1344 S.) und einiges andere vor.

Der „Pravopis bosanskoga jezika" ('Orthographie der bosnischen Sprache') erschien 1996 im Sarajevoer Verlag „Preporod" ('Wiedergeburt'). In der Einleitung wird ausdrücklich betont, daß diese Orthographie für Bosniaken bestimmt sei, für die „die bosnische Sprache Muttersprache" ist. In der Praxis dieser Orthographie ist vieles bisherige erhalten geblieben. Es werden beide Schriften – die lateinische und die kyrillische – verwendet, und zwar in Bestand und Reihenfolge wie im Serbischen (vgl. „Das Serbische"), doch mit der Angabe, daß die Latinica deutlich häufiger verwendet wird. Die weiteren orthographischen Angaben (Groß-, Klein-, Getrennt- und Zusammenschreibung, Trennungsregeln, Satzzeichen usw.) zeigen keine gegenüber dem bisherigen Stand auffälligen Neuerungen, hilfreich sind die Transliteration des Arabischen und die Tafeln zur Bosančica (ältere kyrillische Schrift in Bosnien) und zur Arèbica (für die slavischen lautlichen Besonderheiten erweiterte arabische Schrift).

Das Wörterbuch des Schriftstellers Alija Isaković erschien 1992 im eingeschlossenen Sarajevo und liegt 1996 in einer 4., ergänzten und verbesserten Auflage unter dem Titel „Wörterbuch der bosnischen Sprache (charakteristische Lexik)" vor. Es wird zwar die Eigenständigkeit des neuštokavisch ijekavischen Bosnischen mit seinen zahlreichen Turzismen betont, die Darstellung ist jedoch kompromißbereit und akzeptiert sowohl Besonderheiten der serbischen wie auch der kroatischen Variante. Der Unterschied zum bisherigen Sprachusus in BiH liegt in der besonderen Hervorhebung der Turzismen und einiger phonetischer Besonderheiten, z.B. des *h* (s.u.).

Die „Gramatika bosanskog jezika" ('Grammatik der bosnischen Sprache') von Vajzović und Zvrko ist eine Schulgrammatik für die „I. bis IV. Klasse des Gymnasiums". „Bosnische Sprache ist die Bezeichnung des Volkes („narodno ime") für die Sprache der Bosniaken in und außerhalb von BiH." Sie sei unter diesem Namen „während der tausendjährigen Tradition bosnischer Staatlichkeit immer gegenwärtig" gewesen, bilde die „ursprüngliche und authentische Sprache der Bosniaken, und zwar so autochthon und authentisch wie das bosniakische Volk selbst." (S. 5). – Dargestellt werden Phonetik und Phonologie, Morphologie und Syntax. Auch hier finden sich nebeneinander wieder serbische und kroatische sprachliche Eigentümlichkeiten, doch fällt insgesamt auf, daß die Auswahl der Beispiele einerseits auf die bosnia-kisch-muslimische Schrifttumstradition beschränkt ist und andererseits Beispiele der gesprochenen Sprache „aus dem muslimischen Stadtmilieu der weniger gebildeten Schichten und noch nicht einmal generell aus der Umgangssprache der Städter" stammen (Okuka 1998, 118).

Die 1890 anonym in Sarajevo erschienene und 1994 in Wuppertal nachgedruckte „Gramatika bosanskoga jezika" ('Grammatik der bosnischen Sprache') hatte der dalmatinische Kroate und Sarajevoer Gymnasialprofessor Frane Vuletić verfaßt, die Nennung seines Namens aber verweigert, weil die österreichisch-ungarische Verwaltung aus politischen Gründen die geplante Bezeichnung „Grammatik der serbokroatischen Sprache" abgelehnt hatte; erst 1908 konnte sie – erneut offiziell und wieder anonym – unter der Bezeichnung „Gramatika srpsko-hrvatskoga jezika" erscheinen. Diese alte, 128seitige Grammatik war sprachlich ausgesprochen tolerant und respektierte die serbischen, kroatischen und muslimischen Besonderheiten, war also keineswegs eine Grammatik nur des Bosniakisch-Bosnischen.

3. Einige sprachliche Besonderheiten

Die soziolinguistische Situation im muslimischen Teil von BiH ist heute i.w. folgende: Die alten serbischen und kroatischen Dubletten existieren nach Ausweis der heute zugänglichen Publikationen kommentarlos weiter, also *fabrika* und *tvornica*, *familija* und *obitelj*, *fudbal* und *nogomet*, *muzika* und *glazba* usw. (Halilović 1996). Dazu gibt es serb./kroat. 'Schrägstrichformen' wie *preduzeće/poduzeće* neben umgekehrt *poduzeće/preduzeće* 'Betrieb' usw., was ebenfalls kommentarlos die alten Dubletten fortsetzt. Dann tauchen Lemmata mit dem Verweis *vidi* 'siehe' auf, was als Hinweis „auf das richtige Wort oder ein [...] vorzuziehendes Wort" (S. 154) erkärt wird, also unter *kava* und *kafa* siehe *kàhva*, unter *kavana* und *kafana* siehe *káhva*, und dort steht *káhva/kafana*, oder sub *časovnik* siehe *sahat/sat* 'Uhr' und entsprechend *časovničar* siehe *sahadžija* 'Uhrmacher'. Hier ist also der Versuch einer Normierung zu erkennen. Interessant ist auch die Übernahme dialektaler Lexeme in diese Sprache, z.B. *greb* und *grebar* neben (/) *grob* und *grobar* 'Grab', 'Totengräber' oder *gúvno/gúmno* 'Tenne'. Neu ist die originale Schreibweise von Fremdwörtern in der Latinica, also nun Goethe, Mickiewicz neben bisher Gete, Mickevič; dabei fällt dann wieder auf, daß sowohl Serbismen (*Evropa, hirurgija* usw.) wie auch Kroatismen (*slavenski* 'slavisch', *slovenski* 'slovenisch' usw.) kommentarlos normiert werden. Neben der Re-Orientalisierung, also der Wiederbelebung und Neueinführung türkischer und durch das Türkische vermittelter arabischer (*mubarek!* 'viel Glück!', *merhaba* 'willkommen') und persischer Lehnwörter, fällt die bewußte 'Chiisierung' auf, die nicht nur alte, längst geschwundene *h* wiederbelebt, also *sahat* statt *sat*, *kàhva* statt *kafa/kava*, *lahko* statt *lako* 'leicht', sondern auch dort ein *h* normiert, wo es etymologisch nicht vorhanden war, z.B. dialektales *hudovica* für *udovica* 'Witwe'. Diese bosnische Orthographie ist also nach eigenen Angaben für Bosniaken bestimmt, dennoch erfaßt sie zu einem guten Teil bisherige bosnische sprachliche Verwendungsnormen, wobei insgesamt der serbische Anteil zurückgedrängt erscheint.

4. Literaturangaben

Halilović, S. 1991. *Bosanski jezik*. Sarajevo.
— 1996. *Gnijezdo lijepih riječi. Pravilno – nepravilno u bosanskome jeziku*. Sarajevo.
— 1996. *Pravopis bosanskoga jezika*. Sarajevo.
Isaković, A. [4]1996. *Rječnik bosanskoga jezika (karakteristična leksika)*. Sarajevo (Sarajevo [1]1992 u.d.T. *Rječnik karakteristične leksike u bosanskome jeziku*. ND: Wuppertal [2]1993, Sarajevo [3]1993.)
Kur'an sa prijevodom na bosanski jezik. 1995. Preveo Enes Karić. Sarajevo.
Okuka, M. 1998. *Eine Sprache – viele Erben. Bosnien als gordischer Knoten der sprachpolitischen Beziehungen zwischen Serben, Kroaten und Muslimen*. Klagenfurt.
O književnojezičnoj politici u Socijalističkoj Republici Bosni i Hercegovini. 1975. Sarajevo.
Šipka, M. 1987. *Književnojezička politika i jezička kultura*. (Jezički savjetnik 2.) Sarajevo.
Vajzović, H., H. Zvrko. 1994. *Gramatika bosanskog jezika. I.-IV. razred gimnazije*. Sarajevo.
[Vuletić, Frane]. [1]1890. *Gramatika bosanskoga jezika za srednje škole. Dio I. i II. Nauka o glasovima i oblicima*. Sarajevo; [2]1908, aber u.d.T. *Gramatika srpskohrvatskoga jezika*. (ND von [1]1890 Wuppertal 1994.)

Das Serbokroatische

von
Peter Rehder

1. Einführung

Das Serbokroatische war[1] bis zum Niedergang und schließlichen Zerfall der Föderativen Republik Jugoslavien Ende der 80er bis Anfang der 90er Jahre die gemeinsame Schrift- bzw. Standardsprache (knjĭžēvnī jèzīk) der rund 15 Mio. Serben, Montenegriner, Kroaten und der – seit 1971 als eigene Nation anerkannten – slavischen Muslime in den vier damaligen jugoslavischen sog. Teilrepubliken Serbien, Montenegro, Kroatien und Bosnien-Hercegovina, dazu zumindest teilweise der entsprechenden Minderheiten in Rumänien, Ungarn, Österreich und der Türkei sowie der Emigranten in Westeuropa, Nord- und Südamerika und Australien. Es war im Ersten (1918-1941) und Zweiten Jugoslavien (1945-1991) die Hauptverkehrssprache und wurde auch von Slovenen und Makedonen sowie von den Minderheiten im Schulunterricht (mehr oder weniger) gelernt.

Aus Gründen der historischen, kulturellen und kirchlich-religiösen Entwicklung und des nationalen Selbstverständnisses existierte die serbokroatische (skr.) Standardsprache im wesentlichen in zwei Varianten, der westlichen kroatischen (kroat.) mit dem nationalen und kulturellen Zentrum Zágreb (Agram) und der östlichen serbischen (serb.) mit den Zentren Beògrad (Belgrad) und Nòvī Sâd (Neusatz), wobei die jeweiligen Sprecher ihre Sprache in Kroatien nahezu ausschließlich kroatisch hr̀vātskī (offiziell aber 'kroatoserbisch' bzw. 'kroatisch oder serbisch') und in Serbien ganz überwiegend serbisch sr̀pskī, seltener (und offiziell) 'serbokroatisch' nannten. In Bosnien und der Hercegovina mit den Zentren Sarajevo und Mostar wurde in der offiziellen Sprachpolitik eine eher vermittelnde Haltung „positiver Toleranz" (Herrity 1982) eingenommen, beide Varianten bestanden nebeneinander und wurden parallel, häufiger vermischt benutzt.

Kroatische (Brozović, Škiljan), serbische (Bugarski, Radovanović) und bosnische (Janković, Šipka) Linguisten haben ein – im wesentlichen übereinstimmendes – soziolinguistisches Beschreibungsmodell entwickelt, das diese èine skr. Standardsprache als in zwei 'polarisierten schriftsprachlichen Varianten' (Serbisch und Kroatisch) und zwei bezüglich dieser Polarisierung eher 'neutralisierten schriftsprachlichen

---

[1] Vgl. oben „Vorwort". – Die linguistische Beschreibung des Serbokroatischen, wie sie in der 1. und 2. Auflage dieser „Einführung" gegeben wurde, wird hier nicht wiederholt, sie ist nun in den Beiträgen „Das Kroatische" und „Das Serbische" (vgl. auch „Das Bosnische") aufgegangen. – Das Ziel dieses Beitrags ist es, Klarheit über den Begriff 'Serbokroatisch', seinen Inhalt, seine Geschichte und seine mögliche weitere Verwendung zu schaffen.

Ausdrücken' (Bosnisch und Montenegrinisch) realisiert sah. Dieses soziolinguistische Modell beschrieb die offizielle soziopolitische Situation des Skr. als verbindender 'Meta'sprache auf eine akzeptable Weise, auch wenn es die tatsächliche Rolle des 'montenegrinischen schriftsprachlichen Ausdrucks' (wohl aus einem gewissen Republikenproporz, vgl. aber Nikčević) überbetonte (vgl. Bugarski, Hawkesworth).

Die Sprachen der Völker (*narodi*) und Völkerschaften (*narodnosti*) Jugoslaviens waren laut Verfassung der SFR Jugoslavien (1963, 1974) gleichberechtigt, speziellere Aussagen wurden aber nicht gemacht. Die Verfassungen der Teilrepubliken Kroatien (zuletzt 1974[2]) und Serbien (1990[3]) definierten das Serbokroatische als gemeinsame Standardsprache; die sprachliche Gleichberechtigung war jedoch in der Praxis defizitär zuungunsten des Kroatischen, d.h. das Serbische dominierte (Militär, Luftverkehr u.ä.). Das Serbokroatische wurde auch Kroatoserbisch bzw. Kroatisch oder Serbisch genannt, im deutschen Sprachraum war spätestens seit Leskiens Grammatik (1914) Serbo-Kroatisch (Serbokroatisch) üblich[4].

2. Zu Alphabeten und Orthographie des Serbokroatischen

Das Serbokroatische besaß – so wurde immer wieder offiziell proklamiert und gefordert, in der Sprachpraxis gingen jedoch sowohl Kroatisch wie auch Serbisch weitgehend ihre eigenen Wege – zwei gleichberechtigte und in allen Schulen gelehrte Alphabete: Die kroatische Variante benutzte ein am lateinischen orientiertes Alphabet (die Latìnica) mit 27 Buchstaben und drei Buchstabenverbindungen und die serbische ein kyrillisches Alphabet (die Ćirìlica) mit 30 Buchstaben, aber fast gleichberechtigt auch das lateinische. Die kyrillischen Monographen љ, њ, џ entsprechen den lateinischen Digraphen lj, nj, dž. Die verbindliche, auch wissenschaftliche Entsprechung und Transliteration der Ćirilica war die Latinica und umgekehrt (Vgl. oben „Das Kroatische" und „Das Serbische").

Die Orthographie des Serbokroatischen war für beide Schriften im wesentlichen phonetisch. Die letzte, maßgebliche Kodifizierung der

---

[2] „In der SR Kroatien ist die kroatische Standardsprache (*hrvatski književni jezik*) im öffentlichen Gebrauch – die Standardform (*standardni oblik*) der Volkssprache der Kroaten und Serben in Kroatien, die kroatische oder serbische Sprache genannt wird." Diese Formulierung verrät, wie stark bereits 1974 der politische Wille in Kroatien war, das Kroatische als eigene Standardsprache zu definieren; heute wird diese soziolinguistische Kompromißformulierung von kroatischer Seite als Beginn der Eigenständigkeit der kroatischen Standardsprache angesehen.
[3] „In der Republik Serbien sind in amtlichem Gebrauch die serbokroatische Sprache und die kyrillische Schrift, die lateinische Schrift ist in amtlichem Gebrauch nach Maßgabe gesetzlicher Festlegung." (Art. 15)
[4] Die Geschichte dieses Begriffs untersucht R.L. Lencek. 1976. A few remarks for the history of the term 'Serbocroatian' language. *Zbornik za filologiju i lingvistiku* 19,1, S. 45-53.

Orthographie der „einheitlichen" (*jedìnstvenī*) serbokroatischen Standardsprache bot der 1960 von der Matica hrvatska (Zagreb) in lateinischer und der Matica srpska (Novi Sad) in kyrillischer Schrift herausgegebene „Pràvopīs" ('Orthographie'), der das Sprachabkommen zwischen Kroaten und Serben von Novi Sad (1954) umsetzte.

3. Zu den Dialekten des Serbokroatischen

Die Dialekte des gesamten serb. und kroat. Sprachraums werden in drei Gruppen eingeteilt, wobei als Benennungskriterium ihre jeweilige Form des Fragepronomens 'was' als *što, ča, kaj* dient: die štokavischen Dialekte in Serbien (samt Vojvodina und Kosovo), Montenegro, Bosnien und Hercegovina, Süd- und Ostkroatien, also dem weitaus größten Gebiet; die čakavischen Dialekte an der dalmatinischen Küste und auf ihren Inseln von Istrien bis Pelješac, die jedoch kein geschlossenes Dialektgebiet mehr bilden; die kajkavischen Dialekte um Zagreb, von Karlovac über Sisak, Koprivnica, Varaždin bis an die slovenische Grenze. Als vierte Gruppe wird das südöstliche Torlakische (< türk. *torlak* 'dummer, unerfahrener Junge'), auch Prizren-Timok-Dialekt genannt, ausgegliedert; es hebt sich aus dem Štokavischen durch Archaismen (z.B. *jedin* statt *jedan* 'eins') und seine 'Balkanismen' (Kasussynkretismus, Infinitivverlust, postponierter Artikel, s.u. „Einführung in die Balkanphilologie") heraus.

Die weitere Unterteilung der drei Hauptgruppen erfolgt nach der Vertretung des urslavischen ě (jat) als *e* oder *i* (beide kurz oder lang) oder *ije* (lang) bzw. *je* (kurz) und in gewissen Positionen auch *i* (z.B. *bilješka* 'Anmerkung', *vidio* 'er sah'), also ekavisch (im N und SO Serbiens), ikavisch und (i)jekavisch, welch letzteres u.a. die zentralen štokavischen Gebiete erfaßt; das Kajkavische kennt keine ijekavischen Dialekte, im Čakavischen ist nur die süddalmatinische Insel Lastovo ijekavisch. Ein drittes Unterscheidungsmerkmal bildet die Prosodie. – Dialektkarten bei Brozović, Ivić 1988, 1990.[5]

Die ältesten und wichtigsten Isoglossenbündel, die das serbisch-kroatische Sprachgebiet insgesamt abgrenzen, sind a) das Isoglossenbündel von der Timokmündung über Osogov, Skopje zur Šar planina, das die bulgarisch-makedonischen Dialekte absondert, und b) das Isoglossenbündel, das die slovenischen und kajkavischen Dialekte von den što- und čakavischen trennt (vgl. Ivić, 1972). Das vielfältige Bild der serbokroatischen Dialekte ist durch politisch und ökonomisch verursachte Migrationen (vor allem aus dem O und SO nach N und NW als Flucht vor den Osmanen) seit dem 14./15. Jh. bedingt, so daß sich zahlreiche Überlagerungen, Mischungen, aber auch Ausweitungen von Dialekten ergeben haben; gerade die starke Ausbreitung des štoka-

---

[5] Ausführlich zum Čakavischen, Kajkavischen und Štokavischen s.o. „Das Kroatische" und „Das Serbische"; *-kavisch* ist ähnlich dem russ. *-kan'e* ein Kunstsuffix.

visch-ijekavischen Dialekts schuf eine günstige Grundlage für die Herausbildung der auf diesem Dialekt beruhenden serbokroatischen Standardsprache im späten 19. Jh. – Die Flüchtlingsströme als Folge der jüngsten kriegerischen Auseinandersetzungen (1991-1995) haben in Kroatien (im Gebiet der alten Militärgrenze, der Krajina) sowie in Teilen Bosniens und der Hercegovina zu weiteren Zwangsverschiebungen (sog. „ethnische Säuberungen") geführt, über deren Ausmaß und Endgültigkeit bisher keine verläßlichen Aussagen möglich erscheinen.

Nach dem Zerfall des Zweiten Jugoslavien bezeichnen kroatische Dialektologen die auf dem Gebiet Kroatiens gesprochenen kajkavischen und čakavischen Dialekte konsequent als kroatische; lediglich für die štokavischen Dialekte, die Serben und Kroaten teilweise gemeinsam sind, wird von einigen noch die Bezeichnung 'serbokroatische' bzw. 'kroatische und serbische' Dialekte' – zunehmend widerwilliger – beibehalten. Die Bezeichnung 'serbokroatische' bzw. 'serbisch-kroatische' (oder 'kroatoserbische' bzw. 'kroatisch-serbische') Dialekte unter Einschluß des Kaj- und Čakavischen ist jedoch dialektologisch zumindest diachron nach wie vor sinnvoll, da diese Dialektgruppen – trotz einiger čakavisch- und vor allem kajkavisch-slovenischer Gemeinsamkeiten und der Randstellung des Torlakischen – insgesamt eine Einheit bilden, die sich sehr deutlich von den südöstlichen bulgarisch-makedonischen und insgesamt erkennbar von der nordwestlichen slovenischen Dialektgruppe als ganzer abhebt.

4. Zur Geschichte des Serbokroatischen

Die Geschichte des Serbokroatischen beginnt Anfang bzw. Mitte des 19. Jh. Die Epoche unmittelbar vor der Fixierung dieses Serbokroatischen als gemeinsamer Schrift- und Standardsprache der Serben und Kroaten – oder vorsichtiger: vor der weitgehenden Angleichung des neuštokavischen Sprachstandards der Serben und Kroaten – ist bei den Kroaten durch das Nebeneinander einer älteren čakavischen Schriftsprache, die bis in die Gegenwart als Regionalsprache gepflegt wird, einer kajkavischen Schriftsprache, die jedoch im Laufe des 19. Jh. aufgegeben wird, und eines im 17. Jh. als Schriftsprache hervortretenden und sich Anfang des 19. Jh. immer stärker durchsetzenden Štokavischen gekennzeichnet. Bei den Serben verdrängt in den 30er Jahren des 18. Jh. das kirchlicherseits importierte Russisch-Kirchenslavische das eigene ältere Serbisch-Kirchenslavische und wird zur alleinigen Kirchensprache, zusätzlich entsteht eine Mischsprache, das sog. Slavenoserbische, das Elemente des Russisch-Kirchenslavischen mit solchen der Volkssprache vermengt, daneben wird in geringerem Umfang bereits eine štokavisch-ekavische Volkssprache (z.B. teilweise von G.St. Venclović, dann vor allem von D. Obradović u.a.) geschrieben; damit bestanden im serbischen Bereich drei verschiedene Sprachformen, die weder eindeutig normiert bzw. voneinander abgegrenzt noch durch anerkannte literarische Werke – mit Ausnahme der Bibel bzw. anderer liturgischer Texte, deren Russisch-Kirchenslavisch bis in unsere Zeit fortbesteht – sanktioniert waren.

In dieser sprachlich ausgesprochen verworrenen Lage traten nacheinander und ab den 30er Jahren des 19. Jh. gegen- bzw. dann miteinander zwei sprachreformerische Richtungen auf, aus deren letztlichem Konsens das moderne Skr. entstand. Die eine, serb. Richtung ist durch den bedeutenden Sprachreformer Vuk Stefanović Karadžić (1787-1864) repräsentiert, die andere durch die Bewegung des kroat. Illyrismus mit Ljudevit Gaj als Führer, dazu Vjekoslav Babukić, Antun Mažuranić, Adolf Veber-Tkalčević, Bogoslav Šulek.

Vuks Sprachreform, die im Zusammenhang der europäischen Romantik gesehen werden muß, beginnt mit seiner „Pismenica" ('Grammatik') von 1814 und seinem berühmten „Srpski rječnik" von 1818 (^{2}1852, ^{3}1898), in dem ca. 26.000 Wörter seines osthercegovinischen (westserb.) neuštokavisch[6]-ijekavischen Heimatdialekts, dazu auch Lexik aus älteren kroatischen Wörterbüchern aufgezeichnet und ins Deutsche und Lateinische übersetzt sind; diesem „Serbischen Wörterbuch" ist eine knappe Grammatik dieses Dialekts vorangestellt, die schon sechs Jahre später in deutscher Übersetzung von Jacob Grimm erschien. Vuks zentrale, von dem Slovenen Jernej (Bartholomäus) Kopitar kundig und tatkräftig geförderte Idee war es, einen Volksdialekt zur Schrift- und Standardsprache zu erheben, um so gegen das 'unnatürliche' Slavenoserbische und das fremde Russisch-Kirchenslavische eine moderne, 'echte' Volkssprache zu schaffen und diese nach dem phonetischen Prinzip (ein [distinktiver] Laut = ein Buchstabe) mit vereinfachter Orthographie zu schreiben. Daß dieser demokratisierende Reformversuch von den offiziellen, vor allem kirchlichen Stellen strikt abgelehnt wurde, stachelte den kämpferisch-polemischen Geist Karadžićs, der mit seinen Volksliedsammlungen dank Kopitar, Goethe, Grimm und Therese v. Jakob (TALVJ) schon bald europäische Berühmtheit erlangt hatte, nur noch mehr an, so daß er seine sprachpolitischen Ziele trotz oft widrigster Umstände umsichtig weiterverfolgte.

Einen ideologisch etwas anderen Ansatz zeigte Gajs illyrische Bewegung, die ab Mitte der dreißiger Jahre („Pròglās" 'Aufruf' von 1835) eine gemeinsame Schriftsprache aller Südslaven – also einschließlich der Slovenen, Serben und Bulgaren – schaffen wollte. Dieses Ziel trachteten die Illyristen dadurch zu erreichen, daß sie (z.B. mit V. Babukić „Osnova slovnice slavjanske narečja ilirskoga", 1836, 'Grundriß der slavischen Grammatik des illyrischen Dialekts') ebenfalls einen

---

[6] Neuštokavisch meint im Gegensatz zum Altštokavischen jene Dial., in denen der Wortakzent um eine Silbe zum Wortanfang verschoben wurde, Typ *rúka* < *rūkà*, *sèlo* < *sělò*.

štokavisch-ijekavischen Dial. – eben das sich seit dem 17. Jh. bei den Kroaten entwickelnde Neuštokavische – als Grundlage ihrer Sprachreform benutzten; der wesentliche Unterschied gegenüber Vuks Ansatz bestand aber darin, daß der Dialekt der Illyristen ältere Kasusendungen (Gen.Dat.Instr.Lok.Pl.) bewahrte, mit deren Hilfe ein leichterer Anschluß vor allem der Slovenen erwartet wurde; auch in der nach tschechischem Vorbild reformierten Orthographie ging man andere Wege, indem man für Jat nicht *ije* bzw. *je*, sondern nur *ě* schrieb und es den verschiedenen Sprechern anheimstellte, dieses *ě* als *ije, je, e* oder *i* auszusprechen. Als der Illyrismus 1843 von Österreich verboten wurde und sich herausstellte, daß die Slovenen für eine gemeinsame südslavische Schriftsprache nicht zu gewinnen waren (France Prešerens [1800-1849] dichterisches Werk hatte die slovenische Sprache mustergültig geprägt) und als bereits bedeutende literarische Werke in Vuks Sprachform vorlagen (Petar Petrović Njegoš „Gorski vijenac", 1847, Branko Radičevićs „Pesme I", 1847, auch Vuks 1847 publizierte Übersetzung des Neuen Testaments), war eine weitere Annäherung zwischen Kroaten und Serben in der Schriftsprachenfrage möglich geworden. Diese fand ihren Ausdruck in einer von führenden Intellektuellen beider Völker unterschriebenen Art Grundsatzerklärung, der sog. 'Wiener Schriftsprachen-Vereinbarung' (Bêčkī knjȉžēvnī dȍgovōr) vom 28. März 1850; sie entsprach im wesentlichen Vuks Vorstellungen[7]. Damit war als gemeinsame Schrift- und Standardsprache der Serben und Kroaten der osthercegovinisch-neuštokavisch-ijekavische Dialekt (mit geschriebenem *h* an etymologischer Stelle; Gen.Pl. *-ā-*, d.h. ohne *-h*, also *narodā* statt *narodah;* bloßes *r* für *r̥*, d.h. sonantisches *r* ohne Begleitvokal) und nicht eine künstliche Dialektmischung p r o k l a m i e r t . Es hatten sich damit auch die Argumente der großen Ausbreitung dieses Dialekttyps sowie die Berühmtheit der in ihm gesungenen Volkslieder und seiner Dubrovniker Literatur durchgesetzt.

Die endgültige Verwirklichung dieser Proklamation in Schule und Medien sollte jedoch noch Jahrzehnte dauern. So wurde erst 1867 in

---

[7] Diese Erklärung wurde u.a. von den Kroaten I. Kukuljević, D. Demeter, I. Mažuranić, den Serben V.St. Karadžić, Đ. Daničić und dem Slovenen F. Miklošič unterschrieben. Sie beginnt mit folgender Formulierung, die auch heute belegen möge, wie stark damals Wille und Vorstellung von der Gemeinsamkeit dieser beiden „Stämme" (*plemena*) als èin Volk (*narod*) waren: „Dolje potpisani znajući da *jedan* narod treba *jednu* književnost da ima i po tom sa žalosti gledajući, kako nam je književnost raskomadana, ne samo po bukvici nego još i po pravopisu, sastajali smo se ovijeh dana, da se razgovorimo, kako bismo se, što se za sad više može, u književnosti složili i ujedinili" [...] (Hervorhebung [als Unterstreichung] im handschriftlichen Original; nach Vince, 1978, 277ff.) – („Die Unterzeichneten haben sich – wissend, daß *ein* Volk *eine* Literatur haben sollte, und daher mit Bedauern beobachtend, wie unsere Literatur nicht nur beim Alphabet, sondern auch in der Orthographie aufgespalten ist – dieser Tage getroffen, um zu besprechen, wie wir uns – soweit dies zur Zeit erreichbar ist – in der Literatur einigen und vereinigen könnten" [...] (Übs. P.R.).

Bosnien und 1868 in Serbien eine entsprechende Orthographiereform durchgeführt, während in Kroatien der Dichter und Kanzler Ivan Mažuranić noch 1862 eine 'illyrische', d.h. die älteren Formen normierende Orthographie für die Schulen einführte, der erst 1877 eine Reform im wesentlichen im Sinne der Wiener Vereinbarung folgte.

Die weiteren großen Schritte auf diesem Weg der Schaffung einer gemeinsamen, normierten, polyvalenten und allgemeinverbindlichen Standardsprache der Serben und Kroaten sind der Beginn der Arbeiten am großen Wörterbuch der kroatischen und serbischen Sprache (1880 bis 1976, 23 Bände), die Vuks Schüler Đura Daničić tatkräftig förderte, dann der „Hrvatski pravopis" ('Kr. Rechtschreibung', 1892) von Ivan Broz, die „Gramatika i stilistika hrvatskoga ili srpskoga književnog jezika" ('Grammatik und Stilistik der kroatischen oder serbischen Schriftsprache', 1899) von Tomo Maretić und schließlich der „Rječnik hrvatskoga jezika" ('Wörterbuch der kroatischen Sprache') von F. Iveković und I. Broz (1901). Damit schien am Ende des alten und Beginn des neuen Jahrhunderts nach langem Kampf und großer Arbeit die gemeinsame Standardsprache der Serben und Kroaten geschaffen, die dann 1918 im gemeinsamen Staat offiziell verbindlich wurde.

Aber[8] nicht nur die Tatsache eigengesetzlicher nationaler, kultureller und (heute wohl in geringerem Maße) kirchlicher Traditionen bei Serben und Kroaten und nicht nur die späte Vereinigung in einem gemeinsamen Staat (1918) mit erheblichen sozialen und ökonomischen Unterschieden erschwerten die Durchsetzung einer einzigen und gemeinsamen Norm. Auch die eigenen sprachlich-nationalen Traditionen, die besonders zu betonen oder zu vernachlässigen jeweils eine größere Distanz oder weitere Annäherung bedeutete, und ebenso die sprachlichen Neuentwicklungen, hier vor allem auf lexikalischem Gebiet, setzten dem geforderten Einigungswerk Grenzen, die erfolgreich zu überschreiten auch für jene nicht leicht ist, die manche nationalen Antinomien auch der letzten ca. 50 Jahre für überwunden halten und die Notwendigkeit eines gemeinsamen sprachlichen Kommunikationsmittels realistisch einschätzen; nicht zu übersehen ist in jüngster Zeit eine sich bes. außerhalb Jugoslaviens intensivierende Polarisierung der Standpunkte.

So war der sprachliche Status des Serbokroatischen im wesentlichen folgender: Es gab zwei Hauptvarianten des Serbokroatischen, eine östliche (serbische) und eine westliche (kroatische), deren 'polarisierende' Hauptunterschiede neben einigen lautlichen, syntaktischen und wenigen morphologischen vor allem lexikalische waren (z.B. 'Bahn-

---

[8] Diesen Absatz übernehme ich unverändert (und im originalen Präsens) aus dem im Oktober 1983 fertiggestellten Typoskript zur 1. Auflage (während der Rest dieses Kapitels leicht überarbeitet wurde), um zu zeigen, welche Probleme Anfang der 80er Jahre zu erkennen waren und wie man sie als externer Beobachter einschätzen konnte; die kirchlichen Traditionen erwiesen sich jedoch als erheblich stärker.

hof': kr. *kȍlodvōr*, sr. *stȁnica*, 'Theater': kr. *kàzalīšte*, sr. *pózorīšte*, 'Zug': kr. *vlâk*, sr. *vôz*, usw.). Der bekannte und oft zitierte Ausspracheunterschied ijekavisch/ekavisch, der gewöhnlich mit diesen Varianten gekoppelt wird, ist mit ihnen jedoch keineswegs deckungsgleich (ijekavisch z.B. auch in Montenegro und bei den bosnischen Serben und Muslimen). Das Skr. war trotz der es deutlich prägenden zwei Hauptvarianten, deren zentrifugale Bestrebungen – von Zagreb ausgehend – seit Ende der 60er Jahre immer sichtbarer wurden, soziolinguistisch als èine Standardsprache zu betrachten.

Benutzt man nach dem Zerfall auch des Zweiten Jugoslavien den Begriff 'Serbokroatisch' weiter, so ist dies m.E. notwendig für die Zeit des Bestehens dieser gemeinsamen Standardsprache der Kroaten, Serben und bosnischen Muslime, also vom späten 19 Jh. bis Ende der 80er Jahre des 20. Jh. Auch für ihre Dialekte – insbesondere für die štokavischen – ist diese Bezeichnung angemessen. Wer darüber hinaus nun über – z.B. grammatische, etymologische, komparativistische – Fragen spricht, die im Serb. und Kroat. identisches Material berühren, könnte diesen Begriff (bzw. serbisch-kroatisch oder kroatisch-serbisch) – in dieser Beziehung etwa analog z.B. zu 'tschechisch-slovakisch' für gemeinsame Merkmale des Tschech. und Slovak., obwohl sich diese Standardsprachen früher getrennt entwickelten – durchaus weiter verwenden, zumal er dann einfacher ist. – Den nicht wenigen Menschen aber in Kroatien, Bosnien-Hercegovina (man sprach von über 30% 'Mischehen' in Sarajevo), Serbien, Montenegro und besonders auch im Ausland, die von Begriff und Inhalt des Serbokroatischen als soziolinguistischer, soziokultureller und psychosozialer Vorstellung und Erfahrung mit verschiedensten Argumenten und Emotionen nicht lassen wollen, wird man dies kaum verwehren können; sie knüpfen übrigens *auch* an Vorstellungen und Taten großer Kroaten wie Serben an. Und auf die gegenwärtige Phase stark abgrenzender – jedoch sehr unterschiedlich forcierter – Identitätssuche wird eine beruhigtere Zeit der auch kulturellen Verständigung und erneuten Annäherung folgen.

5. Literaturangaben[9]

Belić, A. 1969. ²1962. ²1965. *Osnovi istorije srpskohrvatskog jezika*. Bd. 1: *Fonetika*. Bd. 2,1: *Reči sa deklinacijom*. Bd. 2,2: *Reči sa konjugacijom*. Beograd.

Brabec, I., M. Hraste, S. Živković. 1952. *Gramatika hrvatskosrpskog jezika*. Zagreb (⁷1966).

---

[9] Hier sind das Skr. betreffende Publikationen erfaßt, die i.w. in der Zeit seiner offiziellen Verwendung bzw. Propagierung erschienen; dies führt zwar dazu, daß auch mehr oder weniger eindeutig als kroatisch oder als serbisch erkennbare Publikationen genannt werden, umgeht aber die in nicht wenigen Fällen schwierigere Entscheidung einer Zuordnung. Auch die neueren Publikationen, die weiterhin 'serbokroatisch' o.ä. im Titel führen, sind hier verzeichnet. Natürlich sollte dieses Verzeichnis komplementär zu denen der obigen Beiträge „Das Kroatische", „Das Serbische" und „Das Bosnische" herangezogen werden.

Browne, W. 1993. Serbo-Croat. In: Comrie, B., G.G. Corbett (Hrsg.): *The Slavonic languages*. London, New York, 306-387.

Brozović, D. 1970. *Standardni jezik. Teorija, usporedba, geneza, povijest, suvremena zbilja*. Zagreb.

—, P. Ivić. 1988. *Jezik srpskohrvatski/hrvatskosrpski, hrvatski ili srpski*. Zagreb. (= Enciklopedija Jugoslavije 6, 1990, 48-94.)

Bugarski, R. 1986. *Jezik u društvu*. Beograd.

—, C. Hawkesworth (Hrsg.). 1992. *Language planning in Yugoslavia*. Columbus (Ohio).

Engel, U., P. Mrazović (Hrsg.). 1986. *Kontrastive Grammatik Deutsch-Serbokroatisch*. München.

Fonološki opisi srpskohrvatskih/hrvatskosrpskih, slovenačkih i makedonskih govora obuhvaćenih Opšteslovenskim lingvističkim atlasom. Sarajevo 1981.

Hamm, J. 1967. *Grammatik der serbokroatischen Sprache*. Wiesbaden.

Herrity, P. 1982. The problem of lexical variants in the standard language in Bosnia-Hercegovina. *Die Welt der Slaven* 27, 77-89.

Iveković, F., I. Broz. 1901. *Rječnik hrvatskoga jezika*. Bd. 1-2. Zagreb.

Ivić, P. 1958. *Die serbokroatischen Dialekte, ihre Struktur und Entwicklung*. Bd. 1: Allgemeines und die štokavische Dialektgruppe. 's-Gravenhage.

— 1966. Perioden in der Geschichte der Struktur des Serbokroatischen. *Die Welt der Slaven* 11, 32-43.

— 1972. Balkan Slavic migrations in the light of South Slavic dialectology. In: Birnbaum, H., S. Vryonis (Hrsg.). *Aspects of the Balkans*. The Hague, 66-86.

Jakob, G. (Hrsg.). 1979. *Bibliographie von Arbeiten zur linguistischen Beschreibung der serbokroatischen Gegenwartssprache*. Mannheim: Institut für deutsche Sprache. (Dazu: Ergänzungen, 20 S.)

Janković, S. 1984. Nacija i standardnojezička varijanta. *Jezik i nacionalni odnosi. Sveske Instituta za proučavanje nacionalnih odnosa* 5-6, 49-60.

Karadžić, V.S. 1818. *Srpski rječnik istolkovan njemačkim i latinskim riječima*. Wien (ND Beograd: Prosveta 1966), ^{2}1852 (ND Beograd: Nolit 1969, Prosveta 1987), ^{3}1898 (ND Beograd ^{4}1935). [Dt. Übs. der einleitenden Srpska gramatika (1818) durch Jacob Grimm, Leipzig, Berlin 1824 (ND München 1974), Wien ^{2}1850 von Đ. Daničić (ND München 1983.)]

Knežević, A. 1962. *Die Turzismen in der Sprache der Kroaten und Serben*. Meisenheim a.G.

Kordić, S. 1997. *Kroatisch-Serbisch. Ein Lehrbuch für Fortgeschrittene mit Grammatik*. Hamburg.

— 1997. *Serbo-Croatian*. München, Newcastle.

Kunzmann-Müller, B. 1994. *Grammatikhandbuch des Kroatischen und Serbischen*. Frankfurt a.M.

Lalević, M. 1974. *Sinonimi i srodne reči srpskohrvatskoga jezika*. Beograd.

Lehiste, I., P. Ivić. 1963. *Accent in Serbocroatian. An experimental study*. Ann Arbor.

Leskien, A. 1914. *Grammatik der serbo-kroatischen Sprache*. 1. Teil: Lautlehre, Stammbildung, Formenlehre. Heidelberg (ND Heidelberg 1976).

Magner, Th. 1995. *Introduction to the Croatian and Serbian language*. Revised Edition. University Park: The Pennsylvania University Press.

Maretić, T. 1899. *Gramatika i stilistika hrvatskoga ili srpskoga književnog jezika*. Zagreb. (^{2}1931, ND Zagreb ^{3}1963).

— 1924. *Hrvatski ili srpski jezični savjetnik*. Zagreb.

Matešić, J. 1966-67. *Rückläufiges Wörterbuch des Serbokroatischen*. Bd. 1-2. Wiesbaden.

— 1970. *Der Wortakzent in der serbokroatischen Schriftsprache.* Heidelberg.
— 1982. *Frazeološki rječnik hrvatskoga ili srpskoga jezika.* Zagreb.
Mrazović, P., R. Primorac. 1981. *Nemačko-srpskohrvatski frazeološki rečnik.* Beograd.
—, Z. Vukadinović. 1990. *Gramatika srpskohrvatskog jezika za strance.* Novi Sad.
Nikčević, V. 1993. *Crnogorski jezik. Geneza, tipologija, razvoj, strukturne odlike, funkcije.* Cetinje.
— 1993. *Piši kao što zboriš. Glavna pravila crnogorskoga standardnoga jezika.* Podgorica.
Oehler, H., T. Matasić. 1974. *Grundwortschatz Deutsch-Serbokroatisch.* Stuttgart.
Okuka, M. 1991. Theorien zur serbokroatischen Standardsprache. *Wiener slawistischer Almanach* 28, S. 271-280.
Ostojić, B. 1985. *O crnogorskom književnojezičkom izrazu.* Titograd.
Panzer, B. 1991. *Handbuch des serbokroatischen Verbs. Derivation.* Heidelberg.
Peco, A. [2]1980. *Osnovi akcentologije srpskohrvatskog jezika.* Beograd.
— [2]1980. *Pregled srpskohrvatskih dijalekata.* Beograd.
Popović, I. 1960. *Geschichte der serbokroatischen Sprache.* Wiesbaden.
Pravopis srpskohrvatskog (bzw. *hrvatskosrpskog*) *književnog jezika sa pravopisnom r(j)ečnikom.* (kyrill.:) Novi Sad, (latein.:) Zagreb 1960.
Radovanović, M. [2]1986. *Sociolingvistika.* Novi Sad.
Rammelmeyer, M. 1975. *Die deutschen Lehnübersetzungen im Serbokroatischen. Beiträge zur Lexikologie und Wortbildung.* Wiesbaden.
Rečnik srpskohrvatskog književnog i narodnog jezika. (Bisher:) Bd. 1-15 (A-Nokavac), Beograd. 1959-96.
Rečnik srpskohrvatskoga književnog jezika. Bd. 1-6. Novi Sad: Matica srpska 1967-76 (kyrill., kompl.); unter dem Titel *Rječnik hrvatskosrpskoga književnog jezika.* Bd. 1-2. Zagreb.: Matica hrvatska 1967 (latein., A-Kvržnjaci).
Rehder, P. 1968. *Beiträge zur Erforschung der serbokroatischen Prosodie. Die linguistische Struktur der Tonverlaufs-Minimalpaare.* München.
Ristić, S., J. Kangrga. 1936. 1928. *Rečnik srpskohrvatskog i nemačkog jezika.* Bd. 1: *Enciklopedijski nemačko-srpskohrvatski rečnik.* Beograd ([2]1963), Bd. 2: *Srpskohrvatski-nemački.* Beograd.
Rječnik hrvatskoga ili srpskoga jezika. 1880-1976. Bd. 1-23. Zagreb.
Schmaus, A. 1961. *Lehrbuch der serbokroatischen Sprache in 100 Lektionen.* München [[7]1974].
Simić, R. 1991. *Srpskohrvatski pravopis. Normativistička ispitivanja u ortografiji i ortoepiji.* Beograd.
Skok, P. 1971-74. *Etimologijski rječnik hrvatskoga ili srpskoga jezika.* Bd. 1-4. Zagreb.
Stevanović, M. 1964-1969. *Savremeni srpskohrvatski jezik. (Gramatički sistemi i književnojezička norma.)* Bd. 1-2. Beograd ([3]1975; [2]1974).
Šamšalović, G. [7]1978. *Njemačko-hrvatski ili srpski rječnik.* Zagreb.
Šipka, M. 1975. *Jezički savjetnik.* Sarajevo.
Škaljić, A. [3]1973. *Turcizmi u srpskohrvatskom jeziku.* Sarajevo.
Škiljan, D. 1988. *Jezična politika.* Zagreb.
Spagińska-Pruszak, A. 1997. *Sytuacja językowa w byłej Jugosławii.* Gdańsk.
Vasić, V. (Hrsg.) 1990. *Jezička politika i planiranje jezika u Jugoslaviji.* Novi Sad.
Vuković, J. 1974. *Istorija srpskohrvatskog jezika.* Bd. 1: Uvod i fonetika. Beograd.

Das Bulgarische
von
Peter Hill

1. Einführung

Bulgarisch (bắlgarski ezík) ist die Sprache der fast 9 Mio. Bulgaren (bắlgari), die die Mehrheit der Bevölkerung der Republik Bulgarien (Repúblika Bălgárija, RB) bilden und als Minderheit auch in Jugoslavien und Rumänien, der Moldau und der südlichen Ukraine vertreten sind. Die bulgarische (bulg.) Standardsprache (bắlgarskijat knižóven ezík) ist Amtssprache der Republik Bulgarien.

Das Bulgarische gehört mit dem Makedonischen zur östlichen Gruppe der südslavischen Sprachen; die sprachlichen Unterschiede, die das Bulg. und Maked. von den restlichen südslavischen Sprachen absondern, sind zum größten Teil eine Folge der spätmittelalterlichen 'Balkanisierung' dieser Region (z.B. Verlust der Quantitätsopposition der Vokale und der Kasusflexion der Nomina, Einführung des Narrativs und des nachgestellten Artikels).

2. Alphabet und Orthographie

Das heutige bulg. Alphabet stellt eine Variante des kyrillischen Alphabets dar und besteht aus 30 Buchstaben (offizielle Transliteration in Klammern) in dieser Reihenfolge:

Аа	a	Жж	ž	Мм	m	Тт	t	Шш	š
Бб	b	Зз	z	Нн	n	Уу	u	Щщ	št
Вв	v	Ии	i	Оо	o	Фф	f	Ъъ	ă
Гг	g	Йй	j	Пп	p	Хх	ch	Ьь	'
Дд	d	Кк	k	Рр	r	Цц	c	Юю	ju
Ее	e	Лл	l	Сс	s	Чч	č	Яя	ja

Dieses Alphabet und die heutige morphonologische Orthographie des Bulgarischen gelten seit 1945 (zuletzt geregelt im „Pravopisen rečnik" von 1983); vorher und im 19. Jh. galt eine Orthographie, die sich am Altbulgarischen orientierte: Nach der Orthographie von 1899 schrieb man noch die Jers ъ, ь am Wortende: градъ 'Stadt', конь 'Pferd', den Buchstaben Jat' ѣ (ě) nach dem etymologischen Prinzip: вѣра 'Glaube' und вѣренъ 'treu' (heute я bzw. e nach der Standardaussprache: вяра, верен), in Wurzelmorphemen ъ oder ѫ (altbulg. [ǫ]) nach dem etymologischen Prinzip: гѫба 'Pilz', aber сънъ 'Schlaf' (heute гъба, сън). – Der Vokal ъ wird in der älteren Transliteration als ŭ notiert.

Die Phoneme /dž/ und /dz/ werden digraphisch durch дж und дз wiedergegeben. Das Phonem /ă/ wird nicht nur als ъ, sondern auch als a bzw. я geschrieben, z.B. in den Endungen der 1.Sg. und der 3.Pl. der e- und i-Verben (пека́ [pekă] 'ich backe', пека́т [pekăt] 'sie backen').

Die bulg. Orthographie verwendet den Buchstaben ь als Zeichen der Palatalität des vorangehenden Konsonanten vor dem Buchstaben о (*шофьóр* 'Chauffeur'); ansonsten wird die Palatalität des vorangehenden Konsonanten durch я bzw. ю angezeigt (*няма* [n'ama] 'es gibt nicht', *денят* [den'ăt] 'der Tag', *лют* [l'ut] 'scharf, streng'). Am Anfang eines Worts und nach einem Vokal geben die Buchstaben я und ю die Verbindung /j/ + /a/ oder /ă/ bzw. /u/ wieder (*ято* [jato] 'Schwarm', *юни* [juni] 'Juni'). Die Verbindung /j/ + /o/ wird durch йо wiedergegeben: *йод* 'Jod', *байо* 'Onkel' (volkstümliche Anrede).

3. Das Lautsystem (Phonetik, Phonologie, Akzent)

In der modernen bulg. Standardsprache gibt es 6 Vokal- und 39 Konsonantenphoneme. Die 6 V o k a l p h o n e m e lassen sich wie folgt charakterisieren (nach Bojadžiev, Tilkov 1977, 65):

Öffnungsgrad	Artikulationsstelle	
	vordere	hintere
eng (geschlossen)	/i/ /ă/	/u/
weit (offen)	/e/ /a/	/o/
	nichtlabial	labial

In unbetonter Stellung fallen in der Standardaussprache jeweils /a/ und /ă/ in [ă], /o/ und /u/ in [u] zusammen, dagegen gilt der Zusammenfall von unbetontem /e/ und /i/ in [i] als ostbulg. Dialektismus.

Die 39 K o n s o n a n t e n p h o n e m e sind: /p, p', b, b', f, f', v, v', t, t', d, d', s, s', z, z', c, c', dz, dz', š, ž, č, dž, k, k', g, g', x, x', m, m', n, n', r, r', l, l', j/. Alle Konsonantenphoneme außer /š/, /ž/, /č/, /dž/ und /j/ weisen die Palatalitätskorrelation auf, die fünf Ausnahmen sind immer leicht palatalisiert und gelten als palatal. Die Palatalitätskorrelation ist nur vor hinteren Vokalen phonologisch relevant (*нам* 'uns': *ням* 'stumm', *гол* 'nackt': *гьол* 'Tümpel'). Vor vorderen Vokalen werden alle Konsonanten hart oder leicht palatalisiert gesprochen[1]. Alle Geräuschlaute mit Ausnahme von /x/ zeigen ein stimmloses und stimmhaftes Phonem (Stimmtonkorrelation): /p : b = p' : b' = f : v = f' : v' = t : d = t' : d' = s : z = s' : z' = c : dz = c' : dz' = š : ž = č : dž = k : g = k' : g'/. Der Laut [γ], die stimmhafte Entsprechung zu /x/, tritt positionsbedingt auf (*страх го е* [straγ go e] 'er hat Angst'). Vor einer Sprechpause wird nur ein stimmloser Konsonant gesprochen (*град* [grat] 'Stadt'). Im Inlaut wird ein Geräuschlaut an einen folgenden as-

---

[1] Dies ist die 'kanonische' Darstellung der bulgarischen Konsonantenphoneme. Die palatalen Konsonanten können (anders als etwa im Russischen) auch problemlos als Konsonant + /j/ (vgl. Stojkov 1952, Simeonov 1976; 1984), die Affrikaten [dz, dž] auch biphonematisch als Plosiv + Frikativ interpretiert werden; dadurch verringert sich die Zahl der Konsonantenphoneme auf 20.

similiert: *вшивам* [fšivam] 'einnähen', *изчакам* [isčakam] 'abwarten', *сбор* [zbor] 'Versammlung'; hier tritt auch [γ] als Positionsvariante zu /x/ auf. Diese Assimilation findet auch an der Wortgrenze statt (*без пари* [bespari] 'ohne Geld'). Vor Sonanten, vor /v/ und vor Vokalen werden Präpositionen mit stimmhaftem Auslautkonsonant gesprochen (*под игото* [podigoto] 'unter dem Joch', *през реката* [prezrekata] 'durch den Fluß'). Die Präposition *от* wird in dieser Stellung als [ot], die Präposition *в* als [f] gesprochen; der Sonorant /n/ wird an einen folgenden velaren Konsonanten assimiliert (*банка* [baŋka] 'Bank').

Der Akzent der bulg. Standardsprache ist dynamisch, dazu frei und beweglich (wie im Russischen), d.h., eine Silbe wird durch größere Intensität hervorgehoben, jede Silbe eines Wortes kann den Akzent tragen, und die betonte Silbe kann auch je nach Flexion innerhalb der Wortformen eines Lexems wechseln (*два дена* 'zwei Tage', *денят* 'der Tag'). Der Akzent ist bedeutungsunterscheidend (*роден* 'eigen' : *роден* 'geboren'). Klitika tragen grundsätzlich keinen Akzent, sondern verbinden sich mit dem vorhergehenden (Enklitika) bzw. folgenden Wort (Proklitika) zu einer Akzenteinheit. Enklitika sind z.B. die Kurzformen der Personalpronomen und das Verb *съм* 'sein', Proklitika die einsilbigen Präpositionen, die Negativpartikel *не* und die Futurpartikel *ще*. Folgt auf die Negativpartikel *не* die Kurzform eines Personalpronomens, das Verb *съм* oder die Futurpartikel *ще*, so erhalten diese jedoch einen Akzent (*Не ме чакайте* 'Wartet nicht auf mich', *Не си малък* 'Du bist nicht klein').

Im Bulg. sind Phonemwechsel zweier Typen vertreten. Die sog. прегласи ('Umlaute') lassen sich als automatische (phonetisch bedingte) auffassen. Man muß hier insbesondere auf den Wechsel /ja/ – /e/ (ятов преглас 'Jat'-Umlaut') hinweisen (*бял* 'weiß' : *бели* Plural). Er vollzieht sich in Morphemen, in denen im Altbulgar. ein Jat' (ѣ = ě) stand. In der Standardsprache lautet die Regel wie folgt: Das Morphonem Jat' wird unter Betonung als /a/ bzw. /ja/ realisiert, wenn kein palataler Konsonant folgt und in der folgenden Silbe auch kein vorderer Vokal steht, ansonsten wird es als /e/ realisiert: *голям, голяма, голямо* 'groß' – *големи* (Pl.) , *мляко* 'Milch' – *млечен, млечна, млечно* (Adj.), *вяра* 'Glaube' – *верен, вярна, вярно* 'treu', *сякох* 'ich schnitt' (Aor.) von *сека* 'ich schneide'. In einigen ostbulg. Dialekten ändert sich jedes /a/, das nach einem palatalen Konsonanten einschließlich der Zischlaute steht, in den Vok. /e/, wenn auf /a/ ein palataler Konsonant folgt: *бях* '(ich) war' – *беше* '(er/du) war/st', *тясна* Fem.Sg. 'eng' – *тесни* Pl., *овчар* 'Hirte' – *овчери* Pl. In der bulg. Standardsprache ist dieser Kontaktwechsel (kombinatorisches phonetisches Gesetz) lexikalisch beschränkt: er schließt ungefähr 100 Stamm-Morpheme und Partizipien auf *-ял* ein (*видял* zu *видя* 'sehen', *плетял* zu *плета* 'strikken'). Deshalb ist in der Standardsprache Konsonant + *я* vor den Verbindungen Kons. + *е*, Kons. + *и* möglich (Duridanov 1979). Bei den Partizipien sind heute Varianten verbreitet, die der Regel widersprechen. Der Jat'-Umlaut wird in der gesprochenen Sprache der Hauptstadt Sofia generell nicht beachtet: das betreffende Morphonem wird hier immer als /e/ realisiert.

Die Wechsel des zweiten Typus stellen Überreste dar, sei es der alten Wechsel des ersten Typus, sei es der alten vokalischen Infixe (отгласи 'Ablaute'). Es gibt viele solcher Wechsel, die ohne diachrone Hinweise in ihrer Gesamtheit kaum beschreibbar sind. Die wichtigsten von ihnen sind z.B.: *i – e – ∅:* събúрам 'sammeln' (imperfektiv) – събера́ 'dass.' (perfektiv) – събра́х 'ich sammelte' (Aor.) (vokalische Insuffigierung); *g – z – ž:* мно́го 'viel' – мнозúна 'viele' – мно́жество 'Menge'; *x – s – š:* влах 'Walache' – вла́си (Pl.) – вла́шки 'walachisch' (2. bzw. 1. Palatalisierung der Velare); *t – št* bzw. *d – žd:* светúло 'Leuchte' – свещ 'Kerze', вид 'Aussehen' – вúждам 'sehen'.

Charakteristisch für das Bulgarische sind aus der Sicht der historischen Lautlehre die Vokalisierung der 'starken' Jers (ъ, ь) als /ă/ bzw. /e/: ursl. *sъnъ > bulg. сън 'Schlaf', ursl. *dьnь > bulg. ден 'Tag' sowie /št/, /žd/ für ursl. */tj/, */dj/: bulg. свещ 'Kerze', между́ 'zwischen'.

4. Flexionsmorphologie
4.1. Das Substantiv

Das bulg. Substantiv besitzt die Kategorien Genus, Numerus und Bestimmtheit. Im Gegensatz zu anderen slavischen Sprachen kennt das bulg. Substantiv die Kategorie Kasus nicht mehr ('analytischer' Charakter der Deklination).

Maskuline Subst. besitzen allerdings eine sog. Zählform (бро́йна фо́рма), die nach Kardinalzahlen, ко́лко 'wieviel', то́лкова 'soviel' und ня́колко 'einige' verwendet wird (*Ко́лко рома́на е написа́л Ва́зов?* 'Wie viele Romane hat Vazov geschrieben?'; aber: *Ко́лко рома́ни* (Pl.) *и ра́зкази* (Pl.) *е прочёл то́зи чове́к!* 'Wie viele Romane und Erzählungen hat dieser Mensch gelesen!'). Die Zählform ist heutzutage bei Subst., die Personen bezeichnen, nicht üblich (*петдесе́т и пет войни́ци* (Pl.) '55 Soldaten', nicht: *петдесе́т и пет войни́ка*). In der älteren Belletristik sowie in den östl. Mundarten beggenen wir noch Akkusativformen auf *-a* bei männlichen Eigennamen und den Bezeichnungen naher männlicher Verwandter, deren Nom.Sg. auf *-o* endet (*Ива́н/а, Бо́тев/а, чи́чо/ чи́ча* 'Onkel, Bruder d. Vaters', *ву́йчо/ ву́йча* 'Onkel, Bruder d. Mutter'). Bei weiblichen Namen kamen früher Dative auf *-i* vor: ein Gedicht von Botev heißt *Ма́йци си* 'Meiner Mutter'. Bei männlichen Namen kommen in Volksliedern Dat. auf *-u* vor (*Ма́ма Стоя́ну ка́за ...* 'Die Mutter sagte Stojan ...'). Das bulg. Subst. weist noch eine Vokativform auf: *Бори́се!* 'Boris!', *Наро́де!* 'Volk!', *Ма́йко!* 'Mutter!', die aber bei femininen Vornamen nicht mehr üblich ist.

4.2. Der Artikel

Die Kategorie der Bestimmtheit wird durch den nachgestellten Artikel ausgedrückt (hier mit Trennstrich dargestellt):

Sg. Mask.	двóр-ът/-а	'der Hof'	Pl.	дворóве-те	'die Höfe'
	кóн-ят/-я	'das Pferd'		конé-те	'die Pferde'
	чи́чо-то	'der Onkel'		чи́човци-те	'die Onkel'
Fem.	кни́га-та	'das Buch'		кни́ги-те	'die Bücher'
	ръкá-та	'die Hand'		ръцé-те	'die Hände'
	власт-тá	'die Macht'		влáсти-те	'die Obrigkeit'
Neutr.	блáто-то	'der Sumpf'		блатá-та	'die Sümpfe'
	детé-то	'das Kind'		децá-та	'die Kinder'

Dabei ist zu beachten, daß der Art. ans erste Glied der Nominalphrase angefügt wird, d.h. bei Adj. + Subst. ans Adj. (*хýбав двор* 'ein schöner Hof' – *хýбавият двор* 'der schöne Hof', *нóва книга* 'ein neues Buch' – *нóвата книга* 'das neue Buch'). Die Unterscheidung *двóрът, кóнят* (Nom.). und *двóра, кóня* (casus obliquus) ist schriftsprachlich; in der gesprochenen Sprache werden diese Formen nicht unterschieden.

Die Kategorie der Bestimmtheit im Bulg. entspricht weitgehend der Verwendung des bestimmten Artikels im Deutschen. Bei Personennamen steht der Art. nicht, außer umgangssprachlich bei Kosenamen: *Ти́нчето* 'die Tina'. Die Verbindung Adj. + geographischer Eigenname steht ohne Art. (*краси́ва Бълга́рия* 'das schöne Bulgarien'). In der Possessivkonstruktion wird der Art. bei der Bezeichnung naher Verwandter gemieden (*мáйка ми* 'meine Mutter', *син ѝ* (oder auch *сина̀т ѝ*) 'ihr Sohn'). Das Bulg. hat keinen unbestimmten Art. (*Гле́дах хýбав филм* 'Ich habe einen guten Film gesehen'); *еди́н* 'ein' begegnet jedoch in der sog. 'spezifischen' Verwendung: *Триóдът се пáзи в еди́н манасти́р бли́зо до Москвá* 'Das Triodion wird in einem (bestimmten) Kloster bei Moskau aufbewahrt'.

4.3. Das Pronomen

Im Gegensatz zum Subst. hat das Personalpronomen im Bulg. die Kategorie Kasus erhalten (*аз* 'ich', *ме́не/ме* 'mich', *ми* 'mir', *той* 'er', *не́го/го* 'ihn', *не́му/му* 'ihm' usw.). Auch das Interrogativpronomen *кой* 'wer' besitzt eine oblique Form *кого́*.

Die Personalpronomen weisen enklitische oder Kurzformen sowie Langformen auf. Letztere werden zum Ausdruck der Emphase sowie nach Präpositionen verwendet. Die dativischen Langformen *не́му* (zu *той*), *ней* (zu *тя*), *нам* (zu *ние*), *вам* (zu *вие*), *тям* (zu *тие*) sowie *кому́* (zu *кой*) werden nur noch selten gebraucht: üblich ist die Umschreibung mit *на* (wie bei Substantiven): *на не́го* 'ihm' usw. Beginnt der Satz mit einem Personalpronomen in der obliquen Form, wird die Kurzform hinzugefügt (Objektverdoppelung): *Не́го го видя́х* 'Ihn sah ich'. Als Subjekt werden die Personalpronomen nur zur Emphase verwendet.

Neben den adj. Possessivpronomen *мой, моя́, мо́е, мо́и* 'mein, meine' usw. wird bei definiter Verwendung des Nomens häufiger die Possessivkonstruktion verwendet: das enklitische Personalpronomen wird an ein Nomen in der bestimmten Form angefügt: *кни́гата ми* 'mein Buch', *но́вата ми кни́га* 'mein neues Buch', *посре́щна прия́телката си* 'er begrüßte seine Bekannte' (adnominale Verwendung der Kurzform des Personalpronomens).

Das Interrogativpronomen *кой* wird auch adjektivisch verwendet: *кой, коя́, кое́, кои́* 'welcher'. Das adj. Interrogativpron. *какъ́в, каква́, какво́, какви́* entspricht deutsch 'was für einer, ein wie beschaffener'. Das possessive Interrogativpron. lautet *чий, чия́, чие́, чии́* 'wessen'.

Die Demonstrativpronomen lauten *то́зи (то́я), та́зи (та́я), това́ (туй), те́зи (ти́я)* 'dieser, diese usw.', *о́нзи (о́ня), она́зи (она́я), онова́ (онуй), оне́зи (они́я)* 'jener, jene usw.', das qualitative Demonstrativpron. lautet *такъ́в, така́ва, като́ва, таки́ва* 'solcher, solche usw.'

Relativpronomen werden von Interrogativpronomen mit Hilfe des Suffixes *-то* gebildet: *па́метникът, кой́то видя́хме* 'das Denkmal, das wir sahen', *прия́телят, кого́то видя́хме* 'der Freund, den wir sahen', *студе́нтът, на кого́то да́дохме кни́гата* 'der Student, dem wir das Buch gaben', *студе́нтката, чии́то кни́ги че́тох* 'die Studentin, deren Bücher ich gelesen habe'. Bezieht sich das Relativpronomen auf einen ganzen Satz, so tritt es in der neutralen Form auf: *Га́бровците създа́ват шеги́ за себе́ си, кое́то е изве́стно* 'Die Leute von Gabrovo machen Witze über sich selbst, was ja bekannt ist'.

Indefinitpronomen werden mit dem Präfix *ня-* bzw. *не-* gebildet: *ня́кой* 'irgendein', *ня́какъв* 'ein irgendwie beschaffener', *не́чий* 'irgendjemandes', *ня́колко* 'einige, mehrere'. Deutschem 'etwas' entspricht *не́що*. Negativpronomen werden mit dem Präfix *ни-* gebildet: *ни́кой* 'kein', *ни́какъв* 'keinerlei', *ни́чий* 'niemandes'. Deutschem 'nichts' entspricht *ни́що*. Generalisierende Pronomen sind *все́ки, вся́ка, вся́ко, все́ки* 'jeder' (im Pl. meist *вси́чки* 'alle'), *вся́какъв* 'allerlei'. Deutschem substantivisch gebrauchtem 'alles' entspricht *вси́чко*.

4.4. Das Adjektiv

Das bulg. Adjektiv zeigt die Kategorien Genus (im Sing.) und Numerus (*ху́бав мъж* 'schöner Mann', *ху́бава жена́* 'schöne Frau', *ху́баво моми́че* 'schönes Mädchen', *ху́бави мъже́/жени́/моми́чета* Pl.). Einige Adj., vor allem die türkischen Ursprungs, sind unveränderlich: *сербе́з мъж/жена́/моми́че/мъже́* usw. 'aufbrausende(r) Mann/Frau usw.' Die Steigerung der Adj. und der Adv. vollzieht sich nach dem analytischen ('romanischen' oder 'balkanischen') Schema (*Та́зи жена́ е по́-ху́бава / най-ху́бава* 'Diese Frau ist schöner / am schönsten / die schönste').

4.5. Das Verbum

Das bulg. Verb besitzt – wie das Verb in anderen slav. Sprachen – die Kategorien Tempus, Numerus, Person, Modus und Aspekt; wie in anderen slav. Sprachen wird mit Hilfe des Reflexivpron. *ce* ein Passiv gebildet.

Dem Bulg. eigentümlich sind Erhalt und Ausbau des alten slav. Tempussystems, der Verlust des Infinitivs sowie die Herausbildung eines besonderen Modus, des Narrativs (преизка́зно наклоне́ние; nach Andrejčin, Popov, Stojanov 1977, § 318: Indirectivus) zur Bezeichnung nicht direkt beobachteter Ereignisse sowie zum Ausdruck gewisser modaler Bedeutungen (vgl. Ziegerer 1994).

Das Perfekt (ми́нало неопределе́но вре́ме) wird außerdem zur Wiedergabe nicht direkt beobachteter Ereignisse verwendet, wenn der Sprecher betonen will, daß er nicht an deren Wahrheitsgehalt zweifelt (vgl. Andrejčin, Popov, Stojanov 1977, § 331). Friedman (1982) bezweifelt, daß Perfekt und Narrativ verschiedene Kategorien sind.

Im Gegensatz etwa zum Russischen kann zu jedem bulg. Verb ein andersaspektiger Partner gebildet werden: *пи́ша* (ipf.) – *напи́ша* (pf.) – *напи́свам* (ipf.) 'schreiben'. Das Suffix *-вам* wird auch zur Bildung eines volkstümlichen Konditional ('präsentisches Futur' sowie 'präsentisches Futur in der Vergangenheit' – s. Tabelle) verwendet. (Zur Morphologie des bulg. Verbs s. Pašov 1966, zu den Aktionsarten Ivanova 1974.)

Die reichhaltige bulg. Verbmorphologie sei durch folgendes Beispiel (*пи́ша, напи́ша* 'schreiben') veranschaulicht (nach Andrejčin, Popov, Stojanov 1977, 290-296):

	I. Indikativ	II. Narrativ
Präsens	1. Sg. пи́ша 3. Sg. пи́ше	пи́шел съм пи́шел ø
Aorist	1. Sg. писа́х 3. Sg. писа́	писа́л съм писа́л ø
Imperfekt	1. Sg. пи́шех 3. Sg. пи́шеше	пи́шел съм пи́шел ø
Perfekt	1. Sg. пи́сал съм 3. Sg. пи́сал е	бил съм пи́сал бил пи́сал
Plusquam.	1. Sg. бях пи́сал 3. Sg. бе́ше (бе) пи́сал	бил съм пи́сал бил пи́сал
Futur	1. Sg. ще пи́ша 3. Sg. ще пи́ше	щял съм да пи́са щял да пи́ше
Fut. exact.	1. Sg. ще съм (бъ́да) пи́сал 3. Sg. ще е (бъ́де) пи́сал	щял съм да съм (бъ́да) пи́сал щял да е (бъ́де) пи́сал
Fut. in der Vgh.	1. Sg. щях да пи́ша 3. Sg. ще́ше да пи́ше	щял съм да пи́ша щял да пи́ше
Fut. ex. in der Vgh.	1. Sg. щях да съм (бъ́да) пи́сал	щял съм да съм (бъ́да) пи́сал

	3. Sg. щéше да е (бъ́да) пи́сал	щял да е (бъ́де) пи́сал
III. Imperat.	IV. Konditional	V. Unpersönl. Formen
2.Sg. пиши́	1. Sg. бих пи́сал	Part.
2.Pl. пише́те	3. Sg. би пи́сал	Präs. пи́шещ
	(Präs. Fut.: пи́свам, пи́сва usw.	Aor. akt.: пи́сал
		Impf. akt.: пи́шел
	Vergangenheit: пи́свах, пи́сваше usw.	Aor. pass.: пи́сан
		Gerundium: пи́шейки
	Narrativformen: пи́свал съм, пи́свал usw.)	Verbalnomen: пи́сане
		(Inf.): пи́са (selten)

Die Verwendung des ipf. Präs. entspricht dem dt. Präs.; das pf. Präs. begegnet außer in abhängigen Sätzen (hier zur Wiedergabe etwa des dt. Infinitivs) auch (neben dem ipf. Präs.) als *praesens historicum* (allerdings nur beschränkt möglich; vgl. Andrejčin 1944, § 243; Andrejčin, Popov, Stojanov 1977).

Der Aorist (ми́нало свъ́ршено врéме) bezeichnet eine abgeschlossene Handlung in der Vergangenheit, typisch ist daher der perf. Aorist. Der ipf. Aor. begegnet aber in allgemein-faktischer Verwendung (*Той пи́са по този въпрос* 'Er hat über diese Frage geschrieben'; *Детéто не е добрé – по пъ́тя дáже повръ́ща* 'Dem Kind geht es schlecht. Unterwegs hat es sich sogar übergeben' (umgangssprachl.)); vor allem bei Annullierung der Handlung (*Ивáн идвá ли?* 'War Ivan hier?'; *Той ходи́ на и́злет* 'Er hat bei der Exkursion mitgemacht') sowie modal zur Distanzierung von der Handlung (*Язъ́к, че пáлих пéчката – пак е студéно* 'Zu dumm, daß ich den Herd angezündet habe – es ist trotzdem kalt'). Vgl. ferner: *Пи́са мнóго по товá врéме* 'Er schrieb viel zu der Zeit'; aber: *Напи́са мнóго стáтии по този въпрос* 'Er hat viele Artikel über diese Frage geschrieben'. (Vgl. Andrejčin 1938, Maslov 1959, Stankov 1976.) Der imperf. Aorist in allgemein-faktischer Verwendung nähert sich bedeutungsmäßig dem Perf. (ми́нало неопределéно врéме), das eine vergangene Handlung losgelöst vom Zeitpunkt ihrer Entstehung darstellt, wobei allerdings zumeist ein Bezug zur Gegenwart hergestellt wird: *Ми́слил* (ipf.) *съм по този въпос* 'Ich habe über diese Frage nachgedacht'; *Ку́пил* (pf.) *съм си нóво палтó* 'Ich habe mir einen neuen Mantel gekauft'. Die allgemein-faktische Verwendung des Perf. kann auch den Narrativ ersetzen (s.o.).

Das Impf. (ми́нало несвъ́ршено врéме) bezeichnet – 1. eine Handlung, die bezogen auf einen Zeitpunkt in der Vergangenheit nicht abgeschlossen ist (engl. progressive past): *Изведнъ́ж той се спря́* (Aor.) *и се ослу́ша* (Aor.): *откъ́м къ́щи и́деше* (Impf.) *ти́ха, но вéсела пéсен. Пéеше* (Impf.) *женá му* (J. Jovkov) 'Auf einmal hielt er inne und horchte: Vom Hause her kam (war zu hören) ein leises, aber fröhliches Lied. Seine Frau sang'. – 2. eine wiederholte Handlung in der Vergangenheit (engl. *used to*, dt. *pflegte zu*): *Вся́ка су́трин Бéлчо стáваше, отърсваше се от сламата* ... (El. Pelin) 'Jeden Morgen stand Belčo auf, befreite sich vom Stroh ...'. Von daher wird das Impf. grundsätzlich von ipf. Verben gebildet. Das pf. Impf. begegnet nur in der Protasis von Konditionalsätzen: *Ако дойдеше, щях да му кажа* 'Wenn er käme, würde ich es ihm sagen', sowie in der Belletristik als Stilmittel zur lebendigen Bezeichnung wiederholter Handlungen: *И Коно Крилатият пухнеше дим от цигарето право към небето и речеше ...* (Iv. Vazov), engl. '... would blow his cigarette-smoke towards the heavens and say ...'. Weitere Beispiele Stankov 1976, 109ff.

Der Infinitiv wird im Bulg. durch finite Verbformen ersetzt. Ein Überbleibsel des alten Inf., das sich formal mit der 3. Sg. Aor. deckt, wird bei negativen Befehlen verwendet: *Недей* (*недейте*) *ходи!* 'Geh (Geht, Gehen Sie) nicht!' (sonst auch: *Недей да ходиш / Недейте да ходите!*). In der älteren Literatur begegnen auch Konstruktionen wie *не мога ходи* 'ich kann nicht gehen' (heute: *не мога да ходя*) sowie das „Fut. mit Inf." (*ходи ща / щеш / ще* usw. 'ich werde / du wirst / er wird gehen'). – Die Zitierform in Wörterbüchern ist statt des verlorengegangenen Infinitivs die 1.Sg.Präs.

5. Zur Derivationsmorphologie

Wie alle slav. Sprachen verfügt auch das Bulg. über eine Vielzahl von produktiven Affixen. Nomina agentis werden u.a. mit folgenden Suffixen abgeleitet: *-ач*: *нося* 'tragen' – *носач* 'Gepäckträger'; *-тел*: *говоря* 'sprechen' – *говорител* 'Sprecher'; *-ник*: *работя* 'arbeiten' - *работник* 'Arbeiter'. Dieselben Suffixe dienen z.T. auch zur Bildung von Nomina instrumenti: *брояч* 'Zählvorrichtung'.

Das Suffix *-ец* bildet sowohl Nomina agentis (*боря* 'kämpfen' – *борец* 'Kämpfer'), als auch Namen von Trägern von Eigenschaften (*стар* 'alt' – *старец* 'Alter') und Bezeichnungen von Personen nach ihrer Zugehörigkeit: *карловец* 'Einwohner von Karlovo', *възрожденец* 'Gestalt der Wiedergeburt (*Възраждане*)'. Nomina actoris werden auch mit den Suffixen *-ар*: *лозар* 'Winzer' (von *лоза* 'Rebstock') und *-ист* gebildet: *футболист* 'Fußballspieler'.

Das sehr produktive Suffix *-джия/-чия* ist aus dem Türkischen entlehnt und bezeichnet die Träger wenig prestigeträchtiger Tätigkeiten oder Eigenschaften und ist oft negativ oder ironisch konnotiert: *сметкаджия* 'Geizkragen' (von *сметка* 'Rechnung'), *черноборсаджия* 'Schwarzmarkthändler' (von *черна борса* 'Schwarzmarkt').

Weibliche Entsprechungen zu männlichen Substantiven werden meist mit dem Suffix *-к(а)* gebildet: *автор* – *авторка* 'Autorin', *бояджия* 'Maler' – *бояджийка*, wobei primäre Suffixe oft modifiziert oder getilgt werden: *чужденец* 'Ausländer' – *чужденка* 'Ausländerin'.

Eine sehr produktive Kategorie ist die der Diminutiva: *облак* 'Wolke' – *облаче* 'Wölkchen', *брат* – *братче* 'Brüderchen', *градина* –

градинка 'Gärtchen', *къща – къщичка* 'Häuschen', *село – селце* 'Dörfchen'.

Nomina loci werden sowohl von Verben als auch von Substantiven mit dem Suffix *-ище* abgeleitet: *летя* 'fliegen' – *летище* 'Flughafen'.

Verbalabstrakta werden mit den Suffixen *-(ов)ка, -еж, -ство, -(ит)ба* gebildet: *обработя* 'bearbeiten' – *обработка* 'Bearbeitung', *тренирам* 'trainieren' – *тренировка* 'Training', *грабя* 'rauben' – *грабеж* 'Raub', *преустройвам* 'umbauen' – *преустройство* 'Umbau', *боря се* 'kämpfen' – *борба* 'Kampf', *вършея* 'dreschen' – *вършитба* 'Drusch'.

Adjektivabstrakta werden mit den Suffixen *-ост, -ина, -ота, -ие* gebildet: *смел* 'mutig' – *смелост* 'Mut', *голям* 'groß' – *големина* 'Größe', *бял* 'weiß' – *белота* 'Weiß' (mit Jat'-Umlaut), *трудолюбив* 'fleißig' – *трудолюбие* (mit Apokope des Adjektivsuffixes *-ив*).

Zur Bildung von Adjektiven dient vor allem das Suffix *-(е)н*: *държава* 'Staat' – *държавен* 'staatlich', *река* 'Fluß' – *речен* 'Fluß-'; dieses Suffix kommt auch mit erweitertem Stamm vor: *свет* 'Welt' – *световен* 'Welt-'.

Adverbien werden von Qualitätsadjektiven in der Regel mit dem Suffix *-о* gebildet: *лош* 'schlecht' – *лошо*; unregelmäßig sind *добре, зле* von *добър, лош*. Adverbien von Qualitätsadjektiven mit dem Suffix *-ски* unterscheiden sich formal nicht von der Grundform des Adjektivs: *братски* 'brüderlich' – *братски* (Adv.).

Verben können von Substantiven mit dem Suffix *-ува* abgeleitet werden: *учител* 'Lehrer' - *учителствувам* 'als Lehrer tätig sein'; deadjektivische Verben werden mit dem Suffix *-е* gebildet: *жълт* 'gelb' – *жълтея* 'gelb werden', *дебел* 'dick' – *дебелея* 'dick werden'.

Die Komposition ist im Bulg. eher untypisch, vgl. aber *земеделие* 'Landwirtschaft', *десетилетие* 'Jahrzehnt'.

6. Zur Syntax

Charakteristisch für die Syntax des Bulg. wie für andere slav. Sprachen ist die Reihenfolge S(ubj.) – P(räd.) – O (Direktobj.) / I(ndirektobj.) / B (adverbiale Bestimmung). Dieses Schema wird durch drei Faktoren verschleiert: Im Bulg. wird erstens das Subj. oft nicht ausgedrückt; zweitens stehen Wörter der Klasse Enklitika (Kurzformen der Pron., Präsensformen des Hilfsverbs *съм* 'sein') an der zweiten Stelle im Satz; drittens wird das Prädikat im Bulg. oft durch zusammengesetzte Verbformen ausgedrückt. Der Satz *Дойде в София* 'Er (sie/es) kam (du kamst) in Sofija an' hat die Tiefenstruktur S–P–B. Hiervon zu unterscheiden sind allerdings echt subjektlose Sätze (*Яде ми се* 'Ich habe Hunger' (wörtl. 'Mir ißt (es) sich'), vgl. russ. *есть хочется*; *Боли ме* 'Ich habe Schmerzen' (wörtl.: 'Mich schmerzt (es)'); steht ein anderer Satzteil (X) an erster Stelle, ergibt sich die Wortfolge X–Pron.–Verb.: *Сега ми се яде* 'Jetzt habe ich Hunger'. In einigen Verbindungen von

Verb und Subst., die semantisch unpersönlich sind, tritt regelmäßig P–S auf: *Валѝ дъжд* 'Es regnet', *Запо́чна дъжд* 'Es fing zu regnen an', sowie Sätze in der Art von: *Запо́чна война́* 'Es begann ein Krieg'. Werden die Objekte durch Kurzformen der Pron. ausgedrückt (Ka – mit Akk., Kd – mit Dat.), so ergeben sich folgende Schemata: S–Ka–P (*Общество́то го нака́за* 'Die Gesellschaft bestrafte ihn'), P–Ka (*Нака́за го*) oder bei Negation S–*не*–Ka–P, *не*–Ka–P; S–Kd–P (*Ра́йна му пома́гаше* 'Rajna half ihm'), P–Kd (*Пома́гаше му*) oder bei Negation S–*не*–Kd–P, *не*–Kd–P. Sind sowohl Ka als auch Kd vorhanden, so treten sie als Kd + Ka auf: *Ра́йна му ги взе* 'Rajna nahm sie ihm ab', *Взех му ги* 'Ich nahm sie ihm ab'. Bei zusammengesetzten Tempora gelten folgende Schemata: P(art.)P(rät.)A(kt.) – *съм* (*си, е* usw.) – (*се*), z.B. *Хо́дил съм* 'Ich bin gegangen', *Страху́вал си се* 'Du hast Angst gehabt', *Чел е* 'Er hat gelesen' bzw.: X–*съм* usw. (*се*)–PPA, z.B. *Ще съм хо́дил* 'Ich werde gegangen sein', *Вче́ра е хо́дил* 'Gestern ist er gegangen', *За това́ си рабо́тил* 'Dafür hast du gearbeitet'. Die vollen Imperfektformen des Hilfsverbs *съм* sind keine Enklitika, hier gilt also die Reihenfolge: *Бях* (*беше* usw.)–PPA, z.B. *Бе́ше успя́ла* 'Sie hatte es geschafft', *Бя́ха дошли́* 'Sie waren angekommen'. Kurzformen der Pron. treten zwischen PPA und Hilfsverb (Aux): Aux–Ka–PPA, z.B. *Бе́ше го видя́л* 'Er hatte ihn gesehen', Aux–Kd–PPA, z.B. *Бе́ше му ка́зал* 'Er hatte ihm gesagt', PPA–Ka/Kd–Aux, z.B. *Ка́зал го/му е* 'Er hat es/ihm gesagt', Aux–da–Ka/Kd–P, z.B. *Щях да го/му ка́жа* 'Ich wollte es/ihm sagen'.

Da das Bulg. praktisch keinen Infinitiv besitzt, werden nominale Funktionen des Verbs durch *да*-Sätze und auch durch Nominalisierungen ausgedrückt: *И́скам да ти ка́жа не́що* 'Ich will dir was sagen', *И́скам прия́телката ми да ти ка́же не́що*, dt. ähnlich: 'Ich will, daß meine Freundin dir was sagt', russ.: *Хочу́, что́бы моя́ прия́тельница что́-то сказа́ла тебе́*, dagegen engl. AcI: *I want my girlfriend to tell you something*. Bei Verba sentiendi: *Чу́вам да пе́е моми́чето* (*Чу́вам пе́енето на моми́чето*) 'Ich höre das Mädchen singen (das Singen des Mädchens)'; *Видя́х, как* (*като́*) *вли́зат учени́ци* 'Ich sah Schüler hereinkommen', *Не видя́х да вли́за ня́кой* 'Ich habe niemanden hereinkommen sehen (aber möglicherweise ist jemand hereingekommen)', *Не видя́х, че вли́за ня́кой* 'Ich habe nicht gesehen, daß jmd. hereinkommt (jmd. ist hereingekommen)'.

7. Zum Wortschatz

Während der Türkenherrschaft (1396-1879) war die Masse der bulg. Bevölkerung analphabetisch. Sie beherrschte die eigene Mundart, z.T. auch Türkisch und Griechisch. Im Zuge der Wiedergeburt (Възраждане) setzte sich die Volkssprache als Grundlage der neuen Standardsprache durch, der abstrakte Wortschatz wurde größtenteils aus dem

Russischen entlehnt (bzw. neu entlehnt, wenn man berücksichtigt, daß er ursprünglich (alt)kirchenslavisch, also altbulgarisch war; vgl. Damerau 1960; Moskov 1958). Z.T. wurde aber auch direkt aus dem Kirchenslavischen entlehnt, evtl. über die Damaskine (s.u.) (Babov 1968). Heute noch haben viele Lexeme der bulg. Standardsprache eine russische oder kirchenslavische Form: *проклятие* (statt echtbulg.: *проклéтие* < altbulg. -*ę*), *гóрдост* (altbulg. *грѣдостъ*), *жéртва* (altbulg. *жрьтва*). Viele Lexeme auf -*ние*, -*ие*, -*ически* oder -*ичен*, -*ство*, -*ост* oder -*тел* wurden entlehnt oder auf bulg. Boden nach russ.-ksl. Modellen neugebildet. Auch die akt. und pass. Part.Präs. wurden nach russ.-ksl. Vorbild wiederbelebt und in die neue Standardsprache aufgenommen. Es lassen sich aber auch serbische und tschechische Einflüsse auf die neubulg. Lexik nachweisen (die Verben auf -*ирам* sind serbisch vermittelt (dazu Vankov 1957), während etwa *ýвод* ein Bohemismus sein dürfte). Zu den Lehnbeziehungen des Neubulg. s. Mirčev 1963.

8. Zu den Dialekten

Die sog. Jat'-Grenze, die von der Mündung des Vit über Pirdop, Panagjurište, Razlog und Goce Delčev (Nevrokop) bis Saloniki verläuft, teilt das bulg. Sprachgebiet in zwei Dialektgruppen: im Westen ergibt altbulg. *ě* überall *e*, im Osten je nach Umgebung *ja* oder *e* bzw. in einigen Dialekten nur *ja* oder nur *æ*. Genauer ist von einer Übergangs- oder Grenzzone zu sprechen, in der eine Reihe von phonetischen Merkmalen auftritt, die die östlichen im Gegensatz zu den westlichen Dialekten charakterisieren, so z.B. die Palatalität der Konsonanten vor *e* und *i* und die Reduktion der unbetonten Vokale. Wenn man diese Übergangszone außer acht läßt, kann man die übrigen Dialekte – linguistisch allerdings weniger befriedigend – in vier große Gruppen unterteilen.

Zu den nordöstlichen Dialekten rechnet man die moesischen und die balkanischen. Erstere haben den Art. (Mask.Sg.) -*o*, alle balkanischen Mundarten aber -*ăt* oder -*ă*. Die zentralbalkanischen Mundarten weisen eine starke Reduktion aller unbetonten Vokale auf.

Charakteristisch für die südöstl. (rupzischen) Dialekte sind der palatale Konsonantismus, auch im Auslaut, das dreifache Demonstrativpronomen bzw. die Artikel zur Bezeichnung mittelferner, naher und ferner Gegenstände sowie Reste des alten Kasussystems. In den mittelrupzischen Mundarten ergeben altbulg. *ǫ*, *ę*, *ъ* und *ь* jeweils einen Reflex. Hier finden wir auch ein Akan'e (wie im Russ.). Die westrupzischen Dialekte, die sich westl. der Rhodopen bis Saloniki erstrecken, zeigen eine starke Reduktion aller unbetonten Vokale und Reste der alten Nasalvokale (*зъмб* < *zǫbъ* 'Zahn', *пенток* < *pętъkъ* 'Freitag').

Die nordwestl. Dialekte zeichnen sich durch erhaltenes silbisches $\mathring{r}$, $\mathring{l}$ (dies auch im SW), -*e* im Mask.Pl. der Substantive und des *l*-Partizips und einige typisch östliche und typisch westliche Merkmale aus. Die sog. Grenzdialekte weisen *a* als einheitlichen Reflex der beiden Jers (ъ, ь), *e* für den vorderen Nasalvokal *ę* und *u* für den hinteren *ǫ* auf, dazu *č* und *dž* statt *št* und *žd*, Artikel *-ăt* und Pl. der Fem. *-e*.

Die südwestlichen Dialekte haben *a* oder *ă* < *ǫ*, und *o* < ъ; der Artikel (Mask.Sg.) lautet im Norden *-o* oder *-a*, im Süden - *o*, und in den zentralen Mundarten *-ot* (auch dreifach *-ot, -ov, -on*); die Betonung ist im Osten frei, in den zentralen Mundarten liegt sie auf der drittletzten, im Süden auf der vorletzten Silbe. (Vgl. Stojkov 1962; Kočev 1980; Bojadžiev 1981.) Stojkov hat auch eine Einteilung in zentrale und periphere Dialekte vorgeschlagen (Stojkov 1963).

Die Ansicht, die bulgar. Standardsprache beruhe auf den balkanischen Mundarten, ist in den letzten Jahrzehnten relativiert worden. Westlichen Ursprungs sind folgende Erscheinungen: klare Aussprache der Vokale (auch in den Kurzformen *ме, те, се* der Pronomen statt östlich *ма, та, са*); fehlende Jotierung bei *éзеро* 'See', *елхá* 'Erle', *коé* 'welches', *поéт* 'Poet' (östl. *jéзеро, jелхá, коjé, поjéт*); fehlende Palatalisierung vor *e, i* ([*меко*] statt östl. [m'eko] 'weich'); Gerundien auf *-айки, -ейки*; Verlust des casus obliquus bei männlichen Personennamen und Bezeichnungen männlicher Verwandter (*ромáн на Вáзов* 'ein Roman von Vazov', *у чúчо Пéтър* 'bei Onkel Peter' statt östl. *ромáн на Вáзова, у чúча Петрá*). Letztere Entwicklung hat sich erst seit dem Zweiten Weltkrieg in der Standardsprache durchgesetzt.

8. Zur Geschichte des Bulgarischen

Das Neubulg. ist aus dem Altbulg. entstanden, auf dessen Grundlage Kyrill und Method im 9. Jh. das Altkirchenslavische schufen. Außer in phonologischer Hinsicht unterscheidet sich das Neubulg. vom Altbulg. (Aksl.) vor allem durch den Verlust der Nominaldeklination und des Infinitivs sowie durch den Artikel einerseits und andererseits durch den Erhalt und den Ausbau des Systems der Verbaltempora und -modi.

Die Geschichte der bulg. Sprache wird gewöhnlich in drei Perioden eingeteilt: Altbulg. (9.-11. Jh.), Mittelbulg. (12.-14. Jh.), Neubulg. (ab 15. Jh.), dabei ist das Mittelbulg. als Übergang zu sehen (vgl. Mirčev 1963; Mladenov 1929). Anderer Meinung sind Vl. Georgiev und I. Gălăbov, dazu Ivančev 1979, 36.

Die mittelbulg. Denkmäler zeigen im Ansatz viele der sprachlichen Entwicklungen, die sich in der Volkssprache offenbar bereits durchgesetzt hatten und das Neubulg. vom Altbulg. unterscheiden: Entwicklung des vorderen Nasalvokals *ę*, teilweise auch des vorderen Jer ь, zu *e*; des hinteren Nasalvokals *ǫ* sowie des hinteren (ъ) und teilweise auch des vorderen Jer (ь) zu *ă*; die 3. Sg.Präs. der Verben endet auf Stammvokal ohne aksl. *-tъ*; Entwicklung neuer Formen der 3.Pl.Aor. auf *-chǫ* (*-chă*); dazu für den Balkansprachbund typische Merkmale wie Verlust der Nominaldeklination und der synthetischen Komparation der Adjektive; Entwicklung der Possessivkonstruktion; Entwicklung von *šte* (vom aksl. Verb *chotěti* 'wollen') als Futurpartikel (dazu Mirčev 1963, 11-23; Steinke 1968; Duridanov 1956; Češko 1970). Vom 16. Jh. an kursieren in den bulg. Landen sog. Damaskine (дамаскѝни), Bücher religiösen Inhalts, z.T. Übersetzungen aus dem neugriechischen Thesaurus des Damaskinos Studitis. Die Damaskine sind in einer volkstümlichen Sprache abgefaßt, aber der Einfluß der kirchenslavischen schriftlichen Tradition ist zunächst noch stark (dazu im einzelnen Petkanova-Toteva 1965, 214-230).

Der Beginn der neubulg. Literatursprache sollte denn auch folgerichtig mit den Damaskinen angesetzt werden (Conev 1934-1940; Gyllin 1991). Die Bedeutung von Paísij Chilendárskis „Истóрия славéноболгáрская" ('Slavobulgarische Geschichte') ist überschätzt worden (Andrejčin 1962; Bernstein 1979). Da Paisijs Sprache noch eine unausgegorene Mischung aus westbulg. Dialekt und Kirchenslavisch darstellt, sah der große bulgarische Sprachwissenschaftler A. Teodorov-Balan den „Рѝбен буквáр" ('Fischfibel', 1824) von Dr. Pétăr Berón als erstes Dokument der neubulg. Schriftsprache an. Freilich kann erst im letzten Drittel des 19. Jh. von einer Standardsprache die Rede sein, und zwar als Ergebnis der Modernisierung der bulgarischen Länder, die ihren Ausdruck in wissenschaftlichen Werken, in der Publizistik und in der Gründung eines unabhängigen Staates fand, sowie als Leistung der Schriftsteller P.R. Slavéjkov, V. Drúmev, L. Karavélov, Chr. Bótev und Ivan Vázov (E.I. Demina 1966; Hill 1982). Fing die bulg. Wiedergeburt in Makedonien an, so spielten später die Ostbulgaren die führende Rolle bei der Herausbildung der Standardsprache, weswegen diese heute viele ostbulg. Züge aufweist (vgl. jedoch Andrejčin, Popova, Părvev 1973, 13-23; V. Stankov 1979).

9. Literaturangaben

Andrejčin, L. ²1978. *Osnovna bălgarska gramatika*. Sofija 1944. (Übs.: *Grammatika bolgarskogo jazyka*. Moskva 1949.)
— 1962. Ezikăt na Paisievata Istorija slavenobolgarskaja i načaloto na novobălgarskija knižoven ezik. *Bălgarski ezik* 12, 481-490.
— (Hrsg.) 1975. *Obraten rečnik na săvremenija bălgarski ezik*. Sofija.
— 1977. *Iz istorijata na našeto ezikovo stroitelstvo*. Sofija (²1986).
— 1983. Kategorie znaczeniowe koniugacji bułgarskiej. *Prace Komisji Językowej* 26, 13-27.
—, V. Popova, Ch. Părvev. 1978. *Christomatija po istorija na novobălgarskija knižoven ezik*. Sofija.
—, K. Popov, S. Stojanov. 1977. *Gramatika na bălgarskija ezik*. Sofija.
Babov, K. 1968. Ezikăt na damaskinite i văprosăt na čerkovno-slavjanskoto i ruskoto vlijanie vărchu bălgarskija knižoven ezik. *Slavistični izsledvanija*. Sofija, 167-86.
Back, O. 1982. Bemerkungen zur bulgarischen Orthographie. *Die slawischen Sprachen* 1, 5-12.

Bălgarski etimologičen rečnik. Bd. 1 ff. Sofija 1971-.

Bălgarski tălkoven rečnik. Sofija 1955, ³1973.

Bernštejn, S.B. 1979. Misli za načalnija period ot istorijata na bălgarskija literaturen ezik. *Izsledvanija iz istorijata na bălgarskija knižoven ezik ot minalija vek.* Sofija, 29-34.

Bojadžiev, T. 1986. *Bălgarska leksikologija.* Sofija.

—, D. Tilkov. 1977. *Bălgarska fonetika.* Sofija.

—, D. Tilkov. 1981. Dialektite na bălgarskija ezik. In: P. Pašov (Hrsg.): *Bălgarskijat ezik – ezik na 13-vekovna dăržava.* Sofija, 52-70.

Conev, B. 1934-40. *Istorija na bălgarskija ezik.* Bd. 1-3. Sofija.

Češko, E. V. 1970. *Istorija bolgarskogo sklonenija.* Moskva.

Damerau, N. 1960. *Russische Lehnwörter in der neubulgarischen Literatursprache.* Berlin.

Demina, E.I. 1966. Mesto damaskinov v istorii bolgarskogo literaturnogo jazyka. *Sovetskoe slavjanovedenie* 4, 28-33.

Duridanov, I. 1956. Kăm problemata na razvoja na bălgarski ezik ot sintetizăm kăm analitizăm. *Godišnik na Sofijskija universitet, Filologič. fakultet* 51, 85-273.

— 1979. Obštoto ezikoznanie i problemite na ezikovoto stroitelstvo. *Ezik i literatura* 34, 9-19.

Endler, D., H. Walter. ⁵1989. *Wörterbuch Bulgarisch-Deutsch.* Leipzig 1980.

Fielder, G.E. 1993. *The semantics and pragmatics of verbal categories in Bulgarian.* Lewiston.

Friedman, V.A. 1982. Reportedness in Bulgarian – category or stylistic variant? *Slavic linguistics and poetics* [Stankiewicz-Festschrift] = *International journal of Slavic linguistics and poetics* 25-26, 149-163.

Genadieva-Mutafčieva, Z. 1970. *Podčinitelnijat săjuz* da *v săvremennija bălgarski ezik.* Sofija.

Georgieva, E. 1974. *Slovored na prostoto izrečenie bălgarskija knižoven ezik.* Sofija.

Georgiev, S. 1993. *Bălgarska semasiologija.* Veliko Tărnovo.

Georgiev, V. 1952. Periodizacija na istorijata na bălgarskija ezik. *Izvestija na Instituta za bălgarski ezik* 2, 71-116.

Gerov, N. 1895-1904. *Rečnik na bălgarskija ezik.* Bd. 1-5. Plovdiv. (ND Sofija 1975-78.)

Gramatika na săvremennija bălgarski knižoven ezik. I-III. Sofija 1982-83. ²1994.

Gyllin, R. 1991. *The genesis of the modern Bulgarian literary language.* Uppsala.

Hill, P.M. 1982. Die Entwicklung der bulgarischen Schriftsprache zur Standardsprache. In: Hill, P. (Hrsg.): *Bulgarien 1300. Referate der Sektion Sprache und Literatur des Sympos. Bulgarien in Geschichte und Gegenwart.* München, 24-35.

Istorija na novobălgarskija knižoven ezik. Sofija 1989.

Ivančev, S. 1979. Po njakoi văprosi na istorijata na bălgarskija knižoven ezik. *Izsledvanija iz istorijata na bălgarskija knižoven ezik ot minalija vek.* Sofija, 35-40.

Ivanov, J. 1994. *Bălgarska dialektologija.* Plovdiv.

Ivanova, K. 1974. *Načini na glagolnoto dejstvie v săvremennija bălgarski ezik.* Sofija.

Kočev, I. 1980. Osnovnoto dialektno delenie na bălgarski ezik. *Bălgarski ezik* 30, 295-304.

Maslov, Ju.S. 1959. Glagol'nyj vid v sovremennom bolgarskom literaturnom jazyke (značenie i upotreblenie). *Voprosy grammatiki bolgarskogo literaturnogo jazyka.* Moskva, 157-312.

— 1963. *Morfologija glagol'nogo vida v sovremennom bolgarskom literaturnom jazyke*. Moskva, Leningrad.
— 1981. *Grammatika bolgarskogo jazyka*. Moskva.
Mayer, G.L. 1988. *The definite article in contemporary standard Bulgarian*. Wiesbaden.
Mirčev, K. ²1963. *Istoričeska gramatika na bălgarskija ezik*. Sofija.
Mladenov, S. 1929. *Geschichte der bulgarischen Sprache*. Berlin, Leipzig. (Übs.: *Istorija na bălgarskija ezik*. Sofija 1979.)
— 1941. *Etimologičeski i pravopisen rečnik na bălgarskija knižoven ezik*. Sofija.
Moskov, M. 1958. *Borbata protiv čuždite dumi v bălgarskija knižoven ezik*. Sofija.
Pašov, P.1966. *Bălgarskijat glagol*. Bd. I: *Klasifikacija. Vidoobrazuvane. Slovoobrazuvane*. Sofija.
Petkanova-Toteva, D. 1965. *Damaskinite v bălgarskata literatura*. Sofija.
Pomagalo po stilistika na bălgarskija knižoven ezik. Sofija 1985.
Popova, M. 1987. *Kratăk valenten rečnik na glagolite v săvremenija bălgarski knižoven ezik*. Sofija.
Pravopisen rečnik na săvremennija bălgarski knižoven ezik. Sofija 1983.
Rečnik na bălgarskija ezik. Bd. 1 ff. Sofija 1977-.
Rečnik na săvremennija bălgarski knižoven ezik. Bd. 1-2. Sofija 1955-59.
Rožnovskaja, M.G. 1979. *Očerki po sintaksisu bolgarskogo literaturnogo jazyka*. Moskva.
Scatton, E.A. 1984. *A reference grammar of modern Bulgarian*. Columbus (Ohio).
Simeonov, B. 1976. Ob adekvatnoj modeli konsonantnych sistem v bolgarskom i russkom jazykach. *Bolgarskaja rusistika* III 6, 20-25.
— 1984. Kăm văprosa za broja na fonemite i technija săstav v săvremennija bălgarski ezik. *Săvremenna Bălgarija* 5. Sofija, 49-56.
Stankov, V. 1976. *Konkurencija na glagolnite vidove v bălgarskija knižoven ezik*. Sofija.
— 1979. Za njakoi obšti tendencii v ezikovata praktika na bălgarskite văzroždenski knižovnici. *Izsledvanija iz istorijata na bălgarskija knižoven ezik ot minalija vek*. Sofija, 7-12.
Steinke, K. 1968. *Studien über den Verfall der bulgarischen Deklination. Das bulgarische Kasussystem zu Beginn des 15. Jahrhunderts*. München.
Stojanov, S. 1965. *Členuvane na imenata v bălgarskija ezik*. Sofija.
Stojkov, S. 1952. Palatalnite săglasni v bălgarskija knižoven ezik. *Izvestija na institut za bălgarski ezik* I, Sofija, 5-63.
— 1962. *Bălgarska dialektologija*. Sofija, ³1993.
— 1963. Osnovnoto dialektno delenie na bălgarskija ezik. *Slavjanska filologija* III, 105-120.
—, L. Vankov. 1957. Kam istorijata na glagolnija sufiks -*iram* v bălgarski. *Ezikovedski izsledvanija v čest na akad. St. Mladenov*. Sofija, 141-155.
Venediktov, G.K. 1989. *Bolgarskij literaturnyj jazyk epochi Vozroždenija: Problemy normalizacii i vybora dialektnoj osnovy*. Moskva.
Walter, H., E. Georgieva Karvanbasieva (Hrsg.). 1987. *Lehrbuch der bulgarischen Sprache*. Leipzig.
Zacharevič, E.A., G.V. Krylova. 1978. *Sintaksis bolgarskogo jazyka*. Leningrad.
Ziegerer, P. 1994. *Die Nacherzählformen im Bulgarischen*. München.

Das Banater Bulgarische
von
Aleksandr D. Duličenko

1. Einführung

Die Schöpfer der Banater bulgarischen Schriftsprache (*bâlgarsći učen -jàzić*) waren katholische Bulgaren, die in den 30er Jahren des 18. Jh. in einer Enklave (Sprachinsel) im historischen Banat lebten (früher östliches Österreich-Ungarn, heute Südwesten Rumäniens und Nordosten Jugoslaviens). Nach der Niederschlagung eines antitürkischen Aufstandes in Čiprovec 1688 verließen die Vorfahren der Banater Bulgaren, unter denen es auch Orthodoxe gab, ihre Heimat.

Gegenwärtig leben die Banater Bulgaren in ca. 20 Siedlungen des Banat, im rumänischen Teil in den Orten Bešenov (rum. Beşenova Veche, ungar. Óbessenyö), Vinga, Breškjä (rum. Breştea) u.a., im jugoslavischen Teil in Jaša Tomić (rum. Modoş), Belo Blato (oder Lizenhajm, dt. Elisenheim, ungar. Székelykeve) u.a. Nach verschiedenen Quellen zählten die Banater Bulgaren in den 60er Jahren dieses Jahrhunderts ca. 18.000 Sprecher, von denen 12.000 in Rumänien und der Rest in Jugoslavien lebten. Zusammen mit den zu verschiedenen Zeiten nach Bulgarien zurückgekehrten und den in Ungarn und Amerika lebenden Banater Bulgaren kann man ihre Gesamtzahl auf 25.000 schätzen (Telbizov, Vekova-Telbizova 1963, 6). Das kulturelle Zentrum der Banater Bulgaren ist Vinga[1].

2. Sprachliche Besonderheiten

Im Vergleich zum Bulgarischen kann man folgende charakteristische Merkmale der Banater bulgarischen (Ban.bulg.) Mundart feststellen:
Phonetische Besonderheiten:
    1. der Laut [ə] tritt an die Stelle der altbul. *ǫ*, *ę*, *ъ*, *ь*: Ban.bulg. *zăp* – bulg. *зуб* 'Zahn' (< altbulg. *zǫbъ*), *tăška* – *тежка* 'eine schwere' (< altbulg. *tęžьkъ*) *žăna* – *жена* 'Frau' (altbulg. *žena*);

---

[1] Die Banater Bulgaren stammen aus verschiedenen Gebieten – die einen aus dem NW (Čiprovec und angrenzende Dörfer), die anderen aus dem SW Bulgariens (Svištovsko und Nikopolsko). Erstere sprachen nordwestbulgarische, letztere waren Paulikianer und sprachen südwestbulgarische Dialekte (Stojkov 1962, 116). L. Miletič, der als erster detailliert Sprache, Schrifttum und traditionelle Kultur der Banater Bulgaren untersuchte, stellte fest, daß sich die Mundart der Paulikianer von Bešenov – des größten und einzigen reinbulgarischen Dorfs – mit der Zeit auch in dem anderen großen Dorf Vinga durchsetzte, wo gleichermaßen Čiprovecer und Paulikianer wohnten. Diese Tatsache diente als Grund dafür, den Dialekt der Banater Bulgaren als einheitlich zu betrachten (Miletič 1900, 405). Allerdings zeigten nachfolgende Untersuchungen, daß die Unterschiede in Phonetik, Lexik und Wortbildung zwischen den Mundarten Bešenovs und Vingas bis heute bestehen (Stojkov 1967, 23-36).

2. unbetontes *o* > *u*: *gulêm* – голям 'groß', *usnòva* – основа 'Grundlage', *bugàt* – богат 'ein reicher' u.a.;
3. [i] > [y] und [ă]: *pỳsmu* – писмо 'Brief', *băl săm* – бил съм 'ich war';
4. Existenz von fünf palatalen Konsonanten [k', g', l', n', j]: *pòmok'* – помощ 'Hilfe', *màjkja* – майка 'Mutter', *dălg'i* – дълги 'langer';
5. *d'* > *g'*, *t'* > *k'*: *glag'* (altbulg. *gladь*) 'Hunger', *pàmek'* (altbulg. *pamętь*) 'Gedächtnis';

Morphologische Besonderheiten:
6. obliquer Kasus (= Gen.Sg.) auf -*a* bei maskulinen Substantiven: *na Ivàna*, bulg. aber на Иван;
7. Suffix -*ve* im Pl.: *glàs* – *glàsve* 'Stimmen', *bròj* – *bròjve* 'Zahlen';
8. Fehlen des Imperfekts und geringe Reste des Aorists;
9. Fehlen des Erzählmodus (bulgar. преизказни форми 'Nacherzählformen')
10. speziell schriftsprachliches Adverbialpartizip auf -*ič*: *sădnič* – седейки 'sitzend';
11. 3.Pers.Sg.Fem. des Personalpronomens *ta* – мя 'sie' und 3. Pers.Pl. *tĭja* – *me* 'sie';
12. Fehlen des Reflexivpronomens;

Lexikalische Besonderheiten:
13. Fehlen kirchenslavischer und russischer Lehnwörter; im Vergleich zum Bulgarischen relativ wenig Gräzismen und Turzismen; dafür viele andere Entlehnungen:
a) aus dem Serbischen: *ràcun* (serb. *ràcūn*) 'Rechnung', *tròšăk* (*tròšak*) 'Ausgabe', *uzròk* (*ùzrok*) 'Vorbild', *bòrba* (*bòrba*) 'Kampf', *drùštvu* (*drúštvo*) 'Gesellschaft', *ĭsti* (*ȉstī*) 'derselbe', *meg'u* (*mèđu*) 'zwischen' u.a.;
b) aus dem Deutschen: *grunt* 'Grund, Boden', *luft* 'Luft', *hajzenban* 'Eisenbahn', *šporkasa* 'Sparkasse', *fajn* 'fein', *pègla* 'bügeln', *sĭher* 'sicher' u.a.;
c) aus dem Ungarischen: *biròf* (ung. *bíró*) 'Gemeinde-Richter', *tòlvaj* (ung. *tolvaj*) 'Dieb', *bùnda* (ung. *bunda*) 'Schafpelz', *fàjta* (ung. *fajta*) 'Art, Sorte', *mènto* (ung. *mentő*) 'Erste Hilfe' usw.;
d) aus dem Rumänischen: *atènt* (rum. *atent*) 'aufmerksam', *sìmplu* (rum. *simplu*) 'einfach', *šolt* (rum. şold) 'Hüfte', *kùrka* (rum. *cureă*) 'Truthenne', usw. (Stojkov 1967, 473-476; Stojkov 1968, 12-18ff.).

Diese Besonderheiten schlugen sich im wesentlichen auch in der Banater bulgarischen Schriftsprache nieder.

3. Zur Schriftsprache

Die Ban.bulg. Schriftsprache entstand in der Mitte des 19. Jh., obwohl die Tradition, in lateinischer Schrift zu schreiben, bei den katholischen Vorfahren (im Unterschied zu den orthodoxen Bulgaren aus Bulgarien) schon im 14. Jh. begann und sich im 16. Jh. und besonders dann im 17. und 18. Jh. verbreitete. Die Grundlage des Schrifttums bildete das Lateinische und das sog. Illyrische (Kroatische). Letzteres spielte für die südslavischen Katholiken im Prinzip die gleiche Rolle wie das Kirchenslavische für die orthodoxen Slaven. Lateinschriftliche Publikationen wurden in Rom in 'illyrischer' und später im 19. Jh. in bulgarischer Sprache gedruckt (Miletič 1903, 228ff.; Telbizov 1981, 121-138).

Die Banater Bulgaren, die in eine sprachlich wie ethnisch fremde Umgebung und damit in eine Insellage geraten waren, benutzten wie ihre katholischen Landsleute in Bulgarien meist 'illyrische' Bücher.

Die Vorstellung, im Schrifttum zur eigenen Mundart überzugehen, wurde jedoch ständig stärker; sie verwirklichte sich zuerst in der Kirche, danach auch in der Schule (typologisch dazu Duličenko 1981). Das erste Ban.bulg. Buch – „Manachija kethekismus za katolicsanske paulichane" ('Kleiner Katechismus für katholische Paulikianer', Timişoara, 1851) wurde von dem im Bešenov lebenden Ungarn Imre Berecz geschrieben, der Priester in der dortigen Kirche war. Beim Schreiben des Katechismus stützte sich Berecz auf die bereits vorhandenen römischen Katechismus-Ausgaben, in denen statt *k* auch die Kombination *ch* und statt *ž* – *x*, statt *š* – *sh* verwendet wurden; allerdings fällt schon im Titel des Buchs auf, daß Berecz auch eine Reihe von Besonderheiten der ungarischen lateinischen Schrift anwandte: *cs* statt *č*, *cz* statt *c*, *s* statt *š* u.a. Letztlich weist die Schreibweise der ersten Ban.bulg. Publikation Inkonsequenzen bei der Wiedergabe einer Reihe von Lauten auf, z.B. stehen für *š* hier *sh*, das ungar. *s* (*misnik* = *mišnik* 'Prediger') und sogar das deutsche *sch* (*zaschto* = *zašto* 'warum'). Nach dem Buch von I. Berecz gab Ivan Uzun 1858 einen entsprechenden Katechismus heraus. Dann setzte der Kroate Andrej Klobučar, der Priester in Bešenov war und die örtliche Sprache gut gelernt hatte, die Tradition religiöser Bücher auf Ban.bulg. fort. 1860 gab er in Szeged ein Gebetbuch „Duhovni glas..." ('Geistliche Stimme ...') heraus. Da er sich an der orthographischen Tradition seiner Vorfahren orientierte, waren seine Texte stark kroatisch geprägt.

Die Verbreitung religiöser Publikationen auf Ban.bulg. provozierte die Frage nach der Einführung des Ban.bulg. in der Schule, wo bislang nach illyrischen (kroatischen) sowie ungarischen Lehrbüchern unterrichtet wurde. Zu Beginn der 60er Jahre gewährte Bischof A. Bonnaz die offizielle Verwendung der örtlichen bulgarischen Sprache in der Schule und machte dem (deutschstämmigen) Vingaer Lehrer Jozu Rill den Vorschlag, die notwendigen Lehrbücher zu schreiben. Rill begann, die Grundlagen der Ban.bulg. Orthographie zu schaffen, wobei verschiedene Aspekte im Lehrerkollegium in Vinga diskutiert wurden. 1866 erschien sein Werk „Bâlgàrskutu právupísanji" in Pešt, es bedeutete den Beginn der original Ban.bulg. wissenschaftlichen Literatur. Rill setzte als erster die orthographischen und grammatikalischen Normen der Ban.bulg. Schriftsprache fest. Er postulierte das phonetische Prinzip, was von ihm folgendermaßen formuliert wurde: „Piší tâj, kàćé právu bâlgàrsći dubrè hurtúvàš!" ('Schreib so, wie du wirklich auf Bulgarisch sprichst!') (1866, 2, 27). Es gelang Rill jedoch nicht, dieses Prinzip zu verwirklichen, da im Alphabet für die Bezeichnung eines einzigen Lautes verschiedene Buchstaben stehen und im Buch selbst diesem Prinzip widersprechende Empfehlungen gegeben werden, also nicht *lêp* 'Brot', sondern *lêb* zu schreiben, weil die Form im Gen.Sg. *lêbà* laute u.ä. Nichtsdestoweniger wurde die Orthographie Rills akzeptiert und wird in ihren Grundzügen bis heute verwendet.

Das Banater bulgarische Alphabet nach Rill besteht aus folgenden 39 Zeichen bzw. Zeichenkombinationen:

a, á, à, â, b, c, č, dz, dž, e, é, è, ê, f, g, gj, h, i, í, j, k, l, lj, m, n, nj, o, ó, p, r, s, š, t, ć, u, ú, v, z, ž.

Die größte Schwierigkeit besteht darin, daß die Vokale *a* und *e* mit einer Vielzahl von diakritischen Zeichen versehen werden, von denen ein Teil überflüssig ist. Vgl. a: *gadinâ, dva* ('Jahr', 'zwei'); á: *krák* ('Schritt'), *ás (áz)* ('ich'); à: *ràkà* ('Hand'); lediglich â fungiert als Zeichen für ъ: *mâž* ('Mann'), ê ist der entsprechende weiche und reduzierte Vokal oder aber ě: *nedêli* 'Sonntag'; gj, lj, nj und ć bezeichnen die entsprechend weichen *g', l', n'* und *k'*; dz, dž sind Affrikaten.

Nach seiner Orthographie schrieb J. Rill eine Ban.bulg. Fibel (1869). Die orthographischen und grammatikalischen Normen von Rill festigten sich durch weitere religiöse Publikationen: „Vazdiganj' na duha kantu Boga" (1872, 'Die Himmelfahrt des Geistes zu Gott') von Fránk Glâsz, „Evangjelijte za sâte nedêli i práznici prez gudinata" (1876, 'Evangelium für alle Wochen- und Feiertage des Jahres') von Robert Kauk und L. Kossilkov, u.a. Zur Festigung der Normen trugen ebenfalls populärwissenschaftliche und praktische Bücher bei, die von Kossilkov herausgegeben wurden. 1877–1894 erschien das erste Ban.bulg. Periodikum – der „Bâlgarscí denêvnić (Kalindár)..." ('Banater bulgarischer Kalender'). Kossilkov begann ebenfalls, die 'Vingaer Volkszeitung' („Vínganska nárudna nuvála") herauszugeben. All dies förderte die Entwicklung der Ban.bulg. Schriftsprache und die Erweiterung ihres Wortschatzes.

J. Rill war der Vorreiter bei der Schaffung einer sprachwissenschaftlichen Terminologie für das Ban.bulg.: *sámustójnić* 'Substantiv', *predstójnić* 'Adjektiv', *brójnić* 'Zahlwort', *vrêmènić* 'Verb', *kógupadež* 'Akkusativ' u.a. (Rill 1866). In den Lehrbüchern entstanden mathematische und andere Termini, vgl.: *ustànka* 'Rest', *razdêlba* und *razdìlen* 'Division', 'teilbar', *bròjnić* 'Zähler' u.a. Vgl. auch die Ausdrücke aus Journalistik und Kunst: *nuvàla* und *nuvála* 'Zeitung', *izdàvnić* 'Herausgeber', *nuvnár* 'Journalist', *pisàrnić* 'Schriftsteller', *naimènj* 'Überschrift'; oder aus dem religiösen Bereich: *kathekismus* und *kathehizmus*, *bogoljubni* 'gottgefällig', *preròdnić* 'Urvater', *vêrnić* 'Gläubiger', *mugùć* 'Allmächtiger' u.a.

Bemerkenswert ist, daß die Vorreiter der Ban.bulg. Schriftsprache nicht nur zu Lehnwörtern aus benachbarten Sprachen griffen, sondern auch sehr engagiert neue Wörter kalkierten. Vgl.: *dubrêpràvnić* und *dubròpràvnić* 'Wohltäter' < ungar. *jótevö* und dt. *Wohltäter*, *slùžeben drugàr* 'Kollege' < ungar. *kartárs*, *prêdhurtâ* < ungar. *elözsó* und dt. *Vorwort*; *lipadârvu* < ungar. *hàrsfa* und dt. *Lindenbaum* usw. Nicht selten jedoch war es zur Erklärung spezieller Lexik und Syntax nötig, auf das Ungarische, Rumänische oder Deutsche auszuweichen; Rill

z.B. schreibt (S. 18): „glásni bêlèci (Satztonzeichen, hangjelelök), vâzanka âli stávnić (kötjel, Binde- oder Theilzeichen), idnákuskà (hosonlitó, Gleichheitszeichen)". Hierdurch festigte sich nach und nach die neue Wortbildung.
Im Zuge der 'Ungarisierung' wurde die Entwicklung der Ban.bulg. Schriftsprache seit Ende des 19. Jh. behindert, da bulgarische Schulen geschlossen wurden und man den Druck von Büchern praktisch einstellte. Erst seit den 30er Jahren des 20. Jh. lebte die Tradition mit dem Erscheinen des 'Banater Bulgarischen Kalenders' („Banátscí balgarsći kalendár" 1930) von Iván Fermendžin wieder auf; nach ihm setzte Karl Telbis (auch Telbiz, Telbizov), der viel für die Wiedergeburt und die Festigung der Stellung der Ban.bulg. Schriftsprache vor dem Zweiten Weltkrieg getan hat, diesen Kalender fort. Zwischen 1935 und 1941 edierte er dazu in Timişoara die Wochenzeitung „Banátscí balgarsći glásnić" ('Ban.bulg. Bote'), um die sich Künstler sammelten, außerdem eine Reihe von Büchern über die Geschichte Bulgariens und die Banater Bulgaren. Der Zweite Weltkrieg unterbrach diese Entwicklung der Ban.bulg. Schriftsprache. Bis vor kurzem wurde sie, besonders in Rumänien, überwiegend nur noch in der katholischen Kirche als Liturgiesprache verwendet und ebenfalls im privaten Briefverkehr, während der Unterricht in der Schule auf Standard-Bulgarisch gehalten wurde. Erst in den letzten Jahren kann man eine Tendenz zum Wiederaufleben der Tradition der Ban.bulg. Schriftsprache nicht nur in der Kirche, sondern auch im weltlichen Leben beobachten. Diese zweite Wiedergeburtsbewegung steckt jedoch noch in den Anfängen.

4. Literaturangaben

Duličenko, A.D. 1981. *Slavjanskie literaturnye mikrojazyki.* (*Voprosy formirovanija i razvitija.*) Tallin.
Miletič, L. 1900. Knižninata i ezik na banatskitě bălgari. *Sbornik za narodni umotvorenija, nauka i knižnina* XVI-XVII. Sofija, 339-482.
— 1903. Našitě pavlikjani. *Sbornik za narodni umotvorenija, nauka i knižnina* XIX, nova redica kniga părva. Sofija, 1-369.
Rill, J. 1866. *Bâlgàrskutu právupísanji. Sàs idná navískà.* U Péštà.
Stojkov, S. 1962. *Bălgarska dialektologija.* Sofija.
— 1967. *Banatskijat govor.* Sofija. (Trudove po bălgarska dialektologija. 3.)
— 1968. *Leksikata na banatskija govor.* Sofija. (Trudove po bălgarska dialektologija. 4.)
Telbizov, K. 1981. Čiprovskata knižovna škola. (Obzoren bibliografski opis). *Literaturna misăl* 25, Sofija, 6, 121-138.
— M. Vekova-Telbizova. 1963. *Tradicionen bit i kultura na banatskite bălgari.* Sofija. (Sbornik za narodni umotvorenija i narodopis. 51.)

Das Makedonische
von
Peter Rehder

1. Einführung

Das Makedonische[1] ist die offizielle (slavische) Standardsprache (makédonski stándarden jázik) in der aus dem sog. Zweiten Jugoslavien friedlich ausgegliederten und seit November 1991 unabhängigen Republik Makedonien, die im Innern der südlichen Balkanhalbinsel zwischen den Ländern Serbien, Bulgarien, Griechenland und Albanien liegt. Hauptstadt und kulturelles Zentrum ist Skopje, touristisches und kulturhistorisches Zentrum der östliche Ohrid-See mit der alten Stadt Ohrid. Das Maked. wird (1989) von ca. 1,3 Mio. Einwohnern (und dazu von einigen hunderttausend Emigranten in Australien, Kanada und den USA) als Muttersprache gesprochen. Es gehört mit dem ihm nahe verwandten Bulgarischen zur östlichen Gruppe der südslavischen Sprachen (westliche Gruppe: Slovenisch, Kroatisch, Serbisch) und bildet mit diesem und dem Rumänischen und Albanischen (u.a.) den sog. Balkansprachbund. Maked. Sprachinseln bestehen in Süd- und Ostalbanien, in Westbulgarien (Pirin-Makedonien) und in Nordgriechenland (ägäisches Makedonien)[2]. Neben den slavischen Makedonen gibt es in Makedonien eine starke albanische Bevölkerungsgruppe (1989 ca. 420.000, nach alban. Angaben jedoch bis zu 800.000 Sprecher), daneben als Minderheiten Türken, Serben, Roma, Aromunen u.a.

---

[1] Die heutige (slavische) makedonische Standardsprache ist nicht mit dem antiken Mazedonischen zu verwechseln, das als ein indogermanischer, mit ca. 150 Wortformen belegter, dem (Alt-)Griechischen nahe stehender und im 5. Jh.v.Chr. schließlich von ihm gänzlich verdrängter Dialekt gilt, so daß in diesen Gebieten, die später zu Ostrom gehörten, Griechisch über viele Jahrhunderte (und teilweise bis ins 19. Jh.) Kultursprache war. Slavische Stämme dringen erst ab dem 6. Jh.n.Chr. auf den südlichen Balkan und dann bis nach Südgriechenland (Peloponnes) vor und verdrängen teilweise das Griechische. – Für das heutige Makedonische scheinen sich die Formen mit -k- (also Makedonien, Makedonisch, auch Makedone, Makedonin) und für die antike Sprache die über das Lateinische vermittelten älteren Formen mit -z- (also Mazedonien, Mazedonisch, auch Mazedonier, Mazedonierin) zu stabilisieren; die (historische und heutige) geographische Landschaftsbezeichnung Mazedonien bzw. Makedonien umfaßt neben der Republik Makedonien große Teile Nord- und Nordostgriechenlands und Südwestbulgariens.

[2] So aus makedonischer Sicht und nach allgemeinem wissenschaftlichen Verständnis; aus bulgarischer bzw. griechischer Sicht werden diese Sprachinseln mit nationalpolitischen, teils auch nationalistischen Begründungen als makedonische bzw. überhaupt in Abrede gestellt; bemerkenswert ist jedoch, daß die Pirin-Makedonen 1946-1948 in Bulgarien offiziell Minoritätenschutz genossen und ihre makedonische Sprache in Schulen und Publikationen verwenden konnten, wie auch für die ägäischen Makedonen – allerdings von außen und politisch bedingt (Moskau 1953) – ein mißlungener (bulgarisierender) Kodifikationsversuch gemacht wurde (Hill 1982, 58ff.); zu maked. Dialekten in Nordgriechenland vgl. Schmieger 1998.

2. Alphabet, Orthographie, Aussprache

Das seit Mai 1945 normierte Alphabet des Makedonischen ist das an der heutigen serbischen Ćirilica orientierte Kyrillische, es besteht aus 31 Graphemen, davon 5 für Vokale und 26 für Konsonanten, wovon ј, љ, њ und џ dem Serbischen entsprechen, während ѓ, ќ und ѕ typisch für das Makedonische sind. Die folgende Tabelle weist diese kyrillischen Grapheme in ihrer üblichen Reihenfolge (Wörterbücher) und ihre im deutschen Sprachraum verwendete lateinschriftliche wissenschaftliche Transliteration auf:

Аа	a	Нн	n
Бб	b	Њњ	nj
Вв	v	Оо	o
Гг	g	Пп	p
Дд	d	Рр	r
Ѓѓ	ǵ	Сс	s
Ее	e	Тт	t
Жж	ž	Ќќ	ḱ
Зз	z	Уу	u
Ss	dz	Фф	f
Ии	i	Хх	h
Јј	j	Цц	c
Кк	k	Чч	č
Лл	l	Џџ	dž
Љљ	lj	Шш	š
Мм	m		

Die Orthographie des Maked. ist im Pravopis (zuerst 1945, dann 1950 von B. Koneski und K. Tošev [mit Wörterbuch], 1970, ²1979, ³1986) geregelt; sie ist im wesentlichen phonetisch, so daß die tatsächliche Aussprache nach der Regel 'ein Buchstabe entspricht einem Laut' wiedergegeben wird; dies gilt auch für Stimmtonassimilationen (Typ *сладок* 'süß'(mask.) – *слатка* 'süße' (fem.), aber mit Bewahrung des Graphems в, z.B. *втор* [ftor] 'zweiter'). Im Wortauslaut und vor dem *m*-Artikel wird die Entstimmhaftung graphisch nicht gekennzeichnet (*Охрид* = [oxrit], *надежта* = [nadešta] 'die Hoffnung'); bei д bleibt die graphische Assimilation auch an der präsuffixalen Morphemgrenze aus (*охридски* = [oxritski] 'Ohrid-', *очевидци* = [očevi(t)ci] 'Augenzeugen', aber *претседател* 'Vorsitzender', da Präfix + Wurzel). Zur Unterscheidung von homographen Wörtern benutzt das Makedonische den Gravis (*не* 'nicht' – *нè* 'uns', *и* 'und' – *ѝ* 'ihr' Dat.Sg.Fem.). Der Apostroph ' wird in der Standardsprache vor anlautendem [r̩] und nach Vokalen vor [r̩] (z.B. *'рга* 'Rost', *за'рѓан* 'verrostet' (dreisilbig), dagegen *бербер* 'Barbier' (zweisilbig)) geschrieben und hier fakultativ als schwa [ə] realisiert ([r̩] oder [ər̩]), in Dialektformen und besonders in Turzismen bezeichnet er immer [ə]. – Das makedonische s entspricht dem alten kyrillischen Zeichen ѕ (nach griechisch ζ), ist also nicht mit lateinischem s zu verwechseln. Die Grapheme ѓ, ќ wurden analog zu den serbischen ђ (đ), ћ (ć) geschaffen, sie entsprechen ihnen in ihrer Verwendung und etymologisch, z.T. auch phonetisch. Die Aussprache der meisten Grapheme ist bereits durch die Transliteration deutlich (also к als [k], т als [t], с als [s] usw.). Zusätzlich gilt, daß e und o gewöhnlich offen als [ɛ] und [ɔ] ausgesprochen werden, з ([z], wie in dt. *weise*) und ж ([ž], wie in frz. *jour*) sind die stimmhaften Entsprechungen zu с [s] (dt. *weiße*) und ш [š] (wie dt. *Schule*), s ist eine stimmhafte [dz, ʒ] und ц eine stimmlose alveolare Affrikate [c] (wie dt. *Ziege*); џ eine stimmhafte [dž] und ч eine stimmlose palatale Affrikate [č] (dt. *Peitsche*); љ und њ sind palatalisierte [l', λ] und [n', ɲ] wie in ital. *figlio* und franz. *cognac*; ѓ und ќ sind stimmhafte bzw. stimmlose palatalisierte [g'] und [k'], und zwar deutlich stärker palatalisiert als in dt. *Gier* und *Kiel*; х ist ähnlich dem deutschen *ach*-Laut [χ].

3. Das Lautsystem

Das Lautsystem der makedonischen Standardsprache besteht aus 6 vokalischen (silbenbildenden) und 26 konsonantischen (nicht silbenbildenden) Phonemen.

Das Vokalsystem umfaßt die Phoneme /a, o, u, e, i, r̥/, phonologische Quantitäts- und Intonationsunterschiede (wie im Serbischen und Kroatischen) bestehen nicht, ebenso gibt es keine qualitative Vokalreduktion in unbetonten Silben (wie im Russischen, Bulgarischen). Das silbenbildende [r̥] tritt im Wortinnern zwischen (Kon-) Sonanten bzw. nach Vokal und im Wortanlaut auf (*срце* [sr̥ce] 'Herz', *за'реа* [zar̥ga] 'aufwiehern', *'рж* [r̥š] 'Roggen'), neben der silbischen Aussprache ohne Begleitvokal [r̥] findet sich fakultativ [ər]. Unmittelbar aufeinanderfolgende Vokale werden in der Regel getrennt ausgesprochen, z.B. *заука* als [za-u-ka] 'zu hauchen beginnen', *поубав* als [po-u-baf] 'schöner', *пеам* 'ich singe', *ние* 'wir', *броиш* 'du zählst'; ein j wird eingeschoben zwischen i oder u und a bzw. wenn drei Vokale aufeinanderfolgen würden, z.B. *Македонија* 'Makedonien', *ќе чујам* 'ich werde hören', *фоаје* 'Foyer', aber *Сараево* 'Sarajevo', *живеам* 'ich lebe', usw.; bei anderen Vokalen tritt unterschiedliche Orthographie auf, die jeweils morphonologisch bedingt und geregelt ist (z.B. *моја* 'meine', *сејачка* 'Aussäerin', *се покаја* 'sie hat Buße getan', aber *тоа* 'das', *беа* 'sie waren', *ќе познаам* 'ich werde erkennen').

Die 26 Konsonantenphoneme des Mak. sind /p, b, f, v, m, t, d, s, z, n, n', l, l', r, j, š, ž, c, ʒ, č, ǯ, k, g, x, ќ, ѓ/. Besondere Aufmerksamkeit verdienen unter diesen die typisch mak. /ʒ/, /ǯ/, /ќ/ und /ѓ/. [ʒ] tritt vor allem in slavischen Wörtern auf (*sвезда* 'Stern', *sид* 'Mauer', *sвон* 'Geläute'), [ǯ] vor allem in Fremdwörtern, besonders Turzismen (*џабе* 'umsonst', *џган* 'Gesindel', *џелат* 'Scharfrichter'), in slavischen Wörtern durch Assimilation (*лицба* (< lič-ba) 'Schönheit'); [k̂] und [ĝ], deren Aussprache von palatalen Plosiven [k', g'] bis fast zu palatalen Affrikaten [ć, d̂] schwanken kann, treten in slavischen und fremden Wörtern auf (*свека* 'Kerze', *ќеф* (türk.) 'Belieben', *ќош* 'Ecke' (türk.), *меѓа* 'Ackerrain', *ѓавол* (griech.) 'Teufel', *ѓон* (türk.) 'Schuhsohle'). Eine Palatalitätskorrelation bilden nur /n:n' = 1:1' = k:k̂ = g:ĝ/, wobei /l'/ sich in der Aussprache dem mitteleuropäischen [l] nähert, während [l] vor [a, o, u] wie 'hartes' [ł] gesprochen wird; [r] ist im Makedonischen immer nichtpalatal (*море* [morɛ] 'Meer'); vor [e, i, j] erfolgt keine Palatalisierung der Konsonanten. Die Stimmtonkorrelation umfaßt /p:b = f:v = t:d = s:z = c:ʒ = š:ž = č:ǯ = k:g = k̂:ĝ/, sie ist im Wortauslaut zugunsten der stimmlosen Glieder aufgehoben, und ihre Glieder unterliegen (außer bei [v] als zweitem Konsonanten; einschließlich [x] als zweitem Konsonanten) der regressiven Stimmtonassimilation[3], z.B. *град* [grat] 'Stadt', *дожд* [došt], oft auch [doš] 'Regen', *градски* [gratski] 'Stadt-', *сват*, *свадба* (s.o.).

Zu den wichtigsten morphonologischen Alternationen des Mak. – außer den genannten assimilativen und den ererbten gemeinslavischen wie 1., 2. und 3. Palatalisation, usw. – zählen: [o]:[ø] (*тежок* 'ein schwerer': *тешка* 'eine schwere'), [e]:[ø] (*ден* 'Tag': *дни* Pl. (poetisch), daneben *денови*, nach Zahlen *дена*), [a]:[ø] (*социјализам* 'Sozialismus': *социјализмот* 'der Sozialismus'), [u]:[ø] (*осум* 'acht': *осмиот* 'der achte'), [t]:[k̂] (*брат* 'Bruder': *браќа* Pl. < *brat-ja), [d]:[ĝ] (*ливада* 'Wiese': *ливаѓе* Kollektiv-Pl. < *livad-je).

Der Wortakzent des Mak. ist exspiratorisch-dynamisch und nicht frei, d.h. betont wird die drittletzte Silbe eines Wortes, z.B. *печурка* 'Pilz', *македонски* 'makedonisch' (Ausnahmen: vorletzte Silbe beim Gerund; in Fremdwörtern auch deren ursprüngliche Betonung), bei den häufigen Zweisilblern wird entsprechend die erste Silbe betont, z.B. *јазик* 'Sprache'; der Akzent ist jedoch beweglich, d.h. bei Verlängerung eines Wortes durch Suffixe wandert der Wortakzent zum Wortende, z.B. *печурката* 'der Pilz', *македонскиот јазик* 'die makedonische Sprache'. Es gibt Proklitika und Enklitika.

Aus der historischen Lautlehre des Mak. sind folgende Veränderungen charakteristisch: altes [y] fiel mit [i] zusammen (*ryba > *риба*); [tj, dj] wurden in den nördlichen Dialekten und der Standardsprache zu [k̂, ĝ] (*světja > *свека* 'Kerze', *medja > *меѓа*), in südlichen zu [št, žd]; der hintere Nasalvok. [ǫ] wurde zu [a] (*rǫka > *рака* 'Hand', aber mit einer Reihe von Ausnahmen (vor allem Serbismen) wie *sǫdъ > *суд* 'Gericht'), der vordere [ę] zu [e] (*pętь > *пет*

---

[3] Im Makedonischen existiert auch – bei [v] nach [s] – eine progressive Stimmtonassimilation, so *сват* [sfat], *свека* [sfek̂a], vgl. Koneski 1967, 125; de Bray ³1980, 150. In diesen Zusammenhang gehört auch der Wandel [hv] > [f], z. B. *хвали* > *фали* 'er lobt'.

'fünf'), [ǫ] und [ę] nach [j] aber zu [a] (*jǫže> јаже 'Seil', *językъ > јазик 'Sprache'); die Jerlaute (Reduzierte) [ъ] bzw. [ь] erscheinen in sog. starker Stellung als [o] bzw. [e] (*sъnъ > сон 'Traum', *dьnь > ден 'Tag'), Abweichungen für Jer + [j] (> -ij-) und in einzelnen Serbismen (*mьgla > магла); [ě] tritt als [e] auf (*bělъ > бел 'weiß'); aus den Gruppen tъlt, tьlt, tlъt, tlьt wird fast einheitlich tolt (z.B. pьlnъ > полн 'voll', *slьza > солза 'Träne', aber Serbismus *bъlgarinъ> бугарин 'Bulgare'), tъrt, tьrt, trъt, trьt ergeben trt (z.B. *pьrvъ > прв 'erster', *krъvь > крв 'Blut'); das epenthetische [l'] ging verloren (zemlja > земја 'Erde'), oft auch [h] (hleb > леб 'Brot'), für dieses [h] häufig aber [v] bzw. [f] (uho > уво 'Ohr', реков [rekof] 'ich habe gesagt')[4]; typisch makedonisch ist auch der Wechsel von u.a. [s, z, š, ž, č, j] vor den Diminutivendungen -če und -ca zu [v] (z.B. ливче 'kleines Blatt' < lis-če < list-če).

4. Flexionsmorphologie

Die Flexionsmorphologie des Mak. zeigt entgegen anderen slavischen Sprachen, aber ähnlich dem Bulgarischen beim Nomen Verlust der Deklinationsendungen, während das Verbalsystem ausgebaut wurde.

4.1. Das Substantiv

Das Substantiv des Makedonischen weist (fast) keine Kasusunterschiede, aber Genusunterschiede (Mask. im wesentlichen: auf Kons. endend (кревет 'Bett', град 'Stadt'), Fem. auf -a (работа 'Arbeit') oder Kons. (радост 'Freude'), Neutra auf -o (село 'Dorf') oder -e (пиле 'Huhn')) und Numerusunterschiede (Sg. und Pl.) auf, die in der Regel durch je eine Form für Sg. und Pl. ausgedrückt sind:

	Maskulina	Feminina	Neutra
Sg.	кревет град	работа радост	село пиле
Pl.	кревети градови	работи радости	села пилиња

Die Erweiterung um -ov im Pl. gilt (mit Ausnahmen) für einsilbige Mask.; das -i des Pl.Mask. ruft die 2. Palatalisation hervor (знак : знаци (auch: знакови) 'Zeichen', aber nicht beim Adjektiv (тешки Pl. zu тежок 'schwer'), ebenso nicht bei Feminina (одлика, одлики 'Vorzug'); das Suffix -in im Sg. bei Einwohnerbezeichnungen wird im Pl. getilgt (Бугар-ин-(∅) : Бугар-(и)); Neutra auf -e zeigen häufig im Pl. eine Erweiterung um -inj- (мор-е : мор-ињ-а 'Meer'); Vokative sind häufig, bisweilen mit konkurrierenden Endungen, z.B. Иван: Иване!, син : сине! (auch сину!) 'Sohn!', човек, човеку! 'Mensch', жена : жено! 'Frau!', Марија : Маријо! – Maskulina, die Personen-

---

[4] Der Wandel [x] > [v] hat die sonst unbekannten Alternationen des Typs [v] : [š] (1. Palatalisation) und [v] : [s] (2. Palatalisation) zur Folge: Влав (< Vlah) 'Vlache' : Влаше! (Vokativ; alt) : Vlasi Pl., aber орев (< oreh) 'Nuß': ореви (Plural).

namen darstellen oder Verwandtschaftsgrade bezeichnen, haben (fakultativ) im Sg. einen casus obliquus (Reste eines Gen./Akk.Sg.) auf *-a*, der nach Präpositionen und als Akkusativobjekt auftritt, z.B. *co Стојана* 'mit Stojan', *го видов Стојана* 'ich sah Stojan', auch mit enklitischem Personalpronomen (nur bei Verwandtschaftsbezeichnungen), z.B. *од брата си* 'von seinem Bruder'.

Nach Zahlen (außer bei *еден, една, едно* 'eins') steht bei mask. Substantiven gewöhnlich der sog. Zählplural auf *-a* (alter Du.), also *два денара* '2 Denar' (heute häufiger *два денари*), *три дена* '3 Tage', *пет леба* '5 Brote', *сто гроша* '100 Groschen'. In der Verbindung Numerale + Adjektiv + Substantiv steht meist der gewöhnliche Plural, so *четири стари извори* '4 alte Quellen'.

Der postponierte makedonische Artikel (s.u.) läßt unbestimmte (artikellose) von bestimmten Subst. unterscheiden, z.B. *човек* '(ein) Mensch', *човекот* 'der Mensch', *езера* 'Seen', *езерата* 'die Seen'.

4.2. Das Adjektiv

Das makedonische Adjektiv unterscheidet wie das Substantiv, vor dem es gewöhnlich steht und nach dem es sich in diesen Kategorien richtet, nur Numerus und Genus, die Endungen sind 'hart':

	Singular			Plural
	Mask.	Fem.	Neutr.	Mask./Fem./N.
unbestimmt	убав македонски	убава македонска	убаво македонско	убави македонски
bestimmt	убавиот македонскиот	убавата македонската	убавото македонското	убавите македонските

Beispiele: Sg. mask. *убав човек* '(ein) schöner Mensch', fem. *убава жена* '(eine) schöne Frau', neutr. *убаво дете* '(ein) schönes Kind' und Pl. *убави луѓе, жени, деца* 'schöne Menschen, Frauen, Kinder'. Bestimmte Formen werden gebildet, indem der Artikel an das erste voranstehende Adjektiv-Attribut tritt, z.B. *убавата жена* 'die schöne Frau', aber nicht an Adverbien: *многу убавите деца* 'die sehr schönen Kinder', im Sg.Mask. wird hierbei die (historisch gesehen: zusammengesetzte) Form auf *-и* verwendet, so *убавиот човек* 'der schöne Mensch'. Einige aus dem Türkischen stammende Adjektive unterscheiden nur Singular und Plural (*касметлија* vs. *касметлии* 'glücklich') oder haben nur eine einzige Form (*тазе* 'frisch', *батал* 'ungeordnet').

Komparativ und Superlativ bildet das makedonische Adjektiv (wie auch das Adverb) analytisch mit den Präfixen *по-* und *нај-*, z.B. *голем(иот)* '(der) große', *поголем(иот)* '(der) größere', *најголем(иот)* '(der) größte'. Interessant ist, daß im Makedonischen (wie im Bulgarischen) diese Komparativ- und Superlativpräfixe umgangssprachlich auch beim Substantiv und beim Verb auftreten können (Koneski 1967,

308): *Toj е помајстор од мене* 'Er ist ein besserer (wörtlich: mehr) Meister als ich', *Toj излезе најмајстор* 'Er zeigte sich als bester Meister', beim Verb: *не чини, по не чини, нај не чини* 'taugt nicht, taugt weniger, taugt am wenigsten'.

Die Adjektivformen des Sg.Neutr. und – wenn auf -*i* endend – des Sing.Mask. werden als Adverbien verwendet: *ново* 'neu', *руски* 'russisch'.

4.3. Die Artikel

Im Makedonischen treten drei verschiedene bestimmte Artikel auf, die jeweils an das erste Nomen (Substantiv oder Adjektiv) bzw. Possessivpronomen angefügt werden: *-от* usw. für den 'neutralen Gebrauch' im Sinne von 'der', aber auch deiktisch zur Bezeichnung von Gegenständen und Personen in der Nähe des Sprechers, *-ов* usw. in der Bedeutung 'der hier, dieser' und *-он* usw. als 'der dort, jener':

I.	II.	III.	IV.
-от	-та	-то	-те
-ов	-ва	-во	-ве
-он	-на	-но	-не

Die Formen unter I. treten an mask. Substantive im Sg., die auf Konsonant enden; die unter II. an fem. Subst. im Sg., mask. Subst. auf -*a*, bilden sodann den Plural neutr. Subst. und den Kollektivplural zu den Subst. auf -*ja*, -*иштa*; die unter III. treten an mask. Subst. auf -*o*, -*e*, -*u*, -*y*, bilden die Kollektivplur. zu Subst. auf -*je*, und bei *луѓе* 'Wiese'; Typ IV. tritt an Plurale auf -*и*, -*ови* und bei *раце* 'Hände' und *нозе* 'Füße'. Beispiele: *новата книга* 'das neue Buch', *новава книга* 'dieses neue Buch (hier)', *новaна книга* 'jenes neue Buch (dort)'; *селата* 'die Dörfer', zu *село*, Kollektivplurale *камења(та)* '(die) Steine' zu *камен* 'Stein': Kollektivpl. *камење(то)* '(das) Gestein'. Bei Adjektiven und Possessivpronomina tritt nur -*те*, -*ве*, -*не* an: *убавите села, моите убави села* 'die (meine) schönen Dörfer'. In einem Syntagma aus Pronomina und Adjektiven erhält das erste Pronomen den Artikel: *Сите три негови нови и убави книги* 'alle seine drei neuen und schönen Bücher'.– Als unbestimmter Artikel bei spezifischer Bedeutung wird das Zahlwort *еден, една, едно* 'ein, eine, ein' verwendet: *една мајка* 'eine Mutter', im Plural: *едни градови* 'einige Städte'.

4.4. Die Pronomina

Die Dreigliedrigkeit des bestimmten Artikels wiederholt sich bei den makedonischen Demonstrativpronomina (auf die er historisch zurückgeht) und bei den 'qualitativen' Pronomina *таков, ваков, онаков, таква, ваква, онаква, такво...* 'solch' und entsprechend postponiert

Mask.	Fem.	Neutr.	Plural	
тоj	таа	тоа	тие	'dieser' usw.
овоj	оваа	ова	овие	'dieser hier' usw.
оноj	онаа	она	оние	'jener dort' usw.

(Artikel) beim Definitpronomen *сиот, сиов, сион, сета, сева, сена, сето* ... 'all, ganz' (die *-n*-Formen *сион, сена* allerdings ungewöhnlich).

Das makedonische Personalpronomen benutzt gewöhnlich für die 3. Person im Nom. *моj, маа, моа, мие*, es bewahrt Kasusunterschiede und zeigt als Besonderheit im Dativ und Akkusativ eine Verdoppelung aus 'voller' und 'kurzer' Form:

	Singular			
	1. Person	2. Person	3. Person	
			Mask./Neutr.	Fem.
Nom.	јас	ти	тоj/тоа	таа
Dat.	мене, ми	тебе, ти	нему, му	нејзе, ѝ
Akk.	мене, ме	тебе, те	него, го	неа, ја

	Plural			
	1. Person	2. Person	3. Person	Reflexivpron.
Nom.	ние	вие	тие	–
Dat.	нам, ни	вам, ви	ним, им	себе (си), си
Akk.	нас, нè	вас, ве	нив, ги	себе (си), се

Beispiele für die Verwendung: a) gedoppelte Form bei Emphase: *Вам ви реков* 'Ihnen sagte ich', *тебе те најдов* 'dich fand ich'; b) kurze proklitische Form bei Nichtemphase bzw. als Objektwiederholung: *ми рече* 'er sagte mir', *ja видов Вера* 'ich sah Vera'; c) gedoppelte Form bei Emphase und volle Form nach Präposition: *Кого го бараш? – Тебе!* 'Wen suchst du? – Dich!' *без тебе* 'ohne dich'.

Fragepronomina sind *коj* 'wer', *што* 'was', Relativpronomina *коj-што што*, weitere Pronomina *секоj* 'jeder', *сешто* 'jedes', *никоj* 'niemand', *некоj* 'jemand', *нешто* 'irgendwas'.

4.5. Das Verbum

Das maked. Verbalsystem ist – ähnlich dem bulgarischen – außerordentlich vielgestaltig und kompliziert, es weist die Kategorien Person, Numerus, Genus, Tempus, Modus, Genus verbi (Diathese) und Aspekt auf. Wie im Slavischen üblich, werden 1., 2. und 3. Person unterschieden, und zwar im Sg. und Pl. (ein Dual ist nicht mehr vorhanden). Durch den pf. und ipf. Aspekt eines Verbums wird eine markierte (ganzheitliche) von einer nicht-markierten (nicht ganzheitlichen) Handlung unterschieden, z.B. pf. *kupi* 'kaufen' (mit Abschluß dieser Handlung) und ipf. *kupuva* 'kaufen' (ohne Angabe eines Abschlusses).

Die einfachen (nicht zusammengesetzten) Tempora sind Präsens (zum Ausdruck der Gegenwart), Aorist (makedonisch „bestimmte vollendete Vergangenheit" zum Ausdruck einer vergangenen, abgeschlossenen oder unterbrochenen Handlung) und Imperfekt („bestimmte unvollendete Vergangenheit" zum Ausdruck einer ununterbrochenen Handlung in der Vergangenheit). Die Aspekte verteilen sich im wesentlichen so, daß für den Aorist perfektive und für das Imperfekt imperfektive Verben benutzt werden; ein pf. Präsens wird im Makedonischen nur in Nebensätzen mit *да* 'daß', *ако* 'wenn' und (in Temporalsätzen) mit *дури не*, *дури да* 'bis' verwendet.

Im Präsens des Makedonischen sind für die 1.Pers.Sg. die Endung -*ам* und für die 3.Pers.Pl. -*ат* verallgemeinert, die 3.Pers.Sg. gilt anstelle des verlorengegangenen Infinitivs als Grundform (z.B. auch bei Lexikoneinträgen). Nach dem Stammauslaut der 2./3.Pers.Sg. und 1./2.Pers.Pl. lassen sich drei Klassen -*a*-, -*i*- und -*e*- unterscheiden: *чита* (ipf.), *прочита* (pf.) 'lesen', *учи* (ipf.), *научи* (pf.) 'lernen', *пие* (ipf.), *испие* (pf.) 'trinken', dazu das Hilfsverb *e* (ipf.), *биде* (pf.) 'sein'. Sie flektieren im ipf. Präsens folgendermaßen:

Sing.	1. Pers.	читам	учам	пијам	сум
	2. Pers.	читаш	учиш	пиеш	си
	3. Pers.	чита	учи	пие	е
Plural	1. Pers.	читаме	учиме	пиеме	сме
	2. Pers.	читате	учите	пиете	сте
	3. Pers.	читаат	учат	пијат	се

Die Endungen von pf. Aorist und ipf. Imperfekt sind bis auf die der 2./3. Sg. identisch, die *i*- und *e*-Verben haben jedoch jeweils verschiedene Vokale vor der Endung (und zwar im Impf. immer -*e*-, im Aor. -*a*-,-*i*-, -*e*-, -*o*-, -*∅*-):

		a-Verben		*i*-Verben	
		Aorist	Imperfekt	Aorist	Imperfekt
Sing.	1. Pers.	прочитав	читав	научив	учев
	2. Pers.	прочита	читаше	научи	учеше
	3. Pers.	прочита	читаше	научи	учеше
Plural	1. Pers.	прочитавме	читавме	научивме	учевме
	2. Pers	прочитавте	читавте	научивте	учевте
	3. Pers.	прочитаа	читаа	научија	учеа

		e-Verben		*e* 'sein'
		Aorist	Imperfekt	Imperfekt
Sing.	1. Pers.	испив	пиев	бев
	2. Pers.	испи	пиеше	беше
	3. Pers.	испи	пиеше	беше
Plural	1. Pers.	испивме	пиевме	бевме
	2. Pers.	испивте	пиевте	бевте
	3. Pers.	испија	пиеја	беа

Von den zusammengesetzten Tempora werden Futur I (идно време) und Futur (in) der Vergangenheit (минато-идно време) mit der unveränderlichen Partikel *ќе* + (ipf. oder pf.) Präsens- bzw. Imperfektformen gebildet, z.B. *ќе (на)пишам*, 'ich werde schreiben' (bei Negation fast obligatorisch *нема да (на)пишам* 'ich werde nicht schreiben'), *ќе (на)пишевме* 'wir hatten die Absicht zu schreiben'. Weitere zusammengesetzte Formen gibt es mit der vom (pf.) Aorist- bzw. (ipf.) Imperfektstamm gebildeten *l*-Form (Sg. -*л*, -*ла*, -*ло*, Pl. -*ле*), was bei den *i*- und *e*-Stämmen zu unterschiedlichen Vokalen vor dem -*l* führt (vgl. o.), also pf. *прочитал*, ipf. *читал*, aber pf. *научил*, ipf. *учел*, pf. *испил*, ipf. *пиел*. Das Präsens von *e* 'sein' + pf. *l*-Form bildet das Perfekt I, und *e* + ipf. *l*-Form das Perfekt II, entsprechend das Impf. von *e* + pf. bzw. ipf. *l*-Form das Plusquamperfekt I bzw. II, z.B. *сум (про)читал* 'ich habe gelesen', *бевме научиле* bzw. *учеле* 'wir hatten gelernt'; die 3. Person Perfekt steht ohne Hilfsverb (*про)читал(е)* 'er (sie) hat (haben) gelesen'. Immer mehr verbreitet sich ein neues periphrastisches Perfekt (mit resultativer Schattierung) des Typs *имам видено* 'ich habe gesehen', *сум дојден* 'ich bin gekommen' (vgl. u.).

Ähnlich dem Bulgarischen werden im Makedonischen die *l*-Formen auch speziell dann verwendet, wenn eine Aussage nicht auf Augenzeugenschaft oder eigenem Wissen, sondern auf Hörensagen beruht (Narrativ, mak. прекажување), diese 'indirekte Mitteilung' oder 'indirekte Erlebnisform' bedeutet eine modale Funktion der *l*-Formen, vgl. z.B. direktes und indirektes Futur I in folgenden Sätzen: *Вие ќе патувате со автомобил* 'Ihr werdet mit dem Auto reisen' und (*Мајка ми рече дека*) *вие ќе сте патувале со автомобил* '(Meine Mutter sagt, daß) ihr mit dem Auto reisen werdet'; das 'Hörensagen' ist hier für das Futur also durch *ќе* + Perf. mit ipf. *l*-Form bezeichnet. Entsprechend eine 'indirekte Mitteilung' im Perfekt: *Вие сте купиле автомобил, а нам не сте ни кажале* 'Ihr habt ein Auto gekauft (sagt man), uns habt ihr aber nichts gesagt', hier ist jedoch das 'indirekte' Perfekt formgleich mit dem 'eigentlichen' Perfekt. Modalität kann weiterhin durch den Konditional ausgedrückt werden, z.B. durch die invariable Partikel *би* + *l*-Form (*јас би рекол дека немаш право* 'ich würde sagen, daß du nicht recht hast'), diese Konstruktion heute häufig auch zum Ausdruck des Wunsches (*би сакал да ти кажам* 'ich möchte dir sagen'); ein 'indirekter' Konditional der Vergangenheit wird formal wie das 'indirekte' Futur ausgedrückt. Zum Ausdruck (besonders der irrealen) Bedingung dient das Futur (in) der Vergangenheit von pf. und ipf. Verben plus *да*- oder *ако*-Satz im pf. und ipf. Imperfekt: *Вие ке ја земевте книгата да дојдев навреме* 'Ihr hättet das Buch genommen, wenn ich rechtzeitig gekommen wäre'.

Einen Imperativ kennt das Makedonische nur für die 2. Pers., z.B. (bei vokalischem Stammauslaut der *e*-/*i*-Verben) *пиј! пијте!* 'trink! trinkt!' bzw. (bei konsonantischem Auslaut dieser Verben) *оди! одете!* 'geh! geht!' bzw. (bei der a-Klasse) *викај! викајте!* 'ruf! ruft!';

die 1. und 3. Pers. wird mit *да* oder *нека* + Präs. umschrieben: *да пиеме!* 'laßt uns trinken!'.

Eine aus dem alten ipf. Partizip Präsens Aktiv entstandene und jetzt unveränderliche (immer auf der vorletzten Silbe betonte) Gerundialform kennt das Makedonische in den Formen auf *-jќи*, z.B. *викајќи* 'rufend' zu *вика*, *носејќи* 'tragend' zu *носи*; dieses Gerund bezieht sich auf das Subjekt des Hauptsatzes, dem es eine gleichzeitige Handlung beiordnet. Weitere Gerundien gibt es im Makedonischen nicht. Neben dem schon erwähnten Partizip Perfekt Aktiv auf *-l* kennt das Makedonische nur noch das Partizip Perfekt Passiv auf *-t* oder *-n* (mit Genus- und Numerusunterschieden wie bei *-l*), dabei tritt *-t* an Stammauslaute auf *-n* oder *-nj* (*минат* 'vergangen' zu *мине*, *ранет* 'verwundet' zu *рани*), wobei sich der vorhergehende Vokal nach dem Aorist richtet; alle anderen Verben bilden dieses Partizip auf *-n*, z.B. *носен* 'getragen', *напишан* 'geschrieben', *купуван* 'gekauft'. Von diesen P.P.P.-Formen wird ein Verbalsubstantiv gebildet, und zwar von ipf. Imperfektstämmen mit dem Suffix *-nje* mit konkreter Bedeutung: *купување* 'Kaufen', *носење* 'Tragen' (zu ipf. *купува*, *носи*), aber von pf. Verben auf *-nie* mit abstrakter Bedeutung: *решение* 'Entscheidung' (zu pf. *реши*). Interessant ist dieses Passiv-Partizip (als eine Art Verbaladjektiv) in Verbindungen wie *имаш видено* 'du hast gesehen' (wobei das P.P.P. unverändert bleibt) und auch *сум дојден* 'ich bin gekommen' mit jeweils aktiver (!) Bedeutung. – Das Passiv wird im Makedonischen entweder durch Reflexivverben mit *се* 'sich' (*Се продава деловен простор* 'Geschäftsraum wird verkauft') oder durch *е* + P.P.P. ausgedrückt (*Зошто беше купена куќата?* 'Warum war das Haus gekauft worden?').

5. Zur Derivationsmorphologie

Wie in anderen slavischen Sprachen ist auch im Mak. die Ableitung mittels Affixen, insbesondere Suffixen am verbreitetsten, vgl. Friedman 1993, 282-284. Für das Substantiv werden die Suffixe *-ач*, *-ар*, *-ец*, *-ник*, *-тел* zur Bildung von maskulinen (bzw. femininen *-ка*, *-инка*, *-(н)ица*, *-(н)ичка*) Nomina agentis verwendet: *готвач* 'Koch', *сликар* 'Maler', *гаталец* 'Wahrsager', *патник* 'Reisender', *писател* 'Schriftsteller', *продавачка* 'Verkäuferin', *учителка* 'Lehrerin', *царица* 'Kaiserin', *училница* 'Schulzimmer', *благајничка* 'Kassiererin', dazu u.a. *-ина*, *-ство*, *-ост* (*темнина* 'Finsternis', *детство* 'Kindheit', *радост* 'Freude') und Verbalsubstantive auf *-ње*, *-ние* (*пишување* 'Schreiben', *решение* 'Beschluß'). Kollektivsubstantive werden mit *-ство* (*учителство* 'Lehrerschaft') und *-uja*, *-apuja* (*челадија* 'Kinderschar', *железарија* 'Eisenware') gebildet. – Kollektivplurale (mit Pluralkongruenz) können von Substantiven aller drei Genera mit den Suffixen *-je* und *-ja* (beide Plural) gebildet werden, z.B. zu *камен*

'Stein' *тешки камење* und *камења* 'schweres Gestein', *жолти лисје* 'gelbes Laub'. – Deminutive werden von allen drei Genera mit den Suffixen *-е, -ле, -че, -енце, -ец, -уле, -ок* gebildet, vgl. *носе, носле* zu *нос* 'Nase', *братче* zu *брат* 'Bruder', *детенце, детуле* zu *дете* 'Kind', *народец* zu *народ* 'Volk', *ловчок* zu *лов* 'Jagd'. Aus dem Türkischen sind die Suffixe *-џија* (für Berufsangaben), *-лак* (Abstracta), *-ана* (Ortsangaben) entlehnt: *фудбалџија* 'Fußballer', *војниклак* 'Militärdienst', *меана* 'Kneipe'. – Possessivadjektive werden mit den Suffixen *-ов, -ев* (von mask. und neutr. Substantiven auf Konsonant oder *-о*), *-ин* (von Subst. auf *-а, -е*) und *-(ј)и* gebildet: *братов* 'Bruder-', *сестрин* 'Schwester', *божји* 'Gott-'.

Die Verbalderivation weist eine Reihe von Präfixen auf, mit denen ipf. Verben perfektiviert werden können: *до-, из-, на-, над-, о-, об-, (о)без-, од-, по-, пре-, пред-, при-, про(з)-, раз-, с-, со-, (с)против-, су-, у-, в-, во-, за-,* z.B. (*до-гледа* 'erblicken', *из-гради* 'erbauen', *на-спие* 'einschlafen', *над-гради* 'aufbauen', *о-бои* 'färben', *про-шета* 'spazieren', *за-гледа* 'anschauen' usw.); als Suffix perfektiviert *-не,* während *-ува* imperfektiviert: *седи* (ipf.) 'sitzt', *седне* (pf.), *седнува* (ipf.). Produktive Verbalsuffixe sind außer dem auch denominalen *-ува* (*зборува* 'sprechen', *стартува* 'starten') insbesondere das aus dem Griechischen entlehnte *-са* (*калаиса* 'verzinnen', zu *калај* 'Zinn') und das westliche *-(с/з)ира* (*финансира* 'finanzieren', *легализира* 'legalisieren').

6. Zur Syntax

Die Syntax des Makedonischen zeigt wegen des Kasusverlusts eine strengere Wortstellung als andere slavische Sprachen (mit Ausnahme des Bulgarischen); bei einfachen Sätzen herrscht daher die Folge Subjekt – Prädikat – Objekt vor, da in der Regel nur so Eindeutigkeit erreicht wird: *еден човек гледа едно девојче* 'ein Mann betrachtet ein Mädchen' bzw. *едно девојче гледа еден човек* 'ein Mädchen betrachtet einen Mann'. Dies einfache Bild wird durch die sog. Objektverdoppelung kompliziert, die als zusätzliche Setzung der einfachen Form des Personalpronomens bei bestimmtem Akkusativobjekt (nicht bei unbestimmtem) und immer beim Dativobjekt notwendig ist; bestimmter Akkusativ (bestimmtes Substantiv oder Vollform des Personalpronomens): *го гледам учителот* 'ich sehe (ihn) den Lehrer' (wörtlich: ihn - ich sehe - den Lehrer), *ја читам книгата* 'ich lese (es) das Buch', *ја гледам неа* 'ich betrachte sie'; Dativ: *му благодарам на лекарот* 'ich danke (ihm) dem Arzt', *и давам на една жена* 'ich gebe (ihr) einer Frau', *му дадов нему* 'ich gab ihm'; Dativ- und Akkusativobjekt (emphatisch): *му ја дадов нему книгата* 'ich gab ihm das Buch' (wörtlich: ihm - es - ich gab - ihm - das Buch). Auffällig ist hierbei (im Gegensatz zum Serbischen und Kroatischen) die proklitische Verwendung der Kurzformen des Pronomens (*го, ја, и, му, ме, те, ми, ти, не, ве, ни, ви, ги, им*); diesen stehen *не* und *ќе* noch voran: *не ќе му ја дадам книгата* (umgangssprachlich für *нема да му ја дадам книгата*) 'ich werde ihm das Buch nicht geben'; reflexives *се* steht immer unmittelbar vor seinem Verb.

Als analytischer Ersatz der in anderen slavischen Sprachen durch Kasus bezeichneten Beziehungen zwischen Satzgliedern dienen im Makedonischen Präpositionen: Genitiv und Dativ fallen zusammen und werden durch die – in diesem Fall semantisch entleerte – Präposition *на* ausgedrückt (*куќата на професорот* 'das Haus des Professors' – Genitiv; *му благодарам на лекарот* 'ich danke dem Arzt' – Dativ), in 'rein genitivischer' Bedeutung kann in gewissen Fällen auch *од* verwendet werden (*силата на водата* oder *силата од водата* 'die Kraft des Wassers'), was besonders in längeren Attributketten zur Vermeidung einer Häufung des *на* ausgenützt wird; *со* 'mit' drückt den Instrumental aus (*работи со рацете* 'er arbeitet mit den Händen'). Der Mangel an synthetischer Deklination verursacht, daß wo- und wohin-Richtung nicht auf die in den slavischen Sprachen übliche Weise ausgedrückt werden können, z.B. *фрески на ѕидот* 'Fresken an der Wand' (wo?), *ги стави на огнот* 'er legte es (z.B. Reisig, Pl.) auf das Feuer' (wohin ?).

7. Zum Wortschatz

Die Lexik des Makedonischen zeigt zusätzlich zu ihrem slavischen Erbe besonders türkische, aber auch serbische, (über diese vermittelt) deutsche, sowie griechische, albanische Einflüsse, zu denen in den letzten Jahrzehnten verstärkt Internationalismen – vor allem Anglizismen – kommen. Die 523jährige osmanische Herrschaft (1389-1912) hat alle lexikalischen Ebenen mit einer Vielzahl von Turzismen bereichert, die das Erscheinungsbild des Makedonischen in erheblichem Maße geprägt haben; die heutige Standardsprache pflegt jedoch deutlich ihren slavischen Wortschatz, zeigt aber in ihrer umgangssprachlichen Variante nach wie vor eine Menge türkischer Lexik und Idiomatik (*аскер* 'Armee', *чекмеџе* 'Schublade', *нема абер* 'keine Ahnung').

8. Zu den Dialekten

Die Dialekte des Mak. werden in zwei größere Gruppen eingeteilt, eine westliche und eine östliche (Vidoeski in Koneski 1983) mit den Flüssen Vardar und Crna als Grenze. Hauptunterscheidungsmerkmale sind Akzent, Entwicklung der Nasalvokale, der Jerlaute und des Artikelsystems. Von der westlichen Dialektgruppe haben die zentralen Dialekte im Gebiet Veles – Prilep – Bitola – Ohrid, wie schon von Misirkov propagiert, die Grundlage der modernen makedonischen Standardsprache gebildet. Sowohl im SW (Kastoriá in Nordgriechenland) wie auch im SO (nordöstl. von Thessaloniki) finden sich Reste der ehemaligen Nasalvokale (z.B. *enzik* 'Zunge', *pənt*' 'Weg' statt standardsprachlich *јазик, пат,* ursl. **językъ, *pǫtь*), vgl. Schmieger 1998.

9. Zur Geschichte des Makedonischen

Der Beginn der maked. Schriftsprache wird von Friedmann (1993, 250) schon für Ende des 18. Jh. und bei Koneski (1967, 32ff.) im 19. Jh. mit u.a. K. Miladinov, G. Prličev und ihren Versuchen von Regionalsprachen angesetzt. Sicherlich ist auch das Erscheinen (und sofortige Verbot) von Krste Misirkovs national-makedonische Lösungen propagierendem Buch „За македонцките работи" (Sofia 1903, „Über makedonische Probleme") ein kultur- und sprachpolitisch wichtiges Datum, zumal Misirkov sich für die zentralen westlichen Dialekte als Schriftsprache einsetzt. Aber eine makedonische Schrift- bzw. dann moderne Standardsprache war auch zwischen den beiden Weltkriegen – trotz vereinzelter sprachlich-literarisch erstaunlicher Leistungen wie z.B. Kočo Racins Gedichtsammlung „Бели мугри" (Zagreb 1939, „Weiße Dämmerungen") – im auf Bulgarien, Griechenland und Jugoslavien aufgeteilten makedonischen Siedlungsraum offiziell und auch praktisch nicht möglich oder gar institutionalisierbar, seine Dialekte galten als serbische bzw. bulgarische. Diese frühen Ansätze belegen jedoch, daß die makedonische Standardsprache 1944 keineswegs aus dem Nichts geschaffen wurde.

Die moderne makedonische Standardsprache wurde schließlich gegen Ende des Zweiten Weltkriegs in einer politischen Deklaration (am 2.8.1944 auf der „Ersten Antifaschistischen Versammlung Makedoniens" im südserbischen Kloster Prohor Pčinski) offiziell zur nationalen Standardsprache der Makedonen proklamiert und in der jugoslavischen Republik Makedonien sogleich konsequent und erfolgreich gefördert und gepflegt; von offizieller bulgarischer Seite wird das Makedonische jedoch als „westbulgarischer Regionaldialekt" angesehen und seine Existenzberechtigung als eigene und unabhängige Standardsprache immer wieder und bis in die Gegenwart bestritten.

Die mak. Standardsprache hat sich in dem nun mehr als halben Jahrhundert ihres Bestehens in allen Bereichen des öffentlichen Lebens in Makedonien als verbindlich durchgesetzt und ist längst von der Fachwissenschaft und weit darüber hinaus auch in der Öffentlichkeit allgemein anerkannt. Die politischen Veränderungen seit Anfang der 90er Jahre dürften als soziolinguistische Folge eine weitere funktionale Stabilisierung des Makedonischen bewirken, das nun auch Bereiche bedienen kann und muß, die vorher dem Serbokroatischen vorbehalten waren (z.B. Militärwesen, zivile Luftfahrt). Polyvalenz und Verbindlichkeit des Makedonischen könnten jedoch zumindest regional durch albanische Forderungen nach sprachlicher und soziokultureller Gleichberechtigung eingeschränkt werden müssen.

10. Literaturangaben

Aleksovska, M., B. Gruik, Ǵ. Milošev. 1966. *Makedonsko-germanski rečnik*. Skopje.
Auburger, L. 1976. Überblick über die äußere Geschichte makedonischer Ausbausprachen. (Altkirchenslavisch und moderne makedonische Literatursprache.) *Sprachen und Staaten. Festschrift für Heinz Kloos*. Teil 2. Hamburg, 9-123.
Bicevska, K. 1995. *Početen kurs po makedonski jazik za stranci*. Skopje.
Bojić, V., W. Oschlies. ^{2}1986. *Lehrbuch der makedonischen Sprache*. München (^{1}1984).
Bošnjaković, Ž. 1980. *Makedonski jezik. Čitanka, rečnik, gramatika*. Novi Sad.
Čašule, I. 1989. *Sintaksa na makedonskata glagolska imenka*. Skopje.
Crvenkovski, D., B. Gruik. 1981. *Anglisko-makedonski rečnik*. Skopje.
Elson, M.J. 1989. *Macedonian verbal morphology: A structural analysis*. Columbus (Ohio).
— 1990. *A diachronic interpretation of Macedonian verbal morphology*. Lewiston (NY).
Fonološki opisi srpskohrvatskih/hrvatskosrpskih, slovenačkih i makedonskih govora obuhvaćenih Opšteslovenskim lingvističkim atlasom. Sarajevo 1981, 625-822.
Friedman, V.A. 1975. Macedonian language and nationalism during the nineteenth and twentieth centuries. *Balkanistica* 2, 83-98.
— 1977. *The grammatical categories of the Macedonian indicative*. Columbus (Ohio).
— 1985. The sociolinguistics of literary Macedonian. *International journal of the sociology of language* 52, 31-57.
— 1993. Macedonian. In: Comrie, B., G.G. Corbett (Hrsg.) *The Slavonic languages*. London, New York, 249-305.
— 1993. Dialect variation and questions of standardization in Macedonia: Macedonian, Albanian and Romani. *Zbornik za filologiju o lingvistiku* 36, 2, 7-35.
Gacov, D. 1995. *Rečnik germansko-makedonski so nov pravopis. Wörterbuch deutsch-makedonisch*. Skopje (Selbstverlag des Autors).
Hill, P. 1982. Different codifications of a language. In: Girke, W. (Hrsg.): *Slavistische Linguistik 1981*. München, 48-63.
Jašar-Nasteva, O. 1962/63. Makedonskite kalki od turskiot jazik. *Makedonski jazik* 13/14, 109-172.
— 1992. Soziolinguistische Aspekte des Makedonischen und der anderen Sprachen in der Republik Makedonien. *Die Welt der Slaven* 37, 188-209 (mit reicher Bibliographie).
Kempgen, S. 1979. Die Formenbildung des Präsens im Makedonischen. *Die Welt der Slaven* 24, 55-65.
Koneski, B. 1968. *The Macedonian language in the development of the Slavonic literary languages*. Skopje.
— ^{2}1981. *Istorija na makedonskiot jazik*. Skopje (^{1}1965). (Serbokroat. Übersetzung Belgrad 1966.)
— 1983. *A historical phonology of the Macedonian language. With a survey of the Macedonian dialects and a map by B. Vidoeski*. Heidelberg.
— 1986. *Makedonskiot XIX vek. Jazični i kniževno-istoriski prilozi*. Skopje.
— 1987. *Gramatika na makedonskiot literaturen jazik*. Teil 1-2. Skopje (1967).
Kramer, Ch. 1986. *Analytic modality in Macedonian*. München.

Lunt, H.G. 1952. *A grammar of the Macedonian literary language.* Skopje.
— 1986. Neki sociolingvistički aspekti makedonskog i bugarskog jezika. *Sveske Instituta za proučavanje nacionalnih odnosa* 15, 255-299.
Mareš, F.V. 1980. Vztah makedonského členu a kategorie gramatického rodu a čisla. *Makedonski jazik* 31, 85-89.
— 1981/82. Vokalizacija na makedonskite sekundarni silabični sonanti i nejzinoto značenje za fonološkiot sistem. *Makedonski jazik* 32/33, 441-446. (Festschrift B. Koneski.)
— 1994. *Makedonská gramatika.* Skopje.
Miličiḱ, V. 1967. *Obraten rečnik na makedonskiot jazik.* Skopje.
Milošev, Ǵ., B. Gruiḱ, L. Aleksovski. 1962. *Germansko-makedonski rečnik.* Skopje.
Minissi, N., N. Kitanovski, U. Cingue. 1982. *The phonetics of Macedonian.* Napoli.
Minova-Ǵurkova, L. 1994. *Sintaksa na makedonskiot standarden jazik.* Skopje.
— 1997. *Svrzuvački sredstva vo makedonskiot jazik.* Skopje.
Misirkov, K.P. 1903. *Za makedonckite raboti.* Sofija. (ND Skopje 1953, 1969, 1974; russische, englische Übersetzung Skopje 1974.)
Naylor, K.E. 1989. On the form of the Macedonian article. *Makedonski jazik* 40, 381-389.
Mladenov, M., D. Crvenkoski, B. Blagoeski. 1968. *Bugarsko-makedonski rečnik.* Skopje, Beograd.
Pravopis na makedonskiot literaturen jazik so pravopisen rečnik. Skopje (1950), 1970, ²1979, ³1986, ⁴1994 (ohne Wörterbuch).
Rečnik na makedonskiot jazik so srpskohrvatski tolkuvanja. Bd. 1-3. Skopje 1961-1966 (ND in einem Band 1986).
Rečnik za makedonskite crkvenoslovenski tekstovi. Probna sveska. Skopje 1978.
Schmieger, R. 1998. *Nestramski govor. Doprinos južnoslovenskoj dijalektologiji.* München.
Šoklarova-Ljorovska, G. 1990. *Semantika i sintaksa na vremenskite odnosi vo makedonskiot jazik vo sporedba so polskiot jazik.* Skopje.
Stamatoski, T. 1986. *Borba za makedonski literaturen jazik.* Skopje.
Stolz, B. (Hrsg.) 1995. *Studies in Macedonian language, literature and culture.* Proceedings of the First North American-Macedonian Conference. Ann Arbor.
Tahovski, A. 1951. *Grčki zborovi vo makedonskiot naroden govor.* Skopje.
Topolinjska, Z. (= Topolińska) 1974. *Gramatika na imenskata fraza vo makedonskiot literaturen jazik. Rod, broj, posočenost.* Skopje.
Toševt, K., D. Stefanija. 1965. *A text-book of the Macedonian language.* Skopje.
Ugrinova-Skalovska, R. 1960. *Značenjata na glagolskite prefiksi vo makedonskiot jazik.* Skopje.
Usikova, R. 1985. *Makedonskij jazyk: grammatičeskij očerk, teksty dlja čtenija s kommentarijami.* Skopje.
Vidoeski, B. 1962/63. Makedonskite dijalekti vo svetlinata na lingvističkata geografija. *Makedonski jazik* 13/14, 87-107, 8 Kt.
— (u.a.) ⁶1981. *Pravopis na makedonskiot literaturen jazik.* Skopje.
Weiss, D. 1996. Die Geburt eines Artikels: zum Status von makedonisch *eden*. In: Girke, W. (Hrsg.) *Slavistische Linguistik 1995.* München, 421-455.
Za makedonskiot jazik. Skopje 1978.

Einführung in die Balkanphilologie

von
Wilfried Fiedler

1. Einleitung

1.1. Der Begriff 'Balkansprachen' (BS) ist in der Wissenschaftsdisziplin, die sich mit dieser Sprachengruppe beschäftigt und die meist als Balkanphilologie bzw. Balkanologie bezeichnet wird, in doppelter Hinsicht ungenau: Diese Sprachen sind nicht durchweg auf der Balkanhalbinsel beheimatet und werden vielfach von ihren Trägern auch nicht als 'balkanisch' empfunden, so daß 'südosteuropäisch' angemessener wäre, und diese benachbarten, ein zusammenhängendes Areal[1] bildenden Sprachen stellen nicht durchweg 'Standardsprachen' dar. Adäquater wäre ein Begriff wie 'Idiom', der '(Standard)Sprachen', 'Dialekte', 'Mundarten' zusammenfaßt. Es handelt sich um:

– indogermanische (idg.) Idiome:
1. slavische (slav.): a) das südslav. Kontinuum, das die bulgarischen (bulg.), makedonischen (mak.), serbokroatischen (skr.) und slovenischen (sloven.) Idiome umfaßt[2], b) südslav. Idiome außerhalb des Kontinuums, die mit ihrer Herkunftssprache kaum noch kommunizieren (das Banater Bulg., das skr. Krašovanische), c) die russ. (lipovenischen) Mundarten im Donaudelta;
2. romanische (roman.): a) das dakorumänische (dakorum.) Kontinuum, b) die aromunischen (arom.) Sprachinseln, c) das kleine meglenorumänische (mgl.) Kontinuum, d) die istrorumänischen Sprachinseln, e) die jetzt ausgestorbenen dalmatischen und f) die judenspanischen Sprachinseln (in Städten wie Thessaloniki);
3. griechische (gr.): a) das gr. Kontinuum mit den eng verbundenen Inselmundarten, b) die Hirtenmundarten der Karakačanen, vor allem in Bulgarien;
4. albanische (alb.): a) das alb. Kontinuum, das südlich des Shkumbini vom Gegischen (geg.) ins Toskische (tosk.) übergeht[3], b) die arvanitischen (arv., grae-

---

[1] Als Begrenzung des Untersuchungszeitraums empfiehlt sich das späte 19. Jh., da sich z.B. durch die 'Reromanisierung' des Dakorum., die Anlehnung besonders des Bulg. an das Russ., die Verschmelzung der neugr. 'Volkssprache' (Dhimotiki) mit der archaisierenden 'Kunstsprache' (Katharevusa), durch die Vertreibungen und Umsiedlungen des 20. Jh., auch durch die Beseitigung des Analphabetentums und die starken Einwirkungen der Standardsprachen auf die Mundarten die linguistischen und soziolinguistischen Verhältnisse stark verändert haben. Freilich stellt auch die 'Entbalkanisierung' ein linguistisch interessantes Phänomen dar.

[2] Bulg., Mak. und z.T. die südserbischen Mda. werden in der Balkanphilologie oft unter dem Begriff 'Balkanslavisch' zusammengefaßt.

[3] Hinsichtlich der ebenfalls eindeutig idg. Sprache der Albaner ist die Frage der genaueren Herkunft noch nicht eindeutig geklärt, jedenfalls dürfen wir ihre Vorfahren aber unter einem der von den antiken Schriftstellern genannten, uns meist nur dem Namen nach bekannten Völker vermuten. Die meisten Albanologen meinen, die Sprache der Illyrer sei das 'Voralbanische' – daneben gab es auf dem Balkan in antiker Zeit bzw. kurz davor aber mindestens noch die folgenden idg.-sprachigen Völker: Messaper, Thraker, Daker, Phryger, Myser, Pelasger ('Vorgriechen'), Mazedonier, evtl. Veneter. Einige von ihnen können die gleichen oder sehr ähnliche Sprachen gesprochen haben, andererseits können sich hinter manchen dieser Völker-

coalb.) und c) die thrakoalb. Sprachinseln im heutigen Grenzgebiet von Bulgarien, Griechenland und der Türkei, d) die 'dalmatoalb.' gegische Sprachinsel von Zadar; interessant vom Standpunkt der südosteuropäischen Areallinguistik sind e) auch die Arbëresh- (arb., italoalb.) Mundarten, deren Träger im 16. bis 18. Jh. aus Griechenland und Albanien auswanderten;

5. indische: die Romani-Idiome überall in Südosteuropa;

6. armenische: die Sprachinseln vor allem im Osten Südosteuropas;

– nichtindogermanische Idiome:

7. turkische: a) die balkantürkischen Sprachinseln, b) die gagausischen Mundarten, c) die tatarischen Mundarten vor allem in der Dobrudscha;

8. tscherkessische Mundarten z.B. im Kosovo;

9. am Rande zu erwähnen ist der ungarische Sprachraum einschließlich der mit dem Kontinuum verbundenen Mundarten im heutigen Rumänien und Serbien.

Dergestalt läßt sich der südosteuropäische Sprachenraum relativ ungezwungen gegen wenige außerhalb liegende, wenn auch – wie im Falle des Ungarischen und Türkischen bereits angedeutet – ebenfalls durch Interferenz mit dem südosteuropäischen Raum verbundene Sprachgebiete abgrenzen: das italienische, rätoromanische (friulanische), deutsche, ungarische, ukrainische und osmanisch-türkische.

Diese in Europa einmalige Vielfalt und geographische Durchdringung von Idiomen, die die ideale Voraussetzung für die Erforschung der Interferenz, der gegenseitigen Beeinflussung von natürlichen Sprachen, bietet, wird in Südosteuropa durch die größte historische Tiefe ergänzt, die der diachronischen Linguistik überhaupt zur Verfügung steht: durch die lange Überlieferung vor allem des Griechischen und Lateinischen, aber auch z.B. des Slavischen. Und so lassen sich aufgrund moderner Isoglossen uralte Interferenzbeziehungen zwischen dem Gr. und Voralb. (z.B. die gemeinsame Bewahrung des idg. Negationssystems und der synthetischen Nichtaktivformen, aber auch die erste Herausbildung von Artikelsystemen innerhalb der idg. Sprachen[4]) postulieren; man hat bereits 'sprachbundähnliche' Beziehungen zwischen dem Gr. und Lat. der Kaiserzeit nachgewiesen (Kramer (1983)), die Vorgängersprachen des Alb. und Rumän. waren in vorslavischer Zeit eng verbunden, wie sich u.a. aus der weitgehend parallelen Gestaltung des Artikelsystems (Herausbildung eines attributiven Artikels, Morphologisierung des nachgestellten definiten Artikels), aus der starken Herausbildung der Heterogenie (im Plural Genuswechsel mask. > fem., und zwar bei Substantiven, die in den jeweiligen Vorstufen wohl zumeist Neutra waren) und vielfältigen lexikalischen Beziehungen ergibt. Andererseits erhellt vor allem aus der Untersuchung der ältesten alb. Sprachdenkmäler (namentlich des Meßbuchs

---

namen auch verschiedensprachige Bestandteile verbergen. Für die Verbindung des Alb. mit dem Dakischen und Thrakischen gibt es ebenfalls gewichtige Argumente.

[4] Dieser Umstand dürfte vom Standpunkt der historischen und arealen Typologie relevanter sein als der in diesem Zusammenhang meist nur angeführte 'Balkanismus' der Nachstellung des bestimmten Artikels, an dem das Neugr. keinen Anteil hat.

von Buzuku, 1555), daß charakteristische, mehrere BS umfassende Isoglossen wie die Morphologisierung der Kurzformen des Personalpronomens zu Objektzeichen, das Admirativ-Kommentativ-System u.a. sich erst in den letzten Jahrhunderten herausgebildet haben.

1.2. Geschichte des Fachs. Die unübersehbar bestehende strukturelle Ähnlichkeit der zunächst in der Sprachwissenschaft z.T. wenig bekannten modernen BS wurde zum ersten Mal von dem slovenischen, in Wien wirkenden Slavisten Kopitar – auf das Albanische, Rumänische und Bulgarische bezogen – mit überspitzt formulierten Worten zum Ausdruck gebracht: in ihnen herrsche „nur eine Sprachform [...], aber mit dreyerlei Sprachmaterie". In der Folgezeit wurden vor allem von dem Slavisten F. Miklosich und dem Romanisten G. Weigand zahlreiche weitere strukturelle Ähnlichkeiten zusammengetragen. Das Verdienst, die Balkanphilologie zu einer selbständigen Wissenschaft erhoben zu haben, gebührt dem dänischen Linguisten K. Sandfeld mit seinem 1926 dänisch erschienenen, aber erst in der französischen Fassung „Linguistique balkanique. Problèmes et résultats" bekannt gewordenen Hauptwerk. Besonders die Zusammenstellung der „Concordances générales en dehors du lexique" – der später meist als 'Balkanismen' bezeichneten Phänomene – spielte eine große Rolle in der weiteren Geschichte dieser Wissenschaft. Die wichtigsten Vertreter der allgemeinen Sprachwissenschaft ihrer Zeit, N.S. Trubeckoj und R. Jakobson, fanden sodann im Bereich der BS einen ideal geeigneten Raum für die von ihnen neben der genealogischen und typologischen Vergleichung postulierte areale Vergleichung, und sie verwendeten für die aufgrund ihrer Nachbarschaft und kulturellen Gemeinsamkeiten besonders ähnlichen Sprachgruppen den Begriff 'Sprachbund'. 'Balkanismus' und 'Sprachbund' bildeten die zentralen Themen der nachfolgenden Jahrzehnte. Sie erbrachten manche neuen Fakten und Einsichten in die arealen Zusammenhänge, führten aber letztlich zu einer eher kritisch-resignierenden Haltung der Sprachwissenschaft gegenüber der Balkanphilologie, da sich weder der Umfang des 'Sprachbundes' noch der Begriff des 'Balkanismus', die Einheitlichkeit der betreffenden Phänomene, genau definieren ließ. Am deutlichsten hat A.V. Desnickaja diese Forschungsrichtung charakterisiert: „Sie hat zu einer tautologischen Definition der Balkanismen als Merkmale, die den Balkansprachen angehören, und der Balkansprachen als der Sprachen, die Balkanismen besitzen, geführt" (1979, 12). Die wertvollsten der in den letzten Jahrzehnten entstandenen Arbeiten haben sich auf das methodisch besser abgesicherte Gebiet der Gemeinsamkeiten im Wortschatz konzentriert, wie das Buch von Solta, der nur noch sechs anstelle der von Sandfeld postulierten 14 'Balkanismen'[5] (außerhalb der lautlichen)

---

[5] Es handelt sich um die folgenden: 1. postponierter Artikel und die damit zusammenhängenden Probleme; 2. Zusammenfall von Genitiv und Dativ; 3. Reduktion des

aufführt, oder sie stellen die Gemeinsamkeiten der BS eher innerhalb der Beschreibung sprachlicher Systeme bzw. Teilsysteme dar wie die Werke von Gołąb oder Feuillet. Die beste, auf sprachlicher Kompetenz und genauer Materialkenntnis basierende Gesamtdarstellung ist die 1989 in bulgarischer Sprache publizierte Monographie „Balkansko ezikoznanie" ('Balkanlinguistik') von P. Asenova, die allerdings im Prinzip auch noch auf den Begriffen 'Sprachbund' und 'Balkanismus' aufbaut.

Eine Institutionalisierung der Balkanologie, die in unterschiedlichen Beziehungen zur allgemeineren Südosteuropaforschung steht, ist nach Ansätzen in der Vorkriegszeit (z.B. in Leipzig und Sarajevo) vor allem nach dem Zweiten Weltkrieg erfolgt, es sind mehr als 20 entsprechende Institute und Organisationen, von denen u.a. die folgenden Zeitschriften bzw. Bulletins herausgegeben oder betreut werden: „Linguistique balkanique", Sofija 1959-, „Zeitschrift für Balkanologie", Wiesbaden 1963-, „Revue des études sud-est européennes", Bukarest 1963-, „Balkan Studies", Thessaloniki 1960-, „Godišnjak Balkanološkog instituta", Sarajevo 1963-, „Études balkaniques tchécoslovaques", Prag 1966-1972. Eine internationale Vereinigung für Südosteuropaforschung (Association Internationale des Études Sud-Est Européennes) wurde 1963 in Bukarest gegründet; sie hat Kongresse in Sofija (1966), Athen (1970), Bukarest (1974), Ankara (1979) und Belgrad (1984) durchgeführt.

Die Balkanphilologie ist eine Wissenschaft mit mannigfachen interdisziplinären Bindungen: sie ist die am stärksten ausgebaute und von der Materialgrundlage her die besten Voraussetzungen bietende areallinguistische Disziplin (wie etwa die Indogermanistik die Hauptvertreterin der historisch-vergleichenden Sprachwissenschaft darstellt), sie ist jedoch gleichzeitig eine der wichtigsten und aussagekräftigsten Komponenten der Südosteuropaforschung und u.a. für (kultur)historische und volkskundliche Untersuchungen in diesem Raum unabdingbar.

Im folgenden sollen einige der sprachgrenzenüberschreitenden Isoglossen im Bereich der BS, die ohne Interferenz zwischen den verschiedenen Idiomen nicht oder nicht überzeugend erklärt werden können, kurz charakterisiert werden.

2. Wortschatz und Phraseologie

Durch die vielfältige Durchdringung der BS und die engen kulturellen Beziehungen, die in mehreren Gebieten des SOeuropäischen Raums zu einer massenhaft verbreiteten Vielsprachigkeit geführt haben, gibt es ungewöhnlich viele sprachgrenzenüberschreitende Isoglossen von Lexemen. E. Hamp hat in einer unveröffentlichten Darstellung die fol-

---

Infinitivs; 4. Bildung des Futurums; 5. Vokativ als lebendige Kategorie; 6. Steigerung des Adjektivs (Solta, S. 180-231).

gende Stratigraphie des alb. Wortschatzes (außerhalb des [1] gesicherten idg. Anteils wie *vatër, votër* 'Herd') entworfen: [2] idg., fraglich (z.B. *mollë* 'Apfel'); [3] balkan. Substrat (*kopil(e)* 'Junge; Mädchen'); [4] altgr. (*lakërë* 'Kohl', *mokërë* 'Mühlstein'); [5] latein. (*gjyq* 'Gericht', *këmbë* 'Fuß, Bein'), differenzierbar in [5a] 'dakischer' Typ (*troftë* 'Forelle', *ftua* 'Quitte') und [5b] 'dalmatischer' Typ (*drejt* 'gerade', *qytet* 'Stadt'); [6] german. (*tirq* 'Art Hosen'); [7] byzant.-gr. (*goné* 'Ecke'); [8] slav. (*grusht* 'Faust', *gozhdë* 'Nagel'); [9] italien. (venezianisch) (*gotë* 'Glas'); [10] türk. (*qe(j)f* 'Vergnügen'); [11] neugr. (*faí* 'Nahrung'). Diese Liste zeigt nicht nur die höchst komplizierte Schichtung des alb. Wortschatzes ([1]-[3] die Problematik der Herkunftsfrage, [5a] und [5b] die Problematik des lateinischen Adstrats, vgl. Solta 1980), sondern sie kann, vor allem in ihrem 'nachlatein.' Teil, gleichzeitig als Muster für die Schichtung des gemeinsamen Wortschatzes der BS dienen, wobei die jeweils 'eigenen' Wörter – also z.B. [8] bei den slavischen Sprachen – natürlich einen Sonderstatus einnehmen. Am auffälligsten sind drei gemeinsame Schichten: 1. die aus der Vorstufe des Alb. (oben [1.] – [3].) stammenden sog. balk. Substratwörter (meist Hirtentermini: alb. *balë*, bulg. dial. *балан*, rum. dial. *bălaiă, bălaiu, băluţă*, arom. *baĭŭ*, gr. dial. μπάλος, jeweils 'Tier mit weißem Fleck auf der Stirn, mit weißem Kopf'), 2. die Schicht der byzant.-neugr. Wörter (vor allem aus dem Bereich der Ostkirche wie das im Altgr. noch nicht nachgewiesene μοναστήρι(ον), μαναστήρι, das türk. *manastır*, bulg. *манастир*, alb. *manastir*, arom. *mănăstír*, dakorum. *mănăstíre* 'Kloster' ergab, und Wörter aus dem direkten Kontakt mit Sprechern gr. Dialekte, die die ganze Breite des volkstümlichen Wortschatzes umfassen können, z.B. αυλή, aus dem u.a. mak., serb. *авлија*, türk. *avlı, avlu*, alb. *avlli*, arom. *avlíe*, mgl. *avlíi̯ă* 'Hof' herrühren) und 3. die Schicht der türkischen Begriffe (vor allem aus dem Bereich Staat und Verwaltung, doch auch viele mit dem 'balkan. Alltag' verbundene, z.B.: *asker* 'Heer, Militär': bulg., serb. *аскер*, rum. *ascheriu*, gr. ασκέρι, alb. *asqer*; *bahşiş* 'Trinkgeld': bulg., serb. *бакшиш*, rum. *bacşiş*, gr. μπαξίσι, alb. *bakshish*). Auffällig ist die große Zahl der Verben, die aus dem Türk. in alle BS gelangt sind – ein Zeichen für intensive Entlehnungskontakte (vgl. die zahlreichen Verben aus dem Franz. im Dt.), etwa die Derivate von türk. *boyamak* 'färben', *bitmek* 'beenden'.

Nicht weniger interessant sind die vielen Lehnübersetzungen, die sprachgrenzenüberschreitende Isoglossen der unterschiedlichsten Art ergeben. Typisch ist dabei die Interferenz voraussetzende 'interlinguale Isosemie', die gleichartige Bündelung von Bedeutungen jeweils eines Lexems. So bedeutet allgemein das Verb für 'ziehen' auch 'leiden' (z.B. bulg. *тегля*, dakorum. *a trage*, neugr. τραβώ, alb. *heq*), das Verb 'essen' auch 'jucken' (z.B. bulg. dial. *яде ме дланта*, neugr. με τρώει το χέρι 'mich juckt die Hand', entsprechend alb. *ha*, dakorum. *a mînca* (mehr Beispiele bei Asenova (1989), S. 35-40). Besonders eindrucksvoll sind solche Erscheinungen im Grenzbereich von Lexik und Grammatik, wenn etwa Konjunktionen für mehrere Funktionen genutzt werden. So setzen alle modernen BS die altgr.-lat. Gemeinsamkeit fort, daß die zur Einleitung von Kausalsätzen dienende Konjunktion (*quia/quod* bzw. ὅτι) gleichzeitig valenzabhängige Nebensätze ('daß-Sätze') einleitet (dakorum., arom., mgl. *că*, balkanslav. *дека, што, че, оти*, alb. *që/qi, se*, ngr. ὅτι usw. Interessant ist u.a. auch die Verwendung des Zahlworts 'eins' als Temporalsatz-Einleitung – mit finiten Formen (wie in neugr. dial. μια μπήκε μέσα 'sobald er (erst einmal) hineingelangt war', nachweisbar auch im Arom. und Balkanslav., bzw. nichtfiniten Formen (wie in mak. *едно влегување во собата* 'kaum war er ins Zimmer eingetreten', ähnlich auch im Alb. und Arom. (Fiedler (1987a)). Die Parallelität kann parallele Lehnübersetzung sein, etwa aus dem Türk.: alb. *marrëdhënie* (*dhënë-marrë*), gr. δοσοληψία oder ληψοδοσία, bulg. *земанедаване*, rum. *dat-şi-luat* sind nach dem Muster von türk. *alışveriş*... gebildet ('Geben (und) Nehmen', in den Einzelsprachen 'Handel; Beziehung').

Auch die Phraseologie der BS ist derart parallel, daß Unterschiedlichkeiten schon eher die Ausnahme sind. Dabei nehmen die BS bisweilen an größeren, über SO-Europa hinausgreifenden Arealen teil, wenn z.B. alb. *ngre krye*, dakorum. *ridic cap*, bulg. *надигам глава*, neugr. σηκώνω κεφάλι 'das Haupt erheben, einen Aufstand machen' bedeuten, es gibt aber auch spezifischer 'balkanische' wie alb. *ha dru*, dakorum. *mînca lemn*, gr. τρώγω ξύλο, wörtl. 'Holz essen', bulg. *яде дървен господ* 'er ißt den hölzernen Herrn', das überall 'Prügel beziehen' bedeutet.

3. Phonetik und Phonologie

Früher ist als auffällige Gemeinsamkeit der BS (mit Ausnahme des Gr.) oft die Existenz eines 'Murmelvokals' (bulg. *ъ*, alb. *ë*, rum. *ă*; vgl. *-e* in dt. *bitte*) zitiert worden, dessen unbetonte Erscheinungsform im Alb. (jedoch nicht mehr im modernen Gegischen), im Rum. und den meisten Mda. des Balkanslav. existiert, während die betonte nur im Tosk., Balkanslav., Rum. und (eventuell) türkischen Lehnwörtern im Gr. nachweisbar ist. Überhaupt ist aber die starke qualitative Reduktion der unbetonten Vokale (e > i, o > u) für ein größeres SO-europäisches Areal (besonders auffällig im östlichen Balkanslav. und Nordgr.) charakteristisch. Allgemein ergibt sich im europäischen Südosten gegenüber den nördlich angrenzenden Idiomen ein dynamischer statt eines musikalischen Akzents (gegenüber den meisten skr. Mda.), das Fehlen phonologischer Quantitätsunterschiede (gegenüber dem Gegischen, Serbokroatischen und Ungarischen), das Fehlen phonologisch relevanter Nasalvokale (gegenüber den geg. und einigen geg.-tosk.

Übergangsmda. des Alb.) und der Opposition offen : geschlossen (gegenüber dem Norden des südslav. Kontinuums). Aus den betreffenden Isoglossen ergibt sich, daß im Süden eine Tendenz zu dem im Gr. bereits erreichten fünfgliedrigen Vokalsystem /a-e-i-o-u/ besteht, die auch für Teile des balkanslav. (mak.) und alb. Systems (Aufgabe des y bzw. des ë in südlichen Mundarten) gilt.

Auch im Konsonantismus ergeben sich zahlreiche sprachgrenzenüberschreitende Isoglossen. B. Simeonov (1977) hat ein aus 4 bis 6 'lokalen Serien' (gewissermaßen Bausteinen, die aus vier Konsonanten bestehen – jeweils stimmhaften und stimmlosen Verschluß- und Reibelauten) gleichartig strukturiertes phonologisches System ermittelt, daneben sind einige spezifische, phonetische Phänomene zu beobachten, so die bereits für das antike Thrakische vermutete Entwicklung der Gruppen *mp > mb, nk > ng, nt > nd*, die man im Neugr., Arom. und Alb. findet – übrigens im gleichen Territorium, in dem die Interdentalen /ϑ/ und /δ/ vorkommen. Die Erscheinung der sog. 'Auslautverhärtung' – der Verlust der Stimmhaftigkeit von Konsonanten im Wortauslaut –, die im Südslav. in etwa die bulg.-mak. von den skr. Mda. unterscheidet, setzt sich im Alb. fort und bildet dort eines der Unterscheidungsmerkmale des Tosk. vom Geg. Bestimmte Phoneme im Lautsystem der einzelnen BS, die ursprünglich den von Simeonov postulierten System-Bausteinen fehlten, sind der Interferenz mit den Nachbarsprachen zu verdanken, solche Innovationen sind nach Asenova (1989, S. 29) /f/ im Bulg., /b/ im Neugr. und /h/ im Rum.

4. Morphologie und Morphosyntax

Bei der Ermittlung des 'typologischen Ziels' der BS, d.h. der Art der hier angestrebten Ausdrucksmittel, zeigt sich, daß sich nicht etwa ein einziger Formentyp entwickelt und durchsetzt. A. Desnickaja hat bereits in einer 1958 erschienenen Kurzcharakteristik des Alb. darauf hingewiesen, daß diese Sprache typologisch besonders vielfältig ist und in ihr Reste der alten Flexion mit später geschaffenen flektivischen Elementen sowie unterschiedlichen analytischen Formen verflochten sind, was ja im Prinzip der Entwicklung der meisten idg. Sprachen entspreche. E. Lewy (1942), dessen Typologisierung der europäischen Sprachen unübertroffen ist, hat nun, durchaus zu Recht (Fiedler, 1992), betont: „Das Alban. scheint, dem Typus nach, die entscheidende Sprache des ganzen balkanischen Gebietes zu sein." Man kann daher erwarten, daß der Typ oder – dynamisch gesehen – die 'typologischen Ziele' der BS, ebenfalls mehrere Markertypen, d.h. Typen von Formen in einem weiten Verständnis, einschließen. Das Charakteristische dabei besteht im Wechselspiel zwischen den unterschiedlichen Markertypen in den verschiedenen Bereichen der Morphologie und Morphosyntax. So wäre die Konkurrenz und Entwicklung der verschiedenen Markertypen in der Morphologie insgesamt, innerhalb der morphologischen Kategorien, ja innerhalb der Glieder der Kategorien zu untersuchen[6]. Wenn sich nun in einem bestimmten Bereich der Morphologie ein gemeinsam entwickeltes 'typologisches Ziel' herausgebildet hat, so kann auch jede Einzelsprache für sich dieses Ziel verfolgen, d.h. nunmehr unabhängig von Nachbarsprachen passende morphosyntaktische Mittel herausbilden, die in anderen Sprachen konkret so nicht vorkommen. Ein lehrreiches Beispiel bietet der bereits im Alb. des 16. Jh. vorkommende Possibilitativ mit der aus dem Hilfsverb 'können' + Konjunktivpartikel *të* entstandenen Partikel *mundë*, der typologisch dem balk. 'wollen'-Futur ähnelt[7], und zwar in einem Idiom, in dem sich damals das entsprechende Futur noch gar nicht durchgesetzt hatte. Anderseits ist mit der direkten Nachahmung fremder Muster gleichfalls zu rechnen. Besonders eindrucksvoll zeigt sich eine solche 'direkte Interferenz' bei den in SO-Europa relativ häufigen materiellen Entlehnungen von Markern, die einem typologischen Ziel entsprechen[8].

Eine kurze Charakteristik der in den BS vorhandenen Markertypen und ihrer Interferenzbeziehungen zeigt u.a. die 'Balkanismen' als integrierende Bestandteile areal bedingter typologischer Zusammenhänge:

4.1. Synthetische Formen

4.1.1. Nomen. In der Nominalflexion der BS ist von einem einheitlichen 'typologischen Ziel' kaum etwas zu erkennen, am ehesten noch in der relativen Kompliziertheit der Bildung des Nominativ Plural – wobei hier auch Tendenzen zur Differenzierung von Kollektiv- und Nichtkollektivformen, die 'Zahlform' des Balkanslav., in Ansätzen auch des Alb. (*vitet e luftës* 'die Jahre des Krieges': *dy vjet* 'zwei Jahre'), und der Genuswechsel (Heterogenie) in den alb. und rum. Idiomen zu beachten sind. Vor allem im Kasussystem zeigen sich sogar gravierende typologische Unterschiede: Das reiche, mit synthetischen Mitteln operierende Kasussystem des Slav. ist im größten Teil der skr. Mundarten erhalten, es reduziert sich aber bis in die Gegend der heutigen skr.-mak. Sprachgrenze immer mehr. Ansonsten findet man im balkanslav. Bereich nur die eher künstliche Unterscheidung des bestimmten Nom./Akk. der Maskulina (-ъm : -a) in der bulg.

---

[6] Vgl. z.B. unterschiedliche balkanslav. Formen für das Futur des Ipf. vom Typ bulg. *щеше да паднеш* 'du würdest fallen' mit doppelter gegenüber mak. *ќе паднеше* 'dass.' mit einfacher Markierung der Personenkategorie; derartige Markertypen ergeben jeweils Subareale innerhalb des Konvergenzareals.

[7] Wie auch – weniger stark morphologisiert – südslav. Konstruktionen mit *mož*, ... vgl. Boretzky (1971/72).

[8] Vgl. Fälle in der Futurbildung (Fiedler 1989a, 92f.), bei der Übernahme von neugr. Negationspartikeln in balkanslav. und arom. Mundarten zur Differenzierung der prohibitiven und nichtprohibitiven Negation (Fiedler 1993). Allgemein zu den Entlehnungen, auch zur Nachahmung fremder Marker, vgl. Boretzky 1989, 368ff.

Schriftsprache⁹. Die anderen BS sind durchweg reicher an synthetischen Kasus: im Neugr. und in den rum. Idiomen sind drei (Nom., Akk., Gen./Dat.) zu unterscheiden, im Alb. mindestens vier (Nom., Akk., Gen./Dat., Abl.), mundartlich gibt es auch noch einen Lokativ. Überall in BS sind daneben mindestens Ansätze eines Vokativs zu finden. Der Zusammenfall der Endungen von Gen. und Dat., der u.a. im modernen Alb., Rum., Arom., Mgl. und Neugr. gilt, ist in den jeweiligen Kasussystemen unterschiedlich eingebaut: im modernen Alb. ist der Dat. durch obligatorische 'Dativ-Objektzeichen' (OZ) beim Verb gekennzeichnet, auch im Arom. ist in einigen Mundarten das Dativ-OZ obligatorisch (vgl. Gołąb, 1984, 53), und das gleiche gilt offenbar für westmak. Mda. im Einflußbereich des Alb. In allen rum. Idiomen wird wie im Alb. auch der Gen. – durch attributive Artikel – markiert. So macht in diesem Bereich der Zusammenfall der Endungen nur einen kleinen Teil der interferenzbedingten Gemeinsamkeiten aus.

Solche zeigen sich deutlicher in benachbarten Gebieten der Grammatik. Für das Idg. – in diesem Fall besser: für den klassischen idg. Typ – gilt: Die Nominalgruppe z.B. aus Substantiv + Adjektiv weist den Ausdruck von drei morphologischen Kategorien auf, davon sind zwei an beiden Bestandteilen obligatorisch – Numerus und Kasus. In jeder Substantiv- und in jeder Adjektivform werden durch die Endung zugleich Numerus und Kasus ausgedrückt, und zwar bei jedem Glied der Gruppe jeweils das gleiche Grammem. Die Wahl des betreffenden Grammems ergibt sich aus funktional-semantischen Gründen. Das Grammem der dritten Kategorie, die des Genus, ergibt sich jedoch aus der Zugehörigkeit des Substantivs zu einer bestimmten Klasse; es ist maskulin, feminin oder neutral, und dieses Genus wird dann in der Substantiv-Adjektiv-Gruppe durch die Kongruenz – u.a. durch die Form des Adjektivs – klar, wenn auch das Substantiv selbst in seiner Gestalt oft nicht eindeutig das Genus offenbart. Man vgl. dazu lat. *bonus gallus* und *boni galli* mit *bonus poeta, boni poetae*, wo man das zweite Beispiel fälschlich dem femininen Genus zuordnen würde, wenn man nur die Gestalt des Substantivs betrachtete. Für unser Konvergenzareal – wobei für das Neugr. Sonderregeln gelten, diese Sprache gehört in dieser Hinsicht weiterhin dem 'idg. Typ' an – ist jedoch charakteristisch, daß am Substantiv selbst nur der Numerus in jedem Fall ausgedrückt wird. Das Genus wird auf ähnliche Weise wie beim idg. Typ lediglich aus der Kongruenz klar. Der Kasus aber wird, falls überhaupt am Subst. selbst ausgedrückt, in der Gruppe Substantiv + Adjektiv nur einmal markiert, und dasselbe gilt für die aus diachroner Sicht neu in das Paradigma aufgenommene vierte morphologische Kategorie, die der Bestimmtheit. Am deutlichsten ist auch hier das Alb.:

---

⁹ Bezeichnend ist, daß man auch im Russischen der Lipovenen eine Reduktion des Kasussystems beobachten kann.

In der besagten Gruppe wird immer nur das an erster Stelle stehende Glied vollständig durch alle Kategorien markiert. Da die Normalstellung SA (Substantiv+Adjektiv) lautet, ist das meist das Substantiv, es gibt jedoch auch eine merkmalhafte Wortstellung mit Voranstellung des Adjektivs (AS). Dann wird nur das Adjektiv nach Kasus und Bestimmtheit charakterisiert, während am Substantiv nur die Bezeichnung des Numerus erscheint: es verbleibt in der minimal markierten Form – im unbestimmten Nom., z.B. (in allen Beispielen SA – AS):

(i) *njerëzve të bukur* – (i) *të bukurve njerëz* '(der)/den schönen Menschen' (G/D) *vajzat zemërmira* – *zemërmirat vajza* 'die gutherzigen Mädchen' (best. N/A)

Dasselbe gilt z.B. für das Arom., im Dakorum. jedoch nur beim Mask. Sing. sowie bei den Pluralformen, während beim Fem.Sing. mit vorangestelltem Adjektiv beide Komponenten Kasuszeichen erhalten (z.B. *greaua povara, (al) grelei poveri* 'die schwere Last, der schweren Last'). Im Prinzip gilt die Regel auch für das Balkanslav., wegen der Reduzierung der Kasusendungen aber nur für das Bestimmtheitszeichen, vgl. bulg. (poetisch) *брезите бели* statt *белите брези*.

Wie erwähnt, ist ein bestimmter Artikel von allen idg. Sprachen Europas zuerst im Gr. und indirekt, aufgrund der historischen Phonetik, auch für das vorlatein. Alb. nachweisbar. Die rumän. und balkanslav. Idiome haben sich bei der Herausbildung der Kategorie wohl dem (Vor-)Alb. oder einer anderen, nicht auf uns gekommenen alten BS angeschlossen. Dafür spricht die für die rumän. und slav. wie für die alb. Idiome erfolgte Nachstellung, die die Voraussetzung für eine spezifische Art der Grammatikalisierung war: Die Herausbildung der morphologischen Kategorie der Bestimmtheit ist in den Idiomen nördlich des Gr. ähnlich verlaufen, und dabei ähnelt die Morphologie des mit den Kasuszeichen verschmolzenen Bestimmtheitszeichens in der Paradigmenbildung dem Endungssystem der 'klassischen' idg. Sprachen mit ihrer das Genus nicht deutlich anzeigenden Deklination. Dies gilt vor allem für den sog. femininen Artikel, im Rum. und Alb. *-a*, im Bulg. *-ma*. So heißt es z.B. im Alb. *babë/baba i mirë / i miri babë* 'der gute Vater'; *baba nevrik* 'der nervöse Vater', und nicht etwa **baba e mirë; *baba nevrike,* wie es nach *vajza e mirë, vajza nevrike,* 'das gute Mädchen, das nervöse Mädchen' der Fall wäre[10].

Diese Erscheinung verleiht den alb. Formen (wie ihren Entsprechungen: bulg. *бащата, който* 'der Vater, der', *добрият баща* 'der gute Vater' oder rum. *popa cel bun/bunul pop* 'der gute Pope') ein spezifisches Moment: Die Setzung eines Bestimmtheitszeichens dient der Bildung von Flexionsklassen nach dem synthetischen Prinzip.

---

[10] Entsprechend gibt es im Alb. – vor allem bei weiblichen Personennamen orientalischer oder europäischer Provenienz auf Konsonanten – auch Feminina, die das 'maskuline' Bestimmtheitszeichen erhalten, z.B. *Ingridi e bukur* 'Die schöne Ingrid'; im Balkanslav. sind sogar Singular- und Pluralformative nicht eindeutig.

4.1.2. Verbum. Eine wesentlich größere Rolle als im Nominalsystem spielen synthetische Formen im Verbalsystem der BS. Ein Merkmal, das die BS schon auf den ersten Blick von geographisch weiter entfernten europäischen Sprachen, wie z.b. dem Deutschen, Englischen und Russischen sowie den mit ihnen benachbarten und meist areal verbundenen Sprachen, unterscheidet, ist das Vorhandensein der drei synthetischen Tempusformen Präsens, Imperfekt und Aorist, und nur dieser drei synthetischen Tempusformen. Dieses Merkmal gilt für ein einziges zusammenhängendes Areal, das wahrscheinlich sämtliche Mundarten des zusammenhängenden Sprachgebiets des Neugr., Arvanitischen, des alb. und des bulg.-mak. Kontinuums, des Aromunischen und Meglenitischen umfaßt. Es gilt aber nicht für gewisse Sprachinselmundarten der genannten Sprachen außerhalb des oben abgesteckten Areals, z.B. das Banater Bulg. im rumänisch-vojvodinischen Banat oder bulg. Sprachinseln in Bessarabien, wo z.T. das Imperfekt stark zurückgegangen ist, nicht für das Dalmatoalb. bei Zadar und nicht für die roman. und slav. Nachbarsprachen der genannten Idiome. So sind zwar im Italien., bes. Süditalien. (und anderen südlichen westroman. Sprachen) die genannten drei Tempora auch vorhanden, doch bilden sie nicht die einzigen synthetischen Tempusformen; es haben sich neue synthetische Futura herausgebildet. Das Dakorumänische kannte noch im 19. Jh. diese drei Tempora, und es kennt sie noch heute in einigen an das Bulg. angrenzenden oltenischen Mda., doch ist hier daneben ein synthetisches Plusquamperfekt vorhanden – im Gegensatz etwa zu dem im Areal liegenden Arom., wo sich nur mehr sporadische Reste des synthetischen Plusqu. nachweisen lassen. Im skr. Bereich haben nur die südlichen Mda., die also Teil des Areals sind, Aor. und Ipf. bewahrt. Die übrigen Mda. haben beide Tempora – wie sonst alle slav. Mda. mit Ausnahme des Sorbischen – verloren. Dagegen hat das Gallipolische Serbisch, das ursprünglich im gr. Sprachgebiet gesprochen wurde, Ipf. und Aorist bewahrt.

Außerhalb des Tempussystems und des weit über Südosteuropa hinaus synthetisch gebildeten Imperativs gibt es keine synthetischen Verbformen, die im größeren Teil des Areals verbreitet wären. Für die Subarealbildung sind jedoch u.a. zwei Komplexe von Interesse: Die Existenz und die Bildungsprinzipien synthetischer Nichtaktivformen, wie sie sonst im modernen Europa so nirgends mehr vorkommen, sowohl im Alb. als auch im Neugr. (Fiedler 1981) und die Herausbildung einer 'distanced form', eines Admirativs bzw. einer Wiedererzählform (= Kommentativ) im Alb., Balkanslav., aber auch im Mgl. (Fiedler 1968, 1992) aus dem analytischen Perfekt. Diese Form drückt – je nach Sprache unterschiedlich gewichtet – die Verwunderung über einen Sachverhalt bzw. über eine fremde Äußerung aus oder sie betont einfach, daß es sich um einen Sachverhalt handelt, den der Sprecher nur nach einer fremden Äußerung wiedererzählt.

4.2. Analytische Formen[11]

Dieser Komplex stellt einen noch wesentlich komplizierteren Bereich dar als die synthetischen Formen. Ein erheblicher Teil der 'Balkanismen' gehört hierher; bei anderen Konstruktionen sind vielfach die Zusammenhänge nicht gesehen worden, weil sie in den beteiligten Sprachen einen unterschiedlichen Grammatikalisierungsgrad einnehmen.

4.2.1. Nomen. Hier zwei Gruppen von Konstruktionen: Einmal 'Partikel'-Konstruktionen zur Kasus-Markierung: den balkanslav. Bildungen mit *на* können u.a. die alb. und rum. Konstruktionen aus attributivem Artikel + Genitiv/Dativ sowie die rum. Bildungen aus *pe/pre* + Akk. und neugr. *σε* + Akk. zur Seite gestellt werden. Freilich bestehen funktionelle und auch morphologische Unterschiede: Der rum. und alb. attributive Artikel markiert speziell den Genitiv und unterscheidet ihn vom Dativ, ngr. *σε* bezeichnet umgekehrt den Dativ, während balkanslav. *на* Genitiv und Dativ zugleich markiert. Rum. *pe/ pre* wird nach komplizierten Regeln zur Markierung einer Art 'Kasus des direkten Objekts' innerhalb des Akk. gesetzt. Morphologisch ist der alb. wie der rum. Artikel veränderlich; er wird in seiner Gestalt (im Rum. auch hinsichtlich Setzung/Nichtsetzung, d.h. als '0-Artikel') von den morphologischen Kategorien und von der Kontaktposition des 'Kernsubstantivs', von dem das Attribut abhängt, festgelegt. Im Alb. ist er in dieser Hinsicht dem vorangestellten Artikel beim Adjektiv gleich. Während dieser aber klassenbildenden Charakter hat (er bildet eben die Subklasse der 'Artikel-Adjektive'), d.h. Wortbildungselementen nahesteht, ist er beim Genitiv kategorien- oder grammembildend. Trotz aller Unterschiede ist aber der Grammatikalisierungsgrad (bei Anwendung des Kriteriums der Stellungsregulierung, der Trennbarkeit der Elemente) etwa gleich: Die 'Partikeln' stehen überall vor der gesamten Nominalgruppe und können somit vom Substantiv durch unterschiedliche Elemente getrennt werden, z.B. bulg. *на този човек*, alb. *i këtij njeriu* 'dieses Menschen'. Einen direkten Interferenzzusammenhang zwischen allen Sprachen des Areals wird man hier kaum postulieren, es dürfte sich aber doch um eine arealspezifische Tendenz zu 'Partikel'-Konstruktionen in der Kasus-Morphologie handeln.

Einen anderen Markertyp repräsentieren die überall vorkommenden Partikelkonstruktionen bei der Steigerung der Adjektive und Adverbien. Zwischen Partikel und Adj. treten dabei im Gegensatz zu den 'Kasus-Partikeln' keine anderen Elemente (Buchholz 1987).

4.2.2. Verbum. Ebenso wie bei den synthetischen Formen sind auch innerhalb der 'analytischen' Konstruktionen Bestand und typologische

---

[11] Der Terminus 'analytisch' ist problematisch, weil die hier einschlägigen 'Partikeln' – in einem sehr weiten Sinne – gerade dazu tendieren, eine feste Position im Verhältnis zum autosemantischen Lexem einzunehmen und z.T. (etwa beim alb. Objektzeichen) sogar fusionale Merkmale aufweisen.

Vielfalt hier wesentlich größer. Aus historischer Sicht sind zwei große Komplexe zu unterscheiden: 'analytische' Formen, die aus Hilfsverb bzw. Hilfsverbderivat + Verb (4.2.2.1.) und solche, die aus Partikeln nichtverbalen Ursprungs + Verb bestehen (4.2.2.2.). Die beiden Komplexe gehören vom Standpunkt der synchronen Typologie eng zusammen, z.B. schließt der für das Areal typische Markertyp Partikel + finite Verbform (Konjunktiv-Futur-Bereich usw.) 'Partikeln' verbalen und nichtverbalen Ursprungs gleichermaßen ein.

4.2.2.1. Innerhalb der Formen mit Komponenten verbalen Ursprungs sind dann zu differenzieren: Konstruktionen mit einer Hilfsverbkomponente, die (noch) nicht partikelartig ist (4.2.2.1.1.), Konstruktionen mit Hilfsverbkomponente, die in ihrer Konjugation einen Sonderweg beschritten hat und sich z.t. auf dem Weg zur Partikel hin befindet (4.2.2.1.2.) und Konstruktionen, bei denen die Hilfsverbkomponente bereits Partikel bzw. Partikel-Bestandteil ist (4.2.2.1.3.).

4.2.2.1.1. Auf den ersten Blick scheint die Gruppe der Formen mit 'normal' flektierter Hilfsverbkomponente nicht viel Arealspezifisches aufzuweisen, handelt es sich doch z.B. um das fast allgemein in Europa und darüber hinaus z.B. in der Perfektbildung verbreitete Verfahren. Es ergeben sich bei den BS jedoch bereits nach dem Katalog an Formen mit èinem Hilfsverb mindestens drei in sich geschlossene Subareale: a) nur Perfekt: Dakorumän., z.T. Skr., Dalmatoalb.; b) Perfekt und Plusquamperfekt: Balkanslav., Neugr., Mgl., Arv., z.T. Skr. und Arom.; c) Perfekt, Plusquamperfekt und Aorist II: Alb., z.T. Arom. Auffällig ist weiterhin: Während in einigen BS in der Bildung z.B. des aktiven Perfekts nur *habere* oder nur *esse* erscheint, gibt es ein Subareal, das Teile des Mak., Arom., Mgl. und des Alb. (Nordostgeg.) umfaßt, in dem (wie im Dt. oder Italien.) in bestimmten semantisch definierbaren Gruppen von Verblexemen *esse*-Bildungen neben *habere*-Bildungen vorkommen. Zum dritten ist in diesem Formen-Bereich im westlichen Teil des Areals – im Ngr., Alb., Arv., Mgl., Arom. und im Westteil des Balkanslav. – der Morphologisierungsgrad der Konstruktion höher: Das Hilfsverb nimmt stets eine feste Position vor dem Vollverb ein, es hat also nicht den klitischen Charakter im 'indogermanischen Sinne', den es z.B. noch in der bulg. Schriftsprache besitzt, wo seine Stellung letztlich von der Satzgrenze bestimmt wird. Daß diese Erscheinung nicht uralt ist, läßt sich u.a. am Alb. Buzukus zeigen, in dem die Stellung des Hilfsverbs noch nicht festgelegt war. Eine weitergehende Besonderheit liegt sodann im Alb. (bezeichnenderweise z.B. nicht im Arv.) und Mgl. vor: in beiden Sprachen wird die Stellung des Hilfsverbs zum Vollverb zur Bildung der weiter oben erwähnten 'distanced forms' benutzt, die bereits synthetischen Charakter erlangt haben.

4.2.2.1.2.– 4.2.2.1.3. Auffälliger und für das Areal spezifischer sind die Konstruktionen mit einer Hilfsverbkomponente, die sich auf dem

Weg zur Partikel befindet oder dieses Ziel bereits erreicht hat. Am eindrucksvollsten ist hier die Typologie des Futurs in den BS (dazu ausführlicher Fiedler 1989a). Charakteristisch für das Areal erscheint weniger das *wollen*-Futur als solches, sondern die Parallelität und Konkurrenz von *wollen*-(*velle*-)- und *haben*-(*habere*)-Futur. Wenn man die historisch nachweisbaren Bildungsweisen vergleicht und ihre geographische Verbreitung berücksichtigt, zeigt sich, daß besonders im Südwesten des Konvergenzareals die Kombination (Hv = finite Hilfsverbform + (Partikel) + V = finite Vollverbform) der Konstruktion {èine Partikel + finite Verbform} zustrebt. Dabei kann die Futurpartikel allein aus dem Hilfsverb oder aus Hilfsverb- + Konjunktivpartikel entwickelt sein, und sie kann auf unterschiedlichen Wegen, z.B. durch die unpersönliche Verwendung der 3.Pers.Sing. des Hilfsverbs oder auch durch den allmählichen lautlichen Zusammenfall der Personalformen zu einer generell für alle Personen verwendeten Formkomponente zustande gekommen sein: Nur das 'typologische Ziel' war wesentlich. In der Gesamtheit der BS lassen sich bei beiden Hilfsverben die gleichen acht Bildungsmuster nachweisen, alle acht für *wollen* (v) etwa im Balkanslav., für *haben* (h) im Albanischen. Welcher Typ in welchen Sprachen nachweisbar und besonders häufig ist, behandelt Fiedler 1989a. Hier beschränken wir uns darauf, die acht *velle*-Bildungsweisen durch balkanslav. Beispiele zu illustrieren:

(1) Hv. im Prs. + V. im Infinitiv: altbulg. *хощж видѣти* 'ich werde sehen'; bulg. *щъ, щеш* (verkürzte, d.h. bereits 'spezialisierte' Form) + Inf. ohne -*ти*;

(2) ('spezialisierte') Form des Hv. im Präs. + Konjunktivpartikel 'ut; daß' + V. im Präs. (Konj.): bulg. *щъ да пиша, щеш да пишеш* 'ich du werde, wirst schreiben';

(3) ('spezialisierte') Form des Hv. im Präs. + V. im Präs.: bulg. *ща пиша, щеш пишеш* 'ich werde, du wirst schreiben'. Dieses Muster kann durch den Ausfall der Konj.-Partikel entstanden sein, auch die Entstehung aus einer asyndetischen Bildung oder aus der Umdeutung der Infinitivform (nach Verkürzung, z.B. *говорити* > *говору*) als Form der 3.Pers.Sg. (*говоритъ* > *говори*) und späterer Angleichung der anderen Personalformen ist denkbar;

(4) Übergangsform: differenziertes partikelähnliches Element (das Hv. erscheint in mehreren (spezialisierten) Formen, bildet aber kein normales Paradigma mehr);

(5) wie (4), aber ohne Konjunktivpartikel: In balkanslav. Mundarten findet man die Bildungsweisen (4) und (5) mit zwei *velle*-Partikeln, eine gilt für die 1.Pers.Sg., seltener auch die 3.Pers.Pl., die andere für alle übrigen Personen: westbulg. *ja ќу му плата* 'ich werde ihm ... bezahlen', *mu ќe видиш* 'du wirst sehen', *он ќe даде* 'er wird geben'. Manche Mundarten kennen nebeneinander Formen mit und ohne *да*;

(6) aus dem Hv. entstandene Partikel + Konjunktivpartikel + V. im Präs./Konj.: bulg. *ще да отида, ще да отидеш, ...* 'ich werde gehen, du wirst gehen, ...';

(7) aus der Verschmelzung von Hv.-Partikel und Konj.-Partikel entstandene Partikel + V. im Präs./Konj.: Im Balkanslav. sind solche Partikeln *жа, жда, за, ...*;

(8) dieser Typ gelangte zu der als 'arealtypologisches Ziel' angestrebten 'Univerbierung' der Partikelkomponente in der Futurform (vgl. dagegen den Typ (7)) durch die Elision der Konj.-Partikel: bulg. *ще отида* 'ich werde gehen'.

Die hier in der Folge (1) bis (8) dargestellten Bildungsmuster sind nicht in jedem Fall als notwendig aufeinander folgende Stufen aufzufassen, u.a. weil die Weglassung der Konj.-Partikel phonetisch begründet sein kann und manchmal in einem bestimmten Idiom bei einzelnen Personalformen innerhalb des Paradigmas erfolgt.

(9) Als ein besonderer, nur im Alb. des 16. Jh. (Buzuku) und im Mgl. nachweisbarer Formtyp zum Ausdruck des Zukünftigen erscheint der Konjunktiv, d.h. die Konjunktivpartikel mit der finiten Konjunktivform (und zwar auch im Hauptsatz, denn im Nebensatz drückt der Konj. in allen BS Zukünftiges aus). Auch hier ist gewissermaßen das typologische Ziel – Verwendung lediglich einer Partikel – erreicht.

Auch die Unterschiedlichkeit beim Futur Imperfekt (= Konditional Präsens) zeigt, daß im Südwesten des Areals die Morphologisierung am weitesten fortgeschritten ist: Im Alb., im Standard-Neugr. sowie in Teilen des Arom. und im Westen des balkanslav. Kontinuums (einschließlich der mak. Schriftsprache) gilt hier die gleiche Partikel wie beim Futur: *do*, *ϑα*, *va*, *ḱe*. Hier ist ein Vergleich des Alb. mit dem Arb. für die Erkenntnis des zeitlichen Faktors sowie mit dem Balkanslav. – auch hinsichtlich der Differenziertheit der bulg. und mak. Schriftsprache (*щях да дойда* gegenüber *ḱe дojдeв*) – für die Erkenntnis des räumlichen Faktors lehrreich: Während im alb. Kontinuum heute offenbar nur Bildungen mit der gleichen Partikel wie in den Formen des Futur I üblich sind, begegnen beim italoalban. (arb.) Konditional Bildungen, bei denen die Partikel oder ihre Vorstufe (*doj*, *dej*) Zeichen des Imperfekts von *wollen* aufweist. Hier zeigt sich die zeitlich frühere, im Osten des Areals noch lebendig gebliebene Tendenz, sowohl am Hilfsverb als auch am Vollverb Imperfektzeichen zu setzen. Speziell die arom. und balkanslav. Formen hat Gołąb (1964) untersucht, er zitiert u.a. auch mak. mundartliche Formen (S. 44), die dem Übergangstyp (4) des Futur I – mit bereits teilweise zur Partikel gewordener Hilfsverbkomponente – entsprechen: *ćeše da dojdu, ćeše da dojdeš, ćeše da dojde; ćesmo da dojdemo ...*

Neben den Konstruktionen mit *wollen* und *haben* befinden sich auch Kombinationen mit anderen Verben (*lassen, können, wissen...*) auf dem Weg zur Partikelkonstruktion. Sie können aus Präsens- und Imperfektformen der 'Hilfsverben', sporadisch (im Arb.) auch aus Optativformen entwickelt sein.

4.2.2.2. Die in den BS im Bereich der Verbgruppe morphologisierten Partikelkonstruktionen mit nichtverbalen Elementen können in drei Gruppen gegliedert werden: Konstruktionen mit Partikeln, die aus Konjunktionen entstanden sind (4.2.2.2.1.), Konstruktionen mit Negations- und Interrogativpartikeln (4.2.2.2.2.) und Konstruktionen mit Partikeln pronominalen Ursprungs (Objektzeichen) (4.2.2.2.3.).

4.2.2.2.1. Zu den Formen mit einer (ursprünglichen) Konjunktion als Komponente: Die für die BS charakteristischste Partikelkonstruktion überhaupt ist der meist als Konjunktiv bezeichnete Formenkomplex. Hervorzuheben ist die große strukturelle Ähnlichkeit der balkanslav. *da*-Konstruktion mit dem Konjunktiv der anderen BS, zumal mit dem neugr. Konjunktiv. Doch auch im Verwendungsspektrum ergibt sich eine weitgehende Übereinstimmung mit dem ngr., rum. und alb. Konjunktiv (Fiedler 1987b). Dem Konjunktiv der BS typologisch am ähnlichsten sind die Konstruktionen im Nebensatz der hypothetischen Periode, die Fallsetzungskonstruktionen, die im Alb. (mit den Partikeln *në* und *po*) am stärksten grammatikalisiert sind, aber auch z.B. im Ngr. (mit αν) und im Balkanslav. (mit *ako*) bestimmte Tendenzen zur Grammatikalisierung zeigen (z.B. Verbindbarkeit mit perfektiv(-aoristischen) Verbalformen, wie sie u.a. auch in der Konjunktivkonstruktion besteht, die in anderen Verwendungen jedoch recht selten oder gar (im Mak.) ganz ausgeschlossen ist (Fiedler 1987a)).

4.2.2.2.2. Negations- und Fragepartikeln neigen auch in Sprachen außerhalb des Konvergenzareals zur festen Bindung an die Verbform. Im Bestand und in der Verwendung der Negationspartikeln läßt sich ein uraltes gr.-alb. Subareal ermitteln, dem sich einige balkanslav. und arom. Mundarten z.B. durch die Differenzierung der 'prohibitiven' und 'nichtprohibitiven' negierten Konstruktionen, vor allem durch Entlehnung des ngr. μη, angeschlossen haben. (Fiedler 1993).

4.2.2.2.3. An den Konstruktionen mit ursprünglichen 'Kurzformen der Personalpronomina' erkennt man in noch mehr BS eine parallele Tendenz: die Morphologisierung von zunächst klitischen Elementen (klitisch im Sinne der Indogermanistik, d.h. im Prinzip die zweite Position im Satz einnehmend) zu partikelähnlichen Objektzeichen[12] mit einer festen Stellung zum Verblexem – meist ergibt sich Voranstellung, Sonderregelungen bestehen oft beim Imperativ. An diesen Konstruktionen läßt sich zeigen, daß die Termini 'Grammatikalisierung' und 'Morphologisierung' nicht deckungsgleich und speziell in der Balkanphilologie zu differenzieren sind: Die Stellung der Kurzformen im Satz ist in vielen Sprachen strengen Regeln unterworfen. Sie sind damit voll grammatikalisiert. Ein Morphologisierungsprozeß im Rahmen der Grammatikalisierung setzt jedoch erst ein, wenn diese Elemente eine feste Position zum Verb einzunehmen beginnen. Eindrucksvoll ist die Entwicklung im Griechischen: Aus einer im System nur teilweise verankerten Opposition 'akzentuiertes' vs. 'enklitisches' Personalpronomen (nur im Gen., Dat. und Akk. der 1. und 2.Pers.Sg.) hat sich eine für das ganze Paradigma geltende Opposition Personalpronomen : Objektzeichen herausgebildet. Innerhalb des Balkanslav. hat der Norden und Osten (z.B. die Standardsprachen im skr. und bulg. Bereich) im Prinzip den alten Zustand mit klitischen Kurzformen bewahrt, während sich der Südwesten (mit der mak. Standardsprache) hier im Morphologisierungsgrad den nichtslav. Nachbarsprachen angepaßt hat. Vgl. dazu Unterschiede in den beiden balkanslav. Schriftsprachen wie in der Bibelstelle Mt 28,18: bulg. *Даде ми се всъка власть на небето*

---

[12] Auch dieser Begriff ist unscharf; so wäre das 'Dativ-Objektzeichen' z.B. des Alb. besser als Kasuszeichen zu bezeichnen.

и на земята (Struktur: Verb im Aorist + Kurzform des Dativ-Pers.-Pron.) : mak.: *Ми се даде секаква власт на небото и на земјата* (Struktur: Objektzeichen im Dativ + Passiv-Reflexivzeichen + Verb im Aorist), die alb. Übersetzung *M'u dha çdo pushtet në qiell e mbi dhe* 'Mir ist gegeben worden alle Gewalt im Himmel und auf der Erde' entspricht hinsichtlich der Struktur genau dem mak. Text. Ein ähnlicher Morphologisierungsprozeß hat sich übrigens beim Perfekt vollzogen: Die Präsensformen des Hilfsverbs *sein* haben im Südwesten eine feste Position vor dem Verb eingenommen, während im Norden und Osten der enklitische Charakter erhalten geblieben ist.

Eine arealtypologische Gesamtdarstellung der Morphologie und Morphosyntax sollte auch eine Charakterisierung des Zusammenspiels der verschiedenen Marker, ihrer Kombinierbarkeit und Reihenfolge in konkreten Nominal- und Verbalgruppen einschließen. Für die alb. Verbgruppe haben Buchholz/Fiedler (1987, 64-70) z.T. einen entsprechenden Versuch unternommen.

5. Literaturangaben

Asenova. P. 1989. *Balkansko ezikoznanie. Osnovni problemi na balkanskija ezikov säjuz*. Sofija.
Boretzky, N. 1971/72. Zusammenrückungen mit dem Modalverb 'können' in den Balkansprachen. *Zeitschrift für Balkanologie* 8, 1+2, 12-20.
— 1989. Zum Interferenzverhalten des Romani (Verbreitete und ungewöhnliche Phänomene). *Zeitschrift für Phonetik, Sprachwissenschaft und Kommunikationsforschung* 42, 3, 359-376.
Breu, W. 1982. Forme verbali perifrastiche arbërisht. *Etnia albanese e minoranze in Italia*. Palermo, 313-333.
Buchholz, O. 1987. Zu komparativischen und superlativischen Konstruktionen in den Balkansprachen. *Linguistische Studien des ZISW/A* 157. Berlin, 1-44.
—, W. Fiedler. 1987. *Albanische Grammatik*. Leipzig.
Capidan, Th. 1932. *Aromânii. Dialectul aromân. Studiu lingvistic*. București.
Civ'jan, T.V. 1979. *Sintaksičeskaja struktura balkanskogo jazykovogo sojuza*. Moskva.
Cychun, G. 1981. *Tipologičeskie problemi balkanoslavjanskogo jazykovogo areala*. Minsk.
Desnickaja, A.V. 1979. O sovremennoj teorii balkanističeskich issledovanij. *Problemy sintaksa jazykov balkanskogo areala*. Leningrad, 3-15.
Duridanov, I. 1983. Zur Bestimmung des Begriffes 'Balkanismus' auf den verschiedenen Sprachebenen. *Ziele und Wege der Balkanlinguistik*. Berlin, 59-65.
Fiedler, W. 1968. Zu einigen Problemen des Admirativs in den Balkansprachen. *Actes du Premier Congrès International des Études Balkaniques et Sud-Est Européennes*, 6. Linguistique. Sofija, 367-369.
— 1981. Zur Herkunft der albanischen synthetischen Nichtaktivformen. *Zeitschrift für Phonetik, Sprachwissenschaft und Kommunikationsforschung* 34, 534-543.
— 1987a. Zur Typologie der grammatischen Interferenz zwischen den Balkansprachen im Bereich der Konnektive. *Linguistische Studien*, R. A 157. Berlin, 45-68.
—1987b. Zur Arealtypologie des Konjunktivs in den Balkansprachen. *Linguistische Studien*, R. A 157. Berlin, 69-100.

— 1987c. Der Konjunktiv Imperfekt der Balkansprachen. (Zur Frage der Consecutio temporum und verwandter Phänomene). *Linguistische Studien*, R. A. 157. Berlin, 101-123.

— 1989a. Zur Arealtypologie der Futurbildung in den Balkansprachen. *Linguistische Studien*, R. A, 192. Berlin, 70-109.

— 1989b. Zum Verhältnis von arealer Linguistik und Arealtypologie (am Beispiel der Balkansprachen). *Zeitschrift für Phonetik, Sprachwissenschaft und Kommunikationsforschung* 42, 3, 306-323.

— 1992. Ist das Albanische, 'dem Typus nach, die entscheidende Sprache des ganzen balkanischen Gebietes'? *Albanica*. Number 3-4. Washington, 78-95.

— 1993. Ist der Ausdruck der Negation ein balkanlinguistisch interessantes Phänomen? *Sprache in der Slavia und auf dem Balkan. Slavistische und balkanologische Aufsätze, Norbert Reiter zum 65. Geburtstag*. Hrsg. U. Hinrichs, H. Jachnow, R. Lauer, G. Schubert. Wiesbaden, 67-78.

Georgiev, V. 1977. L'union balkanique. L'état actuel des recherches. *Linguistique balkanique* 20, 1-2, 5-16.

Gołąb, Z. 1964. *Conditionalis typu bałkańskiego w językach południowosłowiańskich ze szczególnym uwzględnieniem macedońskiego*. Wrocław.

— 1984. *The Arumanian dialect of Kruševo in SR Macedonia, SFR Yugoslavia*. Skopje.

Haarmann, H. 1976. *Aspekte der Arealtypologie. Die Problematik der europäischen Sprachbünde*. Tübingen.

Koneski, B., B. Vidoeski, O. Jašar Nasteva. 1968. Distribution des balkanismes en macédonien. *Actes du Premier Congrès International des Études Balkaniques et Sud-Est Européennes 6. Linguistique*. Sofija, 517-546.

Kopitar, B. 1829. Albanische, walachische und bulgarische Sprache. *Jahrbücher der Literatur* 46. Wien, 59-106.

Kramer, J. 1983. Der kaiserzeitliche griechisch-lateinische Sprachbund. *Ziele und Wege der Balkanlinguistik*. Berlin, 115-131.

Lewy, E. 1942. *Der Bau der europäischen Sprachen*. Dublin. (Proceedings of the Royal Irish Academy 48, Section C, No. 2).

Papahagi, P. 1908. Parallele Ausdrücke und Redensarten im Rumänischen, Albanesischen, Neugriechischen und Bulgarischen. *Jahresbericht des Instituts für rumänische Sprache zu Leipzig* 14, 113-178.

Sandfeld, K. 1930. *Linguistique balkanique. Problèmes et résultats*. Paris.

Schaller, H.W. 1975. *Die Balkansprachen*. Heidelberg.

Simeonov, V. 1977. Modelirane na konsonantnata sistema v balkanskite ezici. *Godišnik na Visšija pedagogičeski institut v Šumen* 2, 121-179.

Solta, G.R. 1980. *Einführung in die Balkanlinguistik mit besonderer Berücksichtigung des Substrats und des Balkanlateinischen*. Darmstadt.

Steinke, K. 1976. Gibt es überhaupt Balkanismen? *Linguistique balkanique*. 19, 1. Sofija, 21-35.

— 1989. Die Balkanlinguistik und ihre Modelle. *Zeitschrift für Phonetik, Sprachwissenschaft und Kommunikationsforschung* 42, 3, 322-328.

— 1998. Balkanlinguistik als linguistisches Propädeutikum. *Die Welt der Slaven* 43, 161-172.

Vidoeski, B. 1962. *Kumanovskiot govor*. Skopje.

Sachregister

Admirativ 349, 357
Akan'e 56, 62, 87, 111, 113f., 122, 142, 321
Aktionsart 156, 206, 223, 260, 316
Albanisch 21, 331, 343, 347ff., 351-359, 361
Alternation, morphonologische 39ff., 43, 61, 66, 80, 98ff., 102f., 113, 149, 151, 154, 157, 179, 181, 198, 201, 203f., 207, 217, 219f., 220, 223, 233f, 253ff., 277, 283
Altgläubige 46
Altkirchenslavisch 9, 20, 23, 29, 32, 35-48, 85, 87, 211, 321f.
Altostslavisch s. Altrussisch
Altrussisch 63, 65, 87ff., 107, 123
analytisch(er Sprachbau) 102, 104, 116, 118f., 128f., 149, 158, 183, 237, 276f., 313, 315, 336, 343, 353, 358-363
Aorist 26, 41-43, 162, 184, 191, 205, 211, 226, 238, 259f., 264f., 269, 277, 287f., 292, 317, 327, 339f., 357, 359, 363
Arabisch 54, 111, 299
Arebica 297
Artikel 29, 84, 247, 293, 310, 314, 322, 336ff., 348, 356
Aspekt 26, 29, 41, 65, 73f., 103f., 114, 118, 156, 182f., 190, 205f., 211, 221ff., 238, 258ff., 270, 277, 288, 316, 338f.
Assimilation 40, 53, 57f., 61, 97, 112ff., 148, 154, 188, 196, 215, 233, 251, 253, 269, 281, 283, 312, 332, 334
Auslautverhärtung 58, 61, 148, 196, 233, 247, 264, 311, 332, 334, 353
Balkanismus 131, 293, 302, 349f., 354, 358
Balkanphilologie 10, 347-364
Balkansprachbund 322, 331, 349f.
Baltisch 121, 142
Baltoslavisch 18, 21, 25f., 44
Banater Bulgar. 13, 134, 326-330, 357
Belebtheit 29, 40, 67-70, 99, 128, 151, 153, 156, 180, 190, 200f., 211, 218ff., 226, 235f., 240, 255, 261, 289
bessarabisches Bulgarisch 13, 357
Bestimmtheit s. Determiniertheit
Bilingualismus 106, 110
Birkenrindentexte 20, 23, 32, 87f.
Bohemismus s. Tschechisch
Bosančica 297

Bosnisch/Bosniakisch 11, 296-299
Bulgarisch 10, 15, 29, 230, 279, 310-326, 331, 335f., 340, 349, 354, 359ff.
Burgenländisch-Kroatisch 13, 133, 268-273
Čakavisch 13, 261, 264f., 269, 271f., 274f., 302f.
Čárka 194
Cekan'e 112, 142
Dalmatinisch 263
Damaskine 321, 323
Determiniertheit 26, 29, 39f., 74, 156, 236, 257, 270, 285, 313f., 336, 356
Deutsch 106, 131, 160, 162, 166ff., 173, 175, 184f., 191f., 211, 221, 238, 247, 263f., 271, 281, 291, 327ff., 343, 357
Diglossie 88, 107
Diphthong(ierung) 23, 25, 106, 147, 166, 169, 179f., 197, 199, 214-217, 219, 225, 242, 252, 254, 269
Dissimilation 58
Draväno-Polabisch 165, 167
Dual 150, 162, 173, 180, 190, 201, 211, 221, 226, 235, 238, 241
Dzekan'e 112, 143
Ekavisch 264, 269, 279, 281, 292, 294, 296, 302f., 307
Elb- und Ostseeslavisch 10, 12, 145, 162, 165-170
Elbslavisch s. Elb- und Ostseeslavisch
Englisch 85, 89, 160, 208, 212, 224, 291, 343, 357
Entnasalierung 147, 199, 234, 254
Entpalatalisierung 162, 199, 217, 232
epenthetisches l' 61, 103, 128, 283, 335
flüchtiger Vokal 62, 113, 127
Französisch 88, 106, 121, 160, 291
Gallizismus s. Französisch
Gemeinslavisch 27ff., 160, 334
germanische Sprachen 27, 85, 121, 131, 186, 227, 291, 351
Gesetz der offenen Silbe 19, 24, 27
Glagolica 31, 35-38, 265, 272
Griechisch 27, 29, 43f., 85, 121, 149, 291, 320, 327, 343, 347f., 351, 353, 361f.
Großmährisches Reich 36
Háček 194, 214, 230
Halbvokal 18f., 22, 24, 269
Holländisch 85
(I)jekavisch 11, 254, 264, 266, 279, 281, 283, 292, 294, 296f., 302, 304f., 307

Ikan'e 56
Ikavisch 264, 269, 274, 292, 302
Illyrisch 306, 327f.
Illyrismus 272, 304f.
Imperfekt 26, 41ff., 183, 191, 206, 211, 226, 238, 259f., 264f., 277, 287f., 317, 327, 339f., 357
Imperfektivierung 73, 80, 130, 207, 223, 240, 260f., 271, 342
Indogermanisch 18, 20f., 29, 168, 347, 355f.
Infinitivverlust 316, 318, 320, 322
Isoglosse 185f., 302, 348-351, 353
Italienisch 106, 121, 160, 247f., 263, 274, 276f., 351, 357
Jakanne 112-114, 122
Jat(') 29, 98, 281, 292, 302, 312, 321
Jekan'e 143
Jekavisch s. (I)jekavisch
Jer(laut) 28, 39, 64, 98, 113, 149f., 162, 198f., 210, 217, 224f., 234, 254, 283, 293, 310, 313, 322, 335, 343
Jiddisch 14, 161
Jotierung 283, 292, 322
Jugoslavo-Russinisch s. Russinisch
Kajkavisch 13, 263ff., 271f., 302f.
Karpato-Russinisch s. Russinisch
Kaschubisch 12f., 134, 145, 162, 168f., 171-177
Kasussynkretismus 153, 256, 293, 310, 321f., 335, 342, 355f.
Kentum-Sprachen 21
Kiever Rus' 53, 106f., 110, 121-123
Kirchenslavisch 41, 45f., 64, 81, 87ff., 105ff., 121f., 131, 135, 291, 293f., 321, 323, 327
Kollektivplural 173, 337, 354
Kommentativ 349, 357
Korrelationen 18f., 55, 62, 97, 127, 162, 188, 196-199, 215f., 218, 225, 232f., 253, 282, 311, 334, 341
Krašovanisch 292, 347
Kroatisch 9ff., 13, 19, 29, 129, 131f., 149, 230, 236ff., 240f., 250-267, 268f., 272, 275, 279, 291, 296, 298f., 328, 331, 333, 343, s.a. Serbokroatisch
Kroatoserbisch s. Serbokroatisch
Kurzform der Adjektive 71, 86, 101, 130, 143, 153, 159, 181, 190, 202f., 220, 236, 277, 285
Kyrillica 14f., 32, 37f., 54, 94, 110f., 127, 138, 272, 279f., 296f., 301, 310, 332
Lachisch 13
Langform der Adjektive 71, 101, 143, 153, 159, 181, 190, 277, 285

Latein 27, 29, 106, 121, 135, 149, 160, 162, 211, 272, 296f., 327, 348, 351
Latinica 14, 32, 50, 54, 111, 145, 214, 247, 250, 280, 296f., 301, 327
Lech(it)isch 145, 165, 169, 178
Lemken 135f., 138
l epentheticum s. epenthetisches l'
Lipovenisch 13, 347, 355
Liquidametathese 27f., 199, 225, 254, 283
Mährisch s. Großmährisches Reich
Makedonisch 9f., 15, 29, 230, 238, 279, 310, 331-346, 351, 359, 361
Makkaronismus 162
Markertyp 353f., 357f., 363
Masurieren 161, 163, 166
Minderheiten 13, 49, 94, 110, 145, 279, 300
Molise-Kroatisch s. Moliseslavisch
Moliseslavisch 13, 133, 274-278
Monophthong(ierung) 19, 23ff., 147, 199, 217, 252
Montenegrinisch 11
Narrativ 310, 316
Nasalvokal 18f., 23f., 29, 35, 37, 53, 55, 63, 98, 146f., 149f., 162, 165, 172, 254, 283, 321f., 334, 340, 343f., 352
Niedersorbisch 12f., 188-193
Obersorbisch 12f., 178-187, 188-191, 194
Objektverdoppelung 293, 314, 342
Optativ 158
Ostseeslavisch s. Elb- und Ostseeslavisch
Ostslavisch 12, 29ff., 49, 63f., 84, 87f., 94, 98, 105, 127f., 130, 137, 141, 156, 161
Palatalisation (I., II., III.,) 23f., 27, 99f., 113, 181, 224, 233, 236, 254f., 283ff., 313, 334f.
Palatalisierung 22f., 52, 54-57, 62, 64f., 142, 151, 154, 166, 217, 322, 334
Palatalität 54, 95, 195, 198, 215, 311, 321
Pänultima 138, 149, 210, 225, 322, 341
Perfektivierung 43, 130, 240, 260f., 342
Personalmaskulinum 151-154, 156
Pleophonie s. Polnoglasie
Pochylenie s. Verengung
Polabisch s. Elb- und Ostseeslavisch
Polnisch 10, 12, 14, 85, 105ff., 111, 119ff., 127f., 142f., 145-164, 168, 173, 175, 194, 211, 225

Sachregister

Polnoglasie 28, 31, 64, 85, 98, 137
Pomoranisch s. Elb- und Ostseeslav.
Possessivadjektiv 17, 72, 129, 153, 173, 184, 200, 202, 220, 226, 240, 256f., 262, 342
Possibilativ 354
Prohibitiv 362
Prosodie 19, 25, 52, 63, 137, 166, 234, 252f., 265, 268, 270, 281f., 292
Redaktionen des Kirchenslavischen 35, 45, 87, 107, 122, 131f., 135, 265, 293f., 303f.
Reduktion der Vokale 28, 52f., 56, 62, 64, 96, 166, 195, 215, 252, 275, 281, 311, 321, 333, 352
reduzierter Vokal s. Jer(laut)
Resianisch 13, 134, 242, 246-249
rhythmisches Gesetz 215, 217, 225
romanische Sprachen 29, 44, 265, 271, 274ff., 278, 347
Rumänisch 327, 329, 331, 349, 352, 354-359
Russinisch 12f., 126-140
Russisch 10, 12, 14, 49-94, 98, 100, 105ff., 110f., 113f., 118f., 124, 136, 141, 145, 161, 175, 208, 238, 241, 285, 291, 321, 327, 357
Ruthenisch 94, 122, 126, 163, s.a. Russinisch
Satem-Sprachen 21
Schwa-Laut 28, 56, 171, 232, 253, 332
Serbisch 9ff., 15, 19, 29, 129, 131f., 149, 211, 230, 236ff., 240f., 250, 263, 279-299, 321, 327, 331ff., 335, 343, 351, s.a. Serbokroatisch
Serbokroatisch 241, 244, 263, 266, 279, 296, 300-309, 359
silbenbildend 59, 147, 196-198, 215-217, 231, 252f., 281, 321, 333
Silbenharmonie 24, 27
Skandinavisch 85, 121
Slavenmission 31, 35
Slavenoserbisch 294, 303f.
Slovakisch 10, 127, 138, 194, 211, 214-229
Slovenisch 10, 19, 29, 230-245, 246-249, 250, 264, 271, 279, 281, 291, 305, 331
Slovinzisch s. Elb- und Ostseeslavisch
Sorbisch 29, 151, s. a. Obersorbisch, Niedersorbisch
Sprachreform 11, 54, 85, 124, 294, 304
Štokavisch 11, 252, 254, 263-266, 271f., 274f., 292ff., 297, 302-305
Südostslavisch 230, 250, 279, 303, 210, 331
Südslavisch 11, 29-31, 49, 53, 64, 88, 98, 214, 217, 224, 228, 239, 254, 305, 310, 327, 353
südslavischer Einfluß 88
Südwestslavisch 230, 250, 279, 331
synthetisch(er Sprachbau) 102, 116, 118, 128f., 154, 157f., 183, 237, 271, 276, 323, 343, 354-357
Tonhöhenverlauf 63, 137, 234, 252f., 268; s. auch Prosodie
Torlakisch 302f.
Transgressiv 205, 207, 222, 226
Transkription 15f., 50-52, 55ff., 59, 61, 111, 231
Transliteration 14ff., 50-52, 95, 280, 310, 332f.
Tschechisch 10, 121, 160, 162, 175, 194-214, 217, 223-227, 241, 263, 291, 305, 321
Türkisch 27, 44, 85, 106, 121, 161, 264, 271, 289, 291f., 296, 298f., 318, 320, 327, 332f., 336, 342f., 348, 351f.
Ukrainisch 10, 12, 14, 49, 63, 65, 94-109, 118ff., 127, 131, 136ff., 141-145, 151, 161, 225
Umgangssprache 50, 59, 67, 72, 86, 288, 298
Ungarisch 131, 135f., 138, 161, 227, 263f., 271, 291, 327ff., 348
Unierte Kirche 122, 126, 135
Urslavisch 9, 17-34, 63f., 98, 105, 121, 149f., 281, 283, 291
v-Prothese 102, 112, 143
Verengung 149, 162f., 232
Vokalharmonie 39
Vokalquantität 170, 217, 282
Vokáň 214
Vollaut s. Polnoglasie
Weißrussisch 12, 49, 63ff., 87, 94, 98, 110-125, 142ff., 161
Weißruthenisch 110
Westpolessisch 13, 122, 141-144
Westslavisch 12, 29-31, 49, 98, 127f., 130, 145, 156, 194, 214, 218, 230, 242
Zählform bzw. -plural 67, 78, 103, 120, 204, 221, 241, 262, 271, 290, 313, 336, 354
Zustandskategorie 79
Zweisprachigkeit s. Bilingualismus

Abkürzungen

abulg.	altbulgarisch	ND	Nachdruck
Adj.	Adjektiv	neutr., n.	neutrum
Akk., A.	Akkusativ	Nom., N.	Nominativ
aksl.	altkirchenslavisch	nsorb.	niedersorbisch
Akt.	Aktiv	osorb.	obersorbisch
althochdt.	althochdeutsch	pal.	palatal
Aor.	Aorist	Part.	Partizip
auslaut.	auslautend	Pass.	Passiv
b.-kr.	burgenländisch-kroat.	Perf.	Perfekt
balt.	baltisch	perfekt., pf.	perfektiv
baltoslav.	baltoslavisch	Pers., P.	Person
bosn.	bosnisch	phonemat.	phonematisch
BS	Balkansprachen	phonet.	phonetisch
bulg.	bulgarisch	phonolog.	phonologisch
byz.	byzantinisch	Pl.	Plural
čakav.	čakavisch	Plusqu., Plqpf.	Plusquamperfekt
Dat., D.	Dativ	polab.	polabisch
Dem./Dim.	Deminutiv	poln.	polnisch
dent.	dental	pomor.	pomoranisch
Dial.	Dialekt	Präp., P.	Präpositiv
ds.	dasselbe	Präs.	Präsens
dtsch., dt.	deutsch	Pron.	Pronomen
Du.	Dual	Quant.	Quantität
fem., f.	femininum	Refl.	Reflexivum
EOS	Elb- und Ostseeslav.	resian.	resianisch
Fut.	Futur	roman.	romanisch
Gen., G.	Genitiv	russ.	russisch
glagol.	glagolitisch	russin.	russinisch
gmslav.	gemeinslavisch	serb.	serbisch
griech., gr.	griechisch	Sg.	Singular
idg.	indogermanisch	sigmat.	sigmatisch
Impa.	Imperativ	silb.	silbisch
Imperf.	Imperfekt	skr.	serbokroatisch
imperf., ipf.	imperfektiv	slovak.	slovakisch
Indik., Ind.	Indikativ	sloven.	slovenisch
Inf.	Infinitiv	slovinz.	slovinzisch
Instr., I.	Instrumental	sorb.	sorbisch
Inton.	Intonation	sth.	stimmhaft
kajkav.	kajkavisch	stl.	stimmlos
kaschub.	kaschubisch	Subst.	Substantiv
Komp.	Komparativ	štokav.	štokavisch
Kond.	Konditional	tschech., tsch.	tschechisch
kons.	konsonantisch	ukrain., ukr.	ukrainisch
kroat.	kroatisch	uridg.	urindogermanisch
ksl.	kirchenslavisch	urksl.	urkirchenslavisch
kyrill., kyr.	kyrillisch	urslav.	urslavisch
lab.	labial	vel.	velar
lat.	lateinisch	vok.	vokalisch
lautl.	lautlich	vs.	versus
Lok., L.	Lokativ	weißruss., wßr.	weißrussisch
maked.	makedonisch	westpol., wpl.	westpolessisch
mask., m.	maskulinum		
moliseslav.	moliseslavisch		